신실학의 현재적 지평

반계실학을 중심으로

윤사순 외 지음
한국실학학회 편

학자원

| 발간사 |

본서에 수록하는 논문들은 2018년 11월 9일부터 이틀간 열린 국제학술회의 "반계 실학의 현재적 재조명"에서 발표된 원고를 중심으로 구성되었습니다. 이 학술회의는 한국실학학회와 고려대학교 민족문화연구원이 공동 주관하였으며, 전라북도와 부안군, 그리고 국사편찬위원회의 후원이 있었습니다. 이 기관들의 지원에 힘입어 성대한 학술의 향연이 이루어질 수 있었습니다. 이 자리를 빌려 다시 한번 감사드립니다.

금번 국제학술회의의 대주제는 "반계 실학의 현재적 재조명"입니다. 소주제로서는 제1부 "반계학과 호남실학", 제2부 "신실학의 개념과 방향", 제3부 "신실학의 모색" 등 세 분야로 나누었습니다. 구체적으로 제1부에서는 반계학의 내용과 호남실학과의 연관성에 대한 5편의 논문이 발표되었습니다. 제2부에서는 한국학계의 원로 선생님들을 모시고 실학의 현재적 의미에 관해 기조강연과 집담회 형식으로 꾸며보았습니다. 제3부에서는 다양한 분야에서 '신실학'에 대한 새로운 모색을 추구하는 4편의 논문이 발표되었습니다. 이를 통해 반계학의 심층적 이해와 함께 호남실학 연구의 기반이 강화되길 기대하고, 아울러 반계 실학이 지니는 현재적 의미, 즉 '신실학'에 관해 다양한 고민과 대안을 모색해 보고자 하였습니다.

돌이켜보면, 학술 담론으로서의 '실학'이 제기된 지도 어느덧 한 세기가 되어갑니다. 한국의 실학 담론이 지닌 의미는 결코 작지 않습니다. 일제강점기와 해방 후 나라를 건설해 나가는 과정에서 실학은 시대정신을 대변하고 선도하는 역할을 해왔습니다. 20세기 한국사회를 관통하는 화두의 하나였다고 해도 과언이 아닙니다. 나아가 17세기에서 19세기에 이르는 시기의 사상적 경향을 '실학'이라는 개념으로 이해하는 것이 타당하다고 판단해, 중국과 일본에서도 한국의 '실학' 개념을 수용하였습니다. 그 결과 실학을 중심으로 하는 동아시아실학국제학술회의가 28년에 걸쳐 14차례 개최되었습니다. '실학' 개념은 한국의 인문사회학계에서 국제사회로 수출한 몇 안 되는 사례일 것입니다. 그런 만큼 실학은 한국 학계의 소중한 지적 자산이자 전통이라고 할 수 있겠습니다.

그런데 근자에 실학의 개념과 위상을 두고 많은 논의가 제기되고 있습니다. 학계의 일각에서는 해체주의적 입장에서 실학부재론과 허상론, 심지어는 해체론까지 주장하는 학자들도 있습니다. 전통적 실학에 대한 관심이 줄어들면서 실학의 위기라고도 인식되고 있습니다. 그러나 저는 위기가 아니라 전환기라고 생각합니다. 실학은 시대의 흐름에 호응하면서 변해 왔습니다. 그것은 시대에 맞는 사상을 추구하는 실학의 본질이기도 할 것입니다. 조선후기, 일제강점기, 해방과 건국 이후의 발전기에 실학은 당시의 시대정신에 부응하기 위한 지적 고뇌의 산물로 전개되어 왔습니다. 이제 역사적 전환기인 21세기를 맞이해 마땅히 새로운 시대에 맞는 실학이 모색될 필요가 있을 것입니다. 전통실학의 장점을 계승하는 한편으로 새로운 시대에 맞는 '신실학'을 모색하는 것이야말로 우리 학회가 추구하는 방향입니다. 동시에 이번에 개최된 학술회의의 주요한 목적도 여기에 있습니다.

귀중한 옥고를 발표해주신 여러 선생님들께 다시 한 번 깊은 감사를 드립니다. 그리고 2012년 이래 반계학과 호남실학의 진흥을 위해 물심양면으로 후원해 온 전라북도와 부안군, 또 이번에 특별히 도움을 준 국사편찬위원회의에 고마운 마음을 전합니다.

2018년 12월

한국실학학회 회장

하 우 봉

| 차례 |

문화콘텐츠학과 신실학 • 137

| 신광철 |

한국 · 일본 · 중국의 '신실학론' 비교 • 159

| 야규 마코토(柳生 眞) |

조선후기 과학사 연구에서 '실학'의 문제 • 179

| 구만옥 |

신실학의 의미와 구성 방향

윤사순 | 고려대학교 명예교수

1. 시작하면서

한국유학의 흐름은 19세기 말 20세기 초의 위정척사(衛正斥邪) 운동 및 의병투쟁(義兵鬪爭)을 끝으로 종식되는 듯했다. 일제의 강점으로 유학은 '망국의 원흉'으로 단죄되는 평가를 피하기 어려웠다. 500년 동안 조선왕조의 통치원리가 유학이었던 만큼 그 평가는 당연시되는 형편이었다.

하지만 일제강점기에도 유학적 가치관에 뒷받침 된 의병활동이 연속되었을 뿐 아니라 의병정신과 연결된 '자주독립 의지'가 일련의 민족주의 사학자들에 의해 존재했고, 그들의 한국학을 통해 그것은 더욱 고취되었다. 박은식(朴殷植 : 1859~1926), 신채호(申采浩 : 1880~1936), 문일평(文一平 : 1888~1939), 정인보(鄭寅普 : 1892~?) 등이 그들을 대표한다.

1930년대를 전후하여 한국인의 자주독립 정신을 고취하던 이들의 관심은 마침내 전통사상의 하나인 '한국유학의 재인식'으로도 진전되었다. 이들은 17세기 이후의 유형원(柳馨遠), 박세당(朴世堂), 이익(李瀷), 홍대용(洪大容), 박지원(朴趾源), 정약용(丁若鏞), 최한기(崔漢綺) 등이 성리학에 대한 비판의 시각으로 이룩한 실학 – 이른바 조선후기의 '탈성리학적 실학(脫性理學的 實學)의 유용성을 발견하고 거기에 탐닉했다.

그럴 만한 까닭이 있었다. 원래 실학이라는 용어는 '수기(修己)와 치인(治人)'의 유용한 사상이 함유되었다는 뜻에서 유학과 동의어로 사용돼 오던 터였다. 성리학자들은 특히 수기설, 예의 · 도덕설을 이전의 유학보다 다수 함유했다는 의미에서 성리학을 실학이라 했고, 후기 실학자들은 성리학보다 더 실제적인 제도개혁과 생산증대를 통한 '후민적 위민설(厚民的 爲民說)'을 더 담지했다는 의미에서 반주자학(反朱子學) 또는 탈성리학적 유학을 실학이라 일컬었다.

1930년을 전후한 시기의 저 한국학 학자들로는 수기설과 예의·도덕설을 함유한 성리학보다는 자주독립을 쟁취할 '자강과 연계'될 후민설(厚民說)을 견지한 탈성리학적 실학에 경도되고 탐닉할 수밖에 없었다. 그들은 국권회복에 실용성을 담지한 사상, 곧 독립지향(獨立志向)의 강국화(强國化)에 유용한 탈성리학적 유학을 참된 실학으로 높이면서 탐구했던 것이다.

1950년 후반 이후부터 지금까지 줄곧 동양철학 중 한국유학을 전공한 필자는 한국의 성리학과 아울러 탈성리학적 실학의 연구를 지속해왔다. 그 이유 또한 별다른 데 있지 않았다. '실학'이라는 이름의 유학이 한국인의 삶에 전통사상 중 가장 실질적인 도움을 주리라는 판단 때문이었다. 지엔피(GNP)가 수십 달러밖에 안 되는 가난에 분단까지 겹쳐 좀처럼 후진국 대열을 벗어나지 못하고 있던 조국의 번영된 미래를 소망하던 '한국학 학자의 처지'가 실학에 눈뜨게 한 배경이다.

하지만 지금은 지난날의 실학의 되풀이에 그쳐서는 곤란하다. 이제는 현재의 상황에 맞고 이 시대의 지성이 용납할 수 있는 참신한 실학을 추구해야 한다. 오늘날 한국인이 추구하는 실학은 조선 후기실학과도 또 다르므로 서로의 변별이 불가피하게 되었다. 필자가 이름붙인 '신실학(新實學)'은 이런 맥락에서 나왔다.

감히 신실학 추구를 표방한[1] 뒤로 필자는 이 명칭에 상응하는 자신의 이론을 제시하지 못해 줄곧 송구한 마음이었다. 신실학의 형성 내용도

---

1 필자는 27년 전인 1991년 가을 한국공자학회 회장으로 그 학회의 21차 학술회의를 「儒學의 新實學的 役割」이라는 주제로 개최했고, 그 다음 해(1992)에는 「現代 韓國社會와 新實學的 課題」라는 주제로 학술회의를 거행했다. 이것들을 『新實學의 탐구』(1993, 열린책) 등으로 출판하면서 "신실학은 오늘의 새로운 유학을 의미한다"고 공언했다. 아울러 이 책에서 필자는 「新實學的 新理念의 摸索」을 발표했다. 그 글은 필자의 『신실학 사상론』(1996, 예문서원)에 재수록 되었음을 밝힌다.

아직 미진하기 짝이 없어 자괴감도 많다. 이에 그 동안의 구상이라 할 수 있는 일말의 '방황의 족적'이라도 밝히는 것이 책무라 여겨, 그 일단을 이 자리에서 수행하려 한다.

2. 신실학의 의미와 성격

1) 신실학의 의미

실학 개념의 용례는 이미 언급했지만, 일반화 하면 이는 '허학(虛學)의 대칭'이다. 한자의 '실(實)' 자체가 '허(虛) · 공(空) · 무(無)의 반어(反語)'이듯이, 우리말의 쓰임으로도 실(實)의 의미는 매우 다양하다. '열매', '알맹이', '실속'으로부터 '알찬', '속찬', '알차게', '실속 있게', '쓸모 있게', '참되게', '성실하게' 등 여러 가지 의미를 지니고 있다.

실학(實學) 개념은 이 다양한 의미들을 다 함유하게 마련이다. 예로 '알찬 학문', '참된 학문', '거짓 없는 학문', '실속 있는 학문', '쓸모 있는 학문', '이용가치 있는 학문[實用學]' '실증적 학문[實證學]' '진실한 학문[眞學]'을 가리켰다. 지난날 본원유학을 비롯해 성리학과 탈성리학에 대해서도 모두 실학이라 한 현상은 이런 의미들의 반영이기도 하다. 때문에 용어만 가지고는 실학의 정체를 분명히 파악할 수 없다. 그 불명확성은 '어느 시대', '어떤 관점'에서 이 용어를 사용했는지가 밝혀질 때라야 극복된다.

신실학은 현대의 시점에서 한국인과 인류의 바람직한 삶을 유용하게 운영하는 관점에서 추구하는 학문이다. 오늘날 현실이 안고 있는 '문제들을 실질적이며 실용적인 태도로 해결'하려는 것이다. 특히 그 방법에 있어 지난날의 실학들을 거울삼아, '오늘의 상황'에서 '진실하고' '실용성 있고' '실증적인 태도'로 '현대 지성이 납득'할 수 있도록 새롭게 구상하는 유학이 신실학이다.

지난날의 실학을 거울삼는다 함은 조선 후기실학을 반성의 대상으로 삼아 미진한 점을 보완함은 물론이고, 성리학과 본원유학까지도 참고하고 반성하며 '비판적으로 계승'함을 가리킨다. 지난날의 유학 전체는 오늘의 유용성 여부에 대한 비판적 판단'에 따라 부분적으로 폐기, 계승, 교정, 보완되어야 할 것이다.[2] 그러다 보면 신실학은 지난날의 유학들을 모두 넘어서는 내용이 되지 않을 수 없다. 이처럼 지난날의 유학들을 넘어 새로운 이 시대의 유학으로 형성하려는 것이 신실학이라는 것이 필자의 생각이다.

필자는 애당초 '신실학' 명칭보다 '신유학(新儒學)'이라 해야 내용상 적합하다고 생각했다. 그러나 신유학 용어는 이미 성리학 대두 이후 '성리학에 대해 적용한 용어'였기[3] 때문에 신유학 용어를 다시 사용한다면 혼란만 더 가중시킬 것이 염려되어 이를 포기했다.

---

2 여기서 지난 유학사상을 비판적 판단으로 수용하고 보정·보완한다고 함은 아래와 같다. 첫째, 본문에서 곧 논하듯이 성리학자인 李珥의 務實사상만 해도 그 무실의 태도는 본받을 만하지만 그것을 적용한 10조목의 내용에는 君主制를 위하는 데나 적합하지 民主制에는 그대로 적용하기 곤란한 것이 있으므로 그것을 분별하여 계승함을 말한다. 둘째, 조선 후기 脫性理學的 實學思想 가운데의 예를 든다면, 『北學議』를 지은 朴齊家의 利用厚生思想은 중요하지만 그의 주체성 박약에 해당하는 사상은 불필요하게 여긴다. 그런 점은 오히려 洪大容의 地球說을 바탕으로 중국만이 세계의 중심이 아니라 한국도 세계의 중심이 될 수 있다든가, 만약 孔子가 魯나라가 아닌 한국에서 태어났더라면 '한국의 『春秋』'를 지었으리라는 식의 주체사상으로 대치 보완해야 함 등을 일컫는 언명이다.

3 학계에서는 주지하는 사실이지만, 性理學은 '理學', '宋學', '程朱學', '朱子學' 및 '新儒學'이라 불리는 유학이다.

2) 신실학의 성격

신실학의 성격은 당연히 '실(實)' 개념의 특성을 지녀야 할 것이다. 그 특성은 유학이 예로부터 추구하고 담지하려 했던 그 '실의 성격' 외에 다른 것일 수 없다. 따라서 이것은 필자가 따로 독창으로 제시할 성질이 아니기도 하다.

이 '실'은 앞서 언급한 대로 다의(多義)적인 복합 개념이다. 실용(實用), 실증(實證), 실효(實效), 실공(實功), 실질(實質), 실제(實際), 그리고 진실(眞實), 성실(誠實) 등으로 사용된 포괄적 개념이다. 이점에서 '실'은 학문을 성립시키는 데 요구되는 '온갖 이상적 요건'을 모두 갖추려는 욕구에서 그려낸 개념이라 여겨진다.

'실'의 다채로운 성격을 충실히 갖추기 위해 필자는 일단 한국의 전통적 유산을 찾아 계승하는 방법을 구사해 보려 한다. 일찍이 이이(李珥)는 '실에 힘쓴다는 뜻의 무실(務實)'을 누구보다도 적극 강조했다. 우선 그가 말한 무실의 용도부터 주목하게 된다. 그는 유학의 교육목표와 교과내용 및 교육순서 등을 밝힌 『대학』의 팔조목을 거의 다 포괄하고 조정한 '10개 조목'의 실(實) 개념을 구사했다. 격치지실(格致之實), 성의지실(誠意之實), 정심지실(正心之實), 수신지실(修身之實), 효친지실(孝親之實), 치가지실(治家之實), 용현지실(用賢之實), 거간지실(去姦之實), 보민지실(保民之實), 교화지실(敎化之實)이[4] 그것이다. 이는 그의 시대에 필요한 '유학의 실학화(實學化)'이다. 이를 통해 그는 '실 개념을 적용'한 실학, 곧 일종의 '성리학적 실학(性理學的 實學)'을 추구했다. 이런 '무실의 태도' 역시 오늘의 입장에서 '비판적으로 수용'해야 하는[5] 유학이 신실학이

4 『栗谷全書』(성균대, 대동문화연구소, 1958) 권15, 잡저2, 『東湖問答』, 「務實爲修己之要」.

5 여기서 "비판적으로 수용"한다 함은 오늘날 이 조목들 자체는 필요하더라도 그 이용에서의 비중 또는 강도는 그의 시대와 다르게 됨을 염두에 두고 한 발언이다.

다. '무실'은 실로 신실학을 성립시키는 기본적 성격인 것이다.

무실의 정신은 완원(阮元)에게서 영향 받아 김정희(金正喜)가 강조한 '실사구시(實事求是)'로[6] 보다 더 상세히 풀이될 수 있다. 옳고, 바른, '그것(是 : 대상)을 실사(實事) 곧 사실(眞實)에서 찾는 태도를 비롯해, 실제(實際)에서 찾고, 쓰임새(實用)에서 찾고, 확실성(證驗)에서 찾는 태도가 바로 실사구시의 구체적 태도다. '진실성'·'실제성'·'실용성'·'실증성'을 강구한다는 의미들이 모두 '실사구시'에 담겨 있기 때문이다. 이것이 '무실을 온전히 구사'하는 길에 다름 아니다. 신실학을 성립시키는 '선택(選擇)과 판단(判斷)'의 '방법론적 기준과 성격'이 이로써 확실히 구체화된다고 하겠다. 한마디로 이 방법이 신실학을 공리공론(空理空論)의 무용한 성격에 흐르지 않게 하는 대표적 성격인 것이다.[7]

---

6 필자는 金正喜의 『阮堂集』 속의 「實事求是說」을 그의 창의적 이론으로 간주하는 데 의문을 가지고 있다.

7 신실학의 이런 방법이 지니는 당위성을 더 밝혀야겠다. 학문 자체가 진실을 밝히되 보편적 진리를 중심으로 파악하는 특성의 것이지만, 이 방법으로 구사하는 실용성과 실증성은 한국인이 더욱 익히고 명심해야 할 부분이라 생각한다. 그 이유는 되풀이해 실용성과 실증성의 추구는 한국인의 현실에서 당면하는 문제들의 해결과 직결되는 데 있다.
실용성의 추구가 현실적으로 긴요한 사례부터 들겠다. 현재 한국의 국어학 분야에 종사하는 학자라면 마땅히 고구려와 발해의 언어인 '한국의 고대어'가 그 시대 중원의 한족언어와 같지 않았고, 오히려 지금의 '한국인의 언어와 같은 계열임'을 확실히 밝힌다면 어찌 되겠나? 이는 동북공정의 억지 주장을 학문으로 저지하는 유용성을 지니게 되는 작업이다. 고증의 경우, 한국사 연구에 종사하는 학자들이 고증을 더욱 철저히 익혀야 함은 곧 '역사실증주의에 철저화'를 기하는 효과를 거두는 길이다. 역사실증주의의 강화는 나아가 이념에 따른 '역사해석의 편향, 곧 남남갈등'을 저지 또는 완화하는 길로 이용될 것이다.
이렇듯 학문적 실용성, 실증성 실천의 적극화 철저화가 신실학 형성에 필수일 정도로 긴요하다. 신실학이 곧 한국의 언어학과 역사학 등을 다 포함한다는 의미가 아니다. 이들 예는 '신실학의 특성'에도 실용성과 실증성이 필수임을 역설하려는 의도로 들어본 예시일 따름이다. 이런 종류 외의 '신실학의 특징'은 다음의 그 구조를 밝히는 데서 더 분명해진다.

3. 신실학의 구조

유학 자체가 고대에 이미 '예(禮)·악(樂)·사(射)·어(御)·서(書)·수(數)의 교육으로 출발했고, 기본이 되는 핵심 분야로 문사철(文史哲)을 꼽듯이 단순한 학문이 아니다. 여러 분야의 사상을 포괄한 총합체가 유학이다.[8] 그 구조를 나타내는 분류 역시 고정되어 있지 않다. 일찍이 공자는 '수기(修己)'와 '안인(安人 곧 治人)' 형식으로 유학의 내용과 성격을 나타냈는데,[9] 유학자들은 오늘날까지 이 분류 형식을 응용하는 사례가 가장 많다. 이 형식이 '유학의 구성'을 가장 간명하게 나타내는 방식이기 때문이다.

필자 역시 이 형식을 애용하는 편이어서, 신실학의 구성도 이것을 약간 변개한 형식으로 하려 한다. 그것은 아래와 같다. ① 인간론(별칭 人論), ② 사회론(별칭 物論) ③ 총체론(별칭 天論)이다. 이 세 부문에 신실학의 내용을 모두 담는다는 '가설적 계획'이 필자가 현재 방법론으로 삼는 기본 구도이다. 이를테면 '신실학의 구조'에 대한 하나의 방법론적 제안인 것이다.

① 인간론(人論)은 지난날의 '이상적 인간상과 수기론'을 핵심에 두지만, 주로 '인성(人性)의 새로운 파악'을 시도하려 한다. 인성 논의는 자연히 유학의 '윤리 도덕설'로 진전되고, '도덕교육인 인성교육'까지 소략하게 언급하게 될 수 있다.

② 사회론(物論)은 '지난날의 안인론'을 핵심에 두는 까닭에 주로 유학의 '정치·사회사상'을 현대의 시각으로 다루어야 할 것이다. 사회와 국

---

8 한국국학진흥원에서 편찬 간행한 『한국유학사상대계』가 정치, 경제, 사회, 문학, 교육, 철학, 종교, 문화, 심지어 과학까지 10여권의 대저로 이루어진 사례가 그 좋은 증거다.

9 『論語』, 「憲問」.

가에 대한 '새로운 공동체론'인 셈이다. 구체적로는 한국의 현실이 당면한 '공존 공생의 슬기', '통일의 문제', 보수와 진보의 대립, '제4차 산업화의 문제'를 다루어야 한다고 생각한다.

③ 총체론(天論)은 유학의 새로운 형이상학 부분으로 채우려 한다. 앞의 인간론 사회론의 상호관계라든가, 그 이론적 근거가 될 내용을 가설 상태의 이론으로 뒷받침할 부분이다. 이상 세 분야가 신실학을 이루는 '구조, 그 형성의 틀'에 대한 필자의 복안이다.

이 틀에 담아지는 것이 신실학의 내용이고, 그것을 실속 있게 내실화(內實化)하는 것까지가 오늘 여기서 논의할 필자의 책무이다. 내실화는 아무래도 필자의 전공인 철학사상을 위주로 하게 되는 만큼, 필자의 주관과 판단이 적지 않게 작용할 수밖에 없다. 신실학의 '구조적 특징과 한계' 또한 이에서 분명히 드러남을 독자들은 간취하게 될 것이다.

4. 인간론

성리학이라든가 탈성리학적 실학의 대두에서 보듯이, 새로운 유학의 발흥에서는 으레 본원유학으로 회귀하여 재출발하는 형식이 유학사의 모습이었다. 그 이유는 공맹의 권위를 빌려 '기존 유학'이라는 걸림돌을 극복하려는 의도 못지않게 유학의 주요 원리와 이론들이 거의 다 본원유학에서 나온 데에 근거한다.

신실학 역시 본원유학에서부터 다시 출발해야 좀 더 충실할 수 있지 않을까 한다. 공자 맹자의 사상부터 기존의 해석들에 구애됨 없이 재해석하면서 보충, 혁신, 변용(變容)을 시도함이 바람직하다. 기존유학의 전체에 대한 성찰과 변혁은 도전적이되 합리적으로, 혁신적이되 유학의 성격으로 시도해야 할 것이다.

인간론(人間論)에서는 ① '바람직한 인간상' 중 한국의 역사에 가장 많이 기여한 인간상인 '선비상'을 성찰하겠다. ② 유학의 윤리도덕의 근본 원리이자 성선설(性善說)에 기초한 인성론(人性論)을 밝히고 (윤리설로는) 특히 덕성윤리설(德性倫理說)에 대한 합리적이고도 체계적인 해석을 시도하겠다. ③ 성선설과 상대되는 유학의 의무윤리설(義務倫理說)에 대한 재인식도 아울러 밝힌다. ④ 이것들이 오늘의 인성교육(도덕교육)에 보탬이 되도록 시도할 생각이다. 요컨대, 가능한 한 넓은 의미의 인간론 부분에 대한 종래의 전통적 선입견과 오해가 불식되고, '신실학이 긍정'받을 방법을 구사해 볼 참이다.

1) 선비상의 가치

바람직한 인간을 추구하는 한, 자기의 부족하고 잘못된 부분부터 메우고 바로 잡음이 요구되는데, 그 작업이 곧 '수기(修己)'이다. 수기에서 가장 먼저 요구되는 것은 '자기 자각'에 입각하여 마음을 바로잡으려는[正心] 의지를 다지는 이른바 입지(立志)이다. 아울러 '홀로를 삼가[愼獨]'면서 '자신을 속이지 않는[毋自欺]' 태도가 본원유학 이래의 '수기의 기본 작업'에 속한다.[10] 그 다음엔 각자가 추구하는 '바람직한 인간상[理想人像]을 그려야 한다. 성리학자인 이이(李珥)는 '뜻 세움[立志]'에 이어 최고의 이상인인 '성인(聖人)으로 되기'를 가르쳤다.[11]

성인은 이론상 누구나 실현 가능하지만, 완전인으로 그려질 때의 성인은 실현 불가능하다. 현실에서 '실현 가능'한 이상인은 군자(君子)로 대표

---

10 『大學』, 「第6章」 및 「7章」.

11 그의 『擊蒙要訣』, 『學校模範』 등 도처에서 허다하게 역설한다.

된다. 군자는 도덕을 실행할 정도의 지식을 갖추어야 하고, 어진 덕성(德性)에 의한 인격(人格)을 연마하여 남과의 관계 곧 사회생활을 원만히 할 수 있어야 한다. 이런 것들이 군자로 되는 기본요건이다.

군자의 바탕 위에 일정한 특성들이 더해질 때 보다 독특하고 '특화된 인간상'을 이루게 된다. 군자로서 사랑의 마음씨가 두드러지면 '인인(仁人)'으로, 지혜가 두드러지면 '현인(賢人)'으로, 의협심에 의한 의행(義行)이 두드러지면 '선비[士. 士人]'라 인지된다. 선비는 이렇듯 '의인(義人)으로 특화'된 군자이다. 한 마디로, "이익 될 것을 보면 의를 생각하고[見利思義], 나라가 위태로우면 목숨을 아끼지 않는[見危授命] 인간이어야 선비"라고 하는 이것이 선비에 대한 공자의 규정이다.[12]

여기에 맹자의 가르침이 더해졌다. 선비란 최고 통치자인 임금일지라도 방탕하거나 독재로 전횡하거나 국가의 근본인 민중[民爲邦本]을 위하지 않을 때는 '내치거나 살해[放伐]'까지 하는 인물로 상정되었다. 이후 나라와 역사를 이끄는 장본인임을 자임한 이들이 선비다. 이런 뜻에서 "선비는 나라의 으뜸가는 기운[國之元氣]"이라[13] 평가받아 온 인간상이다.

15세기 말 이후 사림파(士林派) 선비들의 자긍심이 바로 나라의 으뜸가는 기운이라는 신념이었다. 이 신념이 선비들을 '지부복궐(持斧伏闕)'의 모습으로 정책에 대한 자기 판단의 간언을 임금에게 주저치 않았고, 임진왜란 때는 독서인 · 지식인이던 수많은 선비가 '의병대장(義兵隊長)'으로 목숨을 바쳤다. 외족의 침략 앞에서 겨레와 나라의 '지킴이 역할'을 한 것이 선비의 역사적 자취이다. 이것이 우리 역사에 새긴 '선비의 순기능(順機能)'이다. 그리고 유학의 이상인 가운데 선비만이 오늘날까지 우

12 『論語』, 「憲問」 및 「子張」.

13 이는 16세기 李滉, 奇大升, 李珥 등 허다한 선비들의 일반화된 사유이다.

리의 뇌리에 '가치 있는 긍정적 모습'으로 각인된 배경이다. 순기능의 긍정적 역할에 높은 가치를 두고 전통으로 계승해야 함은 굳이 신실학의 경우가 아니더라도 자명하다.

불의(不義)에 항쟁하는 저항인이자 사리사욕 · 부정부패와 싸우는 인간이 선비이고 보면, 이것은 오늘날 이기적 이욕(利慾)에 사로잡힌 잡인배(雜人輩)들의 '오탁(汚濁)한 사회'를 척결, '청신(淸新)하게 할 인간상'이다. 이런 긍정적 모습만은 오늘에도 가치가 충분히 인정되는 인간이 아닐 수 없다.[14] 눈을 돌리면 선비는 오늘의 지성인들의 거울에 다름 아니다. 오늘날 지성인들은 과연 얼마나 겨레와 나라를 위하고 있는 걸까? 혹 개인의 이익 추구에만 혈안이 되고 있지는 않을까? 이것이 필자만의 오해일까? 우리의 현실에서 도대체 사익(私益)을 뒤로 하고 공익(公益)과 국익(國益)을 앞세우는 지성인이 얼마나 될지 의문이다.

하지만 다행스럽게도 오늘날 사회의 일각에서는 '선비 되기'에 열중하는 일부 젊은이들이 일어서는 실례도 없지 않다. 청년선비포럼을 통한 '청년선비운동'이 그것이다. 이런 젊은이들로 해서 신실학의 발흥 의지가 공염불로 그치지 않을 개연성에 한 가닥 희망을 걸어보게 된다. 선비상을 오늘의 젊은이들에게 심어주는 업무는 결코 신실학의 지엽적인 사업이 아닐 것이다.

---

14 과거 우리에게는 "경으로써 내안의 마음을 닦고, 밖으로는 의로써 바른 행위를 하라(敬以直內, 義以方外)"는 『주역』의 가르침 그대로 일생을 산 학자가 있었다. 벼슬을 포기하고 초야의 야인(野人)으로 살았으나 무능한 정권을 호되게 비판하던 남명(南冥, 曺植 1501~1572)이 바로 그다. 남명은 명종 때 문정왕후의 섭정이 외척의 발호를 야기함에 왕후와 왕까지 싸잡아 비난하다가 목숨을 잃을 뻔한 선비다. 임진왜란 때 경상도에서 나온 수많은 의병장이 거의 다 그의 훈도를 받은 제자들이었음은 결코 우연이 아니었다. 우리 역사는 이런 의로운 선비들로 해서 겨레의 저항적 민족의식을 길러왔음을 알아야 한다. 물론 역사에 새겨진 선비상이 반드시 긍정적 모습으로만 그치지는 않는다. 부정적 모습도 찾을 수 있다. 그 부정적 측면의 모습을 우리는 〈6. 총합론〉에서 논하게 될 것이다. 거기에서 필자는 역사에 존재한 선비의 인간상, 그 실제의 모델을 반추하려고 한다.

2) 덕성윤리설의 합리적 유기적 해석

신실학의 형성을 시도함은 유학의 현대적 부흥을 꾀함이기도 하다. 이 의욕을 성취하려면 특히 방법론에 있어 과거의 유학들보다 더 '근원적으로, 체계적으로, 그리고 합리적인 방법'의 구사가 반드시 필요하다고 여겨진다. 과거보다 우수한 방법이 신실학 형성을 성공으로 이끌 필수조건이기 때문이다. 이 조건을 충족하려면 무엇보다도 유학의 '분야별 주요 원리'를 찾아 그 원리에 입각한 이론을 수립해야 할 것이다.

이런 맥락에서 필자는 유학의 원리들에 대한 관습적 '오해(誤解)와 오용(誤用)의 불식'이 무엇보다도 급선무라 판단된다. 그 좋은 예로, '충(忠)'과 '효(孝)'의 경우가 떠오른다. 전근대 사회에서의 충과 효는 유학 본래의 뜻에 부합하게 인식되고 행하여지지 않은 대표적 사례일 것 같다.

충의 원뜻은 '마음을 다함[盡其心]' 곧 '진솔한 마음가짐'인데, 지난날에는 '군왕에 대한 충성(忠誠)'으로만 강조하고 이용했다. 그렇게 해야 군주제(君主制)가 굳건해지던 이유에서였다. 하지만 민주시대에는 민주주의를 위한 충성, 곧 나라와 겨레를 위해 '마음을 다하는 태도'로 이용되어야 마땅하다. 적어도 위아론적(爲我論的) 사익(私益)을 꾀하는 이상으로 이타적(利他的) 공익(公益)을 위하는 자세로 이용되어야겠다.

효 또한 원뜻으로는 부모에게서 받은 '자기 몸을 아껴 보존'하는 것[不敢毁傷]에서 출발한 원리이다. 자기 몸을 사랑하고 충실히 보전하는 토대위에서 나아가 '부모를 사랑하고 섬기'는 행위가 효이다. 이것이 『효경(孝經)』과 『논어』 등에서 설명한 효 개념의 원뜻이다. 그런데 효라고 하면 사람들은 으레 처음부터 '부모를 잘 섬기는' 그 형식의 측면에 집중하는 모습을 보여 왔다. 그것은 올바른 효가 아니다. 부모 섬김의 경우에도 그러한 형식보다는 '부모에 대한 애정과 공경의 마음씨'가 더 중요하고 그런 만큼 앞서 있어야 한다. 애정과 공경의 마음을 가지면 섬김은 절로 따르게 마련이다. 지난날 우리의 관습은 효를 너무 오해하고 잘못 실천해 왔다. 유학의 윤리질서를 '상하 수직적 질서'로만 이용한 것은 과거의 시대적 여건에 따른 잘못된 관습이었음을 깨닫고 이제는 본래의 의미대로 실천해야 한다.

유학의 가장 으뜸 되는 핵심적 원리는 '인(仁)'이고, 좀 더 넓은 범위의 기본 원리는 '인의예지(仁義禮智)'이다. 이것들은 모두 '윤리의 원리'이자, 선한 본성 '덕성(德性)'으로 불리는 '인성(人性)'이기도 하다. 인(仁)은 공자에 따르면 '사람을 사랑하는 것[愛人]'으로서[15], 배려[恕]로 실현되는 마음씨이다. "내가 싫어하는 것은 남에게 하지 말고, 내가 하고 싶은 것은 남에게도 베푸는 태도"가 인을 구현하는 '서(恕)'라는 배려이다.[16] 이 배려가 '유학의 황금률'에 해당한다는 설명이 가능하다.

유학 윤리의 기본원리를 '선한 본성[德性]'으로 밝힌 학자는 맹자이다. 그에 따르면 인(仁) 등의 덕성은 모두 '남에게 차마 나쁘게 못하는 사람의 마음[不忍人之心]'인 '선한 마음씨'이다.[17] 실제로 남에게 나쁘게 못하는 '측은해 하는 마음[惻隱之心]'을 비롯하여 '부끄럽고 싫어하는 마음[羞惡之心]', '사양하는 마음[辭讓 · 恭敬之心]', '시비를 가리는 마음[是非之心]'이 각기 인의예지를 드러내는 '네 가지 단서'라는 이론이 맹자의 사단설(四端說)이다.[18] 특히 남의 불우한 처지를 보고서 자연적으로[非人爲] 우러나는 인(仁)의 단서인 측은한 마음으로 말미암아 남을 도와주는 현상을 들어 그는 '선한 본성[善性] 소유'의 증거로 삼았다. 이렇듯 공자의 인행(仁行)의 구현인 '호의적 배려'를 맹자는 측은한 정감으로 우러나는 '구

---

15 『論語』, 「顔淵」.

16 앞 책, 「雍也」. 「衛靈公」.

17 『孟子』, 「公孫丑」 상.

18 앞과 같음.

체적 동정'이라 해석했다.

의(義)와 예(禮) 또한 맹자에 있어서는 인과의 관련에서 도출된다. 만약 불우한 인간을 보고도 측은의 공감적 동정 표현을 안 한다면, 그는 절로 부끄러움[羞]과 자신에 대해 미운 마음[惡]을 가지게 된다. 그러므로 측은이 우러나는 대로 불우한 남을 동정해야 함이 '옳음이고 당연함' 곧 '의(義)'이라고 주장한 맹자다. 그에 있어 의와 인은 이처럼 서로 분리될 수 없는 '표리의 관계'에 있는 것이다.

배려하고 사양(辭讓) 또는 공경(恭敬)함은 남의 인격에 대한 존숭에 다름 아니다. 인격의 존숭에서 나온 사양과 공경이 바로 예(禮)이다. 그리고 인, 의, 예에 대한 인식과 실천은 하나의 지식일 뿐만 아니라 지혜[智]이다. 지식과 지혜가 있는 데서 선행(善行)은 마침내 사회질서를 수립하게 된다.

맹자의 윤리설은 이처럼 '덕성윤리론(德性倫理論)'으로서 매우 '유기적 체계'로 이루어졌음을 알아야 한다. 이와 같이 합리적으로 그리고 유기적인 체계로 파악하고 설명하는 방법이 현대인들의 긍정을 받을 신실학의 방법이라 생각된다. 신실학이 추구해야 할 방향의 하나가 이것이다.

오늘날 '인성교육(人性教育)'이라든가 '사회윤리(社會倫理)'의 수립을 기대할 때 더욱 더 이런 방법의 활용이 요구된다. 유학의 윤리 도덕설이 합리적 유기적으로 설명되지 않고서는 수긍될 수 없다. 교육에 임할 때일수록 유학의 도덕이 '인성의 구현으로 자연스럽게 이루어지는 것'이지, 억지로 하게 하는 것이 아님을 설득력 있는 방법으로 주지시켜야 한다. 자신의 자율적 의지로 '자기의 본성을 자연스럽게 행동화'하는 데서 도덕이 이루어짐을 깨닫도록 해야 신실학적 인성교육'의 방법론이 빛을 볼 것이다.

아울러 인(仁)의 실현이 특히 측은을 바탕에 둔 '공감적(共感的) 동정

(同情)'으로 됨도 중요하지만, 배려(配慮)를 보다 더 적극화한 '박애(博愛)'로 실현할 것을 필자는 주장하고 싶다. 인에 대한 해석을 박애로 해석한 학자로는 이미 당나라 때의 한유(韓愈)가 있었다, 그러나 그것이 실현되지 않은 데는 혈연(血緣)을 기초로 한 유학의 '가족중심(家族中心)의 차등윤리'의 이론이 원인으로 작용했다. 이제는 차등윤리설을 넘어서야 한다.

전근대의 유학의 질서관은 '농업 본위의 혈연사회'를 고려하여 그에 합당하게 설계된 사상이다. 공업화된 오늘날 그 부적합성이 드러나는 요인 가운데 하나는 현대가 이익공동체 사회로 변했기 때문이다. 이제는 유학이 지녀 온 가족윤리의 한계를 벗어나야 한다. 그 혈연적 가족윤리는 '차등적 성격'을 지님으로써 양반중심의 계급사회에나 적합한 것이라는 비판을 면하기 어렵다. 물론 이런 제안을 하면 누구는 곧 묵자(墨子)의 겸애(兼愛)사상을 연상하겠지만, 이는 무엇보다도 '평등(平等)의 이념'을 구현해야 하는 오늘의 민주사회를 고려해서 하는 발언이다. 오늘의 삶에 적합하도록 교정하는 필자의 이론이 바람직하게 변해야 할 신실학의 새 모습이 아닐까 한다.

3) 유학의 의무윤리설에 대한 재인식

유학의 윤리설은 맹자류의 덕성윤리설뿐인 줄 아는 사람이 많지만 실은 그렇지 않다. 정해진 규범에 맞도록 행위 하게 하는 일종의 의무윤리설(義務倫理說)이 더 있다. 『중용』에서 '절도(節度)에 맞는 행위'를 하도록 한 이론이 그것이다. "발하여 절도에 맞음[중절]을 화(和)라고 한다."는[19] 명제는 '규범에 맞게 하는 행위가 선(善)이다'라는 의미다. 절도라는 규범

19 『中庸』, 「第1章」.

은 인위(人爲)로 일정하게 규정된 규범 법칙이다. 그것은 내 마음이 내키든 않든 실행하도록 정해진 '공동체의 규정'이다. 그러므로 이 명제는 덕성윤리 아닌 의무윤리설의 성격에 해당한다.

절도에 맞은 '화(和)의 추구'란 지난날 군주제에서는 사회 구성원들의 대립된 사유에 대하여 '어느 편에도 기울지 않는[不偏不倚]' 통치자(국왕)의 일종의 '중립(中立)의 태도'로 제시되었다. 그리고 '사태 해결의 공정(公正)을' 기하려 할 때의 '지나침도 모자람도 없는[無過不及, 곧 中]' 판단으로 해야 이상적임을 의미했다.[20] 참다운 '중용정신(中庸精神)'이 이런 데에 있었다는 것이 필자의 판단이다.

다른 한편 일정하게 정해진 규범인 만큼 해당되는 집단의 성원은 누구나 그것을 따라야 한다. 따르기 위해서는 좋아하고 싫어하는[好惡] '감정의 조절'이 필요하다. 『중용』에서 언급한 '희노애락(喜怒哀樂. 七情의 약칭이기도 함)'의 조절이 그것이다. 덕성은 이 때 정해진 규범을 '자율로 따르게 하는 역할'을 한다. 이에서 우리는 사단과 아울러 '칠정(七情)을 리기로 해석'하던 이황, 이이 등 한국 성리학자들을 떠올리게 된다. 그 해석은 덕성의 발현과 아울러 정해진 규범을 따르려 할 때의 심정의 조절인 '이중적 성격에 대한 통합적 이해'를 꾀한 자취이다.[21]

이쯤에서 의무윤리의 실천만 해도 선의지 또는 덕성의 구현 없이는 충분치 못함을 필자는 지적해야겠다. 도덕 실행의 자율은 덕성 구현의 원

---

20 『中庸章句大全』, 「程子解」.

21 중절 · 중화의 이론은 맹자의 성선설을 전제한 이론과 대조되는 인위적 성격을 지닌 점에서 荀子의 사유를 고려한 징후가 농후하다. 그러나 주의해야 할 사실은 『중용』 전체가 순자계통 저자의 저서로만 볼 수 없는 것이다. 그 서적의 머리글인 "하늘이 명한 것을 성이라 하고, 성을 좇는 것을 도라 한다(天命之謂性, 率性之謂道)"는 분명 성선설이기 때문이다. 이로 인해 『중용』의 저자는 맹자와 순자를 아우르는 새로운 학풍의 학자 또는 학자들이라 해야 맞다는 추측이 가능하다. 새로운 '종합의 학풍'이 고개를 들기 시작한 漢代의 저작으로 간주해야 할 것이다.

동력이지만, 의무윤리의 제정 자체가 덕성의 작용이거나 덕성을 고려한 내용물이다. 덕성을 고려하고 정한 의무라야 그 내용도 실현성이 높을 것도 유의해야 한다. 이런 점들로 미루면 의무윤리를 가능케 하는 실제적 요인이 덕성이 아닐 수 없다. 일정한 '의무(義務)' 자체를 의무로, 특히 '정의(正義)로 성립시키고 실천하게 하는 근거'가 덕성의 선의지라 해야 한다. 정의 즉 사회정의(社會正義)를 심각하고도 신중히 숙고해야 할 상황이 오늘 우리 삶의 현황임을 자각한다면, 이제까지 논한 이론들이 신실학을 성립시키는데 얼마나 중요한지가 절로 명백해질 것이다.

5. 사회론

1) 기존의 업적

여기서는 정치론부터 언급해야 할 듯한데, 그것(정치론)을 필자는 전통사상에 깃든 이론의 되새김 형식으로 할까 한다. 유학의 정치론을 상기할 때 먼저 떠오르는 특징은 봉건(封建) 낙인의 '전근대사상'일 것이다. 봉건 용어가 한국의 경우에는 적합하지 않지만, '전근대(前近代)'가 적용됨은 부인할 수 없다. 유학의 정치론은 장점을 말하더라도 겨우 '민본(民本) 성격'에서 그치는 사상이다. 현재 가장 이상적이라고 할 정치체제를 '주권재민(主權在民)'의 '민주공화정치(民主共和政治)'라는 잣대로 할 때 이런 평가가 나온다.

하지만 전근대 성격이던 유학에도 '근대를 배태하고 지향하던 사상'이 있었던 사실만은 지적해야겠다. "백성(民)이 가장 귀하고 왕조(社稷)가 그 다음이고 국왕이 가장 가벼운 존재"[22]라는 맹자류의 '민본(民本) 위민

(爲民)'의 정치설은 한국역사에서 꾸준히 기능을 발휘해 왔다. 국민을 위하는 선정(善政, 곧 王道政治)을 베풀지 않는 왕에 대한 '방벌(放伐)사상'은[23] 군주제가 타락하기 쉬운 독재(獨裁)의 가능성을 저지해 온 실질적 이론이었다. 민본 위민은 지난날 선비들의 상식화된 이상이었다.

때로 특출한 유학자들은 이 정도의 민본 위민을 넘어서는 사유를 내는데 과감했다. 대체로 17세기 이후 후기실학에서부터 민본 위민을 적극 강화하던 의지에서 그런 사상의 싹이 본격화했지만, 그것은 일찍이 '16세기 성리학자들 가운데'에서부터 주장한 발상이다. 그 좋은 실례가 이이(李珥, 1536~1584)의 경우이다.

이이는 당시 '적서차별제도를 개혁'하려 했고, 인간이하로 천대받던 '노비제의 모순을 개혁'하려 했다. 무재(武才)가 있는 서얼과 노비에게는 일 년(북변) 또는 일 년 반(남방) 동안 겪는 군역(軍役)을 조건으로, 서얼에게는 과거시험의 자격을 주고 노비에게는 양민화(良民化)하는 조치를 그는 제안했다.[24] 물론 이런 개혁설을 '조건부'로 주장한 데에 '그 개혁설의 한계'가 있었다. 하지만 조건부라는 형식의 소극성을 띠었어도 '인권(人權) 및 민권(民權) 차원'에서 근대지향의 획기적 발상을 제기한 사실만은 높이 평가할 만하다.

율곡은 또 "언로(言路)의 개폐에 나라의 흥망이 달렸다"[25]는 신념으로 그 개방을 강조했다. 또 공론(公論)이 곧 "인심의 동의하는 바[人心所同然者]"[26]임을 내세워, '공론의 정치'를 펼 것도 주장했다. 헌법에 해당할 '국시(國是)'마저 공론으로 이루어지는 것임[公論所在]을 역설했다.[27] 그에

---

22 『孟子』, 권14, 「盡心(하)」.

23 앞 책, 권2, 「梁惠王(하)」.

24 李珥, 『栗谷全書』, 권5, 「萬言封事」.

25 앞 책, 권3, 「賑弭災策箚」.

26 앞 책, 권4, 「玉堂論乙巳僞勳箚」.

따르면 옛날에는 간관이 따로 없이 국민 모두가 간관이었음을 주장하면서, 상인은 저자에서, 객인은 노상에서 각각 정견에 해당하는 소신을 폈다고 했다.[28] '언론의 자유'에 견줄 사유를 이렇게 제창한 셈이다. 여기에는 또 이상적 정치는 '국민의 공화(共和)'가 필수라는 사유가 잠재함을 부인할 수 없다. 그로서는 아직 의회기구나 삼권분립을 창안하지 못했지만, 이는 결코 지난날의 민본에만 안주한 사유가 아님이 분명하다. 민본에서 '민주(民主)로의 이행'이 싹트고 있었던 것이다.

우리 역사의 흐름은 이에 머물지 않았다. 17세기 유형원(柳馨遠, 磻溪, 1622~1673)에 이르면 '노비제의 점진적 철폐'가 무조건으로 역설된다. 그 이론적 근거는 "인간 모두가 하늘이 내린 존재, 곧 천민(天民)"[29]이라는 데 있었다. 나아가 교육(教育)을 전국민 범위로 대중화하고, 과거제(科擧制)를 학교교육의 연장선에서 시험제 형식으로 대폭 혁신할 것을 그는 기획했다.[30] 한마디로 조선 '통치제(統治制)' 곧 양반중심 체제(兩班中心體制)의 '전반적 폐기', '전반적 파괴'를 평민화인 '평등의 시각'으로 꾀한 내용이 그의 개혁설이다.

박지원(朴趾源, 燕巖, 1737~1805) 정약용(丁若鏞, 茶山, 1762~1836) 등도 당시의 양반중심 체제의 불합리와 모순의 제거로 근대지향의 추세에 힘을 더했다. 박지원이 양반층의 비리 부조리의 가면을 폭로하며 '계급의식을 타파'한 것, 정약용이 『탕론(蕩論)』을 통해 국민에 의한 '통치자의 선출과 교체'를 논한[31] 것이 우리역사의 이 추세에 부응한 실례이다. 다른 한편 성리철학의 '근본 개념과 명제' 등을 전반적으로 부정하고, 그것

---

27 앞과 같음.

28 앞 책, 권3, 「玉堂陳時弊疏」.

29 柳馨遠, 『磻溪隧錄』, 권 26, 속편 하, 「奴隷」.

30 윤사순, 『한국유학사』, 23장, 「사회개편적 제도개혁설의 제기」, 406-7쪽.

31 丁若鏞, 『與猶堂全書』, 1집, 권11, 「蕩論」.

들을 새로 제정한 '탈성리학 성격의 철학'이 바로 박세당, 홍대용, 정약용, 최한기의 철학들이다. 성리학의 철학에 대한 회의와 재정립에서 성리학을 넘어서는 탈성리학적 철학이 형성되었던 것이다. 신실학은 이 탈성리학의 실학과도 또 달라지는 철학이어야 함은 더할 나위 없다.[32]

하지만 여기서 이이가 주장한 '공론의 중요성'을 필자는 결코 경시하고 싶지 않다. 대중의 막연한 중론(衆論)이 아니고 조작되는 여론(輿論)도 아니고 양심에서 우러나온 공론(公論)이야말로 민주주의 진정한 발판이 될 요인이다. 우리가 현재에도 지향해마지 않는 '민주공화(民主共和)의 정치체제'는 우리의 경우 이렇듯 16세기부터 일부의 선각자들이 추구한 이념이라 할 수 있다. 그런 만큼 21세기의 현대에는 이보다 '더 후퇴한 전체주의나 독재'는 결코 용납될 수 없다. 광복 이후 산업화 못지않게 민주화(民主化)에 진력해온 것은 역사가 입증하는 한국인의 자취이다. 신실학의 정치론이 겨누는 방향이 이것들보다 '더 수준 높은 민주화'일 수밖에 없는 이유가 이에 있다. 사회론 전체가 지난날 성리학이나 탈성리학적 실학이 지녔던 사상의 되풀이에 멈추어서는 안 된다는 것이 신실학 형성의 한 방향이다.[33]

2) 공존 공생의 슬기

사회론의 항목에 들어오면서 이미 평등, 언론, 공론, 민주주의 등의 개념을 구사했다. 신실학 사회론의 경우 주요 원리적 개념은 이들에 그치지 않는다. 나아가 자유, 인권, 민권, 공존, 공생, 공익, 공동선, 글로벌

32 다른 장에서도 신실학의 단편적 철학이 나왔지만, 아래 6장의 내용이 본격적 철학에 속하는 것이다.

33 아래에 적는 다음 항들이 바로 사회사상의 내용이다.

가치, 다문화, 보수와 진보, 과학과의 관계, 4차산업화, 인본사상 등이 적합한 자리에서 구사되어야 한다. 이들 역시 신실학 이름으로 취급해야 할 당면문제 해결의 원리구실을 할 개념이기 때문이다.

신실학을 구상하면서 갖는 첫 의문은 유학이 '오늘날 가용성(可用性)을 지니는가'이다. 우리의 당면한 사회적 문제는 오늘의 난제인데 견주어 해결할 도구인 유학은 옛 사상임을 고려하면 이 의문은 자연스러운 것이 아닐 수 없다. 우리의 최대 난제인 '통일문제'를 떠올릴 때 특히 그렇다. 유학이 어떻게 이 문제에 접근할 수 있는지 선뜻 생각나지 않는 것은 필자만이 아닐 것 같다.

다른 사상들과 마찬가지로 유학에는 일시적인 특수사상이 있지만, 시대를 초월하는 보편적 사상도 있다. 그 보편적 사상들을 찾아보면 이 난제의 해결에 도움을 줄 열쇠의 단서 정도는 만날 수 있지 않을까 한다. 이것이 하나의 희망 어린 필자의 예단이고 미래의 문제 해결에서 용기를 얻는 근거이다.

유학 자체는 '인간관계에 대한 학문'이라 할 만 하다. 윤리와 정치를 중심에 놓고 있는 학문성격이 그런 판단을 뒷받침한다. 인의(仁義)를 추구한 것 자체가 '인간관계의 원활'을 기하기 위한 의지의 발현이다. 마침 『중용』에서는 '자아(自我)와 타자(他者)의 공존(共存)'을 논한 철학을 제시하고 있다. '성(誠)의 철학'이 그것이다. 나와 남과의 '공존이 가능하다'는 이 철학은 인간의 '대립된 상태를 극복할 가능성'을 보인 점에서 주목을 끄는 것이다.

그것은 "성(誠)의 태도가 자기를 이룰 뿐 아니라 타자도 이루게 한다[非自成己而已也, 所以成物也]"는[34] 명제이다. 이 명제에서 먼저 유의해야

34 『중용』, 25章.

할 것은 '성의 태도'가 하나의 전제조건인 점이다. 성(誠)이란 정성(精誠) 진심(眞心)의 뜻이고 보면, 정성을 다하는 진심은 곧 성실(誠實)로 구체화된 상태가 아닐 수 없다. 성실한 마음가짐이 지극하면 인간의 분열과 대립은 극복되어 공존 및 공생하게 되고, 그렇지 않으면 분열 대립은 여전히 극복되지 않는다는 주장이다. 그 근거는 아래와 같은 것이 아닐까 짐작된다.

남을 대할 때 성의(誠意)를 다한 성실한 태도는 거짓 없는 순수한 마음의 상태인데, 이런 태도는 선(善)과 통하는 덕(德) 또는 인(仁), 곧 사랑을 베풀 수 있는 태도이다. 진심으로 사랑을 베풀 수 있음은 물론 '남의 인격을 귀중히 여김'이 선행한 상태이다. 남의 인격에 대한 존중은 자연히 '나에 대한 (남의) 존중'을 불러오게 마련이고, 이것이 정상인의 상정(常情)이다. 나와 남의 '상호 존중'은 일종의 '상호 존립의 인정'으로서 마침내 '공존 성립'으로 귀결되지 않을 수 없는 태도이다. 이것이 바로 분열 대립된 두 인간을 공존 공생의 형식으로 양립시키는 기본 구도이다.

성의를 다하는 데서 '자아와 타자의 공존'이 가능케 된다면, 그 결과는 자타가 서로 외롭지 않게 되는 방법이기도 하다. 공자의 "덕 있는 사람은 외롭지 않다[德不孤]"[35]고 한 발언이 그것이다. 외롭지 않게 되는 공존은 '화해(和諧)의 길'의 열림이기도 하다. 공존에서의 화해는 결국 '공생(共生)'을 불러오게 마련이다. 통일은 바로 공존 공생의 길 찾음과 다르지 않다. 하나로 된 공존 공생인 만큼 여기에 통일의 실마리가 있게 될 것이다. 공존 공생의 지혜는 통일을 이룰 필요조건임에 틀림없다. 이제 통일을 이루기 위한 충분조건을 찾아야 할 차례이다.

---

35 『論語』, 「里仁」.

3) 통일 지향의 사유

필자가 그리는 '통일의 목적'부터 먼저 밝혀야겠다.

첫째, 통일을 통해 이산가족 상봉과 같은 효과를 단번에 최대 최고로 하려는 데 그 목적의 하나를 둔다. 현재의 세계적 추세는 혈연의 벽을 허물고 혼혈과 문화다원의 시대로 급속히 흐르는 상황이므로 '폐쇄적인 민족주의(民族主義)와 국수주의(國粹主義)'는 신실학에서도 배척하지 않을 수 없다. 하지만 혈연으로 맺어진 삶의 방식이 현재 우리의 지배적인 현실임을 부정할 수 없다. 우리 현실은 아직도 가족과 친족 등으로 얽힌 혈연관계가 우리의 언어(言語)와 문자(文字)와 역사(歷史)를 공유하는 정도로 '결속력을 가진 사실'을 고려해야 할 것이다. 겨레라든가 민족감정을 벗어난 채 우리가 당장 '일정한 나라의 국적'만 가진 '정신적 세계인'으로 살아가는 방식은 장래에는 몰라도 현재의 현실에는 아직 맞지 않아 보인다.

둘째, 한국이 과거와 같이 다른 나라에게 강점당하는 불행을 방지해야 함은 물론이고, 강대국 중 어느 나라가 한국을 자신의 패권적 역량 아래 두고서 한국의 자주권을 억압하거나 감소시키는 사태를 미연에 방지하기 위해서다. 우리 겨레의 '항구적 존립'과 '생사고락(生死苦樂)을 비롯한 생존방식(生存方式)'을 자유로운 우리 의사에 따라 결정하고 진행하기 위해 통일을 염원한다.

셋째, 한국인들의 정치, 경제 사회뿐만 아니라 문학과 철학, 교육, 미술, 음악, 기예 등 '문화 전반에 걸친 번영(繁榮)'을 더욱 고양하기 위해 통일은 요구된다. 역사적으로 쌓아 온 우리의 온갖 '전통문화의 유산'이 세계적으로 특수하고도 우수함을 보더라도, 단합된 양상의 계승과 발전이 세계 문화의 발전에도 기여하는 길이라 여겨진다. 집약하면 잠정적으로는 민족공동체(民族共同體)로서, 보다 더 항구적으로는 운명공동체(運

命共同體) 및 문화공동체(文化共同體)로서 통일은 필요하다는 것이 필자의 판단이다.

통일 문제를 근본적으로 어렵게 하는 점은 단순한 '분열'과 '대립(對立)'이 아닌 사실상의 '상호 충돌(衝突)'이라는 데 있다. 대립의 구도 자체가 실은 '이념의 대립이자 상충(相衝)'인 점이 문제를 난제로 만든다. 따라서 상반되고 이질시되는 남북 이념의 대립 또는 상충의 화해로운 극복이 급선무라는 사실에 대부분 국민이 공감할 것이다.[36]

상충되는 대립의 해소라면, 필자는 '중용의 사유'가 도움을 주지 않을까 생각한다. 어느 한 편에도 '치우침이 없어야 한다[不偏不倚]'는 얼핏 볼 때 중립(中立)의 선택이지만, 보다 더 유념해야 할 것은 '일방적 편향(偏向)을 극복'하는 '공정(公正)'인 데에 더 큰 비중이 놓였다. 일컬어 '중화의 정신[中和精神]'[37]이라는 것이 그것이다. 중용 사유의 중요성을 바르게 재인식해야 하는 이유가 바로 이에도 있다.

지나친 간략화일지 모르겠으나, 남과 북이 다 같이 '민주주의'를 지향하면서도 이념의 대립현상을 일으키는 원인은 공산·사회주의와 자본·자유주의를 지탱하는 '평등(平等)과 자유(自由)'에 대한 편향(偏向) 편집(偏執)에 있다. 평등과 자유가 마치 양립불가능(兩立不可能)인 듯이, 마치 서로 배척해야 할 반대개념인 듯이 여기는 오해가 가장 큰 문제이다.

자유와 평등은 결코 양립불가능이 아닐 뿐 아니라, 인간의 생활에 '모

36 유학으로만 사유하는 한, 周敦頤의 『太極圖說』에 구사된 動靜의 대립이 "極則反"의 법칙에 의하여 '서로 돕게 되는 관계(互爲其根)'라는 원리를 상기할 수 있다. 동과 정은 상반되지만, 상대의 상반되는 성격으로 인하여 '서로의 존재가 가능케 된다'는 사유가 그것이다. 하지만 이는 상반되는 대립의 해소가 아니고, 상반되는 동정의 상태를 계속해 가는 물리적 현상일 따름이다. 통일문제는 '대립하는 사회 현상'의 해소를 구하는 것이므로, 이 사유는 우리의 문제 해결에 참고 이상의 별다른 도움이 안 된다.

37 『中庸』에 따르면, "중화를 이룰 때 온 세계가 자리 잡히고 만물까지 잘 자란다(致中和 天地位焉 萬物育焉)"는 것이다.

두 요구'되는 만큼 융화(融和)롭게 병존해야 할 이념들이다. 평등의 필요성부터 살피자. 우리 역사에서 인간의 평등은 유형원 이래 노비해방에서 명백한 이론을 갖추어 왔다. 인간은 모두 하늘이 낸 '천민(天民)'으로서[38] 일종의 천부(天賦)의 권리를 지녔다는 것, 따라서 누구도 인간을 짐승처럼 학대해선 안 된다는 것이 유형원의 주장이었다. 홍대용(洪大容, 湛軒, 1731~1783)은 인간과 만물이 하늘에서 보면 모두 균등하다는 천균론(天均論)을[39] 주장했다. 국가 생활에서 '기회의 균등'이 누구에게나 긴요함은 더 말할 나위 없다. 국민으로 공공의 처지에서 차지하는 '민권(民權)을 뒷받침하는 요인이 평등'임에야 이를 결코 경시해서는 안 된다.

자유는 소유욕의 충족이 본능적 성향인 점에서부터 고려해야 할 것이다. 인간도 동물인 만큼 '욕구체적 인간관(欲求體的 人間觀)'은 근본적으로 인정하지 않을 수 없다. 정도의 문제가 따르지만 일정한 소유욕은 정당하게 충족시켜야 하고, 각 개인에게는 그 충족의 자유가 인정되어야 한다. 인간을 인간답게 살도록 하는 조건, 실로 '인권(人權)을 뒷받침'하는 이념이 자유이다. 남과의 관계 속에서 사는 인간들은 사랑과 배려와 약속 등을 자율로 시행해야 '원활한 삶'이 가능한데, 그런 자율의 시행은 '자유가 주어진 상태'라야 힘을 받는 사실을 지적하지 않을 수 없다.

이처럼 '자유와 평등'은 인간 삶의 양면인 '인권과 민권'을 받쳐주는 요건으로서 반드시 공유해야 할 요인이다. 자유와 평등이 공동으로 뒷받침될 때 인간 공동체(共同體)의 결속(結束)과 연대(連帶)가 굳건해짐도 감안해야 한다. 따라서 이것들의 '융화로운 병합'을 이제는 숙고해야 할 시점이다. 이 과제를 필자는 '인격(人格)의 존중'을 기저로 한 '상부상조(相扶相助)'의 원리로써 해결코자 한다. 상부상조는 어느 일방만의 조력(助力)

---

38 앞 주29 참조.

39 洪大容, 『湛軒書』, 內集, 補遺, 권4, 「毉山問答」.

이 아닌 '쌍방 호혜(雙方互惠)의 원칙'을 지키는 데서 그 효과가 제대로 발휘된다. 서로가 다 같이 윈윈 하는 길을 찾자는 것이다.

필자는 상호 호혜의 상부상조가 통일을 이룰 '공동선(共同善)에 해당한다고 생각한다. 따라서 이를 실천하는 데서 남과 북의 '이념의 편집(偏執)'은 극복되고, 마침내 그 융화로운 통일(統一)을 기대할 수 있다고 판단한다. 다만 이것은 결코 말처럼 또는 기대만큼 쉽게 이루어질 사업이 아닌 데 문제의 심각성이 잠재한다. 이상의 논의는 원론에 해당되는 논의였던 데 한계가 있다.

정치 · 경제 · 사회와 같은 구체적 측면을 고려한 논의로 진전된다면, 바람직한 통일은 결코 단시일이나 간단하기는커녕 장기간이라도 그 성취를 보장할 수 없는 복잡다단한 사안임에 틀림없다. 그만큼 통일은 신실학 성립에서 다 같이 심각하고도 신중히 숙고해야 할 문제이다.

4) 보수와 진보의 대립 문제

이념의 대립과도 관련되는 점 하나를 짚고 넘어가겠다. 오늘날 한국사회에 만연한 '보수(保守)와 진보(進步)의 대립구도'에 대한 문제이다. 이는 본질에 있어 남북의 대립된 이념과 크게 다르지 않다. 그런 만큼 통일로써 해결될 문제라 할지 모르겠다. 하지만 통일 이후에도 지금처럼 구체적 정책의 수립에서마다 따라다닐 사유이지 통일로 사라질 사유가 아니다. 따라서 이 자리에서 잠시 검토하지 않을 수 없다.

보수가 결코 수구(守舊)가 아니듯이 진보 또한 단순한 발전(發展)을 의미하지 않는다. 그럼에도 보수와 진보에 대한 수구와 발전의 발상은 이것들에 대한 '과장된 의미'에서 나온 오해거나 곡해일 때 나타나는 현상이다. 본래의 의미대로 이해하는 태도가 앞서야 한다.

보기에 따라 다른 견해도 나오겠지만, 필자의 견해로 보수는 '안정(安定)에 높은 비중과 가치'를 두는데 견주어, 진보는 '진취(進就)에 비중과 가치'를 더 두는 점이 서로의 큰 차이가 아닐까 한다. 안정은 이미 보존해야 할 일정한 가치를 발견했거나 특히 파멸하지 않고 인간의 존속을 유지하게 하는 데서 그 특징이 빛을 본다. 진취는 기존의 환경이 더 이상 존속되어서는 곤란한 점을 발견하고 그에 대한 개혁을 통한 성숙과 발전을 시도하는 데서 그 특징이 더욱 두드러진다. 두 가지가 모두 근거 있는 사유임이 인정되고, 그런 만큼 인간의 삶에 이 두 가지가 모두 요구됨을 인정해야 한다.

문제가 야기되는 까닭은 어느 한 편에 치우치는 데 있다. 그러므로 필자는 예로부터 전해오는 격언 하나를 떠올리겠다. 그것은 "극성을 부리다가는 안 하니만 못하게 된다[極盛之敗]"이다. 이는 지나치도록 '지극하면 반대로 뒤집히는 법[極則反]'이라는 원리이기도 하다.[40] 따라서 보수와 진보의 대립구도를 해소할 열쇠는 어느 한편에만 집착[偏執]하여 과도하게 추구하지 않고, '조화하려 조절하는 균형(均衡)'의 지혜이다. 중용의 '중화(中和) 정신과 태도'는 이런 데에서도 요구된다고 할 수 있다.

삶에서 일어난 문제는 결국 인간이 조성한 만큼은 인간이 '자신을 해치지 않는 방향'으로 풀어야 한다. 사회에서 야기되는 문제일수록 더 그러한 사고가 요구되어야 할 것 같다. 이런 원칙을 앞세우고 보면 인간의 바람직한 기본자세는 '인간다운 인간'을 지향하는 인도주의(人道主義)를 닮은 인본사상(人本思想)으로 다듬어진 자세라는 데로 귀착한다. '인도를 함유한 인본'이 결국 신실학이 지향할 사상적 종착역처럼 그려진 방법론적 모양새가 되었다.

---

40 『易經』에 보이는 陰陽의 消長에 의한 변화의 원리를 가리킨다.

5) 4차 산업시대의 예지

신실학적 탐구로는 21세기 현재 진행 중인 '4차 산업화의 물결'에 대처할 사유를 준비해야 할 당위성 또한 감지하게 된다. 다 아는 대로 4차 산업사회 도래는 주로 '인공지능(AI)의 놀라운 발달'에 기인했다. 이미 컴퓨터와 인터넷 및 반도체의 발달 등도 영향을 끼쳤지만, 그것들을 토양으로 한 인공지능의 눈부신 개발이 4차산업화인 새 시대를 연 주된 요인이다.

인공지능의 발달이란 한 마디로 '사유(思惟)하는 기계'의 출현을 가리킨다. 지난 해 바둑왕 이세돌을 격파한 알파고와 같은 기계가 일정한 계산을 하는데 그치지 않고, 통찰 같은 '사유능력을 발휘'함이 그 특징이다. 인공지능의 산물 중의 대표적 사례가 생각하는 로봇이다.

인공지능의 기술 개발은 인간에게 '편의(便宜)'를 가져오는 것이 장점이지만 단점 또한 동반함에 유의해야 할 것이다. 로봇 같은 편리한 기계의 발달이 인간 삶의 모든 분야에서 '인력(人力)을 대체'하는 현상을 빚는다. 앞으로 대략 20년 뒤엔 각종 직업인들이 직장을 70%이상 잃을 정도로, 극심한 '사회변화(社會變化)'를 가져올 상황에서 우리는 살아간다. 의사, 간호사, 변호사, 변리사, 대학교수, 심지어 예술인 등의 대폭적인 감축이 예상된다. 생각하는 기계의 '초인적 능력'으로 인하여 인간들은 지금도 하루가 다르게 '급변하는 세태'를 실감한다.

인공지능의 능력은 유용성(有用性)과 무용성(無用性) 양면으로 드러난다. 그 초인적 능력으로 인간의 능력을 도와주는 편의 · 유익과 함께 인간이 조정 제어할 수 없는 불편에 속하는 위해[危害]가 도사리고 있다. 인간에게 유용 유익함 뿐 아니라 무용 위해한 성격을 띤 이것이 바로 4차산업화에 관심을 쏟게 되는 이유이다. 문제는 인공지능이 자아내는 위해 또는 실제적 해악(害惡)인 것이다.

구체적인 사례를 들겠다. 로봇에게 '감정과 의지 등의 기능'이 들어가게 된다는 가상이 결코 무망하지 않다면, '로봇과 인간의 분별'을 어디서 찾겠는가? 인간의 정체성과 로봇의 정체성 변별이 불분명해지는 사태에 인간들은 직면할 것이다. 또 전투를 위한 로봇 제작이 진행 중이라는데, 그것이 아군과 적군의 분별에 착각 또는 혼란을 일으킬 가능성이 전무하지 않다면 어찌 되겠는가? 도대체 인명살상용 로봇을 만든다는 것 자체가 있을 수 없는 일이다.

'유전자 변이(遺傳子變異)'가 조종불능의 괴물을 낳는다는 가능성도 배제하지 못하는 상황은 더 큰 문제가 아닐 수 없다. 생명공학(生命工學)과 연결되고 있는 과학 기술의 현주소만 해도, 생물의 진화(進化)가 이미 그 자체의 필연적 자연법칙 아닌 '임의의 선택'으로 되어, 마침내 '자연 질서의 파괴' 현상이 일고 있음은 인간 모두가 경각심을 가져야 할 사태이다. 이는 인간의 정체성 상실에 이어질 자연계 전체의 파멸을 불러올 위해의 종말임에 틀림없다.

따라서 인공지능의 개발 발전에는 반드시 위해성을 피하기 위한 '윤리(倫理)'가 필수불가결임을 깨닫게 된다. "인공지능의 개발은 어디까지나 '인간을 위해서', 그리고 '인간이 조종할 수 있는 범위 내'로 되어야 한다"는 '당위성'이 설득력을 지닌다. 인간을 위한 것도 아니고 인간이 제어할 수도 없는 '괴물을 만들어서는 절대로 안 된다'는 윤리적 명제를 우리는 따라 실천해야 한다. 인지공학자들 사이에서 이런 자각이 이미 일고 있음은 다행한 일이다.

이제야말로 '온 천하를 공(公)의 기준'으로 삼아[天下爲公]서 온 인류가 이상시할 공동선(共同善)을 찾아야 한다. 인류의 공동선 또는 글로벌한 가치의 역할을 할 사상은 인간 스스로 자신을 보호하는 '인본주의(人本主義)'가 아닐 수 없다. 인본주의에는 물론 역사상 여러 종류가 있었다. 여기서는 공자가 “본래 짐승과는 한 무리로 될 수 없어 인간의 무리와 함께 한다”는 ‘도덕적 인본사상’을 중심으로 하지만, 이 외에도 인간들이 추구한 ‘신의 권위로부터의 인본’, ‘기계로부터의 인본’ 등을 다 포괄한다. 특히 단군신화에 나오는 ‘홍익인간(弘益人間)의 정신’을 비롯하여 한국 성리학자들이 추구한 윤리 도덕적 인본 및 실학자들이 추구한 민생의 돈후를 추구하던 인본이 모두 다시금 이어 갈고 닦을 사상적 자산이다. 이 인본사상은 ‘인간다운 인간’을 염원하는 뜻에서 인도사상(人道思想)과도 거의 동의어라 할 수 있다. 인간다운 인간들이 어울릴 때의 광경을 그리는 것이 신실학의 구도이고 향방이다.

인본사상은 신실학이 반드시 구비해야 할 기본사상이지만, 그렇다고 이것의 계발만이 신실학의 전부일 수는 없다. 신실학의 임무는 이밖에도 더 있다. 그것은 인본 사상을 토대로 하여 4차 산업화를 우리 나름으로 더욱 ‘알차고 실속 있게 진전’시켜나갈 길의 탐색인 신실학적 방향제시이다. 그것을 가능케 할 방법을 생각해 보자.

4차 산업화를 실속 있고 알차게 진전 시킬 방향을 탐색하려면 지난날 우리가 ‘극빈(極貧)의 상태’에서 한강의 기적이라는 산업화를 이루고, 그것을 통해 단군 이래 최고의 기적 같은 ‘경제부흥을 초래한 요인’의 파악이 요구된다. 그 요인이 또한 4차 산업화 시대를 이끌 열쇠로 될 가능성이 큰 것이다.

한국의 산업화를 성취시킨 요인은 주로 ‘근면, 성실, 절검, 협동하는 마음가짐’이었다. 투지에 가까운 개척정신으로 ‘지식을 신장’하면서 ‘기술의 급속한 습득’에 최선의 노력을 다하던 의지와 용기 그리고 무엇보다도 노동을 중요시하는 관념과 ‘친노동’의 태도였다. 이런 정신과 태도의 부활이 4차 산업화를 이끌 신실학적 지혜라고 판단된다.

한국인이 조상으로부터 이어받은 것이 재능밖에는 더 없다면, 그것의 계발에 의하여 '인공지능에 대한 유익하고도 우수한 연구'와 '기술의 획기적 발전'에 혼신의 노력을 기울여야 마땅하다. 앞으로 우리 자신이 인공지능의 개발 발달에 최선을 다 하는 이 노력으로 세계 과학기술의 판도에서 선두를 점하도록 하는 '새 철학의 창발'이 신실학 자체가 짊어지고 나아갈 방향이다.

무한경쟁의 세계를 무대로 하여 우리의 재능과 기술이 이미 반도체의 경우 크게 빛을 보듯이, 인공지능 분야를 비롯하여 바이오, 아이티 분야 등을 더욱 연구 발전시키는데 진력하도록 하지 않으면 안 된다. 인공지능의 유익 유용한 측면의 개발로 세계를 선도하고 석권하는 것이 곧 '이 나라를 부강하게 할 길'임을 주지시키는 업무가 신실학의 임무이고 앞으로 나아갈 방향일 것이다.

6. 종합론

이상의 내용을 이제 뒷받침할 배경과 근거를 밝히기로 한다. 그 합리화 타당화를 위한 보충의 변해(辯解)도 가능한 한 시도하겠다. 유학이 복합적 학문이듯이 신실학 역시 단순치 않음은 마찬가지이다. 따라서 복합적인 근거가 될 근본이론 창출을 시도함이 바람직하다.

신실학은 무실(務實)의 태도, 곧 실사구시(實事求是)의 태도를 택함으로 인해 주로 사회학 또는 사회철학의 성향이 농후한 인상을 풍겼다. 하지만 조선후기 탈성리학적 실학도 성리학의 토양에서 출발한 까닭에 거기에는 성리학 성향의 철학이 적지 않게 저변을 이루었다. 애당초 신실학은 성리학과 탈성리학 심지어 본원유학까지 아우르는 태도로 출발한 만큼, 그 바탕에는 인문학적 철학이 잠재되었다. 삶에 대한 근본문제를 탐색하는 이상, 신실학의 근본철학 역시 '형이상학(形而上學) 차원'까지 계발하는 철학이게 마련이다. 그 구체적인 성찰로 접어들자.

유학의 근본원리는 덕성이기도 한 인의예지(仁義禮智)였다. 그것은 맹자의 성선설로 타당화한 것이다. 이점에 대하여 누구는 그 맹자의 측은지심 같은 사단(四端)의 '착한 성격이 확고하지 않음'을 들어 불완전한 이론이라 하고, 나아가 그 원리를 계승한 신실학 또한 불완전한 점이 있음을 비판할 수 있다. 이에 대한 필자의 답변은 한 마디로 '인간경험에 쌓인 검증(檢證)의 축적(蓄積)'이라는 것이다.

애당초 인(仁) 등은 공자 이전부터 인간들이 익혀온 개념이다. 맹자 또한 당시 오륜의 이름은 없었어도 오륜적 사유(親·義·別·序·信)가 있었음을 알렸다. 그것은 실제로 『서경(書經)』에도 나온다. 맹자 자신은 인의(仁義) 등을 이용한 윤리적 원리화의 작업을 강화하는데 크게 공헌했던 것이다. 비록 맹자의 사단설의 이론화가 불완전·불확고하더라도, 그것을 덕목으로 믿고 인지케 한 배후에는 선을 지향하는 당위성에 대한 수천 년, 아니 그 이상의 시간 동안 인간들이 개인으로 때로는 집단으로 겪은 경험이 (익히면서 검증하듯) 작용했다고 보아야 한다. 그 윤리적 원리들은 결코 공자 맹자 같은 한 두 학자의 우연한 주장에 그치지 않고, 그들과 더불어 인간 경험으로 쌓은 검증의 축적이라는 것이 바로 필자가 그들 원리를 채택하는 근거이자 배경이다.

이와 관련하여 필자는 유전공학 전공자의 견해에도 유의한다. 인간 유전자는 대부분 '이기적 성향'을 지녔음에도 그 중에는 '협력적 성향을 띤 유전자'가 있다는 견해가[41] 그것이다. 이는 이해하기에 따라 '이타의 성

---

41 이는 Richard Dawkins가 그의 The Selfish Gene에서 말하는 'The Cooperative Gene'을 두고 하는 말이다. (홍영남 번역, 『이기적 유전자』, 을유문화사, 1993. 참조).

향'에 견줄 성향이 아닐까 추측해 보는데, 만약 그렇다면 덕성윤리설이 앞으로 더욱 힘을 받게 될 현상이라는 이해가 가능할 것이다.

다음은 '선비의 인간상'에 대한 논의이다. 부정의 시각으로 본다면, 선비는 지난날 지배층 양반과 분리하여 생각하기 어렵다. 사회구성 요소로의 '사농공상(士農工商)'은 직종에 따른 구분이기도 했지만, 신분으로 분별한 상태에서 오랜 기간 이용되어온 것이 사실이다. 그 경우 선비(士)의 신분은 사회 최상층의 지배계급을 대표하면서, '불평등(不平等)' 사회를 이루었던 요인이었다. 불평등 사회 속에서 선비는 농공상에 종사하는 인간을 마치 선비들의 도구처럼 삼은 역사가 있었다. 이런 점에서 선비는 반드시 높이 평가받을 수만은 없다는 주장이 나올 수 있다.

그러나 오늘날은 과거와 같은 귀족 중심의 신분 사회에 기반을 둔 계급사회가 아니다. 오히려 지난날의 공인(工人)에 속하던 노동자와 상인(商人) 입장의 자본가와 경영인 등이 주름잡는 시대가 현대이다. 따라서 그와 같은 과거의 관념은 불식되어야 마땅하고 실제로 이미 불식되었다고 보아야 한다. 지금은 직종의 구분만 존재하는 것이 실상이기도 하다. 필자 또한 직종의 변별을 앞세우고 우리 역사에 끼친 '선비의 순기능' 또는 '선비의 긍정적 모습'만을 소개했을 따름이다.

누군가가 지적할 것이 또 눈에 띈다. 즉 사회론 부분에서는 통일론이 백미인데, 그 논의가 충분치 않다고 할지 모르겠다. 통일론에서 필자는 민족의 개념이 일정기간 유효성을 지닌다고 했다. 더욱이 한국인의 경우 민족개념은 어디까지나 외족의 침략에 대응하는 '방어의 필요'에서 안출한 개념이지, 다른 나라들처럼 제국주의(帝國主義)를 바탕으로 외국에 대한 침탈의 방편으로 낸 발상이 아니다. 그런 만큼 한국인은 오늘과 내일에도 다른 나라, 다른 민족의 한국에 대한 물심양면에 걸친 침해를 겨레의 단합된 통일의 힘으로 저지해야 한다, 필자는 민족 개념을 이런 뜻으로 사용했음을 밝힌다.

물론 민족 개념은 이전 같은 '단일민족일 때'에나 유효하지 그렇지 않을 때는 유효성이 감소될 것이다. 앞으로의 시대는 외족과의 '혼혈과 다문화'가 급속히 진행될 추세임을 감안해야 한다. 통일의 논의 또한 단기간의 불확실한 여건보다는 좀 장기간에 걸치더라도 '현실적 여건'을 충분히 감안한 논의라야 적합할 것이다. 근거가 박약한 임시변통의 논의보다는 보편타당한 진단이라야 설득력 또한 높다는 주장이 고개를 들 것이다. 본론에서 언급한대로, 잠정적으로는 민족공동체로 영구적으로는 운명공동체 및 문화공동체로서 통일은 정치, 경제, 사회 등 다방면으로 신중을 기하면서 성취되어야 한다는 것이 신실학에서 채택해야 할 방향임을 분명히 한다.

인성, 인간상, 통일론 등의 논의를 뒷받침하는 근본사상은 필자로는 유학 본래의 일종의 '생철학(生哲學)'임도 아울러 밝혀야겠다. 일찍이 『주역』에 담긴 "끝없이 생성하는 것을 역(곧 변화)이라 이른다[生生之謂易]."[42] 또는 "우주의 대표적 특성은 곧 생이다[天地之大德曰生]."[43] 모두 생철학 종류의 사유이다.

생물학에 따르면 생명(生命)은 일종의 '시공(時空)의 구조적 변화'일 따름이지만, 이런 정의에서라도 인간을 비롯한 유기체에 생장성숙(生長成熟) 또는 생로병사(生老病死)의 현상을 가져오는 사실을 우리는 생명현상이라고 지칭하려 한다. 그 생명현상을 지닌 유기체의 일정한 특성을 유학에서는 인성(人性)이니 물성(物性)이라 불러 온 데 그 사유의 근거를 둔다.

---

42 『周易』, 「繫辭(상)」, 제5장.

43 앞 책, 「繫辭(하)」, 제1장.

생명체 가운데 영장으로 간주된 인간의 경우에 우주 생명의 특성은 가장 잘 드러난다는 믿음이 유학의 통념이자, 동아시아의 농본사회에서 익힌 유학의 철학이다. 이 사유를 통하여 정호(程顥)는 인간의 대표적 본성인 인(仁)을 '생의(生意)'로, 주희는 '생물하는 본성[生物之性]'이라는 해석을 낸데[44] 이어 필자는 그것들을 계승한 터전에서 '사물을 산작하는 특성[産作之性]'이라 해석해 보았다.

이에 따라 신실학에서는 찰스 다윈 이래 현대의 인지공학자들에 이르기까지 인정하는 '생물 진화(進化)의 형식'이 곧 인간 '삶의 기본 방식'이라 필자는 믿게 되었다. 환경에 대한 '적응과 함께 창의적 능력으로 진전'하는 것이 진화에 다름 아니다. 물론 이것은 가정에 지나지 않으므로, 맞지 않고 어긋나는 증거를 발견할 때엔 어느 때던지 폐기할 잠정적 사유이다. 이 점은 과학의 정신과 맞먹는다.

진화에는 생존을 위한 투쟁보다는 '환경에의 적응'이 우세한 성향이다. 따라서 화해(和諧)와 평화(平和)를 지향하는 입장에서는 투쟁 폭력으로 이해하는 이론보다 '진화의 성향'을 택함이 훨씬 바람직하지 않을까 한다. 이런 사유는 그대로 신실학에서도 진화를 진보발전의 모델로 삼는 이유로 될 수 있다.

인간의 삶, 특히 그 역사의 흐름에 대한 해석은 과학의 방법처럼 '가정(假定)과 검증(檢證)'에 의한 수정의 연속을 면하기 어려울 것 같다. 일정한 법칙, 마치 태극(太極)같은 근본 원리[理]의 고정된 법칙의 흐름[流行]으로 역사를 해석하는 방식은 공리공론의 허구에 빠질 개연성이 너무 높다고 여겨진다. 이는 조선 말기 한국성리학의 사유에서 확인되는 실상이므로, 이점 우리가 앞으로 유의해야 할 것이다.[45]

---

44 朱熹, 『朱子語類』, 권5, 「性理(2) · 端蒙錄」 및 권6, 「性理(3) · 大雅錄」.

45 이와 관련해 변화 또는 발전은 "상대와의 투쟁에 의해 이루어진다."는 헤라클라이토스를

일찍이 노자(老子)는 유(有)의 세계를 무(無)로 인해 존재한다[有生於無]고[46] 생각했듯이, 유학에서도 유의 대칭으로 무를 가정한 사유가 있었다. 태극(太極)과 함께한다는 무극(無極)이 그것이다[無極而太極].[47] 필자는 생명을 가정하는 만큼 존재론에 있어서는 유의 세계를 소박하게 인정하는 셈이다.

필자는 불교의 공(空)과 노장의 무(無)와의 중간치에 해당하는 것을 생명의 양상으로 간주한다. 그 생명의 양상은 감각 경험되는 세계를 하나의 '시공에서의 점(點)과 같은 상(象) 곧 꼴'로 파악한 것이다. 현상세계란 '꼴'로 번역되는 '상(象)의 바다'에 비유할 수 있을 것 같다. 인간은 각기 그 상·꼴들의 해석에 따라 '말짓, 몸짓, 글짓' 등 '짓의 응대'로 살아가는 존재에 해당한다. 이것이 필자의 형이상학이다. 만약 상·꼴에 대한 해석은 객관성을 잃고 주관성이 지나치면 무근한 독단이 될 것이다. 그 독단을 방지할 장치가 역시 실사구시(實事求是)이다.

리기 관념[理氣論] 또한 필자는 계승하는 편이지만, 특별히 필자 나름의 리기관을 따로 개척하지 못한 상태다. 리(理)의 의미가 지닌 사실적 측면과 가치의 측면이 혼재된 점으로 인해 야기되는 장단점의 특징에 주목해왔을 따름이다. 기(氣) 개념은 모호한 대로 쓰임새가 다양한 점도 재고해야 할 필요를 감지한다. 그러나 기 개념의 모호성 극복은 필요하지만, 방만한 의미 영역의 정리를 잘 못하는 경우 안한 것만도 못할 것 같은 우려가 앞선다. 기(氣)는 원질, 에너지, 활력, 생명력 정도의 의미만

비롯한 헤겔 마르크스의 이론은 진화론과 거리가 먼 가설이라고 간주할 수밖에 없다. 필자는 이 대목에서 조선시대 성리학의 사유가 조선 말기로 올수록 일종의 유리론(唯理論)에 뒷받침된 공허한 '극단적 리법적 세계관(極端的 理法的 世界觀)'에 빠졌던 사실로 미루어, 리법적 세계관에 기초한 변증법이라는 '정반합적 발전'을 주장한 헤겔의 사유에 대해서도 의혹의 눈으로 본다.

46 『道德經』, 40章.

47 周敦頤, 「太極圖」 및 「太極圖說」 참조.

해도 매우 유용하게 쓰일 수 있음에 유의한다. 필자에 있어 기는 특히 '상 · 꼴의 바탕[質]'이라는 점에서도 의미를 갖는다.

그러고 보니 신실학의 방향이라 할 방법론 서술을 개인 소회의 개진으로 채운 꼴이 되었다. 신실학은 그만큼 형성 과정에 있는 아직 미숙한 학문에 지나지 않는다.

7. 마감하면서

이제 필자가 조심스레 발표한 신실학에 대한 반성의 항목을 마련해야겠다. 스스로의 반성적 관점에서 보더라도, 이상의 서술은 유학의 이름을 빌려 한국학의 일부를 서술한 내용이 아니냐는 지적을 받을 수 있을 것 같다. 그만큼 유학의 보편적 문제라고 하기 보다는 한국의 특수한 문제에 집중된 느낌을 준다는 비판이 예상된다. 학문 자체가 진리 탐구일수록 보편적 내용의 추구인 점에서 그렇다. 또 하나의 비판으로는 유학이 적어도 문사철(文史哲)을 포괄하는 학문임을 들어, 신실학적 유학임을 자임한 이 서술에서 문학과 사학이 결여되었음도 흠이라는 지적이 예상된다.

필자도 모두 맞는 비판임을 자인한다. 하지만 신실학은 기존의 유학이나 실학에 구애 받지 않고, 우리 현실에서 야기된 문제들에 대한 해결을 시도하는 것이어야 한다고, 그것이 필자에게 주어진 임무라고 간주했음을 상기시키고 싶다. 현실의 당면 문제에 대한 '선택과 해결의 방법'을 제시하는 필자의 견해는 주관적일 수밖에 없음도 이미 앞서부터 밝혔다, 보다 더 주관성이 감소되고 객관성 및 보편성을 많이 확보하는 길은 앞으로 기울일 필자의 노력으로 이루도록 할 계획이다. 이밖에 문학과 역사의 측면으로 확충하는 것 또한 부족한 필자의 지식을 확충하는 노력으로 극복하겠다는 약속으로 대신한다.[48]

약점에 대한 필자의 변명을 더 하자면, 이상에 제시한 신실학 이름의 설계와 구성이 한국학의 일부처럼 된 이유 중 가장 큰 이유는 통일을 '초미의 관심사'이자 '가장 큰 난제'로 간주하면서 그로 인해 할애한 '지면의 다수'에 있다고 생각한다. 민족 개념을 바탕으로 한 통일 문제는 그만큼 필자에게 '큰 짐'으로 여겨졌음을 고백한다. 그리고 제시한 해결의 방법론을 되도록 '유학의 원론적 사유'에만 의지한 데에 이 논의의 '제약 같은 특징'이 있음을 밝힌다.

하지만 이렇게 고심한 '방향 제시'가 모쪼록 유용성을 지녀 실제로 얼마큼이라도 이용된다면 필자는 천만다행이라 여길 따름이다. 필자의 논의가 안고 있는 제약을 고려한다면, 아마도 이후에 의해 이루어지는 신실학은 '통일을 기점'으로 크게 달라지지 않을까 생각한다. 다시 말해 통일을 기점으로 신실학의 전과 후의 내용 및 성격에 적지 않은 변화가 일 것이라 추측한다. 이것이 '신실학의 방향 제시'를 마감하면서 내는 필자의 또 하나의 예단이기도 하다.

48 변명의 자료가 될지 모르겠지만, 필자는 우리말로 된 시집(詩集)인 『길벗』(유림플러스, 2017)을 간행한 일이 있다.

실학의 개념과 학술사적 · 현재적 의의

이헌창 | 고려대학교 경제학과 교수

1. 실학 개념 •

2. 저명한 중국 사상가의 학문 탐구 자세 •

3. 조선시대 학문 발달과 근세 실학자 •

4. 실학 개념의 동아시아사적 · 세계사적 지평 •

5. 조선에서의 근세 실학의 학문 · 사상사적 위상 •

6. 실학의 개념과 연구가 필요한 이유 •

1. 실학 개념

근대 학문은 개념이 없이 한 걸음도 나아갈 수 없다. 그런데 개념의 사용은 복잡한 현상의 단순화와 추상화에 따른 비용을 치른다. 인문학과 사회과학에서 논란이 없이 완전히 통일된 견해를 가진 개념은 찾기 어렵다. 필자가 전공으로 삼는 경제학의 개념은 계속 변하여왔고, 지금도 완전히 통일되지 않았고, 앞으로 변할지 모른다. 필자가 또 다른 전공으로 삼는 역사학에서 매우 중요한 개념인 근대가 무엇인지를 논한다면, 두터운 책으로도, 그리고 전문가들이 하루 종일 논쟁을 벌여도 부족하다. 자본주의의 개념도 다양하게 제시되어 있다. 주류 경제사학계에서는 자본주의라는 용어를 사용하지 말자는 유력한 조류가 있는 반면, 자본주의라는 용어를 사용하는 저명한 경제(사)학자들이 있다.

그러니 세계학계의 공인을 받은 개념도 아니고 한자문화권에서 사용된 실학 개념의 정의가 통일되기 어렵고 그 사용 여부를 둘러싼 논쟁이 있는 것은 이상한 일이 아니다. 필자는 실학 개념을 사용하는 편익(benefit)이 비용(cost)보다 크다고 생각하여 그 개념의 사용을 지지한다. 그런데 실학은 경제학, 근대, 그리고 자본주의보다 모호한 개념이다. 필자는 기존 실학 개념을 통합적으로 이해하는 정의를 다음과 같이 제시한 바 있다.

> "중 · 한 · 일 3국에서 유학의 대부분 유파가 실학이라는 용어를 사용한 점에서, 실학은 유학에 고유한 성격이었다. 유학은 인류의 보편적 도덕을 탐구하여 그에 입각한 개인적 · 정치적 실천을 추구한 점에서 실질적인 유용성을 추구하는 학문이어서, 실학이라고 자부하였다. …… 실학의 자부심이 특히 강한 정주학(程朱學)은 유학을 학문적으로 발전시켰지만, 도덕지상주의를 지향하여 관념적인 철학에 입각하고 사적 물욕에 대한 부

정적 관념을 강화한 점에서 근대성과는 달랐고, 공리(功利)와 물리(物理)의 논의를 도리(道理)에 종속시켜서 공리공담(空理空談)으로 흐르는 경향이 있었다. 명말 이후 중국, 조선왕조, 그리고 도쿠가와 일본에서의 경세치용학(經世致用學), 고증학(考證學) 등은 국가제도, 경제, 과학기술 등의 유용한 지식에 관한 논의를 진전시켜, 유럽 근대화에 이바지한 계몽주의에 통한다. 경세치용학은 공리와 물리에 대한 도리의 구속을 완화하여, 공리의 경제합리주의에 입각한 정책을 제시하고 서양 자연과학의 물리를 수용하였다. 한국의 역사학계는 그것을 실학으로 불렀는데, 필자는 유가가 말한 실학과 구분하여 근세(近世) 실학으로 부른다. …… 근세 실학은 동아시아 근세의 한 측면이었다."[1]

필자는 다음과 같이 근세의 개념을 소개하면서 조선시대에 적용해본 적이 있다.

"세계사를 총괄하는 발전단계론을 제시하기는 어렵지만, 인류사가 전근대로부터 근대로 발전해왔다고 말할 수는 있다. 근대로의 전환은 정치 · 경제 · 사회 · 문화 등의 전반적인 변혁이었다. 전근대로부터 근대로의 전환기로서 근세(early modern)라는 시기가 설정되기도 한다. 유럽의 근세는 16~18세기에 해당한다. 일본사의 통설은 도쿠가와(德川)막부가 지배하던 시대를 근세로 본다. 일본의 경도(京都)학파는 송대 이후의 중국에서도 군주독재정치, 서민의 대두, 새로운 문화의 발흥 등이라는 점에서 유럽의 르네상스에 비견될 만한 변화가 있었다는 점에서 근세론을 주창하였다. …… 월러스틴(I. Wallerstein)은 자본주의의 성립을 세계체제론으로서 설명하였는데, 기시모토 미오(岸本美緖)도 동아시아의 근세를 개성을 가진 여러 지역이 상호 영향을 주고받으면서 16세기부터 18세기라는 이 시대의 격동의 리듬을 공유하고 있다는 세계체제론의 시각에서 거론하였다. …… 조선의 근세를 유럽과 비교하면서 논할 때, 각 측면에 따

1 이헌창 「實學 개념들의 통합적 이해를 위한 試論」 『韓國實學硏究』 32, 2016, 233-234쪽.

라 근세의 성립 시점을 달리보아야 하지 않을까 생각한다. 정치·법제도의 측면에서는 15세기에 통일법전이 정비되어 그것에 입각해 과거 관료에 의해 집권적 국가가 운영되어, 근세가 성립하였다고 할 수도 있겠다. …… 17세기 시행된 대동법을 통해 조세 부과의 기본적인 기준은 토지수확량이 되고 조세 부과의 신분제적 원리가 현저히 약화되었다는 점에서, 필자는 대동법에 의해 근세적 조세국가가 성립하였다고 본다. …… 경제적으로는 집약적 농법의 발전으로 인구밀도가 매우 높았고 대부분의 사람이 하루내에 장을 볼 수 있을 정도로 농촌정기시의 밀도가 높았던 점에서 18세기가 근세의 자격을 가진다고 생각한다. …… 사회적으로는 18세기에 노비의 격감과 중서층(中庶層)의 성장, 그와 더불어 평민도 가례의 주체로 성장하고 교육에 관심을 가진 지식인인 사(士) 내지 양반을 지향하는 추세의 본격화라는 점에서 근세라고 부를 수 있겠다. …… 문화적으로 실학과 여항(閭巷)문화가 대두한 18세기를 근세로 부를 수 있다고 생각한다. …… 이상으로 보건대, 필자는 조선전기는 근세가 되기에는 미흡하고 개항전 조선시대의 정점에 도달한 18세기는 세계사적인 의미의 근세라고 부를 수 있지 않을까 생각한다. 그런데 조선의 근세, 나아가 동아시아의 근세는 유럽의 근세에 비하여 근대화 기반의 조성에서 취약하였다."[2]

필자는 부끄럽게도 오가와 하루히사(小川晴久)가 같은 취지로 근세 실학을 논한 것을 몰랐다. 그의 주장을 소개한다. 실학의 다른 이름인 유학은 수기치인(修己治人)의 학이다. 수기의 면은 실심(實心)의 학이고 이용후생의 면은 실용의 학이다. 그런데 주자학이 체제의 교학(教學)이 됨에 따라 실심과 실용의 학문과 괴리되었다. 그 반성으로 성립한 양명학은 실심실학이라는 발상을 하였다. 천관우는 갑오개혁 이후 상공업인 실업(實業)의 학이라는 의미로 실학이 사용되었음을 밝혔다. 이것을 좁은 의

2 이헌창 「근대경제성장의 기반형성기로서 18세기 조선의 성취와 그 한계」 역사학회편 『정조와 18세기』 푸른역사, 2013, 170-174쪽.

미의 실학이라 부르자. 후쿠자와 유키치(福澤諭吉)가 서양 근대학문을 실학이라 불렀다. 일본의 문호개방 직전에 와타나베 카잔(渡邊華山)과 다카노 초에이(高野長英)가 서양의 학문을 실학이라 불렀다. 이러한 실업의 학을 준비하는 18세기의 학풍을 한국사학계는 실학이라 불렀는데, 근세적 실학으로 부를 수 있다. 오가와의 주장을 요약하면 "옛날 유교사회에서는 실학이란 도(道)의 실천의 학, 진실된 학을 제일의적으로 의미하였고, 경세치용 · 이용후생을 그 내실로 하였다. 전자를 근대적 실학, 후자를 근세적 실학으로 부른다."[3] 1740년 8대 장군 도쿠가와 요시무네(德川吉宗)는 실학을 장려하면서 네덜란드어 연구를 명하였고, 그 후 난학(蘭學)이 발흥하였다. 여기서 일본에서는 서양학문이 실학이라는 관념이 형성되어 후쿠자와의 근대 실학 개념으로 연결되었다. 필자는 오가와가 근대적 실학과 근세적 실학이라 부른 것을 실학과 근세 실학으로 부른 셈인데, 아직 개념 정의를 바꿀 필요성을 느끼지 않는다. 다만, 이 절에서 근세 실학의 개념을 보완한다.

중국 연구자들은 주자학 · 양명학과 근대 학문 사이인 16세기 중엽부터 19세기 중엽까지를 실학의 시대로 규정하고, 초기계몽사조, 상공업과 과학기술의 발전을 도모하는 경세치용 사조, 문학 · 예술에서 개성 해방 등의 인문주의 사조, 그리고 백과전서 사조라 불린 것을 통괄하는 개념으로 제시하였고, 근대 계몽의식을 핵심으로 보는 연구자도 있다.[4] 이들의 실학 개념은 필자의 근세 실학 개념을 확장하였다.

실학의 개념은 학문의 내용, 사유양식 및 방법에서 파악할 수 있다. 한자어로서 실학은 인류의 보편적 도덕인 진리 = 도(道), 역사적 용어로서의 실학 또는 근세 실학은 국가제도, 경제, 과학기술 등 유용한 지식을

---

3 小川晴久 『한국실학과 일본』 하우봉 옮김, 한울아카데미, 1995, 24-30쪽, 제7장.
4 陳鼓應 · 辛冠浩 · 葛榮晋 主編 『明淸實學思潮史』 齊魯書社, 1989.

기본 내용으로 삼는다. 유학의 창시자인 공자는 인민 경제생활의 안정과 부유화, 그리고 도덕적 정치와 사회를 목표로 삼았고, 그 정신을 계승한 대표적 인물인 맹자 · 순자 · 주자는 그 구체적 방안을 제시하였으니, 실학인 유학은 애초부터 국가제도와 경제에 관한 유용한 지식을 추구하여 제시하였다. 춘추전국시대 정치, 국가제도 및 경제에 관한 담론은 수준이 높아서, 근세 실학과 확연한 경계선을 가지지는 않는다. 그런데 한나라 이후 유학이 주류 학풍이 되고 나아가 주자학이 지배적 학풍이 되면서, 공리와 물리에 대한 도리의 구속이 강화되었다. 근세 실학은 공리와 물리에 대한 도리의 구속을 완화하면서 정치, 국가제도 및 경제에 관한 담론의 수준을 높이고 서양의 과학기술을 개방적으로 수용하였다. 그럼으로써 근대 전환에 유용한 지식을 넓혔다. 송대 중국과 15세기 조선에서는 세계에서 가장 발전된 근세적 수준의 국가가 성립하였으니,[5] 그것을 설계하거나 개선한 담론은 근세 실학의 내용으로 평가할 수 있다. 근대경제로의 전환에 필요한 담론은 시장의 발전, 생산성 향상, 인적 자본의 축적 등에 관한 내용이며, 생산성 향상의 주요한 원천은 기술 발전이다. 근세 실학은 이런 공리와 물리에 관한 지식 수준을 높였다.

실학의 사유양식을 보여주는 '실'은 실질적 공효(功效)나 실사구시(實事求是)로 풀이할 수 있는데, 그 의미의 파악은 쉽지 않다. 흔히 '실'은 실용으로 풀이되는데, 오해의 소지가 있다. 공자는 덕치(德治)의 인정(仁政), 맹자는 인의(仁義)의 왕도(王道)정치의 실현을 갈구하였으나, 진(秦)제국 때까지 어떤 군주도 공맹의 정책 이념을 채택하지 않았다. 모든 군주는 맹자가 패도(覇道)라 비판한 부국강병책이 실용적이라 보아, 공자와 맹자가 우활(迂闊)하다고 판단하였기 때문이다. 공자는 "소리(小利)를 보면 대사(大事)가 이루어지지 않는다"고 가르쳤고(子路17章), 맹자는 패자보다

5 이헌창 「조선왕조의 정치체제: 절대군주제(absolutism)」 『경제사학』 65, 2017.

큰 성취인 왕자가 되기 위해 이(利)보다 인의를 우선해야 한다고 양혜왕에게 조리 있게 설명하였으나(梁惠王上1章), 허사였다. 법가(法家)의 정책으로 천하를 통일한 진나라가 막강한 군사력과 발전된 관료제를 가지고도 단명하자, 통치자들은 유학의 실효(實效)를 절감하였다. 그래서 한나라 이후 유학이 통치이념이 되어 유가와 법가의 합작인 국가체제가 성립하였다. 그 결과 한나라 이후 중국왕조의 수명은 길어졌고, 조선은 세계사에서 오스만투르크 다음으로 수명이 긴 왕조였다. 공자와 맹자는 근시안적 실용이 아니라 고차원의 실효를 추구하였던 것이다. 그래서 진리인 도의 추구가 실효를 가진다고 주장한 공자와 맹자의 사유는 실용주의라기보다 합리적 정신으로 표현하는 것이 적합하다. 공맹을 이어받아 유학을 학문으로 집대성한 주자는 불교와 도교를 세속 인륜의 무시나 소홀함에서 배척한 것은 실용적이나, 과거 합격을 위해 "속유(俗儒)가 사장(詞章)을 암송하는 습속"을 비판한 것은 오늘날 사용되는 실용과는 무관하다(大學章句序). 명예와 권세로 남에게 드러내는 위인지학(爲人之學)을 하지 말고 자신의 인격 형성에 이바지하는 위기지학(爲己之學)을 하라는 공자의 가르침(憲問25章)도 근시안적인 실용과는 다르다.

근세 실학은 유학의 합리적 사유를 유용한 지식의 탐구에 맞게 개조하였다. 합리성이란 이성적 · 논리적 사유, 논증되는 진리를 추구하는 자세 등을 말한다. 막스 베버는 1905년에 발표한 「프로테스탄티즘의 윤리와 자본주의정신」, 그리고 그의 사후인 1923년 간행한 『사회경제사』에서 냉정한 자본계산에 입각한 선택을 합리성으로 부르고 근대 자본주의정신으로 평가하였다. 공자는 합리적 도덕을 제시하여 인류 보편적 가치를 담아서 유럽 계몽사상가의 높은 평가를 받았다. 유학을 발전시킨 주자학은 논증할 수 없는 이기철학의 토대 위에 유교 도덕을 세운 관념적 사변철학이라는 점에서 합리성으로부터 멀어졌다. 동아시아 4국 모두에서 주자학이 유가의 정통학설이자 국가의 정통이념이 되자, 주자를 추종하여 주자학으로부터 조금도 벗어나려 하지 않고 주자학과 다른 학설을 내세운 이를 매도한 교조주의가 나타났다. 이처럼 합리성으로부터 멀어진 사유는 조선후기에 가장 현저하게 나타났다. 근세 실학자들은 주자학의 관념성과 교조성을 탈피하여 공리와 물리의 논의에 대한 도리의 구속을 완화하고 개방적 자세로 박학(博學)을 하고 실증을 진전시켰다. 주자학을 맹신하지 않고 자득(自得)하기 위해서거나 그 관념성과 교조화를 극복하기 위해 공맹 등 고학(古學)을 탐구하거나 경세치용의 원리를 진전시키는 자세, 이학(理學)이 내세우는 천리(天理)라는 도리의 구속으로부터 인간의 자연스러운 욕망, 그리고 과학적 물리정신을 해방하려는 자세는 합리적이고 근대성에 통한다. 정당한 이익의 추구욕의 긍정은 경제합리주의를 낳는다. 주자학을 맹신하지 않으면 되지, 탈(脫)주자학이 근세 실학의 필요조건은 아니다. 주자학을 전면 부정하기보다 그 장점을 계승하고 단점을 수용하지 않는 것이 반드시 후진적이라고 단정할 필요는 없고, 그 구체적인 주장을 보고 평가함이 바람직하다. 근세 실학은 유용한 지식을 제공한 점에서 이전의 실학보다 실용성을 진전시켰으나, 실용은 그 한 구성요소이며,[6] 필자는 실용보다 합리성이 근세 실학의 사유를 더욱 잘 대표하는 요소라 판단한다.

근세 실학은 이전 실학의 합리성을 유용한 지식의 탐구에 맞게 개조하는 가운데, 연역에서의 논리성과 귀납에서의 실증성을 진전시켰다. 고증학이 여기에 포함된다. 이런 방법론의 진전은 학문의 근대화 추세를 보여준다. 비용·편익계산에 의거해 합리적 선택을 하는 공리(功利)의 경제합리주의로 정책과 제도를 설계하는 것도 근세 실학의 방법론이다.

---

6 千寬宇 「韓國實學思想史」『韓國文化史大系』 6, 高麗大學校 民族文化研究所, 1970, 1049쪽.

필자는 왜 조선의 근세 실학자를 연구하는가라는 의문을 가끔 자신에게 던져왔는데, 관견을 제시한다. 필자는 실학의 내용과 방법론을 배울 필요는 없다고 생각한다. 근세 실학은 주자학의 관념철학을 극복하면서 유학적 사유와 지식을 근대성으로 접근시킨 것이니, 그것이 추구한 내용과 방법은 근대 학문에서 완성되었다. 근대 과학의 방법은 이론 모형을 통해 가설을 설정하는 연역적 방법과 그것을 통계적으로 검증하는 귀납적 방법의 종합인데, 근대 학문이 성립한 후에 확립되었다. 아리스토텔레스는 이론적 체계를 가진 지식 영역인 episteme라는 개념을 제시하였는데, 아시아는 이런 개념을 만들지도, 아리스토텔레스 수준의 연역적 방법론을 발상하지도 못한 것으로 보인다. 베이컨(Francis Bacon)은 말년인 1620~6년 사이에 집필한 『대혁신』에서 일반원리를 제시하는 연역법을 따르는 아리스토텔레스와 그를 계승한 스콜라철학을 비판하고 실험과 관찰을 통해 원리와 법칙을 발견하는 귀납법을 제시하여 과학혁명에 영향을 미쳤다. 동아시아에서는 베이컨에 상응하는 방법론을 제시한 인물이 없었다.

2018년 4월 남양주시 주최로 정약용이 유배에서 벗어난 지 200주년을 기념하는 '지속가능한 발전, 정약용에게 묻다'라는 대주제의 국제심포지엄을 열었는데, 필자는 포용적 경제성장 방안을 찾는 분과의 토론자로 참여하였다. 여러 발표자들이 지속가능한 발전을 위해 정약용으로부터 배울 견해를 제시하였는데, 필자는 솔직히 공감한 내용을 찾기 어려웠다. 그 뒤 토론자에게도 시정(市政)을 위해 정약용으로부터 배울 사항을 제시해달라는 남양주시의 질문서를 받고, 그 열정에 경의를 가지면서도 대답할 수 없었다. 필자의 좁은 소견 탓인지도 모르겠다. 필자는 실학자뿐만 아니라 주자성리학자도 오늘날 호출하여 배울 내용을 찾는 글들이나 말에 접해본 적이 있지만, 아직 공감한 적은 없다. 그런 것이 있다면,

구체적 사례를 들어 필자를 가르쳐주기 바란다.

오가와가 도의 실천의 학, 진실된 학이라는 본래적 의미의 실심실학을 근대적 실학으로 규정하는 이유는 있었다. 오늘날 실업의 학만이 중시되고 있는데, "실심과 실업의 학의 결합을 실현하고 있는 실학 개념 그 자체는 현대에 있어서 대단히 귀중한 것이라고 생각"하기 때문이었다.[7] 오가와는 이런 지론을 이후에도 펼쳤는데, 자신의 '서양에 대한 깊은 콤플렉스'를 극복하는 소재를 제공하였기 때문이다. 유학의 시대를 초월하는 유산이 수기(修己)이니, 실심실학도 그러하다고 보았다. 대표적 실심실학자로는 성(誠)을 지극히 하여 천도(天道)에 따르자는 미우라 바이엔(三浦梅園)과 실심으로 실학을 하여 실천하자는 홍대용을 들었다. 실심실학이 근대의 이기주의적 자유로 인해 지구생태계가 위협받는 현상을 극복하기 위한 도덕을 제공하는데, 근대화과정에서 그 장점을 잃어버렸다는 것이다.[8] 실학 내용의 현대적 의의를 오가와보다 더 잘 제시하기 어렵겠지만, 필자는 그의 견해에 부분적으로만 동의한다.

유학의 효자(孝慈)와 인의예지신(仁義禮智信)의 도덕은 시대를 초월한다. 다만, 군신간(君臣間)·노주간(奴主間)·남녀간 차별적인 예는 극복되어야 한다. 공자, 예수, 석가 등이 기축시대에 제시한 인류보편 도덕은 상통하며, 시대를 초월하여 근대인에게도 수용되고 있다. 근대로 전환하면서 인간의 자연스러운 욕망에 대한 도덕적 구속이 완화 내지 해제된 동시에, 인간이 모두 자유와 재산권의 기본권을 가지고 법 앞에 평등하니 민주주의가 전근대 군주제보다 우월하다는, 유교가 제시하지 못한 더욱 수준 높은 가치관이 확립되었다. 수기치인은 오늘날 정치가에게도 필요한 덕목이며, 2018년 죽은 조지 H W 부시가 존경받은 것은 '수신제가

---

7 小川晴久 『한국실학과 일본』 32쪽.

8 오가와 하루히사(小川晴久) 「實心實學 개념의 역사적 사명」 『韓國實學硏究』 18, 2009.

치국평천하'를 성취하였기 때문이다. 그런데 동서고금을 막론하고 정치가는 성공하려면 마키아벨리가 제안한 도리에 구속되지 않은 정치공학도 할 줄 알아야 한다. 조선왕조만큼 군주가 도덕을 강조한 국가는 인류사에서 찾기 어렵지만, 정치공학에 능한 군주도 적지 않았다. 조선시대에 인구 압박으로 산림이 황폐화되고 기술 수준이 낮아 치수(治水)도 잘 되지 못하였지만, 근대에 들어와 석탄 등 화석연료의 사용과 토목건축기술의 발달로 치산치수가 한층 효과적으로 이루어졌다. 중화학공업화가 환경을 파괴하였으나, 생활수준이 향상될수록 환경에 대한 관심과 투자가 높아졌고 환경 파괴를 줄이고 파괴된 환경을 복원하는 기술이 발달하였다. 화석연료의 사용으로 지구온난화가 심각한 문제로 부상하여 그 문제 해결을 위한 지구 차원의 운동이 활발해져 2015년 파리기후협약이 체결되었다. 미국의 트럼프 대통령이 이를 탈퇴한 것은 세계 지성인의 목소리를 무시한 문제이지, 실심실학이 없는 문제는 아니다.

그러면 필자는 왜 실학 연구를 하는가? 오늘날 실학자로부터 배울 것은 없는가? 필자는 동아시아 위대한 사상가나 실학자의 학문 내용이나 방법론이 아니라 합리적 사유나 학문 탐구 자세에서 오늘날 우리가 배울 점이 있다고 생각한다. 기존의 지배적 학문에 대한 비판적 회의를 한 다음 자득을 하고, 통설에 구속되지 않는 개방적 자세를 가지고 인류의 보편적 문제나 본인의 시(時) · 공간(空間)에 규정된 문제를 성찰하여 의미있는 기여를 하는 것은 동서고금을 막론하고 학문 발달을 낳은 자세이다. 동아시아 차원의 위대한 사상가나 근세 실학자도 그러한 접근을 하였다. 이런 학문 탐구 자세도 근세 실학 개념을 구성하는 요소로 볼 필요가 있다. 인간은 장구한 대사(大事)보다 근시안의 소리(小利)에 집착하는 성향을 가지고, 이런 약점을 현대인도 계승하기 때문에, 근시안적 실용이 아니라 고차원적 실효를 추구한 유학자로부터 배울 수 있다.

2. 저명한 중국 사상가의 학문 탐구 자세

"아침에 도(道)를 들으면 저녁에 죽어도 좋다"(里仁7章)며 인류 보편 도덕인 도를 진리로서 간절히 탐구하는 공자의 자세는 효제자애(孝悌慈愛)와 인의예지신이라는 인류 보편의 도덕에 입각한 유학사상의 확립을 낳았다. 그래서 공자는 유교 도덕과 유가의 정책이념을 확립하였다. 기축시대에 공자는 예수, 석가 및 고대 그리스의 철학자처럼 인류 보편의 도덕을 탐구하여 제시하였다. 이들의 진리 탐구 정신은 필자가 근접하기 어렵지만 귀감이 된다. 공자는 "은나라는 하례(夏禮), 주나라는 은례(殷禮)로 인해 줄이고 더함을 알 수 있다. 주를 계승하는 나라들도 백세(百世)가 지나도 알 수 있다"(爲政23章)고 하였으니, 제도와 문화가 이전의 전통 위에서 발전한 것을 인식하고 주나라 사상의 전통을 존중하여 계승하면서 발전시키는 학문 자세를 가졌다. 공자는 겸손하게 "술이부작(述而不作)"(述而1章)이라며 계승하되 창작하지 않는다고 하였으나, 주나라 문화의 전통 위에서 유학사상을 창시한 사상적 변혁을 이룬 점에서 사실은 법고창신(法古創新)의 모범을 보였다. 사고전서(四庫全書), 그리고 한국고전번역원과 국사편찬위원회의 데이터베이스를 보면, 문호개방 이전에 법고나 창신이라는 용어는 사용되었어도 법고창신이라는 용어는 보이지 않는다. 공자가 '술이부작'이라 하였는데, 공자를 존숭하는 어떤 유학자가 감히 법고창신을 했다고 자부할 수 있겠는가. 공자가 '술이부작'이라 표현하였다고 해서, 공자나 주자를 맹신하고 그로부터 한 발 더 나아가는 것을 막는 자세는 공자의 정신을 잘 이해하였다고 보기 어렵다. 정자(程子)는 "17~18세부터 『논어』를 읽어 당시 이미 문장 뜻을 깨우쳤는데, 읽어보면 볼수록 그 의미가 심오함을 느낀다"고 하였다. 필자는 정이 같은 수재가 아니나, 『논어』를 읽어보면 볼수록 정자의 말에 동감한다.

2,500년 전 공자의 사상이 현대 학문을 배운 인물에도 가르침을 주니, 문호개방 이전 동아시아인이 2,000년 이상 그를 성인(聖人)으로 공경한 것은 당연하게 생각된다. 단, 공자가 "이단(異端)을 전공하면 해로울 따름이다"(爲政16章)고 말한 것은 학문의 개방적 논의를 제약하여 유감이다. 공자가 이단이 인류 보편도덕에 위배된다고 보았기 때문일 것이다.

전국시대에 공자사상을 구체화한 맹자, 수준 높은 법제도론을 제시한 순자, 그리고 제자백가의 저명한 사상가에게 배울 점이 많지만, 그 고찰은 생략한다.

주자는 문호개방 이전 동아시아 최고의 학자로 평가된다. 주자는 5경에다 4서를 추가하여 유학의 학적 체계를 완성하였다. 주자는 도를 행하여 마음에 덕(德)을 얻은 군자가 인정과 예치를 행하는 데에 이바지하는 학문을 지향하였다. 주자는 「대학장구서(大學章句序)」에서 대학 교육의 내용을 '궁리정심수기치인(窮理正心修己治人)의 도'라 규정하였는데, 유학의 내용을 이보다 잘 집약한 글은 없다. 『논어』는 유학이 수기치인의 사상임을 말해주는데, 주자는 그 전제로 '궁리정심'을 넣었다. 주자는 대학에서 가르치는 격물치지(格物致知)라는 궁리(窮理)의 산물로서 성리철학을 제시하고 성의정심(誠意正心)을 위한 심학(心學)을 정립하여, 도덕사회의 건설을 위한 수기학의 체계적인 사변철학을 정립하였다. 주자는 모든 존재가 기(氣)로 구성된다는 중국 고대부터의 철학을 발전시킨 장재(張載)의 학설을 먼저 철학체계에 편입하였다. 나아가 모든 사물이 존재하는 까닭과 법칙, 곧 만물의 근거와 원리인 이(理)도 논하였다. 『주역(周易)』에서 말하는 형이상의 도(道)는 이이고, 형이하의 기(器)는 기이다. 이는 존재와는 다른 차원의 만물의 근거로서 주돈이(周敦頤)가 말한 무극(無極)이면서 태극(太極)이다. 이는 기가 없으면 '깃들 곳이 없다.' 주자는 정이천(程伊川)의 '성즉리(性卽理)'설을 받아들여, 인의예지의 4단(四端)이

이에, 욕망도 포함한 7정(七情)이 기에 해당한다고 보았다. 인간세계에서 천리(天理)의 선한 본성과 인욕(人欲)이 다투니, '기질의 성'을 극복하여 '본연의 성'인 천리를 회복하자는 것이 주자의 지향이었다.[9] 주자는 박학을 중시하고, 대적 상대인 도교와 불교로부터 배워 이기철학을 정립하였던 것이다. 주자에 의하면, 이와 기는 선악에 관련된 객관적 질서인데, 심은 성(性)이 정(情)으로 발현되는 모든 과정을 주재하니, 인심이 도심(道心)을 준칙으로 삼아 그에 복종하도록 주재해야 하므로, 심이 발현되는 다양한 양상에 대한 공부와 실천이 필요하다. 그래서 주자는 수신(修身)의 도리와 예절을 담은 『소학(小學)』을 편찬하였다.

주자는 치인의 경세제민론에서도 중대한 공헌을 하였다. 공자는 인의 등 유교 도덕을 정립하였고, 순자는 유교 도덕인 "도(道)를 따르지 군주를 따르지 않는다"는 유학의 '전(傳)'을 언급하였다. 송나라 사대부는 도가 군주보다 높다는 관념 아래 군주와 함께 도를 구현하는 군신공치를 추구하였는데, 신종(神宗)은 왕안석과 더불어 사대부와 "공동으로 국시(國是)를 정한다"는 군신공치(君臣共治) 원칙을 확립하였다. 나아가 주자는 군자붕당(君子朋黨)이 군주를 끌어들여 천리의 세도(世道)를 구현하는 도학(道學)정치론을 제시하였다.[10] 주자는 『가례(家禮)』, 나아가 가례·향례(鄕禮)·학례(學禮)·방국례(邦國禮)의 『의례경전통해(儀禮經傳通解)』로 예학을 집대성하였다. 『소학』과 『가례』는 가정뿐만 아니라 종족(宗族), 나아가 지역사회의 교화(敎化)에 이바지하는 내용도 담았다. 주자는 민생 안정을 핵심 경제사상으로 삼아 조세의 경감과 균평화, 세출 절약, 그리고 흉년 구제책과 사창(社倉)이라는 대책을 제시하였는데,[11] 사창 외

---

9 시마다 겐지 『朱子學과 陽明學』 김석근·이근우 옮김, 까치, 1986/1993, 94-151쪽.

10 鄭萬祚 「朝鮮時代 朋黨論의 展開와 그 性格」 『朝鮮後期 黨爭의 綜合的 檢討』 韓國精神文化硏究院, 1992.

11 趙靖 主編, 石世奇 副主編 『中國經濟思想通史(修訂本)』 北京大學校出版社, 2002,

에 새로운 기여는 없지만, 후대 중국뿐만 아니라 조선의 유가 위정자의 모범적인 안민(安民)의 경제관을 제시하였다. 그는 향례, 향약(鄕約) 및 사창을 통해 향촌공동체를 확립하고 그 안정과 교화를 도모하는 사대부가 주도하는 향촌의 예치(禮治)질서론을 정립하여 사회사상을 발전시켰다. 주자의 경세론은 향촌주도형 예치질서, 그리고 군자붕당을 통해 왕권을 견제하면서 정치 다원화와 사회 형성을 추구한 의의를 가지나, 군자 주도의 도덕적 질서체제라는 점에서 한계를 가졌다. 주자는 "궁경(窮經)으로써 장차 치용(致用)을 한다"는 정자의 말을 언급하였는데, 경전을 궁리한 산물인 '궁경치용'을 추구한 점에서 한대의 '통경치용'보다 한 걸음 더 나아갔다. 공자 · 맹자 · 순자 이후 유학사에서 주자보다 더 큰 공헌을 한 인물, 그리고 유학의 학문으로서 발달에 주자 이상으로 기여한 인물은 없다. 근대과학을 몰랐던 유가가 주자를 수기치인의 실학을 집대성한 인물로 숭배함이 당연함은 경제사 전공인 필자에게도 이해된다.

유가는 주자의 최대 기여가 유학의 철학을 확립한 것으로 보겠으나, 근대 학문의 관점에서 주자의 최대 한계는 그 사변철학이다. 맹자는 우물에 빠진 아기에 대한 측은한 마음을 들어 성선설(性善說)을 주장하였는데, 주자는 검증할 수 없는 이기철학으로 선한 본성을 도출하고 그 전제 위에 수기치인의 학문을 세웠다. 우리는 역사와 현실에서 고귀한 사랑을 실천한 무수히 많은 사람을 알지만, 현대 과학은 인간의 기본적이고 일반적 속성이 이기심이라 본다. 조선의 호락(湖洛)논쟁의 표현을 빌면, 인성과 동물성은 원초적으로 동일하나, 인간은 동물적 본능에 머물지 않고 도덕체계의 문화를 발전시켰다. 아담 스미스는 인간이 남에 공감하는 능력의 도덕감정을 중시하였고, 빅터 프랑켈은 삶의 의미를 추구하는 존재

1455-1465쪽.

로서 인간성을 성찰하였다. 호모 사피엔스가 진화 이전부터 물려받은 동물적 본능을 어떻게 자제하고 도덕체계를 발전시켰던가를 과학적으로 설명하는 이론들이 최근 나오고 있다. 근대 학문의 인간관은 맹자·주자의 성선설보다 순자의 성악설에 가깝다. 그 때문에 근대 학문의 관점에서 성선설에 입각한 주자학에서 성악설에 입각한 순자의 제도론만큼 주목할 가치를 가진 내용을 찾기 어려운지 모른다. 전근대 유교문화권에서도 역사와 현실을 통해 악한 사람이 많다는 데에 주목한 인물은 적지 않았으나, 주자의 성선설이 틀렸다고 증명한 사람은 없다. 그러니 성선설과 성악설의 선택은 취향의 문제였다. 그리고 유럽의 과학을 도입하기 전에 아시아의 누구도 가슴과 심장이 아니라 뇌가 정신을 규정한다는 사실을 몰랐다. 주자의 최대 기여는 수기의 철학을 제시한 것인데, 오늘날 과학으로 승인될 내용은 없다. 물론 오늘날에도 윤리학이 필요한데, 공자의 가르침 정도로 오늘날 필요한 윤리를 충분히 제공하니, 오늘날의 관점에서 주자의 사변철학으로 나아갈 필요까지는 없다. 오늘날에도 예가 필요하니, 주자가 사서인(士庶人)에게도 보편적으로 적용되는 예학을 집대성한 것은 오늘날 관점에서 가장 평가할 수 있는 경세론이다. 주자는 경세제민론을 발전시켰으나, 과학성과 무관한 사변철학으로 말미암아 공자와 맹자보다 도리(道理)의 구속을 강화한 한계를 가진다. 그래서 주자의 도학정치 및 예치적 향촌질서는 근대화 방향과는 달랐고, 물욕(物欲)의 부정, 그리고 의리명분과 화이관(華夷觀)의 강화는 경제발전과 근대문명의 수용에 불리하게 작용하였다. 그런 점에서 주자가 근대전환을 준비하는 학문과 정책론을 제시한 근세 실학자라고 보기는 어렵다.

필자는 주자의 글을 일부밖에 보지 못하였고 "소년은 빨리 늙고 학문을 성취하기 어려우니 촌각도 가볍게 여기지 말라"는 주자의 권학문(勸學文)이 뼈저린 교훈으로 다가오나, 주자의 글보다 『논어』는 말할 나위가 없고 『맹자』도 더욱 큰 울림을 가진다고 생각된다. 주자의 학문이 도덕주의와 관념철학으로 경사된 때문이 아닌가 생각된다.

중국, 조선, 이어서 일본에서 주자학의 한계를 극복하는 뛰어난 학자들이 많이 배출되었으나, 주자학을 대체하거나 능가하는 학문체계를 제시하지는 못하였다. 그래서 주자의 사후에 주자학은 동아시아 네 나라 모두에서 지배적 사상이 되었지만, 필자는 주자학을 발전시킨 동아시아적 차원의 사상가는 조선의 이이(李珥)밖에 생각나지 않는다. 그 대신에 주자학을 묵수하고 한 걸음도 더 나아가지 않으려 하는 학자가 많았다. 그래서는 학문적으로 발전할 수 없다. 주자학을 편식한 조선에서는 주자 이외의 유학 유파까지 배격하고 이단으로 비판하는 주자학자가 가장 많았다. 공자의 사상은 유연하여 그것을 발전시킬 다양한 여지를 남겼지만, 주자학은 정교한 사변철학 때문에 그만한 유연성이 없다.

공자는 인류 보편의 도덕이 무엇인가를 필사적으로 탐구하여 위대한 사상가가 되었다. 근본적인 문제를 묻고 탐구하는 정신이 전근대에 가장 발달한 곳이 고대 그리스와 근세 유럽이었다. 이 두 곳이 세계사를 바꾼 학문의 발전을 이루었다. 플라톤, 아리스토텔레스, 뉴턴, 아담 스미스, 찰스 다윈 등 위대한 학자는 그들이 정립한 학문의 토대 위에서 학문이 새롭게 발전할 지평을 열었는데, 주자학은 그러하지 못하였다. 주자학이 과학성과 무관한 정교한 사변철학에 입각하였기 때문이라고 생각한다. 도쿠가와시대 일본인은 중국 및 조선과 달리 일반적으로 주자학의 구속을 받지 않고 천리의 도(道)를 그들의 입맛에 맞게 해석하여, 달리 말해 유교 이념에 구속받지 않고 그것을 상대화하여 독창적 학문적 성취를 거두었다. 근본적인 물음을 제기하여 나름의 탐구 성과를 낸 인물은 위대한 사상가나 근세 실학자라 평가할 수 있다.

양명학은 주자학의 성찰 위에서 유학의 새로운 지평을 열었다. 필자가 왕수인(王守仁)에게 가장 주목하는 점은 주자의 격물(格物) 방법론을 실행하여 물리를 탐구하려고 시도한 점이었다. 왕수인은 "주자의 설을 실지로 행해본 사람이 있을까? 나는 실제로 해보았다"고 자부하였다.[12] 주자학 방법론에 대한 근본적 탐구로부터 발생한 의문과 성찰로 인해 패러다임 전환을 시도한 것이 양명학을 열었다. 왕수인은 직관에 의한 새로운 해석으로 양명학을 창시하였는데, 과학적 방법으로 나아가지 못해 주자학을 극복할 수는 없었다. 왕수인은 자신의 직관적 방법론의 한계를 인식해서인지는 몰라도, 심을 이(理)로 규정하고 본심(本心)을 배우지 않고도 알 수 있는 양지(良知)로 보아 그것을 실천하면 된다는 간명한 철학을 제시하였다. 그래서 서민도 양명학에 친하게 접근할 수 있었다.

왕수인은 "사민(四民)이 직업을 달리 하나 도(道)를 같이 한다"며 각기의 직업에 힘쓰면 살아가는 도에 유익하다고 평가하여 새로운 4민관을 제시하였다. 양명학은 인간의 욕망인 사(私)를 자연스러운 일로 긍정하게 되었다. 양명학자는 '치생(治生)'을 중시하고 영리 추구를 긍정하여 상인 윤리를 제시하였다. 새로운 사민관은 명·청변혁기 시장의 성장에 부합하였다.[13] 중국처럼 시장이 발달한 일본에서는 4민의 직업윤리가 더욱 뚜렷이 강조되고, 시장이 미성숙한 조선에서는 이런 경제관의 확산이 가장 미약하였다. 시장이 후진적이어서 가난함을 자각한 조선의 유수원은 새로운 4민관을 용해한[14] 경제발전책을 가장 높은 수준으로 제시하였다. 여기에 대해서는 절을 바꾸어 설명한다.

양명학이 성립한 이후에도 중국, 조선, 일본 및 베트남에서 주자학은

---

12 시마다 겐지 『朱子學과 陽明學』 150-151쪽.

13 余英時 『中國近世 宗教倫理와 商人精神』 鄭仁在 譯, 大韓教科書株式會社, 1993.

14 정순우 「聾庵의 과거제 및 학교제도 개혁론」 실시학사 편 『농암 유수원 연구』 사람의무늬, 2014, 476-494쪽.

주류 학풍이었고 양명학의 비판자가 적지 않았는데, 왕양명의 주자학 방법론에 대한 성찰에 대해 유효한 반론을 남긴 주자학자는 없는 듯하다. 조선 학자의 압도적 다수는 이황과 이이(李珥)의 양명학 비판론을 따라, 양명학의 확산은 제약받았다. 조선시대에 양명학을 비판하는 사람들이 있는데, 왕양명처럼 주자의 격물치지설을 실지로 행해본 사람이 있을까? 이황은 성리철학의 흡수 · 심화를 시대적 사명으로 삼은 인물이라서 그랬다 하더라도, 이이와 같이 탁월한 인물이 이황에서 더 나아가 주자를 더욱 발전시켜야했는데, 왕수인처럼 주자의 격물설을 시험해보지 않고서 양명학을 비판한 것은 아쉽다. 이이는 주자가 제창한 도학정치의 구현을 우선 과제로 삼았기 때문에 주자를 초월해 주자설을 조망하기 어려웠을 것이다.

명대에 주자학과 왕양명이 성행하였지만, 명말에는 국정 문란이 극심해져 급기야 중국인이 오랑캐로 멸시한 여진족의 지배를 받게 되었다. 그 충격이 낳은 산물이 경세치용학(經世致用學)이었다. 그 중 실천학파는 정주이학(程朱理學)과 양명심학(陽明心學)이 공리공담(空理空談)의 허학(虛學)이라고 비판하였다. 그런데 양명학은 인욕(人欲)이라는 인정의 사(私)를 긍정하는 방향으로 나아감으로써, 경세치용학의 발판을 닦았다고 볼 수 있다. 기술파는 서양학문의 자극을 받아 천문역산(天文曆算), 농업수리, 병학화기(兵學火器) 등의 진전에 이바지하였다. 경학(經學) · 사학(史學)을 중시하는 황종희(黃宗羲) · 고염무(顧炎武) 등은 정치개혁론을 진전시켰는데, 전국시대에 확립되어 2,000년 가까이 존속한 전제(專制)군주제를 처음 본격적으로 성찰하여 정치의 원리를 탐구하는 담론을 체계적으로 전개하였다. 그런데 이들은 그 대안으로 주대 봉건제밖에 생각할 수 없어서, 군현제와 봉건제의 절충을 시도하였다. 황종희가 군현 학교의 공의(公議)로 군주 전제를 견제하겠다는 발상은 이황과 이이가 사림

(士林)의 공론(公論), 그 거점으로서 서원(書院)을 도학정치의 기반으로 삼은 관점에 통하여 흥미롭다. "경세치용학은 명말 만력(萬曆) 경까지의 심학 전성기와 청초 강희(康熙) 말기 이후의 고증학(考證學) 신장기 사이의 과도기의 학문의식을 대표하는 것이었다."[15]

경세치용학은 공리와 물리에 대한 도리의 구속을 완화하여, 공리의 경제합리주의에 입각한 정책을 제시하고 서양 자연과학의 물리를 수용하였지만, 근대적 학문방법을 제시한 것은 아니었다. 황종희는 1663년 경세치용학의 『명이대방록(明夷待訪錄)』을 완성한 이후 청에 저항한 일로 탄압받고 양명학의 저술을 남겼는데, 그것도 강렬한 경세적 색채를 띠었다.[16] 고염무의 『일지록(日知錄)』은 박학(博學)에 입각한 고증학의 선구였다. 중국의 경세치용학과 고증학, 그것에 상응하는 조선과 일본의 학풍이 근세 실학이다.

양명학자이거나 양명학에 관심을 가진 인물들, 명말청초 정주이학과 양명심학을 공리공담으로 보는 경세치용학파, 그리고 주자의 이기철학을 거론하지 않거나 그 공리공담적 한계를 지적한 조선의 근세 실학자들 가운데 주자의 격물 방법론에 대한 왕수인의 회의에 공감하는 인물도 있었겠지만, 이들도 주자를 넘어서는 과학적 방법론을 제시할 수는 없었다. 근세 실학자의 고증은 문헌 조사 수준이며 통계적 검증을 한 사례를 본 적이 없다. 그런 가운데 도쿠가와 일본은 서양 자연과학에 대한 이해가 가장 높은 수준에 올랐다.

---

15 蕭公權 『中國政治思想史』 崔明 · 孫文鎬 譯, 서울대학교출판부, 1998, 제17 · 18장 ; 山井湧 『明清思想史の研究』 東京大學出版會, 1980, 226, 236쪽 ; 戶川芳郎 · 蜂屋邦夫 · 溝口雄三 『儒教史』 山川出版社, 1987, 369-370쪽; 全海宗 「實學의 概念 - 清代實學과 李朝後期實學에 대한 史的考察」 『韓國과 中國 : 東亞史論集』, 知識產業社 1979, 162-163쪽.

16 孫寶山 「黃宗羲 경제사상과 그 영향」 한국실학학회 · 인문학문화포럼 공동학술대회 논문집, 2018.

3. 조선시대 학문 발달과 근세 실학자

필자가 조선의 학자를 평가하는 기준을 제시한다. 첫째, 중국이나 유럽의 선진 학문을 조선에 정착하는 데에 성공한 인물이다. 이황과 이이가 주자학을 잘 흡수한 성과를 거두었는데, 그 후에 이황이나 이이만큼 주자학을 잘 이해한 인물의 학문적 기여도는 높게 평가할 수 없다. 둘째, 동아시아적 · 세계적 차원으로 학문을 발전시킨 인물은 높게 평가해야 한다. 조선의 학자는 공자 · 맹자 · 주자를 출발점으로 삼았으니, 이들의 패러다임이나 사상체계를 변혁하지는 못하더라도 이들과 제가백가가 쌓은 학문체계라는 건물 구조에 의미 있는 벽돌을 하나 놓는다면, 그것은 학문적인 기여이다. 셋째, 학문의 수준인데, 근대 학문에 접근할수록 높게 평가한다. 예컨대, 주자학의 사변철학이 정교하지만, 관찰과 실험의 귀납법을 제시한 베이컨에 비견할 수 없다. 넷째, 조선의 시대적 과제를 잘 통찰하여 그 대응책을 제시한 인물이다. 다섯째, 근대화에 이바지할수록 높게 평가한다. 유가는 삼강오륜이 구현되는 사회질서에 이바지한 것을 높게 평가하고 그런 관점에서는 주자의 기여도가 크다. 폭력과 무질서의 상태보다 삼강오륜이 구현된 사회가 훨씬 바람직하다. 그런데 대중이 절대빈곤 상태에 머물고 삼강오륜이 실현된 전근대 사회보다 생활수준이 지속적으로 향상되고 개인이 자유와 재산권의 기본권을 보장받고 모두 법 앞에 평등한 사회가 훨씬 바람직하다. 인류사에서 이를 성취한 근대 전환보다 위대한 사건은 없다. 그래서 이 절에서는 인문학과 사회과학에 국한하여 필자가 주자학이 아니라 근대 학문의 시각에서 개항 전 조선시대에 괄목할 학문적 업적을 거두었다고 평가하는 인물을 대상으로 그 학문적 기여와 탐구 자세를 설명한다. 그 대부분은 근세 실학자이고, 근세 실학자가 동아시아 학술에도 이바지하였다.

여말 · 선초의 사대부는 관념적인 성리철학보다 일상적인 도덕 실천과 왕도(王道)정치의 실현을 더욱 중시한 원의 주자학 영향을 받고 다양한 학풍을 흡수하여 조선왕조의 제도를 설계하였다. 조준(趙浚)은 1384년부터 두문불출하며 경학과 역사학을 탐구하다가 위화도 회군 직후인 1388년 7월 대사헌으로서 주동하여 농지제도인 전제(田制)의 개혁을 주장하였다. 이들의 상서(上書)는 맹자의 가르침에 따라 "무릇 인정(仁政)은 반드시 경계(經界)로부터 시작하니, 농지제도를 바로잡아 국가 재정을 넉넉히 하고 민생을 풍요하게 하는 것이 지금 시급한 임무입니다. 국가 운명의 길고 짧음은 민생의 고통이나 즐거움에서 나오고 민생의 고락은 농지제도가 고른가 여부에 달려 있습니다."라는 구절부터 설명한다. 이어서 이 명제를 중국사, 이어서 조선사에 적용하였다. 신라 말에 농지제도가 고르지 않고 조세가 무거웠으므로, 도적이 무리지어 일어났다. 그래서 태조가 왕업(王業)을 일으켜 즉위 직후에 경지세를 30%에서 10%로 줄이고 조세를 감면하여 "인민의 구휼(救恤)을 우선하였으니" '인정(仁政)'이라 평가하였다. 이어서 "삼한(三韓)이 이미 통일되자 농지제도를 정하여 신하와 인민에게 나누어주었다"며 전시과를 설명하고서 "비록 요(遼)와 금(金)이 호시탐탐 천하를 노리면서 우리나라와 영토를 접하였으나 감히 삼킬 수 없었던 것은 우리 태조가 삼한의 농지를 나누어 신하와 인민과 더불어 그 녹봉을 함께 향유하여 그들의 생활을 풍족하게 하고 그들의 마음을 결속시켜 국가의 영원한 원기(元氣)로 삼았기 때문입니다"고 평가하였다. 그 다음에 고려후기 전시과의 문란으로 안민과 부국과 강병이 저해된 실상을 상세히 설명하였다. "조종(祖宗)이 농지를 주고 회수하는 제도가 이미 무너져 겸병(兼幷)의 문이 한번 열리자" 관료와 군인이 수조지나 녹봉을 받지 못하여 국가 행정과 외적 방어가 힘들게 되었다. 근래 겸병 폐단이 더욱 심해져 인민이 살아갈 방도가 없고 "조종의 조세율은

10%에 그치는데, 사가(私家)가 인민에게 거두는 것이 그 10배 혹은 1,000배나 되니" 인정이 불가능하고 외적을 방어할 힘도 없어져 "사직과 종묘가 매우 위태로워졌다"고 하였다. 끝으로 재정 충실화와 국방의 강화를 위한 농지제도의 개혁안을 제시하였다.[17] 그래서 1389년 당시 최고 합의기관이던 도평의사사(都評議使司)에서 전제 개혁 논쟁이 진행되었다. 고려시대 이전 기록이 소략하여 잘 알 수 없으나, 1388~9년간 전제 개혁 논의는 우리 역사상 처음으로 조정에서 본격적으로 전개된 국가제도 개혁 논쟁일 수도 있다. 급진적 개혁론자의 권력 장악은 1391년 과전법 제정으로 귀결되었다. 조선 건국 주체는 권력욕으로부터 결코 자유롭지 않았겠지만, 기본 제도인 전제의 개혁을 명분으로 역성혁명을 단행한 점에서 세계사적 의미를 가진다고 필자는 평가한다. 조준은 시대적 과제를 잘 통찰하여 조선왕조의 창건 명분과 우선적 개혁과제를 제시하여 실현하였다. 그 외에 조준의 학문적 기여를 확인하기 어려운 점에서, 그를 근세 실학자로 보기는 어렵다.

한국의 경세제민학을 동아시아 수준으로 성취한 최초의 저서는 정도전(鄭道傳)의 『조선경국전(朝鮮經國典)』(1394), 『경제문감(經濟文鑑)』(1395), 그리고 『경제문감별집(別集)』(1397)이다. 이것들은 『주례(周禮)』, 원나라의 『경세대전(經世大典)』, 『대명률(大明律)』, 그리고 중국의 다른 저명한 저술을 활용하여 중국에서 이념적으로 제시되고 현실적으로 성취한 국가제도와 통치원리를 수용하고 고려의 계승할 제도와 건국주체의 개혁 이상을 담아 새 왕조에 적용할 수 있는 국가제도의 구체적 설계도(master plan)와 통치이념을 담았다. 『조선경국전』은 『주례』 6전의 체제를 계승하고 세부 항목에서 『경세대전』을 본받고 변형하여 독창성이 약하나, 동

---

17 『고려사』 권78, 食貨, 田制.

아시아 차원에서 정치사상을 진전시켰다. 일찍이 아사미 린타로(淺見倫太郎)는 조선 국가제도를 설계한 정도전의 『조선경국전』이 몽테스키외의 『법의 정신』에서의 권력 분립과 같은 정치 기획을 제시하였다고 평가한 데에서 드러나듯이,[18] 황종희와 고염무만큼 권력의 견제와 균형을 위한 방안을 훌륭히 제시하였다. 14세기까지 중국에서의 성취를 종합하여 국가제도를 설계하고 통치이념을 제시하는 데에 있어서 정도전보다 우월한 인물이 있을지 궁금하다. 정도전보다 한 차원 높게 나아가기 위해서는 주대 봉건제로 복귀해서는 곤란하고 당시 영국에서 기능한 대의제도를 도입해야 하는데, 문호개방 이전 동아시아인이 그런 발상을 하거나, 발상한다 해도 주장하기가 어려웠다.

정도전은 『조선경국전』 부전(賦典) 「부세(賦稅)」에서 조세제도의 성립 경위를 다음과 같이 설명하였다.

> 옛날 성인이 부세법을 만든 것은 인민으로부터 수취하여 자기를 봉양하자는 취지만은 아니었다. 인민이 서로 모여 살면, 음식과 의복에 대한 물욕이 밖에서 공격하고 남녀간 정욕은 안에서 공격하여, 동류일 경우에는 서로 다투고 힘이 대등할 경우에는 싸워 서로 죽이기까지 하였다. 통치자는 법을 가지고 그들을 다스려서 다투는 자와 싸우는 자를 평화롭게 해 주어야만 민생이 편안해진다. 그러나 그 일은 농사를 지으면서 병행할 수 없으므로 인민은 10% 조세를 내어서 통치자를 봉양한다. 통치자는 인민으로부터 수취하는 것이 큰 만큼, 자기를 봉양해 주는 인민에 대한 보답도 역시 중하다. 후세 사람은 조세법을 만든 이런 의의를 모르고, '인민이 나를 봉양함은 직분(職分)으로 당연하다'고 말한다. 그래서 가렴주구를 자행하면서도 오히려 부족할까 걱정하는데, 인민도 이를 본받아 일어나 다투고 빼앗으니 화란이 일어났다.

18 淺見倫太郎 『朝鮮法制史稿』 巖松堂書店, 1922, 250쪽.

욕망을 가진 인간이 자연 상태에서는 투쟁을 일삼으므로, 성인 군주가 법제도로 질서를 유지하여 민생을 안정시킨다는 것은 순자의 학설이고, 인민이 통치라는 정신노동을 행하는 통치자를 부양하고 통치자는 민생을 안정시킨다는 호혜 관계는 맹자의 학설이다. 정도전은 맹자와 공자의 학설을 종합하여 조세제도를 설명하고 조세가 근대경제학의 용어로 풀이하여 국가의 공공(公共) 서비스의 대가라 천명하여, 당시 동아시아에서는 제도론을 누구보다 높은 수준으로 발전시켰다. 조선시대에 순자의 사상을 이렇게 뚜렷이 도입한 사례를 찾기는 어렵다. 이런 논리는 사회계약론에 입각하여 국가의 성립을 설명하는 사상이라는 흥미로운 평가가 있다.[19] 그런데 헌전(憲典) 「직제(職制)」에서는 중국의 정치사상에 입각하여 "왕이 하늘을 대신하여 만물을 다스리므로(代天理物) 반드시 여러 어진이를 등용하여 여러 직책을 맡긴다"고 하였다. 『서경』 「고요모(皐陶謨)」에서 고요는 군주가 '온갖 만기(萬幾)'를 다스리고 "하늘 일을 사람이 대신한다(天工人其代之)"라고 하였는데, 채침(蔡沈)은 그 해설에서 "군주는 하늘을 대신하여 만물을 다스리니, 여러 관원의 통치는 모두 하늘의 일이다"고 풀이하였다. 군주가 하늘을 대신하여 인민을 다스린다는 것은 중국 고대부터 내려온 관념인 것이다. 요컨대 정도전은 사회계약이 아니라 천명(天命)을 받아 군주가 통치한다고 보았다. '대천이물' 이념은 유교를 통치이념으로 삼은 조선시대 전기간에 걸쳐, 심지어 고종 때까지 천명되었다.

진(秦)은 통일적 법제와 행정기구, 정교한 관료제와 집권국가, 그리고 문민 통치의 상비군을 가질 수 있어서, '초기적 국민국가'라고 평가받기도 한다. 이후 법치가 진전하고 송대에 과거관료제가 확립되었다. 정도

19 정병석 『조선은 왜 무너졌는가』 시공사, 2016, 84쪽.

전 등 조선건국세력의 경세제민학에 힘입어 조선은 건국 직후부터 법전을 정비하여 마침내 '만세성법(萬世成法)'의 통일 법전인 『경국대전(經國大典)』을 1484년 완성하였다. 조선왕조는 『경국대전』 반포까지의 1세기 이내에 고려보다 진보하고 중국과 대등하여 15세기에는 세계 최고인 근세적 수준의 정치체제와 통치원리를 확립하였다.[20] 정도전은 이러한 근세 국가제도의 설계도와 통치이념을 동아시아에서는 처음 체계적으로 제시하여 실현한 점에서, 동아시아 최초의 근세 실학자라고 필자는 평가한다. 몽테스키외의 권력 분립론과 홉스의 사회계약론에 접근하는 정치사상 등을 제시한 인물을 근세 실학자로 부르지 못할 이유가 있는가. 정도전은 새 왕조를 창건하는 통치이념을 제시하면서 정치사상을 발전시켰다.

고려말 주자학을 수용한 이제현(李齊賢, 1278~1367), 그리고 여말선초 국가의 근본 개혁을 모색한 정도전과 권근(權近, 1352~1409)이 실학이라는 용어를 사용하였다. 정도전은 『불씨잡변(佛氏雜辨)』에서 편벽되고 방탕하고 사특하고 도피적인 불교가 '명덕(明德)과 신민(新民)의 실학'인 유학을 어지럽히는데도 세상 사람이 유교의 실리(實利)를 버리고 불교의 허법(虛法)을 숭상함을 개탄하였다.[21]

세조의 정변 이후 훈척(勳戚)이 권세와 부를 가진 지배층으로 부상하고 사화(士禍)가 빈발하여 정치의 혼란이 나타났다. 세조의 집권에 반대하여 정계를 멀리한 학자들은 주자학 연구에 힘쓰고 주자학의 의리명분론을 무기로 훈척의 전횡과 비리를 비판하였다. 16세기에 이들이 양성한 사림(士林)이 대두하여 왕권도 천리(天理)의 도를 준수하는 주자의 도학

---

20 이헌창 「조선왕조의 정치체제 : 절대군주제(absolutism)」; 「조선왕조의 통치원리」, 『한국정치연구』 27-1, 2018.

21 尹絲淳(1995), 307-308쪽.

(道學)정치를 추구하였으며, 주자의 『소학』과 『가례』에 입각하여 가정과 지역사회의 교화를 도모하고자 노력하였다. 1515년 관직에 진출한 조광조 등 사림은 도학정치를 구현하려다 1519년 기묘사화로 희생되었다. 그 후에도 도학정치를 추구하는 사림이 늘어 재야에서 학풍을 변모시켜갔고 조정에서 정치적 위상이 높아졌다. 그 결과 선조가 즉위한 1567년 이후 사림정치의 시대가 열렸다. 중국에서 구현하지 못한 주자의 도학정치는 조선에서 꽃피웠고, 조선은 역사상 가장 철저한 유교사회가 되었다. 그래서 조선 학자들이 인간은 도덕적 존재이고 도덕사회를 구현해야 한다는 신념에 가장 투철하였다. 조선보다 내우외환이 잦고 군주권이 강한 중국 학자들은 그런 신념이 조선보다 약하였고, 무가(武家)사회가 장기지속하고 전국시대를 경험한 도쿠가와 일본의 학자들은 그런 신념이 약하거나 없었다.

원대 이후 중국뿐만 아니라 조선 · 일본 · 베트남에서도 문호개방 이전까지 주자학은 지배적 학풍이었는데, 주자학을 가장 발전시킨 곳은 도학정치가 실현된 조선이었다. 이기철학은 도학정치가 모색되어 성립하는 16세기 중엽에 활발히 논의되어 발달하였다. 정도전은 불교와 도교를 공격하면서 주자의 성리철학(性理哲學)을 활용하였고, 권근은 그 이해를 진전시켰다. 서경덕(徐敬德, 1489~1546)부터 이이(李珥, 1536~1584)까지 성리철학의 연구가 진전되어 송나라 성리철학을 완전히 이해하고 심화하였다. 도학정치의 성립기와 그 후에는 군주를 중심으로 하는 통치자의 수기를 위한 심학(心學), 이어서 국가 · 사회의 명분적 질서를 다룬 예학(禮學)이 발달하였다. 조선에서 주자의 이기철학, 심학 및 예학이 가장 활성화되고 심화되었지만, 새로운 차원으로 발전한 것은 아니었다. 그래서 이 분야로 동아시아 차원의 학문 성취를 인정받을 수 있는 인물이 있는지 궁금하다.

성리철학의 선구적 연구자인 서경덕은 북송의 성리학을 독창적으로 집대성하여 기의 능동성을 담은 이기합일론(理氣合一論)을 주장하였다. 서경덕은 여러 번 관직에 제수되었으나, 일생을 처사(處士)로 지내면서 학문 연구와 제자 양성에 힘썼다. 그는 주자학으로부터 자유로운 학풍이어서 그의 제자 남언경(南彦經)은 양명학을 수용하였다. 그의 박학(博學)은 제자에게 영향을 주었다. 그는 1545년 서인(庶人)의 3년상이 먹고 살 방도를 박탈하므로 인정(人情)에 부합하지 않으니 고치자고 건의하였는데, 인정은 기(氣)에 속한다. 인정을 중시하는 그의 사상을 계승한 북인 관료들은 동전통용책 등 시장을 중시하는 경제합리적 정책론을 진전시켰다.[22]

이황(李滉, 1501~1570)은 조광조의 도학정치가 군덕(君德) 함양을 최우선 과제로 삼아 실패한 일을 교훈으로 삼아, 정치의 혼란기에 경세의 포부를 접고 학문을 닦고 서원(書院)을 적극 육성하고 도학을 강론하여 사림을 양성하였다.[23] 선조의 거듭된 요청에 이황은 1568년 대제학 · 지경연(知經筵)의 중임을 맡고, 선조에게 군주의 수기학을 체계화한 『성학십도(聖學十圖)』, 그리고 정치론을 담은 「무진육조소(戊辰六條疏)」를 올렸다. 이황은 주자의 성리철학을 완전히 소화한 이언적(李彦迪)을 계승하고 1558~66년간 신진 사림관료의 영수인 기대승(奇大升)과 4단7정(四端七情) 논쟁을 거치면서 주자의 이기철학을 심화하여 『성학십도』에서 "4단은 이가 발하여 기가 따르는 것이요, 7정은 기가 발하여 이가 타는 것이다[四端理發而氣隨之, 七情氣發而理乘之]"라고 규정하였다. 4단과 7정을 단절적이고 대립적으로 본다는 기대승의 지적을 수용하되, 절대가치의 이와 상대가치의 기는 결코 혼동되어서는 안된다는 주자와 자신의 지론

---

22 신병주 『남명학파와 화담학파 연구』 一志社, 2000.

23 鄭萬祚 『朝鮮時代 書院硏究』 集文堂, 1997, 169-179쪽.

을 고수한 셈이었다. 이황은 『심경후론(心經後論)』을 저술하여 경(敬)을 강조하였다. 이황은 도학정치를 위해 『성학십도』에서 이기철학과 심학을 심화·종합하여 군주의 수기학을 중국의 누구보다 잘 집약한 점에서, 주자성리학을 완전히 소화하고 심화하는 학문적 소명을 다 하였다. 그는 『성학십도』로 도학정치 이념을 진전시키고 서원의 육성을 통해 사림을 양성하여 도학정치의 실현에 이바지하였다. 정도전은 경세의 치인학에서, 이황은 수기학에서 중국의 대등한 수준에 올랐다. 이들은 모두 정치적으로 큰 업적을 이루었다.

조식(曺植, 1501~1572)은 폭넓은 독서의 학식과 인품으로 중종·명종·선조의 조정에서 연달아 부름을 받았으나, 나아가지 않고 일평생을 학문을 연마하고 제자를 기르는 처사로 살았다. 조식의 학문은 내적 수양을 경, 외적 실천을 의(義)로 삼는 것으로 집약할 수 있다. 그는 "성명(性命)의 오묘함만 탐구한다면 이는 인사(人事)를 바탕으로 천리를 구하는 것이 아니어서 마침내 그 실(實)을 얻지 못할 것이다"며 실천을 중시하였다. 조식은 실천의 견지에서 이기철학 논쟁의 관념성이라는 문제를 처음 지적한 인물이었다. 이런 조식의 제자들은 임진왜란 때 의병에 활발히 참여하였다.

유학은 수기치인의 학문이어서 공자·맹자·주자가 모두 관직을 구해 경세제민의 포부를 구현하고자 노력하였는데, 기묘사화 이후 관직을 멀리하면서 학문 정진과 제자 양성에 주력한 대학자들이 나타나 모범을 보였다. 이들은 '처사'라 불렸는데, 사림의 사표(師表)인 산림(山林)의 원조였다.[24] 처사, 이어서 산림이라는 전업 학자의 전통은 조선말까지 이어졌다.

서경덕의 성리철학에 대해 이황은 이를 투철하게 보지 못하였다고 비

---

24 신병주 『남명학파와 화담학파 연구』 12쪽.

판한 반면, 이이는 독창적 자득(自得)의 장점을 가지나 이의 작용을 충분히 설명하지 못한 단점도 가진다고 평가하였다. 이이는 서경덕이 지나치게 자유롭고 이황이 주자의 학설에 묵수한다고 비평하였다.[25] 1572년 이이는 이황의 학설을 따르는 친우인 성혼과 논쟁하면서 이황의 학설과 서경덕 · 기대승의 학설을 종합하여 이통기국(理通氣局)이라는 새로운 학설을 내세웠다. 이는 어디서나 본연의 이치를 지니고 있으나, 기는 구애받는 바가 많다는 것이다. 그래서 7정은 이와 기를 겸하나, 4단은 7정 가운데 이만 가진 것으로 보았다. 인간의 감정 가운데 선과 악이 있는데, 선이 이라고 보았다. 이황이 이(理)에 절대적 가치를 부여한 것은 훈척을 공격하고 주자학 이외에 당시에 유행한 학풍과 불교를 비판하려는 의도를 가졌다. 이이가 근원적이고 보편적인 이와 능동적인 기의 조화를 도모한 것은 보편과 특수를 모두 중시하여 개혁정치의 논리로 삼으려는 의도를 가졌다.[26] 이이는 이황보다 4단과 7정을 유기적으로 보아 공리(功利)의 인정(人情)을 긍정할 여지가 커진다. 이이는 이에 관련되는 도학정치의 실현을 기본 과제로 삼으면서 기에 관련되는 공리의 부국강병책도 필요한 국면이라고 진단하여 이통기국설을 제시하였다고 볼 수 있다.

서경덕부터 이이까지 이기철학의 논쟁이 활발하였고, 도덕사회의 구현을 위해 추상적 개념의 사변철학 논쟁은 나름의 의미가 있다. 그런데 이기철학은 검증될 수 없어서 결말을 보기 어려운 논쟁이었으니, 근대학문의 관점에서 어떤 의미가 있는지는 모르겠다. 조선의 학자들이 이기철학에 이어서 심학(心學)에 큰 공력을 들인 것은 심이 도덕사회 구현에 핵심인 천리의 인간 본성을 실현하는 의지적 실천 주체였기 때문이다. 이황은 『성학십도』에서 주희의 심통성정(心統性情) 명제를 해석하기를,

---

25 李丙燾『韓國儒學史』亞細亞文化史, 1987, 186-187쪽.

26 高英津「성리학의 연구와 보급」국사편찬위원회『한국사 28』1996, 326-328쪽.

성이 발하여 정이 될 때 중도이며 7정 가운데 4단이라 할 수 있는데, 7정은 기가 주재하여 악으로 흐를 수 있으므로 이가 타도록(七情氣發而理乘之) 마음이 잘 주재해야 한다고 하였다. 그래서 이황은 심을 "이와 기의 합"이라 보았다. 이이는 심이 본성을 발현하고 실천하는 주체로서 무위(無爲)의 이보다 도덕 실천에서 결정적이라고 보았다. 이통기국 학설의 이이는 "심이 기다"라고 하며 인심이 선한가 악한가는 심기(心氣)에 달려 있으므로, 유교적 규범의식을 강화하고자 하였다.[27] 이를 강조한 이황은 심학에서 경(敬)을 강조하였으며, 심학에서 기를 중시한 이이는 경의 요령으로 성(誠)의 경지에 올라야 한다고 주장하였다. 이의 인식에는 경이, 마음을 닦는 데에는 성이 긴요할 것이다.

16세기 사림에게 우선적 시대 과제는 주자의 도학정치를 구현하여 정치를 쇄신하는 일이었다. 그 다음에 닥친 과제는 인민과 재정의 궁핍, 그리고 허약한 군사력의 개선이었다. 16세기에는 인구가 많아진 압박, 공물 부담의 증대 등으로 인민의 생활은 궁핍해졌을 뿐만 아니라 전세(田稅)는 1결당 최하등인 4~6말로 고착되어 재정도 허약해졌다. 군역제도의 문란으로 군역을 빠지는 사람과 포를 대신하는 사람이 늘어 군사력이 약화되었다. 이황은 1570년 12월에 사망하였는데, 그의 연보에 의하면, 그 해 3월 경연에서 "남북에서 외적의 침투가 있고 인민 생활이 곤궁하고 재정이 고갈되어 장차 나라가 아닌 지경에 이르게 될 것입니다. 갑자기 사변을 만나면 나라가 무너질[土崩瓦解] 형세이니 이를 막는 일이 근심입니다"라고 아뢰었다. 땅이 갈라지고 집이 무너지는 '토붕와해'의 형세라는 말은 그 전에도 조정 논의에서 나왔으나, 이황 이전에 이처럼 구체적으로 논한 사람은 잘 보이지 않고, 이후 이이가 이황처럼 표현하

---

27 心學에 관한 설명은 주로 문석윤 『동양적 마음의 탄생』 글항아리, 2013에 의거한다.

였다. 수기의 도덕에 관한 저술을 남긴 퇴계도 죽음에 임박하여 국력이 허약한 조선의 현실을 걱정하였으나, 「무진육조소」에는 "성학(聖學)을 돈독히 하여 정치의 근본을 확립하소서"라는 정도의 제안 이상을 하지 않았다. 그래도 이황은 도학정치의 이념을 학문으로 완성하고 그 주체인 사림을 양성하고 그 기반인 서원을 설립하여, 도학정치의 성립에 이바지하고 그것을 목격한 1570년 사망하여 자신의 역사적 사명을 다하였다.

그런데 이이에게는 도학정치의 정착뿐만 아니라, 사림간 당쟁과 허약해진 민생과 국력이라는 문제도 기다리고 있었다. 인민의 생활 궁핍, 그리고 재정과 군사력이 허약해진 현실을 임진왜란 이전에 가장 깊게 성찰하고 그 대책을 제시한 인물은 이이였다. 이이가 1575년 선조에 올린 『성학집요(聖學輯要)』는 『대학연의』를 개선하고 조선의 실정에 맞게 적용할 동기에서 저술되었고, 수기론에 국한된 『성학십도』에서 더 나아가 도학정치를 위한 수기와 치인의 원리 · 이념 · 방법을 그 이전 조선과 중국의 누구보다도 잘 집약하였다. 『성학집요』는 『대학연의보』와 달리 국가제도를 담지 않았는데, 이이의 제도개혁론과 안민부국책(安民富國策)은 여러 번 올린 국정 건의서에 담겨 있다. 이이는 주자보다 제도개혁과 부국책에 적극적이어서, 왕안석 같다는 비판을 받기도 하였다. 1569년 34살의 교리 이이는 즉위 초기의 선조에게 최초의 종합적 국정건의안인 「동호문답(東湖問答)」을 올렸는데, '안민의 방도'를 논하면서 황해도 "해주의 공물제도를 보니 논 1결마다 쌀 1두를 징수하여, 관이 물건을 준비해서 서울에 바칩니다. 인민은 한가하게 단지 쌀은 내는 것만 알뿐이고, 공물의 폐단을 전혀 모릅니다. 이것이 정말 오늘날 인민을 구제하는 좋은 방법입니다. 만약 이 법을 사방에 반포하면, 방납의 폐단이 머지않아 저절로 개혁될 것입니다."라는 건의는 17세기 시행된 대동법의 선구가 되었다. 여기서 노비종모법(奴婢從母法)이 시행되지 않아 양인(良人)이

줄고 사천(私賤)이 늘어나는 문제점을 제기하였는데, 노(奴)와 양인 처의 자녀는 양인으로 삼는 제도는 1731년부터 시행되었다. 대동법과 노비종모법은 조선시대의 대표적 개혁에 포함된다.

기묘사림을 옹호하고 사림정치의 성립에 이바지한 이준경(李浚慶)은 영의정으로서 1572년 죽음을 앞두고 올린 소에서 고담대언(高談大言)을 일삼는 무리들이 붕당(朋黨)을 결성하여 의견이 다른 사람을 배척하는 폐단도 지적하였다. 선조가 여기에 동조하자, 이이는 소를 올려 주자의 학설에 의거하여 군주가 군자붕당을 보장하여 사림의 기개를 높이고 공론을 활성화해야 한다며 사림정치를 정당화하는 논리를 제공하였다. 그런데 1575년 이후 도학을 추구하는 사림간에 동인과 서인의 붕당 대립이 나타나 이이는 이 문제에도 고심하였다. 간신배를 몰아내고 군주를 바른 길로 인도하는 데에는 주자의 도학정치론에 의거하면 되었으나, 도학정치의 성립을 보지 못한 주자는 도학정치를 추구하는 집단간 붕당 대립을 예상하지 못하였다. 원대 이후에는 황제권이 강하여 붕당이 존립할 수 없었고, 그 대신 환관 문제가 발생하였다. 주자와 다른 문제에 직면한 이이는 동인과 서인이 모두 사류(士流)면서 시(是)와 비(非)를 가지므로, 주자가 비판한 견해이나 조정론(調停論)으로 당색에 구애받지 말고 인사를 하되, 소인을 가려내는 격탁양청(激濁揚淸)을 전제하고 집권세력인 동인이 주도하여 서인도 조화롭게 조정에 참여시키는 조제책(調劑策)을 수행하면서 시급한 과제인 민생고의 해결에 합심하여 힘쓰자고 제안하였다. 붕당 대립이 격화되면서 율곡의 조제론은 조정에서 지지자를 늘려갔다. 서인은 이이의 조제론을 당론으로 삼아, 인조반정 이후 정권을 장악한 후에 남인과 북인도 조정으로 부르는 논리적 근거로 삼았다. 1694년 서인은 다시 남인을 몰아내고 집권하자, 노론은 주자의 군자소인론으로 이번 기회에 남인 세력을 모두 제거하자고 주장하였는데, 소론은 이이의 조제론을 견지하여 역모와 무관한 남인을 벼슬에 조화롭게 임용하자고 주장하였다. 나아가 소론의 박세채는 황극탕평론(皇極蕩平論)을 제시하였다. 이이의 양시양비론(兩是兩非論)과 박세채의 황극탕평론은 숙종·영조의 탕평정치의 논거를 제공하였다.[28] 중국의 사대부가 전개한 붕당정치론을 조선의 사림이 계승하여 발전시키고 정치에 적용하였던 것이다. 이이는 정도전 다음으로 동아시아 정치사상의 수준을 높인 인물이다.

이이는 이기철학과 붕당론에서 드러나듯이, 주자를 존숭하였으되 묵수하지는 않고 그것을 발전시키고 조선의 현실에 맞게 수정하였다. 이이는 주자학으로 학문과 정책론을 최대 수준으로 끌어올린 인물이다. 이이 이상으로 주자학의 학문과 정책론을 발전시킬 여지는 많지 않았다. 이이의 업적은 단지 그의 천재성에만 기인하지 않는다. 현실의 깊은 고민·성찰과 경전의 깊은 탐구로 조선의 현실에 맞는 경세제민의 시무책뿐만 아니라 그 사상적 토대를 구축하려는 노력의 결실이었다. 서경덕, 조식 및 이황은 조선 유학사에서 족적을 남겼는데, 이이는 주자의 학문을 발전시켜 동아시아적 차원에서 학문의 성취를 이루었다.

이황은 실학 용어를 드물게 사용하였고 만물만사의 근원인 이(理)의 한 특성으로 지실(至實)을 들었다. 이황은 자신의 탐구 과제인 성리철학과 수기론이 실사구시.라고 생각하였을 터인데, 수기론에 집중하여 실학 구호를 적극 천명하지 않은 것으로 보인다. 그와 달리 성리철학을 포함한 수기론뿐만 아니라 치인론도 적극 다룬 이이는 자신의 성학(聖學)이 무실(務實)의 실학임을 빈번하게 천명하였다. "천도(天道)가 곧 실리(實理)이고, 인도가 곧 실심이다"고 표현하기도 했다.[29] 이이의 궁경치용학

28 鄭萬祚「朝鮮時代 朋黨論의 展開와 그 性格」.

29 尹絲淳「實學 意味의 變異」310-313쪽.

(窮經致用學)은 궁경이 치용의 정치적 실천을 위한다는 실학의 지향성을 표방하였다. 궁경은 주로 수기를 위한 경전 탐구의 최고 경지에 도달하려는 의욕을, 치용은 그에 상응하여 치인의 경세학의 최고 경지에 도달하려는 의욕을 드러내는 용어이다. 이이는 왕도적 안민론을 기본으로 삼으면서도 부국강병도 도모하고자 적극적 제도개혁을 주장하였다. 서경덕, 조식 및 이황은 넓은 의미의 실학자이지만, 근대 전환을 준비하는 경세제민학의 업적이 부족한 점에서 근세 실학자로 부르기 어렵다. 이이는 수기학과 치인학을 종합하면서 정도전 다음으로 동아시아적 차원으로 학문적 성취를 이룬 근세 실학자라 보고자 한다.

전해종은 이이의 경세치용론이 청초 황종희와 고염무에 비해 1세기 앞서 더욱 구체적이었다고 평가하였다.[30] 이이는 이기론(理氣論)에서는 독창성을 보였고 군주의 수기치인론을 체계적으로 설명하고 대동법을 선구적으로 제시한 공헌은 있으나, 그것만으로는 주자학과 전제군주제의 한계를 근본적으로 성찰한 황종희나 고염무의 학설사적 의의에는 못 미친다. 그리고 이이는 여러 중요한 제도개혁론을 제시하였으나, 『조선경국전』이나 『명이대방록』처럼 체계화하지는 않았다.

황종희는 법치, 재상권(宰相權)의 강화, 사대부의 공론, 학교의 공론을 통한 행정권력의 강화, 그리고 방진제(方鎭制)라는 봉건제와 군현제의 혼합으로, 문호개방 이전 중국에서는 군주전제를 견제하는 가장 효과적인 방안을 제시하였다.[31] 황종희의 방진제 구상은, 당말 안록산(安祿山)의 반란에서 드러나듯이, 심각한 문제점을 가졌다. 조선에서는 정도전이 법

---

30 全海宗「栗谷의 實學觀 : 특히 中國의 實學과의 比較의 觀點에서」『李丙燾博士九旬紀念韓國史學論叢』知識産業社, 1987 ; 全海宗 「朝鮮朝 實學論의 比較小論」『震檀學報』 71 · 72, 106-107쪽.

31 孫寶山「黃宗羲 경제사상과 그 영향」.9

치, 그리고 군주 – 재상 – 대간(臺官) · 간관(諫官) 사이의 권력 분립을 주창하여 국가제도에 반영되었고, 이황 등의 노력으로 서원이 사림의 공론을 수렴하고 향촌의 예치질서를 구현하는 거점이 되었고, 사림의 도학정치가 성립하고 있었다. 게다가 명청교체와 같은 격변이 없었으므로, 이이는 삼대(三代)의 이상을 구현하려는 데에는 황종희와 같은 목표였지만, 전제군주제의 대안을 찾을 필요가 없었고 중국에서는 실현되지 못한 도학정치의 확립을 우선 과제로 삼아 『성학집요』를 제시하고 문란해진 제도 방안을 제시하였다.

조선시대 학문이 발달한 반면, 주류 학계의 사상의 폭이 좁아지는 한계가 나타났다. 고려시대 사상에 깊은 영향을 미친 불교는 고려말 정주학의 발흥 이후 배격되었다. 도교와 관자는 경세제민학에 제한적 영향을 미쳤다. 대명률의 계수 등 국가제도는 법가의 영향을 받았지만, 법가의 학설은 유학과 배치되었기 때문에, 학문 논의에서 거론되기 어려웠다. 명망이 높은 이황은 성리학을 정학(正學)으로 인식하고 양명학도 이단으로 비판하여, 주류 학계의 사상은 유학 중에도 정주학으로 고착되었다. 그래서 양명학의 확산이나 고학(古學)의 발전은 제약을 받았다.

유학은 부국강병을 경계하였지 그 유효한 방책을 제시하지 않았다. 중국에서 군신공치 등 유학 이념에 가장 접근한 송나라가 외침에 가장 무력하였고, 송보다 더욱 유학이상에 접근한 조선왕조는 송보다 더욱 무력하였는데, 유학이 강병책에 무력함을 보여준다. 그래서 부국강병책이 과연 유학, 특히 주자학만으로 성취될 수 있는가라는 의문이 제기될 수 있었다. 임진왜란 때 드러난 허약한 국력은 그런 문제를 진지하게 성찰할 기회를 주었다. 임진왜란으로 조선은 망할 뻔하였으나, 명나라 군대의 지원, 이순신 장군과 의병의 활약, 그리고 유성룡을 중심으로 하는 명신(名臣)들의 유능한 대처로 겨우 국난을 극복하였다.

유성룡(柳成龍)은 임진왜란 때에 국정을 이끌면서 주자학에 구애되지 않고 양명학 등 다양한 학풍을 수용하고 나아가 『관자(管子)』 등 제자백가사상까지 흡수하여, 상업도 중시하는 부국론에 입각하여 재정을 개혁하고 산업과 기술을 육성하려는, 유럽의 중상주의에 접근하는 정책을 추진하였다. 유성룡 이후 근세 실학자는 주자학자와 달리 제도 · 경제 · 기술의 발전을 도모하는 데에 필요한 지식을 얻기 위해 박학(博學)을 추구하였던 것이다. 유성룡이 영의정으로서 1594년에 올린 「진시무차(陳時務箚)」[32]의 서두에는 "깊은 근심 속에서 성명(聖明)한 지혜가 열리고 많은 어려움 속에서 국가가 흥기된다고 하였습니다. 대개 평화로운 시대에는 인심이 무사안일을 즐기고 세속의 선비들이 천박한 식견에 빠지며 또 편협한 의논이 명실을 어지럽히고 대체를 파괴하여, 비록 선견지명이 있어도 늘 신용을 받지 못하고 시대를 구제할 계책이 있어도 항상 시행되지 못하다가, 결국 패망한 뒤에야 인심을 두렵게 여겨 지난 일의 실수를 징계하지 않을 수 없게 되고 앞날을 위한 계책을 잘 도모하지 않을 수 없어서 천명이 다시 이어지고 국맥(國脈)이 다시 견고해집니다."라는 구절이 있다. 필자는 이 글을 보면서 1997 · 8년 외환 · 경제위기로 가능해진 경제개혁을 떠올렸다. 유성룡은 여기서 민심 수습을 최우선 과제로 삼고 직업군인제의 도입을 건의하고 군량비 확보와 민생 안정을 위해 1결에 2두를 거두는 수미법(收米法)을 건의하여 관철하였다. 유성룡을 주축으로 하는 명신들이 조정을 이끈 것은 국난 극복의 중요한 요인이었다. 전후 평화가 도래하자 그의 중상주의적 정책은 계승되지 못하였지만, 그가 추진한 직업군인인 훈련도감(訓鍊都監), 그 재원 마련을 위한 둔전(屯田), 대동법, 그리고 국경 무역시장인 중강개시(中江開市)는 살아남거나 부활

---

32 『西厓集』 5, 「陳時務箚」(『선조수정실록』 27년 4월 1일 己酉에 수록되어 있다).

하였다. 유성룡은 임란 와중에 박학을 통해 도출한 근대지향성을 가지는 부국강병의 국가재건론을 추진하였으나, 전란이 끝나자 주자학에 충실한 안민 위주의 국가재건론에 밀렸다. 유성룡의 중상주의적 노선은 유학 정통론에서 수용되기 어려웠던 것이다.[33] 유성룡의 정책론은 이이보다 더욱 개방적 박학과 공리를 추구한 산물이며, 유학 원칙의 장점을 흡수하되 이이와 달리 유학 원칙으로부터 자유로운 사유의 산물이어서, 이이보다 훨씬 혁신적인 개혁안을 추진하였다.

조선시대에 예상외로 명신이 많고, 이들이 조선왕조의 장수에 이바지하였다. 이이가 등장한 선조 때 이후부터 김육(金堉)이 활동한 효종 때까지가 명신이 가장 많았다. 이원익(李元翼)은 이이가 처음 제안하고 유성룡이 처음 시행한 대동법을 경기도와 강원도에 정착하는 데에 최대의 공로자였다. 17세기 대동법의 전국적 시행으로 근세적 조세국가가 성립하였다.[34]

대동법은 조선왕조가 가장 자랑할 만한 제도 개혁이었고 이이부터 김육까지 명신들의 합작품이었다. 1623년 대동법의 확대 시행을 둘러싼 논의가 전개되는 가운데 이이의 제자 이조정랑 조익(趙翼)이 올린 「논선혜청소(論宣惠廳疏)」는 대동법의 정책이념을 다음과 같이 완성하였다. 공납제(貢納制)의 이념적 논거로 사용된 중국 고대의 임토작공(任土作貢)은 실제로는 제후가 토산물을 천자에게 바치는 것이고 제후는 인민에게 경지세를 거두었으니, 고대 유가가 이상으로 삼은 10%세 제도는 공물도 포괄하며 농민은 공물이 아니라 곡식을 내는 것이라고 주장하였다. 이것은 경전의 탐구를 통한 조선 공납제의 임토작공 이념에 대한 최초의 비판이고 10%세제의 구체적 해석이었다. 이어서 대동법은 민생 안정뿐만

33 이헌창 「서애 류성룡의 경제정책론」 『류성룡의 학술과 사상』 태학사. 2008.

34 이헌창 『韓國經濟通史』(제8판) 해남, 2018, 93-96쪽.

아니라 재정 충실화에 이바지하는 안민부국(安民富國)의 제도개혁임을 조리 있게 설명하였다.

근세 실학을 정책에 구현한 대표적 인물은 유성룡과 김육이다. 효종 때에 김육은 정승에 올라 대동법을 충청도에 정착시키고 전라도에 확대하는 의사결정을 도출하여 대동법을 전국적으로 확대되는 데에 최대의 공로자였다. 김육은 1649년 9월 우의정에 임명되었는데, 10월 올린 네 번째 사직 차자에서 "왕도 정치는 민생 안정(安民)보다 우선하는 일이 없으니 민생이 안정된 연후에야 국가가 안정될 수 있습니다. …… 대동법은 조세 부담을 고르게 하여 인민을 편하게 하니(均役便民) 실로 시대를 구할 수 있는 좋은 계책입니다. 비록 여러 도에 두루 행하지는 못하더라도 경기도와 강원도에 이미 시행하여 힘을 얻었으니 만약 또 충청 · 전라도에 시행하면 민생을 안정시키고 국가에 도움이 되는(安民益國) 방도로 이것보다 더 큰 것이 없습니다."라 건의하고 대동법의 구체적 내용을 별폭(別幅)에 써서 올렸다. 김육은 대동법의 시행에 정치생명을 걸고 그 자리에 나아갔다. 김육은 대동법을 제도적으로 완성한 『호서대동절목(湖西大同節目)』(1654)의 서문에서 "성의(誠意)와 바른 마음을 말하는 세상의 학자들은 모두 책에 실린 것을 주워 모아서 뜻이 정성스럽고 마음이 바르면 천하와 국가를 잘 다스릴 수 있다고 생각한다. 이들은 단지 담론만 하고 시무를 급히 하는 자를 공리를 추구한다고 비웃으며, 심지어 장의(張儀)나 왕안석 같은 인물이라고 헐뜯기까지 하니, 이 어찌 마음을 합쳐 국가를 위하는 도리이겠는가. 못난 내가 소견이 얕아서 비록 학문이 어떠한지 모르지만, 마음을 바르게 간직하여 실질적인 사업을 하며 절약하고 인민을 사랑하여 공적 부담을 가볍게 하기를 원하며, 헛된 이상을 추구하여 내실 없는 글을 숭상하지는 않고자 한다."라며 실제 사업을 성취하는 사공을 중시하는 자신에 대해 공리를 추구한다고 비방하면서 내실

없이 명분에 치중하는 풍토에 대한 비판도 담았다. 이 절목에는 규정된 정식 외에 추가로 징세하지 않음을 '법을 제정하는 본래 뜻(立法本意)'으로 삼아 '대동의 이상을 구현하여 인민을 편하게 하는(大同便民) 실효'를 거두겠다고 천명하였다. 김육은 1651~6년간 동전 주화의 통용책을 강인하게 추진하여 황해·평안도에서 성취하여 1678년 이후 전국적 통용의 기틀을 닦았다. 김육은 시헌력(時憲曆) 도입 등 다른 업적도 이루어 조선시대 최대 정책업적을 성취한 인물이다.

김장생→김집→송시열 학통을 핵심으로 하는 산당(山黨)은 주자학을 절대시하고 예학(禮學) 연구에 힘썼는데, 효종대 정계에 진출하여 예치(禮治)의 구현과 조정의 도덕적 기강에 주력하여 김육의 대동법에 제동을 걸면서 정국을 주도하려다 좌절하였다. 김육은 안민과 부국의 경제정책에, 산당은 예제와 정치기강에 주력하여 보완적인 면도 있었으나, 양자의 노선은 다른 면이 많았다. 김육은 주자학을 상대화하면서 개방적인 자세로 경세제민의 시무(時務)에 유용한 사상을 폭넓게 흡수한 박학을 추구하였다. 그 반면 송시열은 주자만을 존숭하였다. 김육은 경제합리주의의 공리(功利)를 추구하여 제도 개혁 등을 통해 안민과 부국을 동시에 달성하는 방안을 강구하여 성과를 거두었다. 그 반면 산당은 의리의 대의명분을 절대시하여 공리를 배격하여, 안민에 지상적 가치를 두었다. 김육은 오랑캐로 간주된 청나라에 체현된 중국의 선진 기술과 경제제도뿐만 아니라 청나라에 도입된 서양 과학도 배워 도입한 점에서 북학(北學)사상의 선구자이자 실천자였다. 그 반면 송시열을 화(華)와 이(夷)를 준별하는 북벌론자였다. 김육은 붕당을 부정하여 관료제 통치를 중시한 반면, 송시열은 군자붕당 주도의 도학정치를 추구하는 주자의 노선에 충실하였다. 김육은 직업이 전문화되고 상공업도 발달하고 시장이 활성화된 사회를 지향하였는데, 이는 북학파의 이용후생(利用厚生)사상에 통한다. 산당은 유교도덕에 충실한 농본주의 사회를 지향하였다.[35] 김육의 사후 송시열을 영수로 하는 산당은 김육을 본받아 군역(軍役) 개혁안을 제시하고 노비종모법을 건의하였으나, 김육과의 노선 차이는 해소되지 않았다.

조선은 임진왜란 · 병자호란 이후 국가 재건을 위해 두 노선 중 어떠한 선택을 하였던가. 김육의 사후에 송시열은 조정과 재야에서 가장 강한 영향력을 행사하였고, 그를 영수이자 정신적 지주로 삼는 노론은 정국을 지배하게 되었다. 김육의 노선을 따르는 인물은 현종 때 결집하여 송시열 진영인 산당과 공의(公義) · 사의(私義) 논쟁을 벌였고, 이들은 한당(漢黨)이라 불린다. 한당은 소론으로 연결되었다.[36] 김육은 효종의 묘정(廟廷)에도 배향(配享)되지 않은 반면, 송시열과 동료인 송준길, 그 스승인 김장생과 김집이 문묘(文廟)에 종사(宗祀)하였으니, 송시열 노선이 주류, 김육 노선이 비주류가 되었다. 그 결과 주자학의 지배력은 더욱 강해졌다. 그래서 거의 모든 유학자가 김육이 아니라 송시열을 모범으로 삼았다. 조정에서도 송시열 노선의 추종자가 지배적이고 김육의 노선을 본받는 인물이 소수여서, 재상의 경세제민학은 문호개방 이전 김육보다 더 나아가지 않았다.

조선 건국 이후 조정에서는 법 · 예(禮) · 공(公) · 민본(民本) 등의 담론이 활발하였고, 국왕도 공법을 준수해야 한다는 관념이 천명되었으며 왕도 예의 구속을 받아 예송이 발생하였다. 도학정치는 공론(公論)의 정치였고 산당에 의해 예치의 구현에 이용되었다. 민본 이념이 심화되면서 정치공동체의 담론과 의식이 진전되었다.[37] 조정에서 경제정책 이념의

35 이헌창 「근세 실학의 선구자이자 실천자인 金堉(1580~1658)」『韓國實學硏究』 33, 2017.

36 鄭萬祚 「朝鮮 顯宗朝의 公義 · 私義 論爭」『韓國學論叢』 14, 1992.

37 이헌창 「조선왕조의 통치원리」.

주류는 왕도적 안민론 내지 안민부국론이고 이이가 그것을 체계적으로 정립하였고, 김육은 안민부국론을 발전시켰고, 산당은 안민지상주의자라 하겠다. 건국 초, 양란 후, 그리고 문호개방 후 부국강병론이 거론되었는데, 문호개방 이전 부국강병책을 추진한 대표적 인물은 유성룡이었다. 『대학연의』는 조선시대 경연(經筵)의 중요한 교재여서 진덕수의 관점에 따라 왕안석은 소인이자 간신의 대표적 인물로 간주되고 왕안석에 대한 비판의식을 가진 송대 정주학으로 무장한 사림이 대두함에 따라, 왕안석에 대한 부정적 관념이 더욱 강해졌다.[38] 조선 엘리트의 왕안석관은 공리(功利)에 소홀하거나 부정적인 조선 학풍의 편협함을 보여준다. 그래서 유학을 표방하더라도 공리의 부국강병을 추진하는 인물은 사림의 공격에 노출되기 마련이었다. 이이, 유성룡, 이원익, 김육 등 안민뿐만 아니라 부국강병에도 이바지한 명신들이 모두 왕안석 같다는 비판을 받은 것은 조선 주류 학풍의 편협함을 잘 드러내는 사례이다.

이이의 제자인 김장생(金長生)은 경전에 대한 역대 유학자들의 학설에는 오류가 많아 신뢰할 수 없으므로, 주자의 해석이 아니면 굳이 힘들여 공부할 필요가 없다고 했다.[39] 송시열은 스승보다 한 걸음 더 나아가 주희와 다른 해석을 배격하였다. 공자는 이단을 전공하면 해롭다고 하였는데, 유학을 공부하는 제자에 대한 가르침이고 이단을 완전히 배척하라는 말과는 달랐다. 이황은 주자를 깊이 신봉하여 그와 다른 견해를 "이단 · 사설(邪說)로 배척하였"는데,[40] 학문적 차원이었다. 송시열은 주자학의 심화에 이바지한 대학자였으나, 주자와 해석을 달리하는 유학자를 사문난적(斯文亂賊)으로 규탄하여 학문의 개방적 논의와 다원적 발달뿐만 아

---

38 池斗煥 「朝鮮前期 君子 · 小人 論議」 『泰東古典硏究』 9, 1993.
39 이선열 『17세기 조선, 마음의 철학』 글항아리, 2016, 99쪽.
40 李丙燾 『韓國儒學史』 214-215쪽.

니라 정책 이념의 발전도 저해하였다. 주자는 대적 상대인 도교와 불교의 학설을 차용하여 이기철학을 정립하였고 이이는 주자학의 묵수를 평가하지 않고 독창적 견해를 평가하였는데, 주자와 이이를 모범으로 삼은 송시열과 그 추종자들은 주자와 이이의 학문 정신을 제대로 계승하였는지 의문이다. 송시열은 산당의 영수이자 노론의 정신적 지주인 대정치가였으나, 그의 독선적(獨善的) 태도는 한국문화에 부정적 유산을 남겼다. 송시열의 조선중화주의론은 서양 문물의 수용을 저해하였다.

주자의 심학(心學)을 서인은 이이의 관점에서, 남인은 이황의 관점에서 심화하였는데, 송시열 학문을 계승한 노론의 학자들은 18세기에 걸쳐 성인(聖人)과 범인(凡人)의 마음, 그리고 인성(人性)과 물성(物性)이 같은지 다른지에 관한 호락(湖洛)논쟁을 벌였다. 주자는 심을 지각이라고 하였는데, 낙론은 지각을 심의 작용으로, 호론은 지각을 지(智), 곧 성의 작용으로 보았다. 낙론은 심의 능동성을 중시하여 성의 미발(未發)에 관한 논쟁도 벌였다. 유교 철학의 논의가 활성화된 자연스러운 산물로서 조선 최대의 학술논쟁이었다. 주자 심학의 이러한 심화가 근대 학문의 관점에서 어떤 의미를 가졌는지, 아니 도덕사회의 구현에 어떠한 공효(功效)를 가졌는지를 필자는 모른다. 홍대용과 박지원이 인성과 물성이 같다는 낙론의 관점에 입각하여 북학사상을 전개하였다는 평가가 있으나,[41] 김육·유수원·박제가 등은 호락논쟁에 영향을 받지 않고 북학을 실천하거나 북학사상을 높은 수준으로 성취하였으니, 호락논쟁이 홍대용과 박지원의 북학사상이 탄생할 철학을 제공하였다기보다는 노론의 준엄한 화이명분론(華夷名分論)을 돌파하는 대응 논리를 제공하였다고 보는 것이 온당하다.

1629년 남인 산림인 장현광(張顯光)은 정구(鄭逑)가 지은 『오선생예설

41 유봉학 『燕巖一派 北學思想 研究』 一志社, 1995, 79-99쪽.

(五先生禮說)』의 발문에서 “사람이 가진 오상(五常)의 성(性)에서 예가 인(仁) 다음이다”고 천명하고 공자가 “인을 행하면 예로 복귀하고 덕에 나아가면 예를 세운다”고 가르쳤으니, “예가 정비되면 나라가 잘 다스려지고 예가 문란해지면 나라가 문란해진다(禮治則治, 禮亂則亂)”는 정자의 말이 확고한 논리(確論)라고 규정하였다. “그러므로 가르침은 예교(禮敎)보다 앞서는 것이 없고 배움은 예학보다 간절한 것이 없다”고 하였다. 장현광은 유가들이 예학을 경세의 실학으로 보는 관점을 훌륭히 집약하였다. 1402년 조정은 의례상정소(儀禮詳定所)를 설치한 이후 국가의례를 정비하기 위한 노력이 지속되어 1474년 『국조오례의(國朝五禮儀)』가 완성되었다. 조선은 태조 때부터 모두가 예의 주체라 보고 민간에 주자의 『가례』를 시행하려 노력하였는데, 신분별 차등을 두었다. 1428년 6품 이상은 3대, 7~9품은 2대, 서인(庶人)은 부모만 제사를 지내는 제도가 확정되었다. 부모 3년상은 1518년 서인에게도 허용되고 그 직후 천민까지 확대되어 천하동례(天下同禮)가 실현되었다. 조선후기 가묘제(家廟制)의 차별도 무력화되었다. 조선 국가가 천민도 포함한 모두를 동등한 예의 주체로 허용한 것은 공자와 주자를 잘 계승한 중대한 성취였다. 그런데 문호개방 이전 동아시아의 누구도 개인의 자유를 권리로 인정하자는 발상을 못하였는데, 자유와 권리가 존재하였지만, 그 개념은 문호개방 이후 유럽에서 도입되었다.

기묘사화 이후 학자들이 예학 발전을 주도하는데, 주자의 『가례』, 그리고 그 원칙을 반영한 국가의례에 관한 저술은 주자의 성리철학론이 심화되고 심학론이 본격화되는 16세기 후반부터 쏟아져 나와서, 모두 485종 확인된다. 중국에서는 30여 종에 불과하니, 조선의 예학 연구가 활발함을 알 수 있다. 16세기 후반에는 퇴계와 그 학파가 예학 연구를 주도하여 이황과 조식으로부터 배운 정구가 1573년 『가례집람보주(家禮

輯覽補註)』를 저술한 이후 국가례와 사가례(私家禮)를 하나의 체계 속에 종합적으로 정리하려는 주자의 총체적인 예학을 추구하였다. 이이의 문인인 김장생은 『상례비요(喪禮備要)』(1583년)를 비롯한 여러 예서를 내어 서인의 예학이 남인과 대등한 수준에 올랐다. 『예기』, 『의례』, 『가례』의 차이점이 인식되자, 학파와 학자에 따라 중시하는 예서의 차이가 나타나게 되었다. 행례서(行禮書)의 경우 『상례비요』를 사례(四禮)로 확장하여갔고, 주석서는 16세기 중국 학자의 예설을 주로 다루다가 17세기 이후 조선 학자로 나아갔다. 변례(變禮)에 관한 논의를 집성하는 작업도 18세기 전반까지 지속된다. 18세기 『가례증해(家禮增解)』와 『상변통고(常變通攷)』는 이런 연구 성과를 집대성하였다.[42] 예학의 발달은 국가의례의 개정을 낳았다. 조선시대에 가장 융성한 학문 영역인 예학은 중국보다도 주자의 예학을 진전시켰으나, 그것을 모두 합쳐도 주자의 업적에 못미친다.

예학은 예치(禮治)와 종법(宗法)가족질서의 안정에 중요하지만, 근대 전환을 준비하는 일과 무관하였다. 예학 연구가 세계에서 가장 활발한 조선에서 현종 때에 두 차례 예송이 소모적인 당쟁으로 비화된, 세계사에서 유례가 없는 사태가 일어났다. 조선시대 유명한 학자 거의가 예를 논하여 『가례』의 연구가 세계에서 가장 활발하고 그 사회적 침투가 가장 진전되었으나, 필자는 어릴 적 경남 산골 마을에서 어른들이 장례(葬禮)의 세부 문제로 다투는 우리의 고유한 문화에 여러번 접한 적이 있다. 1649년 조정에 진출한 산림 김집은 주자의 예설을 위주로 하는 고례(古禮)에 따라 『국조오례의』를 전면 개정하여 인조의 국상(國喪)을 추진하자고 주장하여 대신들이 논의하였다. 예조판서 김육은 이런 논의를 수렴

42 예학은 李迎春 「예학의 발달」 국사편찬위원회 『한국사』 31, 1998 ; 高英津 「성리학의 연구와 보급」; 장동우 「朝鮮時代 『家禮』 硏究의 進展」 『泰東古典硏究』 31, 2013를 참조.

하여 "인정(人情)에 순응하면 천리(天理)에 합치되고 …… 시대에 따라 알맞게 제정하는 것이 예의 본래 뜻"이고 "상(喪)의 예가 넉넉하고 슬픔이 부족한 것은 예가 부족하고 슬픔이 넘치는 것만 못하다"라는 공자의 예 정신을 입각하여 『국조오례의』를 기본으로 삼고 김집의 일부 의견으로 보완하자고 건의하여 채택되었다.[43] 김육은 예학의 권위자인 조호익(曺好益)의 대표적 저자로 그의 『가례고증(家禮考證)』의 간행을 주선하고 서문을 지었는데, 정승에 올라 『국조오례의』의 개혁이 아니라 민생 안정, 국가 재정의 충실화, 강병책, 그리고 시헌력의 도입에 혼신의 힘을 기울였다. 필자는 김육의 예론과 정책 자세가 실사구시 정신을 더 잘 담았다고 보는데, 조선시대 주자학자는 달리 생각하였을 것이다.

주자학은 조선뿐만 아니라 중국 · 일본 · 베트남에서 모두 주류 학풍이었고, 그 핵심적 학문은 성리철학, 심학, 그리고 예학이었으니, 조선의 학자들이 여기에 매진한 일은 이상하지 않다. 윤리학과 예학, 그리고 마음을 잘 다스리는 일은 동서고금을 초월하여 필요하다. 다만, 유럽이 근대적 전환을 하던 17 · 18세기에, 조선의 학문적 역량이 호락논쟁을 포함한 심학, 그리고 예학에 편중된 일은 조선의 정치적 · 경제적 · 사회적 발전과 근대 전환이라는 시대적 과제에 비추어 아쉽다. 유럽이 근대 전환의 혁명을 이루는 조선후기에 조선의 학문적 역량이 경제, 제도 및 서학의 과학기술에 더욱 많이 투입되었더라면, 조선의 경제발전과 근대적 전환이 순조로웠을 것이다.

조선에서 주자학 열풍이 그렇게 강한 이유는 무엇일까? 첫째, 주자는 문호개방 이전 동아시아의 최고 학자이고 조선의 대표적 주자학자인 이황과 이이의 학문이 훌륭하고 삶의 자취가 아름답기 때문이었다. 조선의 주자학자는 이 세 거목을 넘어설 생각을 하지 않았다. 오늘날 대가에 대

---

43 『효종실록』 즉위년 6월 24일 壬子.

해서도 묵수와 추종으로 일관하고 조금도 더 나아갈 생각을 하지 않으면 학문의 하류로 간주되겠지만, 조선의 유자들은 공자의 술이부작(述而不作) 이념을 철저히 음미하지 못해 주자학의 묵수가 바람직하고 더 나아가려는 것을 위험하게 생각하였다. 학술문화가 달랐던 것이다. 둘째, 유학이 수기를 치인보다 근본 과제로 삼고 주자성리학이 수기론을 학문적으로 정교하게 정립하였고 근대학문이 도입되기 전에는 성리학만큼 체계적인 철학적 기반을 가진 사상이 없었기 때문에, 주자학은 학문적 호소력을 가졌다. 셋째, 조선의 정치 · 경제 · 사회 · 국제환경이 주자학의 선택을 유도하였다. 주권자인 군주가 군신간 명분을 강화하는 데에, 관료는 군주의 자의적 횡포를 막는 데에, 그래서 통치체제를 안정화하는 데에 주자학의 대의명분론과 도학정치론이 유용한 논리를 제공하였다. 군주 주권의 관료제국가라는 중국에서 유래한 정치체제는 유학, 그 중에도 주자학과 잘 맞았던 것이다. 협동이 중시된 소농사회는 유학의 도덕경제론을 지원하였다. 그 반면 경쟁을 원리로 삼는 시장의 미성숙은 이재와 공리를 추구하는 경제합리주의의 성장을 제약하여, 시장이 더욱 발달한 중국 및 일본보다 공리 사상의 학자가 훨씬 적었다. 중화(中華)세계질서 속의 국제적 평화로 국가간 경쟁을 위한 부국강병책을 추구할 유인이 약하였기 때문에, 왕도적 안민책을 추구하는 정통 유학의 이념이 넓은 입지를 확보할 수 있었다. 그와는 달리 전쟁의 위협과 정치공동체간 경쟁의 압력이 항상 존재하는 유럽과 일본에서는 재정 확보가 근본 과제로 부상하고 공리주의가 도덕주의를 압도할 수 있었다. 넷째, 역사의 경로의존성이다. 주자학을 배운 사대부들이 유학 통치 이념으로 조선왕조를 창건하였다. 유학 이념에 입각한 통치가 발전하는 가운데 세종은 후대 왕의 모범을 보였다. 세조대 이후 훈척의 문제는 도학정치를 추구하는 사림을 대두시켰다. 도학정치의 열망은 성리철학을 발전시켰고 도학

정치의 구현은 퇴계의 뜻대로 주자학 학통의 문묘 종사가 결정되었다. 이러한 문묘 종사는 주자학 편식의 학풍을 조장하여 김육의 사후 그의 노선이 송시열 노선에 압도당하는 데에 이바지하였다. 산당 인사들의 문묘 종사는 주자학에 투철한 송시열을 모범의 대세로 확정하고 승인하는 사건이었다.

유형원 이후 근세 실학자는 유성룡과 김육의 노선을 계승하였다고 볼 수 있다. 이들은 대개 관직을 가졌지만, 문호개방 직전의 박규수를 제외하고는 재상의 반열에 오른 인물은 서유구(徐有榘)가 유일하나 정국을 주도할 위치에 있지는 못하였다. 그래서 유형원 이후 근세 실학이 정책에 미친 영향은 제한적이거나 없었다. 그렇지만 소수의 비주류인 근세 실학자가 학문적으로 의미가 큰 기여를 하고 조선의 근대화를 준비하는 방안을 제시하였다.

북인 유몽인(柳夢寅)은 재상에 오르지 못한 문신(文臣)이며 유수원 이전에 가장 진전된 상업진흥론을 제시하였는데, 인조반정 직후 무고(誣告)의 역모로 처형되었다. 조정이 1610년에 간상배(奸商輩)의 비리를 없앤다는 명목으로 중강개시를 폐지하자, 유몽인은 그 정책을 비판하면서 "유민치국(裕民治國)의 원칙은 반드시 농공과 상공업이 서로 도와주어야 하니" 중국과 일본은 활발한 무역 덕분에 부강해진 반면, 규모가 작고 자원이 빈약한 조선은 해로무역을 하지 않아 가난해졌다고 인식하였다.[44] 박제가 이전에 가장 진전된 국제무역론이었다.

유몽인의 역옥(逆獄)에 연루되어 1623년 옥사(獄死)한 부친을 둔 유형원(柳馨遠)이 1670년 완성한 『반계수록(磻溪隨錄)』은 정도전의 『조선경국전』 다음으로 국가제도의 구체적 설계도를 제시하였는데, 유가 이상

44 이헌창 「楚亭의 利用厚生思想과 富國論」 실시학사 편 『초정 박제가 연구』 사람의무늬, 2013, 161-164쪽.

국가론의 구체적 설계도로는 『주례』 다음이었다. 그래서 그 서문에서 오광운(吳光運)은 주자가 유학사상의 철학적 기초인 도학을 완성하였다면 유형원이 경세론인 기(器)를 처음으로 체계화하여 유학사상을 완성하였다고 자부하였다. 1808년 국가가 편찬한 『만기요람(萬機要覽)』은 18세기 경제와 국방의 제도와 실정을 집약한 대표적 저서인데, 관직에 나아간 적이 없는 유형원이 1670년 완성된 『반계수록』은 그 전 1세기간의 경제·국방·관직·교육의 제도와 실상을 가장 잘 집약한 사실은 놀랍다. 예를 들면, 이 저서로 임진왜란 이전 16세기 전국 경지 규모를 알 수 있고, "비록 『경국대전』에 공랑정세(公廊定稅)가 있지만, 지금 시전공랑에 모두 상세(常稅)가 없"고 시전은 칙사 접대와 제사를 위한 책판, 그리고 장빙(藏氷)·수리 등의 '잡역(雜役)'만 부담한다는 「전제상(田制上)」 잡세조(雜稅條)의 기록은 시전의 국역 부담을 이해하는 기본 사료이다.[45] 『조선왕조실록』이 하지 못한 기록을 『반계수록』이 남긴 것이다. 『반계수록』은 조선시대 국가제도와 그 개혁안을 담은 최고의 저서라 평가하고 싶다. 유형원은 비록 관직에 나가지 않았지만, 강원도관찰사와 병조참의를 역임하고 이익(李瀷)의 당숙인 외숙부 이원진(李元鎭), 그리고 정경세(鄭經世)가 '당대 첫째 인물'로 평가할 정도로 학문과 정책 역량을 갖추고 호조판서까지 올라간 고모부 김세렴(金世濂)을 스승으로 삼은 덕분에 국정에 대한 이해가 깊어졌던 것으로 보인다.[46]

유형원은 『반계잡고(磻溪雜藁)』에서 "이가 스스로 실리(實理)이다"며 이기론을 실사구시의 철학적 토대로 삼는 지향을 표방하였다.[47] 유형원은 『반계수록』 권1, 「전제상」에서 "토지가 천하의 대본(大本)이니 대본

---

45 朴平植 『朝鮮前期商業史硏究』 지식산업사, 1999.

46 이책에 실린 하우봉의 논문을 참조.

47 李佑成 「初期 實學과 性理學과의 關係」 『東方學志』 58, 1988,

이 이미 바로 서면 모든 제도가 따라서 하나도 마땅함을 얻지 못함이 없다"고 보고, 전제의 개혁을 최우선의 과제로 설정하였다. 여기서 전제가 실리(實理)에, 모든 제도가 기에 해당한다고 보면, 유형원의 제도개혁론과 이기론이 조응관계를 가진다. 유학은 유교 도덕을 도(道), 치인의 제도를 기(器)로 보고 도는 이(理), 기는 기(氣)에 상응하는데, 『반계수록』은 전제를 근본인 실리로 삼은 특징을 가진다. 공전제로 인민에게 항산(恒産)을 제공한다는 도덕준칙에 입각한 유형원의 주장을 당시 사대부들이 실현할 수 없는 이상으로 보았기 때문에, 실리에 입각한 개혁론이라며 정당성을 부여받기 위한 동기가 성리철학 탐구를 낳았을 가능성이 있다. 유형원은 이처럼 자신의 경세론의 철학 토대를 주자의 성리철학에서 구하면서 인심과 도심(道心), 그리고 4단과 7정을 기계적으로 나누어 파악하는 것을 지양하였다. 그럼으로써 인심과 칠정에 관련되는 인간의 욕망에 대한 부정적 관념을 전통 성리학자에 비해 완화할 수 있는 계기를 마련하였다.[48]

유형원이 유가 이상인 복고적 공전제(公田制)로의 개혁을 경세제민의 대본으로 삼은 것은 경지소유권의 성장을 부정한 점에서, 근대경제학에 의하면, 경제발전에 불리하다. 유형원은 주자학의 이기론과 인성론을 수용한 농본주의자였지만, "이익을 따르고 손해를 피함이 만고천하(萬古天下)의 같은 인정(人情)이다"고 인식하여 물질적 인센티브를 중시하는 제도개혁론을 제시하고 대동법보다 진전된 조세제도안과 동전 주화의 세심한 시행방안을 제시하고 노비를 임노동자로 대체하자고 주장하고 해로무역에 우호적이었던 점에서 유학 사유체계의 근대지향적인 변화를 보였다.[49] 이런 변화는 유성룡 이후 근세 실학자 모두에게 보인다.

48 金駿錫 「柳馨遠의 變法觀과 實理論」 『東方學志』 75, 1992, 104-107쪽.

49 李憲昶 「磻溪 柳馨遠의 經濟思想에 관한 연구」 『朝鮮時代史學報』 10, 1999.

1622년 태어난 유형원은 관직을 염두에 두지 않고 “대체로는 세상과 거의 단절한 채 수 십년 고독 속에서 독서와 저술에 전념하였”고, 그 결과 31세부터 19년간에 걸쳐 『반계수록』이라는 한국사에서는 불멸(不滅)의 저서를 남겼다.[50] 유형원이 사망한 다음해인 1674년 유형원의 제자 김서경(金瑞慶)이 지은 「반계선생행장(磻溪先生行狀)」에 의하면, “『반계수록』은 평생의 정력이 여기에 다 들어간 것”이어서, 유형원은 “근래 독서를 하면 점차 참맛을 알게 되는데 몸은 자꾸 쇠약해지고 인간사는 점차 넓어져서 뜻대로 할 수 없구나”라며 탄식하였다.[51] 유형원은 『반계수록』을 완성한 지 3년 후에 52세로 사망하였는데, 집필에 혼신의 힘을 기울였기 때문일 것이다. 유형원을 생각하면, 불멸의 논문 1편이라도 낼 자신이 없어, 얼마 지나지 않아 잊혀질 글들을 양산(量産)하면서 환갑을 넘기고 체력이 약해진 자신이 부끄럽다.

이익(李瀷)은 33세인 1713년부터 4서3경 등 유학의 기본 경전을 탐구한 『질서(疾書)』를 집필하기 시작하여 50대에 마무리하고 1715년에 『사칠신편(四七新編)』의 초고를 완성하여 이기철학관을 확립하고 30대 후반에 집필한 『곽우록(藿憂錄)』에서 경세치용론을 전개하고 40세경부터 40년간에 걸쳐 “독서의 여가를 틈타(讀書之暇)” 배움과 사색(學而思)의 산물인 『성호사설(星湖僿說)』이라는 유서(類書)를 집필하였다. 이익은 고학과 주자학의 경전을 탐구하여 경세치용학을 정립하는 궁경치용을 이이보다 진전시켰을 뿐만 아니라 서학(西學)도 흡수하여 학문 수준을 높였다. 이익은 이들 저서를 통해 박학과 합리적 사유의 모범을 보였다.

이익은 경전 탐구에 이전의 누구보다 열중하고 이기철학의 저서를 내었지만, 그의 경세론은 정통 유학과 주자학에 기반을 두면서도 근대적

---

50 김태영 『국가개혁안을 제시한 실학의 비조 유형원』 민속원, 2011, 24-30쪽.

51 유형원 『반계유고』 임형택 외 편역, 창비, 2017, 339-340쪽.

사유로 나아가려는 조짐을 보였다. 성호는 33~38세 때에 저술한 『맹자질서』에서 "군자는 이(利)를 바라지 않은 적이 없었다. 단, 의(義)를 뒤로 하고 이를 우선하면 욕망의 충족으로 흐르게 되고 다시 의의 조화(義之和)로 나아갈 수 없다. 따라서 공자가 이를 드물게 말하였지 말하지 않은 것은 아니었다."라고 하여, 이익 추구 욕망이 인간에 본래 있다고 보아 주자보다는 물론이고 맹자 · 공자보다 이익 추구를 중시하였다. 『사칠신편』에서 물질적 욕구도 포함한 "7정을 배우지 않고도 할 수 있다"는 본능으로 보면서 인의예지의 도덕인 "4단과 같은 것은 배우지 않고서는 할 수 없다"고 하여 순자와 오늘날의 인간관에 접근하였다. 이 저서는 이기철학을 현대적 인간관에 접근시킨 대표적 성과였다. 『성호사설』에서는 "사람이 태어나면서부터 욕망을 가진다."고 했으며, "민정(民情)은 대저 이(利)를 좇고 해(害)를 피하는 것이라"고 하여, 이익의 추구를 인간의 자연스러운 감정으로 인정하였다. 그러면서 성호는 도덕을 기본 가치로 삼고 욕망을 경계하는 도학의 관념을 버린 적이 없어서, "무릇 사람이 짓는 죄는 모두 물욕(物欲)으로부터 나온다."라고 하였다. 그래서 이익은 유가의 덕치뿐만 아니라 한비자의 법치도 옹호하였다. 상앙과 왕안석의 제도 개혁이 중용을 얻지 못한 문제점을 가지나 그 자체로는 의미를 가진다고 평가하였다. 조선시대에 법가의 법치와 제도 개혁을 이처럼 공개적으로 옹호한 인물은 찾기 어렵다. 이익은 40대에 저술한 『논어질서』에서 "만약 나와 가족을 이롭게 하여 천하에 해가 되지 않으면, 이 또한 공리(公利)라고 못할 것이 없다"고 하여 근대 경제학에 접근하는 이익관을 제시하였다. 그러면서 이익 추구를 경계하는 글들도 남겼으니, 이익 추구의 전통적 관념과 근대적 관념 사이에서 고민한 것으로 보인다. 이익은 욕망을 가져 도덕적으로 약점을 가지나 이익을 추구하면서 합리적으로 선택하고 계획한다는 현대적 인간관을 가졌다. 그래서 이익은 사회에 바람직한 방향으로 인간 행동을 규율하기 위해서는 도덕적 호소만으로는 불충분하고 법을 포함한 제도의 설계와 엄정한 집행이 중요하다고 보았다. 그는 비용과 편익을 고려하는 경제합리주의에 입각하여 제도를 설계하였는데, 이것은 근대적인 제도 설계 원리이다. 그는 안민과 '균(均)'의 인정(仁政) 이념을 발전시켜, 노비제도와 특권 신분제의 부정, 과거에 대한 기회 균등, 그리고 공전제나 정전제보다 현실적인 한전제(限田制)를 주장하였다.

이익은 유학의 사유체계로부터 이탈하지는 않았으나 중대한 변화를 보여주었는데, 이것이 어떻게 가능하였을까? 첫째, 이익은 비판적인 회의 정신을 가지고 경전과 이기론을 탐구하여 스스로 터득하는 자득(自得)을 중시하였다. 둘째, 그는 현실의 가르침을 누구보다 경청하여 현대적 인간관에 접근하였다. 셋째, 비판적 회의를 중시한 이익은 기존 학풍의 편견으로부터 구속을 벗어던지며 이단으로 비판받는 관자, 법가, 그리고 서학도 개방적인 자세로 흡수하였다.[52]

이익은 44세 때인 1724년 자신을 방문한 신후담에게 마테오 리치의 학문을 소홀히 여길 수 없다고 했다. 이익은 『성호사설』에서 서양의 역법이 중국보다 우월하니 후대로 갈수록 산학(算學)과 천문학이 발전한다고 보았다. 이익은 서양의 수학과 천문학을 선진적으로 평가하였으나, 경세학에서는 배울 바를 찾지 못하였다.[53] 1644년 청나라 세조(世祖)는 중국을 통일하자 아담 샬에게 『신법서양역서(新法西洋曆書)』 103권을 편찬케 하여 그 다음해부터 태음력(太陰曆)에 태양력의 원리를 적용한 시헌력을 시행하였다. 김육은 1645년 관상감 제조로서 시헌력의 도입을 건의

52 이헌창 「星湖 李瀷의 經世濟民論」 『星湖學報』 10, 2013.

53 구만옥 「星湖의 西學觀과 科學思想」 실시학사 편 『성호 이익 연구』 사람의 무늬, 2012, 330-338쪽.

하여, 인조로부터 검토하라는 분부를 받았고, 1649년 우의정에 임명된 직후부터 시헌력 사용을 건의하여 관상감의 천문학관(天文學官)을 중국에 파견해 배우게 하여 1654년부터 시행하였다. 청나라가 채택한 시헌력에 대해 주자성리학과 조선중화주의의 신봉자들이 반감을 가져, 산당의 영향력이 강한 현종 때에는 시헌력의 폐지론이 대두하였으나, 김육의 손자인 김석주 등이 반대하여 막았다.[54] 학자들의 서학은 이익에 이르러 조정의 수준을 넘어섰다. 이익이 논리적이고 합리적인 사유를 하였는데, 그의 학문적 역량에 기인할 뿐만 아니라 마테오 리치의 『천주실의(天主實義)』에 나오는 스콜라철학의 영향을 받았는지도 모른다. 이익은 비판적 회의 정신으로 경전을 탐구하고 현실의 가르침을 경청하고 정통 유가가 이단으로 매도하는 서학과 제자백가를 열린 마음으로 수용하면서 일평생 학문에 정진하여 괄목할 성취를 이루어, 필자처럼 학자의 길을 걷는 후학의 귀감이 된다.

이익의 재종손인 이중환(李重煥)은 관료로 촉망받다가 억울하게 당쟁에 연루되어 혹독한 처벌을 받은 후에 떠돌아다닌 결과, 1750~1년간 『택리지(擇里志)』를 집필하였다. 그는 1753 · 4년 명예를 회복하고 1756년 67세로 사망하기 전까지 이미 유명해진 저서의 개정에 힘썼다. 이것은 "새롭고 창의적인 시각으로 국토지리를 해석하"여 인문 · 경제지리학의 새로운 지평을 열어 동아시아에 내세울 수 있는 업적이다. 그것은 사농공상(士農工商) 모두에 유용하고 오늘날에도 생명력을 가진다.[55] 그 중 「人心」은 사림정치의 "권력구조를 지극히 요령 있게 설명"한 것으로 평가되며,[56] 당쟁도 통찰력을 가지고 요령 있게 정리하였다. 「생리(生利)」

54 전용훈 「조선후기 서양천문학과 전통천문학의 갈등과 융화」 서울대 이학박사학위논문, 2004, 제1장.

55 안대회 「해제」 『완역 정본 택리지』 이중환 지음, 안대회 · 이승용 외 옮김, Humanist.

56 宋贊植 「朝鮮朝 士林政治의 權力構造 : 銓郎과 三司를 중심으로」 『經濟史學』 2, 1978,

는 경제사의 중요한 사료이다.

유수원(柳壽垣)과 박제가(朴齊家)는 개항 이전에 민부(民富)를 포괄한 국부를 증진하는 가장 유효한 경제정책론을 제시하였다. 이들은 주자의 성리철학을 거론하지 않고 주자의 경세학을 평가하였는데, 김육도 그랬다. 이익 이후 근세 실학자는 성리철학에 유연하게 대응하거나 구애받지 않아 경세학의 업적을 이룰 수 있었다. 유수원과 박제가는 주자학 도덕론의 구속을 해제하여 이익 추구에 윤리적 정당성을 부여하는 단계에 접근하였다. 유수원이 42세인 1735년경 완성한 『우서(迂書)』와 박제가가 29세인 1778년 일차 완성한 『북학의(北學議)』는 한국경제사 전공인 필자에게는 놀라운 책이다. 유수원은 『우서』에서 부와 영리 추구와 대자본을 긍정하고 분업을 통한 전문화와 합자(合資) 대기업을 통해 국부를 증진하자고 주장하였다. 중국 경제사상사에서 '이재(理財)'의 공리정책으로 평가받고 그 때문에 조선의 유가로부터 비판을 받은 왕안석이 호부(豪富)의 겸병(兼幷)을 억제하는 정책을 펼쳤던 것을 보더라도[57] 유수원 사상의 혁신성이 드러난다. 문호개방 이전 동아시아에서 분업과 대기업, 곧 자본주의 경영의 이점을 유수원보다 잘 설명한 인물이 있을까. 『우서』는 또한 문벌(門閥)을 혁파하고 관제의 권력구조를 개선하는 방안도 제시하였다. 박제가는 『북학의』와 1786년 정조에 올린 「병오소회(丙午所懷)」에서 해로 무역의 육성이 국부 증진의 지름길이며 검약(儉約)의 숭상이 기술을 낙후시켰다고 갈파하였다. 필자는 이 책들이 문호개방 이전 동아시아에서 최고 수준의 경제사상을 보여준다고 생각한다. 박제가는 「병오소회」에서 "우리나라의 큰 병폐는 가난입니다. 가난을 무엇으로 구제할 것인가 하면 중국과 바다로 통상하는 길뿐입니다."라고 하였는데, 만약

121쪽.

57 胡寄窓 『中國經濟思想史簡編』 中國社會科學出版社, 1980, 316-318쪽.

필자가 타임머신을 타고 박제가의 시대로 되돌아가 조선의 경제발전을 도모하고 1세기를 지나 다가올 식민지화의 위기를 예방하는 방안을 간단히 집약하더라도, 이 이상으로 잘 표현할 수는 없다. 당시 조선에서 해로무역 육성이 시장 발전을 도모하는 최선의 방안이고, 그러면 분업이 진전된다. 그런 점에서 필자는 박제가가 유수원보다 근본적인 대책을 제시하였다고 본다. 『우서』는 중국 경제가 어떻게 왜 조선보다 선진적인가를 설명하여 중국을 따라잡을 방안을 제시한 저서인데, 중국에 가보지도 못하고 근대경제학을 몰랐던 유수원이 어떻게 이런 통찰력을 가질 수 있었을까? 원래 문학도였던 박제가가 점차 경세제민에 관심을 가지게 되고 29세 때에 중국 사신을 수행하여 처음 다녀온 지 3개월만에 중국 경제의 선진성과 조선의 과제를 가장 훌륭히 통찰한 『북학의』를 집필한 사실은 놀라울 따름이다. 이들은 탁월한 통찰력을 가졌을 뿐만 아니라 조선이 선진 중국경제를 배워 따라잡기(catch-up)를 하여 인민이 부유하고 국력이 강한 나라를 만들려는 절실한 염원을 가졌기 때문일 것이다. 조선경제의 후진성은 이들에게 오히려 학문적 자극제가 된 것이다. 유수원과 박제가는 모두 김육을 높이 평가하였고 유수원은 산당이 조선의 학풍을 주도한 사실을 안타깝게 생각하였다. 그래서 박제가는 외국무역이 확대되면 "습속에 얽매인 사대부의 편벽되고 고루한 소견은 저절로 타파될 것이다"고 보았는데, 필자도 학풍이 변하였을 것으로 판단한다.[58]

유수원의 분업론이 『우서』보다 40년 이상 후에 나온 아담 스미스의 『국부론』에서 제시된 원리와 같다는 평가가 있다.[59] 해로무역을 통한 시장의 확대로 생산을 자극하고 기술을 발전시키자는 박제가의 주장은 "분

---

58 이헌창 「『迂書』에 나타난 聾庵 경제사상의 기본구조」 실시학사 편 『농암 유수원 연구』 사람의무늬, 2014 ; 『조선시대 최고의 경제발전안을 제시한 박제가』 민속원, 2011.

59 정병석 『조선은 왜 무너졌는가』 153-158쪽.

업을 낳는 것은 교환의 힘이므로 분업의 범위는 늘 시장의 크기에 의해 제한된다"라는 『국부론』의 유명한 명제에 통한다.[60] 이처럼 유수원의 분업, 박지원의 시장에 대한 통찰력은 아담 스미스에 비견할 하나, 문호개방 이전 동아시아 최고의 경제사상가인 이들도 『국부론』에서처럼 분석적·이론적 차원으로까지 나아가지 못하였다. 슘페터는 과학적 노력의 산물인 경제분석이 오직 그리스에서만 출현하여 아리스토텔레스가 "자신의 개념들을 개념 장치, 즉 분석도구(分析道具)들의 체계로 조립할 수 있었지만", 그 외에 가장 유력한 후보지인 중국에서는 경제현상의 관찰과 토론이 있었으되 과학적인 분석이 나타나지 않았다고 보았다.[61] 필자는 동아시아에서 개념을 사용한 초보적 경제분석이 있었으나, 개념 장치라는 '분석도구들의 체계'로 조립한 경제이론은 성립하지 않았다고 본다.

홍대용, 박제가, 그리고 박지원은 선진 문명을 학습하려는 열정으로 단 한번의 여행으로 연행록(燕行錄)의 걸작들을 남겼다. 박제가는 홍대용이 중국 학자들과 나눈 필담을 엮은 『회우록(會友錄)』(1766)을 보고, "제가 평상시 중국을 대단히 흠모해왔지만, 이 책을 보고 나서 다시 걷잡을 수 없이 미친 사람이 되어, 밥을 앞에 두고서는 수저 드는 것을 잊고 세숫대야를 앞에 두고 얼굴 씻는 것을 잊을 지경입니다"라고 토로하였다. 그래서 박제가는 첫 번째 연행이 결정되기 직전에 자신을 높게 평가한 중국 명사 이조원(李調元)에게 보낸 편지에서 "저는 부디 하늘이 저의 충심을 헤아려서 말을 모는 보잘 것 없는 지위라도 중국 사절단에 따라갈 수 있게 해주기를 희망합니다. 그래서 중국 산천과 인물의 장대함, 궁실·수레·선박의 제도, 그리고 농업과 공업의 기술을 두루 마음껏 볼

60 이헌창 「박제가 경제사상의 구조와 성격(II)」 『韓國實學硏究』 11, 2006, 200-203쪽.

61 J. A. Schumpeter, *History of Economic Analysis*, Boston : George Allen & Unwin, 1954, 52-58쪽.

수 있기를 바랍니다. 배우고 보고 싶은 것을 일일이 서면으로 작성하여 선생님께 여쭙고 싶습니다. 그러면 돌아와 일생을 농부로 지내다 죽더라도 여한이 없겠습니다."라고 적었다. 박제가는 "만약 우리 인생 서양 배에 오른다면 장사꾼이 되더라도 관내후(關內侯) 같은 높은 벼슬보다 나으리."라고 홍대용을 기렸다. 박제가의 첫 연행의 산물인 『북학의』의 서문에서 박지원은 "내가 이 책을 한번 펴보니, 나의 『열하일기(熱河日記)』와 조금도 어긋난 것이 없어, 이는 마치 한 솜씨에서 나온 것이라고 의심할 만하다. 나는 몹시 기뻐하여 사흘 동안이나 읽었으나 조금도 싫증이 나지 않았다. 이것은 우리 두 사람이 눈으로 직접 본 뒤에야 알게 된 것인가? 아니다. 우리는 일찍부터 비오는 지붕, 눈 날리는 처마 밑에서 연구하고, 술기운이 거나하고 등심지가 가물거릴 때까지 맞장구를 치며 이야기했던 것이다."라고 말하였다. 『북학의』와 『열하일기』는 작자의 탁월성뿐만 아니라 북학파 공동연구의 소산이기도 하다.[62]

북학파가 성립하여 활동한 18세기 후반 문학계에서는 이지적 · 교훈적 · 관념적인 내용의 고문(古文)과는 달리 일상생활을 감성적으로 묘사한 개성적 시민문예 취향의 소품문(小品文)이 성행하였는데, 명 중엽부터 청초까지 유행한 문학 사조를 수용한 것이다. 소품 소설의 대표적 성과는 『열하일기』에 나와, 박지원(朴趾源)은 문호개방 이전 문학사에서 괄목할 성취를 하였다. 소품문과 천주교를 우려하는 목소리가 커지는 가운데 정조는 문체반정(文體反正)을 지시하면서 박지원을 문제의 근원으로 지목하였는데, 박제가는 문학의 다양성을 무시하면 "실질을 잃게 된다"고 아뢰며 자신의 문학관을 굽히지 않았다.[63] 박지원은 「초정집서(楚亭集

62 이헌창 『조선시대 최고의 경제발전안을 제시한 박제가』.

63 安大會 「조선후기 小品文의 성행과 글쓰기의 변모」 『韓國漢文學硏究』 28, 2001 ; 이헌창 『조선시대 최고의 경제발전안을 제시한 박제가』 87-93쪽.

序)」에서 문장을 지을 때 "법고(法古)는 옛 자취에만 얽매이는 병통을 가지고 창신(創新)은 상도(常道)에서 벗어나는 게 걱정거리이다. …… 창신의 공보다 법고의 고루함이 낫다."고 하면서 박제가의 문장이 법고와 창신을 겸하였다고 적었다. 박지원은 법고를 기본으로 삼고 나아가 창신도 겸하는 법고창신을 지향하였다. 박지원은 "고문에 구현된 정신과 표현 원리의 창조적 적용을 거듭 강조했다"고 하며 문학이 각 시대와 국가의 독자적 현실을 인정해야 한다는 '역사적 상대주의'와 '문화적 주체의식'을 담은 문학론을 전개한 점에서 '법고창신'을 하였다고 평가하는 견해도 있다.[64] 박지원은 불평등과 자연스런 감정 억압에 저항한 휴머니스트 문학자로 평가되는데,[65] 계몽주의의 문예사조에 통한다. 박지원의 시장친화적 · 경제합리적 사상도[66] 계몽주의 정신에 통한다. 박지원은 주자학을 기본으로 삼는 자세를 견지하면서도 도가와 불교뿐만 아니라 서학에도 개방적이었는데,[67] 정약용처럼 그것을 종합한 학문적 성취가 있는 것 같지는 않다.

이익 이후 서학의 영향을 받지 않은 근세 실학자는 유수원을 제외하고는 잘 생각나지 않는다. 박제가와 박지원은 서학에 접하였는데, 서학이 그들의 학문에 미친 영향을 알기 어렵다. 서학의 영향을 과학 이외의 학문에 뚜렷이 담은 인물은 홍대용, 정약용 및 최한기였다. 홍대용은 유럽 과학이 '개물성무(開物成務)의 대단(大端)'이라 규정하였고, 지구설(地球說)을 수용한 위에서 전통적 화이관(華夷觀)을 탈피하여 화와 이가 마찬가지라고 보았다.

64 김명호 『박지원 문학 연구』 성균관대학교 출판부, 2001, 24-29쪽.

65 이동환 『실학시대의 사상과 문학』 지식산업사, 2006, 70-75쪽.

66 이헌창 「燕巖 朴趾源의 경제사상에 관한 연구」 『咸陽文化』 6, 咸陽文化院, 2005.

67 김명호 『연암 문학의 심층 탐구』 돌베개, 2013, 제2부.

정약용은 1801년 천주교 박해로 유배되기 전에는 관직에 있으면서 유성룡이나 김육처럼 경세제민의 정책 업적을 지향하였음이 분명하다. 유배 이후 그런 꿈이 사라지자, 학자로의 길을 걸어 많은 저술을 하였다. 주어진 조건에서 자기를 실현하는 최선의 삶을 산 인물이었다. 정약용은 1779년경 집필한 「기예론(技藝論)」에서 "사람이 많이 모일수록", 그리고 "세대(世代)가 내려올수록" 과학과 기술이 발전하므로 고대 성인의 시대보다 후대의 과학·기술이 더욱 발전하기 마련이라고 설명하였다. 서양 과학의 자극을 받아 이익의 과학관을 발전시킨 담론인데, 집단지성에 의한 지식의 발전, 그리고 지식의 축적으로 과학과 기술이 진보한다는 논리라 하겠다.

정약용은 1779년경 집필한 「원목(原牧)」에서 옛날 인민이 모여 살다가 분쟁 해결 등 공언(公言)을 잘하는 장자(長者)를 추대하는 데부터 통치자와 법이 생긴다는 국가기원론을 제시하였다. 중국에서는 고대부터 국가기원설에 관한 논의가 풍부하였다. 유가는 으레 『상서(尙書)』에 천명(天命)으로 왕조가 창건된다는 설을 따르는데, 「원목」에는 천명이 들어갈 여지는 없다. 중국에서도 천명을 말하지 않고 국가 성립을 설명하는 설이 춘추전국시대부터 있었다. 그 가장 진전된 담론인, 황종희가 1663년 완성한 『명이대방록』의 「원군(原君)」에서는 천하에 이익을 줄 수 있는 어떤 사람이 나와 군주가 되는데, 고대 이상시대에는 천하 사람이 주권자[主]이고 어진 사람인 군주가 국가를 '경영'하는 임무를 부여받은 '객(客)'이라 하였다. 『상서』의 요·순이 그 모델을 제공하였다. 「원목」은 천명을 개입하지 않고 황종희가 설명하지 않은 통치자의 선출 방식을 명확히 하였다. 이것은 어떻게 가능하였을까. 정약용은 1784년부터 천주교에 심취하였다가 1797년 천주교 신앙을 버렸다고 해명하는 疏를 올렸다. 마테오 리치는 1603년 출간한 『천주실의(天主實義)』 제8편에서 서양 각국이 모두 기독교를 숭상하고 현명한 사람을 선택하여 가장 높은 지위의 '교화황(教化皇)'을 세워 교리를 반포하니 각국의 군신이 모두 복종한다고 하였다. 그러자 중국 선비는 "현명한 사람을 선택하여 군주로 삼아(擇賢以君國)" 덕을 숭상한다며 찬양하였다. 「원목」의 군주 선택 제도가 여기서 유래하였음은 의심할 나위가 없다. 「원목」에서도 상향식으로 추대되는 최고 통치자의 호칭은 황왕(皇王)으로 『천주실의』와 '교화황'과 닮았다. 요와 순도 넓은 의미로 '현명한 사람을 선택하여 군주로 삼은' 데에 해당하니, 정약용은 서학과 유학을 융합한 정치이론을 제시하였다. 정약용은 유학의 상제(上帝)를 공부하다가 천주교에 접하면서 상제관과 천주관 사이의 선택에 고심하였고 오히려 후자로 기울었을 가능성도 있다. 정약용은 1797년 이전에 천주를 믿지 않겠다고 공언하였으나, 「원목」 집필 단계에서는 상제관으로 복귀하지도 않아서, 천주와 상제의 개입이 없이, 서학의 영향으로서 자유의지의 인간이 이성적 판단으로 현명한 사람을 군주로 추대하는 제도를 고안하였다. 정약용은 유배 이후에도 유학을 서양 스콜라철학과 융합하려는 학문적 노력을 하였는데, 유배 이후 비로소 상제의 천(天)을 거론하면서 스콜라철학에서의 초월적 인격자이면서 동시에 유학에서의 내면 도덕 감정의 근원으로 보았다.[68] 「원군」에서는 인간 본성이 자사자리(自私自利)하여 공공 이익을 도모하는 자가 군주가 되었다고 하였는데, 「원목」에서는 사회의 분쟁을 해결하는 지식과 현명함과 덕을 갖춘 인물이 통치자가 되어 인민의 희망에 따라 법을 제정한다고 하여 분쟁 해결을 위한 법 제정이 국가 존립의 목적임을 밝혔다. 황종희의 「원법(原法)」에서는 삼대(三代)의 법은 천하 사람을 위하고 후세의 법은 군주 개인을 위하는 비법(非法)이라

68 정약용의 상제관은 이동환 『실학시대의 사상과 문학』 209-231쪽 ; 백민정 『정약용의 철학 : 주자와 마테오리치를 넘어 새로운 체계로』 이학사, 2007/2008을 참조하시오.

하였는데, 「원목」은 황종희의 「원군」과 「원법」을 통합하면서 한 차원 높은 국가 성립론을 제시하였다. 「원목」에는 「원군」에서와 달리 인간 본성론이 없으나, 정약용은 유배 후 유학 경전을 해설하면서 인간이 영혼과 같은 영대(靈臺)를 가지고 그로부터 나온 원욕(願欲)으로 부(富)와 귀(貴)의 욕심을 가지며 이 욕심으로 정치·경제활동이 이루어진다는 현대적 인간관에 접근하였다.[69] 그의 인성론은 스콜라철학에서의 이성의 자유의지와 유학에서의 선천적 도덕 감정을 공유한다. 정약용의 국가 성립론은 이기심을 가진 인간이 다투어 예·법과 그것을 관장하는 군주가 필요하다는 순자의 학설과 비슷하면서 그것을 한 차원 발전시켰다. 이익은 국가의 성립 직전에는 서인(庶人)부터 천자까지 평등한 존재이고 "인민이 있은 다음에 군주가 있다"고 하였고 벌열(閥閱)부터 노비까지의 차별적 신분제를 폐지하자고 주장하였다.[70] 조정의 민본 의식이 진전하는 가운데 영조는 "인민을 위해 군주가 존재하지 군주를 위해 인민이 존재하지 않는다"고 천명하였다. 나아가 정약용이 초보적 사회계약론을 발상한 것은 동아시아, 아니 아시아 전체에서 유례가 없다고 생각된다.[71] 「원목」은 『서경』·『맹자』·『순자』라는 고전에 나오는 국가 기원론, 그것을 발전시킨 『명이대방록』이라는 동아시아 사상과 『천주실의』의 서학을 융합한 창조적 산물이며, 조선후기 민본(民本) 정치이념의 성숙을 토양으로 삼았다.

「원목」에서 통치자의 선출제도와 법 제정이 초보적 주권재민(主權在民)을 담는다는 사실을 정약용이 자각하지 못하였다고 판단된다. 초보적으로 평가한 것은 통치자를 '추대하여 함께 존중한다(推而共尊之)'는 제도

---

69 安秉直 『經世遺表에 관한 硏究』 景仁文化社, 2017, 87-91쪽.

70 이헌창 「星湖 李瀷의 經世濟民論」 178, 189쪽.

71 이헌창 「조선왕조의 통치원리」 105-109쪽.

가 제후가 천자를 추대하는 제도의 확장으로 보이고 통치자를 '목(牧)'이라는 중국 전통적 용례로 표현하였기 때문이다. 1777년 정조가 '인민을 다스리는 주인(牧民之主)'으로 자처하였는데,[72] 목민은 이러한 군주 주권에 잘 어울리는 용어이다. 조선시대에 재산권과 재판권이라는 민권(民權)이 상당한 수준으로 발전하였으나, 문호개방 이전에 민권 개념이 성립하지 않았다. 정약용은 「원목」과 같은 시기에 제안한 여전제에서 민권의 기본인 농지 소유권을 부정하였다. 민권 개념을 몰랐던 정약용은 민권의 관점에서 「원목」의 통치자 선출제도와 민전 소유권의 부정이 모순될 수도 있다는 사실을 알기 어려웠다. 요컨대 정약용은 「원목」에서 『서경』과 『맹자』에서 천명한 민본 이념에서 근대적 민권 이념으로 나아간 것으로는 보이지 않는다. 정약용은 주권재민이 아니라 민본 이념에 입각하여 천명이 개입하지 않고서 『천주실의』에 나오는 교황 선출제도처럼 인민을 위하는 통치자를 선출하는 합리적 제도를 제안하였던 것이다. 이런 한계를 인정하더라도, 정약용의 「원목」은 명나라 황종희의 정치사상을 발전시켜 문호개방 이전 동아시아 최고 수준을 성취하였다고 평가할 수 있다.

정약용은 1799년 탈고한 「전론(田論)」에서 정전제(井田制), 균전제(均田制) 및 한전제가 시행될 수 있는 없는 이유를 조리 있게 설명한 다음 유학의 이상에 부합하는 여전제(閭田制)를 창안하였다. 여전제는 20세기 사회주의국가의 협동농장제도와 흡사하고, 『성경』에 나오는 초기 신앙공동체, 그리고 중세·근세 수도사의 경제생활에 원초적 형태가 보이나, 정약용의 시대까지 동서양을 막론하고 누구도 발상한 적이 없는 제도가 아닌가 생각된다. 협동농장제도는 칼 마르크스 이후 세계적 천재들이 이상향으로 만든 작품이나, 사회주의경제의 실패라는 실험을 통해 경제발

---

72 『정조실록』 1년 1월 2일 己巳.

전에 도움을 주지 않는 사실이 입증되었다. 그래도 정약용이 그런 제도를 창안한 역량을 과소평가해서는 안된다. 『천주실의』 제8편에서는 중국 선비가 어진이를 군주로 삼는다며 칭송한 다음에 "또 듣기를 천주교의 수도회 사람들은 사유재산이 없고 각 동료의 재산을 공유하며, 일을 독자적으로 하지 않고 매번 윗사람의 명령에 따른다"고 하였는데, 정약용이 이 구절에 영감을 얻고 『맹자』에 나오는 정전제를 변형하여 여전제를 창안하였다고 판단된다. 『시경(詩經)』에서 인민이 공동노동의 공전(公田)을 자가(自家)경영의 사전(私田)보다 잘 되기를 바란다고 하였으니, 정약용은 협동농장도 잘 운영될 것으로 낙관하였을 것이다. 문호개방 이전 동아시아에서 「원목」과 여전제론은 서학을 흡수한 최고 수준의 정치 · 경제론이었다.

조선은 고증학에서 중국 및 일본에 뒤떨어졌다. 세종 때까지 과학은 중국에 대등한 수준으로 발전하여 세계적으로 선진적이었으나, 서양 과학의 흡수에서는 일본이 단연 앞섰고 조선은 중국보다 뒤떨어졌다. 이것은 주자성리학 지배력의 강화로 도리(道理)의 구속이 강화된 사실과 무관하지 않다. 조선은 1784년 이후 사대부 학자들, 이어서 평민들이 거듭된 박해에도 불구하고 천주교의 자생적 신앙공동체를 발전시킨 위대한 역사를 가진다. 그 접점에서 정약용은 서학을 흡수하여 문호개방 이전의 동아시아에서 「기예론」으로 최고 수준의 과학기술발전론을, 「원목」과 여전제론으로 최고 수준의 정치 · 경제론을 제시하였다. 정치 · 경제사상 또는 경세학에서 조선은 중국과 일본에 뒤지지 않았다. 1777년 이후 준재들의 천주교서적 강학회(講學會)가 있었는데, 이들은 상제(上帝) 대신 천주를 믿으면, 유학 경전에 나오는 성군(聖君)인 요순의 등극(登極)을 천명이 없이 어떻게 설명해야 할 것인가라는 문제의식을 가지게 되는 것은 자연스럽다. 그래서 『천주실의』에 나오는 교황 선출제도에 결부하여 논의하였고, 수도사 경제생활을 통해 고대적 이상인 정전제의 대안을 엿보았을 수 있으니, 정약용이 강학회의 논의를 발전시켰을 가능성은 있다.[73]

정약용은 전업학자로의 길을 걷기 전인 1799년에 집필한 「기예론」·「원목」·「전론」에서 서학의 자극을 적극 수용하여 창의적 사상가의 면모를 보였다. 이 글들은 법고창신의 학술 업적으로 정약용의 사유가 사상 단계를 벗어나 이론으로 나아가고 있음을 보여준다. 1801년 박해 이후 근세 실학이 침체하였는데, 만약 1801년 박해가 일어나지 않고 천주교 문제를 원만하게 해결할 수 있었더라면, 조선 학자는 동·서학문의 융합과 서양 과학의 흡수에서 더욱 큰 진전을 이룰 수 있었을 것이다.

정약용은 천주교에 연루된 문제로 1801년 유배된 이후 상고주의적(尙古主義的)으로 변해 유교 경전을 본격적으로 탐구하고 경세치용학을 저술하는 궁경치용의 업적을 남겼다. 박제가도 신유박해로 유배간 후『대학』등 경전을 탐구하였다. 박제가, 정약용, 황종희 등이 근세 실학의 뛰어난 성취를 이룬 후에 현실적이나 학문적 장벽에 부딪쳤을 때, 찾아가는 곳은 유학 경전이었고, 황종희의 경우 양명학이었다. 아리스토텔레스의 연역적 철학이나 베이컨의 귀납적 철학에 기댈 수 없던 동아시아 학자들은 유럽만한 성취를 거둘 수 없었다.

「원목」의 국가기원설에서는 천(天)이 나오지 않으나, 정약용은 유배 직후부터 천명에 의한 왕조의 성립과 멸망을 제시한『상서』를 연구하여 1834년 완성하였다. 그는 경세의 저서 가운데 가장 심혈을 기울인『경세유표(經世遺表)』에서 정전제의 시행을 통한 국가제도의 전면 개혁론을 제시하였다. 맹자는 등문공과 그의 신하인 필전(畢戰)에게 정전제의 '대략(大略)'을 설명하였다며 그 '윤택(潤澤)'은 시행자에 달렸다고 하였다(滕

73 1934년 정인보는 정약용이 李檗과 李家煥의 영향으로 '東西의 學'을 계승했다고 보았다(趙珖「개항기 및 식민지시대 실학연구의 특성」『韓國實學硏究』7, 2004, 237쪽).

文公上 3章). 정약용이 정전제의 설계도를 완성하지는 못하였으나, 그보다 정전제를 더 구체적으로 윤택한 사람이 없다. 정약용은 호민(豪民)지주의 문제점을 극복하고 국가의 공정한 분배를 위해, 농지소유권만 부정한 유형원보다 더 나아가 재산권 전반을 국가가 관장하기를 바랐다. 정약용이 『경세유표』에서 정전법으로 토지대장을 정비하여 농지를 철저히 파악하고 방전법(方田法)과 어린도(魚鱗圖)로 농지를 정리하면서 정확히 측량하고 신전(新田)을 개발하자는 주장은 주목할 가치가 있다. 방전법은 숙종 때에 시행하였다가 중단하였는데, 정약용은 그 시행을 다시 촉구하였던 것이다. 『경세유표』에서 박제가 등의 이용후생(利用厚生)사상도 포함하였는데, 이용후생의 관제(官制)를 제시하고 농업 이외 산업으로 세원의 다변화를 모색한 성과가 있었다. 맹자는 안민의 항산(恒産)을 위해 정전제를 제기하였다면, 정약용은 나아가 그것으로 부국강병도 도모하고자 하였다.[74]

정약용의 여전제와 정전제는 조정의 논의를 배경으로 한다. 1746년 영조는 교서를 내려 "평양(箕城)의 정전 형태를 비록 복원하기 어렵더라도 이런 기회에 왕성(王城) 동문 밖에 정전제를 본떠서 …… 100묘 공전(公田)의 농사에 힘쓴다면, 『시경』에 '우리 공전에 내린 비가 마침내 우리 사전에도 미친다'라는 뜻과도 합치될 수 있다."고 지시하고, 그 사실은 영조의 행장에도 기록되었다. 나아가 정조의 조정에서 정전제가 가장 자주 거론되었다. 1778년 정조는 민산(民産)과 인재(人材)와 융정(戎政)과 재용(財用)의 대고(大誥)를 선포하면서 먼저 정전제가 시행되기 어려움을 지적하였고, 1782년 정전 유지(遺址)도 들어간 평양 전경의 병풍 제작을 지시하였다. 1798년에는 연이어 심각한 흉작을 맞이하자, 정조는 농업정책을 권장하여 농서(農書)를 올리라는 윤음을 내린 가운데 수리사업이

74 安秉直 『經世遺表에 관한 研究』.

정전법의 기본 원리라고 하였다. 윤재양(尹在陽)이 상소에서 첫째로 균병작(均並作)을 내세우며 농토가 없는 자에 농토를 주자고 주장한 데에 대해, 정조는 "정전제나 한전제를 제외하고는 가장 좋은 제도이다. 그러나 근본적인 기강이 확립된 다음에야 부차적인 항목이 시행될 수 있는 법이다. 그러므로 주자와 같이 재주와 식견이 뛰어났던 사람도 새로운 제도를 시행하는 데에 있어서는 늘 신중하게 처리하면서 하루아침에 즉시 고쳐야 된다고 말한 적이 일찍이 없었는바, 이 일 역시 그와 비슷한 일이다."라는 답변을 내렸다.[75] 1800년 각신(閣臣) 김근순(金近淳)이 정전제는 3대의 이상이고 기자(箕子)가 우리나라에 시행하였으니, 지금 이를 시행할 수 있다 하고, 그 차선책으로 한전제와 명전제(名田制)를 제시하였다. 그래서 시험삼아 관료에 농지를 지급하자는 구체적 안을 내어놓았다. 이에 대해 정조는 조선의 지형이 맞지 않고 정전제의 전제인 구혁(溝洫)이 정비되어 있지 않고 민전(民田)을 왕전으로 전환하기 어려워 이전 사람이 시행하기 어렵다고 하였는데도 '지금 절대로 행할 수 없는 고제(古制)'에 집착하는 허황함을 준엄하게 질책하였다. 그리고 김근순이 제안한 농지 분배 방안이 현재 인구와 농지의 규모로 보아 불가능하니 우활하다고 평하였다.[76] 많은 사람이 조선에서 정전제가 시행되기 어렵다고 논하였는데, 정조만큼 그 이유를 구체적으로 제시한 인물은 보이지 않는다. 왕과 학자로서 정조의 뛰어난 자질이 드러난다. 그 후 정조를 군사(君師)로 섬긴 정약용이 정전제의 가장 구체적 설계도를 제시한 사실은 흥미롭다.

정약용은 1799년에 「전론」에서 정전제 · 균전제 · 한전제가 모두 어렵다며 농사를 짓는 사람에게만 농지를 배정하여 여전제를 시행하자고 주

---

75 『영조실록』 22년 11월 30일 辛酉; 『정조실록』 2년 6월 4일 壬辰; 6년 10월 22일 乙酉; 22년 11월 30일 己丑.

76 함영대(2018), 142-146쪽.

장하였는데, 정전제·균전제·한전제가 모두 어렵고 그 중요한 요인 중 하나를 농지 부족으로 보는 정조 등 통치자에게 새로운 대안을 제시한 셈이었다. 그런데 유배 이후 정약용이 「전론」에서 밭만을 대상으로 하고 우리 지형상 시행될 수 없다고 판단하고 정조가 시행 불가능한 논거를 구체적으로 제시한 정전제의 설계도에 그렇게 힘쓴 사실은 어떻게 설명해야 할까? 첫째, 지주제로 인한 빈부격차와 국력의 약화를 극복하는 대안을 구하지 못해 유가 이상을 추구하였던 것이다. 정조의 치세를 거치면서도 민생은 더욱 어려워지고 국력은 더욱 허약해졌던 것이다. 정약용은 정전제가 민생 안정뿐만 아니라 재정과 군사력의 충실화, 곧 부국강병에 이바지함을 구체적 수치로 제시하였다. 둘째, 방전법과 구혁법으로 농지를 정리하면서 어린도로 정확히 측량하고 신전(新田)을 개발하자고 주장하였는데, 이것은 정조가 문제로 삼은 지형과 수리와 농지 부족의 대책이었다. 방전으로 구획하면서 수리 시설이 수반됨을 설명함으로써, 수리사업이 정전법의 기본 원리라는 정조의 뜻도 담았다. 요컨대 정약용은 정조대 조정의 논의를 숙고하여 여전제를 창안하고 정전제의 설계도를 제시하였던 것이다.

조선의 건국 세력은 균전제를 추구하였으나, 1391년 과전법에서 경자유전(耕者有田)의 원칙을 구현하여 자작농의 양성을 도모하는 데에 그쳤다. 그런데 곧 지주제가 용인되고 1424년 농지 매매가 허용되었다. 이후 법제도 균전제의 이상을 점차 제거하고 농지소유권을 거의 근대적 수준으로 보장하게 되었다.[77] 1427년 세종은 문과 시험문제에서 정전제가 춘추전국시대 이후 "역대의 중국에서도 오히려 시행되지 않았는데, 하물며 우리나라는 산천이 험준하고 고원(高原)과 습지(隰地)가 꼬불꼬불하여 시행되지 못할 것이 명백하다"며 『맹자』에 나오는 공법(貢法)을 개선하여

---

77 이헌창 「조선시대 耕地所有權의 성장」 『경제사학』 58, 2015.

전세(田稅)제도로 삼는 방향을 시사하였다.[78] 이후 조정의 논의와 국민의 의견 수렴을 거쳐 1444년 공법이 시행되었다. 김육은 『호서대동절목』의 서문에서 정전법을 지금 다시 시행할 수는 없으나 그 다음으로는 대동법보다 좋은 것이 없다고 자부하였다. 조선의 조정뿐만 아니라 거의 모든 경세가가 주자처럼 정전제가 시행되기 어렵다고 보아 조세 균등화를 목표로 삼았다. 공전제나 정전제가 천지개벽이 없으면 시행될 수 없다는 당시의 통념을 유형원과 정약용이 숙고하지 않았을 리가 없다. 안민과 부국강병을 위한 더 나은 대안을 찾지 못하였던 것이다.

송대에는 왕토(王土)사상 아래 농지의 재분배라는 정전제의 이상을 실현하자는 학자들이 있었다. 남송의 공리사상가 섭적(葉適)은 정전제론이 비현실적이라 주장하고 명대 중엽 왕정상(王廷相)은 '우유(迂儒)의 모고(慕古)취미'라 단정하였다. 개항 전 조선에서 정전제의 실현이 어렵다고 말한 사람은 적지 않았는데, 왕정상처럼 말하였다면 비난받았을 것이다. 명말 이후 왕토의 재분배 사상은 점차 소멸되고, 동중서(董仲舒) 이래 거론된 농지소유상한의 한전제가 주류를 이루게 되었다. 황종희는 「전제」에서 농지의 1/3을 차지한 관전(官田)을 분배하여 그 점유자에게 10%의 조세를, 민전(民田)에게는 5%의 조세를 받자고 주장하였다. 황종희는 정전제를 현실적으로 행하는 방안을 제시한다고 적었으나, 사실상 정전제론의 종언을 고한 셈이었다.[79] 그 반면 조선 경세치용학파의 대표적 인물로 거론되는 유형원과 정약용은 왕토의 재분배론을 집대성하여 대조적이다. 이익과 박지원은 한전제를 주장하였다.

호민지주로의 농지 집중이 소농과 국가재정을 궁핍하게 한다는 유형원과 정약용의 문제의식은 정당하나, 유형원이 농지소유권을 부정하고

---

78 『세종실록』 9년 3월 16일 甲辰.

79 戶川芳郎 · 蜂屋邦夫 · 溝口雄三 『儒敎史』 375-384쪽.

정약용이 더 나아가 국가가 재산권 전반을 관장하자는 주장은 재산권 등 제도의 보장이 경제성장을 낳는 기본 요소라는 오늘날 경제학계의 광범한 합의와 다르다. 이런 학설은 사회주의체제가 문제점을 드러내 해체되고 근대경제학과 제도경제사학이 발전한 1980년대 이후에야 세계 경제학계의 합의를 얻었다. 20세기 중반에도 사회주의이상을 추구하는 선진국의 지식인이 많았다. 균전제와 정전제는 조선왕조와 중국 왕조의 모든 지식인이 이상적으로 생각하였으나, 실현할 수 없다고 한탄하였을 따름이다. 중국과 조선의 지식인이 실현할 수 없는 정전제의 차선책으로 제시한 한전제에 통하는 해방 후 농지개혁은 사회안정, 소득분배가 형평한 경제성장, 그리고 민주화에 이바지한 제도개혁이었으니, 유형원과 정약용의 농지문제 인식이 오늘날의 관점에서도 완전히 잘못이라고 평가하기 어렵다. 필자는 유형원과 정약용이 공전제와 정전제를 주장한 사실이 아니라 그것을 기본으로 삼은 국가제도를 높은 수준으로 설계한 점에서 근세 실학자로 평가한다. 정약용의 「원목」과 여전제와 정전법은 문호개방 이전 동아시아에서 유토피아사상을 가장 높은 수준으로 발전시킨 학술사적 의의를 가진다.

『경세유표』가 이상적 국가제도 개조안이라면, 『목민심서(牧民心書)』는 현행법에 입각한 수령의 통치 요령을 담았다. 1818년 완성된 『목민심서』는 『경세유표』보다 훨씬 공이 적게 들어간 저서이나, 지방행정의 지침서로서는 동아시아 최고 수준이고, 필자 등 오늘날 사람에게도 많은 공감을 준다. 『목민심서』와 『경세유표』는 국가제도와 행정의 실태를 훌륭히 정리하였으며, 『목민심서』보다 삼정(三政)의 문란을 더 잘 정리한 자료는 없다. 방대한 『목민심서』를 단기간에 완성한 정약용에 경탄할 따름인데, 선친의 목민관 경험, 그리고 본인의 곡산부사 경험을 흘리지 않고 정리해두었기 때문에 가능한 일이었다.

김영식은 정약용의 "학문과 사상에서 일관적이고 두드러지게 드러나는 것은 …… '실용주의적'이라는 …… 경향이었다"고 본다. "그리고 그 같은 '실용주의적' 경향을 지녔기에 그는 근본주의자, 원칙주의자, 교조주의자가 될 수 없었고 주자학, 서학, 술수, 개혁정책 등 그의 여러 가지 관심사들을 두고서 쉽게 독단론에 빠지지 않았던 것이다"는 결론을 맺었다.[80] 필자는 『목민심서』를 읽어보면서, 그 저서에 흐르는 기본 정신은 합리성이 아닐까 하는 생각도 해보았다. 합리성은 실용성을 포괄하는 개념이다. 정약용이 정전제로 회귀한 것은 근본주의적이라 할 수 있는데, "농지분배제도는 중점이 농지의 효율적 관리에 있지 항산의 제도화에 있지 않다(分田之法 重在治田 不在制産)"고 정전제를 재해석하여, 힘이 강한 사람에게 상등 농지를, 약한 사람에게 하등 농지를 분배하는 방식으로 형평뿐만 아니라 효율도 고려하는 경제합리성도 도입하여 증산(增産)을 추구하였다(「田制」 4). 여전론에도 노동일수에 따라 생산물을 분배하고 보다 수익이 많은 곳으로 인구가 자유롭게 이동하여 농지가 고르게 관리되고 가구당 소득차도 줄어들게 하여 인민이 부유해진다는 경제합리성이 담겨 있다.

국가 관리를 의미하던 한자어 경제가 중국 명대 이후, 그리고 조선후기에 가정 관리도 의미하게 되었다. 서유구가 1830년대 완성한 『임원경제지(林園經濟志)』는 농서(農書)를 포함한 가정관리론을 동아시아에서 가장 체계적으로 집대성한 저술로 보인다. 국내외의 수많은 저술을 자신의 체계로 종합한 유서(類書)의 최고 수준이다. 서유구는 『임원경제지』의 마지막 지인 아규지(倪圭志)에서 『성호사설』의 「생재(生財)」, 『택리지』, 『북학의』 및 『열하일기』를 주로 활용하여 '화식(貨殖)'의 '무천(貿遷)'과 '팔역물산(八域物産)'을 설명하였으며, '팔역장시(八域場市)'로

80 김영식 『정약용의 문제들』 혜안, 2014, 267쪽.

지방 정기시장에 관한 가장 중요한 자료를 남겼다. 서유구는 「행포지서(杏蒲志序)」에서 "일찍이 유학 경전의 연구(經藝之學)에 종사한 적이 있었는데, 말할 만한 것은 옛사람이 벌써 다 말해버렸으며," 또한 "일찍이 세상을 다스리는 학문(經世之學)을 하였는데, 처사(處士)가" 되어 그 필요가 없어졌으므로, 실용에 이바지할 수 있는 길은 농업 기술의 발전을 도모하는 농서의 저술이라고 생각하게 되었음을 술회하였다. 『임원경제지』의 예언(例言)에서도 관리의 '제세지술(濟世之術)'은 잘 갖추어져 있으나, 비관직자의 경세론(非仕官濟世之術)에 관한 저술은 『산림경제(山林經濟)』뿐인데, 그것이 미흡하여 저술한다고 밝혔다.[81] 서유구가 1833년 4월 10일부터 1834년 12월 30일까지 전라도관찰사 겸 전주부윤(全州府尹)으로 근무한 일지(日誌)인 『완영일록(完營日錄)』, 그리고 1836년 1월 11일부터 1837년 12월 12일까지 수원유수(水原留守) 겸 총리사(摠理使)로 근무한 일지인 『화영일록(華營日錄)』은 지방행정의 구체적 자료로, 그가 얼마나 성실히 관직에 임하였던가를 보여준다. 서유구는 관료와 학자로서 평생 최선을 다해 정진하며 살았고, 자신이 기여할 분야가 무엇인가를 자각하여 동아시아적 학문 성취를 이루었으니, 현대인도 귀감으로 삼을 수 있다.

박규수(朴珪壽)는 조부인 박지원뿐만 아니라 정약용과 서유구의 학문도 공부한 인물이었다. 그는 1862년 삼남민란(三南民亂) 때에 안핵사(按覈使)로 파견되어 원만히 수습하고 조정에 민란의 원인을 '삼정(三政)의 문란'으로 집약해 보고하였다.[82] 박규수는 처음에 화이관을 벗어나지 못했으나, 점차 양이(洋夷)도 예(禮)를 가진다고 보고 서양 기술의 도입 필요성을 인식하여, 운요호(雲揚號) 사건 때에 대신으로서 일본과의 외교

---

81 이헌창(2015), 289-294쪽.

82 『철종실록』 13년 5월 22일 癸卯.

회복을 주장하였다.[83] 그는 문호개방 전후 김옥균, 박영효, 홍영식, 서광범, 유길준, 김윤식 등 핵심 개화인물을 양성하였다. 박규수는 19세기를 대표하는 명신이었고, 시대적 과제를 통찰하는 혜안을 가져 근세 실학과 개화사상의 가교(架橋) 역할을 하였다. 근세 실학은 천주교 박해 이후 침체하였다가 문호개방 전후 부활하여 개화사상으로 연결되고 개화정책에 반영되는데, 박규수는 이런 사실을 잘 보여주는 인물이다.

최한기(崔漢綺, 1803~77)는 한족(寒族) 출신의 생원으로 실직(實職)을 얻은 적이 없고 서울에 살면서 사족 명사와 교류도 별로 없었다. 그런데도 문호개방 이전 중국에서 수입된 저서를 통해 서양의 과학과 정치제도 등을 가장 잘 이해하여 상고(尙古) 관념을 버렸다. 그런 다음 전통적 기(氣) 개념으로 우주, 역사, 그리고 정치·사회를 설명하고 국가와 사회, 나아가 모든 인류의 이상적 질서를 모색하였다. 왕성한 지식 탐구욕으로 서양 문명을 개방적인 정신으로 학습하여 당시 조선에서는 누구보다 잘 이해하게 되었고 서양 문명이 전통 동아시아 문명의 우위에 있다는 사실을 파악한 점은 평가할 만하다. 최한기는 주자의 궁리론(窮理論)이 지각할 수 없는 관념을 잡아내려는 시도라고 비판하고, 형질(形質)을 지각할 수 있는 현실로부터 그 본질을 알아가는 추측지학(推測之學)을 인식론으로 정립함으로써, 유학사상의 기반 위에서 경험주의를 수립하였다. 그는 근세 실학사상과 개화사상의 과도기를 대표하는 학자였다. 최한기는 지구가 태양을 중심으로 공전하는 우주에 관철되는 뉴턴의 중력이론에 조선인으로는 처음 접하고 중국의 기 개념으로 그 원리를 설명하는 독창성을 발휘하였다. 최한기는 기 개념으로 근대적 우주관뿐만 아니라 국가와 사회의 질서를 설명하여, 유럽과 자연·사회과학과 동아시아 전통 철학

---

83 原田環『朝鮮の開國と近代化』溪水社, 1997, 제2편.

의 통섭을 시도하였다.[84] 그런데 최한기가 기 개념과 자신의 이론을 검증할 수 있는 방식으로 정의하지 않았으니, 그런 방식으로 근대학문에 이바지할 요소를 남길 수는 없다. 최한기의 방식은 주자가 이기철학을 매개로 우주와 사회를 통합적으로 이해하려는 시도의 진화된 버전이라고 할 수 있는데, 12세기 후반에 주자가 그런 거대 통섭을 시도한 것은 유학 철학을 정립하려는 시도로 평가해줄 수 있어도, 19세기 중엽 최한기가 그런 방식을 답습한 것은 근대 지식의 통섭이라 해도 시대착오적이라는 느낌이 든다. 최한기는 당시 조선에서 근대 과학정신을 가장 잘 알았다 하나, 베이컨 수준의 관찰과 실험을 통한 학문 방법도 몰랐던 것이다. 오늘날 학문으로 보면, 최한기의 학설은 허점투성이이고 미숙하나, 그럼에도 불구하고 왕성한 지적 탐구 정신으로 근대 학문을 이해하고 나름의 체계를 세우려 했다는 의의를 놓쳐서는 안된다.

4. 실학 개념의 동아시아사적 · 세계사적 지평

명말청초의 근세 실학은 다양한 원천을 가진 큰 물결이었고, 경세치용학으로 총칭되기도 한다. 조선에서 근세 실학은 장기간에 걸쳐 다양한 원천에서 나와 작은 물길들이 생기고 이윽고 18세기에는 큰 물결을 이루었다. 도쿠가와 일본의 근세 실학은 다양한 학풍을 가지면서 조선은 물론이고 중국보다 큰 물결을 이루게 되었다. 근세 실학은 베트남에서도 조 · 중 · 일에 미치지는 못하나 나타났고, 베트남보다 약하나마 류구(琉

84 박종홍 「崔漢綺의 경험주의」『亞細亞硏究』 8-4, 1965 ; 이우성 외 『혜강 최한기 연구』 실시학사 편, 사람의무늬, 2016.

球)에서도 존재하였다.[85] 유학은 공자, 주자학은 주자, 그리고 양명학은 왕양명을 시조(始祖)로 하는 결속력을 가진 학파임에 반해, 근세 실학은 확고한 시조가 없이 유학을 원류(源流)로 하고 유럽 학문과 제자백가도 흡수하면서 다양한 양상으로 전개되었다. 동아시아에서 근세 실학은 공맹의 유학, 이어서 주자학이 파급된 다음으로 학술의 거대한 물결이었다. 주자나 왕양명을 존중하여 추종하는 학파보다 근대 전환이라는 세계사적 대변혁에 부응하여 다양한 원천에서 이룬 도도한 물결의 근세 실학이 더욱 심층적 의미를 가진다.

동아시아 모든 나라에서 나타난 세계사적 근세에 부응하는 학풍을 나타내는 용어로는 근세 실학이 유학의 실사구시 정신을 진전시켜 근대적 사유와 학문에 접근하는 의미를 담은 점에서 가장 적합하다고 필자는 판단한다. 근세 실학은 경세치용학, 이용후생학, 그리고 고증학을 모두 포괄할 수 있는 개념이다. 그냥 실학이나 경세치용학이나 이용후생학이라 부른다면, 주자학도 실학을 추구하고 경세치용과 이용후생을 목표로 삼았다는 반론이 나올 수 있다. 더욱 적합한 용어의 제시도 환영하는데, 그 흐름을 설명하는 개념이 없이 무시하고 넘길 학술 조류는 아니다.

근세 실학자가 일본의 다수 학자를 제외하고 모두 유학자이므로, 근세 실학과 유학의 학풍은 확연히 구분되지는 않는다. 근세 실학자 중에는 주자학과 양명학을 부정한 사람도 있었고, 그것을 비판적으로 수용한 인물도 있다. 어느 쪽이건 그것을 묵수하지는 않았다. 주자학이나 양명학을 부분적으로도 수용한 근세 실학자가 많았다고 해서, 이들을 주자학자와 양명학자나 다를 바 없는 유학자로 뭉뚱그리는 데에 그치고 그들이 진전시킨 학문적 성취와 그들 학풍의 독자성을 외면하면, 근세라는 세계

---

85 이헌창 「문호개방 이전 동아시아의 經世濟民學」, 한국실학학회 · 인문학문화포럼 공동학술대회 논문집, 2018은 경세제민학에서 이런 사실을 설명하였다.

사를 관통하는 동아시아 학문사의 중요한 흐름을 놓치게 된다.

세계사적으로 근세에 근세 실학이 동아시아 5국 모두에서 다양한 원천에서 발원하고 다양한 양상으로 전개된 까닭은 무엇인가? 첫째, 그것은 유학 발전의 산물이었다. 유학은 수기학과 치인학이 서로 자극을 주고받으면서 발전하였다. 수기학의 정점이 주자학이라면, 그에 자극을 받아 성립한 경세치용학·이용후생학은 치인학의 정점이었다. 주자의 수기학은 그 사변철학으로 근대 학문에 접속하지 못한 반면, 경세치용학은 근대에도 유용한 지식으로 근대 학문에 접속되었다. 둘째, 그것은 세계사적으로 근세라는 시대의 요청이었다. 중국 전국시대 이후 국가체제가 세계에서 가장 먼저 발달하여 송대와 조선에서는 근세적 국가가 성립하였다. 당송변혁기, 조선중기, 그리고 도쿠가와시대에 시장이 성장하였다. 이것은 근세 실학의 대두를 위한 정치적·경제적 배경을 이루었다. 16세기 이후 근세에 유럽과 동아시아 사이에 성장한 해상 무역은 시장의 성장을 낳고 유럽 학문의 전래는 근세 실학을 대두시킨 중요한 자극이었다.

조선시대 역사는 조선사·동아시아사의 특성뿐만 아니라 세계사의 보편성도 보여준다. 동아시아 학술사의 특성은 유학의 지배, 그 연장선에서 주자학의 주류학풍으로의 부상이었다. 조선의 특징은 주자학의 심화·발전 내지 편식이라면, 일본의 특징은 유교의 구속을 벗어난 사상의 다양성이었다. 동아시아 학술의 세계사적 보편성은 기축시대 인류 보편도덕의 확립의 일환으로서 성립한 유학, 그리고 근대 전환기의 산물로서 근세 실학이다.

주자학은 유학의 학술적 발전을 의미하나, 근세 실학은 근대 전환을 준비하는 학술 조류이니, 근세 실학은 주자학보다 큰 의미를 가지고 유학의 성립과 파급 다음으로 심층적 의미를 가진 학풍 변화였다. 청대에 경세치용학이 침체하고 고증학이 발전하였다가 19세기 경세치용학이 부활하여 문호개방 이후 개화사상으로 이어졌다. 조선에서도 1801년 이후 천주교 박해로 침체한 근세 실학은 문호개방 전후 활성화되어 개화사상에 연결되고 개화정책에 반영되었다. 도쿠가와 일본에서는 근세 실학의 물결이 갈수록 확산되어 난학(蘭學), 뒤이은 영학(英學)과 합류하면서 문호개방 이후 자주적으로 근대국가의 수립과 근대경제의 확립에 이바지하였다. 이것이 근대 학문의 도입에서 일본이 조선과 중국에 앞선 중요한 요인이었다.[86] 그런데 아시아에서는 조선과 중국이 일본 다음으로 근대문명에 빠르게 대응하였는데,[87] 근세 실학도 그 한 요인이었다.

오늘날 세계 학계는 동아시아 전통 사상의 가장 중요한 요소로 유학 내지 유교를 들고, 법가와 도교도 세계 학계에 통용되는 용어이다. 한자어 실학은 유학, 나아가 동아시아 학술의 중요한 특징을 보여주는 개념이다. 역사적 용어로서의 실학 내지 근세 실학은 유학을 기본을 삼으면서 제자백가(諸子百家)와 서양 학문을 개방적으로 수용하는 개신(改新)유학으로 보면,[88] 세계학계에서 신유학(Neo-Confucianism)으로 불리는 주자학 이상으로 동아시아학을 풍성하게 할 수 있는 의의를 가진다. 세계사적 의미로는 근세 실학은 공자 · 맹자 · 순자의 합리적 사유를 진전시키고 제도 · 경제 · 과학기술이란 유용한 지식을 진전시키고 확충하여 근대 학문에 접속되는 점에서, 유럽의 계몽주의에 비견된다고 필자는 평가한다.[89]

---

86 이헌창 「實學 개념들의 통합적 이해를 위한 試論」, 286-289쪽; 이헌창 『경제 · 경제학』, 431-435쪽

87 이헌창 「1910년 조선 植民地化의 내적 원인」 『朝鮮時代史學報』 55, 2010.

88 千寬宇 「韓國實學思想史」 1044쪽.

89 이헌창 「實學 개념들의 통합적 이해를 위한 試論」.

5. 조선시대 근세 실학의 학문·사상사적 위상

필자가 판단하는 조선의 근세 실학자는 모두 주자학을 묵수하지 않고 그 장점을 흡수하고자 했거나 주자학을 부정하지 않은 채 그것으로부터 자유로운 사유를 펼쳤다. 정도전은, 앞서 「부세」에서 설명하였듯이, 개방적 박학으로 경세치용의 사공을 적극 추구하였다. 이이는 주자학에 가장 투철한 근세 실학자였는데, 주자의 학설을 묵수하지는 않았다. 유성룡과 김육은 개방적인 사유로 박학(博學)을 하였다. 이후 학자로서 근세 실학을 발전시킨 유형원과 이익은 주자학을 적극 수용하면서도 개방적 학풍으로 경세치용학을 전개하였다. 그 후 근세 실학자는 유형원·이익보다 주자학으로부터 자유롭게 학문을 펼쳤다. 근세 실학이 주자학과 단절된 학풍은 아니나 주자학으로 환원될 수 없는 독자성을 가졌던 것이다. 대부분 근세 실학자는 임진왜란 이후 학문을 펼쳤으나, 필자는 근세 실학을 조선후기에 고유한 현상으로 보지는 않는다. 앞서 언급하였듯이, 정도전 등 건국 주체의 노력으로 15세기에 근세적 수준의 국가가 성립하였던 것이다.

조선의 근세 실학자가 주자학을 전면 부정하지는 않았고, 주자학은 경세제민론의 수준도 낮지 않았으니, 양자간 격차나 근세 실학의 수준을 과대평가할 필요는 없다. 필자는 근세 실학을 18세기 유럽 계몽주의에 비견하였으나, 그 초보적 단계였다. 계몽주의는 과학혁명 이후의 지적 성과를 산업혁명에 활용하게 도왔고, 사회과학이 탄생할 지적 풍토를 만들었을 뿐만 아니라,[90] 민주혁명에도 이바지하였다. 그런데 중국은 유럽 르네상스기의 과학을 수용한 데에 머물고 조선도 중국을 따랐으며, 일본

90 양동휴 『유럽의 발흥: 비교경제사 연구』 서울대학교출판문화원, 2014, 124-130쪽.

만이 그 단계를 넘어섰다. 정약용의 사회계약론은 홉스에 크게 못미치며, 문호개방 이전 동아시아에서 분석적 경제이론이 성립하지 않았다. 미나모토 료엔은 오규 소라이(荻生徂來, 1666~1728) 이후 18세기에 '제1차 계몽시대'가 도래하였으니, 문호개방 이후 후쿠자와 유키치 등에 의해 계몽사상이 성숙하는 데에 그 '내발적 계몽기'가 있었다고 파악하였다.[91] 동아시아 근세 실학은 계몽주의의 초기 단계이고, 문호개방 이후 그 유산과 서양문명 충격의 결합에 힘입어 계몽주의가 개화하였다.

조선시대 학문과 사상은 개항 전 유학의 융성, 개항 후 근대학문의 도입과 유학의 쇠퇴로 집약할 수 있다. 현상윤(玄相允 1949)은 개항 전 조선시대 유학사를 제3~14장에서 설명하면서 제12장에서 근세 실학을 '경제학파'라 하여 설명하고 제14장에서 서학(西學)을 다루었다. 이병도(李丙燾, 1987)는 그것을 제8~18장에서 설명하면서 제17장에서 실학사상을, 제18장에서 유럽 문화의 전래와 갈등을 다루었다. 현상윤과 이병도의 설명을 크게 보면, 개항 전 주자학의 지배와 근세 실학의 대두, 개항 후 주자학의 위정척사사상, 근세 실학의 개화사상으로의 접속으로 유형화할 수 있다. 개항 전 소수의 근세 실학자, 그리고 일부 중간지대의 인물을 제외하고 대부분 주자학자였지만, 학문적 의의로 보면, 근세 실학은 주자학과 함께 개항 전 조선의 학문을 양분할 수 있다. 주자학자들은 주자의 학설을 계승하고 심화하면서 조선의 현실에 적용하였다면, 근세 실학은 주자학 등 중국의 다양한 학풍, 심지어 서학까지 수용하여 조선의 현실에 토착화된 학문을 만들고 동아시아 정치·경제사상을 진전시켰으니, 근세 실학의 학문적 의의는 주자학풍보다 크다고 생각한다. 게다가 개항 후 주자학이 위정척사사상, 근세 실학이 개화사상의 기반을 이룬 점도 고려하면, 후자의 의의는 한층 커진다.

---

91 源了圓『德川思想小史』中央公論社, 1973/1995, 117-148쪽.

6. 실학의 개념과 연구가 필요한 이유

오가와 하루히사는 실학 연구에 대한 비판을 잘 집약하였다. 첫째, 원래는 유학, 범위를 좁혀서는 주자학을 실학으로 불렀다는 한우근의 지적이다. 둘째, 조선시대 실학의 중심적 의미는 실심(實心)의 실학, 인간적 진실을 탐구한 학문의 의미라는 민영규의 비판이다. 셋째, 18세기 새로운 학풍사조로서 실학파가 형성된 사실이 없다는 김용옥의 전면부정론이다. 넷째, 실학사조의 세력과 영향력이 크지 않았다는 실학 과대평가론이다. 첫째 지적에 대해 오가와는 근세 실학이라는 개념의 도입으로 해결할 수 있다고 보았다. 오가와는 근대지향적 학문이라는 근세적 실학 개념으로 전면부정론에 대응하며, 필자도 동감이다. 오가와는 넷째 주장에 수긍하였다.[92] 유학이 인류 보편적 도덕을 추구한 점에서 실학이라고 본다면, 둘째 지적에 대응할 수 있다.

필자는 실학의 과대평가론에 동의하지 않는다. 제5절에서 설명하였듯이, 실학의 위상은 결코 낮지 않다. 근세 실학자가 소수이고 유형원 이후 근세 실학의 정책 반영은 미약하였으나, 필자는 근대 학문의 시각에서 조선시대의 학술사적 의의를 주로 근세 실학에서 찾을 수 있다고 본다. 필자가 조선시대 사람의 마음을 헤아려 주자학자의 시각에서 평가하는 학문적 · 정치적 기여자를 찾는다면, 문묘종사자와 크게 다르지 않을 것이다. 남인 · 북인 · 한당 · 소론은 달리 추천하고 싶은 인물들이 있었지만, 거의가 주자학자로 국한되었을 것이다. 그런데 조선시대 사람의 관점보다 근대 학문의 관점을 중시하거나 근대 역사학의 시각으로 보면, 이황과 이이를 제외한 문묘종사자들의 학문적 기여도가 정도전, 유성룡,

---

92 小川晴久 『한국실학과 일본』, 24-30쪽.

김육, 유형원, 이익, 이중환, 유수원, 박제가, 홍대용, 박지원, 정약용, 서유구 등의 근세 실학자보다 크다고 생각하지 않는다. 조선시대에 정도전·유성룡·김육보다 정책 업적이 많은 관료는 찾기 어렵다.

조선시대 사대부의 압도적 다수는 근세 실학에 무지하거나 무관심하거나 비우호적이었고, 필자가 언급한 근세 실학의 괄목한 업적을 성취한 인물은 소수지만, 그런 근세 실학자의 저술을 공부하고 평가하는 인사가 결코 소수는 아니었다. 『반계수록』은 영조와 정조의 조정에서 높게 평가받았다. 『택리지』의 서명은 50여개, 이본(異本)은 200여종이나 될 정도로 널리 읽혔다.[93] 당대에도 이익은 대학자로 평가받았고, 유수원은 소론의 촉망받은 사상가였고, 박제가와 박지원의 문학적 영향력은 컸다. "『목민심서』는 19세기 중반부터 수령으로 나가는 사람들이 흔히들 필사하여 군현 통치의 참고서로 널리 활용되었다."[94] 여기서 알 수 있듯이, 근세 실학과 정통 주자학의 중간지대에 위치한 조정의 관료들이 적지 않았다. 이들이 이이, 유형원 등 근세 실학자를 지도하였고 그들을 높게 평가하였다. 이들이 법전을 정비하여 『경국대전』 등을 편찬하였고 국가의례를 정비하여 『국조오례의』 등을 편찬하였고 대동법, 동전주화제도, 균역법 등을 추진, 시행하였고 『동국문헌비고』, 『만기요람』 등 경세제민에 유용한 저서를 편찬하였다. 경세학의 전반적 수준 향상 가운데 근세 실학이 대두하고, 근세 실학은 경세학의 수준을 높였다. 근세 실학은 조선의 학계에서 결코 고립된 섬이 아니었다.

문호개방 이전 조선은 과학·기술학과 고증학에서 중국 및 도쿠가와 일본에 뒤지게 되었으나, 그 외 인문학과 사회과학의 근세 실학은 이들에 대등한 수준이었다. 주자학의 편식과 강한 지배가 과학·기술학과 고

---

93 안대회 「해제」 6, 20쪽.

94 安秉直 『經世遺表에 관한 硏究』 489쪽.

중학에서 뒤지게 만들었지만, 중국보다 인구가 훨씬 적고 도쿠가와 일본에 비해 인구가 절반이고 주자학의 구속이 훨씬 강한 조선에서 이룬 근세 실학의 성취는 결코 과소평가될 수 없다. 근세에 동아시아 학술은 유럽 다음으로 수준이 높았다. 조선시대에는 동아시아적 차원의 학문 업적을 남긴 인물은 거의가 필자가 근세 실학자라 평가하는 인물이다. 오늘날 한국의 인문학과 사회과학은 일본과의 격차를 줄이지 못하고 있고, 중국과의 격차가 벌어지고 있다. 대한민국의 역사에서 정도전 · 유성룡 · 김육에 비견할 만큼 학문적 식견을 갖추어 정책 구현에 성공한 관료 · 정치가, 그리고 이황 · 이이 · 유형원 · 이익 · 이중환 · 유수원 · 박제가 · 박지원 · 정약용 · 서유구에 비견할 학자는 누구인가? 필자의 좁은 견문으로는 찾기가 쉽지 않고 많지 않아 보인다. 앞으로 그만한 학자와 관료 · 정치가를 많이 배출하기 위해, 우리는 조선시대에 족적을 남긴 인물들의 학문과 정책 구현의 자세를 배워야 한다.

최근 실학 개념에 중대한 문제점이 보인다고 해서 부정하거나, 실학자로 평가되는 인물의 사상이 문제를 가진다고 해서 실학자를 평가절하하고 나아가 실학 무용론을 주장하는 논자들이 늘고 있다. 제1절에서 언급하였듯이, 인문학과 사회과학에서 논란이 없이 완전히 통일된 견해를 가진 개념은 찾기 어려운 만큼, 필자는 실학 개념의 편익과 비용을 종합적으로 보아 그 사용 여부를 결정하자는 자세를 취하고 있다. 실학 개념을 부정하고 싶은 사람은 그 전에 선학(先學)의 연구를 충분히 검토하여 그 개념의 편익이 무엇인가를 숙지해야 한다. 실학 개념을 긍정하는 사람은 왜 실학 개념이 필요한가라는 근원적인 물음을 피하지 않고, 반대 견해를 경청하여 문제점이 편익보다 크다면, 그것을 버릴 수도 있는 개방적 논의의 자세를 가져야 한다.

정약용의 사상에도 여러 문제점들이 있다.[95] 노비제의 축소는 이미 조정의 정책이 되었고 공론의 지지를 받았고 송시열도 노비종모법(奴婢從母法)에 이바지하였는데, 정약용이 노비제를 옹호한 것은 중대한 약점이다. 그런데 그것을 실학 개념을 부정하는 논거로 삼는 주장도 있다. 전근대의 거의 모든 위대한 사상가도 근대 학문이나 근대적 가치관으로 보면, 중대한 약점을 가진다. 아리스토텔레스는 노예제를 옹호하고 민주제를 비판하고 오리엔탈리즘을 가진 가볍지 않은 약점을 가지나, 그 때문에 아리스토텔레스 학문이 위대하지 않다고 평가하는 저명한 학자가 있는가. 근대 학문으로 검토하면 아리스토텔레스 학문이 허점투성이지만, 인류사에서 아리스토텔레스만큼 위대한 학자는 뉴턴, 다윈, 아인슈타인 정도가 아닌가. 어떤 사상가나 학자를 평가하는 데에 중요한 원칙은 그 약점을 부각하기보다는 그 기여한 바를 찾는 것이다. 그래야 학문이 발전한다. 그들의 중대한 한계나 약점들을 발견하는 일도 필요하지만, 그로 인해 그 인물의 기여도를 무시하고 비판 일색으로 흐르는 것은 학문의 발전에 유익하지 않다.

실학부정론이 확산되는 이 시점에, 중복이 있지만, 끝으로 필자가 생각하는 실학 개념이 필요한 이유를 제시한다. 첫째, 넓은 의미의 한자어 실학은 동아시아 학술문화의 특징을 보여준다. 중 · 한 · 일 3국에서 유학의 대부분 유파가 실학을 지향한 점에서, 실학은 유학에 고유한 성격이었다. 실용의 추구는 세계에서 널리 나타난 현상이지만, 실학이라는 용어로 학술 전반의 지향성을 담는 문화는 보편 도덕의 개인적 · 정치적 실천에 봉사하려는 유학에 고유하게 보인다. 서양 학문은 고대 그리스의 전통을 이어받아 진리에 대한 경외심을 기초로 하여 실용과 무관하게 진리를 추구하는 태도가 있다. 그 반면 중국에서는 이론 자체를 위한 추상화를 거부하고 학문이 실용적인 목적에 봉사해야 한다고 보는 학술문화

95 김영식 『정약용의 문제들』.

가 있었다.[96]

둘째, 실학이라는 용어는 기존 학풍을 비판적으로 성찰하여 학문적 혁신을 도모할 때 대두한 동아시아 학술문화의 특징, 그래서 유학의 자기 혁신운동을 보여준다. 중국에서는 유학이 성립할 때부터 실학의 지향성이 있었고, 순자 이후 유학 발전을 주도한 경세제민론을 실학으로 불렀고, 송대 이학자는 수기학을 재정립하면서 실학이라 자부하였고, 명말청초 경세치용학은 이학과 심학의 공리공담을 비판하면서 경세제민론을 발전시켜 실학이라 하였다. 여말선초에는 주자학을 실학이라 하였다가, 조선후기 경세치용학과 이용후생학을 실학이라 하였다.[97] 일본에서는 주자학의 심화가 없었던 반면, 1740년 8대 장군 요시무네가 실학을 장려하면서 네덜란드어 연구를 명하여 난학이 발흥하여, 서양학문을 실학으로 부르는 독특한 전통이 있었다. 근세 실학은 유학이 자기 혁신을 해가면서 서양학문 등 다른 학풍에 개방적인 사조를 보여준다.

셋째, 실학 개념은 인류 보편의 학술적 가치에 맞게 정의할 수 있다. 인류의 학문이 도약한 두 시기는 기축시대와 근대성립기이다. 넓은 의미의 실학은 기축시대에 성립한 유학을 중심으로 하며 인류의 보편적 도덕을 탐구하여 그에 입각한 개인적 · 정치적 실천을 추구한 점에서 실질적인 유용성을 추구하는 학문이라 정의할 수 있다. 근세 실학은 학문과 정책론의 면에서 근대 전환을 준비한 의의를 가지며 유럽 근세의 계몽주의에 비견될 수 있다. 그래서 제4절에서 살폈듯이, 실학과 근세 실학은 세계학계에서 조선학을 포함한 동아시아학을 풍성하게 하는 데에 이바지할 수 있고 세계사적 의미를 가지는 개념이다.

넷째, 실학자로 분류될 수 있는 인물들이 주로 동아시아 학술의 성취

---

96 이헌창「實學 개념들의 통합적 이해를 위한 試論」 239-240, 247-249쪽.

97 이헌창「實學 개념들의 통합적 이해를 위한 試論」; 이헌창『경제 · 경제학』 431-432쪽.

를 이루었다. 기축시대 동아시아의 사상 중에 유학이 가장 중요한 의미를 가지지만, 유학 이외에도 법가 등 중요한 성취들이 있었다. 그런데 한나라 이후 중국, 다른 동아시아 3국 모두에서 유학이 지배적 학문이었고, 유학의 학문적 혁신을 이룬 학풍이나 학자는 거의가 실학자로 분류된다. 유학사에서 주자이학은 중대한 의미를 가지는데, 주자가 실학을 한다는 자부심은 강하였다. 명말 이후 중국, 조선시대, 도쿠가와 일본, 그리고 16세기 이후 베트남에서 동아시아적 차원의 학문적 성취를 이룬 인물은 거의가 근세 실학자였다. 그래서 제4·5절에서 살폈듯이, 근세실학이 문호개방 이전 조선, 나아가 동아시아의 학술에서 차지하는 위상이 결코 낮지 않았다.

다섯째, 개항 이후 근대 학문을 도입하면서 그 선구로 근세 실학자를 거론하였고, 1930년대에 정인보·최남선 등 석학이 조선학으로서 실학을 거론하였고, 해방 후 천관우·이우성·전해종 등 저명한 학자들의 실학에 대한 뛰어난 연구와 그 개념 규정들이 있다.[98] 실학은 한국 근대 학술의 장기간 진화과정에서 학문적 지위를 획득한 개념이자, 일본과 중국의 학계에도 영향을 미친 드문 사례이다. 이런 소중한 역사학의 자산을 무시할 만큼 실학 개념의 비용은 큰 것인가?

여섯째, 실학의 내용과 방법론에서 오늘날 학자가 계승할 것을 찾기 힘들어도, 실학자의 학문 자세는 오늘날 학자의 귀감이 될 수 있다. 실사구시의 정신은 오늘날 정치가에게도 지침이 될 수 있다. 가장 좋은 예를 들면, 1978년 이후 덩샤오핑(鄧小平)이 개혁·개방정책을 추진하면서 사회주의이념을 고수하는 세력에 대응하는 논리로서 검은 고양이든 흰 고양이든 쥐만 잘 잡으면 된다고 하였다. 그 결과 중국은 경제발전을 이루

98 趙珖 「개항기 및 식민지시대 실학연구의 특성」; 이헌창 「實學 개념들의 통합적 이해를 위한 試論」.

었고, 이것은 정치자유의 확대와 문화 발전으로 이어졌다. 문재인 대통령은 2017년 12월 "국익과 국민을 최우선에 두고 실사구시의 실용외교를 펼칠 것"이라고 천명하면서 남북화해정책의 반대론에 대응하는 논리로 삼았다.

필자는 실학 개념 사용론을 비판하거나 부정하는, 학술적으로 검토할 만한 수준의 연구가 나오기를 학수고대한다. 필자가 그런 비판론을 보면서 지론을 바꾸거나 발전시킬 수 있기 때문이다. 학계는 학술 논쟁의 논거들의 타당성을 검토한 다음, 실학 개념의 편익과 비용을 고려하여 사용 여부의 선택을 내릴 수 있다. 이것이 학문을 진전시키는 실사구시의 접근법이라 생각한다.

문화콘텐츠학과 신실학

신광철 | 한신대학교 디지털문화콘텐츠학과 교수

1. 서론

2003년부터 '문화콘텐츠학'이라는 새로운 학문을 가르치고 연구하기 시작하였으니, 적지 않은 기간 동안 이 분야에 몸담아 온 셈이다. 문화콘텐츠학이 대학의 학과로 설립된 것은 2002년 한국외국어대학교 일반대학원 문화콘텐츠학과(현재 글로벌문화콘텐츠학과)와 2003년 한신대학교 문화정보학부(현재 인문콘텐츠학부) 디지털문화콘텐츠학과가 각각 대학원 과정과 학부 과정으로서 시초였다. 필자는 2003년 한신대학교 디지털문화콘텐츠학과의 설립을 책임 맡은 이후 지금까지 문화콘텐츠학을 가르치고 있다.[1] 문화콘텐츠학은 한국에서 창발(創發)된 새로운 학문이다. 문화콘텐츠학이라는 학문의 존재론적 기반이라 할 수 있는 '문화콘텐츠'란 용어 자체가 한국적 정황에서 빚어진 신조어에 가까운 것이었다.

문화콘텐츠학은 학문적(學問的) 체계화 이전에 학과(學科)로서의 제도화에 성공한 독특한 이력을 지니고 있다. 학과로서의 문화콘텐츠학은 폭발적인 성장세를 보여주고 있다. 초창기인 2003년과 10년 뒤인 2013년 말을 대비할 때, 콘텐츠학과(문화콘텐츠학과 및 디지털콘텐츠학과)의 종수는 7개에서 54개로 늘어났을 정도로 외형적 성공을 거두고 있는 것으로 보인다.[2] 최근 활성화되고 있는 콘텐츠 기반 융합 프로그램까지를 포함

---

1 필자는 본디 종교학을 전공했고, 1996년 8월 한신대학교 종교학과(현재 종교문화학과)에서 교직 생활을 시작하였다. 종교학과 재직 당시 학부생들로 하여금 종교학의 주제를 좀 더 쉽고 친근하게 접하도록 돕기 위하여 〈종교와 영화〉, 〈만화 - 애니메이션과 신화〉, 〈축제와 종교문화〉, 〈종교문화재와 박물관학〉, 〈종교학과 문화비평〉, 〈명상과 수행의 세계〉 등의 강좌를 개발하여 가르쳤다. 이것이 계기가 되어 2003년 한신대학교에 디지털문화콘텐츠학과가 신설되었을 때 학과 설립 및 교과과정 디자인의 책임을 맡게 되었고, 지금까지 문화콘텐츠학을 가르치며 연구하고 있다.

2 신광철, 「학부 수준에서의 문화콘텐츠학과 교과과정의 분석과 전망」, 『인문콘텐츠』 2, 2003. 신광철, 「대학에서의 문화콘텐츠 인력 양성의 현재와 미래」, 『인문콘텐츠』 32, 2014.

하면 그 범위는 더욱 확대되고 있다고 하겠다.

문화콘텐츠학은 문화콘텐츠의 창출을 전제한다는 점에서 실천적 인문학으로서의 속성을 지닌다. 문화콘텐츠학은 이러한 측면에서 실용적 학문으로서의 위상을 점하며, '21세기형 실학'에 비견되기도 하였다.[3] 비록 단순한 차원에 한정된 것이기는 하지만, 실학의 자리에서 문화콘텐츠의 가능성을 읽어내려는 시도는 단순한 비유의 차원에 그치지 않고 구체적인 학술적 프로젝트로 이어지기도 하였다. 하지만 실학의 자리에서 문화콘텐츠학이라는 학문의 현실태와 미래적 잠재태를 읽어내려는 시도로까지 확산되지는 못하였다. 문화콘텐츠학이 21세기형 실학에 비유되는 맥락에 대한 심도 깊은 논의 또한 제대로 펼쳐진 바 없다.

필자는 이 글을 통해 실학의 맥락에서 문화콘텐츠학의 위상을 점검해 보고자 한다. 필자는 지난 2009년 『문화콘텐츠학입문』을 저술하면서 문화콘텐츠가 '21세기형 실학'으로 운위되는 맥락에 대하여 기초적 수준의 담론을 펼친 바 있다. 당시 실학의 이념을 '실사구시'(實事求是)에서 찾으면서 '실'(實)이 알맹이라면 '시'(是)는 쓰임새라는 점에 착안하는 한편, 이러한 관점을 원용하여 '문화콘텐츠'에서 '문화'가 알맹이라면 '콘텐츠'는 쓰임새로 볼 수 있다고 주장하였다. 또한 실학적 사고의 핵심이 시대에 적합한 지식체계 정립과 그러한 지식을 구체적인 형태로 구사하고 표현할 줄 아는 실천력에 있다고 보면서, 레오나르도 다빈치(Leonardo da Vinci, 1452~1519)와 다산(茶山) 정약용(丁若鏞, 1762~1836)을 대표적인 실사구시형 창조인으로서 '문화콘텐츠 디자이너'의 역사적 모델로 제시하

---

3 문화콘텐츠(학)의 특성에 대하여 '21세기형 실학'이라는 표현을 처음으로 사용한 연구자는 역사학자 심승구이다. 그는 문화콘텐츠가 "'실용학문의 허브'인 동시에 '21세기형 실학'이라는 실천적 가치를 함의한다"고 주장한 바 있다.(심승구, 「한국 술 문화의 원형과 콘텐츠화 : 술 문화의 글로벌콘텐츠를 위한 담론체계 탐색」, 『인문콘텐츠학회 학술심포지엄』, 2005.6. 55쪽, 각주 4 참조.)

기도 하였다.[4] 이들은 인문과 자연의 원리를 깊이 통찰하였으며, 그러한 지식체계의 쓸모를 실제적 프로젝트를 통해 입증하였다는 점에서 공통점을 지닌다.

실학의 맥락에서 문화콘텐츠학의 위상을 점검함에 있어 참조하고자 하는 것은 '신실학론'이다. 이를 위해 II장에서 간략하게 신실학론의 주요 논의를 정리하고자 한다. 이러한 신실학론의 함의를 전제하면서 III장에서는 실학의 자리에서 이루어진 디지털론과 문화콘텐츠론의 논의 내용을 살펴보고자 한다. 여기에서는 경기도와 경기문화재단이 후원하고 '신규장각'이 주관한 두 차례의 심포지움의 성과를 갈무리한 『디지털과 실학의 만남: 디지털 융합시대 지식문화운동』과 『문화콘텐츠 실학에서 길을 찾다』를 구체적인 분석 대상으로 삼을 것이다. 이러한 논의를 경유하여 IV장에서는 문화콘텐츠학의 신실학적 가능성을 모색하는 한편, 저간의 논의를 갈무리하여 이 글의 성과와 함께 앞으로의 과제를 제시하고자 한다.

2. 신실학론의 함의

한국 학계에서 '신실학'이라는 용어가 현재 시점에서 보편성을 획득했다고 보기는 어렵다고 본다. 신실학에 대한 학문적 논의는 단편적으로 이루어져 왔다. 이러한 점에서 2018년 한국실학학회 동계 학술대회에서 "'신실학'의 개념과 방향" 및 "신실학의 모색"을 대주제로 다루었던 것은 매우 고무적인 일이다. 2018년 한국실학학회 동계 학술대회는 신실학의

4 신광철, 『문화콘텐츠학입문』, 한신대학교 출판부, 2009, 29-30쪽.

개념을 다시금 다져 신실학론의 방향을 지시하는 한편, 다양한 관점과 시각에서 신실학론의 확장 가능성을 모색하였다는 점에서 향후 이 분야의 논의를 활성화하는 데 기여할 것으로 기대된다.

신실학에 대한 논의를 주도해 온 대표적 학자가 윤사순이다. 윤사순은 한국공자학회 제21차 학술회의(1991년 봄)와 제22차(같은 해 가을) 학술회의에서 발표된 논문들을 묶은 『孔子사상의 발견: 本原儒學과 新實學』(1992)과 단독 저서 『신실학사상론』(1996)에서 신실학론을 펼친 바 있다. 윤사순의 신실학론은 유학(儒學)의 가치에 대한 재평가 작업과 맞물려 진행되었다. 윤사순은 "현실에 유용한 실제성을 스스로 지향 · 추구하고 구비하였다는 뜻에서, 유학은 역사적으로 실학(實學)임을 지칭하여 왔다."는 관점을 제시함으로써,[5] 유학을 실학의 맥락에서 읽어내는 근거를 마련하였다.[6] 그러면서 유학이 오늘에도 새로운 실학이 될 수 있다고 주장하였다. 윤사순은 과거의 유학에서 새로운 실학으로 지칭할 만한 구체적 유용성의 요소를 찾아내는 작업이 바로 『공자사상의 발견: 본원유학과 신실학』의 후반부에 실린 내용이며, 유학의 현대화 문제를 "유학의 신실학적 역할"이라고 이름 붙인 것도 그러한 성격과 관련된 것임을 밝혔다. 이처럼 윤사순의 신실학론은 근본적으로 유학사(儒學史) 내적 맥락을 담지하고 있다.

윤사순은 "낡은 부분의 사상을 제거하는 동시에, 현대사회에 실제적이고 실용적인 사상만을 제시하는 것"이 유교를 '새로운 실학'으로 다시 태어나게 하는 길이라고 함으로써 신실학의 실제성 · 실용성을 주창하였

5 윤사순, 「머리말: 본원유학(本原儒學)과 그 신실학적 응용」, 윤사순 외, 『공자사상의 발견: 본원유학과 신실학』, 서울: 민음사, 1992, 6쪽.

6 이러한 논지는 "유학이야말로 항상 현실의 문제의식에서 출발하여, 일정한 시대를 이끌어가는 생활의 지혜를 형성하여 온 사상이다. 이런 특성으로 해서 유학사는 곧 '실학사(實學史)'라고 하여도 과언이 아니다."라는 주장을 통해서도 나타난다(윤사순, 「머리말」, 『신실학사상론』, 서울: 예문서원, 1996, 7쪽.)

다.[7] 윤사순은 이러한 시대적 과제 수행의 지점을 유학의 자리에서부터 확인하고 있다. "오늘의 유학 또한 이 시대의 '새로운 실학'(新實學)으로 그 사상적 역할을 다하지 않으면 안 될 것이다."라는 주장에서 이러한 유학사적 맥락을 확인할 수 있다.[8] 윤사순은 '새로운 실학', 즉 신실학이 향할 좌표를 유교의 인존·인도사상에서 찾는 한편, 그러한 사상에 기초한 '새 가치관의 정립'이 있어야만 유교가 현대와 미래 사회를 진보·발전의 형태로 이끌어 가는 데 실제적 학문인 '신실학'으로서 그 주도적 역할을 할 수 있다고 역설하였다.[9]

윤사순이 신실학의 실제성·실용성을 주창한 것과 비슷한 맥락에서 한영우도 실학 연구의 흐름을 개관하는 자리에서 신실학의 실천성·실효성·실용성을 강조하였다. 한영우는 실학 연구의 대안적 가능성의 하나로서 "미래의 '신실학'"이라는 주제를 제시하면서 "'실학'이라는 용어를 쓰면서 조선후기 사상을 이해해 가려면, 현재적 입장에서 '무엇을 계승할 것인가'의 문제를 먼저 정해 놓아야 한다. 계승할 가치가 전혀 없다면, 구태여 '실학'이라는 말을 쓸 필요가 없을 것이다. 실(實)이라는 말은 실천적, 실효적, 실용적 의미가 있을 때만 쓰는 말이기 때문이다."라고 주장하였다.[10]

'동아시아 실학'이라는 확장적 맥락에서 신실학론이 펼쳐지기도 하였다. 갈영진은 21세기가 동아시아 실학이 전통실학에서 현대 실학으로 나아가는 시대가 될 것이며, 또한 시대정신을 근거로 하여 '신실학'을 구축

---

7 윤사순, 「현대와 유교의 인존·인도사상」,윤사순 외, 『孔子사상의 발견: 본원유학과 신실학』, 234쪽.

8 윤사순, 「신실학적 이념의 모색」, 『신실학사상론』, 114쪽.

9 윤사순, 「유교와 사회 발전」, 『신실학사상론』, 187쪽.

10 한영우, 「'실학' 연구의 어제와 오늘」, 한영우 외, 『다시, 실학이란 무엇인가』, 서울: 푸른역사, 2007, 61쪽.

하는 시대가 될 것이라고 진단하였다.[11] 갈영진은 신실학 창조와 발전의 방법론으로 '텍스트 해석'과 '시대 해석'을 제시하기도 하였다.[12] 갈영진은 현대 동아시아 '실학' 구축의 구체적인 세 가지 원칙으로 시대정신을 정확하게 해석하고 파악해야 한다는 점, 철학의 '종합적 혁신'의 길을 걸어가야 한다는 점, 다원적인 해석학 방법을 견지하여야 한다는 점 등을 제시하였다.[13] 갈영진의 논의에서 주목되는 것으로 '혁신'의 모티브를 꼽을 수 있을 것이다. 그리고 이러한 혁신이 텍스트/시대 해석을 통한 것이라는 점에서 텍스트/콘텍스트 해석의 층위로의 확산 가능성을 담지하고 있다고 볼 수 있다.

한편, 신실학을 학문(함)의 방향성과 관련지어 논의하는 흐름도 포착된다. 임형택은 신실학이 학문의 운동성을 고도로 내포한 개념이라고 보았다.[14] 임형택은 이러한 운동성의 관점에서 신실학의 함의를 읽어 내었다. 신실학은 20세기가 호명한 실학을 21세기에 절실한 학문으로 거듭나게 하려는 것이라는 것이다.[15] 신실학은 고전적 인문전통에 근원하면서 17세기 이래 동아시아 삼국에 공존하여 공유의 사상적 자원이 된 실학이 21세기의 급전한 시대의 요청에 따라 탈바꿈하려는 학문이라는 것이다.[16] 그런가 하면, 유학사·실학사의 맥락에서 한 발짝 떨어져 신실학적 사유를 펼치려는 시도가 이루어지기도 하였다. 비록 논문 제목에서만 표출된 것이기는 하였지만, 김영민은 '메타제도적 비판'으로서의 인문학을 주창하면서 '신실학'에 대한 의지를 드러내기도 하였다. 그가 본문에서

---

11 갈영진, 「시대는 동아시아의 '신실학'을 부르고 있다」, 『한국실학연구』 18, 한국실학학회, 2009, 119쪽.

12 갈영진, 위의 글, 123쪽.

13 갈영진, 위의 글, 124-128쪽.

14 임형택, 「신실학, 그 가능성과 방향」, 『한국실학연구』 22, 한국실학학회, 2011, 149쪽.

15 임형택, 위의 글, 153쪽.

16 임형택, 위의 글, 160쪽.

구체적으로 '신실학'이라는 용어를 적시하지는 않았지만, "근세의 실학자들이 이룩한 메타제도적 비판의식의 연대"[17]라는 표현에서 그가 의도한 신실학론의 단초를 읽어낼 수 있다. '신실학'을 구체적으로 호명하지는 않았지만, '조선후기 실학'에서 '21세기 실학'으로서의 '사회인문학'이 갖추어야 할 요건을 발견하려는 시도도 이루어졌다.[18]

이상에서 현단계에서의 신실학론을 매우 거칠게 정리해 보았다. "문화콘텐츠학과 신실학"이라는 본 논문의 주제와 관련해서 얻은 시사점으로는 '혁신'의 모티브와 '학문의 운동성'이라는 키워드를 꼽을 수 있을 것이다. 이러한 시사점을 염두에 두면서 Ⅲ장에서 실학의 자리에서 디지털과 문화콘텐츠를 천착한 기존 프로젝트에서의 논의를 정리하고자 한다.

3. 실학과 디지털 · 문화콘텐츠의 연계 논의와 그 평가

경기도와 경기문화재단이 후원하고 신규장각이 주관한 두 차례의 심포지움을 통해 '실학과 디지털' 및 '실학과 문화콘텐츠'에 대한 논의가 이루어진 바 있다. 심포지움의 성과는 각각 『디지털과 실학의 만남 : 디지털 융합시대 지식문화운동』(이하 『디지털과 실학의 만남』)과 『문화콘텐츠 실학에서 길을 찾다』로 갈무리되었다.[19]

『디지털과 실학의 만남』은 경기도의 실학현양사업과 관련해서 추진된

---

17 김영민, 「신실학, 혹은 '메타제도적 비판'으로서의 인문학」, 『오늘의 문예비평』 40, 2001. 봄호, 87쪽.

18 김용흠, 「'조선후기 실학'과 사회인문학」, 『동방학지』 154, 연세대학교 국학연구원, 2011.

19 신규장각 엮음, 『디지털과 실학의 만남 : 디지털 융합시대 지식문화운동』, 서울 : 이지엔, 2005. 신규장각 엮음, 『문화콘텐츠 실학에서 길을 찾다』, 서울 : 이지엔, 2007.

것이었다. 이는 당시 손학규 경기도지사의 축사를 통해서도 확인된다. 손학규 지사는 경기도가 추진하는 실학현양사업의 목표가 "조선 중기 격동기에 실학을 통해 세상을 변혁시키고자 했던 선조들의 가난했던 몸부림을 세상에 알리고, 이를 통해 다시는 실패한 역사를 반복하지 않도록 조국의 갈 방향을 제시하고자 함"에 있다고 말하였다.[20]

『디지털과 실학의 만남』의 논의는 지식커뮤니티, 마니아, 한류 등의 키워드를 중심으로 이루어졌다. 박현모는 「지식커뮤니티로 본 실학과 디지털시대의 만남」이라는 제목의 글에서 정조 시대의 지식 커뮤니티에 대하여 주목하였다. 정조 시대에 재야의 자발적 커뮤니티와 국가의 전략적 커뮤니티가 존재했고, 이들 커뮤니티가 문예부흥의 밑거름이 되었다는 것이다.

재야의 지식 커뮤니티의 대표적 흐름으로는 백탑파(白塔派)와 옥계사(玉溪社)가 있었다. 백탑파란 지금의 탑골공원의 원각사지 10층 석탑 주변에 모여 살면서 학문과 예술을 논하고 시문을 짓던 지식인 집단을 말하는데, 대표적 인물로는 박지원, 이덕무, 유득공, 서상수, 그리고 남산 아래 살던 박제가 등 '북학파' 지식인들이 있었다. 옥계사는 인왕산 자락 옥류계 부근의 서리층과 중인들이 시를 짓고 교류하던 이들로, 서리 등 중인집단에 의해 이루어진 '위항문학'을 주도하였다. 이 밖에도 임준원을 맹주로 삼은 낙사, 칠송정시사, 일서원시사 등 동호인 집단이 있었다.[21] 박현모는 또한 한강과 임진강의 수로를 중심으로 연결된 거대한 정보 및 지식 네트워크에 대하여 주목하면서, 서울과 수도권의 이러한 지식인 네트워크가 영·정조 시대의 문예부흥을 가능케 한 사회적 인프라가 되었다고 보았다.

---

20 신규장각 엮음, 『디지털과 실학의 만남』, 13쪽.

21 위의 책, 32-34쪽.

정조 시대에는 규장각이라는 국가 차원의 전략적 커뮤니티가 존재했던 바, 규장각은 도서의 수집과 편찬, 국왕의 고전강독 및 국정운영에 대한 자문교육기능(세자와 초계문신에 대한 교육) 등의 역할을 담당하였다. 박현모는 정조 시대에 이처럼 재야와 국가 두 측면의 지식 커뮤니티가 존재했던 점에 대하여 높이 평가하면서도, 정조가 재야의 다수 지식 커뮤니티를 중심으로 전개되는 다양하고도 풍성한 사유를 지원하기보다는 국가의 위계적 질서 속에서 묶어내려 한 점에 대해서는 비판적으로 언급하였다.[22] 박현모의 이러한 언급은 오늘날 민간 차원과 국가 차원의 문화정책의 관계에 대해서 적지 않은 시사점을 준다.

박현모는 정조 시대 지식 커뮤니티에 대한 논의를 바탕으로 18세기의 실학시대와 21세기의 디지털시대의 공통점과 차이점을 언급하였다. 18세기의 실학시대와 21세기의 디지털시대가 빈부격차가 큰 가운데 경제적 풍요로 인한 지식인의 강렬한 비판의식이 표출되었다는 점, 다종다기한 문화적 · 학문적 마니아가 존재하였다는 점, 그 마니아들이 참여하는 다양한 지식 커뮤니티가 형성 · 전개되었다는 점에서는 비슷하지만, 문화 · 학문의 커뮤니티 외에 환경, 정치, 기업 활동과 같이 훨씬 다양한 지식 커뮤니티가 활동하고 있다는 점, 인터넷이라는 소통수단의 유무. 그리고 민주주의 체제 하의 시민단체가 출현하고 그들에 의해 정치적 압력이 이루어지고 있다는 점 등에서는 차이가 있다고 보았다.[23]

박현모가 주목한 마니아의 존재와 관련해서, 소설가 김탁환은 세 가지 단계론을 펼쳤다. ①마니아를 위해서는 골방다운 골방을 어떻게 유지할 것인가가 중요하며, ②골방의 마니아를 광장으로 끌어내어 커뮤니티로 묶을 수 있는 프로세스와, ③광장에서 나온 것을 다시 골방으로 어떻게

22 위의 책, 55쪽.

23 위의 책, 57쪽.

돌아가게 할 것인가에 주목해야 한다는 것이다. 김탁환은 현재의 상황과 관련해서 ②만 강조되고 있으며 ①과 ③은 철저히 개인적 문제로 치부되고 있다고 비평적으로 언급하였다.[24] 김탁환의 이러한 비평은 상당한 설득력을 지닌다. ①이 마니아가 존재할 수 있는 생태계와 관련되는 것이라고 한다면, ②는 마니아가 지닌 창조성의 사회적 활용과, 그리고 ③은 창조적 선순환 구조와 각각 관련되는 것이라고 할 수 있을 것이다.

안대회는 「18세기와 21세기를 읽는 키워드 마니아」라는 제목의 글을 통해 한국 사회의 역동성을 설명하는 키워드로서 마니아의 존재에 대하여 주목하였다. 안대회는 18세기 마니아들에게서 현대 한국인의 역동적 행동양식, 나아가 디지털 문명을 선도하고 있는 한국 산업계의 행보를 분석해 내고자 하였다.

안대회는 18세기 이후 지식인들이 예찬한 마니아의 세계에 대하여 주목하였다. 당대의 지식인들이 포착한 마니아들의 유형과 특징은 다양하였다. 골동품, 고서화, 도서 등 다양한 수집벽을 나타냈으며, 단순한 기호에 그치지 않고 새로운 기술과 예술의 세계를 창조하였는가 하면, 취미가 곧 인생의 전부가 되는 부류도 등장했고, 새로운 학문과 직업을 개척하기도 하였다.[25] 안대회는 18세기 마니아들에게 찾아볼 수 있는 특징을 몇 가지로 정리하였다. 그들은 자신의 벽을 숨기지 않고 광고하였으며, 중인과 평민으로부터 천민들까지 신분을 뛰어넘어 확산되었다. 뿐만 아니라, 벽(癖)의 주제가 모아져 집단이 형성되었고, 마니아를 인정하는 사회풍습과 그들을 지원하는 패트런이 존재하였다.[26] 안대회는 이처럼 마니아를 인정하는 사회적 풍토의 정점에 정조가 존재하였다는 점에 대

---

24 위의 책, 62쪽.

25 위의 책, 84-96쪽.

26 위의 책, 96-103쪽.

해서 주목하였다. 정조 치하에는 아무리 작은 기예의 소유자라도 군주에게 인정을 받았다는 것이다.[27] 이는 오늘날의 문화콘텐츠 시대에 크리에이터가 각광을 받고 있는 점에 비견할 만한 일이다.

정조 시대 지식커뮤니티와 18세기 마니아와 디지털 시대의 유비가 비교적 성공적으로 펼쳐진 것과는 달리, 한류와 실학의 관련성에 대한 논의에 대해서는 상대적으로 공감의 강도가 약했던 것으로 여겨진다.

이동수는 「디지털시대 한류의 역사, 문화적 기반과 정책과제」라는 제목의 글에서 한류와 실학에 대한 연계적 논의를 시도하였다. 이동수는 "한류가 단순히 철학이나 가치관에 그치지 않고 실제적인 문화산업이나 문화유통과 연관된 것이라는 점에서, 실사구시에 입각하여 철학을 문화와 산업으로 승화시킨 실학과의 연관성을 살펴보는 것도 의미 있는 일"이라고 주장하였다.[28] 이동수는 또한 실학자들이 서양과 청의 문물을 받아들여 가공시켜 우리의 실학을 만든 것처럼, 한류의 경우에도 동아시아인들이 주체가 되어 한류문화를 받아들이고 이를 가공하고 있다는 점을 강조하기도 하였다.[29] 이동수의 이러한 주장에 대하여, 한형조는 한류, 디지털, 실학과의 관계가 석연치 않다고 비평하면서 "한류가 실학과 연계된다면 한류의 중심에는 감동이라는 게 있는데 이번 논의에서는 빠져 있다"는 점을 지적하였다.[30]

『디지털과 실학의 만남』이 실학 시대의 조건으로부터 디지털 시대를 읽어내는 가능성을 찾으려는 노력을 보여준 것이었다면, 『문화콘텐츠 실학에서 길을 찾다』는 좀 더 진전된 맥락에서 실학에서 문화콘텐츠 창출

27 위의 책, 103쪽.
28 위의 책, 132쪽.
29 위의 책, 137쪽.
30 위의 책, 150-151쪽.

의 방향성을 확보하려는 시도였다.

이기상은 「한국 문화 정체성의 바탈 : 감성과 영성의 엇구수한 살림살이」라는 제목의 글을 통해 실학의 재발견을 통한 문화콘텐츠 창출의 이론적 기반을 제시하였다. 그 과정에서 문화콘텐츠 생산과 관련한 인문학자의 책무에 대한 논의의 실마리를 보여 주었다. 이러한 이기상의 논의에 대한 토론의 장을 통해 필자는 문화콘텐츠 생산과 관련한 인문학자의 책무를 담론의 소통, 주체적 문화관계(문화다원주의 속에서 '주체적인 문화 만들기'), 문법찾기(디지털 문명의 해독을 위한 키워드와 원리 찾기) 등으로 제안하기도 하였다.[31]

정민은 「18세기의 문화 개방과 조선 지식인의 세계화 대응」이라는 제목의 글을 통해 18세기의 변화를 정보화·세계화의 맥락에서 읽어내면서 그러한 시대적 조건에서 이루어진 지식경영에 대하여 주목하였다. 정민은 18세기 새로운 지식경영에 의한 저작들에 대하여 주목하였는데, 이 저작들을 관통하는 저술 원리, 즉 널려있는 정보를 수집 배열해서 체계적이고 활용 가능한 지식으로 탈바꿈했음을 강조하였다. 그러한 점에서 이들이 최고의 편집자였고 지식경영가였다는 것이다. 이들의 작업은 토론과 돌려 읽기 방식을 통해 정보를 확충하고 관점을 조정해 나가는 방식으로 진행되었다.[32] 이들의 이러한 작업 방식은 오늘날 빅데이터 시대에 있어 자료를 처리하고 메시지를 해독해 내는 방식과 관련하여 적지 않은 시사점을 던져준다고 하겠다. 정민은 특별히 18세기 연암학단과 다산학단에 대하여 주목하였다. 연암그룹이 중국의 선진문물을 과감히 받아들여 우리 삶의 질을 높여야 한다는 이용후생의 주장을 하였다면, 다산학단은 위대한 스승의 리더십에 따라 국가 경영에 초석이 될 경세제민

31 신규장각 엮음, 『문화콘텐츠 실학에서 길을 찾다』, 86-87쪽.

32 위의 책, 106-107쪽.

의 정보를 정리하고, 기존의 경학 이해에 획기적 진전을 가능하게 하는 정보화 작업을 완수하였다는 것이다.[33]

정민은 18세기 지식인들이 정보 가치의 우선순위를 바꿔 지식경영의 중요성을 강화시켰다는 점, 개방된 자세로 외국 문화를 수용하고 주체적으로 수용했다는 점, 그들이 경험했던 정보화 사회에서 지식 경영의 다양한 모델을 실천적으로 제시했다는 점, 그리고 다양한 문화콘텐츠를 개발하여 주체적 문화 역량을 강화시켰다는 점 등을 통해 실학에서 문화콘텐츠로 나아가는 길을 모색할 가능성을 제시하였다.[34]

심상민은 「문화콘텐츠 실학 실천과 창의성 생태계 : 문화콘텐츠를 매개로 한 개인, 산업, 사회 발전 전략」이라는 제목의 글을 통해 문화콘텐츠에 대해 기대를 걸고 있는 인문학을 비롯한 우리 사회 전반의 애정을 받들어 우선 실학 정신을 실천하는 과업을 강조하였다. 심상민은 장영실을 통해 과학기술과 문화, 예술, 지식, 사상을 자신의 발명, 연구개발의 과정과 현장에서 종합적으로 실행하고 형상화한 창의적인 문화 사이언티스트(cultural scientist)의 모델을, 그리고 이천을 통해 총체적이고 통합된 사상과 학문, 실기를 가진 멀티플레이어의 모델을 각각 발견하였다.[35]

심상민은 실학적 정신 및 지혜와 콘텐츠 생산, 유통, 소비 현장 사이의 내재한 인과관계를 해독하기 위한 10가지 실학 키워드로 통(通, 광속 커뮤니케이션), 횡(橫, 문화교류와 한류), 벽(癖, 몰입의 즐거움), 풍(豊, 풍부함 추구, 동영상 문화), 다(多, 문화적 다양성), 혼(魂, 하이브리드 가치), 호(互, 상호의존), 서(西, 브로드마켓 진출), 연(軟, 소프트파워), 창(創, 창의성 관심)을 제

33 위의 책, 122-123쪽.

34 위의 책, 126-129쪽.

35 위의 책, 152-154쪽.

시하는 한편,[36] 전략적 실천과업 달성을 위한 비전과 목표로 창의성 전사 '신 10만 양병'을, 그리고 전략 프로그램으로 문화생업[業], 연성권력[力], 문화시민[民], 고금균형[衡], 문물교화[化]를 제안하였다.[37]

필자 또한 이기상의 글에 대한 토론자로서 『문화콘텐츠 실학에서 길을 찾다』 프로젝트에 참여한 바 있다. 필자는 당시 『문화콘텐츠 실학에서 길을 찾다』 프로젝트에 대하여 "길을 찾는다는 것은 일종의 오리엔테이션, 정향(定向)이라고 하겠다. 방향을 정하고 발걸음을 옮기는 그런 것이다. 문화콘텐츠가 실학에서 길을 찾고자 하는 것은 의미있는 일이다."라고 하여 그 의의를 평가한 바 있다. 필자는 또한 "실학의 근본이념은 실사구시(實事求是)다. 여기서 중요한 게 실(實)과 시(是)인데, 실은 알맹이, 시는 쓰임새로 볼 수 있다. 문화콘텐츠에 실과 시의 뜻이 담겨져 있기 때문에 문화콘텐츠를 21세기형 실학이라고도 할 수 있다. 문화가 알맹이이면 콘텐츠는 쓰임새이다."라고 하여 『문화콘텐츠 실학에서 길을 찾다』 프로젝트의 함의를 구체화하기도 하였다.[38] 필자는 당시의 토론에서 "지난 컨퍼런스의 주제가 '디지털과 실학의 만남'이었고 이번 주제는 '문화콘텐츠, 실학에서 길을 찾다'이다. 만나서 길을 찾는 것으로 보면 될 것 같다. 다음번에는 보다 구체적으로 '실학에서 그를 만나 나를 찾다'로 하고 그와 관련해서는 정약용, 박지원과 같은 실학자들의 작업을 포함했으면 한다."라고 하여 향후 보다 진전된 논의의 방향을 제시하기도 하였다.[39]

---

36 위의 책, 181쪽.

37 위의 책, 221-223쪽.

38 위의 책, 85-86쪽.

39 위의 책, 88쪽.

4. 문화콘텐츠학의 신실학적 전망

문화콘텐츠학의 신실학적 전망을 수행하기 위해서는 우선 문화콘텐츠학의 학문적 정체성을 제시할 필요가 있다. 무릇 어엿한 하나의 학문이라면 기본적으로 6하 원칙(5W1H)의 조건을 충족해야 할 것이다. 이하에서는 '5W1H'라는 지표를 활용하여 문화콘텐츠학의 정체성을 논하고자 한다.[40] 논의의 순서는 키플링이 그의 시 〈충직한 여섯 시종〉에서 제시한 것을 차용하고자 한다. 그 순서는 What, Why, When, How, Where, Who이다.

What과 관련해서 빚어지는 물음은 "무엇을 창출하는가?"와 "무엇을 연구하는가?"이다. 이에 대한 해답으로서의 '무엇'은 '문화콘텐츠'이며, 이는 '상품'으로서의 속성과 '작품'으로서의 속성을 겸유(兼有)한다. Why와 관련한 물음은 "문화콘텐츠를 창출하는 까닭 혹은 목적은 무엇인가?"이다. 여기에 대해서는 의미(뜻), 재미(즐거움), 심미(아름다움)이라는 문화콘텐츠 향유구조를 제시할 수 있을 것이다. 물음에 대한 해답을 구하는 과정에서 주요하게 고려해야 하는 변수는 '상업성'과 '공공성'이다. 이 물음은 궁극적으로 'for whom'이라는 또 다른 지표로의 확장 가능성을 담지하고 있다. 이와 관련된 물음이 "누구를 위하여 문화콘텐츠를 창출하는가?"이며, 그에 대한 답은 '사용자'(user)로 수렴된다.

When과 관련해서 물어야 하는 물음은 "왜 지금 문화콘텐츠인가?"와 "작금의 문화콘텐츠 현상은 어떠한 경로를 거쳐서 실세가 되었는가?"이

40 이하의 논의는 다음의 논문에서의 논의에서 필요한 부분을 압축적으로 정리하고 다듬은 것이다. 신광철, 「5W1H로 묻는 문화콘텐츠학의 정체성」, 『'학(學)'으로서 문화콘텐츠의 모색(2015년 인문콘텐츠학회 추계학술회의 자료집)』, 인문콘텐츠학회 · 한중연 비교한국학연구센터, 2015.

다. 전자가 문화콘텐츠 출현의 문명사적 배경을 묻기 위한 것이라면, 후자는 문화콘텐츠의 현재적 위세를 점검하기 위한 것이다. 전자와 관련해서 중요한 키워드가 '디지털'과 '지식정보화'라면, 후자와 관련해서 경유해야 하는 길은 인류의 '예술사'와 '기술사'이다. How와 관련된 물음은 "문화콘텐츠를 어떻게 창출할 것인가?"와 "문화콘텐츠 창출의 프로세스를 어떻게 구조화하고 가르칠 것인가?"이다. 전자가 문화콘텐츠 기획 · 제작의 기술과 관련된 것이라면, 후자는 문화콘텐츠 연구 · 교육의 방법론과 관련된 것이다. 문화콘텐츠 기획 · 제작의 기술과 관련해서 스토리텔링, 캐릭터빌딩, 이미지트루기의 개념을 중요하게 고려할 수 있다.[41]

Where와 관련한 핵심적 물음은 "그렇게 창출된 문화콘텐츠를 어디에 탑재할 것인가?"이다. 이 물음에 대한 해답을 구함에 있어 중요하게 맞닥뜨리게 되는 개념이 '플랫폼'이다. '플랫폼'이라는 지점과 '탑재'라는 양태는 근원적으로 '콘텐츠'가 '미디어'와 고리 지워져 있음을 드러내는 것이기도 하다. Who와 관련한 물음은 "누가 문화콘텐츠를 창출하는가?"와 "누가 문화콘텐츠를 연구하고 가르치는가?"이다. 전자의 물음은 문화콘텐츠 전문가의 모델과 관련되는 것이고, 후자는 문화콘텐츠 연구 · 교육 주체의 자격과 관련된 것이다. 전자와 관련해서는 기획자, 개발자, 프로듀서, 디자이너, 크리에이터 등 다양한 모델을 제시할 수 있을 것이다. 후자와 관련해서는 단순히 자격에 그치지 않고 시각과 관점까지도 물어야 할 것이다. 지금까지의 논의를 요약 · 정리하면 아래의 〈표1〉과 같다.

---

41 스토리텔링, 캐릭터빌딩, 이미지트루기 개념에 대해서는 다음의 글을 참조할 것. 신광철, 「킬러콘텐츠 분석 도구를 통해 본 '1,000만 영화'의 구조」, 『인문콘텐츠』 29, 인문콘텐츠학회, 2013, 33-34쪽.

〈표1〉 5W1H로 보는 문화콘텐츠학의 정체성

요소	물음	해답	특징
What	- 무엇을 창출하는가? - 무엇을 연구하는가?	문화콘텐츠	'상품'으로서의 속성과 '작품'으로서의 속성
Why	- 문화콘텐츠를 창출하는 까닭 혹은 목적은 무엇인가? - 누구를 위하여 문화콘텐츠를 창출하는가?	의미, 재미, 심미 사용자(user)	'상업성'과 '공공성'
When	- 왜 지금 문화콘텐츠인가? - 작금의 문화콘텐츠 현상은 어떠한 경로를 거쳐서 실세가 되었는가?	'디지털'과 '지식정보화' '예술사'와 '기술사'	문명사적 배경 현재적 위세
How	- 문화콘텐츠를 어떻게 창출할 것인가? - 문화콘텐츠 창출의 프로세스를 어떻게 구조화하고 가르칠 것인가?	스토리텔링, 캐릭터빌딩, 이미지트루기	기획 · 제작의 기술 연구 · 교육의 방법론
Where	- 그렇게 창출된 문화콘텐츠를 어디에 탑재할 것인가?	플랫폼	미디어 - 콘텐츠의 연계
Who	- 누가 문화콘텐츠를 창출하는가? - 누가 문화콘텐츠를 연구하고 가르치는가?	기획자, 개발자, 프로듀서, 디자이너, 크리에이터 등	문화콘텐츠 전문가 모델 시각과 관점

5W1H로 보는 문화콘텐츠학 정체성 찾기 과정의 물음에서 가장 자주 사용된 키워드는 '창출'이다. 이를 통해서 문화콘텐츠학이 구체적인 '문화콘텐츠'의 창출을 전제하는 '창조학'이자 '제작학'으로서의 특성을 지니고 있음을 확인할 수 있다. 문화콘텐츠학은 문화라는 '내용'을 콘텐츠라는 '형식'으로 구현하는 실천적 학문인 것이다. 여기에서 문화가 알맹이라면 콘텐츠는 쓰임새이다. 그러한 점에서 문화가 콘텐츠로 화(化)하는 과정은 실학에 있어 '실사구시'(實事求是)의 맥락에 비견할 만한 것이라고 하겠다.

5W1H로 보는 문화콘텐츠학 정체성 찾기 과정의 해답에서 중요하게 포착되는 키워드는 '사용자'(user)와 '플랫폼'이다. 여기에서 문화콘텐츠 사용자는 단순히 소비자의 자리에 머무르지 않는다. 그들은 프로슈머(prosumer), 즉 생산적 - 소비자로서 문화콘텐츠 창출 과정에 적극적으로 개입하여 문화콘텐츠 생산 - 향유의 구조를 '연장'(延長)시키고 있다. 문

화콘텐츠 플랫폼 또한 오프라인 혹은 현실 공간에 묶인 상태로 존재하지 않는다. 플랫폼은 온라인 내지는 가상의 공간까지 '확대'되고 있을 뿐만 아니라 SNS 시스템을 통해서도 '확장'되고 있다. 사용자를 매개로 한 '연장'과 플랫폼을 매개로 한 '확대 / 확장'의 흐름은 문화콘텐츠학의 실사구시적 경향을 한 차원 깊게 만든다. 여기에서 문화콘텐츠학의 신실학적 가능성의 일단을 확인할 수 있다.

5W1H로 보는 문화콘텐츠학 정체성 찾기 과정의 문답 과정에서 드러나는 특징 가운데 주목할 만한 요소로 '상품 / 작품'으로서의 속성, '상업성 / 공공성'을 꼽을 수 있다. '상품 / 작품'으로서의 속성은 문화콘텐츠가 단순한 제품이 아니라 개개인의 기호 내지는 취미와 깊이 연동되는 것임을 시사해 준다. 이는 앞에서 살펴 본 바 있는 실학 시대의 마니아 집단이 만들어 낸 취향의 문화에 비견할 만한 것이기도 하다. 문화콘텐츠 시대의 크리에이터 집단이 실학 시대의 마니아 집단에 상응할 것이다. 하지만 실학 시대 마니아의 활동이 일정한 집단 내에 한정된 것에 비하여, 문화콘텐츠 시대의 크리에이터들은 '1인 미디어' 내지는 '유투버'의 활동에서 볼 수 있듯이 공중 혹은 대중을 향하여 끊임없이 메시지를 발신하고 소통한다는 점에서 차별적 지점을 드러낸다. 이 지점에서 문화콘텐츠학의 실실학적 확장성을 가늠해 볼 수 있을 것이다. '상업성 / 공공성'의 지표는 문화콘텐츠가 단순히 상품에 한정되지 않고 그 자체로 또 다른 문화콘텐츠 창출의 기반을 이루는 공공재적 성격을 지닐 수 있음을 보여준다. 이러한 문화콘텐츠의 공공적 가능성에서도 신실학적 잠재성을 발견할 수 있을 것이다.

5. 결론

문화콘텐츠학은 한국에서 창발(創發)된 새로운 학문이다. 문화콘텐츠학의 일차적인 학문적 대상이라 할 수 있는 '문화콘텐츠'란 용어 자체도 한국적 정황에서 빚어진 것이다. 이러한 새로운 학문으로서의 문화콘텐츠학의 출현은 실학의 분출과 관련지어 비교해 볼 여지가 있다. 문화콘텐츠학은 또한 문화콘텐츠의 창출을 전제한다는 점에서 실천적 인문학으로서의 속성을 지닌다. 문화콘텐츠학이 종종 '21세기형 실학'에 비견되는 것은 이러한 맥락에서이다.

본 논문에서는 이러한 문화콘텐츠학의 학문적 정황을 전제하면서 실학의 맥락에서 그 위상에 대한 점검을 실시해 보았다. 그 과정에서 참조한 것이 '신실학론'이다. 신실학론을 정리하면서 "문화콘텐츠학과 신실학"이라는 본 논문의 주제와 관련해서 얻은 시사점은 '혁신'의 모티브와 '학문의 운동성'이었다.

"문화콘텐츠학과 신실학"의 향배를 설정하기위해 '실학과 디지털' 및 '실학과 문화콘텐츠'에 대한 기존 논의를 검토하였다. 구체적으로 『디지털과 실학의 만남 : 디지털 융합시대 지식문화운동』과 『문화콘텐츠 실학에서 길을 찾다』를 분석 대상으로 삼았다. 이 두 개의 텍스트는 "만나서 길을 찾는" 스토리텔링을 보여 주었다. 아쉬운 점은 논의가 더 확장되지 못하고 그 지점에서 멈추고 말았다는 점이다. 운동의 방향성을 보다 구체화해서 '실학에서 그를 만나 나를 찾다'의 지점까지 나아가야 할 것이다. 무수한 실학자들과 무수한 실학시대 마니아들과의 다양한 만남을 통해 '혁신'의 방향을 찾을 수 있을 것이다. 이러한 작업들이 지속적으로 이루어져서 그 성과가 누적된다면 문화콘텐츠학의 신실학적 장도(壯途)에 좋은 기운을 불어넣을 수 있을 것이다.

'5W1H'라는 지표를 활용한 문화콘텐츠학 정체성 찾기 프로젝트를 통해 몇 가지 가능성을 붙잡을 수 있었다. 사용자를 매개로 한 '연장'과 플랫폼을 매개로 한 '확대 / 확장'의 흐름은 문화콘텐츠학의 실사구시적 경향을 한 차원 깊게 만들어 줄 것으로 기대된다. 여기에서 문화콘텐츠학의 신실학적 가능성의 일단을 확인할 수 있었다. '1인 미디어' 내지는 '유투버'의 활동에서 볼 수 있듯이, 문화콘텐츠 시대의 크리에이터들이 공중 혹은 대중을 향하여 끊임없이 메시지를 발신하고 소통한다는 지점에서는 문화콘텐츠학의 실실학적 확장성을 빌견할 수 있었다. 또한, '상업성 / 공공성'의 지표로부터 문화콘텐츠가 단순히 상품에 한정되지 않고 그 자체로 또 다른 문화콘텐츠 창출의 기반을 이루는 공공재적 성격을 지닐 수 있음을 확인할 수 있었으며, 이러한 문화콘텐츠의 공공적 가능성을 통해서 문화콘텐츠학의 신실학적 잠재성을 찾을 수 있었다.

한국 · 일본 · 중국의 '신실학론' 비교

야규 마코토 柳生 眞 | 원광대학교 원불교사상연구원 연구교수

1. 서론 •

2. 한국 · 일본 · 중국의 '실학(實學)'에 대한 새로운 시각 •

3. 결론 •

1. 서론

'실학(實學)'이란 무엇인가?

한국 · 일본 · 중국의 '실학'과 그것에 대한 인식을 비교해 볼 때, 거기에는 적지 않는 차이가 있다. 한국에서 '실학'은 사상사적 범주 · 개념으로 확립되어 있지만 일본과 중국에서는 꼭 그렇지 않다. 일본에서는 대부분의 대학이 '실학중시', '실학주의'를 내세우고 있듯이 '지츠가쿠(實學)'은 흔히 쓰이는 말이지만 '실학'을 사상사적으로 보려는 시각은 매우 약하다. 한편 중국에서는 요즘 '시슈에(實學)'를 중화민족의 정신문화이자 오늘날의 정치 · 경제 · 경영 · 학술 · 교육 등을 통틀어서 지향해야 할 이념으로 자리매김하고 있다.

이 논문에서는 한국 · 일본 · 중국의 (사상사적 범주로써의) '실학' 연구와 '실학'관을 각각 개관한 뒤 오늘날의 새로운 실학이 지향해야 할 방향을 모색해 보고자 한다.

2. 한국 · 일본 · 중국의 '실학(實學)'에 대한 새로운 시각

1) 한국

(1) 실학(조선후기실학) 개념의 확립

한국의 실학연구는 한 · 일 · 중 세 나라에서 가장 먼저 시작되었다. 연구대상으로써의 '실학', 즉 영조(英祖) · 정조(正祖) 때를 중심으로 일어난 17~19세기경의 새로운 학풍을 가리키는 실학 개념은 1930년대에 정인보(鄭寅普) · 문일평(文一平) · 최남선(崔南善) 등에 의해 확립되었다. 특히

1935년에는 다산 정약용(茶山丁若鏞) 서거 100주년을 맞이하면서 각 언론기간이 실학에 대한 관심을 불러일으켰다. 다만 그 전단계로는 1900년대에 『목민심서(牧民心書)』(1902), 『흠흠신서(欽欽新書)』(1907), 『경세유표(經世遺表)』(1914)라는 정약용의 이른바 2서1표가 간행된 일이나, 역사 교과서 서술에서 정약용 등이 특별히 장을 두고 높이 평가된 일 등이 있었다. 그리고 1910~20년대 조선학운동을 통해 국고(國故) 연구가 이루어지면서 조선후기의 '의독구실(依獨求實)'의 학풍이 객관을 받았다. 이러한 흐름이 '실학' 개념화의 밑거름이 되었다고 볼 수 있다.

1930년대 무렵에 실학에 대한 관심과 연구가 유달리 고조된 바탕에는 다름 아닌 민족주의가 깔려 있었다. 이 시기에 식민지 사학자들도 실학을 연구하면서 타율사관(他律史觀)·정체사관(停滯史觀)의 입장에서 조선후기의 학풍을 단지 청학(淸學) 또는 중국 사상의 도입으로 단정했으나[1] 이에 대해 조선학의 입장에서는 실학에게 민족의식과 근대지향을 계승하면서 그 정신을 현실대응책의 기둥으로 삼는다는, 전통과 현실과의 역사적 연결성을 보았다. 당시의 실학연구는 단지 사상연구가 아니라 지적 식민지화와 맞서는 사상투쟁이었던 것이다.

태평양전쟁과 독립, 그리고 한국전쟁을 겪은 후 1950년대에 실학 연구가 다시 고조되면서 실학은 조선왕조 사회의 정치·경제·사회·문화적 모순을 해결함으로써 왕조 사회의 정비를 도모하는 사회정책 내지는 그 기반으로 파악되었다. 그리고 실학을 낳게 된 조선왕조 사회의 역사적 현실도 논의의 도마에 올렸다. 또 서지학적(書誌學的) 시각에서 실학은 수기치인(修己治人)을 목표로 하는 유학 그 자체라거나 성리학 자체를 지칭한다는 실학 개념에 대한 이의가 제기되면서 이른바 실학은 '조

1 藤塚鄰, 末松保和, 高橋亨 등이 그 대표적인 학자들이다.

선후기실학'으로 불리게 되었다. 논쟁을 겼으면서 '실학' 개념은 실학사상 자체의 역사적 성격에 의해서만 규정될 수 있다는 방향으로 의견이 모아졌다.

(2) 북한의 실학 인식

한편 북한에서는 식민지시대의 조선사상 연구 성과를 비판적으로 수용하면서 처음에는 마르크스-레닌주의의 입장으로 사상사를 재구성했다. (예컨대 조선 성리학파를 주리파(主理派)와 주기파(主氣派)로 양분한 다카하시 토오루(高橋亨)의 설을 유물사관 식으로 주리파를 관념론, 주기파를 유물론으로 규정한 것 등) 실학파(實學派 ; 실용학파)에 대해서는 17세기부터 격화되는 봉건사회의 모순을 반영하고 중국을 통해 들어오는 진보적인 자연과학을 받아들인 기초 위에서 등장한 일련의 진보적인 철학가로 규정되고 진보적 · 민중적 · 유물론적인 사상으로 높이 평가하고 있다.

> …(전략)… 그들을 실학파(실용학파)라고 한다. 그들의 구호는 실사구시(實事求是) 즉 실용 학문의 연구를 통하여 진리를 탐구하자는 것이었다. 그들의 유물론적인 철학 요소와 진보적 사회 정치적 견해들은 기본적으로 진보적 양반 계급의 이익을 대변하면서도 농민들과 도시 평민층의 이익을 대변하였다. 특히 그들의 진보적 사회 정치적 견해와 애국주의 사상은 당시의 봉건 통치의 반동성을 폭로하고 한국 인민의 자주 독립 정신의 발전을 위하여 거대한 역할을 하였다.
>
> 실학파의 철학 체계는 일정하지 않고, 서경덕의 기일원론의 영향 하에 있거나 또는 이이의 객관적 관념론의 영향 하에 있었다. 그러나 그들의 공통 사상은 당시의 부패한 봉건 사회를 개조하여 압박받는 민중을 구제하자는 불붙는 열의로 충만되어 있었다. 그러므로 그들은 각기 자기들의 진보적 사상개혁안을 제기하고 있는 것이다. 이들의 사상은 조선 말 계몽사상가의 주요한 사상적 원천이 되었다. …(중략)…

> 조선시대 기일원론 철학의 최고봉을 이루었고 그를 정식화한 뛰어난 유물론자는 최한기이다. 그는 특히 그의 깊은 선진자연 과학 지식에 기초하여 유물론 철학을 전개하였다.[2]

북한에서는 기철학을 유물론으로 규정했기 때문에 그 시각에서 묻혔던 실학자를 발굴하기도 했다. 그 대표적 인물이 최한기이다.[3] 최한기는 먼저 북한에서 재발견되었다. 북한에서 1960년에 간행된 『조선철학사』의 일본어 번역본을 통해 재일조선인 연구자에게도 그 존재가 알려지고, 그 연구발표를 통해 다시 남한에 소개되었다.[4]

1960년부터는 1930년대 민족사학의 성과를 계승하면서 실학은 중세에서 근대에로 움직여가는 사회경제의 사상적 방향으로 인식되게 되었다. 이어서 1970년대에는 실학의 성격으로 근대지향의식, 민족의식, 탈주자학적 사유 등이 정립되고 이우성(李佑成)에 의해 이른바 '3대 실학파'(경세치용파(經世致用派), 이용후생파(利用厚生派), 실사구시파(實事求是派))의 개념이 정착되었다.

(3) 반실학(反實學)과 신실학(新實學)

윤사순(尹絲淳)은 현대 한국 사회의 윤리도덕의식의 황폐화(경제 제1주의, 금전만능의식), 과학적 사고의 영향(물량적 가치관), 기계적 및 도구적 자연관과 같은 문제들에 대해 '신실학(新實學)'을 제창하면서 실학적 문제

---

2 정진석, 정성철, 김창원 지음, 『조선철학사(상)』 결론, 347쪽.

3 최한기의 사상사적 위상에 대해서는 적지 않는 논란이 있다. 보통 최한기는 조선후기 실학사상가 중 한 사람으로 인정받고 있다. 이우성은 최한기가 정약용까지의 '경학의 실학'을 '과학의 실학'으로 轉回시켰다고 평가하면서 최한기의 사상사적 위상을 실학사상과 개화사상 사이의 架橋者로 자리매김 했다. (李佑成, 「明南樓全集 解題」, 『明南樓全集』 一, 2002)

4 필자는 최한기를 일본에서 재발견하고 남한에게 전해질 경위에 대해 그 당사자인 金哲央 박사(大阪經濟法科大學 객원교수)의 증언을 전해들은 바 있다.

의식, 실학정신을 현대사회에 살려야 한다고 강조한 바 있다. 윤사순은 유교의 인도(人道)와 신종교의 인존(人尊)[5] 정신을 바탕으로 하여 과학과 기술을 제작 · 개발함과 동시에 자연과의 조화의 원리를 응용한 문화 형성을 역설했다.

> 우주 자연에 뿌리를 둔 유교의 생명 외경의식과 그에 기초한 인명 · 인간 존중사상 및 윤리적인 측면으로 인간다운 삶을 모색한 인도사상 등을 유교가 현대에 공헌할 사상적 자산이 아닐 수 없다. 특히 유교의 인존 · 인도 사상이야말로 현대문명의 폐해를 시정하는 데 기여할 뿐 아니라 더욱 강화하면서 오늘의 사상으로 생활화해야 마땅하다. 이러한 사상의 현대적 유용성을 인식하고 실생활에 응용하는 데서, 인류는 고양된 문화를 향유하게 되고 유교 역시 오늘의 〈새로운 실학〉으로 다시 나타나게 될 것이다.[6]

최근에는 소의 실학사상(가)의 비근대성 · 반근대성이 자주 거론되고 '실학 = 근대지향'이라는 도식이 비판되어 있다. 또 김용옥의 '실학 허구론', 노관범의 '실학 간판상품'론 등 실학(파) 개념에 대한 비판도 제기되고 있다.[7] 또 약간 다른 각도에서 실학을 바라본 '실학' 비판으로 여산

---

5 『大巡典經』 제8장 29, "天尊과 地尊보다 人尊이 높으니 이제는 人尊時代니라."(석암 강희준 엮음, 『大巡典經과 天心經』, 416, 586쪽.) 특히 강일순은 인본사상을 종교적으로 승화시켜 인간의 존엄성이 가장 중요시되는 시대가 돌아오게 된다고 가르쳤다. 과거 선천시대에는 인간이 하늘의 명을 따르고 순종하는 것이 옳은 것으로 평가 되었으나 이제는 인간의 능력이나 활동이 하계(下界)인 인간계의 한정되는 것이 아니라 오히려 천상의 신까지도 다스리게 되는 시대가 된다는 것이다.(『한국신종교사전』 「인존사상人尊思想」, 829쪽.)

6 尹絲淳, 「현대의 유교와 人尊 · 人道思想」, 『孔子사상의 발견』 242쪽.

7 김용옥, 『讀氣學說』, 통나무, 1998/2004. 김용옥에 의하면 '실학(파)'는 후세에 만들어진 허구에 지나지 않는다고 한다. 하지만 사상가 본인의 자기인식과 무관하게 만들어진 사상 · 철학적 범주도 적지 않다. 예컨대 일본 江戶時代의 古學派(야마가 소코山鹿素行 학파인 聖學, 이토 진사이伊藤仁齋 학파인 古義學, 오규 소라이荻生徂徠 학파인 古文辭學 등을 포괄한 명칭이다)나 현대 포스트모더니즘 철학 · 사상 등이 바로 그것이다. 따라서

류병덕(如山柳炳德)의 그것을 들어보고자 한다.

그에 의하면 (음으로 양으로) 전제되어 온 유고중심주의를 비판하고 그것과 다른 '실학'이 존재한다는 주장도 있다. 류병덕은 1930년대에 개념이 정립된 조선후기 실학 논의에 대해 이른바 '실학'이 한국 근대화의 효시나 역할이 되지 못하고 다만 학자들의 문헌 분석에 의한 '이론실학'에 지나지 않는다고 비판했다. 그리고 원불교의 소태산 박중빈(少太山朴重彬)이나 기독교인 · 사회운동가인 안창호(安昌浩), 승려 · 독립운동가인 백용성(白龍城) 등이 오히려 이론과 실천이 명실상부한 '실천실학'이라고 주장했다.[8] 그는 조선후기 '이론실학'의 한계를 다음 두 가지로 지적한다. 하나는 민중들이 주체가 된 실천운동이 아니었다는 점이고, 또 하나는 실학자들의 개혁론이 정책에 반영되지 못했다는 점이다. 다시 말하면 그들의 주장은 민중들과 더불어 사회를 변혁시키는 사회적 차원의 실천으로 나아가지 못했다는 것이다.[9]

다만 그에 의하면 실학자들의 생각과 민족의식은 전혀 헛된 것이 아니라 민중 속으로 흘러들고 구한말에서 마침내 일본 식민지로 전락한 시대를 바로잡으려고 종교운동 및 사회사상운동 등으로 끊이지 않게 일어나고 널리 퍼지게 만들었다고 한다. 즉 실학의 생각과 민족정신이 민중 속에 유전되고 침투되면서 종교 · 사회운동을 일으킬 밑거름이 되었다는 것이다. 류병덕의 주장은 조선후기 실학과 종교운동, 사회운동을 연속선상으로 보는 점에서 새로운 시각을 제공하는 것이라고 하겠다.

사상사적 범주를 후세에 만들어졌다거나 당사자들이 관여하지 않았다는 이유로 허구로 물리치는 것은 타당치 않다고 본다.

8 조성환, 「여산 류병덕의 '원불교 실학론'」, 『한국종교』 제44집, 2018.

9 조성환, 앞의 논문, 79쪽 참조.

2) 일본

(1) 일본 실학사상 연구사와 그 특징

일본에서의 '실학' 연구는 주로 17~19세기, 거의 에도시대(江戶時代)~메이지(明治) 초기의 사상을 다룬다. 본격적인 '실학' 연구는 미나모토 료엔(源了圓)의 『근세실학사의 연구(近世實學史の硏究)』(1962)에서 비롯된다. 다만 선구적인 연구로는 마루야마 마사오(丸山眞男) 「후쿠자와에 있어서 『실학』의 전회(福澤に於ける『實學』の轉回)」(1947)가 있다. 이 논문은 주자학을 중심으로 하는 '윤리를 핵으로 한 실학'에서 후쿠자와의 '물리를 핵으로 한 실학'에의 전환을 논한 것이다. 미나모토는 이에 대해 "그 선명한 문제의식, 명석한 유형화와 논리는 전후(戰後; 제2차 세계대전 패전 후)의 실학 연구의 출발점이 될 만하고 그 뒤의 연구에 큰 영향을 주었다"[10]고 높이 평가하면서도 현대사회의 문제를 생각할 때, 마루야마가 지적한 후쿠자와 식의 '물리를 핵으로 하는 실학'은 비록 역사적인 의의가 있다 하더라도 오늘날의 문제를 생각할 때에 지표가 될 수는 없다고 지적한다. "나(미나모토 - 인용자)에게는 기계론을 안으로 내포하면서 그 방향을 잡고 그것을 살리는 고차원의 유기체적 우주론 형성이 필요하지 않을까 생각된다. 그것이 사회와 인간의 이론으로 어떻게 전개될지 지금의 나로서는 단정할 자격이 없지만 우리가 필사적으로 모색해야 한다는 것은 피하기 어려운 사실이다."[11]

또 마니모토는 "나의 일본 근대화에 대한 기본적인 생각은 한마디로 말해 정신분석학자의 이른바 ambivalence(애증병존)"[12]라고 복잡한 심정을 밝히고, 실학에 대해서도 "나의 경우는 한쪽에는 일본을 향상시키는

---

10 源了圓, 「附論　日本における實學硏究の現狀」, 『近世初期實學思想の硏究』 544쪽.

11 源了圓, 같은 책, 554쪽.

12 源了圓, 『德川思想小史』, 12쪽.

지적 원동력이 된 에도시대(江戶時代)나 메이지(明治) 초기 실학사상의 역사적 의의에 대해 정당한 평가를 줌과 동시에 다른 한쪽에서는 '실(實)'을 규제하는 '허(虛)'의 원리를 잃은 근대 일본, 특히 (제2차 대전) 패전 후 고도 산업사회에 급성장한 일본에 있어서의 '문명의 위기'라는 것이 최대의 관심사가 되고 있다" 고 말하듯이 일본의 근대화를 무조건 긍정하지 않는 시각이 애초부터 존재했고, 그 때문에 일본의 실학 연구는 단순히 근대성 취향의 사상을 연구하는 것이 아니라 실제 역사보다 더 바람직한 방향으로 나아갈 가능성을 내포한 '더 하나의 근대'의 사상을 찾으려 하는 면이 있다는 점이 일본 실학연구의 큰 특징이라 할 수 있다.

(2) 오가와 하루히사(小川晴久)의 실심실학론(實心實學論)

오늘날 일본의 실학 연구를 주도하는 오가와 하루히사(小川晴久)에는 이와 같은 시각이 보다 뚜렷하게 나타나 있다. 그는 '실심실학(實心實學)'을 제창한 것으로 잘 알려져 있다. 오가와에 의하면 오늘날 일본에서 일반적으로 말하는 '실학'은 (이론이 아니라) 실용 · 기술의 학문, 일상에 쓰이는 학문을 가리킨다. 오가와는 '윤리의 실학'에서 '물리의 실학'에의 전환이 바로 중세에서 근대에의 변화라고 하는 후쿠자와 – 마루야마식의 '실학'관을 역전시킨다. 그에 의하면 동아시아 세 나라에서는 출가(出家)를 설하는 불교와 자연을 모범으로 하는 노장사상에 비해 실생활을 중시하는 유교가 바로 진실된 학문, 즉 실학이라는 인식이 있었다. 또한 유교는 수기치인(修己治人)의 학임을 자임했다. 유교적인 '치인(治人)' 관념은 남존여비(男尊女卑)와 신분사회적 차별의식에 기초한 것으로 이제 보편성을 가질 수 없지만 '수기(修己)' 즉 자기 도덕수양의 측면은 오늘날도 평가할만하다. '인(仁)'이라는 남을 배려하고 사랑하는 덕은 영원토록 필요하다. '수기'의 측면을 '실심(實心)'으로 본다면 수기치인의 학은 실심실학이 된다. '치인'의 측면은 오늘날 (일본에서) 말하는 실학이 된다고 주장했다.[13] 다시 말해 오가와는 근대(적 실학)에 기술・실용・이익 편중과 수기 = 실심 = 도덕성의 결여를 본 것이다. 다만 유교 전체를 실심실학으로 볼 수는 없다. 그 시기는 한정되지 않을 수 없다.

> 근대 이전의 실학이 유교의 대명사이고 그것을 실심실학으로 규정할 수 있다고 한다면 그것은 공자(孔子) 시대부터 있었다는 말이 되지만 우리가 주목하는 것은 17~19세기의 그것이다. 왜냐하면 예수회 선교사가 동아시아에 전해준 서학(西學)의 세례를 받은 실심실학이어야 하기 때문이다. 마테오리치의 세계지도에서 세계의 중심은 중국이 아님을 알게 되었다. 세계에 열린 실심실학이 17~8세기의 동아시아에 실현되었다. 특히 우리가 주목하는 것은 17~8세기의 자연철학자, 자연학자, 백과전서파들의 실심실학이다. 그것은 '천인(天人)' 형 실심실학으로 규정할 수 있다. 그들의 학문은 11세기 중국의 장재(張載)의 기(氣) 일원(一元) 철학을 철학기반으로 가지면서 눈은 널리 하늘(天; 자연, 우주)에 열려 있었다. 그들에게 하늘은 사람(그들)이 따라야 할 스승이었다. …(중략)… 21세기 이후의 학문은 18세기의 '천인' 형 실심실학이 모범이 되고 인도의 실마리가 될 거라고 확신한다. 모럴과 그 스케일에 있어서 말이다.[14]

오가와는 이제 근대지향성이 아니라 근대가 잃어버린 소중한 것을 되찾고, 또 앞으로 학문의 모범이 될 만한 실심실학에 대해 관심을 가질 것을 촉구한다. 그리고 또 하나 중요한 것은 그가 말하는 '실심실학'의 개념은 홍대용(洪大容)의 『담헌서(湛軒書)』에서 따온 것이다.[15] 홍대용에

---

13 小川晴久, 『日中韓思想家ハンドブック--實心實學を築いた99人』, 5-6쪽 참조.

14 小川晴久, 같은 책, 6쪽.

15 洪大容, 『湛軒書』 內集 卷二, 「桂坊日記」, "此等人成就如此, 皆以其實心實學也." ; 『湛軒書』 外集 卷一, 杭傳尺牘 「答朱朗齋文藻書」, "近世道學矩度. 誠甚可厭. 惟其實心實事. 日踏實地. 先有此眞實本領. 然後凡主敬致知修己治人之術. 方有所措置而不歸於虛影."

서 '실심실학'의 아이디어를 얻은 오가와의 실학관은 말하자면 동도서기적(東道西器的)이라고 할 수 있다. 즉 수기치인의 유가적 전통이 서양과 만나면서 과학, 세계지리, 우주적 시각을 갖추고 보편성을 가지게 된 것이 실심실학이라고 할 수 있다. 다만 역사적인 동도서기론의 '동도(東道)'는 서양 과학기술을 받아들이면서 유교적인 왕조국가체제와 사회질서도 온존하려 하는 것이었지만 오가와의 경우는 봉건적 신분질서를 버리되 개인의 도덕수양과 서양이 가져온 과학적 인식, 세계적 · 우주적 시각을 결부시킨 점에 실심실학의 의의가 있다는 것이다.

3) 중국

(1) 중국 실학사상 연구사와 그 특징

유교는 처음부터 경세의 전통과 현실참여 지향을 많이 가지고 있었다. 『한서(漢書)』「하간헌왕전(河間獻王傳)」에는 실학의 구호처럼 쓰인 '실사구시(實事求是)'라는 말이 처음으로 나온다. 이것은 원래 한나라의 황족 유덕(劉德)이 학문을 닦고 옛것을 좋아하며 사실에 근거한 것을 구했다(修學好古, 實事求是)고 하는 평언에 유래하는데 여기서 말하는 '사실(實)'은 주로 유교를 가리킨다.

'실학'의 개념이 처음 나온 것은 『중용장구(中庸章句)』에서 주자가 『중용』의 책에 대한 찬사로 처음에는 한 이치(一理)를 말하고 중간에는 흩어져 만사가 되고 마침내 합쳐서 다시 하나의 이치가 된다고 하면서 정이의 "풀면 천지사방(六合)에 두루 미치고 말면 깊숙이 거둬드린다."라는 말을 인용하면서 그 깊은 맛은 그치지 않아 모두 실학(實學)이라고 말했다.[16] 또 『대학장구(大學章句)』에서 "속된 선비가 글이나 외우고 짓는 공부(記誦詞章之習)는 그 공로가 소학(小學)보다 쓸모가 없고 이단 · 허무 ·

적멸의 가르침(異端虛無寂滅之教)은 그 고상함이 대학(大學)보다 내실이 없다"[17]고 말했듯이 (주로 과거시험을 위해) 책을 외우고 글이나 시를 짓는 공리적인 공부나 양주(楊朱) · 묵적(墨翟) 등의 이단, 허(虛) · 무(無) · 공(空)을 말하는 노장(老莊) · 불교(佛教) 등을 물리치고 성현(聖賢)의 학과 현실생활 속에서의 도덕 실천을 결부시키는 학문을 '실학'이라고 일컬었다.

거룽진(葛榮晉)에 의하면 정이(程頤) · 주희(朱熹) 등의 성리학자이든 정호(程顥) · 육구연(陸九淵) 등의 심학자이든 송대(宋代) 이학 속에는 ① 본체론(本體論)에서의 '실리(實理)', ② 윤리도덕에서의 '궁행실천(躬行實踐)', ③ 경학연구에서 '명도치용(明道致用)'과 같은 실학적 요소를 내포하고 있었다. 다만 그들의 '실학'은 어디까지나 이학 · 심학의 틀 안에서 추구된 것이었으나 명나라 중기 이후 일어난 송명이학의 형식화 · 경직화와 거기에 내포된 실학사상, 중국고전과학의 부흥, 그리고 천주교 선교사의 중국 포교 등의 이른바 서세동점(西勢東漸) 등이 자극이 되어 실학 사조(思潮)가 일어났다. 송명의 실학보다 두드러진 특징을 갈영진은 ① 비판정신, ② 경세사상, ③ 과학정신, ④ 계몽의식으로 요약한다. 그리고 이 시기에 다양하게 전개된 실학의 내용은 대략 ① 실체실학(주로 기氣의 철학), ② 경세실학, ③ 과학실학, ④ 고증실학, ⑤ 계몽실학[18]으로

---

16 朱熹, 『中庸章句』 序, "子程子曰, '不偏之謂中, 不易之謂庸. 中者, 天下之正道, 庸者, 天下之定理.' …(중략)… 其書始言一理, 中散爲萬事, 末復合爲一理, '放之則彌六合, 卷之則退藏於密', 其味無窮, 皆實學也." 통상적으로 이 구절을 인용하면서 程頤(伊川)가 '實學' 개념의 제창자로 소개된다. 하지만 자세히 보면 "皆實學也"는 정이의 말이 아니라 주자가 붙인 설명으로 보인다. '實學' 개념의 初出에 대해서는 더 심중한 검토가 필요할 듯하다.

17 朱熹, 『大學章句』 序, "俗儒記誦詞章之習, 其功倍於小學而無用. 異端虛無寂滅之教, 其高過於大學而無實."

18 경제사상 면에서는 '工商皆本' – 상공업의 중요시, 정치사상 면에서는 특히 군주 전제 비판, 철학 면에서는 理慾 통일론에 기초한 개성의 개방과 인문주의의 제창, 문학 · 예술 면에서는 반전통주의적인 낭만주의가 일어났다. 徐渭의 '本色論', 李贄(卓吾)의 '童心說', 湯顯祖의 '至情論', 袁宏道의 '性靈說' 등이 그 예이다.

정리할 수 있다.[19] 물론 한 사람이 여러 부류의 실학을 겸한 경우도 많았다. 중국의 경우 실학을 대략 16~19세기, 명대 중기부터 청대에 일어난 '숭실출허(崇實黜虛)', '실사구시(實事求是)', '경세치용(經世致用)'의 사조, 시대정신으로 보고 문학 · 예술까지도 포함한 아주 넓은 분야를 포괄하는 개념으로 보고 있는 점이 특징이라고 할 수 있다.

유교 자체가 처음부터 현실참여 지향성을 지니고 있고, 실학의 개념은 송나라 때에 등장했기 때문에 중국의 연구자들 중에는 '실학'의 시발점을 16~17세기보다 앞당기는 견해도 있다. 그 때문에 실학의 시기 설정은 한국, 일본보다 약간 애매한 면이 있다. 또 중국 실학연구 초창기에는 양명학을 실학의 전 단계로 자리매김한 경우가 많았지만 최근에는 양명학도 실학으로 포함시키는 것이 일반적인 것으로 보인다.

또 '실(實)'이라는 개념 자체가 매우 다양한 의미내용을 가지고 있기 때문에 '실학'의 개념도 당연히 다의적 · 중층적이 되지 않을 수 없다.

> 실학은 중층적인 의미를 가진 개념이다. 중층적이라고 하는 의미는 두 가지가 있다. 하나는 내용적으로는 단일이 아니라 여러 가지 의미를 가지고 있다. 사회사조로는 사회정치의 영역에 나타나 이데올로기에 투영되고, 철학 · 도덕 · 미학 및 종교에 나타나고 문학 · 예술 · 경학 · 과학 · 사학에 반영되었다. 하나는 중국의 철학이 본체론 · 인식론 및 도덕론의 통일체이기 때문에 실학이라는 개념은 왕왕 본체론 · 인성론의 의미도 내포하고 철학의 각 분야에 널리 미쳤다. '실학' 개념의 다의성(多義性)을 역사적 · 종합적으로 분석해야 그 진정한 의미를 전면적으로 드러내고 파악할 수 있는 것이다.[20]

19 葛榮晉, 「中國實學概論」, 『日中實學史硏究』, 210-229쪽 참조.

20 葛榮晉, 「中國實學概論」, 『日中實學史硏究』, 235쪽.

바로 이러한 실학 개념의 다의성과 중층성이 중국의 실학 개념을, 특히 시대구분 등을 애매하게 만들고 있는 면이 없지 않다.

(2) 현대 중국의 '신실학(新實學)'과 그것에 대한 사회적 관심

현대 중국에서는 '실학'과 오늘날 시진핑(習近平) 정부가 내세우는 중화민족 부흥, 또는 '삼엄삼실(三嚴三實)'[21]과 결부시켜서 실학 연구가 매우 활발하게 이루어지고 있다.

> 고대의 실학 관념은 이미 역사가 되었다 하더라도 그 원전의 정신은 중국인의 문화심리 속에 깊이 뿌리를 내리고 있다. 이것은 우리가 실사구시(實事求是)하여 사회 발전의 상황을 연구하고 대외 개방과 개혁 사업을 추진시키는 데에 날카로운 사상적 무기가 된다. 마오쩌둥, 덩샤오핑, 시진핑과 같은 우리나라(중국) 지도자들이 제창한 '실사구시', '구진무실(求眞務實)', '실간흥방(實干興邦)' 사상은 고대 실학과 긴밀한 관련이 있다.[22]

다시 말하면 실학을 오로지 사상사적 개념으로만 보는 경향이 강한 한국, 실학이 인도한 일본의 근대에 대해 애증 병존의 복잡한 감정이 있는 일본과 비교하면 중국은 과거의 실학 전통을 마오쩌둥을 비롯한 근대 중국 지도자들과 직결시켜서 그 연속성을 보려고 하는 경향이 강하다고 할 수 있다. 중국에서는 역사적 · 사상사적 범주로서의 '실학'과 구분하기 위해 '신실학(新實學)'이 제창되고 있다.

지난 2017년 11월 18~19일, 중국실학연구회에서 베이징(北京)에서 제14차 동아시아실학국제서미트포럼(第十四屆東亞實學國際高峰論壇)이 개최

21 2014년 1월 14일에 열린 제18회 中央紀委 제3차 全會의 강화에서 제시된 '嚴以修身', '嚴以用權', '嚴以律己', '謀事要實,' '創業要實', '做人要實'을 말한다.

22 中國實學研究會 소책자, 2017.11.18-19.

되었다. 이 국제회의에서는 "신시대(新時代), 신실학(新實學)"이라는 주제와 함께 뛰어난 전통문화와 전통적 가치를 발굴하고 실천하는 것으로 정부의 관리와 기업의 발전에 이바지하고 아울러 중국전통문화의 에센스를 이용해서 기업정신을 함양하고 현대 기업문화를 길러 나가자는 목표를 전면으로 내세우고 있었다. 그리고 이 학술회의를 협찬하거나 초청을 받은 단체도 매우 다양했다.[23] 실학에 대한 사회의 주목도를 짐작할 만하다.

이 동아시아 실학포럼은 약 400명의 참가자를 중국 이외에 한국·일본·대만·홍콩·마카오의 연구자도 참석한 국제회의로 크게 학술분과와 정치·기업섹션으로 크게 나누어지고 각 섹션이 다시 세 분과로 나누어진 상당히 규모가 큰 연구회였다. 이 회의를 통해 지금의 중국에서는 '실학'이 '신실학'의 이름으로 현대와 연결되면서 정치·경제·교육·군사·학술연구 등을 아우르는 개념으로 자리 잡고 있다는 것을 확인할 수 있었다.

3. 결론

이상 한·일·중의 실학연구와 최근의 특징적인 움직임을 살펴보았다. 맨 먼저 체계적이고 조직적인 실학 연구가 시작된 것은 한국이었다.

23 협찬 및 제공은 학회로는 中華炎黃文化硏究會, 中國孔子基金會, 中國哲學史學會, 華夏文化促進會, 中華孔子學會, 中華日本哲學會, 北京大學韓國學 등이 있었고, 기업계에서는 佐丹力 건강산업집단 등, 인민정부(지방정부)로는 江西省의 膺潭 貴溪市, 山東省의 淄博臨淄區, 濟寧 曲阜市, 德州慶雲縣, 安徽省의 阜陽 潁東區, 宣城 績溪縣, 河南省의 鄭州管城區 등등, 그리고 TV, 신문, 인터넷 언론매체로는 中央電視臺(CCTV), 新華社, 人民日報, 光明日報, 學習日報, 經濟日報, 中央人民廣播電臺, 中國國際廣播電臺, 中國中文衛視, 黨建網, 中央黨校網, 中新網, 中國文明網, 人民網 등이다.

1930년대에 조선후기의 '의독구실(依獨求實)'적 학풍을 '실학'(조선후기실학)으로 개념화시켰다. 해방 후 1950년대부터 70년대에 걸쳐 실학이 조선왕조 사회의 정치 · 경제 · 사회 · 문화적 모순을 해결하는 것으로 왕조사회를 재정비하고자 하는 사회정책 내지 그 기반이었으며, 근대지향의식, 민족의식, 탈주자학적 사유가 실학의 성격으로 정립되었다. 그리고 경세치용파(經世致用派), 이용후생파(利用厚生派), 실사구시파(實事求是派)의 3대 실학파의 틀도 확립되었다. 한편으로는 유교사상을 바탕으로 하면서 신종교 등의 사상도 가미하고 현대 한국사회의 문제들에 대응할 수 있는 신실학(新實學)이 제창되기도 했다. 또 여산 류병덕(如山柳炳德)은 유학자 중심의 실학(파)들을 '이론실학'이라고 비판하면서 박중빈, 안창호, 백용성 등 사상과 실천이 상부한 종교인들이 오히려 '실천실학'이라고 주장하기도 했다. 류병덕의 주장은 (이론)실학이 민중 속에 스며들면서 종교 · 사회운동(이른바 실천실학)으로 나타났다고 그 연속성을 지적한 점에서 보아 실학 비판을 통한 신실학의 제창으로도 볼 수 있다.

일본에서 실학의 시대적 범위는 17~19세기로 에도시대(江戶時代)~메이지(明治) 초기에 해당된다. 그 연구가 본격화되는 것은 제2차 세계대전 패전 후의 일이었다. 마루야마 마사오는 에도시대의 주자학을 중심으로 한 '윤리를 핵으로 한 실학'이 후쿠자와 유키치(福澤諭吉)의 '물리를 핵으로 한 실학'으로 전환되었다는 주장으로부터 시작되었다. 하지만 미나모토 료엔은 실학이 일본을 향상시키는 지적 원동력이 되었다고 평가하는 한편 오늘날 일본에 '문명의 위기'를 가져왔다고 그 양면성을 지적했다. 현대 일본의 실학연구를 이끄는 오가와 하루히사는 '실심실학(實心實學)'을 제창하면서 실학에 내포되는 도덕수양의 측면에 주목한다.

중국에서는 유교가 원래 사회참여 지향성을 가지고 있었다. 그런데 송나라 때에 '실학'의 이념이 등장하게 되었다. 명나라 중기까지 '실학'이

이학 · 심학 속의 일부분으로 매몰되고 독자성을 가지지 못했지만 그때부터 청대에 걸쳐 송명이학의 형식화 · 경직화된 것, 천주교 선교사의 중국 선교 등의 서세동점(西勢東漸)이 자극이 되어서 독자적인 실학 사조가 일어났다. 그 기본정신으로는 ① 비판정신, ② 경세사상, ③ 과학정신, ④ 계몽의식으로 요약되고 그 내용도 ① 실체실학(기철학), ② 경세실학, ③ 과학실학, ④ 고증실학, ⑤ 계몽실학으로 정리된다.

최근에는 사상사적 개념으로서의 '실학'을 현대화시키려는 운동이 국가와 기업이 주도로 활발하게 전개되고 있다. 사상사적 개념으로서의 · '실학'은 '신실학(新實學)'의 이름으로 현대와 연결되면서 정치 · 경제 · 교육 · 군사 · 학술연구 등을 아우르는 개념이 되고 있다.

한 · 일 · 중의 '실학'은 ① 유학이 원래 지닌 현실참여 지향성, ② 신유학(新儒學 ; 송명(宋明) 성리학 및 심학)이 내세운 '실학'의 이념, ③ 16세기 무렵부터 일어난 예수회 선교사들의 서구 학술 소개 등 세구 세력의 문화적 자극(서세동점(西勢東漸))을 계기로 일어나고 기존의 학문적 권위에 얽매이지 않고 우주자연의 진실을 추구함과 동시에, 민생의 어려움을 구제하고 나라와 민족의 폐해와 고난을 극복하려 하는 커다란 사상적 움직임이라고 요약할 수 있을 것이다.

또 오늘날 제창되는 '신실학(新實學)' 혹은 '실심실학(實心實學)'을 살펴보면 거기에는 현대사회가 안고 있는 문제를 제대로 파악하고 극복하려함과 동시에 과거의 '실학'이 내포하던 도덕성을 현대에 걸맞게 되살리고 '실학'을 활용하려 하는 경향이 있다.

다만 논자는 '실학'이 극복해야 할 과제가 몇 가지 남아 있다고 본다.

하나는 더 이상 서구중심주의에 얽매이지 말아야 된다. 기존의 실학 연구는 서구 근대를 기준으로 삼고 '근대지향성'이 보이는 사상(가)을 실학(자)으로 평가하는 경향이 있었다. 하지만 이제 그러한 서구중심의 틀을 벗어날 필요가 있지 않을까? 서구 이외의 문명 · 문화와의 교섭과 영향(예컨대 이슬람 문명)을 너무 무시했던 것이 아닐까?

예를 들면 1402(태종太宗2)년에 조선에서 만들어진 세계지도인 「혼일강리역대국도지도(混一疆理歷代國都之圖)」는 대몽골제국의 유라시아 정복과 이슬람 지리학의 지식 없이는 생각할 수 없는 것이다.[24] 또 1444(세종世宗26)년에 이순지(李純之) · 김담(金淡)이 간행한 역서(曆書)인 「칠정산외편(七政算外篇)」은 서역(西域)의 회회역법(回回曆法)을 연구하고 해설한 책이다. 이렇듯 조선조 초기에는 이외로 이슬람문명의 자극을 많이 받고 있었다.

더 나아가 서방 이슬람제국 아바스왕조(750~1258) 시대에는 희랍, 페르시아, 인도 등의 과학 · 철학 등의 책을 아랍어로 번역하는 운동이 일어나고 이슬람과학 · 철학의 기초를 닦았다. 그리고 그것이 서구세계에도 전해지고 라틴어로 번역되면서 중세 스콜라철학과 유럽 중세대학들의 설립으로 이어졌다. (예를 들면 이탈리아 볼로냐대학교 1088년, 프랑스 파리대학교 1150년, 영국 옥스퍼드대학교 1096년 또는 1167년 등) 이것을 중국 송대(宋代)에 일어난 '실학' 운동, 그리고 원대(元代)에 몽골제국의 유라시아 정복에 따라 동서 문명 융합과 관련시켜서 범(汎) 유라시아적인 '실학의 시대'를 생각해볼 수도 있다.

다음으로는 실학 연구에서 암암리에 전제되어 온 유교중심주의에 대해서도 재검토가 필요하다. 류병덕이 '이론실학'과 '실천실학'을 대비시키

24 이 지도에는 아프리카대륙도 일그러진 모습이나마 그려져 있는데 바스크 다 가마가 희망봉을 통과하여 유럽세력이 인도 항로를 개척한 것은 1497년의 일이었다. 헤로도토스의 『역사』에 따르면 기원전 600년경에 이집트의 파라오 네코 2세의 명을 받은 페니키아인들이 홍해에서 희망봉을 지나서 3년 만에 아프리카를 돌고 돌아왔다고 쓰여 있다. 아프리카 대륙의 남쪽 끝이 열려 있다는 지리학적 지식은 유럽세계에서는 오랫동안 잊어져 있었으나 이슬람세계에서는 페니키아인을 통해 그 지식을 제대로 이어받았던 것으로 보인다.

면서 밝혔던 것처럼 사회 모순에의 대처나 민생 문제의 해결 등은 곧 유교만의 전매특허가 아니었기 때문이다.

마지막으로 지금까지 한·중·일 세 나라의 틀로 생각되어 온 실학 연구의 범위를 넓힐 필요가 있다. 예를 들면 한자문화권인 베트남이나 류큐(琉球)에는 17~19세기 무렵에 한중일 3국과 색다른 실학이 꽃비고 있었다. 그것을 자세히 연구하고 실학연구의 폭을 넓힐 필요가 있다고 본다.

조선후기 과학사 연구에서 '실학'의 문제

구만옥 | 경희대학교 사학과 교수

1. 머리말

조선후기 '실학(實學)' 개념에 대한 비판은 어제오늘의 일이 아니다. 최근의 연구에서도 실학이라는 용어의 문제점을 지적하면서 20세기의 국학 연구자들이 학풍과 학문을 혼동하여 실학을 역사상의 특정한 학문으로 실체화하였다고 비판했다.[1] 실제로 조선후기 실학을 논하는 연구자들은 실학을 정의할 때 학문, 사상, 사조(思潮), 학풍, 학문경향(현상), 학술운동 등의 용어를 혼칭하고 있다.

엄밀한 의미에서 실학의 학문적 존재를 이야기하려면 조선후기에 실학이라고 지칭할 수 있을 정도로 기존의 학문 체계와 다른 무엇이 실재했음을 입증해야 한다. 예컨대 실학이 유학의 한 유파라는 점에 대해서 대부분의 연구자들이 동의한다면, 유학사의 차원에서 볼 때 선진(先秦)유학, 한당(漢唐)유학, 송명이학(宋明理學), 또는 주자학이나 양명학과 구분될 수 있는 그 나름의 학적 체계를 갖추고 있었는가 하는 점이다. 만약 그러한 학적 체계가 존재하지 않았다면 실학이란 아마도 주자학자나 양명학자, 또는 유학자 가운데 일부가 추구하는 학문 태도나 자세 내지 경향성의 차원에서만 운위될 수 있는 것일지도 모른다.

그러나 실학이 학풍이나 학문 경향을 뜻하는 것이라고 해서 그것을 학문이라고 할 수 없는지는 의문이다. 왜냐하면 학문이란 학자들이 연구활동을 통해 축적한 결과물의 집적으로서의 지식의 체계이기 때문에 '활동으로서의 학문' 역시 학문의 범주에 포함할 수 있기 때문이다. 당연히 결과로서의 체계적 학문과 과정으로서의 학문은 불가분의 관계에 있다. 따라서 실학이 조선후기의 특이한 학풍이라고 한다면 그러한 학풍을 만

1 노관범, 「근대 초기 실학의 존재론 - 실학 인식의 방향 전환을 위하여」, 『역사비평』 122(2018 봄), 역사비평사, 2018.

들어낸 학자들의 구체적 활동과 지향에 대해서는 여전히 살펴볼 필요가 있는 것이다.

2010년을 전후한 시점부터 과학사 연구에서 실학의 문제가 시들해졌다는 사실은 임종태의 연구사 정리를 통해 알 수 있다. 그는 그렇게 된 주요한 원인 가운데 하나로 '행위자의 범주'와 '역사가의 범주' 사이의 혼동을 제기했다. 보수 / 진보, 전통 / 근대, 자주 / 사대 등의 이분법과 모호하고 단순한 개념의 사용이 연구자들의 입장 차이를 불필요하게 증폭하는 측면이 있다는 지적이었다.[2]

그간 한국의 과학사학계에서 제기한 실학 담론의 문제점을 종합적으로 보여주는 저작이 김영식 선생의 『정약용의 문제들』(혜안, 2014)이다. 이 책은 '실학의 집대성자'로 평가받고 있는 정약용의 학문과 사상을 '주희의 틀'과 '정약용의 틀'을 비교함으로써 전면적으로 재검토한 것이다. 그에 따르면 정약용은 주희 철학의 틀을 여전히 그의 사상적 기초로 삼고 있었고, '주희의 틀'에 대한 수정·보완을 통해 조선 사회의 근간이 되는 주자학의 체계를 보완함으로써 참다운 유가 전통을 유지하려고 시도했다고 한다. 요컨대 저자는 정약용을 '탈주자학자'로 평가한 기존 학계의 논의를 비판함으로써 정약용 연구, 나아가 실학 연구에 새로운 질문을 던진 것이다. 저자의 관점과 기존의 한국사, 한국사상사, 실학사상사 연구자들의 주장 사이에는 상당한 간극이 있다.

김영식 선생의 연구가 보여주고 있듯이 '실학의 집대성자'인 정약용의 '개혁적', '근대적', '진보적' 면모와 '탈주자학적' 사상 경향에 대한 비판적 논의는 필연적으로 '실학'에 대한 이의 제기로 이어질 수밖에 없으며, 그것은 '실학'으로 대변되는 조선후기 학술사·문화사·사상사에 대한 구조적

---

2 임종태, 「實學에서 中國의 문제로: 전근대 한국과학사 연구의 최근 동향」, 『歷史學報』 231, 歷史學會, 2016.

이해에도 연쇄적 영향을 끼칠 수밖에 없다.

이 글에서는 이와 같은 문제 제기를 염두에 두면서 과학사, 특히 천문역산학(天文曆算學)의 차원에서 조선후기 학문과 사상의 변동을 살펴보고자 할 때 어떠한 주제에 주목해야 하는지를 검토해 보려고 한다. 실학이라는 명칭의 타당성이나 개념의 적실성을 논란하는 것보다는 이러한 방식이 당시의 학문적 흐름을 이해하는 보다 나은 방법이라고 생각하기 때문이다. 아래에서는 대체로 다음과 같은 세 가지 문제에 초점을 맞추어 논의를 진행하고자 한다. 첫째, 자연학에 대한 인식의 변화(자연학의 학문적 위계(位階)에 대한 태도의 변화), 둘째, 자연학의 지적 자원으로서 서학 수용 문제(물리 탐구와 서학의 수용), 셋째, 자연학 탐구 방법의 변화(수학과 실측의 강조)이다.

2. 자연학에 대한 인식의 변화 : '소도(小道)'에서 '유자(儒者)의 실학'으로

홍대용(洪大容, 1731~1783)은 연행에서 돌아온 다음 김종후(金鍾厚, 1721~1780)와 몇 가지 문제로 편지를 주고받으며 논쟁을 벌였다. 홍대용이 항주(杭州)의 선비들과 친교를 맺은 일 때문에 벌어진 이른바 '제일등인(第一等人) 논쟁'은 유명하다.[3] 영조 45년(1769) 무렵 김종후는 홍대용에게 편지를 보내 예서(禮書)를 권면하고 고훈(古訓)에 힘쓰도록 당부했다고 한다.[4] 이에 대한 홍대용의 답변은 유명하다.

---

3 김인규, 『홍대용』, 성균관대학교 출판부, 2008, 96~104쪽.

4 『湛軒書』 內集, 卷3, 「與人書二首」, 18ㄴ(248책, 68쪽 – 影印標點 『韓國文集叢刊』, 民族文化推進會의 책수와 쪽수. 이하 문집의 경우도 같음). "承勸以禮書, 勗以古訓, 謹聞

오랜 세월 동안 실낱같이 쪼개고 미세하게 나누어 자세히 분석해도 실상 신심(身心)의 치란(治亂)이나 가국(家國)의 흥쇠(興衰)에는 아무런 관계가 없고, 의견이 분분해서 오래도록 결론이 나지 않는다는 나무람만 불러오게 하는 데에 족할 뿐이니, 율력(律曆) · 산수(算數) · 전곡(錢穀) · 갑병(甲兵)이 알맞게 사용되어 세상에 필요한 것[適用而需世]만 같지 못합니다.[5]

이와 같은 홍대용의 답변에 김종후는 발끈하였다. 그는 이러한 생각이 홍대용의 근본적 문제점이라고 보았기 때문이다. 그는 증자(曾子)의 언급을 거론했다. 군자(君子)가 귀중하게 여기는 도(道) 세 가지 가운데 "변두(籩豆)의 일은 유사(有司)가 있다"[6]는 구절이었다. 주희는 이에 대해 "변두의 일과 같은 것은 기수(器數)의 말단이니 도의 전체가 진실로 포괄하지 않는 것은 아니지만 그 직분은 유사가 지키는 것이니 군자가 중히 여기는 바가 아니다"라고 하였다. '기용사물(器用事物)의 세세함'과 같은 것은 유사에게 맡기면 된다는 뜻이었다.[7] 이 구절과 함께 김종후는 공자의 정명론(正名論)과 군자는 소도(小道)를 배우지 않는다는 자하(子夏)의 말을 인용했다.[8] 요컨대 김종후는 율력 · 산수 · 전곡 · 갑병을 변두의 일보다도 낮은 소도로 간주하면서 군자가 배울 바가 아니라고 보았던 것이다.[9]

命矣."

5 『湛軒書』 內集, 卷3, 「與人書二首」, 19ㄱ(248책, 69쪽). "窮年累世, 縷析毫分, 而實無關於身心之治亂, 家國之興衰而適足以來聚訟之譏, 則殆不若律曆 · 筭數 · 錢穀 · 甲兵之可以適用而需世."

6 『論語』, 泰伯. "君子所貴乎道者, 三, 動容貌, 斯遠暴慢矣, 正顏色, 斯近信矣, 出辭氣, 斯遠鄙倍矣, 籩豆之事, 則有司存."

7 『論語集註』 卷8, 泰伯 第8, 4章. "若夫籩豆之事, 器數之末, 道之全體, 固無不該, 然其分則有司之守, 而非君子之所重矣. …… 尹氏曰 …… 若乃器用事物之細, 則有司存焉."

8 『論語』, 顔淵. "齊景公問政於孔子, 孔子對曰, 君君臣臣父父子子. 公曰, 善哉. 信如君不君, 臣不臣, 父不父, 子不子, 雖有粟, 吾得而食諸." ; 『論語』, 子張. "子夏曰, 雖小道, 必有可觀者焉, 致遠恐泥, 是以君子不爲也."

9 『本庵集』 卷4, 「與洪德保己丑」, 4ㄱ~ㄴ(237책, 389쪽). "來諭謂殆不若律曆 · 筭數 · 錢

> 보내주신 편지에 처음에는 예가 신심·가국에 관계가 없다고 배척하고, 마침내는 또 예가 율력·산수·전곡·갑병만 같지 못하다고 하였으니, 족하(足下)는 진실로 율력·산수·전곡·갑병이 신심·가국에 관계되고 예보다 낫다고 여기는 것입니까. 나는 예를 잃어버려 나라가 망하고 집안을 망쳤다는 것은 들었지만 율력·산수·전곡·갑병을 다스리지 못해 그 나라를 잃었다는 것은 듣지 못했습니다. 그러나 율력·산수·전곡·갑병이 정말로 없다면 또한 나라가 될 수 없을 것입니다. 다만 군자의 마음은 율력·산수·전곡·갑병을 다스리지 못해 그 나라를 잃는 것이 예를 잃어 그 나라를 잃는 것보다는 낫다고 여길 뿐입니다.[10]

김종후는 이어서 공자가 번지(樊遲=樊須)를 소인이라고 지목한 것과 맹자가 '대인(大人)의 일'과 '소인(小人)의 일'이 있다고 말한 사실을 거론했다.[11] 공자가 농사나 채소 가꾸는 일을, 맹자가 백공(百工)의 일을 배우지 않았다고 책망할 수 있느냐는 힐난이었다. 요컨대 율력·산수·전곡·갑병은 '소인인 일', 소도(小道)라는 것이었다.[12]

穀·甲兵之可以需世而適用, 此正足下平生受病源委之所在, 自謂着實法門而有足以驚世動人者也, 厚不得不冒昧而痛辨焉. 曾子謂君子所貴乎道者三, 籩豆之事則有司存, 夫以曾子所貴之三事而絀籩豆爲下則可, 今乃更下於籩豆, 以從律曆·筭數·錢穀·甲兵而絀籩豆則豈敢也. 況學禮者亦以籩豆爲末而其本在於天理之精微者耶. 齊景公曰, 信如君不君臣不臣父不父子不子, 雖有粟, 吾得以食諸. 子夏曰, 雖小道必有可觀者焉, 致遠恐泥, 是以君子不爲也. 足下嘗讀此以爲何說耶."

10 『本庵集』 卷4, 「與洪德保己丑」, 4ㄴ~5ㄱ(237책, 389~390쪽). "來諭始也以禮爲無關於身心家國而斥之, 終又以禮爲不如律曆筭數錢穀甲兵, 則足下信以爲律曆筭數錢穀甲兵之關於身心家國, 賢於禮耶. 吾聞失於禮而亡國敗家者矣, 未聞以律曆筭數錢穀甲兵之不理而喪其國者也. 然律曆筭數錢穀甲兵而使誠無之, 亦不可以爲國也. 但君子之心則以律曆筭數錢穀甲兵之不理而喪其家國, 爲愈於失於禮而喪其家國耳."

11 『論語』, 子路. "樊遲請學稼, 子曰, 吾不如老農. 請學爲圃, 曰, 吾不如老圃. 樊遲出, 子曰, 小人哉, 樊須也."; 『孟子』, 滕文公 上. "然則治天下, 獨可耕且爲與. 有大人之事, 有小人之事, 且一人之身而百工之所爲備, 如必自爲而後用之, 是率天下而路也. 故曰, 或勞心, 或勞力, 勞心者, 治人, 勞力者, 治於人, 治於人者, 食人, 治人者, 食於人, 天下之通義也."

12 『本庵集』 卷4, 「與洪德保己丑」, 5ㄱ(237책, 390쪽). "且孔子嘗責樊須爲小人矣, 孟子亦曰, 有大人之事, 有小人之事, 足下亦將詰孔子以不農不圃則死, 責孟子以不爲百工之所爲則身不備耶."

이에 대한 홍대용의 답변 또한 유명하다. 그는 율력·산수·전곡·갑병에 지극한 이치가 깃들어 있으며, 인사(人事)에서 빠질 수 없는 것이라고 전제하면서[13] 다음과 같이 말했다.

> 정심(正心)·성의(誠意)가 진실로 학(學)과 행(行)의 체(體)라면, 개물성무(開物成務)는 학과 행의 용(用)이 아니겠습니까? 읍양(揖讓)·승강(升降)이 개물성무의 급무(急務)라면 율력·산수·전곡·갑병은 개물성무의 대단(大端)이 아니겠습니까?[14]

여기서 홍대용은 자신이 추구하는 학문을 체와 용으로 구분했는데, 정심·성의로 대변되는 개인의 도덕적 수양과 함께 개물성무로 표현되는 사회적 실천을 중시하였다. 주목해야 할 것은 개물성무의 범주 안에 읍양·승강이라는 도덕 실천의 영역과 함께 율력·산수·전곡·갑병이라는 실용적 영역이 포함되어 있다는 사실이다. 이는 그의 주변 인물들이 증언하고 있는 바와 같이 홍대용의 주된 관심사에는 상수(象數)·명물(名物)·음악·천문전차(天文躔次)·일월왕래(日月往來) 등과 같은 자연학 분야가 포함되어 있었고,[15] 그의 궁리·격물의 공부가 바로 이와 같은 자연물을 대상으로 하고 있었음을 말해준다.[16]

---

13 『湛軒書』內集, 卷3,「與人書二首」, 19ㄴ(248책, 69쪽). “至律曆算數錢穀甲兵, 雖博而寡要, 莫有一得, 亦至理所寓而人事之不可闕者.”

14 『湛軒書』內集, 卷3,「與人書二首」, 22ㄴ(248책, 70쪽). “正心誠意, 固學與行之體也, 開物成務, 非學與行之用乎. 揖讓升降, 固開物成務之急務, 律曆算數錢穀甲兵, 豈非開物成務之大端乎.”

15 『湛軒書』附錄,「湛軒洪德保墓表(李淞)」, 2ㄱ(248책, 321쪽). “德保獨有志於古六藝之學, 象數名物, 音樂正變, 硏窮覃思, 妙契神解. 天文躔次, 日月往來, 象形制器, 占時測候, 不爽毫釐.”

16 『湛軒書』附錄,「從兄湛軒先生遺事(洪大應)」, 5ㄴ(248책, 323쪽). “每於枕上, 加窮格之工, 至象數肯綮難解處, 往往徹曉失眠.”

실용성의 문제와 관련해서 주목해야 할 것은 홍대용이 '적용이수세(適用而需世)', '수시적용(需時適用)'이라는 말을 중시하고 있다는 점이다. 그가 자신의 수학책에 '주해수용(籌解需用)'이라는 제목을 붙인 의도가 여기에 있었고, 수(數)를 포함한 육예(六藝)를 중시했던 이유도 여기에 있었다. 세상에 필요한 용도라는 뜻이다.

> 옛날의 가르침은 어릴 때에 이미 육예를 가르쳤으므로 장성한 후에 비록 위로 도를 아는 데에는 미치지 못하더라도 아래로 적용(適用)하는 데 어긋나지 않았다. …… 이러한 까닭으로 육예의 가르침은 마땅히 쇄소(灑掃)의 절차와 함께 병행해야 하며 잠시라도 폐해서는 안 된다.[17]

홍대용이 '일용에서 마땅히 행해야 하는 일[日用當行之事]'을 강조한 이유도 동일했다. 그는 세손익위사(世孫翊衛司) 재직 시절인 영조 51년(1775) 2월 18일의 소대(召對)에서 정조와 성리(性理)를 논하면서 다음과 같이 말한 바 있다.

> 일용당행지사(日用當行之事)를 간절하게 묻고 가까이 생각하여 일에 따라 몸소 행한다면 성리란 것도 또한 별것이 아니라, 곧 일용(日用)에 흩어져 있는 것입니다. 지(知)와 행(行)이 아울러 나아가게 되면 일원대본(一原大本)인 성(性)과 천도(天道)를 환하게 꿰뚫을 수 있을 것입니다. 초학(初學)이 앉아서 성명(性命)을 이야기하는 것은 유익함이 없을 뿐만 아니라, 도리어 해로운 것입니다.[18]

---

17 『湛軒書』內集, 卷1, 小學問疑, 4ㄴ(248책, 6쪽). "古之教也, 於其幼時, 已教以六藝, 故及其長也, 上而雖未及知道, 下而不失爲適用. …… 是以六藝之教, 固當幷行於灑掃之節而不容或廢也."

18 『湛軒書』內集, 卷2, 「桂坊日記」, 37ㄱ(248책, 53쪽). "臣曰, 睿教甚當. 日用當行之事, 切問而近思, 隨事體行, 則性理亦非別物, 卽散在於日用, 及其知行並進, 則一原大本, 性與天道, 可以豁然貫通. 初學之坐談性命, 非徒無益而又害之."

이와 같은 홍대용의 태도는 서호수(徐浩修, 1736~1799)의 그것과도 친연성을 지니고 있다. 서형수(徐瀅修, 1749~1824)는 형 서호수가 형이하인 '예술(藝術)'에 치중하는 것을 우려해 "군자는 형이상(形而上 : 道)을 말하고 형이하(形而下 : 藝)를 말하지 않는다고 했는데, 공(公)께서 좋아하시는 바는 술(術)을 가리지 않는 것이 아닙니까"라고 질문하였다.[19] 이에 대해 서호수는 다음과 같이 답했다.

> 무릇 도(道)는 형체가 없어 현혹하기 쉽고, 예(藝)는 형상이 있어 거짓으로 꾸미기 어렵다. 나는 도를 좋아하지 않는 것이 아니다. 겉으로는 도를 좋아하는 척하지만 실제로는 부도(不道)하며, 아울러 이른바 예라는 것에는 얻음이 없는 것을 미워할 따름이다.[20]

서호수는 겉으로만 도를 좋아하는 척하는 것보다는 차라리 기예(技藝)를 습득하는 것이 낫다고 말하고 있다. 이는 당시 도학 위주의 학문 풍토에 대한 서호수의 비판적 시각을 보여준다. 그가 주비기하학(周髀幾何學)에 정통했으며 이를 바탕으로 역상(曆象)·율려(律呂)의 문제까지 소급해 갔다는 증언을 통해서도[21] 서호수 학문관의 일단을 엿볼 수 있다.

도를 담론하는 형이상의 학문이 군자들이 추구해야 하는 '큰 학문'으로 인정되고, 수학과 같은 예술(藝術)은 형이하의 학문으로서 '작은 기술'에 불과한 것으로 취급되었던 당시의 세태 속에서 율력·산수나 기하학의 독립적 가치를 인정하고 거기에 매진하는 일군의 학자들이 등장하였다

19 『明皐全集』 卷8, 「幾何室記」(261책, 156쪽). "余嘗請於公曰, 道者, 形而上者也, 藝者, 形而下者也. 君子語上而不語下, 公之所好, 無乃不擇於術乎."

20 『明皐全集』 卷8, 「幾何室記」(261책, 156쪽). "夫道無形而易眩, 藝有象而難假. 吾非不好道也, 所惡名好道而實不道, 幷與所謂藝者而無得焉爾."

21 『金華知非集』 卷7, 「伯氏左蘇山人墓誌銘」(288책, 435쪽). "始我先君精周髀幾何學, 推及曆象律呂, 其書滿家. 嘗謂諸子曰, 此絶學也. 吾思以傳家, 而汝兄弟四人無有盈吾志者, 吾恐他日以是覆瓿也."

는 사실은 매우 의미심장하기 때문이다.

일찍이 권근(權近, 1352~1409)은 「영흥부학교기(永興府學校記)」에서 학교에서 인륜과 도리를 닦아 인간으로서 자신의 직분을 다하는 것을 '유자(儒者)의 실학(實學)'이라고 언급한 바 있다.[22] 이는 유학자들의 공통된 생각이라고 볼 수 있다. 정조 22년(1798)에 유심춘(柳尋春, 1762~1834)이 「양로당기(養老堂記)」를 작성하면서 권근의 문장을 그대로 차용한 것이 그러한 사실을 보여준다.[23] '수기치인'이라는 유학의 본령에 충실한 학문, 유교적 도덕과 윤리를 실천하는 학문이라는 의미에서 실학이었던 것이다. 이 경우의 실학은 허학(虛學)에 대한 대비를 통해 발현된다.

그런데 19세기의 남병철(南秉哲, 1817~1863)은 '유자의 실학'을 다르게 규정하였다. 그는 청초(淸初)의 새로운 학문 경향에 주목하였다. 그에 따르면 청초에 뛰어난 유학자들이 배출되어 경학(經學)이 크게 갖추어지고, 실사구시(實事求是)하여 육예가 창명(昌明)하면서 '상수지학(象數之學)'을 유자가 마땅히 힘써야 할 분야로 여기게 되었다고 한다.[24] 예컨대 완원(阮元, 1764~1849)은 『주인전(疇人傳)』을 저술하여 황제(黃帝)로부터 근세에 이르기까지, 외부로는 서양인에 이르기까지 '역법산학지인(曆法算學之人)'의 사적을 기록하였는데,[25] 이를 본 후대의 독자들이 비로소 '역산(曆

22 『陽村集』 卷14, 「永興府學校記」, 9ㄴ(7책, 155쪽). "予惟三代之學皆所以明人倫, 六籍之書亦所以明斯道, 居是學而讀是書者, 當思有以求其道, 亦思有以厚其倫, 爲臣盡忠, 爲子盡孝, 以至長幼朋友, 隨所往而各盡其職, 此乃儒者之實學也."

23 『江皐集』 卷10, 「養老堂記戊午」, 28ㄴ(續106책, 372쪽). "余曰, 立廟以祀先聖, 立學以教子弟, 所以明斯道, 所以明人倫, 居是學而受是教者, 思有以求其道, 思有以厚其倫, 故爲臣者盡忠, 爲子者盡孝, 以至少之於長, 下之於上, 而各盡其職, 此乃儒者之實學而學校之實效也."

24 『圭齋遺藁』 卷5, 「書推步續解後」, 9ㄱ~ㄴ(316책, 632쪽). "粤自淸初, 至今二百餘年, 宏儒輩出, 經學大備, 實事求是, 六藝昌明, 以象數之學, 爲儒者所當務."

25 이규경에 따르면 남병철이 소장하고 있던 『疇人傳』이 조선의 유일본이었다고 한다[『五洲衍文長箋散稿』 卷42, 「西洋通中國辨證說(附西舶通我東及疇人傳)」(下, 357쪽 - 영인본 『五洲衍文長箋散稿』, 明文堂, 1982의 책수와 쪽수. 이하 같음). "淸阮芸經元著疇人傳,

算)'이 본래 '유자의 실학'임을 알게 되었다는 것이다. 고금의 명공대유(名公大儒)들 가운데 이 분야에 종사한 사람이 많았기 때문에 그를 사모하는 마음이 일어났던 것이다.[26]

여기에서 '상수지학' 내지 '역산'을 '유자의 실학'으로 보는 남병철의 견해를 눈여겨볼 필요가 있다. 이는 남병철과 그의 동생 남병길(南秉吉, 1820~1869)의 학문적 여정과 관련이 깊기 때문이다. 남병길 역시 수학을 '격치(格致)의 실학', '가국(家國)의 실용'으로 규정하였다.

> 선유(先儒)들이 오성(五性)에서 신(信)이 오행(五行)에서 토(土)와 같다고 하였는데, 나는 육예에서 수(數)가 또한 그렇다고 여긴다. 대개 격치의 실학이며, 가국의 실용이니 경세자(經世者)가 먼저 힘써야 하는 바이다.[27]

물론 이와 같은 발언이 남병철 형제가 '상수지학'이나 '역산', 또는 '수학'을 경학보다 우위에 두었다는 증거가 될 수는 없다. 김상현(金尙鉉, 1811~1890)은 남병철의 문집 서문을 쓰면서 "유자에게는 시고문지학(詩古文之學)이 있고, 전주지학(箋註之學)이 있으며, 경제지학(經濟之學)도 있

共六冊(凡中西古今疇人立傳, 列其所著書目及所著論說, 極爲該備. 或云, 人凡七十餘, 書爲二百數十餘種云. 南承宣秉喆收藏, 東來只有一本). 疇人之書, 我東間有來者, 爲曆算所重云."]

26 『圭齋遺藁』卷5, 「書推步續解後」, 14ㄴ~15ㄱ(316책, 634~635쪽). "阮芸臺經術文學, 爲天下宗匠, 博極百家, 咸通三物, 古訓是式, 實用是務. 嘗掇拾諸史, 薈萃羣籍, 上自黃帝, 下至近世, 外附西洋, 凡爲曆法算學之人, 錄爲疇人傳. 若梓愼裨竈之說, 太乙壬遁之方, 涉於內學者, 一不收焉, 已見其名義歸正, 後來讀者, 始知曆算本是儒者之實學, 古今名公大儒, 從事於此者甚多, 庶幾起其向慕之心."

27 『海鏡細艸解』, 「海鏡細艸解序」, 2ㄱ(5쪽 - 영인본 『韓國科學技術史資料大系』 數學篇 5, 驪江出版社, 1985의 쪽수). "先儒以爲信之於五性, 猶土之於五行, 余謂數之於六藝亦然. 盖格致之實學, 家國之實用, 經世者之所首務 ……." 이미 『數理精蘊』에서 '算數之學'을 '格物致知의 要務'로 규정하였다는 점에 유의할 필요가 있다[『御製數理精蘊』上編, 卷1, 「數理本原」, 2ㄱ~ㄴ. "是知算數之學, 實格物致知之要務也."].

으니, 널리 성력산수지학(星曆算數之學)에까지 미치면 이를 일컬어 통유(通儒)라고 한다"고 하였다. 그러나 그것을 겸해서 관통한 사람은 아주 드물다고 보았다.[28] 물론 이와 같은 발언은 남병철이 이 모든 분야를 관통한 통유였다는 사실을 말하기 위함이었지만, 남병철이 '성력산수지학'이라는 분야를 자기 학문의 중요한 축으로 삼았다는 사실을 보여주는 것이기도 하다. 이는 조선후기 자연학의 변화를 보여주는 중요한 지표의 하나라고 할 수 있다.

주자학의 학문 체계 내에서는 수학을 비롯한 자연학을 독립적 가치를 지닌 개별 학문 분야로 인정하기 보다는 이학(理學)의 보조 수단 내지 하위 범주로 간주하였다. 이(理)가 도학(道學)의 차원에서 논의되었다면 수(數)는 술수(術數)의 차원에서 다루어졌다. 따라서 학문의 중심은 어디까지나 도학이지 수학이 아니었다.[29] 이와 같은 전통적 이수관(理數觀)을 바탕으로 한 학문의 위계(位階)에 도전하면서 그동안 소도로 취급되었던 자연학을 '유자의 실학'으로 거론하는 새로운 움직임이 등장했다는 사실에 주목할 필요가 있다.

3. 물리(物理) 탐구와 서학(西學)의 수용

조선의 관인(官人)·유자(儒者)들이 자연학 관련 지식을 습득하는 일차적 방법은 독서였다. 따라서 개개인의 자연 지식의 폭과 깊이는 참고 자

---

28 『圭齋遺藁』, 序, 1ㄱ(316책, 548쪽). "儒者有詩古文之學, 有箋註之學, 有經濟之學, 旁及星曆算數之學, 是謂之通儒, 然其兼而貫之, 盖亦千百無一人."

29 『五洲衍文長箋散稿』 卷40, 「數理辨證說」(下, 280~281쪽). "世之學究, 每以數歸之於術, 以理尊之以道, 盖一偏之見也. 數也者, 六藝之一, 理也者, 萬物之統, 非數無以見理, 非理無以明數. 數與理, 相爲表裏, 同出一原, 豈可少哉."

료의 성격과 내용에서 좌우되는 경우가 많았다. 조선후기 서울과 지방의 학자들 사이에서 나타나는 자연학의 수준 차는 지식과 정보의 격차에서 기인한 바 크다. 그렇다면 당시 학자들이 자연학 관련 지식을 습득할 수 있는 통로는 대체로 무엇이었을까?

먼저 경학(經學)과 성리학(性理學)의 학습 과정에서 얻게 되는 자연 지식이 있다. 예컨대 『서경(書經)』의 기삼백(朞三百)과 선기옥형장(璿璣玉衡章)이나 『시경(詩經)』의 시월지교(十月之交)에서 학습하게 되는 천문역산학의 기초 지식이 그것이다. 경전의 으뜸으로 꼽히는 『주역(周易)』은 우주자연과 천지만물의 이법을 담고 있는 것으로 여겨졌다. 아울러 성리학의 다양한 텍스트 역시 자연학의 풍부한 자료를 제공하였다. 『성리대전』이나 『주자대전』·『주자어류』에는 우주론, 천문역산학, 지리학 등과 관련한 다양한 지식과 정보가 수록되어 있기 때문이다.

다음으로 조선전기 이래로 활용되었던 다양한 중국의 유서(類書)를 들 수 있다. 송·원대로부터 명·청대에 이르기까지 활발하게 편찬된 유서는 조선인의 자연학 체계를 구축하는 지적 자원으로 활용되었다. 『통전(通典)』, 『문헌통고(文獻通考)』, 『산당고색(山堂考索)』, 『책부원귀(冊府元龜)』, 『옥해(玉海)』 등의 유서가 조선전기 이래로 꾸준히 활용되었으며, 조선후기에는 명·청대의 다양한 유서도 유입되었다. 유서는 일정한 기준과 방법에 따라 부문(部門)을 나누어 경사자집(經史子集)의 다양한 정보를 분류·배열함으로써 독자들의 편람을 도왔다. 이와 같은 다양한 유서의 영향하에 이수광(李睟光, 1563~1628)의 『지봉유설(芝峯類說)』, 김육(金堉, 1580~1658)의 『유원총보(類苑叢寶)』를 비롯한 조선의 유서가 출현하게 되었다.

조선후기 새로운 학풍의 출현도 주목해야 할 요소이다. 북학(北學)의 유행으로 대표되는 새로운 학풍의 출현은 청(淸) 왕조와 그 문화에 대한 인식의 변화를 기반으로 하였고, 청대 고증학과 그 원류인 한대의 훈고학 내지 명물도수지학(名物度數之學)의 학문적 가치를 재인식하는 계기가 되었다. 그 과정에서 상수학(象數學)이나 명물도수지학에 주목하는 새로운 경향이 대두하였고, 그것은 자연학 분야의 새로운 담론을 창출하는 데 일정하게 기여하였다. 청조에 의해 편찬된 『율력연원(律曆淵源)』이 당시 조선의 일부 지식인에게 끼친 영향을 따져 보면 쉽게 짐작할 수 있다.

이상의 여러 지적 자원과 함께 반드시 고려해야 할 요소가 서학이다. 시헌력의 수용 과정에서 천문역산학을 비롯한 과학기술 분야의 다양한 서학서가 유입되었다. 서학서는 숙종대 이래 정부가 추진했던 각종 과학기술 관련 사업에서 중요한 참고 자료로 활용되었을 뿐만 아니라 조선후기 자연학 분야에 새로운 지적 활력을 불어넣었다. 그것은 물리(物理) 탐구와 밀접한 관련을 지니고 있었다.

마테오 리치(Matteo Ricci, 1552~1610)는 「역기하원본인(譯幾何原本引)」에서 "유자의 학문은 지(知)를 지극히 하고자 하는 것이고, 지를 지극히 하는 것은 당연히 물리를 통달하는 데 말미암을 뿐이다."[30]라고 단언했다. 이는 유학의 격물치지(格物致知)의 논법을 빌려, 치지(致知)를 위해서는 먼저 물리에 통달해야 한다고 주장한 것이다. 물리를 밝히는 제일의 도구는 기하학(幾何學)이었다. 그는 기하가는(幾何家)는 '물(物 = 物體)의 분한(分限)을 오로지 살피는 자'라고 하였다. 분한이란 절취해서 수(數)가 되면 물체가 얼마나 많은가[多少]를 드러내는 것이고, 완전하게 해서 도(度)가 되면 물체가 얼마나 큰가[大小]를 가리키는 것이다. 수와 도는 물체를 벗어나 공론(空論)할 수도 있는 것이고, 물체에서 그 물체와 함께

---

30 利瑪竇, 「譯幾何原本引」, 298쪽(朱維錚 主編, 『利瑪竇中文著譯集』, 上海 : 復旦大學出版社, 2001의 쪽수. 이하 같음). "夫儒者之學, 亟致其知, 致其知, 當由明達物理耳."

의론(議論)할 수도 있는 것이다. 각각의 경우에 따라 다음과 같은 4대 지류(支流)가 출현하게 된다.[31]

〈표〉 기하가의 분파

脫於物體而空論之	數		算法家	산술
	度		量法家	기하
在物體而借其物議之	議數	在音相濟爲和	律呂樂家	음악
	議度	在動天迭運爲時	天文曆家	천문

이것은 널리 알려진 바와 같이 서양 대학의 교육과정 가운데 이과(理科 : philosophia)의 교과목인 '기하지학(幾何之學 : mathematica)'의 사과(四科 : quadrivium)를 논한 것이다. 마테오 리치가 언급하고 있는 기하가의 학문 범위는 넓었다. 그것은 좁은 의미의 기학학을 포함해서 산술, 음악, 천문역법을 포괄하는 학문이었다. 이는 물리에 통달하기 위해 『기하원본』으로 대표되는 서학서가 얼마나 유용한 것인가를 역설하고 있는 것이다.[32]

조선후기 학자들 가운데는 물리에 밝은 서학에 주목하는 이들이 있었다. 그 대표적 인물이 이익(李瀷, 1681~1763)이었다. 이익의 사후에 『성호사설(星湖僿說)』의 내용을 문제로 삼아 그가 서학을 하였다는 비난이 일어나고 있었다. 안정복(安鼎福, 1712~1791)은 정조 12년(1788)에 황덕일(黃德壹, 1748~1800)에게 보낸 편지에서 이와 같은 세태를 한탄하며, 이

---

31 利瑪竇, 「譯幾何原本引」, 298쪽. "幾何家者, 專察物之分限者也. 其分者, 若截以爲數, 則顯物幾何衆也, 若完以爲度, 則指物幾何大也. 其數與度或脫于物體而空論之, 則數者立算法家, 度者立量法家也. 或二者在物體, 而借其物議之, 則議數者如在音相濟爲和, 而立律呂樂家, 議度者如在動天迭運爲時, 而立天文曆家也. 此四大支流, 析百派."

32 安大玉, 『明末西洋科學東伝史 - 『天學初函』器編の硏究』, 東京 : 知泉書館, 2007, 60~65쪽 참조.

익이 『성호사설』에서 서양의 학설을 수용한 것은 서학이 물리에 밝기 때문이라고 변명하였다. 천문의 관측, 산수와 음률, 각종 기구의 제조[乾文推步 · 籌數鍾律 · 制造器皿] 등에서 중국인이 미칠 수 있는 바가 아니라는 것이었다. 안정복은 일찍이 주자(朱子)도 이와 같은 일들은 서승(西僧)의 그것을 귀중하게 여겼다는 사례를 거론하면서 그렇다면 주자도 서학을 했다고 할 것이냐고 반문했다. "천하에 버릴 사람은 있어도 버릴 말은 없다"[33]는 관점에서 서학을 대하고자 했던 안정복의 태도를 여기에서 엿볼 수 있다.[34]

실제로 이익은 일찍부터 서양 과학기술의 우수성과 함께 그것이 지닌 실용성에 주목하였다. 이익은 그의 나이 44세 때인 경종 4년(1724)에 자신을 방문한 신후담(愼後聃, 1702~1761)에게 마테오 리치의 학문과 불교 사이에는 분명한 차이가 있다고 말했다. 불교는 '적멸(寂滅)'에 불과할 뿐이지만 마테오 리치의 학문에는 '실용처(實用處)'가 있다는 것이었다. 이익이 생각하는 서학의 실용처는 『천문략(天問畧)』이나 『기하원본(幾何原本)』 등의 책에 수록된 '천문주수지법(天文籌數之法)'이었다. 그는 이것이 '전인미발(前人未發)'의 방법으로 세상에 크게 도움을 줄 수 있다고 판단했다.[35] 그로부터 4년 뒤인 영조 4년(1728)에 신후담은 이식(李栻, 1659

---

33 南宋 대 嚴羽의 『滄浪詩話』에 나오는 말이다[『滄浪詩話』, 「詩辯」, 1ㄴ. "天下有可廢之人, 無可廢之言, 詩道如是也."].

34 『順菴集』 卷8, 「答黃莘叟書戊申」, 29ㄴ~30ㄴ(229책, 510쪽). "況今世道澆薄, 黨議橫流, 掩善揚惡之時乎. …… 傳聞某人之誚毁, 專在於僿說云, 執此說而斷人之平生, 厚加誣辱則妄矣. …… 大抵西學明於物理, 至若乾文推步, 籌數鍾律, 制造器皿之類, 有非中國人所可及者. 是以朱子亦以此等事, 多歸重於西僧. 然則朱子亦爲西學而云然耶. 有可廢之人而無可廢之言, 此君子知言之義也."

35 『遯窩西學辨』, 紀聞編, 甲辰春見李星湖紀聞(名瀷, 居安山), 4~5쪽(영인본 『河濱先生全集』 7(遯窩西學辨 · 河濱雜著 I), 아세아문화사, 2006의 쪽수. 이하 같음). "李丈曰, 此等處雖與佛氏畧同, 而佛氏則寂滅而已, 西泰之學, 則有實用處. …… 李丈曰, …… 而若吾之所謂實用者, 取其天問畧 · 幾何原本等諸書中所論天文籌數之法, 發前人之所未發, 大有益於世也."

~1729)을 방문한 자리에서 이익은 『천문략』이나 『기하원본』과 같은 서학서에 보이는 '성력주수지설(星曆籌數之說)'을 적극적으로 수용했는데, 그들의 역학(曆學)이 만고에 뛰어나다고 칭찬했다고 증언한 바 있다.[36]

이익이 '천문주수지법'으로 대변되는 서양의 천문역산학을 수용한 이유는 그것이 동아시아의 전통에서는 찾아볼 수 없는 내용을 갖추고 있었기 때문이다. "(서학에서) 성력(星曆)의 수(數)를 논한 것은 실로 전고(前古)에 발(發)하지 못한 바가 있는 것이다"[37]라는 이익의 언급에서 그 사실을 확인할 수 있다. 그렇다면 그 내용은 구체적으로 무엇이었을까? 영조 원년(1725) 7월에 안산장사(安山庄舍)로 이익을 방문한 신후담은 서양의 천문역산학과 전통 천문역산학의 차이점을 질문하였다.[38] 이에 대한 이익의 답변을 통해 그가 주목했던 서양 천문역산학의 내용을 확인할 수 있다.

이익은 마테오 리치 이래 서양 천문역산학이 중국의 그것과 다른 점을 다음과 같은 몇 가지로 정리하였다. ① 중천설(重天說), ② 경도(經度)와 위도(緯度)를 설정하는 도수지학(度數之學), ③ 지구설(地球說), ④ 계절 변화에 대한 논의, ⑤ 우주구조론(= 행성구조론), ⑥ 망원경으로 대표되는 서양의 천문의기(天文儀器), ⑦ 일월식론(日月食論) 등이 그것이다.[39] 이익은 이와 같은 서양의 여러 학설은 중국의 역서(曆書)를 살펴보아도 예로부터 없던 것이라고 단언했다. 그리고 그 학설들은 서양에서는 오랜

---

36 『遯窩西學辨』, 紀聞編, 戊申春見李翊衛紀聞(名栻, 居利川), 14쪽. "此外又有論, 受[星]曆籌數之說, 見於天問畧 · 幾何原本等書, 安山皆深取之, 稱其曆學冠絶萬古."

37 『遯窩西學辨』, 紀聞編, 乙巳秋見李星湖紀聞, 6쪽. "西學如天堂地獄之說, 固未免染於佛氏, 而其論星曆之數, 則實有前古之所未發者."

38 『遯窩西學辨』, 紀聞編, 乙巳秋見李星湖紀聞, 7쪽. "抑彼之所以論星曆者, 其與古人同異何如."

39 『遯窩西學辨』, 紀聞編, 乙巳秋見李星湖紀聞, 8~9쪽.

내력을 지닌 것으로 하루아침에 창안한 것이 아니라고 하였다. 서양인들이 오랜 세월에 걸쳐 노력을 기울여 발전시킨 것이라는 점을 인정했던 것이다. 나아가 이익은 이와 같은 학설은 자기 자신이 일찍이 그 책에 나아가 그 이치를 징험해 본 것이므로 믿지 않을 수 없다고 하였다.[40]

이처럼 이익은 건문추보(乾文推步)·주수종률(籌數鍾律)·제조기명(制造器皿) 등의 물리 탐구 과정에서 『기하원본』을 비롯한 서학서에 등장하는 천문주수지법(= 성력주수지설)을 수용하여 자신의 논리를 다듬어 나갔던 것이다. 서학의 학문적 우수성과 실용성에 대한 적극적 긍정이 이러한 학문 활동을 가능하게 하였다.

이익은 '기수지법(器數之法)'은 후대로 내려갈수록 더욱 정밀해지며, 비록 성인(聖人)의 지혜라 할지라도 다하지 못하는 바가 있다는 역사적 인식을 지니고 있었다.[41] '기수지법'으로 표현되는 역법은 후대의 사람들이 전대의 그것을 토대로 증수(增修)하면 시대의 흐름에 따라 더욱 정밀하게 만들 수 있다는, 이른바 '후출유공(後出愈工)'의 발전론적 입장이었다.[42] 이와 같은 관점은 시대의 변천에 따른 '기수지법'의 발전을 인정하고 그 우수성을 긍정한다는 점에서 중요한 의미를 지닌다. 이러한 관점에서 보면 종래 역법의 개폐 과정은 보다 정밀한 역법을 만들기 위한 발전의 역사로 파악되며, 그 발전의 정점에 당시 최신의 역법인 시헌력이 위치하게 되는 것이다.

---

40 『遯窩西學辨』, 紀聞編, 乙巳秋見李星湖紀聞, 9쪽. "凡此諸說, 今以中國曆書驗之, 則古所無也, 而其在西國遠有來歷, 盖非一朝之所刱. 吾嘗卽其書而驗其理, 則一一良是, 不得不信."

41 『星湖僿說』 卷2, 天地門, 曆象, 43ㄱ~ㄴ(I, 52쪽). "凡器數之法, 後出者工, 雖聖智有所未盡, 而後人因以增修, 宜其愈久而愈精也."

42 『星湖僿說』 卷1, 天地門, 九重天, 46ㄴ(I, 25쪽). "…… 此後出者益工也" ; 『星湖僿說』 卷2, 天地門, 曆象, 43ㄱ~ㄴ(I, 52쪽) ; 『星湖僿說』 卷2, 天地門, 帝嚳序星辰, 44ㄱ(I, 52쪽). "殆所謂後出愈工者乎."

이와 같은 이익의 관점을 계승해서 '도수지학(度數之學)'의 중요성을 역설한 인물이 이가환(李家煥, 1742~1801)이었다. 그는 정교(政敎)·문장(文章)과 달리 명물도수지학은 세대가 내려오면서 더욱 발전하게 된다는 역사적 인식을 지니고 있었다. 따라서 당시 일반적이었던 상고주의는 변통에 적합한 논리가 아니라고 파악하였다.[43] 도수지학에 종사하는 사람은 마땅히 '신법(新法)'을 채택해서 방원평직(方圓平直)의 사정을 궁구하고, 규구준승(規矩準繩)의 용법을 익혀야 한다고 보았다. 그래야만 사계절의 기후와 일월의 출입을 측량함으로써 방위를 확정하고 윤여(閏餘)를 정확하게 하며, 중천(重天)의 후박(厚薄)과 각 천체의 지구로부터의 거리와 각각의 크기를 측량할 수 있고, 의기(儀器)를 만들어 천지를 헤아리고 칠정(七政)의 운행을 살필 수 있다고 보았던 것이다.[44] 서학 수용의 논리적 정당성은 바로 여기에서 확보될 수 있었다. 이가환은 이러한 작업을 꾸준히 수행하여 익숙해지면 깨달음을 얻을 수 있고, 이는 결국 '역상(曆象)'의 문제에 국한되지 않고 악가(樂家)가 음악을 정리하고, 공장(工匠＝工師)이 각종 물품을 제작하고, 농가(農家)가 수리(水利)를 진흥하고, 병가(兵家)가 공수(攻守)의 방책을 세우는 데 크게 기여할 수 있을 것으로 보았다. 왜냐하면 그러한 작업들이 모두 수치를 계산하고 형체를 만들어야 하는 것이었기 때문이다.[45] 이것이 바로 이가환이 생각하는 명물도수

---

43 『錦帶殿策』, 「天文策」, 547쪽(영인본 『近畿實學淵源諸賢集』 二, 成均館大學校 大東文化研究院, 2002의 쪽수. 이하 같음). "然臣當以爲政敎文章, 世□遆[遞]降而淳風日斲, 名物度數, 年代愈近而靈竅日開, 欲一切是古而非今者, 非通變之論也."

44 『錦帶殿策』, 「天文策」, 547쪽. "欲從事度數之學者, 亦宜兼採新法, 窮方圓平直之情, 盡規矩準繩之用, 或測量以明四時之氣候, 二曜之出入, 以定方位, 以正閏餘, 或量各重天之厚薄, 日月星體, 去地遠近幾許, 大小幾倍, 或造器以儀天地, 以審七政次舍."

45 『錦帶殿策』, 「天文策」, 547쪽. "習熟旣久, 悟解漸生, 則不但治曆尙象, 必資於是, 樂家之造律呂, 工師之制器用, 農家之興水利, 兵家之策攻守, 莫不有賴, 推而至於諸家衆技, 凡屬有數可計, 有形可摸者, 咸來取法, 靡適不當. 臣本顓蒙, 固無以畧涉涯涘, 而若其實理之難誣, 功效之必至, 則有如是矣."

지학의 실체이며 효과였다.

주자학의 학문방법론은 격물치지론(格物致知論)으로 대표된다. 격물치지론은 흔히 인식론으로 이해되기도 하지만 주자학의 체계에서 인식론의 측면보다는 수양론적 성격이 강한 것이었다. 그런데 조선후기에는 격물치지의 수양론적 성격에 일정한 변화가 일어나고 있었다. 그 용어의 동일함에도 불구하고 격물치지의 대상과 방법은 내용적으로 큰 변화를 겪고 있었다. 그 변화의 방향이 주관과 선험보다 객관적 경험을 중시하는 쪽, 다시 말해 인식론상의 객관주의적 경향으로 향하고 있었는지는[46] 확언하기 어렵지만 변화의 모습은 분명히 확인할 수 있다.

정조 13년(1789)년 윤5월에 규장각(奎章閣) 초계문신(抄啓文臣)을 대상으로 친시(親試)를 실시하였는데, 책문(策問)의 제목이 「지리책(地理策)」이었다.[47] 이에 대한 답변에서 정약용(丁若鏞, 1762~1836)은 "고인이 지리학에 치력(致力)을 이와 같이 하였으니 국가의 어른으로서 '물리'를 탐구하는 분은 그것을 계승하여 힘쓰지 않을 수 있겠습니까"[48]라고 하여 지리학을 물리 탐구의 차원에서 언급하였다. 실제로 정약용이 논하고 있는 물리의 개념에는 자연물의 속성, 기술의 원리, 자연법칙 등이 포괄되어 있었다. 그야말로 격물의 대상은 천지만물이었던 것이다. 그에 따라 "물리를 탐구할 때 일월성신(日月星辰)의 운행과 천지수화(天地水火)의 변화, 멀리 만리(萬里)의 바깥과 멀리 천고(千古)의 위에 이 마음을 보내 그로 하여금 궁지(窮至)하게 한다"[49]라고 하였듯이 물리 탐구의 대상은 시간적

46 김문용, 『홍대용의 실학과 18세기 북학사상』, 예문서원, 2005, 200~201쪽 참조.

47 『弘齋全書』에는 책제가 '墜勢'로 되어 있다[『弘齋全書』 卷50, 策問 3, 「墜勢抄啓文臣親試○己酉」, 19ㄴ~22ㄴ(263책, 269~270쪽)].

48 『與猶堂全書』 第1集 第8卷, 詩文集, 對策, 「地理策(乾隆己酉閏五月, 內閣親試. 御批居首)」, 2ㄱ(281책, 160쪽). "古人之於地理之學, 其致力如此矣. 長國家而格物理者, 可不紹述之爲務乎."

49 『與猶堂全書』 第2集 第2卷, 經集, 心經密驗, 心性總義, 37ㄴ(282책, 44쪽). "案心之爲物,

으로 공간적으로 무한하게 확대될 수 있었다.

이러한 학문 경향의 변화 속에서 주목되는 것은 종래 경전 주석학의 일종으로 물리를 논했던 상수학과 명물도수지학의 내용에 변화가 일어났다는 사실이다. "『시경』은 인정에 근본하고 물리를 갖추었다"[50]라든지, "『역전(易傳)』은 괘상(卦象)으로 천하의 물리를 미루어 밝힌다"[51]라고 하는 언급은 전통적인 상수학·명물도수지학의 기능과 의미를 말하는 것이었다. 전통적인 상수학에서 역학(易學)과 천문역산학은 통합적으로 사고되었다. 역(易)과 역리(曆理)를 통일적으로 이해하고자 했던 것이다. 그런데 조선후기에는 전통적인 상수학에서 역학(易學)과 관련된 논의를 탈각하고, 그것을 오로지 서양에서 전래한 수학·기하학 등 수리과학으로 이해하려는 경향이 나타나고 있었다. 이는 역리(易理)라는 선험적 진리를 전제로 자연현상을 연역적으로 이해하는 방식에서 수학적인 방법에 기초하여 정량적으로 자연을 분석할 수 있는 길을 열었다는 점에서 그 의미를 찾을 수 있다.[52]

活動神妙, 窮推物理, 卽日月星辰之運, 天地水火之變, 遠而萬里之外, 邃而千古之上, 可以放遣此心, 任其窮至."

50 『宣祖實錄』卷10, 宣祖 9년 9월 9일(戊戌), 15ㄱ(21책, 343쪽 - 영인본『朝鮮王朝實錄』, 國史編纂委員會의 책수와 쪽수. 이하 같음). "上問, 經書中, 書與詩熟好. 對曰, 書載帝王之事, 固爲治之大法, 詩本人情該物理, 所關尤切."

51 『宣祖實錄』卷152, 宣祖 35년 7월 22일(辛巳), 13ㄴ(24책, 400쪽). "李德馨曰, 易傳, 以卦象, 推明天下之物理. 其象雖似難曉, 其義則無非眞實之理. 至於天地感而萬物化生, 聖人感人心, 而天下和平之句, 乃極言天地之化·聖人之聖."

52 易이 曆法을 본뜨고 있다[以易象曆]는 입장에서 曆法과 易의 상관성[以曆象易]을 비판했던 丁若鏞의 견해를 참조할 수 있다. 『與猶堂全書』第1集 第20卷, 詩文集, 答申在中己卯十一月日, 6ㄴ(281책, 430쪽) ; 『與猶堂全書』第2集 第46卷, 經集 10, 易學緒言, 卷2, 唐書卦氣論, 13ㄴ~14ㄱ(283책, 583쪽).

4. 자연학 탐구 방법의 변화 : 수학(數學)과 실측(實測)

송준길(宋浚吉, 1606~1672)의 현손인 송문흠(宋文欽, 1710~1752)이 송시열(宋時烈, 1607~1689)의 현손이자 한원진(韓元震, 1682~1751)의 적전(嫡傳)인 송능상(宋能相, 1710~1758)에게 보낸 편지에는 다음과 같은 대목이 있다.

> 근자에 몇 종의 책이 새로 북경으로부터 들어왔습니다. …… 우리나라에 들어온 그 책 가운데 6~7종을 이미 보았는데, 또한 걱정스럽고 두려워 할 만합니다. 또 서양인 탕약망(湯若望)이 저술한 역법(曆法) 80여 권이 있는데, 지금 행하고 있는 오랑캐의 역(曆)이 바로 그 법입니다. 일찍이 그것과 구법(舊法)이 많이 다른 것을 괴이하게 여겼는데 그 근원이 여기에서 나온 것인지는 모르겠습니다. 우리나라가 서법(西法)을 행한 것이 이미 오래되었는데, 칠정(七政)의 지질(遲疾)과 박식(薄蝕)을 논한 측량(測量)과 산수(算數)의 여러 법이 하나하나 교묘하고 정밀하여 거의 옛사람이 발명하지 못한 바입니다. 다만 저는 여기에 겨를이 없어서 실상을 깊이 있게 살필 수 없으니 족하(足下)와 함께 보지 못하는 것이 한스러울 뿐입니다.[53]

송문흠이 편지를 보낸 시점을 정확히 알 수 없고, 이에 대한 송능상의 답장도 찾아볼 수 없기 때문에 송문흠이 제기한 문제에 대한 논의가 이후에 어떻게 진행되었는지는 확인할 수 없다. 그러나 양자의 생몰 연도를 고려해 볼 때 영조대 전반부, 구체적으로 영조 28년(1752) 이전의 상

53 『閒靜堂集』 卷3, 「與宋士能」, 22ㄱ(225책, 338쪽). "近有數種書新自北來 …… 其書出我國者, 已見六七種, 亦足憂懼. 又有西人湯若望所述曆法八十餘卷, 卽今所行胡曆是其法. 嘗怪其與舊法多異, 而不知其源之出於此. 吾國之行西法, 其已久矣. 其論七政遲疾薄蝕, 測量筭數諸法, 一一巧妙精密, 殆古人所未發. 但僕未閑於此, 不能深覈, 恨不能與足下共觀耳."

황을 배경으로 하고 있다고 짐작할 수 있다. 당시 조선 정부는 영조 2년(1726) 역서(曆書)부터 『역상고성(曆象考成)』 체제로, 영조 18년(1742) 역서부터는 『역상고성후편(曆象考成後編)』 체제로 변경됨에 따라 이와 같은 청의 개력(改曆)에 맞추어 시헌력의 세부적 산법을 습득하기 위한 노력을 경주하고 있었다. 사행 때 파견된 관상감의 관원과 역관(譯官)들이 청에서 『역상고성』과 『수리정온(數理精蘊)』, 『역상고성후편』을 비롯한 다양한 천문역법서를 구입하여 국내로 들여오는 일이 반복되었다. 송문흠의 발언은 이와 같은 저간의 사정을 반영한 것으로 보인다.

송문흠의 편지에서는 노론 핵심부의 서학에 대한 우려와 착잡한 심경을 동시에 엿볼 수 있는데, 서학의 우수성과 관련해서 측량과 산수를 거론했다는 점이 주목된다. 서학 도입 초기에 등옥함(鄧玉函 : Johannes Schreck-Terrentius, 1576~1630)의 『대측(大測)』과 나아곡(羅雅谷 : Giacomo Rho, 1598~1638)의 『측량전의(測量全義)』 등이 전래되어 서양의 삼각법을 소개하였다. 서호수는 이 책들이 대소(大小)·경중(輕重)의 비례를 다루고 있다고 언급한 바 있다.[54] 이 책들은 『서양신법역서(西洋新法曆書=新法算書)』에 수록되어 있었기 때문에[55] 관심 있는 사람들은 참조할 수 있었다. 이와 같은 서학서의 전래 이후 '측량'이라는 용어는 이전과는 다른 맥락에서 사용되기 시작했다.

그러한 상황을 보여주는 대표적 사례로 홍대용의 「측량설(測量說)」을 거론할 수 있다.

> 하늘에 대해서 나는 그것이 높고 멀다는 것을 알뿐이고, 땅에 대해서 나는 그것이 두텁고 넓다는 것을 알뿐이라고 말한다면, 이는 아버지에 대

---

54 『私稿』, 「比例約說序」. "西士東來, 始言比例, 百餘年間, 踵事增修, 若幾何原本·大測·測量全義·比例規諸篇, 則多言大小輕重之比例 ……."

55 『大測』은 『新法算書』 卷9~10에, 『測量全義』는 卷87~96에 수록되어 있다.

> 해서 나는 그가 남자라는 것을 알뿐이고, 어머니에 대해서 나는 그녀가 여자라는 것을 알뿐이라고 말하는 것과 무엇이 다르겠는가. 그러므로 하늘과 땅의 형상을 알고자 한다면 의구(意究)해서는 안 되며 이색(理索)해서도 안 된다. 오직 기구를 제작해서 그것을 관측해야 하고, 수(數)를 헤아려 그것을 추산해야 한다. (천지의 형상을) 관측하는 기구가 많이 제작되었으나 (그것은 모두) 모나고 둥근 것에서 벗어나지 않으며, 수를 추산하는 방법은 많지만 구고(句股)보다 중요한 것은 없다.[56]

여기에서 홍대용은 천지를 파악하기 위해서는 '의구'와 '이색'의 전통적 방법을 버리고 '제기(製器)'와 '주수(籌數)'의 방법을 이용해야 한다고 강조한다. 천문의기를 제작하고 수학을 탐구해야만 한다고 역설했던 것이다. 그는 이러한 자신의 주장을 실천하기 위해 통천의(統天儀), 혼상의(渾象儀), 측관의(測管儀), 측고의(測股儀) 등의 기구를 제작해서 천체를 관측했고, 전통적인 산서(算書)와 서양의 산학 서적을 참조하여 『주해수용(籌解需用)』을 편찬하였다.

홍대용은 서양의 천문·역법을 전인미발(前人未發)이라고 높이 평가했다.[57] 그는 서법이 산수로써 근본을 삼고 의기(儀器)로써 참작하여 모든 형상을 관측하므로 무릇 천하의 멀고 가까움, 높고 깊음, 크고 작음, 가볍고 무거움을 모두 눈앞에 집중시켜 마치 손바닥을 보는 것처럼 하니 한당(漢唐) 이후 없던 것이라고 해도 망령된 말이 아니라고 했던 것이다.[58] 이처럼 홍대용은 서양 천문역법의 우수성을 인정했고, 그 원인을

56 『湛軒書』 外集, 「測量說」, 卷6, 籌解需用外編下, 1ㄱ(248책, 223쪽). "若曰天吾知其高且遠而已, 地吾知其厚且博而已, 則是何異於曰父吾知其爲男子而已, 母吾知其爲女子而已者哉. 故欲識天地之體狀, 不可意究, 不可以理索, 唯製器以窺之, 籌數以推之. 窺器多製而不出於方圜, 推數多術而莫要於勾股."

57 『湛軒書』 外集, 卷2, 杭傳尺牘, 「乾淨衕筆談」, 41ㄱ(248책, 149쪽). "余曰, 論天及曆法, 西法甚高, 可謂發前未發."

58 『湛軒書』 外集, 卷7, 燕記, 「劉鮑問答」, 9ㄴ(248책, 247쪽). "今泰西之法, 本之以算數,

산술(算術 = 算數)과 의상(儀象 = 儀器)에서 찾고 있었다.[59] 그가 『의산문답(毉山問答)』에서 "오직 서양 한 지역이 지혜와 술수가 정밀하고 상세하여 측량이 모두 갖추어졌다"[60]라고 평가했던 이유도 여기에 있다.

이처럼 조선후기에 서학을 적극적으로 수용했던 지식인들은 서양과학의 우수성을 '수학과 실측의 전통'에서 찾고 있었다. 사실 실측이라는 용어는 조선전기의 용례에서는 쉽게 찾아보기 어렵다. 조선후기 이전에 이 용어를 사용한 예는 소천작(蘇天爵, 1294~1352)의 『원명신사략(元名臣事略)』과 이를 인용한 『원사(元史)』 「곽수경전(郭守敬傳)」에서 확인할 수 있다.[61] 실측이라는 용어는 수시력(授時曆)이 완성된 지원(至元) 17년(1280)에 곽수경(郭守敬, 1231~1316)이 올린 상주문(上奏文)에 등장한다. 곽수경은 간의(簡儀)와 고표(高表)를 창조해서 관측을 통해 '실수(實數)'에 도달하여 고정(考正)한 것이 일곱 가지라고 하였다. 동지(冬至), 세여(歲餘), 일전(日躔), 월리(月離), 입교(入交), 28수(宿) 거도(距度), 일출입주야각(日出入晝夜刻)이 그것인데, 실측이라는 표현은 28수 거도를 설명하는 부분에 나온다.

> 한(漢)의 태초력(太初曆) 이래로 거도(距度)가 같지 않아서, 서로 손익(損益)이 있었다. 대명력(大明曆)은 도(度) 이하의 여분을 태(太)·반

叅之以儀器, 度萬形窺萬象, 凡天下之遠近高深巨細輕重, 擧集目前, 如指諸掌, 則謂漢唐所未有者非妄也."

59 『湛軒書』 外集, 卷1, 杭傳尺牘, 「與孫蓉洲書」, 47ㄴ(248책, 126쪽). "泰西人之學, 雖極力闢佛, 而其言則出於佛敎之下乘, 近聞中國多崇其學, 害甚異端. 若其算術儀象之巧, 實是中國之所未發, 大方評議云何."; 『湛軒書』 外集, 卷6, 籌解需用外編下, 籠水閣儀器志, 「測管儀」, 24ㄱ(248책, 234쪽). "盖自西法之出而機術之妙深得唐虞遺訣, 儀器以覵之, 算數以度之, 天地之萬象無餘蘊矣."

60 『湛軒書』 內集, 卷4, 補遺, 「毉山問答」, 21ㄴ(248책, 92쪽). "惟西洋一域, 慧術精詳, 測量該悉."

61 『元名臣事略』 卷9, 太史郭公 ; 『元史』 卷164, 列傳 第51, 郭守敬, 3850쪽(點校本 『元史』, 北京 : 中華書局, 1995의 쪽수).

> (半)·소(少)에 붙였는데, 모두 사의(私意)로 견취(牽就)한 것[개인적 판단에 따라 억지스럽게 한 것]이고 일찍이 그 수를 실측하지 않았다. 지금 새로 만든 의기는 모두 주천도분(周天度分)을 세밀하게 새기고 매 도는 36등분하였으며, 거선(距線)으로 관규(管窺)를 대신하였다. 수도(宿度)의 여분은 모두 실측에 의한 것이고 사의로 견취하지 않았다.[62]

기존의 주관적 판단을 배제하고 천문의기의 객관적 관측 데이터로 28수의 거도를 산출하였다는 자신감을 보여주고 있는 것이다.

조선에서 실측이라는 용어의 사용자로는 정제두(鄭齊斗, 1649~1736)를 첫손에 꼽을 수 있다. 그는 『선원경학통고(璇元經學通攷)』에서 지구설의 이치를 설명하면서 땅에서 남북으로 350리 이동할 때마다 천체의 도수가 1도씩 차이난다는 전제하에, 이는 토규(土圭)로 해그림자를 측정했을 때 1촌 5분의 값이기 때문에 3500리는 토규의 그림자의 차이가 그 열 배인 1척 5촌이 되며, 이때 천도의 차이는 10도가 된다고 하면서, 이는 실측에서 나온 것이므로 의심의 여지가 없다고 하였다.[63] 그는 '측산(測算)'이라는 용어도 사용하였다. "원의 수시력과 근세의 시헌력에 이르러서 성도(星度)가 더욱 정밀해졌는데 대부분 서양 회회력(回回曆)의 측산에서 나온 것이라고 한다"[64]라는 언급이 그것이다. 수시력과 시헌력의

---

62 『諸家曆象集』 卷2, 曆法, 名臣事略郭守敬傳, 62ㄱ(261쪽 - 영인본 『諸家曆象集·天文類抄』, 誠信女子大學校 出版部, 1983의 쪽수). "(至元十七年, 新曆告成, 公與太史諸公同上奏曰 ……)六曰, 二十八宿距度. 自漢太初曆以來, 距度不同, 互有損益. 大明曆則於度下餘分, 附以太半少, 皆私意牽就, 未嘗實測其數. 今新儀皆細刻周天度分, 每度爲三十六分, 以距線代管窺. 宿度餘分, 並依實測, 不以私意牽就."

63 『霞谷集』 卷21, 「璇元經學通攷」, 14ㄱ(160책, 529쪽). "土圭之日景差一寸五分, 故去三千五百里, 景差一尺五寸, 度差十度, 是出實測, 無可疑貳." 여기에서 정제두는 土圭로 측정한 해그림자의 차이가 1촌 5분일 때 그것이 땅의 길이 350리에 해당하는지를 구체적으로 설명하지 않았기 때문에 그의 설명을 온전히 이해하기는 어렵다. 1척 5촌이라는 수치는 『周禮』 「考工記」에 등장하는 토규의 길이인데, "하지의 해그림자가 1척 5촌이 되면 이를 일컬어 地中이라고 한다"고 하였다.

64 『霞谷集』 卷21, 「璇元經學通攷」, 10ㄱ(160책, 527쪽). "至元隨[授의 誤字]時, 近世時憲,

정밀성이 측산에 근거했기 때문이라고 보았던 것이다.

실측의 의미와 가치를 분명히 언급한 사람은 서호수이다. 널리 알려진 바와 같이 서호수는 『수리정온』과 『역상고성』을 높이 평가했다. 서호수는 『수리정온』 45편은 선(線)·면(面)·체(體)의 전체를 망라하고 도량형의 용법을 곡진하게 설명했을 뿐만 아니라 구장(九章)·팔선(八線)으로부터 대수(對數)·비례(比例)·비례규(比例規)에 이르기까지 그 방법을 말했을 뿐만 아니라 그 원리[所以然之故]까지 반드시 밝혔으니 이는 진정 '실용적인 책'이며 '일을 성취하는 도구'라고 평가했다.[65]

『수리정온』이 "그 방법을 말했을 뿐만 아니라 그 원리까지 반드시 밝혔다"고 파악한 서호수의 논리는 『역상고성』에 대해서도 동일하게 적용되었다.

> 역서(曆書)에서 법(法)을 말하고 수(數)를 말하면서 반드시 그 소이연지리(所以然之理)를 밝힌 것은 서광계(徐光啓)의 『숭정역지(崇禎曆指)』에서 비롯되어, 매문정(梅文鼎)의 『역학전서(曆學全書)』에서 구비되었고, 하국종(何國宗)·매각성(梅瑴成)의 『강희역상고성(康熙曆象考成)』에서 집대성되었다. 그 수와 리는 모두 태서(泰西)의 선비 제곡(第谷)이 실측한 것이다. 대저 법을 말하고 수를 말하는 것은 중국과 서양이 같은 바이지만 서양의 역법이 중국의 역법보다 뛰어난 것은 수를 말하면 반드시 그 리를 밝히기 때문이다.[66]

其星度蓋益密, 多出西洋回回之測算云爾."

65 『私稿』, 「數理精蘊補解序」. "數理精蘊四十五篇, 旁羅線面體之全, 而曲盡度量衡之用, 自九章八線, 以至對數比例比例規, 非徒言其法, 必明其所以然之故 …… 此正實用之書而濟事之具也."

66 『私稿』, 「曆象考成補解引」. "曆書之言浤言數而必明其所以然之理者, 肇于徐光啓之崇禎曆指, 備于梅文鼎之曆學全書, 集大成于何國宗·梅瑴成之康熙曆象考成. 其數與理, 皆泰西士第谷之實測也. 夫言浤言數, 中西之所同, 而西曆之勝於中曆者, 卽言數而必明其理也."

위의 인용문에서 볼 수 있듯이 서호수는 『숭정역서』로부터 『역상고성』에 이르는 서양의 '역서'가 티코 브라헤(Tycho Brahe, 1546~1601, 중국명 第谷)의 실측에 기초한 것이라고 파악하였다. 그리고 그것은 법과 수를 말했을 뿐만 아니라 그 리를 반드시 밝혔다고 하였다. 이것이 서력(西曆)의 신법이 중력(中曆)의 고법보다 뛰어난 점이라고 파악했던 것이다.

이와 같은 서호수의 생각은 『연행기(燕行紀)』에서도 드러난다. 그는 옹방강(翁方綱, 1733~1818)에게 보낸 편지에서 고법(古法)보다 금법(今法=西洋新曆)이 뛰어나다는 점을 역설하였다. 서호수는 그 대표적 사례로 지구설과 세차설(歲差說), 본륜설(本輪說)을 거론하였다. 그는 금법이 고법보다 뛰어난 것은 "금법이 일부러 고법과 다르게 하려고 그런 것이 아니라 실측을 해보니 그런 것"이라고 하면서 신법의 새로운 이론들이 실측에 근거하고 있다는 점을 중시했다. 그것은 전통 역법을 평가하는 기준으로도 적용되었다. 서호수는 서양 역법이 전래되기 이전에 수시력이 가장 정밀한 역법으로 평가받을 수 있었던 이유도 그것이 '측량'을 위주로 했기 때문이라고 보았던 것이다.[67]

남병길도 『시헌기요(時憲紀要)』에서 실측의 중요성을 강조했다. 그는 한대(漢代) 이후로 치력(治曆)의 방법에 세 가지가 있다고 보았다. 한(漢)의 태초력(太初曆), 당(唐)의 대연력(大衍曆), 원(元)의 수시력이 사용한 방법이 그것인데, 남병길은 그 가운데 곽수경의 수시력이 사용한 방법을 최고라고 평가했다. 그 이유는 곽수경이 부회(傅會)한 허율(虛率)을 제거하고 오로지 '실재(實在)의 측산(測算)'을 사용했기 때문이었다. 그는 희화

67 『燕行紀』 卷3, 起圓明園至燕京, (乾隆庚戌)8월 25일 癸酉(Ⅴ, 121쪽 - 국역 『연행록선집』, 민족문화추진회, 1976의 책수와 原文 쪽수). "西洋新曆與古法絶異. 北極有南北之高低, 而晝夜反對, 時刻有東西之早晩, 而節候相差, 此地圓之理也. 古謂天差而西, 歲差而東, 今則曰恒星東行. 古謂日有盈縮損益, 月有遲疾損益, 今則曰輪有大小, 行有高卑. 非今之故爲異於古, 實測卽然也. 西曆以前, 惟郭太史授時曆, 最號精密, 蓋因其專主測量, 而得羲和賓餞之義也."

(羲和)로 대표되는 중국의 고력(古曆)도 실측을 위주로 했다고 주장했으며, 『역상고성』과 『역상고성후편』 또한 수시로 실측한 것은 '혁(革)'에서 상(象)을 취한 뜻이라고 보았다.[68] '치력명시(治曆明時)'라는 천문역산학의 전통적 이념을 『역상고성』과 『역상고성후편』에서 충실히 계승했다고 보았던 것이다.[69] 남병길은 역원(曆元)을 정하는 방법에서도 적년법(積年法)은 허율(虛率)에 불과할 뿐이며, 절산법(截算法)이야말로 한결같이 실측에 근거한 것이니 하늘에 순응하여 합당함을 구하는 방법이라고 보았다.[70] 이는 남병철의 『추보속해(推步續解)』에도 그대로 인용되어 있다.[71]

조선후기에는 '명물도수(名物度數)'와 '율력상수(律曆象數)'에 관심을 기울이는 학자들이 등장하고 있었다. 그 가운데 한 사람이 이규경(李圭景, 1788~1856?)이었다.

> 세상의 논자들이 말하기를 명물도수지학은 한대(漢代) 이후에 끊어진 지 이미 오래되었다고 한다. 그러나 나의 소견으로는 아마도 그렇지 않은 것 같다. 창록(蒼籙)이 이미 끝나니[주(周)나라의 망하니][72] 이 학문도 또

---

68 『時憲紀要』 上編, 七政, 「曆法沿革」, 1ㄱ~ㄴ(13쪽 – 영인본 『韓國科學技術史資料大系』 天文學篇⑩, 驪江出版社, 1986의 쪽수. 이하 같음). "元郭守敬, 始去傅會之虛率, 專用實在之測算, 行之垂四百年, 無大差忒, 爲三者之最. 以羲和分宅觀之, 古曆亦以實測爲主也. 明末西法入中國, 徐光啓·李之藻等譯之. 淸順治初始用頒朔, 康熙中使梅瑴成等, 於暢春園推測, 更加潤色, 爲曆象考成上編. 雍正末, 戴進賢等, 又用西洋新法變通, 是爲考成後編. 蓋隨時實測, 取象於革之義也."

69 '革'에서 象을 취했다는 것은 『周易』의 革卦 大象에서 "澤中有火, 革, 君子, 以, 治歷明時"라고 한 구절을 가리키는 것이다. 일찍이 程頤는 이 구절을 "君子觀變革之象, 推日月星辰之遷易, 以治歷數, 明四時之序也"라고 풀이한 바 있다.

70 『時憲紀要』 上編, 七政, 「曆元」, 5ㄱ(21쪽). "杜預云, 治曆者當順天以求合, 不當爲合以驗天. 積年之法, 是爲合以驗天也, 安得爲盡善之法乎. 若夫截算之法, 不用積年虛率, 一以實測爲憑, 誠爲順天求合之道也."

71 『推步續解』 卷1, 推日躔用數, 「曆元」, 2ㄱ(331쪽). "若夫截算之法, 不用積年虛率, 而一以實測爲憑, 誠爲順天求合之道, 治歷者所當取法也."

72 蒼籙은 '蒼神의 符籙'으로 周 왕조가 일어날 때의 吉祥을 뜻하며, '八百蒼籙'이라고 하여 주나라의 수명을 표현하는 용어로 쓰이기도 했다[『重峯集』 卷7, 「論時弊疏己丑四月」, 5ㄴ

한 따라서 없어졌으나 재지(才智)가 역대에 걸쳐 번갈아 출현하였으니, 그 높고 낮음은 비록 같지 않지만 또한 옛 선인들이 이미 밝혀 놓은 남아 있는 자취를 얻어 구상이 도달하는 바에 따라 스스로 높은 경지를 만들 수 있었다. 그러므로 이른바 명물도수라는 것은 일찍이 중단되지 않았으나 그 정온(精蘊)의 심오한 뜻을 밝게 드러낸 사람이 없어서 자취도 없이 사라져서 전하지 않는 것처럼 되어 버렸다. 명나라 말에 이르러 중국[中土]의 인사들이 빠르게 그 가운데로 들어가 (이것이) 풍습을 이루어 이 도(道)를 알지 못하는 것을 부끄럽게 여겼다. 서광계, 왕징(王徵 = 王葵心)과 같은 부류들이 학문이 끊어진 이후에 우뚝 일어나 계발을 많이 하여 '상수지학'을 창시하니 명물도수가 다시금 세상에 찬란하게 밝혀지게 되었으며, 이로부터 그 분야를 전문적으로 연구하는 사람들이 점점 나타나게 되었다. 대개 명물도수의 학술은 비록 '성명의리(性命義理)의 학문'에는 미치지 못한다고 할지라도 또한 일부만 시행하고 강론하지 않으면서 이단처럼 여겨서는 안 된다. …… 상수지학은 비록 성학(聖學)처럼 심오한 것은 아니지만 쉽게 말해서는 안 되는 것이다.[73]

위의 인용문에서 알 수 있듯이 이규경은 명물도수지학을 성명의리지학과 대비하는 한편 그것을 상수지학과 연결하고 있다. 명물도수지학에 대한 이규경의 이해 방식에 문제가 없는 것은 아니지만 이는 조선후기 '도수지학'에 대한 인식의 일단을 보여주는 것으로 주목된다.[74]

(54책, 280쪽) ; 『弘齋全書』 卷91, 經史講義 28, 詩 8, 文王之什, 25ㄱ(264책, 405쪽)]. 漢의 符命인 '赤符'와 마찬가지이다.

73 『五洲衍文長箋散稿』, 序(上, 1쪽). "世之爲論者以爲, 名物度數之學, 漢代以後, 絶已久矣. 然而不佞所見, 殆不然也. 蒼籙旣迄, 此學亦隨而亡矣, 而才智迭出於歷代, 其高下雖不齊, 而亦得古先已明之遺躅, 意匠所到, 自能造其閫域, 故所謂名物度數者, 未嘗間斷, 而其情絶[精蘊]之奧旨, 則無人發明, 類同堙沒不傳矣. 逮于皇明之末造, 中土人士駸駸然入于其中, 打成習尙, 以不知此道爲恥, 如徐玄扈·王葵心之流, 崛起絶學之後, 多所啓發, 創始象數之學, 名物度數, 煥然復明於世, 從玆以後, 耑門名家稍稍出焉. 大抵名物度數之術, 縱不及性命義理之學, 亦不可偏發不講, 視若異端也. …… 象數之學, 雖非聖學之奧深, 不可易言者也."

74 이에 대해서는 문중양, 「창조적 일탈의 상상 : 19세기 초 이규경의 하늘과 땅에 대한 사

사실 '도수지학'에 대해서 분명한 개념 규정을 한 것은 『서양신법역서』에 수록된 『측천약설(測天約說)』이었다. 이는 등옥함(鄧玉函)의 저술로 알려져 있다.[75] 그에 따르면 '도수지학'에는 여러 종류가 있는데 그 근본은 두 가지이니 수(數)와 도(度)가 그것이다. 수는 사물이 얼마나 많은가를 논하는 것이니 그것을 사용하면 산법(算法)이고, 도는 사물이 얼마나 큰가를 논하는 것이니 그것을 사용하면 측법(測法)과 양법(量法)이 된다. 측법과 양법은 근본적으로 다르지 않은데, 가까이에 있는 작은 사물의 경우 심척(尋尺)으로 헤아릴 수 있기 때문에 이를 양법이라고 일컫는 것이고, 멀리 있는 산악이나 더 멀리 있는 천상(天象)과 같은 것은 심척으로 헤아릴 수 있는 것이 아니고 의상(儀象)으로 그것을 측정하여 알 수 있으니 이를 측법이라고 일컫는 것이다.[76] 이는 물론 서양식 도수지학을 말하는 것으로, 앞에서 살펴본 마테오 리치의 그것과 상통하는 것이다. 이규경의 명물도수지학에는 이와 같은 요소도 포함되어 있었던 것이다.

이상에서 살펴본 바와 같이 조선후기에는 서양과학의 우수성을 수학과 실측에서 찾는 사람들이 등장했다. 이러한 인식의 전환을 통해 주자학적 자연학의 논리적 문제점을 실측과 실증의 차원에서 지적하며 그와는 다른 새로운 탐구 방법을 모색하게 되었던 것이다.

유」, 『한국문화』 59, 서울대학교 규장각한국학연구원, 2012 ; 盧大煥, 「五洲 李圭景(1788~1860)의 학문과 지성사적 위치」, 『震檀學報』 121, 震檀學會, 2014 ; 李建植, 「李圭景의 名物度數之學과 관련된 언어와 문자 자료에 대하여」, 『震檀學報』 121, 震檀學會, 2014를 참조.

75 徐宗澤, 『明淸耶穌會士譯著提要』, 中華書局, 1949, 369쪽.

76 『新法筭書』 卷11, 測天約說 卷上, 首篇, 1ㄱ(788책, 172쪽 - 영인본 『文淵閣 四庫全書』, 臺灣商務印書館의 책수와 쪽수. 이하 같음). "度數之學, 凡有七種, 共相連綴, 初爲二本, 曰數, 曰度. 數者, 論物幾何衆, 其用之則筭法也, 度者, 論物幾何大, 其用之則測法·量法也(測法與量法不異, 但近小之物, 尋尺可度者, 謂之量法, 遠而山岳, 又遠而天象, 非尋尺可度, 以儀象測知之, 謂之測法. 其量法如筭家之專術, 其測法如算家之綴術也)."

5. 맺음말

실학을 둘러싼 기존의 논란은 실학의 개념과 범주, 내포와 외연, 실학의 사상적 연원 등등 많은 부분에 걸쳐있지만 논의를 단순화하면 실학과 주자학의 상호 관계를 어떻게 볼 것인가 하는 문제로 요약된다고 할 수 있다. 요컨대 실학과 주자학을 질적으로 다른 학문·사상 체계로 이해할 것인가, 아니면 실학을 주자학의 연장선에서 파악할 것인가 하는 문제이다. 전자의 입장에 설 경우 주자학은 중세의 사상으로, 실학은 근대를 지향하는(또는 서양과는 다른 근대를 모색하는) 사상으로 이해된다. 반면 후자의 입장에 설 경우 실학은 주자학의 계승·발전에 불과하며 조선왕조의 지배질서를 재정립하려는 노력의 일환이었다고 파악된다.[77] 과학기술의 측면에서도 전자의 경우에는 실학의 과학론을 질적 전환으로 이해하여 근대를 지향하는 것으로 파악하는 반면, 후자의 경우에는 실학의 과학 담론이 여전히 주자학의 틀 내에서 논의되고 있는 것으로 간주한다. 논의를 확장할 경우 전자는 조선후기 실학의 실체를 인정하는 것이요, 후자는 조선후기 실학의 실체성을 부정하는 것이다.

이 글에서는 이상과 같은 논란을 염두에 두고 실학 개념을 재구성하기 위해 조선후기 과학사의 측면에서 다음과 같은 문제에 주목하였다. 먼저 주자학에서는 자연학의 독자적 가치를 인정하지 않았는데 조선후기에는 자연학의 학문적 가치와 중요성을 긍정하는 논의가 출현하기 시작했다는 것이다. 조선후기 물리에 대한 새로운 인식은 이기론과 격물치지론으로 대변되는 기존의 주자학적 세계관과 인식론의 변화에 따른 결과물로

77 실학을 京華世族이 중심이 된 '사족체제'의 '자기 조정' 프로그램으로 간주하는 강명관의 견해가 대표적이다[강명관, 「京華世族과 實學」, 『韓國實學硏究』 32, 韓國實學學會, 2016].

독해할 수 있는 가능성이 있다. 이는 공부의 대상과 방법에도 변화를 초래하였다. 격물치지론의 재해석에 따라 자연법칙으로서의 물리에 대한 탐구가 적극적으로 모색되었고, 격물의 대상 역시 성경현전(聖經賢傳)에서 벗어나 자연물로 확장되었다. 그것은 천지만물을 포괄하는 박학(博學)의 성격을 띠게 되었다. 연구방법론에서도 주자학이 성경현전의 탐구에 기초한 '의구(意究) · 이색(理索)'의 방법을 주로 사용했다면, 조선후기에는 경험적 방법을 적극적으로 도입하려는 시도가 나타나기 시작했다. 그것이 '측량 · 실측'에 대한 강조로 나타났다. 조선후기에 서학을 적극적으로 수용하고자 했던 학자들이 한결같이 서학의 우수성으로 수학과 실측을 거론했던 것도 이런 관점에서 이해할 수 있다.

중요한 것은 자연학 분야에서 나타나는 이와 같은 일련의 변화를 어떻게 평가할 것인가 하는 문제이다. 자연학을 '유자의 실학'으로 격상하여 학문적 가치를 인정하고, 서학의 적극적 수용을 통해 자기 나름의 자연학 체계를 구성하고, 수학과 실측이라는 새로운 자연 탐구 방법론에 주목했던 학자들의 활동은 어떤 의미를 지니는 것일까? 연구자들의 평가는 이 지점에서 갈라진다. 이에 대한 한국 과학사학계의 지금까지의 논의는 '실학자들의 자연학이 지니는 탈(脫)주자학적 성격에 주목하여 그 진보성을 강조하는 견해'와 '실학자들의 사유가 동아시아 전통 자연학의 범위를 근본적으로 벗어나지 않았다는 견해'로 대립하였고, 그 논의는 2010년 이후 지금까지 소강상태에 빠져 있다.[78]

이러한 상황을 타개하기 위해서는 우선 평가의 기준을 마련하기 위한 세심한 노력이 필요하다고 판단된다. 연구자들이 사용하고 있는 진보성, 개혁성, 보수성, 전근대성 등의 개념이 그 실질을 정의하기 어렵고, 연구자 개인의 주관적 판단이 다분히 개입될 수밖에 없다는 임종태의 지적은

78 임종태, 앞의 논문, 2016, 402~405쪽 참조.

경청할 필요가 있다. 실학 논의와 연관해서 본다면 실학과 비(非)실학을 변별하는 기준, 또는 실학과 비실학의 경계를 나누는 기준이 될 것이다.[79] 그런데 이러한 개념과 기준에 연구자의 주관적 판단이 개입되어 있다면 어떻게 해야 할까? 그에 대한 보다 깊은 성찰도 필요하겠지만 연구 방법의 전환이 필요하지 않을까 한다. 실학이나 주자학과 같은 기존의 분석틀에 가두지 말고 조선후기 학자들의 다양한 실천 활동과 학문적 지향을 꼼꼼히 따져보는 것은 어떨까. 그 결과물의 양적 축적을 통해 성격 규정으로 나가는 것이 향후의 실학 논의를 보다 진전하는 길이 될 수 있지 않을까 한다.

79 林熒澤, 「동아시아 실학의 개념정립을 위하여」, 『韓國實學硏究』 18, 韓國實學學會, 2009 참조.

호남실학의 전개양상과 성격

하우봉 | 전북대학교 사학과 명예교수

1. 호남실학의 개념과 범주 •

2. 실학의 산실, 호남의 배경과 조건 •

3. 호남실학의 전개 •

4. 호남실학의 특성과 과제 •

1. 호남실학의 개념과 범주

실학은 양란후의 민족적 반성과 17, 18세기의 정치 · 경제 · 사회의 전반적인 변동에 바탕을 두고 제기된 새로운 사상조류였다. 이에 따라 실학은 성리학의 관념론에서 탈피하여 강렬한 현실 비판과 개혁의식으로 충만해 있으며, 학문의 대상으로는 철학뿐 아니라 경제를 비롯한 사회정책론, 역사 · 지리 · 언어학 등 국학과 자연과학을 포괄하고 있다. 실학은 유학의 범주 안에 속하는 '개신유학(改新儒學)'이지만 동시에 하나의 '역사적 현상'으로서 고찰해 볼 필요가 있다.

조선후기의 실학은 서울과 경기도를 중심으로 형성, 발전되었다고 할 수 있다. 조선후기에 전국적으로 확산되었던 성리학과 달리 실학은 임진왜란과 병자호란의 두 차례에 걸친 대외전쟁을 치르고 난 후 17세기 중엽에 이르러 수도권에 거주하던 일군의 진보적 학자들에 의해 형성되었다. 18세기 들어 실학은 더욱 발전해 학파를 형성하기에 이른다. 학파를 중심으로 보자면, 성호학파(경기도 광주), 연암학파(서울), 하곡학파(강화도)로 대별할 수 있다. 그런데 수도권을 제외한 지역에서 실학적 학풍이 발전한 지역으로는 호남을 들 수 있다. 조선후기 실학사상은 토지제도의 모순을 제도적으로 개혁하자는 것에서 출발하였다. 경기도와 호남은 토지소유관계를 둘러싼 모순과 농민 수탈이 가장 심했던 곳이라는 점에서 공통적이다. 그런데 발생적 순서로 보면 반계 유형원이 효시라고 할 수 있다. 영남이나 충청지역에서는 주목할 만한 실학사상의 전개를 보기 어렵다. 아마도 성리학의 강고한 풍토에 밀려 실학이라는 새로운 학풍이 뿌리내리기 어려웠다고 생각된다. 상대적으로 토지소유관계의 모순이 적었다는 것도 주요한 요인이라고 여겨진다.

호남실학이란 조선후기 실학에 대한 지역적 규정의 하나이다.[1] 조선후기의 실학은 크게 보면, 근기(近畿)실학과 호남(湖南)실학으로 이루어져 있고 말할 수 있다. 근기실학이 선도적이고 대종을 이루는 것은 사실이지만 그것만으로 조선후기 실학의 전체를 포괄하기에는 부족하다. 실학은 현실문제를 해결하기 위해 고안된 개혁적 사상이므로 현장성과 토착성을 결여해서는 제대로 된 이해를 할 수 없다. 이 점에서 호남실학은 근기실학과 구분되는 몇 가지 특성을 지니고 있다. 따라서 한국 실학의 다양성과 풍부한 면모를 확보하기 위해서는 학파별, 지역별, 주제별, 시대별로 나누어 접근하는 보다 다양한 접근과 이해방식이 필요하다.[2] 지역적인 측면에서 보면, 근기실학뿐 아니라 호남실학과 강화학파 등에 대해서도 그 실상과 특성을 구명하는 것이 절실하다고 생각한다.

호남의 지역적 범주에 관한 기존의 설을 살펴보면 ① 충북 제천 의림지 이남설 ② 錦江(湖江) 하류와 차령산맥 이남설 ③ 김제 벽골제 이남설로 나누어진다. 대체로 ②, ③번설이 다수를 이루는데, 종합하자면 조선시대의 전라도, 현재의 광주를 포함한 전라남북도를 통칭하는 지역이라고 볼 수 있다.

호남이라는 명칭은 15세기에 도입되었고, 16세기에 일반화되었으며, 17세기 이후에 정착되어 사용되었다고 한다.[3] 한편 한반도의 서남부지역

---

1 호남실학이란 용어가 아직 학계에서 충분하게 시민권을 확보하였다고 보기 힘들다. 이에 관한 실증적 연구의 부족뿐 아니라 이론적 제안 역시 별로 없었기 때문이다. 한편 학자에 따라서는 '호남파실학'이란 용어가 사용되기도 하는데, 호남실학과 크게 다를 바 없다고 여겨진다. 본 발제에서는 호남실학으로 사용하고자 한다.

2 이와 관련해 성호학파(星湖學派), 연암학파(燕巖學派, 혹은 北學派), 강화학파(江華學派) 등의 용어는 이미 정착되었고, 최근에는 석실서원학파(石室書院學派), 다산학단(茶山學團) 등도 제기되었다.

3 노기춘, 「호남의 지역구분에 관한 연구」, 『호남문화연구』 40, 전남대 호남문화연구소, 2007. 또 노기춘은 『조선왕조실록』에서 '전라도'와 '호남'의 용례와 빈도수를 분석한 결과 조선 전기인 15, 16세기에는 전라도의 빈도수가 높았으며, 후기인 17세기 이후부터는 호남의 빈도수가 높다는 사실을 확인하였다고 한다.(앞 논문 186-190쪽)

인 호남이 전라도라는 행정명칭으로 정해진 것은 고려시대 중기이다. 즉 1018년(현종 9) 강남도와 해양도를 통합해 전라도로 명명한 이래 조선시대에도 그대로 이어졌다. 1896년 갑오개혁 때 행정구역 개편이 이루어지면서 전라북도와 전라남도로 분리되었고, 이후 광주광역시가 다시 분리되었다. 잠정적 정의로서 본 논문에서 사용하는 호남은 고려 중기 이래 형성된 전라도라는 개념과 거의 일치하며, 지역적으로는 광주와 전라남북도로 한정한다.[4]

호남이라는 지역적 범주를 학문적 대상으로 삼기 시작한 것은 1907년 호남학회의 창립부터라고 볼 수 있다. 해방 후 1960년대부터 호남지역의 대학교에서 연구소를 설립해 연구가 본격화했으며, 1980년대 이후 향토와 지방사 연구가 활성화하게 되었다.[5] 한반도에서 호남(= 전라도)은 생활 · 문화공동체로서 천년 이상의 역사를 지니고 있다. 그런 점에서 호남학은 한국학의 일환이면서 구체적 연구의 일부분이다. 지역의 문화적 정체성을 추구하는 지역학 연구에서 가장 기초적이면서 근간이 되는 작업은 학문적 토대의 구축이다. 그 가운데서도 문화와 생각의 뿌리인 사상을 탐구하는 것이 기본이라고 할 수 있다. 물론 호남실학을 탐구하는 것도 그 일환이다.

한편 '기호(畿湖)지역의 실학'이라는 개념도 제기되고 있다.[6] '기호'지역의 개념을 살펴보면, '기(畿)'는 서울과 경기도를 포함한 수도권, '호(湖)'는 호서와 호남을 포괄한 개념으로 이해된다. 광의로는 서울과 경기도,

---

4 조선시대 행정구역상으로 제주도를 포함시킨 시기도 있었지만 현재의 행정구역과 문화적 성격을 볼 때 제주도는 제외한다.

5 한국사연구회 편, 『한국지방사 연구의 현황과 과제』, 2005, 푸른역사
이후 영남학, 호남학, 호서학 서울학, 충청학, 제주학 등이 사용되었고. 지방사에 대한 연구를 통해 지역학이라는 담론으로 발전하였다.

6 백민정 「조선후기 기호지역 실학에 관한 연구동향과 과제」, 『유학연구』 24, 2011, 충남대 유학연구소

충청지역(호서), 전라지역(호남), 황해도지역까지 포함되며. 협의로는 경기도와 충청도일대를 가리킨다. 일반적으로는 경기, 충청, 전라 세 지역권을 함께 가리키는 용어로 사용되고 있다.[7] 그런데 경기, 호서, 호남을 다 포괄하는 기호유학(그 하위개념으로서 기호실학)은 광의가 아니라 일반적 의미로 이해한다해도, 영남유학과 대칭된다는 점 외에 별다른 공통점을 찾기 어렵다.[8] 요컨대 정체성이 너무 모호하다. 호남유학을 기호유학에 포함시키고자 하는 주장에 따르면, 경기도와 충청도를 중심으로 하되 전라도까지 고려할 필요가 있다는 정도이다.[9] 이런 시각에서는 호남유학은 부수적이고 종속적 지위를 차지하게 될 뿐이다.

실학에 한정해 보면, 경기도, 충청도, 전라도를 다 합친 포괄적 개념으로서 기호실학으로 다루는 것은 문제가 있다. 경기실학(혹은 근기실학), 호남실학이란 용어가 사용되고 있고, 나름대로의 내용과 특성을 지니고 있는 만큼 막연한 기호실학보다는 호남실학을 구분해 독자적 영역으로 다룰 필요가 있다. 충청지역의 실학이 경기실학이나 호남실학과 구분되는 내용이 있다면 호서실학이나, 충청실학으로 사용하는 것이 유의미하지 않을까 생각한다.[10]

그러면 호남실학이라고 할 때 어떤 내용과 의미를 지니고 있는가 하는 문제가 당연히 제기될 수 있다. 실학의 형성과 발전과정에서 나타난 학

---

7 그런데 湖西의 호와 湖南의 호가 다르다는 설이 있다. 즉 호서의 호는 충북 제천 義林池를 가리키고, 호남의 호는 금강의 옛 지명인 湖江과 오늘날 김제 벽골제의 남쪽 모두를 가리킨다고 한다.(오종일, 「기대승과 기호학」, 1995, 『기호학파의 철학사상』, 예문서원)

8 철학계에서는 성리학논변과정과 쟁점에서 크게 영남유학과 기호지역이 나누어지므로 이 부분은 강조해 호남유학을 기호유학에 포함시켜야 한다는 주장이 많다.

9 황의동, 「기호유학의 학적 성격과 범위」, 『유학연구』 3, 1995, 충남대 유학연구소,

10 기호유학, 기호학파의 하위개념으로서 기호실학이란 용어를 사용하는 학자가 있다. 현재 기호실학이라는 주제로 나온 단일 연구논문으로는 남명진의 「기호실학의 형성과 발전 : 대표적 실학자들의 현실대응론의 철학적 근거를 중심으로」(『기호학파의 철학사상』, 1995, 예문서원)이 있을 뿐이다.

문적 특징으로서, 호남실학은 다른 지역의 그것과 어떻게 다른가 하는 문제를 찾는 작업이 우선 필요하다. 독자적 내용과 특징이 있다면 호남실학은 근기실학에서 분리해서 독립된 개념으로 올바른 자리매김이 이루어져야 한다. 그 독자성의 내용을 실증적으로 규명한 후에 그 의미를 추구하고 보편사와 연결하는 작업이 필요할 것이다.

호남지역의 실학의 전개양상을 보면, 두 가지 형태로 나누어 볼 수 있다.

첫째, 호남 출신이 아니지만 이 지역과 관련을 맺고 여기서 그의 실학사상을 전개한 인물을 들 수 있다. 조선후기 실학의 비조로 평가되는 유형원(柳馨遠, 1622~1673)이 20여 년간 부안에서 살면서 실학사상을 완성시켰다. 그밖에도 안정복(安鼎福, 1719~1791), 홍대용(洪大容, 1731~1783), 정약전(丁若銓, 1758~1816), 정약용(丁若鏞, 1762~1836) 서유구(徐有榘, 1764~1845)와 같은 실학자들이 이 지역을 거치면서 그들의 사상을 농축시켰다. 이런 입장에서 보면 호남은 실학사의 초기에서부터 실학사상의 현장 내지 산실로서의 기능을 하고 있다.

둘째, 18세기 중엽부터는 이 지역 출신의 실학자들이 본격적으로 등장하게 되는데 나주 출신의 나경적(羅景績, 1690~1762)과 안처인(安處仁), 순창의 신경준(申景濬, 1712~1781), 고창의 황윤석(黃胤錫, 1729~1791), 장흥의 위백규(魏伯珪, 1727~1798), 화순의 하백원(河百源, 1781~1844) 등이 그들이다. 이들의 실학사상은 대체로 유형원의 영향을 받으면서 성장하였고, 18세기 중엽에 이르러서 독자적인 경지로 발전되었다고 할 수 있다. 특히 자연과학과 언어학, 지리학 분야에서 정채를 발하는 독자적인 실학사상으로 발전하였다. 19세기에 가서도 정약용의 영향을 받아 '다산학단(茶山學團)'을 비롯해 많은 학자가 배출되었다. 19세기 중반의 전환기에는 김제 출신의 이정직(李定稷, 1841~1910)과 이기(李沂, 1848~1909),

구례의 황현(黃玹, 1855~1910) 같은 이들이 나와 실학을 개화사상으로 발전시키는데 중요한 역할을 담당하였다.

본 발제에서는 이 가운데서 17, 18세기에 한정해서 고찰할 것이다. 19세기의 정약용, 하백원. 그리고 개화사상과의 교량역할을 하는 이정직, 황현, 이기 등에 관해서는 추후의 과제로 미루고자 한다.

2. 실학의 산실, 호남의 배경과 조건

호남실학을 알아보기 위해서는 우선 이 지역이 가진 역사적 배경에 대한 이해가 필요할 것이다. 사상이라는 것도 당연히 사회경제적 조건의 산물이기 때문이다. 호남실학은 당연히 조선후기 사회에서 전라도가 처해 있던 여러 가지 사회적 조건 속에 배태된 것이다.

그러면 전라도가 지니고 있었던 당시의 조건은 어떠하였을까?

첫째, 정치적 소외현상을 들 수 있다. 조선을 건국한 태조 이성계의 본관이 전주였던 관계로 하여 조선 전기에는 이 지역 인사들이 중앙정계에 활발하게 진출하였다. 한편 호남의 사림세력은 조선건국기 절의를 고집하거나 정쟁에서 패배한 후 전라도로 이주해 온 사대부가문의 후예들이 대부분이었는데, 중종반정(中宗反正) 이후 본격적으로 성장하였다. 조광조를 중심으로 한 기묘사림(己卯士林)의 확대와 궤를 같이한다. 고영진의 연구에 따르면, 호남의 사림은 기묘사림의 12%를 차지한다고 한다.[11] 무오사화 때 순천에 유배온 김굉필과 기묘사화 때 능주로 유배온 조광조, 을사사화 때 순천에 유배 왔다가 진도로 이배되어 19년간 살았

11 고영진, 『호남사림의 학맥과 사상』, 2007, 혜안, 26쪽.

던 노수신 등의 영향을 크게 받으면서 성장하였다. 그 결과 명종대 말부터 중앙정계에 진출해 선조대에 주도적 역할을 하였다. 기대승, 송순, 유희춘, 박순, 정철 등이 그들이다.

그런데 조선중기 이래 벌열정치가 시작되면서 지배계층 내부의 분열이 심화되는 가운데 1589년(선조 22) 기축옥사(己丑獄事, 일명 정여립의 난)가 일어나면서 정세가 일변하였다. 이 난의 주모자인 정여립(鄭汝立)은 전주 출신이었고, 대동계(大同契)에 소속되어 있었던 인물들 중에는 호남지역의 사림이 많았다. 이 역모사건으로 1,000여 명이 죽거나 귀양가는 등 숙청을 당하였는데 그 가운데 7할 이상이 호남인이었다고 한다. 보다 더 중요한 것은 호남을 '반역향'으로 지정하였다는 사실이다. 당쟁의 가열화에 따른 지배계층의 배타적 독점화 경향은 조선전기의 황해도·함경도·평안도에 대한 차별에 이어 호남에 대해서도 가해졌다. 그 결과 조선후기에 이르러 호남인은 관계 진출에 큰 제약을 받았으며 정치의 핵심에서 벗어나게 되었다. 이런 현상은 과거시험 급제자 수, 문묘배향자(文廟配享者) 수 등에서도 확인할 수 있다.[12] 정치적으로 독자적인 정파를 이루지 못했으므로 "당쟁에서도 존재가 뚜렷하지 못했으며, 서울에 사는 그들의 친지에 따라 구별되는 수준"이었다.[13]

둘째, 사회경제적 조건을 살펴보자. 고대부터 전라도는 가장 넓고 비옥한 평야지대로서 한반도의 곡창의 역할을 하였다. 농업을 주된 기반으로 하였던 조선조사회에서 호남지역이 가지는 경제적 의미는 지금보다 훨씬 컸다. 임진왜란 시 충무공 이순신이 "만약 호남이 없으면 나라가 없어지는 것이다(若無湖南 是無國家)"라고 말한 것도 그러한 사실을 표현

---

12 조선후기 문묘에 배향된 인물의 지역적 분포를 보면, 경상도 8인, 충청도가 4인인데 비해 전라도는 金麟厚 1인뿐이다,

13 『擇里志』卜居總論 人心條

한 것이다. 반계 유형원도 "우리나라 조세 중에 호남지방에서 나오는 것이 절반을 차지한다"[14]고 지적하였듯이 호남지역은 국가경제의 중추를 담당하였다.

그런데 가장 비옥한 토지를 가진 곡창지역은 권력자들에게는 제일의 수탈 대상지이기도 하였다. 따라서 호남지역은 경기도에 이어 중앙귀족들에게 수탈을 당하였다. 그 결과 호남지역의 토지는 소수의 대지주가 대부분을 차지했으며, 현지의 농민은 소작농으로 종사하는 경우가 많았다. 이것은 경상도 지역이 토지의 면적이 좁고 척박하였지만 소유관계에서는 대지주가 적고 상대적으로 독립자영농이 많았던 것과 비교된다. 호남지역은 당시 토지소유관계를 둘러싼 모순이 가장 첨예한 지역이기도 하였다. 정치적 소외와 함께 이러한 수탈의 심화로 인해 현지의 농민은 물론 선비들조차 최소한 경제생활마저 위협받았던 상황이었다. 경기도와 전라도에서 실학사상이 발생한 것은 이러한 사회경제적 상황을 반영하는 것이다. 몰락한 당파의 재야지식인과 소장파 관료들이 이러한 정치적, 경제적 현실을 개조하기 위해 개혁사상을 제기한 것이 실학의 출발이었다고 할 수 있다.

셋째, 사상적 풍토를 살펴보자. 17세기 전반 서인계의 호남사림으로는 안방준, 강항, 정홍명, 기정익 등을 들 수 있는데, 대개 의리명분론에 치중하고 소극적인 개혁론을 제시하였다. 남인계로는 윤선도, 나덕윤, 윤두서 등이 있는데, 서경덕과 최부 계열을 계승해 개방적이었고 박학성과 실용성을 중시해 실학적 학풍과 가까운 면이 있었다. 소론계로는 임영, 임상덕, 양득중 등을 들 수 있는데, 17세기후반부터 등장해 윤증의 무실(務實)사상 영향을 받았으며 양명학을 바탕으로 실학과 연결될 수 있는

14 『磻溪隨錄』 권3 田制後錄 上.

소지를 지니고 있었다. 그런데 17세기 중반 이후 조선의 사상계가 퇴계학파와 율곡학파로 재편됨에 따라 양자의 학설을 묵수하는 경직된 방향으로 나갔다. 호남사림 역시 독자적인 학파를 만들어내지 못하고 주도권을 상실한 채 율곡학파, 우계학파, 근기남인파 등에 개별적으로 흡수되어 갔다.

정치적, 사상적으로 주류에서 벗어나 있었던 호남의 사상적 풍토는 당연히 전통적 사상보다는 새로운 사상에 민감할 수밖에 없었다. 동시에 사회경제적으로 모순이 치열하였던 호남의 조건은 사회개혁, 체제비판적 사상이 도입되고 발전될 수 있는 요소를 지니고 있었다. 그래서 성리학 안에서도 주기론이 우세하였고, 성리학이 사상적 지도성을 잃어가는 시기에는 천주교가 가장 성행하였다. 유학 안에서도 개신유학이라 할 수 있는 실학이 호남에서 처음 비롯된 것은 아니지만 18세기 중기이후 이 지역에서 활발하게 전개되었던 것은 이러한 여러 가지 조건에서 가능했다고 볼 수 있다.

3. 호남실학의 전개

1) 반계 유형원

(1) 생애와 학문

반계 유형원의 본관은 문화 유씨이고, 세종대 우의정을 지낸 유관(柳寬)의 9세손으로 아버지는 예문관 검열을 지낸 유흠(柳欽, 1596~1623)이다. 그는 1622년(광해군 14) 서울 정릉에 있는 외숙부 이원진(李元鎭)의 집에서 태어났다. 그런데 1623년 인조반정(仁祖反正)으로 북인(北人)이

몰락하고 그의 나이 2세 때 아버지 흠이 광해군의 복위를 도모했던 유몽인의 역옥(逆獄)에 연루되었다는 혐의로 28세에 사망하였다. 반계가 벼슬의 뜻을 접은 배경에는 이 사건이 있었다. 15세 때인 1636년에 병자호란이 일어나자 그는 원주로 피난길에 올랐으며, 22세 때부터 30세까지에는 함경도, 금강산을 비롯하여 호남, 영남지방을 두루 돌아보며 양란 이후 피폐한 농촌과 농민들의 생활상을 직접 살필 수 있었다. 30세 되던 해에 반계는 전라도 부안현 우반동(현재 부안군 보안면 우동리)으로 이거하였다.

그가 부안의 우반동을 거처로 선택한 이유는 9대조인 유관이 받은 사패지(賜牌地)가 있었기 때문이었다. 이런 경제적 기반 외에 반계는 우반동의 맑고 고요한 풍치야말로 '선비가 머무르면서 책을 볼 수 있는 곳'으로 여겼다고 한다.

반계의 출생과 생애를 살펴보면 전통적 요소와 전통적 세계에 저항하려는 요소가 혼재되어 있다. 미수 허목(許穆, 1595~1682)의 표현대로 '재상이 될 수 있는 재주(王佐之才)'를 가지고도 당세에 뜻을 버리고 재야지식인의 길을 택한 반계는 자신의 불우했던 환경에서 당시 농민들의 비참했던 생활을 쉽게 이해할 수 있었고, 그들의 불만을 자신의 것으로 인식하였다. 나아가 그들의 고통의 원인을 전체 사회구조의 불합리에 오는 것으로 보고 총체적인 사회개혁론을 제시할 수 있었다.

반계의 학통을 보면, 그는 외숙부인 이원진[15]과 고모부 김세렴(金世濂)[16]으로부터 학문을 배웠다. 두 사람은 모두 당대에 이름 있는 학자였으

15 이원진은 동래부사와 제주목사를 역임하였는데, 제주목사로 재임할 때 하멜표류사건을 맡아 처리하였으며, 『耽羅志』를 저술하였다. 그 후 강원도관찰사와 병조참의를 역임하였다. 그는 또 실학자 성호 이익의 당숙이기도 하다.

16 김세렴은 1636년(인조 14) 병자통신사행의 부사로 일본을 사행하였고, 귀국 후에는 『海槎錄』을 저술하였다. 그 후 황해도관찰사, 병조·형조·이조참의, 대제학, 호조판서를 역임하였다. 문집으로 『東溟集』이 있으며 鄭經世가 '당대 제일의 인물'이라고 평할 정도로

며 대외관계에도 밝았던 인물들이었다. 한편 그의 저술에 나타난 바를 보면 율곡 이이와 중봉 조헌의 실천적 철학사상과 국정개혁론에 큰 영향을 받았음을 알 수 있다. 그런데 율곡과 중봉의 사상은 광주 출신의 기대승(奇大升)의 철학사상에 바탕을 두고 있다는 점에서 반계의 사상은 호남지역과의 연관성을 일찍부터 가지고 있었다고 볼 수 있다.

반계의 학문은 성리학에 바탕을 두고 있었지만 관심의 기본이 백성들의 실용에 도움을 주는 학문에 있었던 만큼 철학에만 머물지 않고 정치, 경제, 역사, 지리, 군사, 언어, 문학, 방술, 의학, 약학, 산학에 이르기까지 백과전서파로서의 면모를 지니고 있었다. 20여 년간 부안에서 칩거하면서 완성한 그의 저술은 『반계수록』 외에도 『정음지남(正音指南)』, 『동사괴설변(東史怪說辨)』, 『동국사강목조례(東國史綱目條例)』, 『역사동국가고(歷史東國可考)』, 『동국문초(東國文抄)』, 『기효신서절요(紀效新書節要)』, 『서설서법(書說書法)』, 『참동계초(參同契抄)』, 『무경사서초(武經四書抄)』, 『기행목록(紀行目錄)』, 『여지지(輿地志)』, 『지리군서(地理群書)』, 『중흥위략(中興偉略)』 등 20여 종에 이른다. 서명만으로도 반계의 학문의 호한함을 알 수 있는데 유감스럽게도 『반계수록』을 제외하고는 대부분 전하지 않고 있다.

(2) 반계 실학사상의 의의와 영향

조선후기 실학은 임진왜란 후 조선사회 내부적인 요소와 양명학, 고증학, 서학(西學) 등 새로운 학풍의 영향을 받아 17세기 초반 한백겸, 이수광, 김육 등에 의해 싹을 피우고 있었다. 그런데 이 시기의 실학은 새로운 사조에 대한 학문적 호기심의 단계를 크게 벗어나지 못하였다. 사회

학문과 정치 양면에 통달한 인물이었다.

전반에 걸친 개혁을 모색하고 고증학, 서학 등에 대해 본격적으로 연구하게 되는 것은 17세기 중엽에 이르러서인데, 반계는 그 선두에 서서 실학을 하나의 '학문'으로 체계화하였다. 그 점에서 반계는 조선후기 실학의 비조로 평가받고 있다. 그 후 반계의 사회개혁론과 실학사상은 이익을 거쳐 정약용에 이르러 만개하였다.[17] 실학을 학문으로 정립시킨 유형원과 집대성자 정약용이 다 호남과 불가분의 연관을 맺고 있다. 이 점에서 조선후기의 실학은 호남에서 발원하여 호남에서 결실을 맺은 것이라고 할 수 있다. 호남이라는 지역성이 그들의 사상 속에 직간접적으로 녹아있음은 당연하다. 한편 반계가 주력한바 역사를 비롯한 '국학(國學)'의 연구도 이익, 신경준, 안정복, 황윤석 등에 의해 계승 발전되었다.

반계의 사상은 그의 사후 당색과 지역을 불문하고 큰 영향을 주었다. 그의 실학사상은 호남과 근기지역으로 분화되면서 계승되었다. 근기남인계의 중농주의학파뿐 아니라 수도권의 노론 낙론계(洛論系; 이후 북학파로 연결됨)에게도 전달되면서 큰 영향을 끼쳤다.

노론에서는 낙론계의 홍계희(洪啓禧, 1730~1771), 홍대용(洪大容, 1731~1783), 박지원(朴趾源, 1737~1805), 이덕무(李德懋, 1741~1793) 등이 그의 경세사상을 높이 평가하였다.

홍계희는 노론 낙론계의 인물이었지만 반계의 사상을 존숭하여, 영조에게 『반계수록』의 간행을 건의해 실현하였고, 또 그가 주도한 균역법(均役法)도 반계의 개혁안이 바탕이 되었다고 한다. 박지원은 『허생전』에서 허생의 입을 통해 반계를 대표적인 재야의 경세가로 평하였다. 『과정록(過庭錄)』에서도 박지원은 반계에 대해 "유형원의 평생 경륜을 보면

---

17 정인보는 「유일한 政法家 丁茶山先生 序論」(『담원국학산고』)에서 "조선조의 실학은 一祖가 반계요, 二祖가 성호이며, 三祖가 다산이다"라고 하여 이른바 實學三祖說을 제기하였다. 그 후 천관우는 "실학을 학문적 수준으로 올린 실학의 비조가 반계요, 그를 이어 학파로 확대시킨 이가 성호요, 집대성한 사람이 다산이다"라고 하여 그 설을 부연하였다.

큰 선비라 할 만하다"고 칭송하였다.[18] 홍대용도 "우리나라의 저서 중에는 『성학집요(聖學輯要)』와 『반계수록』을 경세유용(經世有用)의 학으로 귀하게 여겼다"라고 하였고, 이덕무는 이서구(1754~1825)에게 보낸 편지에서 "우리나라에 세 가지 좋은 책이 있는데, 성학집요, 반계수록, 동의보감이다"라고 하였다.[19] 그는 자신이 지은 『사소절(士小節)』에서도 반계의 말을 인용하였고, 과거제의 문제점을 지적할 때 『반계수록』의 기사를 소개하였다.[20]

소론계에서는 윤증(尹拯, 1629~1714), 양득중(梁得中, 1665~1742), 조현명(趙顯命, 1690~1752) 등이 관심을 보였다. 반계와 비슷한 시기를 살았던 윤증은 호남지역에서 유년기를 지내면서 『반계수록』을 읽었다고 하면서 발문을 지었는데, "반계가 지닌 학문의 정밀함과 뜻과 도량의 원대함은 후세의 말 잘하는 선비들이 미칠 수 있는 바가 아니었다"라고 평하였다. 영조대에 『반계수록』이 편찬되는 데 중요한 역할을 했던 전남 영암 출신의 양득중은 스승인 윤증으로부터 『반계수록』을 빌려 읽은 후 감명을 크게 받았다. 그는 1741년(영조 17) 영조에게 『반계수록』의 간행을 권하는 상소문을 올렸으며, 결국 1770년 공간(公刊)을 실현하게 하였다.

그런데 반계의 사상과 『반계수록』에 지대한 관심을 표명하면서 가장 높이 평가한 학파는 남인계 학자들이었다.[21] 이현일(李玄逸, 1627~1704)은 『반계수록』 서문을 찬하였고,[22] 이익은 「반계수록서문」과 「유반계선생전(傳)」, 「반계유선생유집서(磻溪柳先生遺集序)」를 찬술하였다.[23] 여기

18 박종채 저 · 김윤조 역(1997), 『역주 과정록』, 태학사, 236쪽.

19 『雅亭遺稿』 권6 「與李洛瑞書」.

20 『靑莊館全書』 권58 盎葉記 5 및 같은 책 권28 士小節 제2 士典2.

21 반계의 당색은 본래 북인에 속하였으나, 후에는 남인에 합류하였다. 소북계 남인이라고 할 수 있다.

22 『葛庵集』 권20 「遁庵隨錄序」.

23 『星湖集』 권50 「磻溪隨錄序」, 「磻溪柳先生遺集序」 및 같은 책 권68 「磻溪隨錄傳」.

서 그는 "반계선생은 호걸선비였다. 학문은 천지와 인사를 꿰뚫고, 도는 온 인류를 포용하고 있다. 이 수록은 정치의 실무를 알게 해주는 요결이니 그 강령의 웅장함과 절목의 치밀함은 읽는 사람을 저절로 알 것이다"라고 평하였다. 그리고 우리나라의 역대 경세가로 율곡 이이와 반계 유형원을 꼽았다. 성호는 반계를 직접 만날 수는 없었지만 자신의 종조부 이지완의 외손자인 반계를 일찍부터 알고 있었고, 그의 학문과 사상에 대해 선학 가운데 가장 따르며 존경했던 학자로 추앙하였다. 또 오광운(吳光運, 1689~1745)은 영조의 명으로 반계의 행장과 서문을 지었고, 안정복도 반계의 행장을 찬하였다.

18세기 중반 이익, 홍대용, 이덕무 등 대표적 실학자들은 율곡의 『성학집요』와 반계의 『반계수록』을 경세학의 대표적인 저술로 평가하였다. 1770년에는 『반계수록』을 보다 널리 보급하기 위한 홍계희의 요청을 수용해 영조는 경상관찰사에게 목판본으로 간행하도록 명하였다. 또 영조는 목판본 『반계수록』을 남한산성과 사고(史庫)에 보관하도록 하였으니 반계 사후 100여 년만에 이루어진 일이다. 정조도 반계의 개혁안을 높이 평가하면서 1783년(정조 7) 경상감영에 『반계수록』을 간행하도록 명하였다. 이리하여 18세기말에 이르러서는 경세학에 관심을 둔 지식인이라면 『반계수록』은 반드시 읽어야 하는 필독서로 자리 잡았다.

(3) 반계가 호남에 남긴 지적 발자취

반계는 32세 때인 1653년에 이거한 이후 서거할 때까지 20년 동안 부안에서 살았다. 이 기간 동안 반계는 『반계수록』 저술에 전념하였다. 『반계수록』에는 전라도의 사회 경제적인 모순이 그대로 투영되고 있으며, 그러한 현실에 대한 개조방안으로서 정치, 경제, 사회 전반에 걸친 개혁안을 제시한 것이다. 그 중에서도 가장 선결해야 할 과제로 토지소유관계를 바로잡는 것이라고 보았다.[24] 즉 토지겸병이야말로 가장 큰 모순이고 이를 바로잡기 위해 토지제도의 개편을 주장하였다. 경자유전(耕者有田)의 원칙을 통해 국가가 균등하게 토지를 배분함으로써 농민의 최저생활을 보장하고 국가재정의 재건을 도모하였다. 반계가 실학을 학문적 단계로 발전시킨 실학의 비조라고 할 때, 조선조 실학은 호남이라는 지역적 환경과 풍토 속에서 싹트고 성장한 것이라 해도 과언이 아니다. 반계가 주력한 토지제도의 개혁이 부안, 변산, 무장, 전주 등 호남지역을 대상으로 전개되었음으로도 알 수 있다. 자신의 개혁사상의 실험무대 또한 부안을 비롯한 호남지역이었다.

반계 유형원의 행적과 『반계수록』이 호남지역의 사림과 실학자들에게 끼친 영향은 결코 적지 않다. 안정복은 "내가 어릴 적에 호남에 있었는데, 어른들로부터 유반계 선생이 큰 덕을 지닌 군자였다는 말을 여러 번 들었다. 그때는 자세히 알지 못했는데, 나중에 생각해보니 언제나 부끄럽고 한탄스러웠다."라고 하면서 어린 시절 전북 무주에서 살면서 반계 유형원의 이야기를 듣고 흠모하였다고 회상하였다.[25] 그래서 그는 반계의 「행장」을 서술하였으며, 거기서 반계의 경세학을 높이 평가하였다. 또 안정복이 필생의 저작인 『동사강목(東史綱目)』을 저술함에 있어서 반계의 영향을 많이 받았다고 밝히고 있다. 실제 반계가 지은 『동사강목범례(東史綱目凡例)』와 『동사괴설변(東史怪說辨)』은 안정복이 『동사강목』을 편찬할 때 기본자료로 참조했음을 알 수 있다.

순창 출신의 실학자로 언어학과 지리학에 독보적인 경지를 개척한 신경준도 반계로부터 많은 사상적 영향을 받았다. 그가 편찬한 『동국문헌

---

24 『磻溪隨錄』 권1 田制 上, 「分田定稅節目」.

25 『磻溪隨錄』 「年譜」.

비고(東國文獻備考)』「여지고(輿地考)」에서는 반계의 『동국여지지(東國輿地志)』의 내용을 많이 인용하였다.[26] 『동국문헌비고』의 편찬책임자인 이만운(李萬運, 1723~1797) 또한 반계의 영향을 받았음이 밝혀지고 있다.[27]

그리고 고창 출신의 실학자인 황윤석은 『반계수록』을 정독하였으며 그로부터 많은 영향을 받았다고 밝혔다. 실제 그의 『이재난고(頤齋亂藁)』와 문집에는 『반계수록』의 내용을 인용한 기사가 상당히 많다. 또 그는 반계와 『반계수록』에 관해서도 여러 곳에서 기술하였다. 그는 영조대에 『반계수록』을 간행하게 한 사실을 기록하였으며, 곡석설(斛石說), 군사제도, 심의회통(深衣會通) 제도 등에 관해 논의할 때 『반계수록』의 내용을 참고하면서 소개하였다.

부안군의 우반동에는 지금도 반계의 유적이 많이 남아 있다. 반계는 마을 사람들을 위해 자신이 직접 고안한 배 4, 5척을 만들어 사용했으며, 말을 기르기도 하였다. 또 활과 조총 수십 자루를 두어 마을사람들에게 가르쳤고 우물을 만들어 주기도 하였다. 반계가 자신의 학문을 몸소 실천하고자 했던 증거이기도 하다. 또 부안사람들은 예로부터 활쏘기와 총쏘기를 잘했다고 하며 특히 우반동 사람들 중에 명포수가 많았다고 하는데, 반계가 이곳에서 가르친 결과라고 하는 이야기가 지금도 전해지고 있다. 그가 마을사람들을 위해 직접 만들었다는 우물이 지금도 남아 있으며, 그가 살았던 고택과 그를 기념하는 서원도 그대로 보존되어 있다. 한편 부안의 사림들과 그 제자들도 반계 사후 19년만인 1693년(숙종 19) 부안현 동림리에 서원을 세우고 그를 길이 기념하고자 하였다. 동림서원(東林書院)에는 반계와 그의 제자인 김서경(金瑞慶, 1648~1681), 유문원(柳

---

26 『頤齋亂藁』 3책에 "文獻備考의 輿地考는 신경준이 편찬한 것인데 실제로는 유형원, 김륜, 안정복, 한백겸의 설을 참고하였다"라고 기술되어 있다.

27 이에 관해서는 조성산, 「18세기 낙론계의 『반계수록』 인식과 홍계희 경세학의 사상적 기반」, 『조선시대사학보』 30, 2004 참조.

文遠, 1638~1717)을 같이 배향하였다. 또 제자와 문인들은 조정에 상소를 올려 『반계수록』을 간행하도록 요청하였다.

반계는 부안에서 20년간 거주하면서 서당을 만들어 많은 제자를 가르쳤다. 그런데 지금까지 반계의 제자나 문하생에 관해서는 밝혀진 바가 거의 없다. 현재 동림서원에 배향된 김서경과 유문원만 이름이 알려져 있을 뿐이다. 김서경은 반계가 1673년 세상을 떠나자 10월 제문(祭文)을 지어 올렸고, 이듬해인 1674년 5월 「반계유선생행장(磻溪柳先生行狀)」을 지었다. 그는 『담계유고(澹溪遺稿)』 2권의 문집을 남긴 상당한 수준의 문인이었다.[28] 유문원은 반계의 재종제로서, 『담계유고』에 있는 「고반계유선생문(告磻溪柳先生文)」에는 그가 반계의 문생으로서 일찍이 가르침을 받았고, 유지를 이어받아 바른 학맥을 이었다고 밝혀져 있다. 이밖에 반계의 재종제인 유재원(柳載遠, 1652~1713)은 「반계선생언행록」을 찬하였는데, 문과에도 급제하였다. 또 반계의 인척인 생질 양섬(梁暹, 1643~?)은 반계로부터 교육을 받았으며 후일 반계의 「행장」을 지었다.

반계의 제자들이 관리로 현달하거나 학자로 이름을 크게 날린 이는 별로 없었지만 상당히 많은 수가 가르침을 받았으며, 그들이 '호남실학'의 뿌리가 되었을 것임은 상상할 수 있다. 또 직접 제자가 아니라 하더라도 반계의 실학사상은 그 후 다방면에 걸쳐 이 지역의 학문발전에 큰 영향을 주었다.

18세기 중엽에 이르러 신경준, 황윤석, 위백규, 이복원, 하백원, 이윤성 등 이 지역 출신의 실학자들이 많이 배출되었다. 그런 점에서 반계 유형원은 한국실학의 비조이기도 하면서, 동시에 호남실학의 비조이기도 하다.

---

28 이에 관해서는 송준호, 「반계 유형원선생행장」에 대한 해제, 『전라문화연구』 15. 2003 참조.

2) 여암 신경준

(1) 생애와 학문

조선후기 실학의 핵심은 크게 두 가지로 나눌 수 있다. 하나는 당시사회의 모순에 대한 개혁론을 제시한 것이고, 또 다른 하나는 중국문화에 대응하는 조선의 전통문화를 재발견하고자 했던 이른바 '국학(國學)'의 연구이다. 여암 신경준은 후자에 속하는 실학자이다. 그는 사회개혁론에서는 주목할 만한 업적이 없지만 지리학과 언어학을 중심으로 한 국학분야에서 탁월한 저술을 남김으로써 실학사상사에 큰 족적을 남겼다.

신경준은 1712년(숙종 38) 전라도 순창에서 태어났다. 본관은 고령이며, 호는 여암(旅菴)이다. 가계를 보면 10대조가 유명한 신숙주의 동생 신말주(申末舟)이다. 말주는 세조가 왕위를 찬탈하자 전주부윤의 관직을 버리고 순창으로 들어와 은거하였다. 이것이 고령신씨가 순창에 세거하게 된 시초이다. 여암은 기개 있는 명문의 후예였으나 가까운 선조가 현달하지 못해 경제적으로 유복하지 못했고, 어릴 때부터 타향을 돌아다니며 생활근거지를 자주 옮겨야 했다. 그러다가 26세에 부친을 여의고 경기도 소사로 이주하였고 3년 후에는 직산으로 옮겼다가 33세 되던 해에 순창으로 다시 돌아왔다.

여암의 학문적 배경을 보면 소북계인 가학[29]의 바탕 위에 일정한 스승이 없이 스스로 독서하면서 깨쳐나갔다 한다. 현상윤은 여암의 학문에 대해 "박학을 위주로 하는데, 유교경전에서부터 이교구류(二敎九流)까지 널리 해박하였다. 또한 천문, 지리, 성율(聲律), 의복(醫卜) 등에 관한 학술, 역대의 해외기벽의 서책에도 그 오묘한 것을 섭렵하지 않은 것이 없

29 조부 申善溥(1667~1744)의 영향을 받았는데, 그는 시서화에 조예가 깊었으며, 道家 취향의 인물로 천시음양의 법에 통달했다고 한다.

다. 더욱이 우리나라 산천의 길이와 높이에 정통하였다."라고 평가하였다.[30] 여암이 평생을 교류한 지기인 홍양호(洪良浩, 1724~1802)는 『여암유고(旅菴遺稿)』 서문에서 "구차하게 일정한 규칙에 얽매이지 않고 탁연히 일가를 이루었으니 진실로 드문 굉재(宏才)이며 희세의 통유(通儒)라 할 수 있다"라고 평하였다.

여암의 학문적 경력을 보면 일정한 사승관계가 없이 다양한 경로를 거쳤음을 알게 된다. 그는 박학다식하기로 당대제일이라고 칭해지기도 했으나 학맥이 불분명하고 교우관계도 활발하지 못하였다. 단지 그가 젊은 시절 경기도지역에서 오래 살았던 만큼 근기지방 실학파들의 영향을 받았을 개연성이 있으며, 강화도에도 거주한 만큼 양명학의 영향을 받았을 가능성도 있다. 학자에 따라서는 그에 대해 성호학파의 자장권 안에 있다고 평가하기도 한다. 또 북학파 실학자로 손꼽히는 홍양호와 평생 교류를 하면서 서로 영향을 주고받았다. 여암은 유학자들의 필수적인 교양이었던 성리학에 대해서도 별로 관심을 두지 않았고, 천관(天官), 직방(職方), 성율(聲律), 의복(醫卜) 등 정통유학자들이 경계의 대상으로 삼았던 분야까지 통섭하는 태도를 지녔다.[31] 그는 나아가 박학을 추구하는 것을 대장부의 본분으로 내세웠다.[32]

여암의 학문적 성격에 관해 고동환은 국학의 토대 확립, 실용주의 학문 추구, 이교구류의 회통사상으로 정리하였다. 그리고 사승관계가 없는 자득의 학문이라는 점과 이단에 관용적이며 기술과 실용을 중시한다는 점에서 18세기 사상사에서 매우 독특한 위상을 점한다고 평가하였다.[33]

---

30 현상윤 / 이형성 교주, 『현상윤의 조선유학사』, 2010, 심산.

31 박병희, 「여암 신경준의 務實정신과 시적 실천」, 『국어국문학』162, 2012

32 『여암유고』 권13, 「行狀」.
"대장부가 이 세상에 태어났으면 천하의 일이 모두 나의 일이다. 한 물건이라도 알지 못하면 부끄러운 일이고, 한 가지 기예라도 능하지 못하면 이는 병통이다."

그가 관계로 진출한 때는 1754년(영조 30) 증광향시(增廣鄕試)에 합격하면서부터였다. 이 때 그의 나이 43세였고, 『훈민정음운해』 등을 저술한 후였던 만큼 그가 처음부터 관직에 마음을 둔 것은 아니었음을 알 수 있다. 이후 25년간 관직생활을 하면서 승문원, 사헌부, 사간원, 성균관, 승정원 등에서 청직과 요직을 역임하는 한편 말년에는 지방관으로서 선정을 베풀었다. 그러나 그의 관직생활 중에서도 두드러지는 업적은 역시 『여지편람(輿地便覽)』과 「팔도지도(八道地圖)」를 감수하고 『여지고(輿地考)』를 편찬하는 등 지리에 관한 저술이다. 영조의 총애를 받게된 계기도 이 때문이었다. 그는 영조의 각별한 총애를 받았다. 영조대의 대표적인 문화사업 중의 하나인 『동국문헌비고』 중 「여지도」 27권을 여암이 편찬하였다. 이 책이 완성되자 영조는 직접 서문(「輿地圖敍」)을 썼는데, 여암의 공이 가장 컸음을 기리고 그를 승정원 부승지로 제수하였다. 또 그 후 여암이 「동국여지도(東國輿地圖)」를 완성하자 영조는 그것을 대전 안에 걸어두었고, 그를 승지로 발탁하였다. 여암의 나이 65세 되던 해인 1776년 영조가 승하하자 그는 3년간 상복을 입은 뒤 68세에 관직생활을 청산하고 고향인 순창에 퇴거하였다. 그 후 조정에서 여러 차례 관직을 제수했으나 사양하였고 70세를 일기로 1781년 사망하였다.

(2) 지리학과 언어학에 탁월한 업적

여암은 다문다재하였고 관심분야도 호한하여 여러 분야의 저술을 남겼다. 우선 그의 저술을 정리해 보면 다음과 같다. 성리학 관련 저술로 『소사문답(素沙問答)』이 있고, 지리학으로는 『강계지(疆界志)』, 『산수고(山水考)』, 『도로고(道路考)』, 『사연고(四沿考)』, 『가람고(伽藍考)』, 『군현지제

---

33 고동환, 「여암 신경준의 학문과 사상」, 『지방사와 지방문화』 6-2, 역사문화학회, 2003

(郡縣之制)』, 언어학에는 『훈민정음운해(訓民正音韻解)』를 비롯해 『오성운해(五聲韻解)』, 『언서음해(諺書音解)』, 『일본증운(日本證韻)』 등이 있고, 천문학 저술로 「의표도(儀表圖)」, 「부앙도(俯仰圖)」가 있으며, 기타 논문 형식의 글로는 「논선차비어(論船車備禦)」, 「차제책(車制策)」, 「병선제(兵船制)」, 「수차도설(水車圖說)」 등이 있다. 저술목록을 보아도 그의 학문이 매우 다양함을 알 수 있겠는데, 특히 지리학과 언어학에 탁월한 업적을 남겼다.

여기서는 지리학과 언어학 분야에서 여암이 남긴 학문적 의의를 살펴보도록 하자.

여암은 우리나라의 산천과 도리에 가장 밝았다고 평가를 받고 있었는데, 그가 지리에 깊은 연구를 한 이유는 기본적으로 영토의식의 산물이라고 추정된다. 여암은 순창을 근거지로 하면서도 어릴 적부터 여러 지역으로 옮겨 살았던 경험과 지방관으로 서산군수, 장연현감, 북청부사, 강계부사, 순천부사, 제주목사 등을 역임하면서 전국을 두루 돌아볼 수 있었던 경험도 한 요인이 되었던 것으로 볼 수 있다. 그가 자신의 호를 '여암(旅菴)'이라고 한 것도 이러한 경력과 관련이 있을 것이다. 그는 『여지고』, 「동국여지도」 등 영조대 관찬지리서의 편찬사업을 주도하였고, 1756년에 우리나라 역대 국가들의 강역과 지명을 고증한 역사지리서인 『강계지』, 1770년에는 우리나라 각 도의 리정(里程)을 기록한 『도로고』, 우리나라 연해의 지리를 상술한 『사연고』, 전국의 모든 산과 강에 대해 지리학적으로 정리한 『산수고』 , 우리나라 사찰의 위치와 연혁을 서술한 『가람고』, 전국각지의 군현의 연혁을 설명한 『군현지제』를 차례로 저술하였다. 지리학에 대한 그의 저술을 보면 자연지리, 인문지리, 역사지리 등에 통달하였음을 알 수 있다. 실학자들 가운데 도로의 중요성에 대해 언급한 사람이 적지 않지만 여암만큼 절실하게 느끼고 본격적인 연구를 한 사람은 없었다. 도로의 중요성을 깊이 인식한 그는 나아가 정치의 기본을 도로를 다스리는 것(治道)에 있다고 강조하였다. 도로가 백성들의 일상생활과 경제활동에 기본이 되는 것은 물론이고, 사회가 복잡해지면서 도로문제가 더욱 심각해지기 때문에 도로에 대한 정확한 인식과 대책을 강구한 것은 탁견이라 아니 할 수 없다.

다음으로 언어학에 있어서 여암은 한문이 판을 치던 조선왕조사회에서 한문에 대한 관심으로부터 떠나 민족공동체의 사회생활에 기본적인 역할을 하는 우리말의 음운과 문자를 연구해 『훈민정음운해』를 만들었다. 이것은 국어학 면에서 실학의 민족자주적인 성격과 실용적 성격에 부합하는 것이다. 그는 여기서 소리와 글자에 대한 사실적이고 구체적인 관찰에 의해 기술하는 과학적인 분석방법으로 접근하였다. 『훈민정음운해』가 지니는 국어학사상의 가치에 대해서 정인보는 "훈민정음 연구로서 가장 깊은 연구일 뿐 아니라, (여암을) 국어학의 중흥시조(中興始祖)로서 추존하여 지나칠 것이 없다"고 하였다.

3) 황윤석

(1) 생애와 학맥

황윤석은 1729년(영조 5) 전라도 홍덕현 구수동에서 출생하였다. 본관은 평해이고 그의 선조가 호남에 내려와 살기는 고조부 때부터였다. 가까운 선대의 조상들이 높은 관직으로 현달하지는 못했지만 숙조부인 재중(載重)은 농암 김창협의 문인 중에서도 석학으로 평가받았던 인물이었으며, 부친인 만은공(晩隱公) 전(廛)도 벼슬은 장릉참봉에 머물렀지만 학덕으로 이름이 높았다. 그래서 가장도서가 수천 권에 이르렀다고 하는데, 이재의 학문이 박람강기(博覽强記)의 박학성을 띠는 것도 이러한 가정적 배경이 있었기 때문에 가능했다.

당색으로 보면 이재는 노론에 속한다고 할 수 있다. 이재의 집안은 선대부터 당시 노론의 핵심인물이었던 농암 김창협의 문하에서 수학하였고, 이재는 농암의 손자인 김원행의 제자로서 입문한 이후 평생을 스승으로 모시고 학문적 영향을 받았다. 보다 더 정확하게 말한다면 노론계 기호학파 안에서도 낙론계라고 할 수 있다. 그래서 이재는 송시열을 존숭하여 그의 예설을 따랐고, 호락논쟁에서는 미호를 계승하여 인물성동론의 입장을 확고히 견지하였다. 그러나 이재의 교우관계를 보면 그가 당색에 얽매인 것 같지는 않다. 그의 남인계 실학자와 소론계 학자들과도 친밀하게 교류하였다. 그가 평생을 두고 가장 가깝게 지냈던 정경순(鄭景淳)은 소론이었으며, 서명응(徐命膺)도 소론이고 이가환(李家煥)은 남인이었다.

경제적 여건을 보면 그의 집안은 재지중소지주적 성격을 띠고 있었던 것 같다. 현재 생존해 있는 8대 종손의 말을 빌면 이재의 선대에는 천석군이었다고 하는데, 연보상으로도 이재의 유년시기에는 상당한 부를 소유한 토착지주였던 것으로 보인다. 그런데 이재 당대의 말년에 이르러서는 어려워졌던 것 같다. 이와 같은 경제적 여건이 그의 사회인식에 일정하게 영향을 주었을 것이다. 그는 민생의 어려움을 무시한 것은 아니었지만 그 원인에 대한 진지한 성찰이나 적극적 개혁론을 제시하지는 않았다. 또 도시 상공업계의 현실이나 모순에 대해서도 거의 관심을 보이지 않았다는 사실은 그의 경제적 기반과 관련이 있었을 것으로 여겨진다.

이재의 일생은 학자와 관리로서의 한평생이라고 할 수 있겠는데, 크게 두 시기로 구분해서 볼 수 있을 것 같다.

제1기는 출생에서부터 30대 후반까지의 시기로 수학기라고 할 수 있다. 그는 김창협의 문인인 조부의 학문적 전통과 수천 권의 가장도서를 바탕으로 일찍이 학문에 접할 수 있었다. 13세에 이미 사서삼경을 독파했다고 하며, 10세 때부터 일기를 쓰기 시작하여 죽기 이틀 전까지 빠지지 않았다고 하는데 현재 전하는 57권의 『이재난고(頤齋亂藁)』가 바로 그것이다. 그는 일찍이 과거학에 뜻을 두지 않고 경학과 이수학(理藪學)에 관심을 두었다고 한다. 14세에 이수학에 뜻을 두어 16세부터 『이수(理藪)』를 저술하기 시작하였다. 21세 때는 「호락학심성설(湖洛學心性說)」을 쓸 정도로 성리학에 조예를 보였다.[34]

일정한 사문(師門)을 정하지 못하고 독학하였던 이재에게 학문적으로 큰 전기가 된 것은 미호(渼湖) 김원행(金元行, 1702~1772)과의 만남이었다. 31세 되던 해 김원행의 문하에 정식으로 입문한 이래 이재는 미호의 학문을 계승하였으며 그의 자연과학에 관한 연구가 꽃피는 계기가 되었다.[35] 그러는 한편으로 이 시기에 이재는 고향의 선운사와 백양산 등에서 『주역』을 비롯한 경서를 읽으며 성리학의 연구에 정진하였다. 36세 때에는 전주로 나가 당시 호남의 대표적 성리학자로 이름 높았던 목산(木山) 이기경(李基慶, 1713~1787)과 호학심성이기설(湖洛心性理氣說)에 대해 토론을 벌이기도 하였다.[36] 이재의 학문이 본격적으로 무르익는 것은 40세 이후부터라고 할 수 있지만 이 시기까지 기초가 형성되었고 이수학과 성리학에 있어서 6, 7권의 저술을 남기는 등 상당한 경지에 이르렀던 것으로 보인다.

제2기는 38세에 관계로 진출한 이후 58세까지 20여 년간 관직생활을 한 시기로서 사환기이기도 하지만 동시에 학문적 난숙기라고 할 수 있

---

34 『頤齋續稿』 권13, 「年譜」.

35 미호와의 만남과 관계, 석실서원에서의 교류에 대해서는 『이재난고』 권6, 「渼上錄」에 상세하게 기술되어 있다.

36 『頤齋續稿』 권13, 「行狀」. 李基慶의 성리철학과 정치사상에 대해서는 『木山 李基慶 研究』 (1991, 전북대 전라문화연구소) 참조.

다. 그의 관력을 보면 38세에 은일(隱逸)로 추천을 받아 장릉참봉이 된 것을 시작으로 그가 역임한 관직을 순서별로 정리해 보면 다음과 같다.

장릉 참봉－의영고 봉사－종부사 직장－사포서 별제－세자익위사 익찬－사복사 주부－동부도사－장릉령－목천현감－장악원 주부－창릉령－전생서 주부－전의 현감. 중앙과 지방관을 골고루 역임하였으나 대체로 6품에 해당하는 낮은 직책에 머물렀음을 알 수 있다. 이는 그가 문과급제를 하지 못해 음관(蔭官)으로 진출했다는 점과 또 가정적 배경이 권문세가와는 거리가 있는 만큼 불가피하게 주어진 제약이기도 하였다.

한편 그는 이 기간 중 정경순 · 김이안 · 홍계희 · 신경준 · 홍대용 · 이가환 · 서명응 등 당대 일류의 학자들과 교류하였다. 그가 서양서적을 본격적으로 연구한 것도 이 시기였고, 저술이 집중적으로 나온 것도 40대 전반기였다. 특히 40대는 그의 인생에 있어서의 전성기라고 할 수 있을 것이다. 말년의 이재는 교육과 저술에 몰두하며 여생을 정리하였다. 즉 59세 되던 해인 1787년(정조 11) 벼슬길을 그만두고 향리에 돌아온 이후부터 그는 고향에서 후학들을 가르치며 저술을 정리하다가 1791년 4월 63세를 일기로 생을 마쳤다.

이재는 학자로서는 성취한 바가 크고도 많았지만 관료로서는 성공하지 못한 편이었다. 그러나 당대 및 후세인들의 평가는 높았다. 스승인 김원행은 이재를 '실로 호남의 호걸선비(眞湖南豪傑之士)'[37]라고 했고, 이서구도 '남쪽지방의 호걸(南土之傑)'라고 했으며,[38] 서명응은 '박학한 선비(博學之士)'라고 하였다. 영조도 이재를 보고 '박식자(博識者)'라고 평하였으며 정조는 '문장지사(文章之士) 순질지인(淳質之人)'이라고 하였다. 조정

37 위의 책 권13, 「學行」.

38 위의 책 권13, 「李書九撰 墓碣銘」.

에서도 그가 천문 역상에 있어서 당대 제일이라는 평가가 공인되었다. 1770년(영조 46) 『동국문헌비고』를 편찬할 때 조정의 공론이 이재를 편집청에 특별히 뽑고자 했을 때 그가 음관이라는 이유로 참여하지는 못했으나 천문, 역상 등에 관해서는 항상 이재에게 문의하였다 한다.[39]

(2) 학문과 사상의 성격

이재의 학문이 형성된 과정을 보면 크게 세 단계로 나눌 수 있을 것이다. 첫째는 가학의 전수이고, 둘째는 미호 문하로의 입문이며, 셋째로는 38세 이후, 즉 중앙 정계에 진출한 이후 실학자들과의 교류이다. 각 단계에 있어서 이재의 학문은 내용적으로도 일정한 변화를 겪으며 발전되어 갔다.

이재는 18세 때 「호락학심성설」을 쓸 정도로 성리학에 조예를 보였다. 성리학에 대해서는 미호를 만나기 이전에 가학의 영향과 본인의 독자적 연구로 상당한 수준에 달하였음을 알 수 있다. 이수학에 대해서도 일찍 관심을 가져 16세 때부터 『이수신편(理藪新編)』을 집필하기 시작하였다. 18세에는 자명종을 구해 분해해 보기도 하면서 「관자명종(觀自鳴鐘)」이란 기록을 남기기도 하였다.[40] 가학적 바탕 위에 일정한 사문을 정하지 못하고 독학하였던 이재에게 학문적으로 큰 전기가 된 것은 미호 문하로의 입문이었다. 31세에 입문한 이래 미호가 별세한 1772년까지 밀접한 교류를 나눔과 함께 깊은 학문적 영향을 받았다. 미호 김원행은 농암 김창협의 양손자로서 기호노론계의 정통을 이은 학자로서 낙론계의 대가였다. 그는 특히 호론계과의 논쟁을 하면서 이수(理藪)에 약하다는

---

39 위의 책 권13, 「李書九撰 墓碣銘」, 권14, 「年譜」.

40 위의 책, 같은 곳. 자명종에 대해서는 나중에 홍대용 등과 더 연구함으로써 「輪鐘記」로 발전하였다.

것을 느끼고 역학(曆學)과 율려(律呂), 상수학(象數學)에 대해 관심을 가졌고, 제자들에게도 연구의 필요성을 강조하였다. 미호는 평생 관직에 나아가지 않고 경기도 양주군에 있는 석실서원(石室書院)에서 학문연구에만 전념하였는데, 이 서원은 고문운동을 중심으로 한 새로운 학풍과 함께 상수학에 대한 깊은 연구로 후대에 크게 영향을 끼쳤다.[41] 당시 이 서원에는 김이안(金履安)·홍대용(洪大容)·박윤원(朴胤源) 등이 모여 성리학 및 자연과학 연구에 독보적인 경지를 보이며 하나의 학파를 이루고 있었다. 그 점에서 석실서원학파는 조선후기 남인계의 성호학파, 소론계의 강화학파와 더불어 대표적인 학파로 평가할 만하다. 이재는 미호 문하에 입문한 이래 석실서원파의 일원으로 큰 영향을 받았고, 미호의 학문적 지향과 학설을 이어받았다. 또 이미 성리학과 상수학에 상당한 경지를 이룩하고 있던 이재로서는 석실서원 안에서도 선두권을 유지하면서 이 학파의 학풍 형성에 중요한 역할을 담당하였다.

이재의 학문의 성격을 구명하기 위해서는 먼저 그의 저술목록을 알아볼 필요가 있을 것이다. 후학 김노수(金魯洙)가 쓴 「행장」에 나와 있는 그의 저술목록을 보면, 『이수(理藪)』, 『산뢰잡고(山雷雜考)』, 『자지록(資知錄)』, 『역대운어(歷代韻語)』, 『성씨운휘(姓氏韻彙)』, 『성리대전주해(性理大典註解)』, 『구경차록(九經箚錄)』, 『군서정변(群書訂辨)』 각 수권, 『상위지요(象緯指要)』 2권, 『여지승람증수기례(輿地勝覽增修起例)』 1권, 『황극경세서사상체용성음괘수도해(皇極經世書四象體用聲音卦數圖解)』 1권, 『국조상례보편후본척도설(國朝喪禮補編後本尺圖說)』 1권, 『윤종기(輪鐘記)』 1권, 『화음방언자의해(華音方言字義解)』 1권, 『자의혼와변(字意混訛

41 석실서원은 효종 5년(1654) 경기도 양주군 석실리에 세워졌고, 賜額을 받은 서원으로서 병자호란 때의 斥和臣 三學士를 봉안한 곳이다. 이 서원은 노론 기호계의 핵심적인 서원 가운데 하나이면서도 정계와 일정하게 거리를 두면서 古文運動과 象數學을 깊이 연구하는 등 독특한 성격을 지니고 있었다.

辨)』 1권, 『해동이적보(海東異蹟補)』 1권, 『소학강의(小學講義)』 1권, 『난고(亂稿)』 근 백권, 『문집』 기십권 등 총 300권에 달한다고 한다.

이재의 학문에 대해 심정진(沈定鎭)은 "육경에 근본을 두었으되 백가에 통달하였다. 크면서도 뒤섞이지 아니하고 자세하면서도 번잡하지 않으니 세상에 보기 드물게 박학하다고 말할 수 있을 것이다"라고 평하였다.[42] 그는 또 항상 "군자가 되어 한 가지 일이라도 알지 못하는 것이 있다면 부끄러운 일이다(君子恥一物不知)"라고 할 정도로 격물치지적인 박학성을 중요시하였다.[43] 실제 저술목록과 『이수신편』, 『자지록』, 『문집』 등을 통해 볼 때, 그의 관심 분야는 성리학뿐만 아니라 천문역상학 · 산학 · 기하학 · 역사학 · 지리학 · 경제치용학 · 국어학 · 자연과학 등 다양하고, 저술의 양은 호한하여 당대의 박물학자 내지 백과전서파라고 할 만하다.

개략적인 고찰을 통한 이재 학문의 특성을 들어보면 ① 보수적인 성리철학 ② 박학 지향과 실용성 중시 ③ 국학의 연구 등으로 정리해 볼 수 있을 것 같다.

① 보수적 성리철학

이재의 학문과 사상의 바탕을 이루는 것은 조선후기의 대부분의 유학자와 마찬가지로 경학 특히 성리학이다. 그런데 이재는 성리학에 있어서 철저한 주자존신론(朱子尊信論)의 입장을 고수하였다. 그는 윤휴나 박세당의 고학적 경전해석에 대해서는 극렬하게 비판하였으며 육예학(六藝學)에 대해서도 소극적이었다. 이 점에서는 석실서원의 동문인 홍대용과

---

42 위의 책 권13, 「行狀」.

43 이 점에서 정조대 당시의 박물학자로 이름 높았던 서명응과 이덕무가 이재를 '博學之士'라고 평한 사실도 주목할 가치가 있다.

도 아주 대조적인 면모이다. 이러한 그의 입장은 평생을 두고 변하지 않았던 것 같다. 51세 때 김광한(金光漢)과 주륙학(朱陸學)을 토론할 때에도 같은 입장을 제시하고 있다. 즉 "주자를 존중하면 나라가 잘 다스려지고 집안이 평안하지만 주자를 배척하면 나라가 어지러워지고 집안이 위태롭다"[44]라고 단정하면서 명나라가 망한 이유도 중기 이후 주자학을 배척했기 때문이라고 하였다. 그러면서 윤휴 · 박세당 · 정제두 등 주자의 설에 비판적이었던 학자들을 비판하였다.

② 박학 지향과 이용후생의 정신

이재의 학문은 가장 큰 특징은 박학성이다. 그가 "군자는 한 가지라도 알 못하는 것을 부끄럽게 여긴다[君子恥一物之不知]"라고 항상 강조한 바와 같이 그는 격물치지적인 박학을 중시하였다. 특히 종래 성리학자들이 여기(餘技)로 취급하거나 잡학(雜學)이라고 천시하던 천문학이나 역법 등 자연과학에 집착한 것은 강한 의지의 표현이라고 볼 수 있다. 동시에 그의 박학에는 단순한 학문적 호기심이나 지적 유희를 위한 것이 아니라 실용적인 학문에 대한 지향성을 찾아볼 수 있다. 그는 역상학에 뜻을 두고 탐구한 동기에 대해 그것이 국가의 정치에 시급히 필요한 일이기 때문이라고 하였다.[45] 즉 천문역상학은 농업을 주된 산업으로 하는 농본국가에서는 가장 긴요하고 실용적인 학문이라는 것이다. 그럼에도 불구하고 우리나라의 학자들이 이 시급한 학문을 소홀히 하는 상황에 대해 강하게 비판하였다. 이재는 40세 때인 1768년 정지순(鄭持淳)과의 토론에서 정(鄭)이 주역과 역상학에 대해 질문하자 '그것은 천고에 걸쳐 도학의 근본'이라고 답하였다. 또 역상학의 가치에 대해 묻자, 이재는 "역대의

44 위의 책 권14, 「年譜」.

45 『理藪新編』 권3.

사서(史書)는 각기 천문지를 가지고 있다. 이것은 유학자의 격물치지하는 한 단서이며, 명유(明儒)들이라면 서로 함께 강구하여서 방해되지 않을 것"이라고 하였다.[46] 또 산학(算學)을 연구함에 있어 그는 순수학술 차원에 그치지 않고 양곡과 금전을 계산하는 방법[粟布], 세금을 산정하는 방법[衰分], 토목공사에 소요되는 인부와 비용 등의 산출방법[商功], 물자수송에 드는 비용과 노역의 산출방법[均輸] 등 수학적 지식을 실용적으로 응용하는 독창적 업적을 남겼다. 또 도량형제의 통일을 위해서도 노력하였다. 여기에는 이재의 실용적인 정신이 바탕하고 있음을 알 수 있다. 즉 그의 '박학'에는 당시의 지적 풍토에 대한 강한 반발과 함께 실용적인 학문에 대한 지향성을 엿볼 수 있는 것이다.[47]

이재의 박학 지향과 자연과학 연구에 있어서 주목되는 바는 서학(西學)에 관한 연구와 입장이다. 이재가 서양서적을 언제부터 보았는지는 확실한 기록이 없다. 가장도서 속에 있었을 가능성도 있고, 석실서원에 나가면서부터 보았을 수도 있다. 한편 그가 서양서적을 집중적으로 보았던 시기는 그의 나이 38세인 1766년경부터인 것 같다. 그가 본 한역서학서는 『직방외기(職方外紀)』, 『천주실의』, 『기하원본』, 『신법역인(新法曆引)』, 『역상고성(曆象考成)』, 『역상고성후편』, 『역상고성 상하편』, 『수학문답(數學問答)』, 『수리역상(數理曆象)』, 『수리정온(數理精蘊)』 등이다.

---

46 『頤齋續稿』 권13, 「行狀」.

47 이러한 자연과학에 대한 지향이 그의 성리철학에 바탕을 둔 것이라는 견해가 제기되어 주목된다. 즉 이재는 홍대용과 함께 人物性同論에 바탕하여 도덕적 윤리의 세계로부터 物理의 세계로 확대해 나가는 쪽으로 실학사상을 발전시켜 나갔으며, 이러한 경향은 '人之性'과 '物之性'의 상호연관성을 강조하면서 象數學의 탐구를 권장하였던 김원행과 그의 영향 아래에 있던 석실서원의 학풍이었다는 것이다. 이러한 새로운 자연관과 독자적인 物論은 이후 북학파 실학의 철학적 기분이 되었고, 이 바탕 위에서 서구의 자연과학에 대한 연구와 수용이 가능했으며 이용후생의 개혁안도 나올 수 있었다는 것이다. 이에 대해서는 김태준, 『홍대용평전』(민음사,1987), 유봉학, 「북학사상의 형성과 그 성격 – 담헌 홍대용과 연암 박지원을 중심으로」(『한국사론』 8, 1982) 참조.

이 시기는 그가 처음으로 관직에 나간 때인데 이후 10여 년간이 그의 학문생활에 있어서 절정기이기도 하다. 저술도 40세에서 43세까지의 시기에 가장 많다.

서학에 대한 인식을 보면 그는 서양과학에 대해 매우 긍정적이었다. 특히 서양의 천문학과 역학 및 수학에 대해서는, "대개 서양 사람들은 역산(曆算)과 수법(數法) 등에 있어서는 천고에 아주 뛰어나다. …(중략)… 역산의 여러 가지 법은 서양 것보다 나은 것이 없으니, 이는 아마도 바꿀 수 없는 이론일 것이다"라고 하면서 극찬하였다.[48] 그러나 천주교에 대해서는, "처음에 나는 천주실의가 가히 볼 만한 것이 있다고 생각하였다. 그런데 오늘에 이르러 그 문장을 살펴보니 심히 천박하다. 그 말하는바 천당지옥설이나 영혼불멸설은 아주 해괴하다"[49]라고 하면서 부정적으로 평하였다. 결론적으로 그는 "성현의 성리학문의 설에 있어서는 주자학을 숭상하는 것보다 나음이 없다"고 하면서 서학의 종교적 내지 정신적 측면의 수용을 거부하였다.

한편 이재는 학문연구방법에 있어서 귀납법적인 태도를 견지하였다. 특히 『이수신편』이나 『만록』의 경우 철저하게 고증학적인 방법에 입각하여 서술하고 있다. 평생에 걸친 자료수집과 정리는 감탄하지 않을 수 없을 정도이며 새로운 지식의 흡수에도 적극적이었음을 알 수 있다.[50]

---

48 『頤齋續稿』 권11, 『漫錄』 中.

49 위의 책, 같은 곳.

50 그런데 『理藪新編』의 경우 중국학자의 학설을 소개하는 데 치중하였고, 자신의 독창적인 견해를 제시한 바가 아주 적다는 점에 아쉬움이 있다. 저술이라기보다는 편집이라고 하는 것이 적당할 듯하다. 그런 점에서 체제의 세련성은 부족하지만 『漫錄』이 오히려 낫다. 여기서는 어떤 주제에 대해 동서고금의 諸說을 인용하고 비교 분석한 다음 자신의 견해를 밝히고 있다. 특히 '按說' 속에는 당시 사회에 대한 이재의 예리한 관찰력과 비판의식이 표현되어 있어 오히려 가치가 있다.

③ 국학의 연구

이재는 우리나라의 역사와 지리에 깊은 관심을 가졌다. 이에 관한 기록을 보면, 「동국역대향년도(東國歷代享年圖)」, 「동국지지략(東國地誌畧)」, 「본조조종진전사실변(本朝祖宗眞殿事實辨)」, 「월송황씨선적고(越松黃氏先跡考)」(이상 『자지록』) 「의증수동국여지승람예인(擬增修東國輿地勝覽例引)」, 「기자조선급마한세계(箕子朝鮮及馬韓世系)」, 「여사잡초(麗史雜抄)」, 「삼한소통칠십팔국명호(三韓所統七十八國名號)」, 「논삼한고적적(論三韓古跡蹟)」, 「발해국(渤海國)5경(京)15부(府)62주(州)」, 「잡록」(이상 『이재유고』) 「금옥토석초목고(金玉土石草木考)」, 「온천초천급이적고(溫泉椒泉及異蹟考)」(이상 『이재속고』) 『이수신편』 제6권 「지리(地理)·조석(潮汐)」 등과 그 밖에 『만록(漫錄)』에서의 기사가 있다.[51] 비록 체계적인 저술은 아니라 하더라도 그는 서양과 중국 및 우리나라 역대의 사서(史書)와 지리서를 참고하면서 한국의 역사, 지리에 관해 연구하였다. 특히 백제와 발해에 대해 별도의 저술을 남겨 깊은 관심을 가졌고, 연구 방법상으로는 방언 분석을 통해 역사를 복원하고자 하는 시도를 하였다. 즉 그는 「논삼한고적적」, 「삼한소통칠십팔국명호」에서 삼한 각국의 국호·지명·관제 등에 대해 고찰한 후 역사지리를 연구함에 있어서 음운학 내지 언어학적 고찰이 필요함을 강조하였다.[52]

음운학과 어학에 관한 그의 연구도 중요한 의의를 지니고 있다. 이 방면에 관한 저술로는 『이수신편』 12권과 20권, 그리고 『잡저』 등에 상세히 기술되어 있다. 그 중에서도 특히 중요한 것으로는 「화음방언자의해」, 「자모변(字母辨)」, 「훈민정음」, 「문자음의급자모고(文字音義及字母

---

51 예를 들면, 「東國輿地勝覽」,「箕子八條」, 「帶方軍의 위치」, 「女眞族 위치」,「三韓의 역사」, 「白頭山定界」, 「興德邑誌」, 「姜邯贊將軍」, 「墓制」, 「道詵國師」 등과 우리나라의 여러 제도에 대한 역사적 고찰을 한 기사가 많다.

52 『頤齋續稿』 권11, 『漫錄』 中.

考)」, 「운학본원(韻學本源)」 등이 있다. 「화음방언자의해」에서는 과학적인 비교방법으로 우리말의 어원을 연구하였고, 「자모변」, 「운학본원」에서는 음운학적인 입장에서 훈민정음을 중국과 일본문자와 비교하였다. 또 최세진의 『사성통해(四聲通解)』를 참고해서 연구한 「통고사성도(通考四聲圖)」도 학술적 가치가 높은 연구서이다. 음운학과 국어학에 대한 그의 연구는 비교연구의 효시가 되며, 여암 신경준의 그것과 함께 쌍벽을 이루는 것으로 평가받고 있다. 한편 『자지록』과 『잡저』에 수록되어 있는 「심의회통신제(深衣會通新制)」, 「산뢰심의제식(山雷深衣制式)」, 「부인회두제도설(婦人繪頭制度說)」 등은 한국 복식제도사 연구에 귀중한 참고문헌이라 할 수 있다.

(3) 이재 사상의 의의

이재는 당대에 이미 박학다식한 박물학자로서 명성이 높았다. 1782년(정조 6) 조정에서 『동국문헌비고』를 편찬할 때 각 부문별로 적임자를 선임한 뒤, 이재는 전체를 총괄하여 책임을 맡길 수 있는 인물로 천거를 받았다. 또 이재의 산학(算學)에 대해서는 당시 산학의 대가인 이자경(李子敬)도 탄복하였다. 그는 이재의 독특한 이론인 입천원일법(立天元一法)에 대해 평하면서 '아주 정밀하여 당세에 견줄 사람이 없는 독보적인 존재'라고 칭찬했다 한다. 이재는 당시 유학자들이 중인들이나 하는 '잡학'이라고 천시하던 산학과 자연과학에 대해 그것이 인간생활에 유익하고 필요한 것이라면 당연히 알아야 하고 탐구해야 한다고 강조하였다. 그의 자연과학에 대한 탁월한 업적들은 모두 이러한 그의 투철한 실학정신의 산물임은 물론이다.

이재는 호남실학의 거목으로, 또 한국과학사에서 빼놓을 수 없는 학자로 평가받고 있다. 이재가 63세를 일기로 사망했을 때 당시의 전라도관찰사 조진택이 만사(挽詞)에서 "호남의 인물을 볼 때 하서 김인후의 도덕이 가장 높았는데 오직 황공만이 그 자리에 따르며 박문약례(博文約禮)의 학행(學行)은 같은 경지에 있다"라고 평하였다.

이재 학문의 특징은 성리학과 실학을 동시적으로 지향했다는 점이다. 성리학적 측면에서도 상당히 깊이 있는 연구를 하여, 당시 기호학파 안에서 활발히 논의되고 있었던 인물성동이론에도 일가견을 가지고 논쟁에 참여하였다. 그런데 이러한 면모는 18세기 중기 실학사상의 특징이라고도 할 수 있다. 성리학 자체를 철학적으로 탈피해가는 단계는 18세기 말 내지 19세기 전반기 정약용이나 최한기 단계에 이르러 비로소 가능해진다. 한편 이재의 사상체계는 얼핏 볼 때 체계성이 부족하다고 느껴진다. 그의 철학사상과 과학사상이 하나의 일관된 체계로 연결된 것 같지 않다. 『이수신편』이나 『이재난고』 등의 저술은 다양한 내용을 수록하고 있으나 유서(類書)의 일종으로서 일정한 체계 없이 나열되어 있다. 그런 점에서 유형원의 『반계수록』이나 정약용의 저작들과는 대비가 된다. 또 사회개혁론에 있어서는 전반적으로 온건개량적이며 소략하다.[53] 이재 스스로도 제도개혁을 별로 중요시 하지 않았다. 이 점 호남실학의 전체적 성격과 관련하여 어떻게 이해해야 할 지 숙제거리 중의 하나이다.

4) 위백규

(1) 생애와 활동

위백규는 1727년(영조 3) 전라남도 장흥부 계춘동(현 장흥군 관산면 방촌)에서 진사 문덕(文德)의 맏아들로 태어났다. 본관은 장흥이었고, 호는

53 이에 관해서는 하우봉, 「이재 황윤석의 사상과 사회개혁론」, 『건지인문학』 14, 2015 참조.

존재(存齋)이다. 위백규 스스로 자신의 출신배경을 삼벽(三僻 : 地僻, 人僻, 姓僻)이라고 한 것처럼 장흥 위씨는 조선건국 초기 역모사건에 연루되어 중앙정계에서 탈락한 이래 한반도의 남단인 장흥에 내려와 대대로 살아왔다. 장흥부의 위씨 일문은 관계에 진출하지 못한 채 '재지사족(在地士族)' 내지 '농촌지식인'으로서의 삶을 살았다. 이런 어려움에도 불구하고 존재의 할아버지 세보(世寶)는 '시서화삼절(詩書畵三絶)'이란 평가를 받았고, 작은 할아버지 춘담공(春潭公)은 학문이 깊어 존재의 초기 학문형성에 큰 영향을 주었다.

이러한 가학의 토대 위에 위백규는 10세에 천문 · 지리 · 율력(律曆) · 복무(卜巫) · 도불(道佛) · 병도(兵韜) · 산수(算數) · 의학에 관한 서적을 열람하였고, 14세 이후에는 백공기예(百工技藝) 등 실용적인 학문에도 정진하였다 한다. 20세를 넘어서는 향촌에서 학생들을 모아 가르치는 등 향촌교화에 힘쓴 결과 24세 때에는 장흥부사에 의해 천목(薦目)으로 천거되기도 하였다. 그러나 청년기를 맞이한 존재는 25세 때 멀리 충청도로 병계(屛溪) 윤봉구(尹鳳九, 1681~1767)를 찾아가 문하에 들어갔다. 존재의 학문이 본격적으로 폭과 깊이를 더한 것은 이 때부터였다. 병계 또한 호남의 벽촌에서 찾아온 존재를 몹시 아꼈다. 위백규의 호인 '존재(存齋)'도 그가 지어준 것이다. 당시 기호유림 호론계의 유학자였던 병계의 문하에서 지도를 받고 대화를 나눈 15여 년 간은 존재의 일생에서 학문에 전념할 수 있었던 소중한 시기였다. 그의 대부분의 저술들이 이때 초고로 준비되었거나 완성되었다.

한편 존재는 39세에 생원시에 합격하였으나 과거에 회의를 느끼고 대과 응시를 포기했다. 40세가 되던 해 존재는 고향으로 돌아와 향촌사회의 교화와 자제들의 교육에 힘썼다. 그는 고향의 계항산 속에 다산정사(茶山精舍)를 세우고 독서와 저술에 힘쓰는 한편 양정숙(養正塾)이라는 서원을 세워 학문을 배울 여건이 못 되는 문중의 자제들과 노비들까지도 모아 교육하였다. 그는 낮에는 농사일을 하고 밤에는 책을 보며 가르치는 주경야독(晝耕夜讀)을 실천하였으며, 문하생들에게도 그대로 실행하게 하였다. 그는 또한 양정숙학규(養正塾學規)와 사약(社約)을 만들어 당시 문란해진 향촌사회의 풍속을 바로잡고자 노력하였다. 존재는 비록 목민관으로의 뜻을 펼 수 있는 기회를 얻지 못했지만 실천적인 노력을 통해 당시의 사회모순을 바로잡아 보고자 하였다.

이러한 그의 실천적인 활동으로 그의 학숙은 향리에서 큰 영향력을 발휘했으며, 중앙정부에도 알려졌다. 그 결과 70세 되던 해에는 왕명에 의해 그의 문집이 내각에 들어갔으며, 기장현감, 태인현감, 옥과현감 등에 제수되었다. 그러나 이때는 이미 늙은 후라 자신의 경세사상을 「만언봉사(萬言封事)」에 담아 임금에게 올리고 사직하였다. 정조는 그에게 다시 정6품직인 장서원 별제(別提), 종5품직인 경기전령(慶基殿令) 등의 직을 제수하였으나 존재는 노환으로 부임하지 못한 채 1798년(정조 22) 72세를 일기로 생을 마쳤다.

(2) 박학과 사회개혁론에 정채를 발한 사상

존재의 저술은 90여 권이 넘는다고 하나 정조의 지시로 상당부분이 내각에 들어갔고 또 산일되기도 하여 현재 그 명칭을 알 수 있는 것은 56권이고 장흥 위씨의 종가에 현존하는 것은 39권뿐이다. 존재는 특히 경학(經學)과 예(禮)에 밝았다고 하는데, 그 밖에도 천문 · 지리 · 역사 · 정치 · 경제 · 문학 · 의학 등 미치지 않은 분야가 없을 정도로 박학하였다 한다. 그는 비록 궁벽한 시골에 있으면서 관심 있는 서적을 다 찾아볼 수 없다고 안타까워하기도 했지만 남다른 노력과 윤봉구의 배려로 그러한 한계를 일정하게 극복할 수 있었다. 그러나 당시 서울 등 중앙의 학자들의 학문적 호기심의 대상이었던 서양과학이나 천주교에 대해서는 "그 서적들을 아직 보지 못하였기 때문에 잘 알 수 없다"고 밝혀 자신의 견문이 미치지 못함을 토로하였다.

대표적인 저작들을 분야별로 살펴보면, 경학부문에서는 『사서차의(四書箚義)』, 『고금(古琴)』, 『경서조대(經書條對)』, 경세학 분야의 『정현신보(政絃新譜)』, 「봉사(封事)」, 「만언봉사(萬言封事)」, 지리학 분야에서는 『환영지(寰瀛誌)』, 『해도지(海道誌)』, 『지제지(支提誌)』, 역사학 분야의 『명사평(明史評)』, 『상론(尙論)』, 국어학과 문학에서는 『대학언해차의(大學諺解箚義)』, 『연어(然語)』, 『덕산행(德山行)』, 『자회가(自悔歌)』 등이 있고, 그밖에 『원류(原類)』, 『격물설(格物說)』 등 사전적 해설의 류서(類書)를 남겼다. 저술목록에서만 보더라도 그의 학문적 관심과 업적이 호한함을 알 수 있겠는데, 그 중에서도 정채를 발휘하는 부분은 경세학과 지리학 분야이다.

존재의 학문과 사상의 특성은 크게 두 가지로 나누어 살펴볼 수 있다.

첫째는 박학(博學)에로의 지향을 들 수 있다. 존재는 기본적으로 유교 경전 속에서 진리를 구하고자 했다. 불교나 도교에 대해서는 정통유학자의 입장에서 그것들의 비현실성과 기복적인 내세관을 비판하였으며, 당시 유행하였던 풍수설에 대해서도 배척하였다. 한편 스승 병계의 영향을 받은 이유도 있겠지만 성리학을 거부하지는 않았다. 그러나 끊임없는 논쟁만 일삼는 당시의 성리학적 풍토를 비판하면서 실용적인 여러 학문을 다 포용하고자 하였다. 그는 조선에서는 최초의 세계지리서라고 할 수 있는 『환영지』를 지음으로써 세계에 대한 인식의 지평을 넓혔고, 『명사평』과 『상론』에서는 중국사에 대한 새로운 인식과 이해를 제시하였다. 그 밖에 금수, 초목에 대한 박물학적 연구와 군사학에 대해서도 저술을 남겼다.

그런데 이러한 학문영역의 확대는 그 자체로서 성리학적 학문풍토에서 벗어나려는 의지의 표현이라고 볼 수 있다. 즉 당시 성리학자들이 경멸한 박학적인 학문경향을 중시했다는 측면에서 그러한데, 이 점은 실학자들에게 공통되는 특색의 하나이기도 하다. 존재 역시 여느 실학자들처럼 성리학에 한정되지 않고 여러 분야에 관심을 가진 백과전서파의 일원이라고 할 수 있다. 한편 경학에 있어서 존재는 원시유학에 대한 회귀를 지향했는데, 이러한 그의 고학적 경향은 성리학적 학문분위기에 대한 회의에서 나왔을 것으로 추측해 볼 수 있다. 무엇보다 현실적인 사회모순에 대해 비판의식을 가졌던 그로서는 유교경전을 관념적이고 보편적인 철학서로보다는 현실적이고 역사적인 경세서로 이해하고자 했던 지향의 발로라고 여겨진다.

둘째로 호남 실학자 가운데에서 존재 사상의 가장 두드러진 특징은 사회개혁론의 제시에 있다. 그의 경세사상은 『정현신보』와 「만언봉사」, 「봉사」에 집약되어 있다. 『정현신보』는 전, 후편으로 구성되어 있다. 시폐(時弊) 13조로 이루어진 전편에서 그는 당시 사회의 모순과 폐단을 날카롭게 지적하였다. 후편은 전편을 지은 지 30여년 후인 65세 때에 저술한 것으로 전편 13조에 19조를 더한 32개 분야에 걸쳐 사회개혁안('救弊')을 제시하고 있다. 이와 함께 존재의 개혁사상은 70세 때 정조에게 올린 「만언봉사」에 종합되어 있다. 존재가 고발하고 있는 '시폐(時弊)'는 그가 평생 향촌에서 농민들과 함께 하며 겪은 체험에서 나온 것인 만큼 구체적이고 세밀하다. 또 그가 제시한 개혁안의 내용도 토지제도, 세제, 군역, 공물, 상공업, 지방행정의 개혁안, 관리선발제도, 도량형제도의 개혁과 민생안정론, 향토방위론에 이르기까지 국정의 전반적인 분야에 걸쳐져 있다. 이 개혁안들을 보면 경세치용학파로서의 존재의 면모가 약여하다.[54] 특히 지방행정과 향토방위체제, 교육개혁방안 등은 그것자체로 하나의 체계를 형성하고 있으며, 자신의 직접적인 체험과 실천적인 활동에서 나온 개혁안답게 정채를 발하고 있다.

특히 주목되는 점은 지식인의 역할에 관한 인식과 교육제도의 개혁안이다. 그는 당시 사회가 문란하고 피폐해진 원인은 국가의 원기가 되어야 할 선비(士)가 타성에 빠져 나라를 다스리는 방략을 제시하지 못하고 본분을 망각한 채 안일과 사사로운 욕심에만 몰두함으로써 국가피폐의 핵심요인이 되었다는 것이다. 이와 같이 선도적 역할을 해야 할 지식인이 타락하여 그 기능이 마비된 상황 하에서 백성들의 마음이 안정되지 못하고 상하관리들이 사리를 도모하게 되었다는 것이다.

(3) 존재사상의 의의

19세기 전반기 홍직필(洪直弼)은 위백규의 사상을 평하기를 "호남의 학문이 하서 김인후, 고봉 기대승을 거쳐 손재 박광일, 목산 이기경에 이어 공에 이르고 있다"라고 하였다. 그는 존재를 높이 평가하면서 그의 '세상에 도움을 줄 수 있는 재주와 실용적인 학문'이 쓰이지 못했음을 애석해 하였다.

존재의 사상은 당시 다른 실학파들과의 교류나 영향받은 바 없이 남도의 한 끄트머리에서 혼자 이룩한 것이다. 그의 개혁사상은 명백히 경세치용적인 성격을 띠고 있지만 성호 이익을 중심으로 한 근기실학파의 영향권에서 벗어나 있었다. 단지 존재는 현실에 대한 인식과 개혁론 등에서 볼 때 율곡 이이의 영향을 많이 받았던 것으로 보인다. 『정현신보』를 비롯한 저술 곳곳에서 율곡을 인용하고 있으며, 그가 만년에 정조에게 올린 「만언봉사」도 율곡이 선조에게 올린 그것에서 본 딴 것이었다.

---

54 상공업 분야에 있어서는 부분적으로 소극적인 태도를 취하고 있어 그가 重商主義는 아니고 重農主義적인 입장을 취하고 있음을 알 수 있다.

또 그는 부안에 와서 20여 년간 살면서 호남실학을 개창한 반계 유형원의 영향을 받았다. 반계의 사상은 그의 사후 두 갈래로 계승되었다고 볼 수 있겠는데, 그 하나는 근기지방의 실학자들이고, 다른 하나는 호남 실학자들이다. 그 중에서도 존재가 반계의 경세치용적인 개혁사상을 이어받고 있다. 그는 근기지방의 실학자들과 일체 교류한 일이 없으면서 반계와 비슷한 상황과 현실체험 속에서 독자적인 경세론을 제시하였던 것이다.

일반적으로 호남실학자들이 백과전서적인 박학성을 과시했던 반면 사회개혁에 대한 적극적인 개혁안 제시나 의지는 부족하였는데 비해, 존재의 경우에는 사회개혁에 대한 강한 실천의지와 구체적인 개혁안을 제시하고 있다는 점에서 독특하다. 이 점에서 그의 사상은 한국실학사상 경세치용학파의 또 다른 하나의 갈래로서 자리매김 되어야 할 것이다.

존재의 학문과 사상의 성격을 보면 기존의 전통적 질서나 체제를 크게 변동시키지 않고 운영의 개선을 통해 현실에 대응해 보려고 하는 다분히 개량적인 성격을 드러내고 있다. 존재 사상의 기본틀이나 윤리관, 경제관 등은 전통적인 유학자들과 크게 다를 바가 없다. 가치관이나 행동양식에 있어서도 조선전기 개혁적 사상가들의 그것을 계승하고자 하는 회고적인 지향이 없지 않았다. 서학(西學)에 대한 인식의 폭의 제한, 도교나 불교에 대해 유학자의 입장에서 강하게 비판하고 있는 점에서도 그러한 면모를 엿볼 수 있다. 「만언봉사」에 요약되어 있는 그의 개혁사상의 목표를 한마디로 말하면 왕도정치의 구현과 국부민안(國富民安)이라고 할 수 있다.

그러나 향촌사회에 대한 존재의 현실적인 비판의식과 그러한 현실적 모순에 대해 나름대로의 구체적인 개혁안을 제시하고 몸소 실천한 점은 그의 독특한 면모라고 할 수 있다. 동시에 그의 개혁안의 바탕에는 당시

사회와 농촌, 특히 농민에 대한 짙은 애정을 느낄 수 있으며 강렬한 서민 지향성을 지니고 있다. 이상적인 개혁사상과 현실의 괴리사이의 마찰을 가능한대로 줄여보고자 하는 의도로 개혁사상이 현실지향적이 되고 온건화되는 것 자체를 '개량'이라고 해 낮게 평가하는 것은 올바른 태도가 아니라고 생각된다. 사상이 현실사회의 모순을 해결하고자 하는 지적 고뇌의 산물이라고 한다면 그것은 당대에 수용되어 실현될 가능성이 중요시되어야 한다. '변혁', '개혁', '개선', '개량' 등의 평가는 일정한 방향성을 설정한 뒤에는 그 역동성을 비교하는 상대적인 개념에 불과할 수 있다. 보다 핵심적인 문제는 그 사상이 얼마나 확산되었고, 그 개혁의지가 실질적으로 구현되었는가에 달려 있다.

존재의 행적을 통해 볼 때 그는 조선후기 향촌사회의 변동을 주도하였던 이른바 농촌지식인의 전형이었음을 알 수 있다. 이들은 중간계층으로서 양반중심의 현실사회에 대한 견제와 서민옹호라는 기능을 수행하였으며, 다양화해 가는 당시의 계층구조 속에서 새로운 사회형성의 주역이 될 수 있었던 세력이었던 것이다. 무엇보다 존재는 지식인이 자기가 살고 있는 사회에 대해 가져야 할 기본적인 성실성을 뚜렷이 보여준 인물로서 오늘날 재조명되어야 할 충분한 가치가 있다고 생각된다.

5) 홍대용과 호남실학

(1) 생애와 사상

담헌 홍대용(洪大容, 1731~1783)은 충남 천원군에서 출생하여 생애의 대부분을 충청도와 서울에서 보낸 인물이다. 그럼에도 불구하고 여기서 고찰하는 이유는 그의 행적과 사상이 호남과 깊은 관련이 있기 때문이다. 담헌은 자연과학에 대한 관심과 실학사상이 형성되어 가던 젊은 시절 호남실학의 거목인 이재 황윤석과 석당 나경적을 만나 교류하였다. 이 두 사람과의 만남은 담헌의 천문, 수리 등 과학사상의 형성에 큰 영향을 주었다. 담헌 또한 이재를 비롯해 호남실학의 발전에 적지 않은 영향을 주었다. 또 그는 47세 때인 1777년(정조 1)에 태인현감으로 부임해 2년반 동안 재임하였다. 이 시기에 이덕무를 불러 자기 밑에 근무하게 하였다. 당시 북학파 실학의 대표적인 학자인 두 사람이 이 지역에 상당기간 동안 체류하였다는 사실은 그들의 학문적 역량으로 볼 때 적지 않은 영향을 끼쳤을 것임은 충분히 상상할 수 있다. 여기서는 먼저 담헌이 한국실학사에서 가지는 의의를 간략히 살펴보고 호남실학과의 관련을 중심으로 살펴보도록 하겠다.

담헌의 가계는 고려시대 이래 조선조에 이르기까지 명문가 중의 하나였던 남양 홍씨이다. 할아버지 용조(龍祚)는 충청도 관찰사를 지냈고, 아버지 력(櫟)은 영천군수, 해주목사, 나주목사 등을 역임하였다. 그 덕분에 홍대용은 많은 여행을 할 수 있었다. 후일 나경적을 만나게 된 것도 아버지가 나주목사로 있었던 시절이었다. 또 하나 재미있는 사실은 홍대용의 선조들이 대대로 관상감과 관계있는 벼슬을 많이 지냈다는 점이다. 관상감은 천문, 역수, 지리학, 각루, 측후 등의 사무와 천문의 교습을 담당하였던 곳인 만큼 이러한 집안의 천문학적 분위기가 홍대용에게 과학적 관심을 일찍부터 일깨워준 배경이 되었다고 보인다.

담헌은 12살 되던 해에 미호 김원행의 문하에 입문하였다. 김원행은 기호학파의 정맥을 계승한 학자로서, 경기도 양주군 석실리에 있었던 석실서원에서 100여 명의 제자들을 가르치고 있었다. 석실서원은 특히 고문(古文)운동을 중심한 새로운 학풍과 시문풍(詩文風)으로 남인계의 성호학파와 소론계의 강화학파와 더불어 영·정조시대의 대표적인 학파를 건설하고 있었다. 담헌은 이러한 스승의 영향 하에 일찍부터 과거학을 포기하고 경학 연구에 몰두하였다. 그런데 24세 이후 주자성리학에 근본적인 회의를 느끼면서 학문적 방황을 하였던 것 같다. 그는 고학과 양명학에 심취하는 한편으로 불교서적도 읽고 자연과학에 깊은 관심을 가지게 되었다. 스승 미호와도 경학에 대한 해석을 둘러싸고 견해 차이가 생겼다. 이 무렵 담헌은 석실서원에서 나와 가끔 방문하는 형식으로 배우게 되었다.

20대 후반이래 30대 전반까지 그는 자연과학에 심취하여 고향 천원군에 일종의 사설 천문대라고 할 수 있는 농수각(籠水閣)을 설치하고 연구에 몰두하였다. 한편 이 시기를 전후해 유교경전에 대해서 주자학과는 다른 새로운 해석을 시도하였다 이 무렵에 저술한 『소학문의(小學問疑)』, 『가례문의(家禮問疑)』, 『대학문의』, 『논어문의』, 『맹자문의』, 『중용문의』, 『시경변의(詩經辨疑)』, 『서전문의(書傳問疑)』, 『주역변의(周易辨疑)』 등이 그러한 성과물이다. 여기에서 그는 주자성리학에 대해 회의하고 탈피하고자 하는 시도를 하였다.

35세 되던 해인 1765년 담헌은 숙부 홍억(洪檍)을 따라 중국사행을 하게 되었다. 북경에 체류하던 기간 중 그는 중국문사들과 교류하였고, 천주교 성당을 방문하고 그들의 천문기술을 직접 보고 대화를 나누면서 자신의 학문과 세계관 형성에 크나큰 전기를 맞게 되었다. 이때의 일을 기록한 『을병연행록』은 박지원의 『열하일기』, 박제가의 『북학의』와 함께 연행문학의 백미이면서 그것들의 모델이 되었다. 그는 중국사행 후 양명학에 더욱 관심을 보였고, 자연과학에 대해서도 깊이를 더해갔다.

40세 이후 서울에서 거주하게 되는데 그의 대부분의 저작이 이 시기에 이루어졌다. 또 그는 실심실학(實心實學)과 실사실학(實事實學)을 주축으로 하는 자신의 사상을 체계화시켰다. 일종의 철학소설이기도 한 『의산문답(醫山問答)』에는 그의 실학사상이 체계화되어 있으며, '화이일야(華夷一也)'라는 개방적인 세계관과 그에 따른 북학론(北學論)이 피력되어 있다.

한편 44세부터 53세까지 음직으로 관계에 진출해 관직생활을 하였다. 그는 당시 세자인 정조를 가르치는 시강(侍講)으로 재직하였고, 태인현감, 영천군수 등 지방관으로 근무하였다. 이 기간 중에 저술한 『임하경륜(林下經綸)』, 『계방일기(桂坊日記)』는 관직생활과 시강을 지내면서 얻은 경험과 경륜을 담은 것이다. 담헌의 저술은 매우 방대하지만 위에서 언급한 것 외에 중요한 것으로는 과학관계 서적으로서 『주해수용(籌解需用)』이 있다. 담헌은 1783년(정조 7) 관직생활을 그만두고 고향에 돌아온 그해 10월 53세의 젊은 나이로 세상을 떠났다.

(2) 담헌 사상의 의의

한국과학사 내지 실학사를 통해 볼 때 상당수의 실학자들은 자연과학에 관심을 표하였다. 여기에는 청으로부터 전래되었던 서양의 자연과학 서적과 물건들이 외부적 자극으로 기능하였다. 그런데 그 가운데 과학사적으로 가장 중요한 비중을 차지하는 인물이 홍대용이다. 한국과학사상에서 그의 중요성은 서양과학의 체계적 이해와 함께, 자연사상의 독특한 체계화에 근거한다. 특히 그는 17세기 김석문(金錫文)의 학설을 이어받아 지전설(地轉說)을 체계화하였고, 과학적인 천문관(天文觀)의 바탕 위에 동아시아에서 처음으로 우주무한론을 전개한 대과학자였다. 그가 한국과학사상 남긴 업적은 실로 지대하다. 30대 초반에 농수각을 만들어 혼천의를 제작하였고, 자명종을 만들어 보기도 했으며, 지구의 자전설과 공전설을 증명해 보이는 등 많은 과학적 업적을 남겼다. 보다 중요한 것은 과학에 대한 철학을 제시한 점이라 할 수 있다. 그는 종래 유학자들이 과학을 잡된 기술이라고 천시하는 경향에 대해 "어찌 말기(末技)라 이르겠느냐 정신의 극치이다"라고 선언하여 과학의 가치에 대해 근본적인 인식의 전환을 촉구하였다. 그러면서 새로운 물론(物論)과 자연관을 제시하였다.

그는 정통 기호학파에 속하면서도 인물성동론(人物性同論)을 주장했던 낙론의 입장에 서서 도덕적 윤리의 세계로부터 물리의 세계로 확대해 나갔다. 박지원, 황윤석 등과 함께 체계화한 이러한 새로운 자연관과 독자적인 물론(物論)은 이후 북학파 실학의 철학적 바탕이 되었다. 담헌의 실학사상의 요체는 실심실학과 실사실학으로 정리할 수 있다. 이것은 그의 고학, 양명학 및 자연과학에 대한 연구와 조예를 바탕으로 한 것으로 강한 실천성과 실용성을 표방하고 있다. 실사실학의 구체적인 내용은 당시 중인들이나 서민의 학문으로 천시되었던 육예(六藝 ; 禮樂射御書數)를 중시하는 실용적이고 기술적인 학문을 강조하는 것이었다. 이러한 철학 위에서 서구의 자연과학에 대한 깊은 연구와 이용후생의 개혁안이 나올 수 있었던 것이다. 그런 점에서 볼 때 담헌은 북학파 실학의 철학적 기초를 세운 인물이라 할 수 있다.

(3) 호남 실학자들과의 교류

㉠ 황윤석과의 교류

호남실학의 기수인 이재 황윤석과 담헌은 김원행 문하의 동문이었다. 이재는 31세 되던 1759년 정식으로 미호의 문하에 입문했는데, 이때 담헌이 29살 때였으므로 이재가 담헌보다 2년 연상인 셈이다. 그런데 이재는 이미 3년 전부터 미호를 찾아와 경서에 대한 의문점을 묻기 위해 석실서원을 방문하였으므로 두 사람의 최초의 만남은 1756년경이었을 것으로 추정된다. 이 두 사람의 만남은 한국과학사상 의미 있는 사건이었다. 이들은 이미 서구과학사상을 수용한 한편 천문학과 수학의 연구에 상당한 경지를 개척하고 있었다. 이재는 14세 때부터 천문학과 이수(理數)에 뜻을 두었고 『이수신편』 23권을 저술하였던 당대의 과학자였다. 일정한 스승이 없이 여러 가지 지식을 습득하였던 이재는 자연과학에 관심이 많았다. 그는 미호 문하에 입문하면서 서양의 천문학에 심취하였고, 그들이 주장하는바 지구자전설, 공전설, 지원설(地圓說) 등을 모두 인정하였다. 역법에 대해서도 서양역법의 정확성에 감탄하면서 시헌력(時憲曆)의 도입에 적극적이었다. 그의 천문 역법에 관한 이해는 당시 조정에서도 모두 공인하는 바였고, 정조도 특별히 칭찬하였다 한다.

담헌과 이재의 교류를 그들의 문집을 통해 찾아보면 다음과 같다.

이재가 미호의 문하에 입문하였던 1759년에는 담헌이 나경적을 만나 혼천의와 자명종 제작에 착수했던 시기이다. 그것이 완성되었을 때 이재는 농수각을 방문하였고, 돌아온 뒤 「윤종기(輪鍾記)」를 써서 상세히 소개하였다. 그 후에도 이재는 농수각에 들러 담헌과 같이 천문기기를 관찰하면서 천문, 역상, 수학 등 자연과학에 대한 지식을 나누었다. 1772년(영조 48) 담헌과 이재는 스승 미호를 모시고 홍양으로 염영서가 만든 자명종을 같이 구경하러 가기도 하였다. 이보다 4년 뒤인 1776년 이재가 세자익위사 익찬으로 있을 때 당시 사헌부 감찰로 있었던 담헌을 찾아가 율력과 상수학의 설을 논했다는 기사가 「이재연보」에 나온다. 또 1777년(정조 1) 태인현감으로 있던 담헌에게 이재가 『역상고성(曆象考成)』 전 · 후편을 빌려보았다는 사실도 확인된다. 이상의 기사로 볼 때 두 사람은 20대 후반 처음 만난 이래 거의 평생을 두고 교류하면서 자연과학에 대한 공동관심사를 논의했음을 알 수 있다. 이들은 특히 천문역상과 수학에 관해 깊이 있게 토론하면서 영향을 주고받았고, 자명종에 대해서도 같이 흥미를 가지며 각기 제작하였다. 이재의 「윤종기」에 보면 그가 시계에 대하여 고대로부터 당시 서양에서 나온 자명종에 이르기까지 체계적으로 연구하였음을 알 수 있는데 이것은 담헌의 자명종 연구와 깊은 관계가 있다. 또 이재의 『이수신편』에 나오는 「산학입문(算學入門)」, 「산학본원(算學本源)」, 「산학문답(算學問答)」 등 수학에 관한 저술에는 담헌의 『주해수용』과 비슷한 내용이 많이 있는 것으로 보아 서로 활발한 의견교환이 있었던 것으로 추측된다. 자연과학 전반에 관한 체계화에 있어서는 담헌이 위라고 할 수 있으나 역상과 수학, 시계 등에 대해서는 이재가 담헌보다 깊이있게 연구하였으며, 담헌에게 적지 않은 영향을 주었을 것으로 여겨진다.

Ⓛ 나경적과의 교류

1759년 담헌이 이재와 교류하고 있었던 그 당시에 담헌은 그의 생애에 큰 영향을 준 또 한 사람의 귀한 과학자를 만났다. 이해 봄 그는 나주목사로 있었던 부친을 만나러 나주에 갔었다. 그는 아버지의 권유에 따라 화순군의 동복에 살고 있었던 숨은 과학자 나경적을 방문하였다. 당시 나경적은 70세였지만 그의 서재인 물염정(勿染亭)의 책상위에는 자신이 직접 만든 자명종이 있었고, 혼천의를 제작하고 있었다. 또 나경적은 용미기(龍尾器)를 설치하여 높은 데로 물을 끌어올리고 있었고, 절로 굴러가는 맷돌을 만들어 사용하는 등 그 기술이 지극히 묘한 경지에 달해 있었다. 이 밖에도 그는 항승(恒升), 자용침(自舂砧), 자전마(自轉磨), 자전수차(自轉水車) 등 연구하지 않은 바가 없이 모두 그 묘법을 깨쳤다고 한다.[55] 담헌은 나경적을 만나면서 그의 인품과 학문적 열정에 매료됨은 물론 자신의 자연과학에 대한 관심과 정열이 활짝 나래를 펴는 계기가 되었다. 29살의 젊은 실학자와 70이 넘은 시골의 과학자는 금방 오래된 지기처럼 서로를 알아보았고 친해졌으며 스승과 제자로서 학문을 토론

55 『同福邑誌』.

하였다. 그는 나경적을 '기이한 선비(奇士)'라고 칭송했으며 마음으로 감복하여 문하에 다닌 것이 비록 늦었으나 서로 마음이 통함은 오래된 것과 같다고 고백하였다. 두 사람은 천문관측기구인 혼천의(渾天儀)에 대해 토론하였다. 나경적은 고금의 혼천의제도를 논하고, 이어 자신이 여러 해 동안 연구하여 그 제작방법을 이루어 놓았으나 가난하여 뜻을 이룰 수 없다고 한탄하였다. 이에 담헌은 아버지와 상의한 후 자금지원을 받기로 하고 다음해 여름 나경적을 나주로 모셔 의기 제작에 착수하였다. 기술지도는 나경적이 맡고 실제제작은 제자인 안처인(安處仁)과 몇몇 장인들이 담당하였다. 2년이 넘는 대단한 작업이었으며 제작비만도 4~5만 문이 들었다고 한다.[56] 후일 홍대용은 "나경적과 문하생인 안처인을 만나지 못하였다면 큰 제도를 이루지 못했을 것이다"라고 토로할 만큼 그의 과학에 큰 영향을 받았음을 고백하였다.

이처럼 담헌과 석당의 교류는 두 사람에게 뿐만 아니라 한국과학사상 귀중한 역사적인 만남이었다. 청나라 선비인 육비(陸飛)가 이들의 만남을 기려 다음과 같이 평하였다.

> "동국의 홍처사 담헌은 서적에 궁구치 않은 바가 없고 六藝와 術業에 각각 미묘한 바를 얻었다. 그 나라에 나경적이란 사람이 있어 동복땅에 숨어 살면서 천문도수를 깊이 알았고, 그 문하생 안처인은 스승의 전함을 얻어 공교한 생각이 짝이 없으니 두 사람은 기이한 선비이다. 담헌이 찾아가 서로 강론하여 옛 제도를 변통하고 장인들을 모아 3년이 지나매 혼

---

56 황윤석, 「輪鍾記」.
그러나 이 때 만들어진 혼천의에 담헌은 만족할 수가 없었다. 기계가 너무 컸고 도수가 맞지 않기도 하여 천체관측에 불편하였기 때문이었다. 그래서 두 사람은 편지교환을 하면서 개량에 심혈을 기울였다. 그 결과 1년 뒤에 만들어진 기계혼천의는 크기가 작아지고 톱니바퀴가 서로 돌아 밤낮으로 천체운행의 도수를 관찰할 수 있도록 개량되었다. 이것은 톱니바퀴의 회전속도와 천문관측간의 관계를 맞추기 위해서 고도의 정확한 계산을 동원했다는 점에서 과학적으로도 아주 뛰어난 작품이라고 한다.

천의 하나를 만들었는바 농수각 가운데 감추어 두고 아침저녁 구경을 삼으니 진실로 두 아름다움이 하나로 합한 것이다. 구하기를 부지런히 하고 다스리기를 이같이 오로지하고 또 오래게 함이라." (육비, 「농수각기」)

"대개 나경적과 안처인이 담헌을 얻지 못했으면 그 특이한 재주를 베풀지 못했을 것이요, 담헌이 두 사람을 얻지 못했으면 마침내 큰 제도를 이루지 못했을 것이다. …(중략)… 실로 천하의 기특한 일이 드러나지 않음이 없고 썩지 않는 사업은 멀리 전하니, 한갓 두 사람이 담헌과 만나게 됨을 다행히 여길 뿐 아니라 나 또한 세 사람에게 마찬가지로 한이 없도다."(홍대용, 『을병연행록』)

혼천의의 제작이 거의 끝나갈 무렵 석당은 생명이 다하였다. 사람들은 그가 혼천의에 자신의 생명을 쏟고 홀연히 세상을 떠났다고 평했다 한다. 담헌은 석당의 영전에 제문을 지어 바쳤다. 그는 석당의 덕을 칭송하며 천리를 달려와서 충심에서 우러나는 글로써 아뢰매 영혼이 어둡지 않을진대 거울처럼 밝게 이르러 보시라고 조문하였다.

당대의 과학자이자 실학자였던 홍대용이 스승으로 모신 호남의 숨은 과학자 나경적은 당시 알려지지 않았던 인물이지만 이조참판을 지낸 나림(羅淋)의 9세손으로서 학식을 쌓았고 실학적 견식이 높은 이로 호남지역에서는 소문이 났었다.[57] 그리고 향리의 큰 선비인 하영청(河永淸, 1697~1771) 등과 함께 강회(講會)를 개설해 학술운동을 이끈 숨은 선비였다고 한다. 그런데 그가 어떤 경로로 서양과학사상을 접하였는지, 그의 제자 안처인, 염영서 등에게로 이어진 그의 학통은 그 후 어떻게 되었는지에 대해서는 기록이 남아있지 않아 알 수 없다.[58] 그러나 당시 호

57 『同福邑誌』

58 단지 하영청의 증손자인 하백원에게 이어졌을 가능성은 충분히 추측해 볼 수 있다.

남지역의 과학사 내지 실학사를 이해하는데 있어 나경적은 매우 중요한 인물이며 그의 활동과 업적은 당시 호남실학의 일면을 잘 보여주는 사례라고 하겠다.[59]

기계혼천의를 만들기 위한 담헌의 집념은 나경적의 도움을 받아 3년여의 노력 끝에 이루어졌다. 29세에서 32세까지의 일이었다. 그 사이 그는 고향 천원군 수촌에 농수각을 만들었다. 그는 2층으로 된 다락과 각을 지었는데, 다락을 담헌이라고 하였고, 각을 농수각이라고 이름지었다. 농수각에는 각종 천문의기를 두어 천문을 관측하였다. 나경적과 함께 만든 기계혼천의도 이곳으로 옮겨 설치하였다. 그의 친구 김이안은 이에 대해 "혼천의는 옛 제도를 토대로 하고 서양의 설을 참고하여 할용한 것인데, 사람의 솜씨가 이에 이르리라고는 생각하기 어려울 만큼 놀라운 것이다"[60]라고 평하였다. 농수각은 그 후 담헌이 청에 사행갔을 때 소개하여 중국에서도 유명해졌다.

20대 초반 주자성리학에 회의하면서부터 30대초 농수각의 설치에 이르기까지의 담헌의 청년시대는 벌써 과학적, 실학적 사고가 정립하였음을 보여준다. 그의 학문적 방향이 이렇게 과학적, 실학적 세계로 나아가게 된 데는 나경적, 황윤석 등 호남실학자들의 영향이 결코 적지 않았을 것으로 여겨진다. 그가 북경사행을 떠나기 이전에 이미 사설천문대를 설치하고 천문학 등 자연과학에 상당한 경지에 이르렀다는 점에서 더욱 주목된다. 북경사행시 서양선교사들의 영향이나 천문대를 보고 자극을 받아 과학에 본격적인 관심을 가지고 이러한 업적을 남겼다는 일부의 잘못

---

59 한편 과학기술사에서 보면 특이한 사례인 나경적의 혼천의 제작의 배경에는 18세기초부터 강진에 세거하면서 이용후생적 학문에 조예가 깊었던 李如樸, 李聃老 등 학자들의 실학적 전통이 바탕에 있었다는 견해도 있다.(박석무, 「경기실학과 호남실학」, 2016, 전북대학교 이재연구소 강연)

60 金履安, 「籠水閣記」.

된 견해는 마땅히 수정되어야 할 것이다.

홍대용의 자연과학에 대한 자취는 세 가지 갈래로 나누어 볼 수 있다. 그 싹은 석실서원의 실학적 분위기에서 시작하였으며, 다음은 정철조, 황윤석과의 교류를 통해 봉오리를 맺었고, 나경적과의 만남을 통하여 꽃 피었다고 말할 수 있다.

4. 호남실학의 특성과 과제

조선후기의 실학은 경기지역과 호남지역을 중심으로 전개되었다. 양자는 상호 밀접한 관련성을 지니고 있으며 처음부터 영향을 주고받으며 발전하였다. 조선후기의 실학의 비조인 반계 유형원은 서울에서 출생했지만 생애 후반기 20년간을 전라도 부안에서 보내면서 『반계수록』을 완성하였다. 따라서 조선후기 실학은 그 발생에서부터 호남과의 연관성을 빼놓을 수 없다. 반계의 개혁사상에는 호남의 현실이 그대로 반영되어 있으며 실험무대이기도 했음이 확인된다. 다산의 경우에도 마찬가지이다.

한편 조선후기 실학은 다산 정약용에 의해 집대성되면서 결실을 맺었다. 그는 반계, 성호로 이어지는 남인계 경세치용학파의 정통학맥을 계승했을 뿐 아니라 이용후생학파인 홍대용, 박지원, 박제가의 사상까지도 수용해 명실공히 18세기말까지의 실학의 성과를 집대성하였다. 그런데 다산의 사상이 18년에 걸쳐 결실을 맺은 곳은 전라도 강진의 다산초당이었다. 근기실학과 호남실학은 반계에 의해 일차 연결되었고, 다산에 의해 다시 집대성되었다. 20년간 부안에서 교육과 연구에 매진한 반계의 사상적 영향은 광범위하게 이루어져 18세기 중반 호남실학으로 꽃을 피웠고, 18년간에 걸친 강진에서의 다산의 연구는 이른바 '다산학단'에 의해 후기 호남실학의 축으로 발전하였다.[61] 이런 점에서 호남은 조선실학의 산실이자 결실을 이룬 지역이었다고 할 수 있다. 근기실학과 호남실학의 연결고리 역할을 한 실학자는 반계와 다산뿐만 아니라 홍대용, 나경적, 황윤석, 이덕무, 서유구 등을 들 수 있다.

근기실학과 호남실학은 초기 형성과정에서부터 깊은 연관성이 있고 다산에 이르기까지 교류가 이어졌지만, 동시에 다른 점이 있으며, 각기 특징을 지니고 있다. 따라서 양자를 동일시해서는 곤란하다. 특히 호남실학을 기호실학이라는 큰 범주에 넣어 인식하는 것은 문제가 있다. 그 독자성을 밝히는 것이 실학의 내포와 외연을 넓히는데 도움이 될 것이다.

한편 반계의 지적 영향을 받았던 호남지역에서도 김서경, 유문원, 양득중, 나경적 등에 이어 18세기 중반에 이르면 신경준, 황윤석, 위백규 등 이른바 '호남삼천재'라 일컬어지는 탁월한 실학자들이 배출된다. 그들은 각기 다른 학맥으로 연결뿐 아니라 학문적 업적이나 사상적 경향에서도 달랐다. 신경준은 사승관계 없이 자득으로 학문을 이루었지만 성호학파의 인사들과 교류가 있었고, 황윤석은 노론 낙론계인 석실서원학파와 깊이 연결되어 있었으며, 존재는 노론 호론계인 윤봉구로부터 학문을 익혔다. 또 각자 학문적 업적과 사상적 지향에도 일정한 차별성을 보여주고 있다. 이 점 사상의 다양성과 풍부함을 보여주는 사실이기 때문에 존중해야 할 것이다.

한편 공통적인 요소도 있다. 반계를 포함해 이들 호남 출신 실학자들

---

61 다산학단의 대표적인 실학자로는 李綱會(1789~?), 李晴(1792~1861), 尹廷琦(1814~1879) 등을 들 수 있다. 또 다산의 아들 丁學淵(1783~1859), 黃裳(1788~1864)은 문학사에서 높이 평가받는 인물이다.

의 학문과 사상의 공통점은 호남실학의 특징적인 성격이라고 규정할 수 있을 것이다. 본론에서 살펴본바 호남실학의 특성을 근기실학과 비교하면 다음과 같이 정리할 수 있을 것 같다.

양자의 특징을 비교해 보자면, 서울과 경기도를 중심으로 하는 근기실학은 청으로부터 유입된 새로운 사조인 고증학과 서양과학을 통해 개방적이고 진취적인 성격을 띠고 있다. 그들은 북학과 서학을 적극적으로 수용하면서 육경고학, 양명학, 고증학 등을 발전시켰고, 보다 근본적인 체제개혁론을 제시하였다. 또 서울을 근거지로 하는 북학파는 이용후생을 중시하며 도시의 자영수공업자와 상인을 보호하기 위한 중상주의적 성격을 띠었다. 이에 비해 호남실학은 전라도라는 지역적 배경과 풍토를 바탕으로 토착성과 자생성이 강한 경향성을 지니고 있다. 호남실학은 농촌사회의 모순을 개혁하고자 했기 때문에 독립자영농의 이익을 보호하기 위한 중농주의적 성격이 강하였다.[62] 반계, 존재, 다산의 경우에서 보듯이 그들의 사회개혁론과 사상은 호남의 실정을 바탕으로 구체적인 상황 속에서 그 문제를 해결하기 위한 지적 고뇌의 산물로 형성되었다. 이 점은 매우 중요한 요소이며, 호남실학의 특성으로 토착성을 인정할 수 있다.

호남실학의 또 하나의 특징은 박학을 지향하는 백과전서적 면모이다, 반계를 비롯해 신경준, 황윤석, 위백규 등은 모두 성리학뿐 아니라 다양한 분야에 걸쳐 방대한 저술을 남겼다. 당대의 박물학자 내지 백과전서파라고 해도 과언이 아니다.

---

62 그런데 외래사조의 영향과 토착성 문제는 단순하게 일반화하기는 곤란한 측면이 있다. 반계는 그렇다 하더라도, 이재와 다산은 서양문물과 청나라의 사조에 관해 누구 못지않은 정보와 지식을 지니고 있었다. 뿐만 아니라 여암, 존재도 백과전서파로서의 면모를 보여주고 있는데, 그들은 새로운 사조와 문물에 관한 정보를 일정하게 수용하고 있었음을 알 수 있다. 따라서 일반화하기는 어렵겠지만 전체적인 경향성은 일단 그렇게 구별할 수 있을 것 같다.

박학을 지향한 점은 호남실학자들의 공통적인 특징만이 아니라 조선 후기 실학자들의 전반적인 경향성이라고도 할 수 있는데, 이 박학성에 대해 어떻게 평가할 것인가? 근기실학자들과 비교해볼 때 상대적으로 온건하거나 소극적인 사회개혁론, 국가적 체제개혁론의 제시에는 이르지 못한 측면 등과 연관성은 있는 것인지? 만일 그렇다면 이것을 사회개혁정신의 후퇴로서 청대 고증학의 말폐현상으로 보이는 바와 같은 현상으로 이해할 수 있는 것인가? 개혁정신은 사라진 채 호고적 취미나 지식을 과시하는 퇴영적 모습인가? 위백규나 황윤석의 사회개혁론이 있지만 개혁성과 거시성 면에서 근기실학과 비교하기 어려운 것도 사실이다. 당시 호남의 열악한 정치, 사상적 풍토에서 보면 부분적으로 이러한 측면이 있을 수 있다.

그러나 박학에는 보다 적극적이고 실천적인 운동으로서의 의미가 있다. 현실에 대한 변화와 개혁을 도모하였던 실학파에게 두드러지게 나타나는 특징의 하나가 백과전서파적인 성향이다. 이것은 그들의 실용적, 이용후생적인 학문적 지향과 직결될 뿐만 아니라 박학성 그 자체로서 이미 그것을 경시하였던 당시의 정통주의적 학문 경향에 대한 적극적 대응의 형태를 지니고 있다. 백과전서파라고 할 때 그 전형은 18세기 프랑스의 사상가인 디드로를 중심으로 전개되는 계몽사상의 한 특징으로 이해되지만, 대체로 자연과학의 연구에서 훌륭한 업적을 낸 철학자를 백과전서파라고 부를 수 있다. 17, 18세기 동아시아에 있어서도 자연과학에 깊은 관심을 가진 철학자들이 있었다. 중국의 방이지(方以智)·왕선산(王船山)·대동원(戴東原), 일본의 미우라 바이엔(三浦梅園) 같은 이가 그 대표적인 예이다. 한국의 경우에도 상당수의 실학자들이 자연과학에 관심을 표하였다. 이러한 시각에서 보면, 신경준, 황윤석, 위백규가 보여준 백과전서적인 박학성은 중요한 실천적 사상운동으로서 평가할 수 있다. 특히 그들의 학문은 실용성과 이용후생을 지향하고 있으며, 또 국학 연구로 이어지고 있다는 점에서도 중요한 의미를 지니고 있다. 신경준과 황윤석, 위백규의 지리학, 언어학, 역사학, 자연과학 등의 연구는 탁월한 성과로서 국학 분야의 큰 몫을 차지하고 있다.

임진왜란과 병자호란을 겪고 대륙에서 명과 청이 교체되자 기존의 화이관에 크나큰 변화가 생기게 되었다. 실학자들은 기존의 화이론적 세계관에서 탈피하였고, 개방적이고 대등한 국제관념을 체계화하기에 이르렀다. 이러한 세계인식의 변화와 함께 중국문화와 구분되는 우리의 전통문화에 대한 관심과 연구가 활발히 진행되었다. 그들은 우리의 역사, 지리, 언어, 문화 등 우리문화와 전통에 대한 가치를 재발견하고자 하였다. '국학'이라고 불리는 이러한 흐름은 사회개혁론의 제시와 함께 조선후기 실학사상의 양대 지주라고 할 수 있다.

마지막으로 연구적 측면에서 몇 가지 과제를 제안하면서 맺고자 한다. '호남실학'이 학계의 시민권을 확립하기 위해서는 우선 구체적 실상이 밝혀져야 할 것이다. 개별 사상가의 업적과 교류관계에 대한 연구를 통해 호남실학의 구체성과 정체성이 실증적으로 규명되어야 한다. 호남지역 실학자들의 사상에 대해 개별적인 연구는 물론, 이들에 대한 횡적, 종적 연관성을 밝혀내는 폭넓은 시야와 새로운 접근방법이 필요하다고 생각된다. 그러한 토대 위에서 사상적 특성과 독자성을 밝혀야 하며, 나아가 보편성을 확보하기 위해서는 이론적 틀이 제시되어야 한다. 그래야만 '호남실학'이라는 용어가 학문적, 역사적 용어로서 인정받을 수 있을 것이다. 이에 대한 보다 활발한 문제제기와 논의가 필요하다.

반계와 관련해 구체적인 과제를 예시해보면, 가칭 '반계학단(磻溪學團)'에 대한 발굴과 조사가 필요할 것이다. '반계학단'이란 용어는 '다산학단(茶山學團)'에서 차용해 본 것으로 희망사항이기도 하다. 다산 정약용이 강진에서 18년 동안 유배생활을 하면서 많은 제자를 양성하였으며, 그들을 중심으로 '다산학단'을 형성하였음이 근자에 밝혀지고 있다. 이 또한 처음에는 알려지지 않았으나 세밀한 현장연구를 통해 점차 그 실체를 드러내고 있다. 다산학단은 다산이 강진 유배 초기에 가르친 중인(中人) 자제 8인, 다산초당 시절의 사족(士族) 18인 등으로 구성되었고, 다산의 해배 후에도 다신계(茶信契)를 만들어 지속적으로 교류하였다.[63] 또 다산의 방대한 저술작업은 이들의 도움에 의한 집단적 창작물임도 밝혀졌다. 이와 같이 반계가 우반동에서 20년 동안 가르친 제자들을 현지조사를 통해 찾아내어야 한다. 문집과 고문서, 관변측 자료 등을 찾아보면 나올 수 있을 것이다.[64] 다음으로 반계가 호남 지식인들과 교류한 사실과 영향 수수 관계를 밝혀내야 한다. 호남지역 내의 유학자들과 교류 사실, 사상의 전수와 영향 등을 각종자료를 통해 발굴 복원해야 하는 작업이 절실하다고 생각된다. 또 『반계수록』의 내용 분석을 통해 그의 실학사상에서 호남지역과의 연관성을 최대한 찾아내야 한다. 이러한 작업을 통해 반계 사상의 산실로서의 역할, 실험대상, 무대로서의 호남의 위상을 밝혀낼 수 있을 것이다. 그러한 특수성을 밝혀낸 후 다른 지역과의 비교를 할 수 있고, 보편성에로 접근도 가능할 것이다.

---

63 임형택, 「다산학단에서 해양으로 學知의 열림」, 『대동문화연구』56, 2005. 임형택, 「정약용의 강진유배기의 교육활동과 그 성과」(『실사구시의 한국학』, 2000, 창비) 참조.

64 김서경이 「반계유선생행장」에서 "반계선생의 제자로서 가장 두터운 은혜를 입었으므로 여러 제자를 대표해서 행장을 찬한다"고 밝힌 점으로 보아 많은 제자들이 있었음을 짐작할 수 있다.

17세기 한중 실학자의 화폐론 비교

완전차오萬振超 | 한국학중앙연구원 박사과정

1. 머리말

17세기의 동아시아 유교문화권에서 새로운 학술사조가 잇따라 나타났다. 이 사조는 전통 유교사상과 그 가치평판의 구속에서 벗어나 사회현실을 중요시하고 실시구시의 학풍을 강구하는 것이다. 이는 바로 "실학"이다. 17세기에 나타난 이 학술사조는 위기의식을 가진 지식인들이 시대의 격변을 당면했을 때 생겨난 자아의 각성이라고 할 수 있다. 이 시기 동아시아 내부에는 거대한 변화가 일어났다. 1592년에 발발한 임진왜란과 그 뒤를 따른 여진족의 굴기는 당시 동아시아 세계의 정치 판도를 뒤바뀌었다. 중국 대륙에서는 왕조의 교체는 초래되었고 한반도에서는 조선왕조가 도탄에 빠지게 되어 사회 경제 등 각 분야에 극심한 위기가 나타났다. 한편, 전쟁을 일으킨 일본은 패배를 당하며 국력이 떨어지고 더 이상 대외확장을 단행할 수 없게 되어 쇄국정책을 취하였다. 이와 동시에 유럽 국가들은 신항로의 개척과 아메리카 대륙의 진출을 통해서 전 지구적 차원의 교역을 활성화시켰다. 이에 따라 그들은 중상주의 사조의 영향 하에 적극적으로 대외 확장하고 세계범위 내 식민지를 만들어 경제 약탈을 실행하였다. 동아시아 세계도 불가피하게 유럽국가들 확장활동의 영향을 받았다. 이는 17세기 이래 동아시아 실학발전을 자극하는 또 하나의 외부적인 원인이라고 할 수 있다.

이러한 큰 시대배경 속에 한반도와 중국에서 거의 동시에 등장한 두 명의 실학자는 도탄에 빠진 나라와 백성을 구제하려고 현실적인 개혁론을 제시하였다. 두 사람은 바로 한국 실학의 비조인 유형원(柳馨遠, 1622~1673)과 중국 실학의 1세대로 보이는 황종희(黃宗羲, 1610~1695)이다. 난세에 살았던 두 사람은 각 나라의 사회현실을 직면하여 정치, 경제뿐만 아니라 군사, 교육 등 분야에 이르는 사회 전반적인 개혁안을 피력하였다. 두 사람의 개혁론은 각자의 저술인 『반계수록(磻溪隨錄)』과 『명이대방록(明夷待訪錄)』에 담겨 있다.

본고는 유형원과 황종희의 개혁론에서 국민생활과 밀접한 관계가 있는 화폐론에 대해서 비교해보고자 한다. 17세기의 조선은 두 차례의 전란으로 전통사회의 해체를 촉진하여 여러 가지 요인 중의 하나로 금속화폐, 즉 동전의 유통을 들지 않을 수 없을 것이다. 이는 조선후기 국가정치에서 계속 제기된 의제로 중요한 위치를 차지하고 있다. 그리고 조선후기에 있어서의 화폐유통문제는 전통사회가 근대사회로 발전해 나가는 과정에서 피할 수 없는 과제라고 인식되어 있다.[1] 그리고 17세기의 중국에서도 이와 마찬가지로 화폐문제는 조선에 못지않게 중요한 위상을 가지고 있다. 이러한 시대 배경에서 비슷한 시기에 살았던 한중 양국의 실학자가 화폐론에 대해서 어떤 인식을 가지고 그 당시의 화폐유통문제에 대해서 어떤 방식을 해결해 나가는지는 검토할 필요가 있다고 생각한다.

그러나 화폐문제는 지극히 중요한 것이면서도 설명하기 어려운 문제이다. 필자는 경제사에 대한 지식을 갖추지 못하고 조선후기 화폐문제를 설명하는 데에 더 어려울 수도 있다. 다만 여기서 유형원과 황종희의 화폐론을 역사의 시각으로 내용만을 가지고 정리 비교해보고자 한다.

2. 『반계수록』에 나타난 화폐론

1) 시대적 배경

유형원이 살았던 17세기는 왜란과 두 번의 호란을 겪은 뒤를 이어 정

1 원유한, 「반계 유형원의 긍정적 화폐론」, 『류홍열박사 화갑기념논총』, 1971, 287쪽.

치 사회 경제의 각 방면에 걸쳐 국가가 혼란에 빠진 때였다. 긴 기간에 걸친 참혹한 전란으로 인해 정치기강이 문란해졌음은 물론, 토지의 황폐에 따른 농촌경제가 피폐되었다. 여기에 더하여 지방세족들은 전란 속에 토지문서가 분실되어 토지제도가 문란해진 틈을 타서 토지경병을 자행하였다. 따라서 국가재정은 곤경과 위기에 부딪혔고 국민생활은 도탄에 빠졌다.

전란 직후 국가재정문제를 해결하고 국민생활을 구제하는 동시에 유사시에 군사를 동원하기 위한 군사비의 조달을 목적으로 통전주조사업을 시도하였다. 이는 조선후기 실시된 대동법과 함께 국가경제재건사업의 일환이었다. 1598년(선조 31)에 명나라 장수 양호(楊鎬)가 군사비를 조달하기 위해 조선조정에게 동전을 주조유통하자는 문제를 제기하였다.[2] 이후 1603년(선조 36)에 호조에서 동전유통에 대해서 상주문을 올려 「주전사목(鑄錢事目)」까지 마련하였는데 동철의 부족으로 주전사업은 중시되었다.[3] 그러나 이렇게 거론된 주전사업은 1625년(인조 3)에 이르러 비로소 본격적으로 실행되었다. 10월에 호조판서 김신국(金藎國)이 국가의 재정을 보강할 방도로 통전의 주조유통을 제의하였다. 그는 고려시대에 화폐가 이미 사용되었는데 공민왕때 저화의 통행이 있기 때문에 화폐가 쇠퇴되었음을 지적하였다. 그리고 화폐가 인사를 다스리고 천하를 평치하는 데 불가결한 군주의 권병(權柄)이라고 주장하였다.[4] 그의 제의에 따라 11월에 호조에서 주전청(鑄錢廳)을 설치하고 주전이 처음으로 단행하였고[5] 동전의 유통을 원활히 진행하기 위해 호조는 「용전사의」를 마련

2 『선조실록』 권99, 31년 4월 병진.
3 『선조실록』 권163, 36년 6월 기유.
4 『인조실록』 권10, 3년 10월 임인.
5 『인조실록』 권10, 3년 11월 임술.

하기도 하였다.[6]

1633년(인조 11)에 정묘호란으로 중지된 주전은 호조의 건의로 다시 시작하였다. 이때에 호조판서 김기종(金起宗)의 건의에 따라 상평청(常平廳)을 설치하여 호조 당상관, 낭청 3명 및 상평청랑 2명으로 하여금 각각 주전사무를 관장하고 상평청에서 주전을 감독하기로 하였다.[7] 그러나 병자호란으로 인해 정부의 주전사업은 중단되었지만 동전유통을 건의한 사람은 계속 나왔다. 1650년(효종 1)에는 좌의정 김육(金堉)은 사신으로 중국에 가면서 평양에서 동전유통을 건의하였고 중국에서 동전을 가져와서 평양, 안주 등지에 유통시켰다.[8] 그리고 조정에 계속 주전을 건의하였다. 다음해 김육은 재상으로 취임되면서 주전사업은 다시 단행되었다. 이후 1656년(효종 7)까지에 이르는 기간에는 중앙정부가 동전을 주조유통하기 위해 적극적으로 화폐정책을 실시하였다.

양란 이후 조선정부는 국가재정과 국민생활을 구호하기 위해서 이상과 같은 일련의 동전 주조유통책을 실시하였다. 이러한 역사적 사실을 유형원의 생애와 관련시켜 보면 그가 정부가 적극적으로 실시한 화폐유통정책을 어느 정도 경험하였다. 그 때에 남은 체험과 견문은 유형원이 뒤에 자신의 화폐사상을 구상, 체계화하는 데 있어서 영향을 주었음을 짐작할 수 있다. 유형원이 5세 되는 해인 인조 4년에 김신국의 제의로 동전을 주조하여 경복궁 앞 좌우 행랑에 점포를 내어 유통을 시도하였다. 인조 11년에 그가 12세 되었고 그 때에 김기종의 건의로 상평통보가 주조되어 서울을 비롯한 지방까지 유통되었다. 그리고 효종 1년, 그의 나이 29세 되는 해에는 김육이 황해도와 평안도에 동전유통을 시도

---

6 『인조실록』 권13, 4년 윤6월 무오.

7 『인조실록』 권28, 11년 11월 임진.

8 『효종실록』 권4, 1년 6월 정축.

하였다. 그리고 동전유통책이 혁파된 효종 7년은 그의 나이 35세에 해당된다.

유형원은 이러한 시대배경과 긴밀하게 연결되어 당시에 중요한 시정 문제로 제기된 화폐유통정책의 실행과 그 결과에 결코 무관심할 수는 없었을 것이다. 그의 화폐론은 단지 현실생활을 통해 겪었던 경험과 견문에 의해서 형성되었던 것이 아니다. 그는 주나라 이후 중국 역대왕조와 주변의 여러 나라에 있어서의 화폐정책을 감안하고 고려시대 이래 한국의 화폐유통 사례를 분석, 비판하였다. 이를 통해서 유형원은 가장 합리적이며 현실적이라고 생각하는 화폐정책에 대한 자기의 일가견을 제시하였다. 이를 그의 저서인『반계수록』에 담아 있다.

유형원의 견문에서 화폐에 관련한 흥미로운 부분이 있다. 그가 이 견문을『반계수록』에서 화폐를 논하는 대목에 끼워 넣었다.

> "얼마 전에 표류해 온 서양 사람을 직접 만나서 물어 보았는데 자기 나라에서도 은화폐를 사용한다고 하였다. 서양이란 옛날 서역 여러 나라들의 남쪽에 있는 나라인데 지금 우리나라에서는 그것을 혼동하여 남만(南蠻)이라고 일컫는다."[9]

서양세계에 대한 지리적 인식이 아주 모호하였던 유형원은 한반도에 표착한 서양 사람의 입에서 서양세계가 화폐를 쓰고 있다는 것을 알게 되었다. 이에 대해서 그는 "만국이 모두 돈을 사용하고 있는데 우리나라만은 아직도 행하지 못하다고 있다"[10]는 진술이 나왔다. 이 견문은 유형원의 화폐론이 형성되는 데에 많은 영향을 주었다고 보았다.

---

9 『반계수록』 권8, 「전제후록고설」하 전화.

10 위의 책, 「전제후록고설」하 본국전화설부.

2) 유형원 화폐론의 내용

유형원의 화폐에 대한 인식은 당대의 누구보다 풍부하고 포괄적이라고 할 수 있다. 앞에서 말한 바와 같이 그는 현실생활을 통해서 화폐정책에 관한 많은 경험과 견문을 얻었다. 당대 화폐유통의 실상을 목격하였고 그 성패를 거울삼아 당시 조선사회에 맞은 합리적 방법을 모색하였다.

그는 화폐론의 내용을 전개하기 전에 서문 부분 다음과 같은 내용을 제시하였다.

> "상고하건대 홍범의 팔정에 첫째는 식(食)이라 하고 둘째는 화(貨)라고 한다. 식은 농토에서 나는 곡속의 먹을 수 있는 물건을 말하고 있고, 화는 금·도·전·패 등속으로서 이(利)를 펴고 재물을 유통하게 하는 것을 말한다. 이상 두 가지는 생민(生民)의 근본(根本)이니 이제 역대의 전화설을 상고하고 전제의 뒤에 붙인다."[11]

화폐를 토지와 같이 국가경제의 근본으로 본고 있는 유형원은 화폐유통의 중요성을 「천하의 대본(大本)」으로 생각했던 토지의 다음에 두고 있다. 여기서 유형원은 더 나아가 국가경제와 국민생활에 있어서 화폐유통의 필요성과 중요성을 강조하였다. 이와 동시에 그는 당시의 사회현실에서 화폐의 유통이 제대로 이루어지지 못하는 것을 안타까워도 하였다.

> "상고해 보면 돈을 화폐로 쓰는 것은 국가의 경비를 넉넉하게 하며 백성의 생활을 부유하게 하려는 것으로서 나라를 가진 자가 반드시 시행해야 할 일이다. 우리나라에서 시행하지 않는 것은 어찌 제도의 미비한 소치가 아니라고 할까?"[12]

---

11 위의 책, 「전제후록고설」하 서.

그리고 유형원은 다른 화폐를 유통하고 있는 나라와 요건이 달라서 조선에서 화폐를 유통하기 어려운 당대 사람의 인식을 비판하였다.[13] 그는 전에 김육이 황해도와 평안도에서 동전유통을 실행한 견문을 바탕으로 당시의 제반 국내요건 하에서 동전이 유통될 수 있음을 확신한 것이다. 그리고 조선에서 화폐가 유통하지 못하는 원인도 지적하였다. 이는 당국자들이 무정견하고 결단성이 결여되었다는 것이며 또한 화폐정책의 운용에 불합리하고 소극적인 것이다. 따라서 유형원은 주전사업에서 국가의 역할을 강조하고 동전의 주조관리 및 유통방안을 제시하였다.

우선, 유형원은 동전의 주조권을 반드시 국가가 장악해야만 하고 사주(私鑄)는 엄금해야 한다고 역설하였다. 주전은 처음에는 임시로 주전도감(鑄錢都監)을 설치하여 주조하더라도 뒤에는 상설기관인 사섬시(司贍寺)에 위임하여 주전을 전담해야 한다고 하였다.[14] 동전의 주조발행을 철저히 관리 통제하는 동시에 동전의 사조와 전문(錢文)파괴자에 대해서는 엄벌해야 한다고 강조하였다. 그가 동전의 사조를 반대하는 이유는 다음과 같다.

> "만약 사사로이 주조하는 이런 길을 한번 열어 놓으면 후에는 아무리 엄중한 형법이 있더라도 몰래 주조하는 것을 막을 수가 없어서 간사한 백성들은 마음대로 이익을 추구하게 되어 농사를 버리고 전폐를 주조하는 부리 깐에만 달려 갈 것이니 그 폐단을 도저히 구하지 못하게 될 것이다."[15]

---

12 앞의 책, 「전제후록고설」하 본국전화설부.

13 앞의 책, 「전제후록고설」하 전화.

14 『반계수록』 권4, 「전제후록」하 전폐.

15 위의 책, 「전제후록」하 전폐.

다음에, 유형원은 동전을 주조하는 데에 그 양식을 엄격히 규격화해야 할 것을 주장하였다. 동전의 양식은 형원공방(形圓孔方)으로 하고 무게는 1전으로 하며 세기는 문자는 「동국통보」라고 하여 현재 중국에서 통용되고 있는 통전과 같게 하자고 하였다.[16] 그리고 동전의 원료는 동·석의 합금(合金)으로 하고 원료를 달리하는 철전이나 석전 등의 주조를 반대하고 있다.

전문의 중량에 관해서는 전문이 무거워서도 안 되고 가벼워서도 안 된다고 하고 국가에서 전문의 품위를 정하여 악전(惡錢)의 출현을 막아야 된다고 생각하였다. 유형원의 이러한 인식은 중국 측나라의 화폐정책을 분석하고 역시 동전의 주조는 마땅히 해야 하는 것이라고 생각하였다. 그는 동전양식의 불통이성(不統一性)과 주화종류(鑄貨種類) 및 그 명목가치의 다양화는 당시와 같이 단순한 유통계에서는 혼란과 불편을 일으켜서 화폐유통정책을 성공적으로 추진할 수 없다고 생각했던 것이다.[17]

한편, 유형원은 국가가 주조 발행한 동전의 유통에 대해서 구체적인 방안을 구상하였다.

동전을 전국적으로 유통시키기 위해서 유형원은 국가 전세의 징수와 재정의 지출에 있어서 동전을 쌀과 같이 사용하야 한다고 주장하였다. 우선, 전세의 일부는 동전으로 징수할 것을 제시하였다. 그는 전세의 3분의 1을 동전으로 나머지는 쌀로 거둬들이는 것을 원칙으로 하자고 하였다. 그러나 초기에는 동전의 유통이 전국적으로 보편화하지 못하는 상태에 전세를 징수 했을 때 5분의 1, 혹은 10분의 1만을 동전으로 징수해야 한다는 방안을 제시하였다.[18] 이는 시기와 상황에 맞게 동전의 유통

16 위의 책, 「전제후록」하 전폐.

17 원유한, 『조선후기 화폐사연구』, 한국연구원, 1975, 185~186쪽.

18 앞의 책, 「전제후록」하 전폐.

을 적절히 조절할 수 있는 융통성을 인정하고 있다.

그리고 국가 재정의 지출인 궁중의 수요, 백관·서리·군인들의 봉록 등 여러 가지 지출에도 전세의 징수와 마찬가지로 동전과 쌀을 섞어서 사용하는 것을 주장하였다. 그는 종래에 쌀만 지출하는 데에는 그 중 3분의 1을 동전으로 하고 면포를 지출하는 데에도 이와 같은 비율의 동전을 섞어서 사용하는 유통방안을 제시하였다.[19] 국가 재정의 수지(受持)에 있어서 쌀 외에 동전을 수단으로 사용되는 것은 동전의 유통을 더 효과적으로 실행할 수 있는 방법이라고 생각된다.

동전을 유통시키기 위해서 각 지방의 적당한 지역에서는 상점을 열고 상업 활동을 통해서 동전의 유통을 추진하는 것을 주장하였다.[20] 한편, 지방의 도로에 있는 참점(站店)에서는 대소공행(大小公行) 이하 모두 숙식하고 그 대가로 동전을 지불하는 방식으로 동전유통을 보급시키자고 주장하였다. 유형원은 참호(站戶)에 대하여 3년의 호세(戶稅)를 면제시키고 포자(鋪子)를 신설한 사람은 5년의 포세(鋪稅)를 면제시킨다고 하였다. 이 때 역시 전세의 징수와 마찬가지로 쌀과 동전을 섞어서 수납하는 것이다.

이외에 유형원은 또한 동전의 유통을 위하여 추포(麤布)의 사용을 금지해야 한다고 주장하였다. 당시에 추포는 질이 떨어지고 사용가치를 잃어서 화폐의 기능을 제대로 발휘하지 못하였다.[21] 그는 당시 동전유통정책 시행과정에서 추포의 통용을 금지했던 사실을 경험한 것이다.[22]

---

19 앞의 책, 「전제후록」하 전폐.
20 앞의 책, 「전제후록」하 전폐.
21 앞의 책, 「전제후록」하 추포.
22 『효종시록』 권6, 2년 4월 경오.

3. 『명이대방록』에 나타난 화폐론

1) 명말의 사회경제상

황종희가 태어난 1610년(만력 38)은 명나라가 이미 쇠망기(衰亡期)에 접어들어 사회 · 경제 등 문야에서 극심한 모순이 나타나고 있던 시기였다. 명나라 만력 시기(1573~1620)는 이미 건국된 지 200여년이 넘은 명왕조가 차츰 말기로 이르러 대내외적으로 극히 어려운 상태에 빠지고 있었다. 만력 초기에 장거정(張居正)의 개혁으로 인해 어느 정도로 국가가 정치적 · 사회적 안정을 실현하였다. 그러나 장거정이 죽자 만력제가 친정(親政)을 하면서부터 국가가 재차 위기를 맞았다. 정치적으로 국가기강이 문란해지고 관료부패가 만연하는 가운데, 군사적으로 국내외에 발생한 전란은 명나라를 극도의 궁지에 몰아넣었다. 1592년(만력 20) 영하(寧夏) 지역에서는 몽골족 보바이의 반란이 일어나 8개월 만에 진압되었다. 대외적으로 명나라는 한반도에 일어난 임진왜란에 출병하여 7년에 걸친 뒤에 승리를 거두었다. 이어서 1597년(만력 25)에 명나라 서남 지역에서 묘족(苗族) 출신 군인의 반란도 일어났다. 이렇게 전란이 연이어 일어나는 가운데 명나라가 군사력을 동원하고 막대한 군사비를 지출하였다. 이는 국가재정에 커다란 타격을 주었다.[23]

국가재정 위기를 극복하기 위해서 만력제는 새로운 조세 수입원의 확립을 시도하였다. 그는 명 중기 이후 발달해 온 수공업상품의 생산과 광산의 개발에 눈을 돌리며 다수의 환관을 "세사(稅使) · 광감(鑛監)"로 삼아 전국 각지에 파견하였다. 이들은 직조를 관할하거나 광산 채굴을 감독하

---

23 박원호, 「명말 · 청초의 민중반란」, 『명말 · 청초사회의 조명』, 하울 아카데미, 1990, 86~87쪽.

고 세금의 징수를 시도하는 데에 각종 새로운 명목의 세수를 징수하여 사복(私腹)을 채우기에 멋대로 힘썼다. 이러한 수탈은 국가의 정상적인 수세체제를 넘어 백성의 부세능력을 고려하지 않고 환관의 마음대로 무자비하게 진행하는 데에 더 큰 사회문제를 일으켰다. 이 때문에 국가재정은 오히려 격감되고 상공업의 발전은 위축되어 도시경제나 국민생활에 타격을 주었다. 따라서 명나라 말기에 이러한 수탈을 반항하기 위한 민변이 전국적으로 지속적으로 일어나게 되었다. 이러한 민변은 만력 시대 권력구조의 부패상과 도시지역 상품생산의 발전에 따른 사회모순의 격화를 대변해 주는 것이다.[24] 그리고 이는 이미 약해진 명나라를 진일본하게 망한 지경으로 끌어들였다.

한편, 명나라 초기에 주요화폐는 원래 동전과 지폐였다. 그러나 명나라 정부는 전법을 실행했을 때에 제대로 관리하지 못하였기 때문에 점차 전법이 문란해져갔다. 그 당시에 국가가 동을 아깝게 생각하고 수공하는 것에 인색하기 때문에 동전의 질이 매우 조악(粗惡)하고 사주문제가 성행하였다.[25] 또한 정부는 지폐를 별도의 준비금이 없이 불환지폐(不換紙幣)로 발해하여 국가의 보증만으로 유통시키려고 하였다. 이와 동시에 지폐가 무제한으로 발행하고 다시 화수되지 않았기 때문에 지폐의 가치는 갈 수 록 하락해서 종잇조각에 불과하게 되었던 것이다. 이러한 상황 속에서 백성들은 동전과 지폐보다 은을 즐겨 사용하게 되었다.

국가가 부세를 거둠에 있어서 미맥을 은으로 절납하는 전부절은령(田賦折銀令)을 실행하기 시작하였다. 이는 동전과 지폐의 사용이 유통력을 잃은 반면 은의 사용이 민간에서 보편화되었음을 반영하였다. 1581년(만

24 최규섭, 「황종희의 경세사상 형성배경과 『명이대방록』의 교육개혁론에 관한 고찰」, 전주대학교 석사학위논문, 2003, 5쪽.

25 『명이대방록』, 「재계」2.

력 9)에 일조편법(一條鞭法)이 전국에서 실행되었다. 따라서 명나라 중후기에 은은 주요화폐의 기능을 담당하게 되었다. 그러나 은에 대한 수요량의 급증에 따라 은광의 채굴이 더 이상 수요를 따라가지 못하였다. 그리고 은광의 채굴 과정에 환관이 그것을 전담하여 금은이 무두 궁전이나 자기의 손에 들어갔다. 이로 인해 은이 다시 정상적으로 유통영역에 돌아올 확률은 거의 없게 되었다. 따라서 사회의 중하층 특히 대량의 부세에 대한 부담을 아고 있던 하층민들은 은의 고갈로 심한 고통을 받게 되었다.[26] 이는 명나라 중후기 민변이 일어나는 또 하나의 원인이었다.

2) 황종희 화폐론의 내용

강절(江浙) 지역은 명나라 중기로부터 점차 상업과 직물수공업이 발달하면서 인구가 급증하게 되었다. 따라서 이 지역은 국가재정의 매우 중요한 수입원임을 뿐만 아니라 무자비한 수탈을 당한 곳이며 민변이 자주 일어나는 곳이었다. 여기서 태어난 황종희는 어렸을 때부터 강남 지역 상공업의 발달을 목도하며 그 번영모습 내면의 사회문제도 몸소 느끼고 있었다. 그는 국가의 쇠망을 반성하고 고통에 시달려 있는 백성을 구호하기 위해서 자신 나름대로의 개혁론을 완성하였다. 이는 바로 이상적인 시대를 기대하며 정치, 경제, 교육, 군사 등 각 방면의 개혁 내용을 담고 있는 『명이대방록』이다. 『명이대방록』의 「재계(財計)」편에서 그의 경세사상, 특히 경제개혁사상을 잘 기록하고 있다. 여기서 황종희의 화폐론에 대해서 살펴보겠다.

황종희의 화폐론의 핵심은 금은의 유통을 폐지하고 동전과 지폐의 유

26 유지영, 「황종희의 경제개혁론에 관한 일고찰」, 숙명여자대학교 석사학위논문, 1995, 47~48쪽.

통을 권장해야 하는 것이다. 그는 당시의 조세부담이 힘들어진 상황을 다음과 같이 묘사하고 있다.

> "은의 유통력이 이미 고갈되었는데도 부세는 예전 그대로이다. 허둥지둥 은을 구하고자 해도 어디서 얻겠는가. 그러므로 전지의 가격은 예전의 10분의 1도 안 된다. 이것은 토지가 척박해졌기 때문이 아니라 조세를 바칠 수 없기 때문이다. …… 오늘날 탕화(湯火) 속에서 고생하고 있는 백성들은 평화롭고 풍년이 들어도 무익하다. 수리시설이 좋은 곳에서 농사를 권해도 무익하다."[27]

황종희는 은의 유통은 천하의 대해(大害)라고 인식하고 위정자가 천하의 안부(安富)를 도모하려면 반드시 금은의 유통을 폐지해야 할 것이라고 지적하였다.[28] 이어서 그는 은은 대신해 전폐를 사용할 것을 제의하고 그 장점을 7가지가 열거하였다.

① 속백(束帛) 같은 종류는 일반 백성들의 힘으로 경작하여 쉽게 풍족하게 할 수 있다. ② 동전을 주조하여 유무를 통하면 주조하는 사람은 쉴 틈이 없고, 화폐가 고갈되어 없어지지 않을 것이다. ③금은을 저장하지 않으면 빈부의 차가 심해지지 않을 것이다. ④ 가볍게 지니고 다니기에 불편하니 백성들은 고향을 떠나는 것이 어렵게 될 것이다. ⑤ 관리가 사사로이 소매 밑에 감추기 어려운 것이다. ⑥ 도적이 돈을 훔쳐도 가지고 가기 무거워 뒤쫓아 가 잡기 쉽다. ⑦ 통전과 지폐는 거래하기 쉽다는 것이다.[29]

이러한 장점을 근거하여 황종희는 백성들에게 부담이 되는 금은을 폐

27 『명이대방록』, 「재계」1.
28 위의 책, 「재계」1.
29 『명이대방록』, 「재계」1.

지하고 전폐를 공식화폐로 제정할 것을 주장하고 있다. 그리고 황종희는 명나라 동전유통을 제대로 이루어지 못하고 금은을 사용하게 된 원인을 밝히고 각각에 대한 대안을 제시하고자 하였다. 우선, 동전유통가 정착하지 못하는 이유를 분석하고 4가지를 제시하였다.

①동전을 주조 할 때 재료를 적게 사용하고 주조공정을 줄이려다가 조악한 동전을 만들었을 뿐만 아니라, 개인이 사사롭게 동전을 주조하기 때문이다. ②동전의 단위제도가 복잡하고 통일성이 없다. ③구리의 사용에 대한 금지가 엄하지 않아서 식기나 기구 등을 제작하였다. ④동전의 연호가 각기 다른 문양이었기 때문이다.[30]

이 4가지 폐단은 명나라 이전부터 있어온 것이지만, 당시에 2개 폐단이 더 있었다. 즉, 금은도 화폐로 사용하였기 때문에 화폐제도의 통일성이 없어졌다는 것과 국가가 포상을 할 때는 동전을 사용하면서 세금을 수취할 때는 금은을 사용하게 하였던 것이다.[31] 황종희는 이처럼 사학적 고찰을 통하여 동전유통의 문제점을 지적하고 그 동전유통방안을 제시하였다. 그는 금은을 화폐로 사용하는 것을 폐지하고 재화의 가치를 모두 동전에 통일시킬 것을 제안하였다. 그러기 위해서 제도의 운영에서 국가가 중심적 역할을 담당할 것을 제의한다.

동전의 사주를 두절하기 위해서 동전주조를 중앙과 각 성에 전담기관이 맡아서 하고, 구리의 채굴권을 국가가 관리하고 일반인들이 구리로 생활용품을 만들지 못하게 규제하였다. 뿐만 아니라, 이미 민간의 생활용품은 물론이고 사찰 및 도관의 불상과 장식품도 모두 소멸하여 전담하는 곳에 입고시킨 것을 제안하였다. 기존의 동전이 조악한 품질과 모양으로 널리 유통되지 않았던 폐단을 개선하기 위한 방책으로 동전의 문양

30 위의 책, 「재계」2.

31 위의 책, 「재계」2.

무게 등을 통일시키고 정교하게 주조한다고 주장한다. 또 베나 곡물 등 실질화폐를 사용하는 토지세 납부를 제외한 모든 납세를 동전으로 사용하게 하였다.[32]

또 동전과 떨어질 수 없는 관계에 있는 지폐가 원활히 유통되기 위해서 황종희는 지폐유통책도 제시하였다. 전민(錢緡)을 쌓아놓고 5년을 경계로 오래된 지폐를 거두어 불사르고 관민이 사용하는데, 관에서는 지폐로 상세(商稅)를 물리고, 염장(鹽場)에서는 그것을 염인으로 교역하게 할 것을 주장하고 있다. 그리고 곡백 · 전민은 멀리 가지고 다니기 불편하나 1척 정도의 지폐를 자루에 넣어 어느 곳에서나 바꿀 수 있으므로 관리와 상인들에게서는 또한 사용하지 않을 수 없을 것이라고 하였다.[33]

그리고 마지막으로 전폐를 공식화폐로 사용하기 위해서는 금은을 폐지하고 전폐를 사용하기 전에 반드시 엄중한 금령을 내려 광산에서 금은을 훔치는 사람, 전을 밀조하는 사람 및 금은으로 교역하는 사람은 사형에 처하는 벌을 내린 이후에야 가능한 것[34]이라고 주장하였다.

4. 유형원과 황종희의 화폐론 비교

이상에서 『반계수록』과 『명이대방록』에서 나타난 유형원과 황종희의 화폐론에 대한 그들의 형성배경과 구체적인 내용을 정리해봤다. 이를 통해 우리는 두 사람이 제시된 화폐론의 유사점과 차이점을 찾아낼 수 있다.

---

32 위의 책, 「재계」2.

33 위의 책, 「재계」2.

34 위의 책, 「재계」1.

유형원과 황종희는 모두 과거의 역사와 지금의 현실을 결합해 역사에서 실행된 화폐정책을 고찰하고 현실에서 문제가 있는 화폐제도에 대해서 분석 비판하였으므로 합리적 화폐론을 제시하였다. 유형원은 한국은 물론 중국과 그 주변 여러 나라에 있어서의 화폐제도를 비교 고찰하였다. 그리고 흥미롭게도 그는 직접적으로 서양인의 입에서 알지 못한 사양사회의 화폐지식을 얻었다. 황종희는 단지 중국의 역사를 살펴보고 자기 처한 시대의 경제상황을 파악하고 동전과 지폐를 유통시켜야 한다는 것을 주장하였다.

동전주조관리에 있어서 유형원과 황종희는 화폐의 주조권이 반드시 국가의 손에 있어야 한다고 인식하고 있다. 유형원은 동전의 주조가 중앙관청인 사섬시에 위임하고 전담해야 한다고 제안하였다. 황종희는 중앙관청뿐만 아니라 각 지방에 있는 조폐관청도 주조할 수 있게 하였다. 이는 중국에서 더 많은 동전의 수요가 있어서 중앙관청만이 주조하는 것이 부적절적인 것이라고 생각한다. 화폐는 국가재정이나 국민생활과 직접적으로 연결되어 있기 때문에 국가가 화폐의 사주를 엄금하고 사주하는 사람에게 형벌을 내려야 한다고 말한다.

동전의 규격이나 재질에 대해서 두 사람은 비슷한 의견을 제시하였다. 과거에 통전유통이 제대로 이루어지 못하는 원인 중의 하나는 각 지방에 동전의 체재를 엄격히 규격화하지 못하였기 때문이다. 따라서 동전유통하기 전에 주조할 때에 동전의 양식, 재질 그리고 명목가치 등이 통일시켜야 한다고 주장하였다.

다음에 동전유통과정에 있어서 유형원과 황종희는 모두 세금을 징수할 때에 동전의 사용을 권장하였다. 유형원은 국가 전세의 징수에 있어서 동전을 쌀과 같이 사용하야 한다고 주장하였다. 전세의 3분의 1을 동전으로 나머지는 쌀로 거둬들이는 것이 원칙으로 정하자고 하였다. 이외에 관리나 군인들에게 봉록을 지출할 때에 동전으로 하고 각 지방의 적당한 지역에서는 상점을 열고 상업 활동을 통해서 동전의 유통을 추진하는 것을 주장하였다. 반면에 황종희는 베나 곡물 등 실질화폐를 사용하는 토지세 납부를 제외한 모든 납세를 동전으로 사용하자고 한다.

여기서 두 사람의 동전유통방안에서 비슷해도 다른 모습이보이고 있다. 우선, 두 사람은 모두 국가의 공권력을 통해서 세금 징수하는 과정에 동전의 유통을 확대시키려고 한다. 그리고 상업 활동에서 동전을 지불수단으로 하는 것은 비슷한 부분이다. 그러나 전세와 토지세부분 두 사람의 주장은 다른 내용이 있었다. 황종희는 속백 같은 종류는 일반 백성들의 힘으로 경작하여 쉽게 풍족하게 할 수 있다고 지적한 바가 있다. 속백은 자기자족적인 소농경제사회에서 쉽게 생산할 수 있고 세금을 낼 때도 동전으로 바꿀 필요가 없기 때문에 토지세는 실물화폐인 속백으로 내는 것은 백성에게 부담을 줄이는 방식으로 생각한다. 한편, 무거운 쌀을 징수할 때에 일부 대신에 동전으로 세금을 내는 유형원의 주장은 역시 애민의 입장에서 출발하는 것이다. 그리고 전세의 부분적인 금납화(金納化)는 자연경제가 지배하는 농촌사회의 화폐 경제권으로의 포섭을 촉진하고 이는 농업과 상업의 조합에 있어서 중요한 역할을 담당하였다. 그리고 유형원은 동전의 유통을 촉진시키기 위해서 추포의 유통을 금지하고자 하였다. 이는 황종희가 토지세를 징수할 때는 속백의 사용을 긍정적인 태도를 취하는 것과 다른 주장이었다. 유형원은 당시 추포의 질이 떨어지고 사용가치를 잃어서 화폐의 기능을 제대로 발휘하지 못하였던 데다가 오히려 사회경제생활에 혼란을 초래하였던 것을 감안하였다.

마지막으로 황종희가 제시된 화폐론에서 지폐의 유통은 큰 비중을 차지하고 있었다. 그는 지폐와 동전이 떨어질 수 없는 관계가 있다고 인식해서 지폐의 유통을 적극적으로 주장하였다. 그러나 유형원의 화폐론은 단순이 동전의 유통을 중심으로 하였고 지폐와 같은 역할을 담당하는 저화의 유통을 금지하고자 주장하였다. 이는 중국에서 오랫동안 지폐가 유통 사용되어 있는 경험이 있었으나 한반도에서는 이러한 경험이 부족한 데서 기인한 것으로 생각된다. 그리고 유형원은 고려 때 저화의 유통에 있어서 동전의 사용이 부진되는 사실을 감안하고 저화 유통금지를 주장하는 것이다.

유형원과 황종희는 격변하고 있는 17세기의 역사현장에서 현실적으로 수용할 수 있는 모든 지식자원을 동원하고, 그것을 현실문제에 적용하여 나름대로 해결방안을 모색하였다. 특히 국민생활에 직접적으로 연관된 화폐문제에 대해서 과거의 역사를 깊이 분석하고 현실에서 적용할 수 있는 방안을 제시하였다. 유형원은 양란 이후 파탄해지고 있는 국가재정을 구제하기 위해서 화폐의 유통을 적극적으로 주장하였다. 그는 전세의 납부, 관리 봉록의 지급 및 상업활동에서의 지불수단에 있어서 화폐의 유통을 권장하였다. 이는 과거의 경험을 바탕으로 당대의 사회현실에 적합한 산물이었다. 그러나 유형원은 아직까지 무본억말(務本抑末)의 유학적 산업관에서 벗어나지 못하고 상공업이 흥하면 농민들이 본업에 힘쓰지 않는다고 보고 있었다. 그는 상공업의 지나친 발전을 경계하고 있었으며 화폐의 유통을 권장하는 것은 단지 국민생활의 보완단계에 머무르고 있었다. 근현대 자본주의로 나아가는 인식이 없었던 것이다.

황종희의 금은을 폐지하고 전폐를 사용하는 주장은 명대 화폐의 주도적인 역할을 차지하고 있었던 은의 폐단에 대한 일종의 개혁안이었다. 명대 상품경제의 발전으로 현물징수보다는 화폐지조가 일반화되면서 화폐의 위치는 더욱 중요해져 갔다. 그것의 사용범위와 사용지역이 확대되면서 화폐의 수요량 또한 갈수록 증가되었다. 그러나 당시 주요화폐였던 은을 사람들이 점점 집에 쌓아놓게 되면서 은의 유통문제가 생기고 사회

위기까지를 초래하였다. 황종희의 화폐론은 이러한 문제를 해결하기 위해 상품경제가 보편화되어 끊임없이 유통될 수 있는 재화를 필요로 하였던 당시의 경제구조가 원하던 현실적인 대안이라고 생각한다. 여기에 황종희도 역시 현실을 감안하고 해결책을 제시하는 것이며 근대 자본주의적인 화폐유통 방향으로까지 나가는 인식이 아니라고 본다.

5. 맺음말

17세기 동아시아 유교문화권에서 일어난 실학풍조는 그 후 300여년의 긴 역사동안 많은 학자들로 하여금 그때그때의 상황을 위기로 의식하여 근본적 반성과 대책으로 학문연구에 몰두하였다. 한국 실학의 비조인 유형원과 중국 실학의 1세대로 보이는 황종희는 17세기 격변하고 있는 시대 속에서 사회문제를 해결하기 위해 제도개혁론을 제시하였다. 본고에서는 두 사람의 경세사상 중에 국민생활과 직접 연관한 화폐론을 다루어 비교해봤다.

유형원은 현실생활을 통해 얻은 화폐정책에 대한 경험과 한국과 중국 및 그 주변 여러 나라에 있어서의 화폐제도를 비교 고찰하여 자기의 화폐론을 구상 제시하고 있다. 그는 화폐와 토지와 함께 국가경제의 근본이 된다고 보았고 화폐의 유통에 대한 긍정적인 인식을 가지고 있다. 그러나 그의 이러한 화폐론은 단순히 왜란과 호란 이후 궁핍한 국가재정과 비참한 국민생활을 새로운 경제질서인 화폐제를 도입함으로써 개선해보려고 한 것이었다.

황종희는 전란으로 인해 국가재정의 파산과 상공업의 발전에 따른 화폐문제에 대해 역시 과거의 역사에서 경험을 찾아 당대의 사회현실에 실행할 수 있는 합리적이라고 생각한 해결책을 제시하였다. 그는 일시적인 이익을 생각하지 않고 영원한 이익을 얻기 위해서는 전폐가 도움이 된다는 인식을 가지고 있다. 따라서 위정자가 찬하의 금은을 다 거두어 들여 저장해 놓고 유통시키지 않아 생산을 파괴하고 있음을 지적하였다. 이와 동시에 동전과 지폐로 통일된 화폐제도를 만들 것을 주장하고 있다.

유형원과 황종희의 화폐론에서는 드러난 핵심을 알 수 있는데 바로 경세애민의 민본사상이다. 물론 민본사상은 유교의 핵심적인 정치사상이고 정통적인 유가의 정치적 이념이기 때문에 같은 부분일 수밖에 없을 것이다. 그러나 유형원과 황종희는 역사가 격변하고 있는 17세기에 나라의 흥망을 걱정하고 백성을 정치의 근본으로 생각하는 마음은 그 시대 어느 학자보다 강렬하였다. 특히 국민생활에 관계가 밀접한 화폐문제에 있어서 두 사람은 고금의 역사를 연구하고 복잡한 경제문제 내면에 있는 원인을 찾아 나름대로 화폐유통 방안을 모색하였다. 이는 두 사람이 애민의 이념을 가지고 이기심성론에 침체하는 이학의 질고에서 벗어나 사회현실을 입각하는 실학의 학풍이 있었기에 가능하였던 일이라고 본다.

반계 유형원의 국가재정 개혁구상과 녹봉제 실시론

송양섭 | 고려대학교 한국사학과 교수

1. 머리말

유형원의 『반계수록』에는 전제 개혁을 바탕으로 군사제도, 대민 교화 및 교육, 관료엘리트의 선발 및 운용, 통치체제의 운영 등 이상국가 기획에 대한 원대한 구상이 펼쳐져 있다. 이 가운데 건실한 국가재정을 구축하고 이를 효율적으로 운영하는 방안은 유형원이 특별히 중점을 두었던 부문 중 하나이다. 국가재정의 개혁은 관제 개편, 관원수 감축, 군현제 개편 등과 표리를 이루면서 대대적인 제도 쇄신과 예산 개편을 수반했다. 이는 『반계수록』 「녹제(祿制)」와 「녹제고설(祿制攷說)」에 온전히 담겨져 있는 바, 유형원의 구상에서 관료엘리트와 실무 인력에 대한 적정한 보수 체계의 구축이야말로 안정적인 국가운영의 핵심적인 내용을 구성하고 있음을 보여준다.

유형원의 국가재정 개혁안에 대해서는 이미 몇 가지 연구가 제출되어 있다. 일찍이 천관우는 유형원의 방안을 건전재정을 위한 세입·세출에 대한 기획력 강화와 농민수탈의 전폐, 궁중재정의 단일화, 녹봉제의 전면실시, 고리대의 폐지 등으로 정리하여 그 근대적 성격을 검출하고자 했다.[1] 이후 연구 또한 내용과 논점의 차이에도 불구하고 대부분 비슷한 문제의식을 토대로 진행되었다. 윤용출은 역제운영(役制運營)의 고용노동 도입이라는 측면에 주목하면서 유형원의 재정개혁안을 대동법을 더욱 발전시킨 경세제도(經稅制度)를 통해 모든 공적 경비를 충당하고 일체의 과외 징수를 금하도록 한 것으로 요약하고 이는 경상재정 운영의 합리화·표준화를 기하는 한편 군현간의 잡역세 규정의 차이를 극복하고 부세불균의 모순을 타개하려 한 것이라고 평가하였다.[2]

1 천관우, 「반계 유형원 연구」 상·하 『역사학보』 2·3, 1952·1953.
2 윤용출, 「유형원의 役制改革論」『한국문화연구』 5, 1993.

한편, 김선경은 군현제 · 봉건제와 같은 정치체제에 대한 유형원의 문제의식이 구성원과 토지의 배치, 지방사회 운영구상에 반영되었으며 이를 타인에게 설득하고 공유하기 위한 내용 · 과정 · 방법을 보여줌으로써 새로운 국가운영과 경세학의 방법론으로 제출되었다고 하였다. 아울러 조세 · 재정개혁을 통해 민과 사류(士類) 중심으로 사회구성원을 재편하여 생활을 안정시키고 직역을 확보함으로써 자원의 적절한 배분을 꾀하였다고 하였다.[3]

반면 제임스 팔레는 유형원의 주장이 서구식 진보나 근대성과 무관하게 역대 중국의 재정제도에서 원용한 합리성과 비용감축의 개념이라고 규정하고 대동법을 원용한 국가수요품의 시장구입도 경제학적 관점이 아니라 전통적이고 고전적인 방법에 불과하다고 하였다.[4] 이 연구는 한국학계의 유형원 이해가 가진 근대주의적 편향성을 지적한데에는 일정한 의미가 있지만 개혁안이 표방한 고제(古制)의 이상을 지나치게 평면적으로 이해한 나머지 그것이 가지는 복합적 측면과 시대적 규정성을 간과했다는 비판에서 벗어나기 힘들다. 이같이 유형원의 국가재정 개혁을 다룬 연구는 수적으로도 많지 않지만 근대성을 기준으로 진보 · 보수를 가르는 구도는 여타 분야와 마찬가지로 예외가 없다.

유형원 개혁안의 내용에 대한 실증적 여백도 매우 크다. 유형원이 내놓은 재정개혁안은 국가기구 운영을 위한 인적 자원의 합리적 운용을 위한 녹봉제 개혁이 핵심적인 내용을 구성함에도 이상의 연구는 사실상 이를 도외시하고 있을 뿐 아니라 국가재정 문제도 정면으로 천착했다고 보

---

3 김선경, 「반계 유형원의 이상국가기획론」『한국사학보』 9, 2000 ; 김선경, 「유형원의 이상국가기획론 - 재정부문을 중심으로」『한국사연구』 25, 2004.

4 제임스 B 팔레(김범 역), 「재정개혁과 경제」『유교적 경세론과 조선의 제도들 - 유형원과 조선후기』, 산처럼, 2007(Palais, James B, 『Confucian Statecraft and Korean Institutions』, University of Washington Press, 1996).

기 힘들다. 이 점 일단 중대한 한계로 지적해 두지 않으면 안 된다. 하지만 유형원 국가재정론에 대한 연구가 부진했던 근본적인 이유는 조기적으로 성립·운영되었던 데다가 폐단·수탈 등 대부분 부정적 이미지로 덧칠된 조선왕조 국가재정에 대한 근대적 발전의 모범적 경로를 찾는 것이 그리 용이한 일이 아니었기 때문이 아닌가 생각된다.

조선왕조의 국가는 토지와 인간에 대한 지배를 바탕으로 막대한 양의 재화를 장악하고 이를 분배하는 강력한 실체로 재정의 편성과 운영은 국가적 차원에서 이루어지는 재분배의 구체적인 과정이었다. 유형원은 양란 이후 수조지 분급제의 소멸과 사적 토지소유의 광범위한 전개라는 현실에 즉하여 공전제 실시를 통해 대대적인 재정의 확충과 강력한 군사력을 구축하고자 했다.[5] 이러한 유형원의 재정운영 구상에 당시 도별로 추진되고 있던 대동법이 중요한 원칙으로 적용되고 있었던 데서 보듯 그의 개혁안은 철저하게 당대의 시대적 상황에 규정되어 입론되었다. 따라서 유형원의 구상을 온전히 이해하고 정당하게 평가하기 위해서는 일차적으로 17세기 당대의 부세·재정운영의 구체성과 이를 둘러싼 다양한 변통론의 갈래 속에서 그것이 가지는 현실적 맥락을 파악하는 것이 무엇보다 중요하다고 생각된다.

유형원의 구상은 단순히 머릿속에서 생각해낸 공허한 이상론이 아니었다. 그는 당시 국가재정의 운영과정에서 나타나는 복잡한 문제를 치열하게 고민하고 그것이 가진 문제의 소재를 파악, 이를 바탕으로 민생안정과 부국강병을 위한 구체적인 방안을 제시하고자 했다. 당시 국가재정과 관련된 각종 규정과 데이터가 광범위하게 동원되었던 데서 보듯 고제(古制)의 이상을 현실제도의 운영원리와 함께 적절히 참용(參用)한 위에 자신만의 독자적인 관점과 원칙에 입각하여 기획된 것이 바로 유형원의

5 송양섭, 「반계 유형원의 공전제론과 그 이념적 지향」『민족문화연구』 58, 2013.

구상이었다. 이 글이 주목하고자 하는 점이다.

2. '경비(經費)' 배정과 대동법의 원용

유형원은 '공'이라는 보편적 도덕원리를 바탕으로 다양한 층위를 가진 공동체 조직의 상위에서 균산적 재분배와 사회의 도덕적 통합을 실현하는 주체로 국가를 상정하였다.[6] 국가재정의 확보와 배정은 각급기구와 인력을 운용하기 위한 물적 토대로 중요한 문제가 아닐 수 없었다. 유형원이 이 시기 국가재정과 관련하여 가장 심각하게 인식한 것 중 하나가 바로 공납제의 폐단과 이로 인한 과외징수의 문제였다. 그는 공식적인 토지세=전세(田稅) 이외에 막대한 양의 공물·진상이 별도로 부과되고 있는데다가 지방관의 녹봉이 책정되어 있지 않아 필요할 때마다 민에게 부담을 지우기 때문에 문제가 끊이지 않는다고 하였다.[7] 이 때문에 나타난 난맥상은 다음과 같이 묘사되었다.

> 지금 100필의 비용이 들어가는 일이 있으면 100필을 마음대로 각도(各道)에 분정(分定)하고 각도는 또 마음대로 열읍(列邑)에 분정(分定)하며 열읍은 또 만민(萬民)에게 분징(分徵)한다. 조가(朝家)에서 각도(各道), 각도에서 열읍(列邑), 열읍에서 호주(戶主), 호주에서 전부(田夫)까지 그 사이에 단계마다 잉여를 늘리고 마디마다 농간을 부려 그 폐단이 만 가지이기 때문에 만민(萬民)이 쓴 양은 10만 필을 내려가지 않으니 팔도(八道)의 만민(萬民)이 그 시끄러움을 당하지 않음이 없다.[8]

---

6 송양섭, 「반계 유형원의 '공' 이념과 이상국가론」『조선시대사학보』 64, 2013.

7 『磻溪隨錄』 卷3, 田制後錄 上 經費.

8 「柳馨遠大同議」『磻溪雜藁』 여강출판사, 1990, 227~228쪽.

어느 정도 과장이 섞여있을 테지만 재정수요가 발생할 경우, 도(道) - 읍(邑) - 호주(戶主) - 전부(田夫)로 이어지는 분정(分定)의 단계마다 자행되는 중간수탈로 실제 소요액을 훨씬 상회하는 부담이 가해져 심각한 폐단이 초래된다는 것이다. 공전제야말로 이러한 문제를 일소하고 세수를 확충하여 넉넉한 재정을 확보할 수 있는 바탕으로 이제 국가재정을 여하히 운영할 것인지가 중심적인 과제였다. 유형원이 제시한 재정운영의 원칙은 '용관(冗官)을 줄이고 잡역을 없애며 마땅히 거두어야할 세(稅)를 거두어 마땅히 써야할 곳에 쓸 따름'[9]이었다. 전국의 공전실전(公田實田) 288만 경 가운데 253만경의 수세지로부터 확보한 455만 4천곡 = 303만 6천석(하년 8등급 기준)의 세수를 유형원은 '경비(經費)'로 지칭했다.[10]

> 상부(常賦) 외에는 털끝 하나라도 백성에게 침징(侵徵)할 수 없다. 지금 공납(貢納) · 진상(進上)과 일응(一應)의 요역(徭役) · 쇄마(刷馬) · 인부(人夫) 등의 일은 모두 경비(經費)로부터 정식(定式) 계산(計算)하여 지출하기를 지금 경대동례(京大同例)에 의해 행용(行用)한다.[11]

공전 수취 = 상부(常賦)를 통해 확보한 '경비(經費)'는 공납 · 진상을 비롯한 모든 지출의 바탕으로 일체의 추가 징수가 허용되지 않았고 '경대동(京大同)의 예(例)', 즉 대동법의 방식이 재정 지출의 기본원칙으로 적용되었다. 대동법은 광해군 즉위년(1608) 경기 지역을 필두로 강원도(1623), 충청도(1651)에 실시되었으며 유형원이 『반계수록』을 집필할 당시에는 호남 대동법이 연읍(沿邑)지역에 실시되고 산군(山郡) 지역은 아직 논의단계에 있었다.[12] 호남 산군 지역까지 대동법이 확대 실시된 것

---

9 『磻溪隨錄』 卷3, 田制後錄 上 經費.

10 송양섭, 「반계 유형원의 공전제론과 그 이념적 지향」 『민족문화연구』 58, 2013, 95~97쪽.

11 『磻溪隨錄』 卷3, 田制後錄上 經費.

은 현종 3년(1662)의 일로 이후 대동법은 숙종 4년(1678) 경상도, 현종 7년(1666)과 숙종 34년(1708) 함경도와 황해도에 각각 상정법의 형태로 실시되었다. 강원도에는 숙종 36년(1710) 대동법과 상정법이 병행되다가 영조 30년(1754) 상정법으로 개편된다.[13] 때는 바야흐로 대동법이 전국적으로 확대 실시되는 과정의 한복판이었다.

> 근세에 그 수용(需用)하는 비용을 헤아려 통균(通均)하여 [이를] 쌀로 내고자 하여 공가(公家)에서 용도를 정해 규식을 마련[定用制式]하고자 하는 논의가 있으니 이는 지금의 모든 비용은 公家에서 일정한 지출이 있고 모든 역역(力役)은 공가(公家)에서 그 값을 주고 다시 따로 민역을 조발하지 않는 것으로 대동법이라 칭한다. …… 다만 지금의 대동법은 양출제입(量出制入)의 규식이나 이것은 양입위출(量入爲出)의 제도다. 그러나 거두는 것이 정제(定制)가 있어서 다시 갖가지를 조렴(調斂)하지 않는 것은 같다.[14]

유형원은 대동법이 수용(需用)을 감안하여 제도에 입각한 수취를 행하고 별도의 징수가 없다는 점에서 '양입위출(量入爲出)'의 이상을 어느 정도 담고 있다고 평가하였다. 그가 대동법을 '그 거두는 바를 계산, 액수를 정하여 미(米)를 지출하고 정부가 그 비용을 통제하는 것[計其所收 定數出米 而朝家 制其費者]'[15]으로 규정하면서 후한 점수를 준 것은 이 때문

---

12 호남대동법은 沿邑에 효종 9년(1658), 山郡에 현종 3년(1662) 실시된다. 『반계수록』의 대동법 관련 서술을 보면 호남 연읍에는 대동법이 실시되었지만 아직 산군 지역까지 확대되지는 않은 상태임을 확인할 수 있다. 다른 부분까지 그러한지는 알 수 없지만 최소한 대동법에 관한 한 『반계수록』 내용의 상당 부분이 효종 9년(1658) 이후 현종 3년(1662) 이전에 집필되었음을 알 수 있다. 호남대동법에 대해서는 한영국, 「호남에 실시된 대동법 - 호서대동법과의 비교 및 첨보」, 『역사학보』 15 · 20 · 21 · 24, 1961 · 1963 · 1964 참조.

13 한영국, 「대동법의 실시」 『한국사』 13, 국사편찬위원회, 1981. ; 김옥근, 『조선왕조재정사 연구』 III, 1988. 참조.

14 『磻溪隨錄』 卷3, 田制後錄 上 經費.

이었다. 실제로 공안(貢案)과 횡간(橫看)에 입각해 이루어지던 공납제가 수시로 가해지는 추가징수, 자의적 운영 등으로 많은 문제를 드러냈던 점을 고려할 때 중앙과 지방의 재정소요분을 감안, 적절한 수취를 행하고 이를 바탕으로 지출을 했던 대동법의 실시는 예산운영의 혁신을 가져온 획기적인 변화였다.[16]

그는 대동법 반대론자를 '조가(朝家)에서 백성에게 수취하는 것이 정제(定制)가 있기를 원치 않으면서 단지 그것이 정수(定數)가 없기만을 바라니 미혹(迷惑)하고 무식(無識)한 것이 아니면 불의(不義)하고 나라를 저버리는 것'이라고 강하게 비판하였다.[17] 대동법의 제도적 원리를 개혁안에 전폭 수용한 유형원에게 공적인 재정운영이란 '상부(常賦)'를 통해 확보한 공식적인 재정인 '경비(經費)'를 중앙재정분인 조세(漕稅)와 지방재정분인 유세(留稅)로 나누어 양입위출(量入爲出)의 원칙에 의해 운영하는 것을 의미했다. 공납제의 주요 부문을 '대동(大同)'이라는 공식적인 재정으로 통합하여 이를 상납분과 유치분으로 나누어 운영하는 제도원리를 국가재정 전반으로 확대 적용한 셈이었다.

〈그림1〉에서 보는 바와 같이 『반계수록』을 통해 유형원이 산정한 세수 455만 4천곡은 대략 중앙으로 올라가는 조세(漕稅) 70만 곡(15.4%)과 지방에 유치하는 유세(留稅) 385만곡(84.4%)으로 나누어졌다.[18] 하지만

---

15 「柳馨遠大同議」『磻溪雜藁』 여강출판사, 1990, 227~228쪽.

16 한영국, 앞의 글, 1981, 213~214쪽.

17 『磻溪隨錄』 卷3, 田制後錄 上 經費.

18 〈그림1〉은 『반계수록』과 『호서대동사목』·『전남대동사목』·『영남대동사목』·『부역실총』을 통해 작성하였다. 대동법은 상납분과 유치분, 『부역실총』은 상납분과 지방수용분(물류비는 잡비로 원액별 비용부기)으로 중앙재정과 지방재정이 나누어져 있으며 충청도의 경우 선마가 962석이 지방재정에 포함되어 있다. 『반계수록』은 漕稅과 留稅로 되어 있는데 세수총액은 漕稅와 留稅의 합보다 4,000곡 많다. 이것이 계산상의 착오인지 물류비를 산입한 것인지 확실치 않지만 이 때문에 중앙재정과 지방재정의 비율을 합해도 100%에는 미치지 못한다.

유세(漕稅)·조세(留稅)의 국가재정 편성율은 50% 이하였다. 전체 경비(經費) 455만 4천곡의 41.2%인 187만 8천 200곡만 예산에 배정되었던 것이다. 구체적으로는 조세(漕稅) 70만곡의 68.3%에 해당하는 47만 곡이 중앙재정으로, 유세(留稅) 385만 곡의 36.4% 정도인 140만 곡이 지방재정으로 편성되었는데 그 이유는 명확치 않다. 배정된 액수만 보면 중앙재정이 약 25%, 지방재정이 약 75% 정도였다.[19]

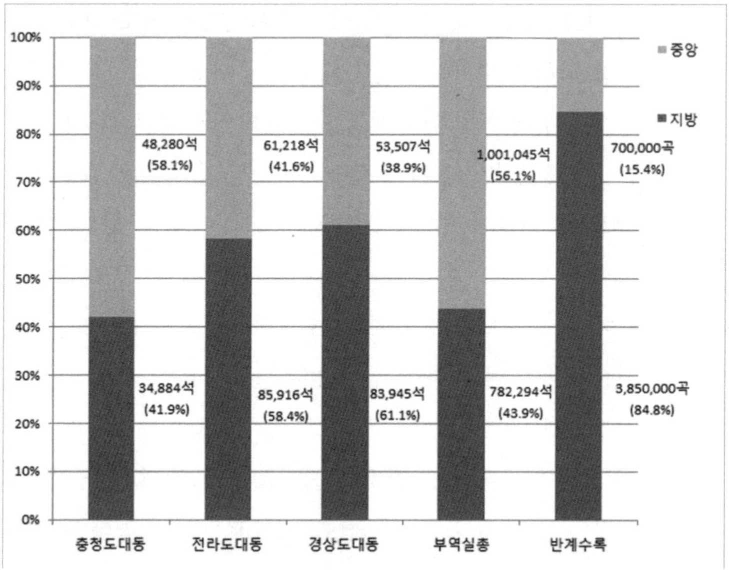

〈그림1〉 중앙재정과 지방재정의 배정

19 유형원이 경세 수입의 반에도 못 미치는 187만여 곡만 예산으로 편성한 이유를 분명하게 밝히지 않아 무어라 말할 수 없지만 굳이 억측하자면 풍흉에 따른 세수의 변동을 감안한 보수적 예산편성이었을 확률이 크다. 한편으로는 지방의 비축곡을 언급하면서 留稅와 常平倉穀이 거론되고 있는 데서 보듯 여유 재정을 진휼재원이나 일종의 예비비의 형태로 비축한 것일 수도 있다(『磻溪隨錄』 田制後錄 上 常平司倉). 어떤 이유에서였건 재해의 충격이나 예측이 어려운 재정수요에 흔들리지 않고 항상성을 유지할 수 있는 재정구조를 구축하고자 한 것이 유형원의 의도가 아니었나 생각된다.

〈그림1〉에서 보는 바와 같이 대동세의 경우, 중앙상납분과 지방유치분의 비율은 충청 58.1 : 41.9, 전라 41.6 : 58.4, 경상 38.9 : 61.1였고, 18세기 후반 『부역실총』을 통해 파악한 중앙과 지방재정의 비중은 각각 56.1%와 43.9%였다. 세목이나 재정의 총량은 차이가 나지만 중앙과 지방으로 나누어지는 공식적인 재정규모를 기준으로 한다면 유형원의 경비 배정은 대동미나 『부역실총』의 그것과 비교해 지방재정에 대한 대대적인 확충을 뚜렷한 특징으로 한다고 말할 수 있다.[20]

그런데 유형원이 배정한 국가재정에는 경비 외에 공전제(公田制)에 입각한 토지재원도 있어서 각급기관과 이에 소요되는 인력은 각기 임무와 기능에 상응하는 공전(公田)·사세전(賜稅田)을 지급받았다. 가령 군자전(軍資田)·학교전(學校田)·마전(馬田) 등은 사세전(賜稅田)이었고 역리졸전(驛吏卒田)·역장전(驛長田)·역관저지(驛館底地) 등은 공전의 형태였다.[21] 이렇게 유형원은 경비책정은 일단 공전제에 입각한 토지재원을 전제로 하고 있음을 염두에 둘 필요가 있다.

---

20 재정의 절대규모에서 본다면 이러한 점은 더욱 두드러지는데 이는 18세기 후반 국가재정 규모를 어느 정도 담고 있다고 판단되는 『부역실총』과의 비교를 통해 알 수 있다. 물론 여기에서 『부역실총』의 수치가 당시 국가재정 전체를 반영하지 않는다는 점은 당연히 고려되어야한다. 우선, 『반계수록』의 중앙재정 70만 곡 = 46만6천666.6석은 『부역실총』의 그것인 100만1천45석의 반에도 미치지 못한다. 이는 18세기 이후 국가재정 규모의 확대를 감안하더라도 『반계수록』의 중앙재정 편성에 대대적인 감축이 가해진 것으로 해석할 수밖에 없다. 아마도 官制에 대한 전면개편을 통한 각급관서·관원의 대폭적인 감축이 이러한 결과를 가져왔을 것으로 판단된다. 반면 지방재정의 경우, 留稅로 예산에 편성된 385만곡 = 205만6천666.6석은 『부역실총』의 지방재정분 78만 2천294석의 대략 2.6배를 상회하는 규모였다. 이는 재정규모의 절대액수의 대폭증액 내지는 종래 비공식·비정규적 재정수요를 공식화한 것으로 이해할 수 있는데 대대적인 관제개혁을 통해 경비의 절약을 꾀한 유형원도 지방재정에 대해서는 오히려 대대적인 예산증액을 통해 지방차원에서 나타나는 각종 문제에 적극적으로 대처하고자 했음을 알 수 있다. 『부역실총』에 나타난 재정구조와 왕조의 정책에 대해서는 송양섭, 「『부역실총』에 나타난 재원파악 방식과 재정정책」『역사와 현실』 70, 2008 참조할 수 있다.

21 그 구체적인 내역은 송양섭, 「반계 유형원의 공전제론과 그 이념적 지향」『민족문화연구』 58, 2013 참조.

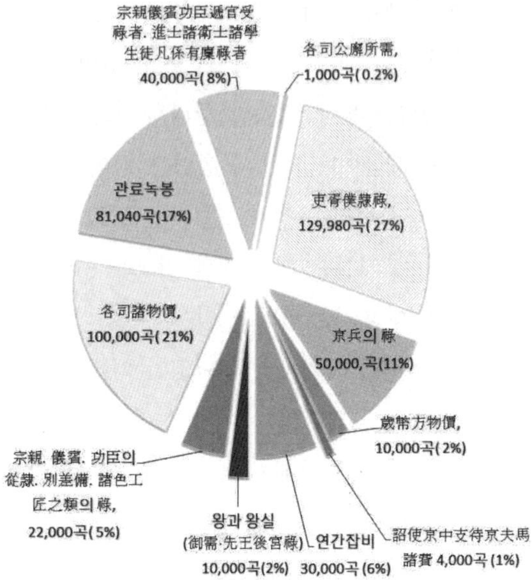

〈그림 1-1〉 중앙재정의 편성내역

이제 유형원의 국가재정편성상의 특징을 중앙재정과 지방재정으로 나누어 구체적으로 살펴보자. 우선, 중앙재정의 배정내역을 나타낸 것이 〈그림 1-1〉이다. 유형원이 제시한 중앙재정의 항목은 총 11개였는데 이는 다시 몇 가지 범주로 나눌 수 있다.

첫째, 유형원은 내수사와 궁방의 무절제한 재정운영이 국가재정을 멍들게 하고 민생을 위협하는 주요인이 될 뿐 아니라 국왕의 공적인 위상에도 심각한 타격을 가한다고 판단하고 왕실재정에 대한 대대적인 개편을 추진하고자 했다. 유형원은 국왕 · 왕대비 · 세자궁의 어수(御需)와 선왕 후궁에 대한 녹봉으로 중앙재정의 2% 정도인 1만석으로 책정하였다. 아울러 내수사를 혁파하고 어공(御供) · 어수(御需)를 경록(卿祿)의 10배 수준으로 정하여 사옹원이 관할하도록 하였다. 세자 · 대비 · 후궁이나 왕자 · 왕녀에게도 규정에 따른 생계비와 품위유지비가 지급되었다. 이는 왕실재정의 규모를 축소하고 녹봉제의 개념을 도입, 제도와 규정에 의해 운영함으로써 국왕의 공적 위상을 높이고자 한 실질적인 조치로 평가할 수 있다.[22]

둘째, 중앙 각급기관의 수요품은 '각사제물가(各司諸物價)'의 항목으로 10만 곡=6만6천 666석 10두가 배정되었는데 대략 중앙재정의 21% 정도를 차지했다. 당시 김육이 대동법을 실시하면서 산정한 공물가는 어공(御供)을 포함하여 13만 8천 곡=9만 2천여 석에 달했는데 유형원은 여기에서 왕실항목을 따로 떼어내고 방만한 항목을 삭감한 후 예산을 책정하였다. 이는 중앙재정 내 항목으로는 두 번째로 액수가 큰 항목이었다. 각사제물가(各司諸物價)에 속하는 공사지지(公事紙地)·포진(鋪陳)·등유(燈油)·땔나무[柴]·횃불[炬]·숯[炭] 등은 수량을 산정하여 매년 정월 호조로부터 경비를 받아 주인(主人)을 모집, 물품을 조달하도록 하였다. 이는 대동법이 선혜청을 통해 공인에게 역가를 지급하고 왕실과 각급기관의 수요품 조달을 전담하도록 하는 방식을 그대로 원용한 것이다.[23] 선혜청의 기능을 호조가 담당한 셈이었다.

세 번째, 관료를 비롯한 각급기관의 인건비성 경비, 즉 녹봉으로 유형원의 국가재정 개편에서 가장 비중이 큰 항목이었다. 여기에는 우선 81,040곡의 관료에 대한 녹봉이 있었는데 대략 중앙재정의 17% 정도를 차지했다. 유형원은 필요 없는 관직 2/3를 감축하여 565명으로 정하고 정철(正職)의 4~5배 정도 되는 옛 체아직을 없애는 등 관제개혁을 통해 조직의 경량화·효율화를 꾀한 후 이에 맞추어 관료녹봉을 배정하였다.[24] 실제로 당시 관료에 대한 녹봉이 대략 12만곡=8만여 석 정도였음

---

22 송양섭, 「반계 유형원의 왕실재정 개혁구상」『역사와 담론』65, 2012.

23 『磻溪隨錄』 卷19 祿制 京各司公廨所需磨鍊.

24 柳馨遠은 새로 구상한 官制에서 京官의 인원을 총 540명 정도로 책정하였고 여기에 실무와 잡역을 담당하는 녹사 45명, 서리 480명, 조례 2,955명, 소사 1,000인을 배정하였다.

을 감안한다면 총액은 큰 폭으로 줄어든 셈이었다. 비슷한 취지로 종친(宗親)·의빈(儀賓)·공신(功臣)·체관(遞官)·진사(進士)·제위사(諸衛士)·제학생도(諸學生徒) 등에게도 늠록(廩祿) 4만여 곡을 책정되었다(중앙재정의 8%).

그런데 녹봉에서 가장 액수가 많을 뿐 아니라 중앙재정 전체에서도 27%로 가장 큰 비중을 점한 항목이 '이서복예록(吏胥僕隸祿)'이었다. 유형원은 중앙각사의 행정실무와 잡역을 담당할 인력으로 녹사(錄事) 45명, 서리(書吏) 475명, 조예(皁隸)·노(奴) 3,005명, 소사(小史) 985명을 정하고 이들에 대한 보수로 녹봉 129,980곡 = 86,653석 5두를 배정하였다. 이는 장기적으로 폐지해야할 노비인력을 대체하는 재원이기도 했다. 종친(宗親)·의빈(儀賓)·공신(功臣)의 종예(從隷)·별차비(別差備)·제색공장(諸色工匠)에게 지급할 녹봉도 22,000곡으로 5% 정도의 비중을 점하였다. 경병(京兵)의 녹봉은 2,000명 기준 50,000석으로 전체 11%를 점하였다.

이상 관료의 녹봉, 종친(宗親)·의빈(儀賓)·공신(功臣)·체관(遞官)·진사(進士)·제위사(諸衛士)·제학생도(諸學生徒) 등의 늠록(廩祿), 종친(宗親)·의빈(儀賓)·공신(功臣)의 종예(從隷)·별차비(別差備)·제색공장(諸色工匠) 등에 대한 녹봉, 경병(京兵)의 녹(祿)을 모두 합하면 총 323,020곡으로 중앙재정의 67.6%를 차지했다. 여기에 앞서 언급한 왕실재정의 일부까지 녹봉으로 간주한다면 비중은 거의 7할에 육박할 것으로 생각된다. 이와 같이 유형원이 중앙재정으로 편성한 내역 가운데 가장 많은 비중을 차지하는 것이 바로 녹봉으로 표현되는 인건비성 경비였음

유형원은 이것이 9品 이상 관원의 총수를 기준으로 2/3, 遞兒도 정식 관리보다 4~5배 축소된 것이라고 하면서 이같은 관제개혁으로 지급해야 할 녹봉도 80~90% 감소될 것으로 파악했다(『磻溪隨錄』 卷16, 職官之制 下 職官因革事宜).

을 알 수 있다. 유형원 국가재정 개혁은 사실상 녹봉제의 전면 적용을 위한 정지작업이라 해도 과언이 아니었다. 유형원이 『반계수록』 녹제(祿制)에서 국가재정 전반을 다룬 것도 바로 이러한 이유 때문이었을 것이다. 마지막으로 들 수 있는 것이 외교를 비롯한 각종 비용과 관련된 항목으로 세폐방물가(歲幣方物價) 10,000곡 = 9,990석10두, 조사경중지대경부마제비(詔使京中支待京夫馬諸費) 4,000곡 = 39,990석 10두를 합하면 전체의 3% 정도 비중이었다. 기타 각사공해소수(各司公廨所需)와 연간잡비가 각각 1,000곡, 30,000곡으로 6% 남짓을 차지했다.

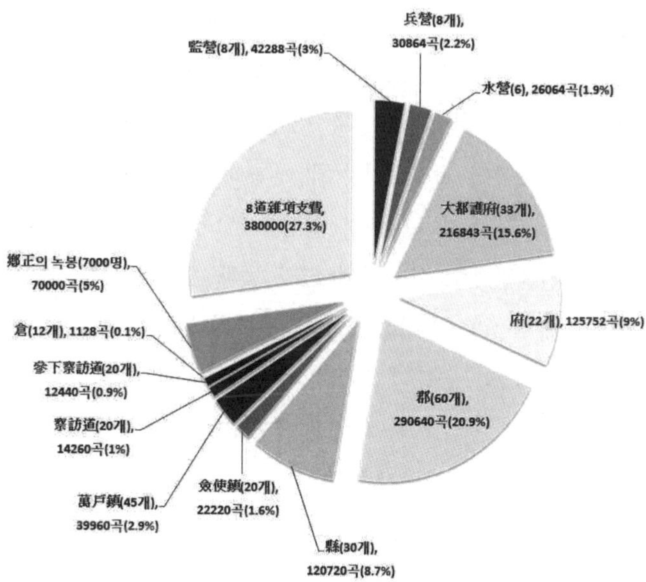

〈그림 1-2〉 지방재정의 편성내역

다음은 유세(留稅) 총 3,850,000곡의 36.4% 정도인 140만 곡이 배정된 지방재정이다. 이를 행정 · 군사 · 교통통신 · 물류 · 기타의 네 범주로 나누어 살펴보자. 우선, 행정분야의 경우, 지방재정의 61% 비중을 점하는 총 866,243곡＝577,495.4석이 책정되었다. 감영은 기관당 5,286곡(8개)으로 총 42,288곡, 대도호부는 기관당 6,571곡(33개)으로 총 216,843곡, 부는 기관당 5,716곡(22개)으로 총 125,752곡, 군은 기관당 4,844곡(60개)으로 총 290,640곡, 현은 기관당 4,024곡(30개)으로 총 120,720곡, 향정록은 1인당 10곡(7,000명)으로 총 70,000곡이 배정되었다.

다음, 군사기관의 경우, 총 126,308곡＝84,205.3석으로 전체의 9.0%를 점한다. 구체적으로 병영은 기관당 4,758곡(8개)으로 총 38,064곡, 수영(통영포함 6개)은 기관당 4,344곡에 총 26,064곡, 첨사진은 기관당 1,111곡(20개)에 총 22,220곡, 만호진은 기관당 888곡(45개)에 총 39,960곡을 배정하였다. 나머지는 미미한 수준이다. 교통통신기관은 총 26,700곡(지방재정의 1.9%)이며 찰방도(20개)가 기관당 713곡에 총 14,260곡, 참하찰방도(20개)가 기관당 622곡에 총 12,440곡이다. 조창(12개)에는 기관당 94곡에 총 1128곡이 배정되었다(지방재정의 0.08%). 행정 · 군사 · 통신 부분에는 군관(軍官) · 향소(鄉所) · 장관(將官) · 기패관(旗牌官) · 군기감관(軍器監官) · 전례관(典禮官) · 이예(吏隷) 등과 학교의 교관(教官) · 내외사생(內外舍生)에 소요되는 비용이 모두 포함된다. 향청의 좌수 · 별감에 해당하는 향정(鄉正)의 녹봉이 공식화되고 있음은 특기할 만하다.[25]

한편 행정 · 군사 · 통신 등과 관련된 공통경비나 상기범주에 포함시키기 곤란한 각종 항목이 '팔방잡항지비(八方雜項支費)'로 전체의 27.1%에 해당하는 38만 여 곡 배정되었다. 이는 기관별 비용 책정이 힘들거나 예측하기 어려운 지출에 대비하여 유연하게 사용할 수 있도록 설정한 항목이었다.[26] 이와 같이 지방재정의 항목을 지출용도의 측면에서 본다면

25 『磻溪隨錄』 補遺 卷1, 郡縣制 各邑.

26 그 내역은 ① 各邑犒軍米 62,000곡, ② 各邑使客支供 · 監兵使巡行支供米 23,000여 곡, ③ 各項人夫刷馬價 25,000여 곡, ④ 各社稷釋奠諸祀祭物幣帛所需 10,000여 곡, ⑤ 各樣軍器旗幟修造 50,000여 곡, ⑥ 各驛供客所需 6000여 곡, ⑦ 各擺撥馬軍料와 邊營巨鎭諸

관원의 녹봉 82,550곡, 이예의 녹봉 638,404곡 등 총 720,954곡이 인건비성 항목이었다. 이는 지방재정의 51.5%에 달하는 막대한 양으로 그 나머지가 관수(官需)·유청(油淸) 등 지방관청의 운영비였다. 27.3%에 달하는 '팔방잡항지비(八方雜項支費)'에 일부 인건비성 경비가 포함되어 있기 때문에 이를 감안한다면 녹봉의 비중은 더 높아질 것으로 생각된다. 지방재정의 배정에도 녹봉은 가장 많은 비중을 차지하고 있음은 중앙재정과 마찬가지였다.

이상 중앙재정과 지방재정 공히 가장 큰 비중을 점하는 이예를 비롯한 실무·잡역을 담당한 인력에 대한 녹봉의 배정은 노비제 폐지를 염두에 둔 것이었다. 유형원은 신역에 입각한 노비노동을 직무에 대한 대가로 적정액의 녹봉을 지불하는 형태의 노동력으로 대체하고 이를 바탕으로 보다 내실있는 인력 운영을 꾀하고자 하였다.[27] 유형원의 녹봉제는 관료에 대한 적정한 보수체계 마련과 노비노동력의 고립제로의 전환을 위한 과도기적인 조치로 이에 소요되는 재원을 마련하기 위해서는 국가재정 전반에 대한 대대적인 개혁을 거치지 않으면 안 되었다. 국가재정에서 유형원이 가장 많은 예산을 편성한 것이 녹봉이었고 녹봉 가운데 가장 높은 비중을 점한 것이 이예 등의 인건비였던 데서 보듯 재정개혁에서 가장 주안점을 둔 것은 바로 노비제 폐지에 따른 대체 노동력의 수급문제였다.

지금까지의 논의를 요약해보자. 유형원은 당시 경기·충청과 호남연읍 지역에서 실시되고 있었던 대동법의 제도적 원리를 국가재정 전반의 운영 원칙으로 적용하고자 했다. 공납제의 모순으로 국가재정의 곤란과

色人等廩料 20,000여 곡, ⑧戰漕船改造價 10,000여 곡, ⑨各監營進上造備價와 刷馬價 5,000여 곡, ⑩詔使와 赴京使一路支供夫馬諸費 25,000여 곡, ⑪西北添給軍餉 40,000곡, ⑫各樣雜費100,000여 곡 등이다.

27 송양섭, 「반계 유형원의 노비론」『한국인물사연구』 19, 한국인물사연구회, 2013.

민생의 피폐함이 극에 달한 상황에서 대동법이야말로 양입위출의 이상을 어느 정도 담아낸 이상적인 제도로 받아들여졌다. 유형원은 공적인 수취로서 '상부(常賦)'를 통해 확보한 정규재정인 '경비(經費)'를 중앙재정과 지방재정으로 나누어 규정에 의해 지출하도록 하였는데 여기에서 주안점을 둔 것은 지방재정의 대대적인 확충이었다. 중앙재정 편성에는 왕실재정의 축소와 각급기관의 수요품 조달을 위한 적정 예산 외에 녹봉으로 표현되는 각종 인건비성 경비가 대략 7할 정도의 비중을 차지했다. 행정기구에 6할 이상의 예산을 배정한 지방재정에서도 인건비성 경비는 반 이상을 넉넉히 웃돌 정도로 가장 비중이 큰 지출항목이었다. 유형원의 국가재정개혁은 관료·이서를 비롯한 인력에 대한 적정한 보수체계의 확립과 이를 위한 재원의 확충이 가장 핵심적인 내용을 이루고 있음을 알 수 있다. 노비제 폐지와 이에 따른 대체 인력의 수급을 위한 재원 확보는 유형원의 재정개혁에서 가장 심혈을 기울인 부분이었다.

3. 재정구조의 개편과 녹봉제의 채택

1) 중앙재정: 녹봉의 인상과 녹봉제의 확대

15세기 관료에게는 토지와 녹봉 두 가지 형태로 직무에 대한 보수체계가 갖추어져 있었다. 과전으로 지칭되는 토지분급은 직(職)에 대한 대가인 동시에 세신(世臣)에 대한 예우이기도 했기 때문에 일부 토지는 퇴직이나 사망 후에도 전수(傳授)가 허용되었다. 하지만 수조지 분급제는 16세기 직전제(職田制), 관수관급제(官收官給制)를 거쳐 최종적으로 소멸의 길을 걷게 된다. 직무에 대한 공식적인 대가는 이제 녹봉이 유일했다.[28]

녹봉은 관료에 대한 우대만이 아니라 이들의 생계를 보장하여 '염치를 기르는' 방편이었고 사(士)가 직사(職事)에 충실한 것은 농사를 성실하게 짓는 것에 비견되었다.[29] 유형원은 '다스림을 받는 사람은 다른 사람을 먹여 살리고 다스리는 사람은 다른 사람에게 먹을 것을 얻는 것[治於人者食人 治人者食於人]'을 '천하의 통의(通義)'라고 하면서 다음과 같이 말하였다.

> 군사(君師)를 세우고 경사(卿士)가 받들어 백성의 살 곳을 정해 생활을 이루게 해주고 농사짓는 자는 쌀을 내고 벼슬하는 자는 녹봉을 받으며 쌀을 내는 자는 1/10세를 넘어 농사에 해가 되지 않도록 하며 1/10세보다 가볍게 하여 국용(國用)에 부족하지 않도록 해야 한다. 그러한 연후에야 민생을 넉넉히 하고 국용을 풍족하게 할 수 있다. 녹봉을 받는 자는 직위가 낮더라도 족히 농사를 대신할 수 있고 관질(官秩)이 높으면 족히 친한 이에게 인(仁)을 베풀 수 있어야한다. 그러한 연후에야 염치에 힘쓰고 예속(禮俗)을 이룰 수 있다.[30]

국가경영에 소요되는 가장 중요한 지출인 녹봉을 마련하는 것이야말로 재정운용의 핵심이며 그것은 바로 1/10세를 통해 실현할 수 있다는 것이다. 1/10세야말로 민생을 해치지 않으면서도 국용(國用)을 건실하게 할 수 있는 최적의 세율이었다. 녹봉의 수준은 낮은 지위에 있더라도 농사짓는 정도의 수입을 보장받아야하고 고위직은 주변 사람에게 어느 정도 시혜를 베풀 수 있는 정도가 되어야 했다. 하지만 현실은 이와 달랐다.

---

28 김태영, 『조선전기 토지제도사연구』 지식산업사, 1983 ; 이경식, 『조선전기토지제도연구』 지식산업사, 1996

29 신유아, 「조선전기 녹봉의 頒給과 관료가계」『역사교육』 114, 역사교육연구회, 2010.

30 『磻溪隨錄』 卷19, 祿制 京官祿磨鍊.

우리나라는 쓸데없는 관직이 너무 많고 봉록(俸祿)이 지극히 박하여 관질(官秩)이 높은 자도 오히려 먹고살기 어려워 걱정하니 하물며 관질이 낮은 자야 오죽 하겠는가? 이에 구차한 풍습이 어지러이 일어나고 사리(私利)를 도모하는 폐단을 금하지 못하여 서로 이(利)를 다툼이 기극(紀極)이 없다.[31]

당시 관직의 수는 과다했고 관원에게 주어지는 녹봉은 박해 고위관료조차 생계를 걱정할 정도였다. 이 때문에 나타나는 '구차한 풍습'과 '사리를 도모하는 폐단'을 막기 위해서는 어느 정도 생계가 가능한 수준의 적정한 보수체계가 마련되지 않으면 안 되었다.[32] 녹봉은 국초 이래 관료들의 고정수입으로 중요한 생활 기반이었지만 시간이 지남에 따라 그 의미는 점차 퇴색되어 갔다. 왕조의 녹봉제는 세종 21년(1439) 3개월 단위로 연 4회 지급하는 '사맹삭반록제(四孟朔頒祿制)'로 정비되어 『경국대전』에 수록되었는데 이는 녹봉을 18과로 나누고 각종 곡물·현물·화폐를 적정하게 섞어 지급하는 형태였다.

왜란과 호란을 거치면서 개편된 녹봉제는 그 액수가 크게 감소하고 물종도 단순화하였다. 하지만 재정상태가 좋지 않은 상황에서 관료의 녹봉은 삭감되기 일쑤였고 지급되지 않거나 지연되는 경우도 적지 않았다. 녹봉의 지급은 종래 '사맹삭반록제(四孟朔頒祿制)'와 매월 지급하는 '월별산료제(月別散料制)' 두 방식이 번갈아 채택되었다. 월별산료제가 채택된 것은 일시에 석 달 치 급여를 지급하는 '사맹삭반록제'가 재정적으로 부담이 되었기 때문이었다.[33] 박봉에 시달리는 관료의 궁핍함은 거의 일상적인 문제였다. 현종 10년(1669) 녹봉인상과 관련된 논의과정에서 호조

31 『磻溪隨錄』 卷19, 祿制 京官祿磨鍊.

32 『磻溪隨錄』 卷19, 祿制 京官祿磨鍊.

33 임성수, 「조선후기 녹봉제 연구」『동방학지』 169, 2014.

판서 민정중은 다음과 같이 말하였다.

> 우리나라는 4맹삭마다 녹봉을 지급하지만 이것으로는 석 달을 버티지 못합니다. 만일 집이 지방에 있는 사람이 서울에 와서 벼슬살이를 한다면 더욱 버티기 힘듭니다. 녹봉이 농사짓는 수입을 대신할 수 없으니 어찌 사람들에게 염치를 요구하겠습니까?[34]

당시 채택되고 있던 사맹삭반록제 하에서 분기별로 지급받는 녹봉의 액수로는 생계를 유지하기 어렵다는 민정중의 말은 당시 관료의 궁핍함이 어느 정도였는지 단적으로 보여준다. 지방출신으로 서울에서 벼슬살이하는 관료는 형편이 더욱 어려웠거니와 대부분의 관원들은 녹봉만으로 농사를 지어 얻는 수입을 대체할 수 없는 것이 현실이었다.

16세기 관료 유희춘의 『미암일기』에 나타나는 17회의 수록사례(受祿事例) 중 정량을 받은 것은 6회에 불과하고 나머지는 흉년이나 중국 사신으로 인한 지출 증가로 감록(減祿)되거나 하위의 액수를 받는 실정이었다. 유희춘이 규정량을 받을 경우 매우 기뻐하고 녹비(祿米)의 질이 좋을 때 흡족해하는 데서 보듯 정해진 액수나 양호한 품질의 녹봉을 받기도 쉽지 않았다. 이 시기 녹봉은 미(米)·태(太)·맥(麥)·주(紬)·포(布)가 섞여 지급되었는데 선조 원년(1568) 유희춘이 받은 녹봉을 환산하면 백미 51석 정도였다. 이를 또 다른 가계수입 공노비선상가(公奴婢選上價) 26여 석, 수증미(受贈米) 186석, 논의 소출 83여 석과 합하면 346여 석으로 총수입에서 녹봉이 차지하는 비율은 14.7%에 불과했다. 단편적인 사례지만 녹봉은 이미 이 시기 관료의 생계기반으로 제한적인 의미만을 가지고 있음을 알 수 있다.[35]

---

34 『승정원일기』 212책, 현종 10년 1월 10일.

35 이와 관련해서는 이성임, 『16세기 양반관료의 경제생활 연구』, 인하대 사학과 박사학위

유형원은 조선이 협소한 면적과 과소한 인구로 세수(稅收)가 얼마 되지 않기 때문에 중국과 같이 넉넉한 녹봉체계를 갖추기는 힘들지만 국가의 규모를 감안, 관직의 수를 적절히 줄이고 성과에 따라 녹봉을 지급해 '친한 사람을 돌보고 먹을 것을 걱정하지 않아도 될' 정도는 되어야 한다고 하였다.[36]

〈표1〉 시기별 녹봉액과 유형원의 녹제개편안

품계	『경국대전』								인조 25년(1647)			반계수록	현종 11년(1670)				『속대전』	
	中米	糙米	田米	黃豆	小麥	紬	正布	楮貨	米	田米	黃豆		米	田米	紬	正布	米	黃豆
大君·公主	210	765	30	345	150	6	15	10	705	120	240		660	360	8	8	501	240
정1품		720							660			6000					456	
종1품	180	645		315	135	5					180	5020	600	240	4	4	384	
정2품		600		270			14	8	540			4080	540					
종2품		555		255	120				480			3360	480				312	
정3품 당상	165	480		225	105	4	13		420			2880	420				288	
정3품 당하	150	450			105						120						240	204
종3품		405		210	105	3		6	360	60	180	2520	360					
정4품	120	375		195	90	2	12		300			2160	300				204	156
종4품		345		180	90		11					1920						
정5품	90	315		165	75	1		4			120	1680		180			192	120
종5품		300		150	75		10					1500						
정6품	75	270		135	60				240			1320	240					
종6품		255		120	60		9					1200						
정7품	45	225		75	45	0	7	2	180			1080	180				156	72
종7품		210		60	45		6					960						
정8품	30	180	15		30		4				60	840		120			144	60
종8품		150			30							780						

논문, 2003, 65~68쪽 참조.

36 『磻溪隨錄』 卷19, 祿制 京官祿磨鍊. 유형원의 관제개편에 대해서는 송양섭, 「반계 유형원의 관제개편구상」『조선시대사학보』 86, 2018 참조.

정9품	0	120		45	15		3	1	120	0		660	120				120	
종9품				30	15		2					600						

* 자료 : 『반계수록』 권19 祿制 京官祿磨鍊, 『경국대전』 호전 ; 『속대전』 호전 ; 『증보문헌비고』 직관고24

** 단위 : 中米 · 糙米 · 田米 · 黃豆 · 小麥은 斗, 紬 · 正布는 匹, 楮貨는 張. 인조 25년(1647) 녹봉은 大君에게만 추가 지급 규정이 있고, 현종 11년(1670)에는 예외규정이 없다. 『續大典』의 경우, 大君 · 公主 · 王子君 · 翁主의 녹봉은 1과와 같이 지급하지만, 大君의 경우 봄 3개월간 매월 1석을 더 지급한다고 규정하였다.

〈표1〉은 유형원의 녹봉제 개편안을 『경국대전』을 비롯한 법전 및 각종 규정과 함께 시기별로 정리한 것이다. 인조 25년(1647) 복구된 녹봉제는 『경국대전』과 비교하여 18등급이 13등급으로 줄어들었으며 4~9품은 정 · 종 구분 없이 동일한 액수가 지급되었다. 분기별 지급액수는 고정되었고 8개에 달하는 지급물종도 미(米) · 전미(田米) · 황두(黃豆) 세 종류로 단순화하였다. 이 때의 액수는 굳이 환산식을 적용하여 비교하지 않더라도 20두 = 1석의 기준이 15두 = 1석 기준으로 변함으로써 1/4 정도가 이미 감축된 상태에서 전체적으로 반 이상 줄어든 액수였다. 현종 11년(1670) 재정형편이 상대적으로 호전됨에 따라 녹봉액수는 소폭 상승되었고 물종도 주(紬) · 정포(正布)가 다시 지급되었다. 하지만 관료의 처우는 여전히 열악한 수준에 머물렀다. 『속대전』의 규정은 앞서 언급한 바, 숙종 21년(1695)에 채택된 산료제가 수록된 것으로 미 · 황두로 품목이 단순화되고 액수도 현종 11년의 그것과 비교하여 상당한 폭으로 줄어들고 있다.[37] 18세기 중엽까지 녹봉액의 감소추세는 멈추지 않았던 것이다.

37 사맹삭반록제는 정부의 재정상태가 좋지 않을 경우 다시 월별산료제로 돌아가기 십상이었는데 숙종 21년(1695)을 전후한 극심한 기근으로 재정상태가 나빠지자 정부는 곧바로 월별산료제를 채택하게 된다. 하지만 이 때의 산료제는 더 이상 변경되지 않고 『속대전』에 수록되어 왕조말까지 유지되었다. 그런데 이 때 산료제의 녹봉액은 『경국대전』과 비교하여 정1품 기준으로 반 이상, 인조 25년(1647)에 비해 20% 이상 삭감된 수준으로 관료들의 처우는 계속 열악해져 갔다. 이상 녹봉제에 대해서는 임성수, 앞의 글, 117~132쪽 참조.

이러한 사정에 비추어 유형원이 책정한 녹봉액수는 파격적인 인상을 가한 것이라 할 만 했다. 유형원 스스로 대략 4배 이상 인상한 것이라고 말하고 있거니와[38] 주(紬)·정포(正布)를 산입하고 품계별 차이를 감안하더라도 이 정도 액수라면 관료들의 수입은 꽤나 넉넉해질 터였다. '벼슬이 있는 자는 녹봉이 각각 그 분수가 있어 위(位)가 높은 자는 넉넉히 모두 한결같이 떳떳한 봉급만으로 할 따름'으로 '봉급 외에 또 다른 요구와 토색이 있을 수 없었다.'[39] 이것이 전부가 아니었다. 이들은 공전제의 체계에 편입되어 정·종 1품~정 2품은 12경, 종 2품~정 3품 당상·당하는 10경, 정 4품~종 6품은 8경, 정 7품~종 9품은 6경의 공전이 주어졌다.[40]

〈표2〉 정1품 관료의 녹봉과 공전 수입 추산(단위: 斛)

구분	녹봉	공전소출(피곡)	稅米	수입A [공전소출-세미]	수입B [수입A×1/2]	총수입A(녹봉비율) [녹봉/(수입A+녹봉)]	총수입B(녹봉비율) [녹봉/(수입B+녹봉)]
上年	600	2,400(4,800)	120	2,280	1,140	2,880(20.8%)	1,740(34.5%)
中年		1,920(3,840)	96	1,824	912	2,424(24.8%)	1,512(39.7%)
下年		1,440(2,880)	72	1,368	684	1,968(30.5%)	1,284(46.7%)
6分災		960(1,920)	48	912	456	1,512(39.7%)	1,056(56.8%)
7分災		720(1,440)	36	684	342	1,284(46.7%)	942(63.7%)
8分災		480(960)	24	456	228	1,056(56.8%)	828(72.5%)
9分災		240(480)	12	228	114	828(72.5%)	714(84.0%)

* 자료: 『磻溪隨錄』 卷1 田制 上 分田定稅節目; 『磻溪隨錄』 卷19, 祿制 京官祿磨鍊.

38 『磻溪隨錄』 卷19, 祿制 京官祿磨鍊.

39 『磻溪隨錄』 卷3, 田制後錄 上 經費.

40 왕족에게는 공전과 함께 일종의 수조권 분여의 성격을 가진 사세전도 주어졌다. 대군·군·공주·옹주·세자·중자·서자·군주 12경, 현주 10경의 공전이 지급되는 것 외에 대군 500, 군 420, 공주 340, 옹주 260, 세자·중자 250, 서자 200, 군주 150, 현주 100곡지의 사세전이 배정되었다(『磻溪隨錄』卷1, 田制 上 分田定稅節目).

〈표2〉는 연 미 6,000두 = 600곡의 녹봉과 공전 12경을 받는 정 1품 관료의 한 해 수입을 추산한 것이다. 정1품 관료에게 배정된 공전 12경으로부터의 소출은 피곡으로 상년 4,800곡~9분재 480곡으로 산정되는데 이를 미(米)로 환산하면(穀 : 米 = 2 : 1환산) 상년 2,300곡~9분재 240곡 수준으로 줄어든다(1경당 피곡소출 400곡 기준). 여기에서 세미(稅米 1/20)를 공제한 것이 수입A로 연분과 재해 상황에 따라 상년 2,280~9분재 228곡으로 나타난다. 공전 수입은 공전내부의 경영형태를 감안하지 않을 수 없는데 유형원은 이에 대한 어떠한 언급도 하지 않았다. 하지만 관료가 직접 공전을 경작하지 않고 어떠한 형태로든 별도의 노동력이 활용되었을 것이므로 소출 가운데 일부가 이들의 몫으로 돌아갔을 확률이 크다. 여기에 농업경영에 소요되는 각종 비용도 고려하지 않을 수 없다.

이를 감안한다면 관료에게 온전히 돌아가는 공전수입은 최대 반 정도에 불과하리라 추측되는데 이것이 수입B이다(수입A × 1/2). 수입A와 수입B에 각기 녹봉 600곡을 합산한 것이 총수입A와 총수입B로 여기에서 녹봉의 비율을 나타낸 것이 녹봉비율A와 녹봉비율B이다. 아무래도 총수입B가 보다 현실적이었거니와 전체 수입에서 녹봉이 차지하는 비율은 녹봉비율B가 높을 수밖에 없다. 녹봉비율A의 경우 분재(56.8%)~9분재(72.5%)의 구간, 녹봉비율B의 경우 6분재(56.8%)~9분재(84.0%)의 구간에서 총수입의 반을 웃도는 비율을 점한다. 공전으로부터의 수입은 가장 높은 상년과 비교해 최하위인 9분재의 액수가 1/10에 불과했다. 당해년의 농작상황이 좋지 않을 경우 공전수입만으로는 생계를 이어가기 힘들었다. 유형원은 공전 수입의 불안정성을 보완하여 관료들의 수입을 일정하게 보전해주는 장치로 녹봉제를 제시했던 것이다.[41] 이같이 유형원이 구상한 관료 보수체계는 고제의 이념을 차용, 과전법

· 전시과와의 형식적인 유사성을 띤 공전(公田)을 기본으로 하면서도 관료를 비롯하여 이예 · 군병 등의 직역자 전반에 녹봉제를 전면적으로 적용함으로써 안정적이고 항구적인 생계기반을 제공하는데 주력했던 것이다.[42]

녹봉지급 형태도 분기별[四孟朔頒祿]이 아닌 매월 분급하는 방식[月別散料]으로 바꾸었고 녹봉액의 1/3은 화폐로, 1/3은 백미, 1/3은 속미(粟米)와 황두(黃豆)을 반씩 섞어서 지급하도록 하였다. 가령 정1품 월봉 50곡을 전(錢) 3관(貫)600문(文)[전20문 = 미1두], 백미 16곡, 속미(粟米) 8곡, 황두(黃豆) 8곡, 정9품 매월 5곡 5두는 전(錢) 380문, 백미 1곡 8두, 속미 9두, 황두 9두로 지급하는 식이었다. 녹사(錄事) · 서리(書吏) 등 이예(吏隷)나 관청의 비용, 수령녹봉, 관수(官需) · 사객(使客)의 지출도 마찬가지였다. 농작상황과 이에 따른 곡물의 수급 사정을 고려한 조치였다.[43]

---

41 물론 녹봉액수도 고정불변한 것은 아니었다 흉년이 들 경우 御需 20%를 삭감하고 중앙과 지방의 관료와 이예들의 녹봉도 20% 삭감하도록 하였다. 흉작이 심각할수록 삭감폭은 넓어졌고 내외의 각종 경비도 이에 준하여 삭감조치가 취해졌지만(『磻溪隨錄』 卷19, 祿制 京官祿磨鍊) 공전수입과 비교해 덜 탄력적이었던 만큼 수입으로서는 상대적으로 안정적이라 할 수 있었다.

42 녹봉과 공전이 상호 보완관계인 점은 녹봉제 시행초기에 규정액의 1/2~1/3 · 2/3 정도를 줄여 현행 녹봉보다 약간 높은 수준을 지급하고 공전제가 완성되면 전액을 지급하도록 한 점, 그리고 노비세습제를 폐지하기 전에는 9품관 이상과 지방관원의 녹봉을 1/3 감하여 지급하고 院郎 · 錄事 등은 10두, 서리도 5두를 줄여 지급하도록 한 점(『磻溪隨錄』 卷19, 祿制 京官祿磨鍊) 등에서도 드러난다. 유형원은 이외에도 당상관 이상과 臺諫侍從官 중 자신의 과오가 아닌 사안으로 해임된 자는 본래 녹봉의 반을 지급하고, 충신 · 청백리의 적장자손은 증손까지 녹봉을 주도록 하였으며 70세가 되어 은퇴한 당상 이상 관료는 받던 녹봉의 반에 해당하는 사세전을 지급하도록 하는 등 관료들의 처우에 대한 보완장치를 두고 있다.

43 『磻溪隨錄』 卷19, 祿制 京官祿磨鍊. 유형원은 녹봉분급에서 백미 · 속미 · 황두 등 곡물간의 가격에 따른 환산비율은 전혀 고려하지 않고 穀種과 관련 없이 1 : 1의 백미와 기타 잡곡의 비율을 기계적으로 적용하고 있다.

〈표3〉 중앙 각급기관에 대한 '吏隸' 배정액(단위 : 명)

기관 · 직임	書吏	皂隸	小史	合	기관 · 직임	書吏	皂隸	小史	合
三師	3	21	6	30	禮賓寺	12	81	10	103
世子三師	3	21	6	30	校書館	6	48	18	72
世子三少		18	6	24	司饔院				
世子賓客		12	2	14	尙衣院	6	42	8	56
議政府	15	90	19	124	司僕寺	9	156	9	174
吏曹	15	60	15	90	軍器寺	9	57	15	81
戶曹	24	87	24	135	繕工監	9	48	13	70
禮曹	15	60	15	90	司贍寺	3	36	8	47
兵曹	21	84	19	124	觀象監	6	60	30	96
刑曹	24	120	33	177	典醫監	6	60	27	93
工曹	15	60	15	90	常平監	6	36	7	49
宗正府	9	48	11	68	豊儲倉	6	30	6	42
成均館	9	96	63	168	廣興倉	6	33	7	46
弘文館	6	42	11	59	世子翊衛司	6	39	15	60
司憲府	12	45	9	66	四學	3	42	39	84
承政院	18	66	15	99	司譯院	3	42	30	75
春秋館	9	21	6	36	宗廟署	3	18	4	25
中學	6	36	18	60	社稷署	3	12	4	19
中衛	6	48	15	69	平市署	3	12	3	18
前衛	6	48	15	69	監門司	6	15	12	33
左衛	6	48	15	69	城門司	12	26	24	62
南衛	6	48	15	69	司畜署	3	36	4	43
後衛	6	48	15	69	掌苑署	3	21	3	27
金吾衛	6	78	40	124	圖書署	9	3	15	27
內禁衛	3	24	12	39	活人署	3	12	3	18
義順衛	3	24	12	39	氷庫	3	12	3	18
掌隸院	12	29	6	47	瓦署	3	60	3	66
世子侍講院	3	27	9	39	諸陵				
宗學	3	18	3	24	進士院	3	12	30	45

承文院	6	39	13	58	掖庭署		9	30	39
奉常寺	12	90	15	117	訓鍊都監	9	30	6	45
掌樂院	3	27	8	38	(계산합)	450	2,710	888	4,048
通禮院	6	39	16	61	합	480	2,955	1,000	4,435

* 자료 : 『磻溪隨錄』 卷15, 職官之制 上 京官職.

한편, 유형원은 관료 이외에 중앙각급기관의 행정실무나 잡역을 담당할 인력, '이예(吏隸)'에 대한 녹봉도 정하였다. 이를 위해서는 중앙 각급기관의 '이예'에 대한 정원을 규정, 전체적인 소요 녹봉을 산정하지 않으면 안 되었다. 중앙 64개 기관·직임에 서리·조예·소사 등 '이예'의 정원을 규정한 것이 바로 〈표3〉이다. 직역별로는 녹사(錄事) 월 40두 = 연 480두(공전 2경 지급), 서리(書吏) 월 35두 = 연 420두, 조예(皂隸) 월 25두 = 연 300두, 사노(司奴) 월 25두 = 연 300두, 소사(小史) 월 15두 = 연 180두, 경병(京兵) 월 15두 = 연 180두, 장인(匠人) 월 25두 = 연 300두였다. 공전을 받지 못하는 서울 이예의 녹봉은 수전(受田)하는 지방 이예의 2배 정도 책정되었다. 관료들과 마찬가지로 녹봉의 책정에는 공전으로부터의 수입과 업무강도·여타수입 등이 고려되었다.

경병(京兵)의 경우, 매년 별도로 보포(保布) 8필을 받았고 근무하지 않는 날이 많았던 데다가 별도의 시재상격(試才賞格)이 있었기 때문에 상대적으로 낮은 녹봉이 책정되었다. 경병 중에서도 기총(旗摠)에게는 연간 면포 2필을 추가로 지급하고 마대(馬隊)에게는 월 황두(黃豆) 9두와 속미(粟米)를, 10~4월에는 전 60문 더 주도록 하는 등 병종에 따라 차이가 있었다. 장인(匠人)의 경우, 매월 성과에 따라 액수를 추가하거나 징계를 하는 등 근태와 능력에 따라 녹봉액수는 가변적이었다. 유형원은 사노(司奴)의 역(役)에 여성을 복무시키는 것을 원칙적으로 반대했지만 여복(女僕)을 쓸 경우에도 녹봉은 동등해야한다고 하였다. 녹봉의 지급은 관료와 마찬가지로 화폐 · 면포 · 잡곡을 적절히 섞도록 했는데 녹사 월록(月祿) 4곡[40두]을 전 260문 + 백미 1곡 + 소미 1.3곡의 형태로 지불하는 식이었다.[44]

앞서 언급한 바 있지만 이들 '이예'에게는 책정된 예산[吏胥僕隸祿]은 서리 480명 × 연간녹봉 420두 = 20,160곡, 조예 2,710명 × 연간녹봉300두 = 81,300곡, 소사 888명 × 연간녹봉180두 = 15,984곡 등 계산상 총 1,268,100곡이었는데 이는 중앙재정 478,020곡의 26.5%에 해당했다. 유형원은 '이서복예록(吏胥僕隸祿)'을 그 보다 약간 많은 129,980곡으로 계상했는데 어찌되었건 이 액수는 관료의 녹봉 81,040곡(중앙재정의 약 17%)을 크게 웃도는 비중으로 단일 항목으로는 가장 규모가 컸음은 앞서 언급한 바와 같다.[45] 유형원은 서울 서리(書吏) 35두, 조예(皂隸) · 사노(司奴) 25두의 월록이 적은 듯 하지만 농부의 수입을 감안한 것이라고 하면서 다음과 같이 말하였다.

> 현재 평년의 1경 수확이 상농(上農)은 피곡(皮穀) 130~140곡[미 65~70곡]이 될 수 있고 하농(下農)은 60~70곡[미30~35곡]이다. 그러나 그것은 농부 한 사람의 힘이 아닌 그 처와 자식까지 함께 일 년 내내 힘쓴 뒤라야 가능하다. 그 백 수 십 곡이라는 것도 또한 처와 자식만 그치는 것이 아니라 몇 명의 일꾼을 보탠 뒤에야 가능하다. 이는 단지 한 사람의 힘으로만 얻는 것으로 세금납부 · 농우사육 · 종자(種資) · 보포(保布)의 비용은 없으니 만일 처 · 자식이 힘쓰는 것까지 함께 계산하면 농부보다 낫다.[46]

---

44 『磻溪隨錄』 卷19, 祿制 京吏隸祿磨鍊

45 아마도 '宗親 · 儀賓 · 功臣의 從隸 · 別差備 · 諸色工匠之類의 祿' 22,000곡 중 일부가 누락되었기 때문이 아닌가 생각된다.

46 『磻溪隨錄』 卷19, 祿制 各道州縣學鎭驛吏隸祿田定數

연간 녹봉으로 서리의 42곡(월35두), 조예·사노의 30곡(월25두)이 당시 농가소득 130~140곡=미 30~35석에 크게 미치지 못하지만 농가 수입이란 해당 농부와 처·자식 등 가족노동력에 외부의 일손까지 투입한 결과임을 감안할 때, 세금을 비롯한 각종 부대비용 없이 오로지 1명의 직무에 대해 주어지는 보수로는 결코 적은 액수가 아니라는 것이다. 당시 평균적인 농가의 소득을 감안하면서 직무의 성격과 근무형태에 따라 녹봉액수가 책정되었음을 알 수 있다. 아울러 관노(官奴)의 녹봉이 과다하다는 지적에 대해 관노가 죄를 지어 노비가 된 것이 아니고 세습에 의해 불가항력으로 씌워진 굴레이기 때문에 이들은 『주례』에서 관청사역을 담당하는 도(徒)와 같은 소임으로 간주해야하며 이 때문에 반드시 그 가족을 먹여 살릴 정도의 녹봉을 지급해야 한다고 하였다. 넉넉한 녹봉으로 생계에 대한 걱정이 없어진다면 업무도 충실해지고 피역도 없어질 것으로 내다봤다.[47]

유형원이 '이예'에 대한 전면적인 녹봉지급은 장기적으로 추진할 노비제 폐지에 대한 과도적 조치였음은 앞서 언급한 바와 같다. 이는 이들 노동력의 대부분이 사실상 급가고립(給價雇立)에 의해 충당되고 있는 현실을 배경으로 했다. 예컨대 당시 5,000여 명에 달하는 조예·나장·제원 등의 번차가 3번(番)에서 12번(番)으로 바뀌어 연 1개월 입역해야 하지만 실제로는 이들에게 1인당 포 2필을 거두어 그것으로 서울거주자를 대립하는 형태가 일반적이었다. 대립자에게는 가포 2필과 급료 6두가 지급되었다.[48] 이 시기 궐내차비(闕內差備), 각사(各司)의 차비노(差備奴)·근수노(跟隨奴) 등 종래 선상(選上)·입역(立役)에 의하여 조달되던 노비뿐 아니라 내수사의 입역(入役)·사환노자(使喚奴子)나 수시로 필요한 노

---

47 『磻溪隨錄』 卷19, 祿制 外方官祿磨錬

48 『磻溪隨錄』 卷19, 祿制 京吏隷祿磨錬.

비노동력도 부역동원 대신 급가고립으로 전환되고 있었다.[49] 유형원은 이 같은 현실을 적극적으로 인정하여 신역에 입각한 노동력 동원 방식을 탈피하여 직무에 대한 적절한 보수를 통해 안정적인 인력의 운용을 꾀하고자 했던 것이다.

이상의 내용을 요약한다. 중앙재정 개혁의 핵심은 관료녹봉의 대폭 인상과 각종 인력에 대한 녹봉제의 전면 적용이었다. 16세기 수조지 분급제의 해체 이후 관료들에 대한 처우는 녹봉만이 남은 상태로 이조차로 생계의 기반으로 삼기에는 턱없이 부족했다. 유형원은 녹봉의 수준이 농업에 종사하여 얻는 수입을 대체할 수 있을 정도는 되어야 한다고 하면서 4배 이상의 녹봉인상을 통해 관료의 처우를 획기적으로 개선하고자 했다. 녹봉은 수입이 가변적인 공전과 일체화되어 관료수입의 안정성을 담보할 수 있는 보완 장치이기도 했다. 녹봉제는 동일한 원칙에 의해 행정실무나 잡역을 담당한 이예·군인층에게도 적용되었다. 관서별로 정원이 책정된 이예에게는 공전 외에 업무의 성격에 따라 적정의 녹봉이 주어졌다. 이는 노비제 폐지에 대한 대책으로 급가고립의 추세를 적극 수용, 이예층에게 적정의 보수를 지급함으로써 통치기구의 실질적 운영자인 이들 인력이 안정적으로 직무를 수행할 수 있도록 한 제도적 장치였다.

2) 지방재정 : 재원의 확충과 녹봉제 실시

유형원이 경비(經費)를 통해 예산을 배정하면서 중점을 둔 부문이 바로 지방재정이었음 앞서 살핀 바와 같다. 그는 지방재정을 대대적으로

---

49 전형택, 「조선후기 노비노동에 있어서 고립제의 전개」『변태섭박사화갑기념사학논총』, 1985, 714~726쪽.

확충하는 한편 운영의 건전성과 효율성을 높이기 위해 각급지방관청의 지출 요소를 범주별·항목별로 나누어 예산을 배정하였다. 앞서 언급했듯이 전체 경세(經稅) 455만 4천 곡에서 유세(留稅)가 84.4%를 차지하는 385만 곡에 달했고 이 가운데 36.4%에 해당하는 약 140만곡이 지방재정의 예산으로 편성되었다. 지방재정에서 유형원이 가장 중점을 둔 것도 다름 아닌 녹봉으로 그 대상은 지방관을 비롯하여 향관(鄕官)·장관(將官)·이예(吏隷) 등을 포괄했다.[50]

당시 지방관의 보수에 해당하는 항목으로는 봉름(俸廩)을 들 수 있다. 봉름은 이전부터 전해 내려오던 아록전(衙祿田)·공수전(公須位) 등 토지재원과 대동법 이후 신설된 관수미(官需米)·사객지공미(使客支供米)·치계시탄가(雉鷄柴炭價) 등으로 구성되어 있었다. 여기에는 지방관의 생활을 위한 봉록(俸祿) 뿐 아니라 통치를 위해 필요로 하는 품위유지비와 판공비의 성격이 뒤섞여 있었다. 봉름의 지출은 지방관의 재량 하에 지역민에 대한 구휼, 문집·족보간행 등 조상선양, 부모·가족에 대한 효, 친지에 대한 선물 등 공·사 영역이 혼재되어 있었다. 봉름의 활용은 사사로운 물욕이 아니라 공을 실천하는 행위로 간주되기도 했기 때문에 남은 봉름을 사적인 영역에 속하는 선조선양과 효도에 사용하는 것도 별다른 문제가 되지 않았다. 이 때문에 봉름은 지출의 임의성이 심해져 상당수의 수령이 봉름을 축재나 가족부양의 수단으로 이용하였다.[51] 이같이 용도를 딱히 규정하기 힘든 봉름 이외에 지방관에게 공식적으로 정해진 녹봉은 없었다. 유형원은 이 때문에 갖가지 추가징수가 횡행하고 병·수사와 그 이하 진장(鎭將)들의 경우, 번군(番軍)을 방군(放軍)한 후 수포(收布)하여

50 『磻溪隨錄』 卷19, 祿制 京吏隷祿磨鍊.

51 박희진, 「조선후기 수령의 俸廩 지출 원리를 통해서 본 公私관념」『수령의 사생활』, 경북대출판부, 2010, 264~193쪽.

취식(取食)하는 형편이라고 비판하였다.[52] 지방관의 처우개선과 녹봉문제를 해결하기 위한 구체적인 방안은 다음과 같은 원칙에 의해 마련되었다.

> 외관(外官)은 마땅히 서울의 예에 의하여 일체로 하고 다만 그 품록(品祿)을 정한다. 하지만 지금 외관은 정해진 녹봉이 없고 그 공사(公私)로 쓰는 여러 물품은 각자 종류에 따라 민에게 부과하다가 근년의 대동법이 비로소 쌀로써 절정(折定)하여 잡다하게 징수하는 폐단을 끊었다. 지금에 만약 조목(條目)을 세워 거론하지 않으면 과외(科外)에 따로 폐단이 발생함이 있을까 우려되고 또 군읍(郡邑)의 사체(事體)도 경관(京官)과 조금도 다르지 않기 때문에 현재 대동법에 정한 바를 그대로 따르되 다시 더 자세히 헤아려서 마련한다.[53]

지방관의 품계와 녹봉은 중앙관료의 그것과 동일한 체계로 하는 것이 원칙이었다. 유형원은 대동법으로 추가징수의 폐단은 상당부분 근절되었으나 여전히 문제는 남아 있다고 하면서 대동법의 규정을 기본으로 하면서도 미비한 부분을 보완하는 형태로 개혁안을 마련했다고 하였다. 유형원은 자신의 생계 뿐 아니라 주변의 친지들을 보살펴야하는 지방관이 정해진 녹봉이 없어 여전히 과외의 징수를 통해 '공(公)·사(私)의 비용'을 충당한다고 하면서 공적인 예산과 원칙을 통해 지방관에 대한 녹봉체계를 새롭게 제시하고자 하였다.[54]

녹봉제의 적용대상에 지방관 뿐 아니라 각종 이예층도 포함되었기 때문에 지방재정 전반에 대한 대대적인 수술이 가하지 않으면 안 되었다. 지방관청에 대한 예산은 감영·병영·수영과 삼남 수군을 총괄하는 통제영, 그리고 그 이하의 도호부·부·군·현 등 각급기관의 층위별로 배

52 『磻溪隨錄』 卷19, 祿制 京吏隸祿磨鍊.

53 『磻溪隨錄』 卷19, 祿制 外方官祿磨鍊.

54 『磻溪隨錄』 卷19, 祿制 外方官祿磨鍊

정되었다. 유형원의 방안이 대동법의 원칙을 기본으로 했던 만큼 그 구체적인 의미를 파악하기 위해서는 당시 시행되던 대동법과의 비교 고찰이 필요하다. 〈표4〉는 『반계수록』과 호서대동법의 지방재정 관련 항목을 정리한 것으로 A가 『반계수록』, B가 호서대동법의 수치이다(통제영은 영남대동법).

〈표4〉 『반계수록』과 호서대동법의 지방재정 배정

기관		지방관1 (월록)	지방관2 (월록)	軍官 (월록)	審藥 (월록)	檢律 (월록)	官需	淸蜜價米	眞油價米	法油價米	雉鷄價米	기타	합 (石환산)
감영	A	198 (16.5)	144 (12)	180[36곡×5명] (3)	36 (3)	36 (3)	450	80	50	21	150	900	2245 (1496석10두)
	B						750		?				750+α
병영	A	198 (16.5)	144 (12)	180[36곡×5명] (3)	36 (3)		420	80	50	21	120	520	1769 (1179석5두)
	B						700		?				700+α
수영	A	180 (15)	126 (10-5)	180[36곡×5명] (3)			390	80	50	21	90	450	1567 (1044석10두)
	B						225		295				520
통제영	A	198 (16.5)	144 (12)	360[36곡×10명] (3)			450	80	50	21	120	600	2032 (1348석10두)
	B						300		?				300+α
도호부	A	162 (13.5)	96 (8)				400	80	50	21	90	220	1119 (745석)
	B						600		118				718
부	A	144	84 (7)				350	80	45	17.5	75	180	977.5 (654석5두)
	B	(12)					600		118				718
군	A	126 (10.5)	72 (6)				300	70	40	14	60	140	822 (548석)
	B						345		86.5				431.5
현	A	114 (9.5)	60 (5)				250	50	30	10.5	45	100	659.5 439석10두
	B						225		70				

* 자료 : 『반계수록』 권19 녹제 外方官祿磨鍊 ; 『호서대동사목』; 『영남대동사목』

** 단위는 斛(10斗)이며 지방관1 · 지방관2 명칭은 監司 · 都事(監營), 兵使 · 虞候(兵營), 水使 · 虞候(水營), 統制使 · 虞候(統制營), 府使 · 通判(都護府), 府使 · 判官(府), 郡守 · 丞郡(郡), 縣令과 丞縣(縣)이다.

*** 대동법의 淸蜜 · 眞油 · 法油 價米 내역은 邑格에 따라 달리 책정되었다. 감 · 병 · 수 · 통제영 · 도호부는 청밀 40두, 진유 50두, 법유 30두, 부는 청밀 40두, 진유 45두, 법유 25두, 군은 청밀 35두, 진유 40두, 법유 20두, 현은 청밀 25두 진유 30두, 법유 20두, 현은 청밀 25두, 진유 30두, 법유 15두이며 기타 항목은 公事紙地 · 鋪陳 · 藥材 및 관청에서 소요되는 잡물의 價米이다.

유형원의 지방재정 편성은 지방관 및 각종 직임에 대한 녹봉과 관청 운영비의 두 범주로 나누어진다. 일단 녹봉 부문부터 살펴보자. 우선, 감사 · 병사 · 통제사는 공히 월 16.5곡을 받고 수사는 이보다 약간 낮은 15곡을 받았다[화폐와 잡곡을 섞어 지급]. 감영의 도사[참리(參理)로 개정], 병영의 우후에게도 적정한 녹봉을 배정하되 가족을 동반하지 않았을 경우, 월 6곡을 지급하고 서울의 집에 정 7품[수영의 우후는 정 8품]에 해당하는 녹봉을 보내주도록 하였다. 군사적 임무를 담당하는 군관과 심약 · 검률 등에게도 녹봉이 36곡씩 배정되었다.[55] 도 단위 이하 부사 · 군수 · 현령 등 직임에게도 읍격에 따라 적정한 녹봉이 책정되었다. 녹봉의 책정은 대동법 이전은 물론 대동법에서도 완전히 실현되지 못한 것으로 수령의 보수가 아록 · 공수전과 관수 · 사객지공미 · 치계시탄가 등 관청운영비와 섞여 공사가 불분명하게 지출되던 관행을 일소하고 직임별 녹봉 항목을 별도로 편성해 재정운영의 공적 성격을 높이고자 한 것이었다.

다음은 관수(官需)를 비롯한 관청의 운영비이다. 잡역으로도 불리우는 이들 항목은 『호서대동사목』에 관수(官需), 유청(油淸) · 지지(紙地),

55 감 · 병 · 수영에는 在廳軍官과 그 인원의 2배의 待變軍官을 두도록 하였다. 이들에게는 녹봉을 지급하지 않았는데 초하루와 보름에 행하는 시재나 군사적 업무 있을 때만 대령하기 때문이었다. 평안도와 함경도의 감 · 병영에는 각각 5명의 군관이 추가되었다(『磻溪隨錄』 卷19, 祿制 外方官祿磨).

감사지공(監司支供), 사객지공(使客支供) 등의 범주로 나누어지고 몇 가지 예외 규정이 첨부되어 있다. 유형원은 이를 ① 관수(官需), ② 청밀(淸蜜)·진유(眞油)·법유가미(法油價米), ③ 치계가미(雉鷄價米), ④ 기타[공사지지(公事紙地)·포진(鋪陳)·약재(藥材)·응용잡물(應用雜物)]로 구분하였다. 우선 ① 관수(官需)는 지방관청 운영의 기간이 되는 항목으로 『호서대동사목』에 감영 500석 = 750곡, 병영 466석 10두 = 700곡, 수영 150석 = 225곡, 대읍 400석 = 600곡, 중읍 230석 = 345곡, 소읍 150석 = 225곡으로 규정되었다. 유형원이 책정한 관수는 감영 450곡, 병영 420곡, 수영 390곡, 도호부·부 600곡, 군 345곡, 현 250곡으로 현[소읍]을 제외하고는 대부분 대동유치미에 미치지 못하는 수준이다.[56] 지역마다 각양각색으로 나타나는 지방관의 봉름이 주로 관수에서 확보되었던 점[57]을 감안하면 녹봉을 별도로 책정한 유형원의 방안에서 관수는 어느 정도 줄어들 수밖에 없었을 것이다.

다음, ② 청밀(淸蜜)·진유(眞油)·법유가미(法油價米)의 항목은 『호서대동사목』의 유청(油淸)·지지(紙地) 항목의 유청(油淸)에 해당한다. 유형원이 책정한 151곡(수영·도호부) 142.5곡(부), 124곡(군), 90.5곡(현)은 『호서대동사목』의 수영 196석10두 = 295곡, 대읍 78석10두 = 118곡, 중읍 57석10 두 = 86.5곡, 소읍 46석10두 = 70곡을 대부분 상회한다. 유형원이 지지가(紙地價)를 별도로 책정했던 만큼 이를 산입하면 유청(油淸)·지지(紙地)에 해당하는 항목의 액수는 더욱 늘어날 수밖에 없다. 그런데 ① 관수(官需)를 제외하고 가장 많은 액수가 책정된 ③ 치계가미(雉

56 유형원은 지방제도 개혁안을 별도로 내놓았는데 이것이 당시 군현의 읍격과 맞지 않기 때문에 여기에서는 편의적으로 도호부·부는 大邑, 郡은 中邑, 縣은 小邑에 상응하는 것으로 간주하여 표를 작성하였다. 유형원의 군현제 개편안에 대해서는 송양섭, 「반계 유형원의 지방제도개혁론」『한국실학연구』 27, 2014 참조.

57 박희진, 앞의 글.

鷄價米)는 『호서대동사목』에 없는, 유형원이 새롭게 규정한 항목이다. 여기에는 이유가 있었다. 잡역 가운데 대동법의 유치미 배정항목에 끝내 포함되지 못해 이후에도 계속이 논란이 된 것이 적지 않았는데 그 가운데 치계가미가 대표적이었다. 영조 15년(1739) 우의정 송인명은 영·호남 대동법 문제를 논하면서 시초(柴草)·치계가(雉鷄價)를 두고 다음과 같이 말하였다.

> 조가(官家)에서 일용(日用)하는 시초(柴草)·치계가(雉鷄價)를 모두 쌀로 거두어 쌀로 사서 쓰는데 혹 경내에 草木이 자라는 곳이 있으면 나무하는 것을 금지하고 술을 담가 읍촌(邑村)의 민인(民人)에게 보내 베어오게 하고 시가미(柴價米)는 관용(官用)으로 삼습니다. …… 수령 가운데 청렴하지 못한 자는 그 쌀을 가져다 사용하고 시초(柴草)·치계(雉鷄)를 사들일 값을 모두 염가(廉價)로 절정(折定)하여 사실상 늑징(勒徵)을 하고 남은 쌀은 취용(取用)합니다. 이 때문에 이속(吏屬)들이 버티지 못하고 관고(官庫)에 상납하는 물품을 마음대로 훔쳐 그대로 외방으로 도망가니 포흠(逋欠)이 많아지는 것은 모두 이 때문입니다.[58]

대동법에 포괄되지 못한 시초치계가(柴草雉鷄價)는 지방관청에서 작미(作米)를 통해 충당하였는데 수령은 이를 전용하기 일쑤였고 시초(柴草)·치계(雉鷄)의 구입과정에서 값을 낮추어 차액을 취하는 등 많은 문제를 드러내고 있었던 것이다. 이와 유사한 항목은 산릉(山陵)·조사역(詔使役), 중간체역인쇄마가(中間遞役人刷馬價), 관용시초빙정치계(官用柴草氷丁雉鷄) 등 다양하고도 복잡했다.[59] 『호서대동사목』에는 치계(雉鷄)·시초(柴草)·빙정(氷丁)은 민결(民結)에서, 산해토산물(山海土產物)과

58 『承政院日記』 892冊, 英祖 15年 6月 5日.

59 『承政院日記』 786冊, 英祖 10年 9月 6日.

내궁방소납치우(內弓房所納雉羽)는 각읍의 편의에 따라 조달하고 식년호적(式年戶籍) · 연분안소용지(年分案所用紙)는 호구(戶口)와 전부(田夫)에, 상납우마견군역(上納牛馬牽軍役)은 연호(烟戶)에 부과하였으며 문무시장옥가가배설역(文武試場屋假家排設役)은 연군(烟軍)을 조용(調用)하도록 규정하였다. 대동법에 규정되지 않고 각읍에서 자체적으로 마련하도록 한 이들 잡역은 갖가지 문제를 야기했고 이는 과외징수를 금하는 대동법의 본의를 무색케 하기에 충분했다.[60]

유형원은 항목을 세분하거나 추가하고 액수를 넉넉히 배정함으로써 대동법이 안고 있는 이 같은 문제를 최소화하고자 했다. 8결 단위로 납부하도록 한 치계가(雉鷄價)를 모두 미곡으로 환산, 지방관청의 정규재정

60 한영국, 「호서에서 실시된 대동법」『역사학보』 14, 1961, 118~120쪽. ; 김덕진, 『조선후기 지방재정과 잡역세』, 국학자료원, 1999, 20~39쪽 ; 송양섭, 「18~19세기 公州牧의 재정구조와 民役廳의 운영 –『民役廳節目』·『蠲役廳(追)節目』을 중심으로 –」『동방학지』 154 연세대 국학연구원, 2011, 20~32쪽. 한편, 使客支供米와 감 · 병사의 支供米는 내용이 복잡하여 비교가 쉽지 않은 탓에 〈표4〉에서 제외하였다. 이들 항목은 기본적으로 교통상의 입지를 기준으로 책정되었다. 사객지공미의 경우, 大路에 위치한 읍에 150곡을 배정하고 도로의 규모에 따라 135곡 · 120곡 · 105곡 · 90곡 · 75곡 · 60곡 · 45곡 · 30곡 · 15곡의 형태로 배정하였다. 평양 · 개성 · 전주 등 사객이 많이 留住하는 곳은 元定額 외에 50곡을, 용인 · 파주 등 서울 근처의 여러 길이 모이는 곳도 50곡을, 양주 · 포천 · 장단 · 수원 · 죽산 등도 30 · 40곡이나 10 · 20곡을 加給하였다. 장성 · 담양 · 자산 등과 같이 산성 소재지나 사신이 빈번하게 머무는 지역도 30곡이나 10 · 20곡을 추가하였다. 추가비용은 별도 會減하였다. 당시 충청도 대동법의 사객지공미는 홍주 200석 = 300곡, 공주 140석 = 210곡, 충주 · 천안 · 직산 100석 = 150곡, 진천 · 옥천 · 문의 · 영동 30석 = 45곡, 황간 25석 = 37.5곡, 연풍 20석 = 30곡, 평택 · 단양 · 아산 · 신창 · 청풍 15석 = 22.5곡, 대흥 · 연기 · 연기 · 전의 · 예산 10석 = 15곡, 정산 · 청양 8석 = 12곡, 온양 5석 = 7.5곡 등으로 책정되었는데 그 액수를 대동법과 비교해 보면 상대적으로 상한이 낮고 하한은 높았다. 교통입지에 따른 액수의 추가에는 유형원 나름의 기준이 적용된 것으로 판단된다. 다음, 감사와 병사에 대한 지공미는 1회 순행 시 10곡을 지급하고 大次邑(부나 군 가운데 人戶가 특별히 많은 읍)은 5곡을 추가하여 총15곡을 지급하도록 하였다(『磻溪隨錄』 卷19 外方官祿磨鍊). 이는 『호서대동사목』 감사지공미 5석 = 7.5곡의 2배로 큰 읍일수록 감 · 병사의 체류기간이 길어질 수밖에 없기 때문이라고 하였다. 충청도 대동법의 경우 각읍에 5석 = 7.5곡을 일률 배정하면서도 감영소재지인 공주는 700석 = 1050곡을 지급하는 등 나름의 보완규정을 두었으나 지출에 대한 상세한 규정은 미비했는데 이점을 보완한 것이 아닌가 생각된다.

에 포함시킨 것이 대표적인 예이거니와 공사지지(公事紙地)·포진(鋪陳)·약재(藥材) 및 관청에서 소요되는 일체의 잡물에 대한 가미(價米)를 포괄적으로 규정(④ 기타)하여 이러한 문제에 대한 보완장치를 두고자 했다. 감·병·수·통제영이 별도의 영고(營庫)와 영주(營廚)를 설치하여 감영내의 감사와 도사의 지공비(支供費)를 지출하고 군관과 검율의 찬물(饌物)이나 등유(燈油) 등의 비용은 관수에서 매달 지출하도록 한 것, 평안·함경도 등 국경지역에 추가된 군관의 녹봉과 장사(壯士)의 찬가(饌價)를 관수에 반영하도록 한 것도 마찬가지였다. 이서들의 필묵 값 등 소소한 비용도 모두 공식 재정을 통해 충당하고 별도로 책징(責徵)하거나 민력(民力)을 동원하는 관(官)의 어전(漁箭)·매[鷹]·염분(鹽盆)·말[馬]·벌통[蜂桶] 등과 같은 부류는 과감히 없애도록 하였다. '모든 물건을 모두 관의 지출 속에 넣고 따로 백성에게 거두지 않은 것'이 '정당한 법'이었다.[61] 이 같이 유형원의 구상은 대동법의 원칙과 각종 규정을 적극적으로 원용하면서도 이에 대한 대대적인 보완장치를 둠으로써 과외 징수의 소지를 봉쇄하는데 주력했음을 알 수 있다.

다음은 물품의 조달방식이다. 유형원은 중앙관료는 일개 사가(私家)에 불과하기 때문에 시장에서 물품을 구매해도 그 과정에 별다른 잡음이 발생할 가능성을 적지만 지방의 경우에는 군현 하나하나가 마치 독립된 국가와 같기 때문에 지방관이 물품을 사들이는 과정에 문제가 발생하기 쉬우므로 물종별 가격을 상정(常定)한 후 '읍 밑에 사는 사람[邑底人]'을 지정, 값을 넉넉하게 책정하여 공급토록 했다. 장인이 제조 납품하는 물품은 제대로 공임(工賃)을 쳐주고 절대 값을 깎지 말도록 하였다. 중앙의 경우에도 무비주인(貿備主人)을 지정하여 값을 주고 물품을 공급하도록 하였다. 원방(遠方)의 물품을 서울에서 구입하기 어려운 경우에는 무비

61 『磻溪隨錄』 卷19, 祿制 外方官祿磨鍊

주인에게 주는 값을 정해 그 액수만큼을 그 산지(産地)의 상납세 속에 떼어두고 그 관(官)으로 하여금 무비(貿備)하는 사람을 모정(募定), 납품토록 하였다.[62] 이같이 읍저인(邑底人)과 무비주인으로 하여금 물품을 전담 공급하도록 한 것은 대동법에서 왕실과 각사가 수요품의 값을 정해 공인(貢人)에게 값을 주고 조달하도록 하는 방식[貢物主人之例]과 완전히 같았다. 관수품 조달에 중앙과 지방 공히 대동법 원칙의 적용은 일관된 방침이었던 것이다.[63]

〈표5〉 各道·州縣·學·鎭·驛 소속 '吏隷'의 정원과 祿田定數

구분	인원(명)				녹봉		受田額(頃)	
	書吏	皂隷(奴포함)	小史	合	歲米(斛)	石 환산(石-斗)	田	加給田
監營	30	140	28	198	2,937.6	1,958-6	99	19
兵營	28	140	26	196	2,877.3	1,918-3	97	19
統營	30	150	34	214	3,424.4	2,282-14	107	21
水營	28	130	24	182	2,716.8	1,811-3	91	18
大都護府	32	140	24	196	2,956.8	1,971-3	98	19
府	30	128	20	178	2,707.6	1,805-1	89	17
郡	28	116	16	160	2,457.6	1,638-6	80	16
縣	26	104	14	144	2,218.4	1,478-14	72	14
大都護府學	2	58	42	102	1,185.6	790-6	51	10
府學	2	50	34	86	1,010.8	673-13	43	8

62 『磻溪隨錄』 卷3, 田制後錄 上 經費.

63 『磻溪隨錄』 卷19, 外方官祿磨鍊官需·油蜜·雉鷄 등의 항목은 공사용도를 모두 포함하고 있으므로 월수를 계산하여 적절하게 지출하고 公用 외 上官과 副官에게 제공하는 것은 3/5는 상관에게, 2/5는 부관에게 지출하도록 하였다. 관둔전을 모두 혁파하고 蔬菜田을 읍격에 따라 頃數를 정해주도록 하였다(토지세·군역 면제). 年分災傷文書의 용지나 公廨·城池 보수에 들어가는 비용 등도 마찬가지였다. 흉년에는 官員은 물론 吏隷의 녹봉과 관수·사객의 지출을 20% 줄이도록 하였으며 흉년의 강도가 클 경우 그 이상을 감축하도록 하였다. 이상의 규정은 상당부분 대동법의 규정과 대동소이하다.

郡學	2	42	26	70	838.0	558-1	35	7
縣學	2	36	18	56	694.4	462-14	28	5
僉使鎭	10	38	4	52	816.0	544	26	5
萬戶鎭	8	32	4	44	681.6	454-6	22	4
察訪道	6	28	4	38	576.0	384	19	3
參下察訪道	4	26	4	34	501.2	334-2	17	3

* 자료 : 『磻溪隨錄』卷19, 祿制 各道州縣學鎭驛吏隷祿田定數.

한편, 지방관청 운영에 소요되는 인력, 즉 '이예(吏隷)'에 대한 녹봉도 책정되었다. 서리는 미 24곡(월2.0곡), 조예·관노는 미 14.4곡[월14.4곡], 소사는 미 7.2곡[월7.2곡]으로 대략 서울 이예의 반 정도였다. 50묘의 공전지급은 이를 보완하기 위함이었다. 아울러 중앙의 이예가 한 가지 일만 담당하는 것과 달리 지방 이예는 온갖 업무에 시달리기 때문에 번차(番次)를 둘로 나누어 교대로 근무하도록 하였다. 〈표5〉에서 보듯 유형원은 감·병·수영과 통영, 일반군현, 각급학교, 각진, 각역에 소속된 서리·이예·소사의 정원을 규정하고 이에 소요되는 녹봉과 수전액(受田額)을 제시하였다. 범주별로는 영 단위가 11,956.1곡[41.8%], 대도호부·부·군·현은 10,340.1곡[36.15%], 학교는 3728.8곡[13.0%], 진(鎭)·도(道)에 대해서는 2574.8곡[9%]을 배정했다.

이것이 전부가 아니었다. 각읍 내부의 향소청과 장관청에게도 공식적인 예산이 편성되었다. 유형원은 향소가 수령의 예하기구로 변질된 점을 개선하고 재지세력의 협력을 바탕으로 수령의 업무를 보좌하는 본연의 기능을 회복하기 위해 향소청(鄕所廳)을 공식화하고 그 책임자인 전정(典正 : 座首)과 전검(典檢 : 別監)을 향관(鄕官)으로 지칭하면서 관임화(官任化)하였다. 수령·감사가 임명하고 관직체계와 연계된 전정과 전검은 해당 군현의 유력한 재지세력을 포괄하여 명실상부한 수령의 보좌·자문

기구이자 향촌사회 내부의 이해를 대변할 수 있는 공식적인 통로로 자리잡도록 하였다.[64]

향소청의 위상이 이러했던 만큼 그 예산도 공식적으로 편성되지 않으면 안 되었다. 녹봉은 전정이 연 미 18곡, 별감이 연 12곡 정도였고 향소에 근무할 때 소요되는 지공미의 경우, 읍격에 따라 미두(米豆)를 섞어 대부 · 대도호부 60곡, 부 48곡, 군 36곡, 현 24곡이 배정되었다. 전정의 녹봉은 소사(小史)나 경병(京兵) 수준이고 별감은 그 수준에도 미치지 못하지만 향정(鄕正 : 鄕官)의 근무형태나 업무 성격상 그 정도 액수면 어느 정도 납득할만한 수준라고 판단한 듯 하다. 이들에게는 공전 1경이 배정되었다. 전정은 읍당 1명이었지만 별감은 대부 · 도호부 4명, 부 3명, 군 2명, 현 1명으로 읍격에 따라 차이가 있었다. 유형원은 이같은 향정의 인원을 전국적으로 7,000명 정도로 잡고 지방재정의 3%인 70,000곡을 배정하였다.[65]

다음, 예산이 배정된 또 하나의 기구가 장관청이다. 당시 군현내에서는 군사 · 치안 업무를 담당한 군관층의 기구가 여러 가지 형태로 존재였는데 유형원은 이를 장관청으로 통일하여 제도화하고 소속 직임들에게 녹봉을 주도록 하였다. 장관청의 우두머리인 파총에게는 분기별로 3곡씩 연간 12곡이, 초관 · 기패관 · 군기감관 · 전례관에게는 각각 분기별로 1.5곡씩 연간 6곡의 녹봉이 지급되었다. 녹봉은 평시에 분기별로 지급하는 부분과 시재(試才) · 검열(檢閱)이 있을 때 지급하는 부분으로 나누어졌다. 장관청도 군현의 등급에 따라 인원이 달랐기 때문에 예산 총액에도 대부 · 도호부 600곡, 부 450곡, 군 300곡, 현 150곡으로 차이가 있었

---

64 송양섭, 「반계 유형원의 지방제도개혁론」『한국실학연구』 27, 2014.

65 『磻溪隨錄』 補遺 卷1, 郡縣制 各邑. ; 『磻溪隨錄』 卷19, 祿制 外方官祿磨鍊. ; 『磻溪隨錄』 卷1, 田制 上 分田定稅節目.

다. 이들의 공전수전액도 1경인 듯 하다.[66]

〈표6〉 學·鎭·驛·倉에 대한 예산배정

기관	등급	녹봉						紙地鋪陳雜物價米	계(곡)	석
		教導·教授	僉使/萬戶	軍官	旗牌官	察訪	判官			
學	都護府學	168(14)						16	184	122-10
	府學	150(12.5)						14	164	109-5
	郡學	132(11)						12	144	96
	縣學	120(10)						10	130	86
鎭	僉使鎭		193(16)	72(3)	12			20	296	197-5
	萬戶鎭		150(12-5)	36(3)	6			10	207	138
驛	察訪道					120(10)		18	138	92
	參下察訪道					108(9)		14	122	81-5
倉	漕倉						84(7)	10/8	94	62-10

* 자료 ; 『磻溪隨錄』 補遺 卷1 郡縣制 各邑. 卷19 祿制 外方官祿磨鍊
** 단위는 斛이며 學의 教導·教授는 都護府學과 府學은 教導, 郡學과 縣學은 教授임

이상의 행정기관 외에 학(學)·진(鎭)·역(驛)·조창(漕倉) 등도 있었다. 유형원은 교육·군사·교통·통신 등의 기능을 가진 이들 기관의 주요 직임에 대해서도 녹봉과 운영예산을 배정하였다. 우선 교육과 관료선발제도인 공거제(貢擧制) 운영의 저변이 되는 부학(府學)·군학(郡學)·현학(縣學) 등 읍학(邑學)의 교도(教導)·교관(教官)에 대한 녹봉이 지급되었고 운영비로 '지지포진잡물가미(紙地鋪陳雜物價米)'가 책정되었다. 군사기구인 첨사진·만호진과 교통통신기구인 찰방도·참하찰방도도 마찬가지였다. 조세물류를 담당한 조창에 대해서도 그 책임자인 판관에 적정한 녹봉을 책정하고 있다.[67]

66 『磻溪隨錄』 卷19, 祿制 外方官祿磨鍊. ; 『磻溪隨錄』 補遺 卷1, 郡縣制 各邑 ; 『磻溪隨錄』 卷21, 兵制. : 『磻溪隨錄』 卷1, 田制 上 分田定稅節目.

67 유형원의 학제·군사·통신·조운제도개혁안에 대해서는 다음과 같은 논고가 있다. 송

이상의 내용을 정리한다. 유형원은 지방재정을 대대적으로 확충하는 한편 각급기관별로 적정의 예산을 배정하여 운영의 건전성과 효율성을 높이고자 하였다. 여기에서 가장 중점을 둔 것도 다름아닌 지방관을 비롯한 향관·장관·이예 등의 녹봉이었다. 이들에게는 '봉름' 외에 공식적인 녹봉이 책정되어 있지 않아 많은 문제를 야기했다. 민에 대한 추가징수는 필연적이었다. 유형원은 대동법의 규정을 기본으로 하면서 미비한 부분을 보완하는 형태로 지방재정 예산을 항목별로 편성하여 제시하였다. 녹봉은 대동법에 규정되지 않은 항목으로 각종 관청운영비와 뒤섞여 불분명하게 지출되던 관행을 일소하고 양자를 구분함으로써 재정운영의 공적 성격을 크게 높이고자 하였다. 관수를 비롯한 관청운영비는 항목과 액수가 보다 합리적으로 조정되었고 대동법에 제외되어 각읍에서 자체적으로 마련하도록 한 것은 항목을 세분하고 추가하여 액수를 넉넉히 배정함으로써 문제를 최소화하고자 하였다. 대동법의 원칙과 규정을 적극 원용하면서도 이에 대한 대대적인 보완장치를 둠으로써 과외징수의 소지를 봉쇄하고자 했던 것이다. 관수품은 관에서 선정한 읍저인(邑底人)에게 값을 주고 전담 공급하도록 하였다. 이는 중앙각사의 물품조달과 동일한 형태로 바로 대동법의 방식이었다. 실무와 잡역을 담당한 이예는 각급기관에 따라 적정한 정원과 녹봉이 책정되었다. 군현 내부의 향소청(鄕所廳)·장관청(將官廳)과 학교(學校)·진(鎭)·역(驛)·조 창(漕倉) 등의 기관에도 녹봉과 운영비 등 공식적인 예산이 배정되었다.

양섭, 「반계 유형원의 敎選論과 貢擧制 구상」『한국사연구』 182, 2018 ; 서태원, 「임진왜란 및 효종의 北伐論이 內政에 미친 영향 – 반계 유형원의 군역제 개혁론을 중심으로」『국사관논총』 80, 1998 ; 서태원, 「조선후기 실학자의 군역제 개혁론」『군사』 49, 2003 ; 서태원, 「17세기 반계 유형원의 지방군제 개혁론」『역사와 실학』 34, 2007. ; 송기중, 「반계 유형원의 수군제도 개혁론」『대동문화연구』 72, 2014. ; 조병로, 「반계 유형원의 驛制改革論」『조선시대사학보』 3, 1997 ; 문광균, 「반계 유형원의 조운제도 개혁론」『조선시대사학보』 79, 2016.

4. 맺음말

유형원의 국가재정개혁론은 공전제를 통해 확보한 재원을 여하히 편성하여 각급 관서·기구와 이에 소속된 인력을 효율적으로 운용할 것인가의 문제와 직결되어 있다. 유형원은 공적 도덕원리를 바탕으로 균산적 재분배와 사회의 도덕적 통합을 위한 가장 상위의 주체로 국가를 상정했거니와 빈번히 지적되던 공물·진상 등의 문제는 그의 구상을 근본적으로 규정하는 현실 조건이었다. 공전 수세지 253만경으로부터 확보한 세수 455만4천곡 = 303만6천석은 '경비(經費)'로 지칭되어 국가재정의 원천을 이루었다. 공전에서 거두는 '상부(常賦)' 외에는 일체의 추가징수가 허용되지 않았다. 유형원은 바야흐로 전국적으로 확대 실시되고 있었던 대동법의 제도적 원리를 적극적으로 원용, 국가재정 전반에 확대 적용하여 운영의 기본원칙으로 삼았다. '경비(經費)'는 양입위출(量入爲出)을 원칙으로 중앙재정[漕稅]과 지방재정[留稅]으로 나누져 항목별로 배정되었다.

물론 각급기관에는 공전제에 의한 토지재원도 함께 배정되어 있었다. 중앙재정과 지방재정의 비율은 15 : 85 정도로 후자의 비중이 압도적이었다. 유형원이 주안점을 둔 것은 바로 지방재정의 대대적인 확충이었던 것이다. 중앙재정 편성에는 왕실재정의 축소와 각급기관의 수요품 조달을 위한 적정 예산을 책정한 것 외에 녹봉으로 표현되는 각종 인건비성 경비가 대략 7할에 육박했다. 관료와 이예 등에게 주어지는 녹봉은 중앙관서·기구 운영의 가장 중심이 되는 항목이었다. 한편, 행정기구에 6할 이상의 예산을 배정한 지방재정에서도 인건비성 경비는 반 이상을 차지했다. 각종 군사·교통통신 기관 이외에 군현내 좌수·별감 등 향정에 대한 녹봉도 공식적으로 책정되었다. 이외에 공통경비나 액수를 확정하기 어려운 항목이 대거 배정되어 불가측한 지출에 유연하게 대응할 수 있도록 하였다. 유형원의 국가재정개혁은 관료·이서를 비롯한 인력에 대한 적정한 보수체계의 확립과 재원의 확보가 가장 핵심적인 내용을 구성하고 있음을 알 수 있다. 각급기관은 무비주인을 지정하여 값을 주고 수요품을 조달하도록 했다. 역시 대동법과 동일한 방식이었다.

중앙재정 개혁의 핵심은 녹봉의 대폭 인상과 각종 인력에 대한 녹봉제의 전면 적용이었다. 16세기 수조지 분급제의 해체 이후 관료들에 대한 직무의 대가는 녹봉만이 남은 상태였다. 녹봉액 자체도 지속적으로 감소하는 추세로 관료들의 박봉은 심각한 문제였다. 이로 인한 공직사회의 도덕적 해이는 거의 일상화한 상태였다. 유형원은 녹봉의 수준은 농사를 지어 얻는 수입을 대체할 수 있을 정도라야 이들이 염치를 지킬 것이라고 하면서 대략 4배가 넘는 녹봉인상을 통해 관료의 처우를 획기적으로 개선하고자 했다. 유형원이 구상한 관료 보수체계는 고제의 이념을 차용, 과전법·전시과와의 형식적인 유사성을 띤 공전(公田)을 기본으로 하면서도 토지 수입이 농작상황에 따라 가변적임을 감안, 녹봉제를 통해 이를 보완함으로써 수입의 안정성을 기하고자 한 것이었다.

행정실무와 잡역을 담당한 이예의 정원이 관서별로 책정되었으며 이들에게는 업무의 성격에 따라 공전과 함께 적정의 녹봉이 주어졌다. 이들에게 지출되는 녹봉의 총량은 관료의 그것을 크게 웃도는 액수로 단일 항목으로는 중앙재정에서 가장 큰 비중을 차지했다. 이들에 대한 녹봉의 책정은 장기적으로 노비제 폐지를 염두에 두면서 당시 확산되고 있던 급가고립의 추세를 적극적으로 용인한 것이기도 했다. 녹봉은 여러 곡물을 섞어 매월 지급하는 형태였다. 녹봉제는 관료를 비롯하여 이예·군병 등의 직역자에 이르기까지 예외없이 적용되어 이들이 안정적으로 직무에 임할 수 있도록 하였다.

다음, 지방재정은 유형원이 특히 중점을 둔 부문이었다. 그는 지방재정을 대대적으로 확충하는 한편 각급기관별 · 지출범주별로 적정의 예산을 배정하여 운영의 건전성과 효율성을 높이고자 하였다. 여기에서 가장 중점을 둔 것도 다름 아닌 지방관을 비롯한 향관 · 장관 · 이예 등의 녹봉이었다. 당시 지방관에게는 공식적인 녹봉이 책정되어 있지 않아 관수 · 사객지공 · 치계시탄 등 지방재정의 주요항목을 자의적으로 끌어 쓰던 형편이었다. 이로 인한 추가징수는 많은 문제를 가져왔다. 유형원은 대동법의 규정을 기본으로 하면서 미비한 부분을 대대적으로 보완하는 형태로 지방재정 예산을 항목별로 편성하여 제시하였다. 그는 지방재정의 항목에서 모호하게 규정된 봉름이 각종 관청운영비와 뒤섞여 불분명하게 지출되던 점을 감안하여 녹봉과 운영비의 구분을 명확히 함으로써 재정운영의 공적 성격을 크게 높이고자 한 것으로 볼 수 있다.

관수를 비롯한 관청운영비 가운데에는 대동법의 유치미 지출 항목에 포함되지 않고 각읍에서 자체적으로 마련하도록 한 것이 적지않아 많은 문제를 야기하고 있었다. 유형원은 이러한 점을 감안하여 항목을 세분하고 액수를 추가하여 예산을 넉넉히 배정함으로써 문제를 최소화하는데 주력했다. 유형원은 대동법의 원칙과 규정을 적극 원용하면서도 미비한 부분에 대한 대대적인 보완장치를 둠으로써 제도적 완성도를 높이고자 했던 것이다. 관수품은 대동법의 방식 그대로 관에서 선정한 읍저인에게 값을 주고 전담 공급하도록 하였다. 실무와 잡역을 담당한 이예는 각급기관에 따라 정원이 책정되고 적정의 녹봉이 지급되었다. 군현 내부의 향소청 · 장관청에도 예산이 배정되었다. 그 외의 학 · 진 · 역 · 조창 등의 기관에도 녹봉과 운영비 등 공식적인 예산이 책정되었다. 유형원의 재정개혁구상은 공전제를 통한 대대적인 세수확충을 통해 국가재정의 건실함을 꾀하고 당시 확대 일로에 있었던 대동법의 원리를 확대 적용하여 관료에서 이예에 이르기까지 직무에 대한 적정의 녹봉을 정규 예산에 편성함으로써 국가기구와 이에 딸린 인력의 안정적 운영을 기하고자 한 것이 핵심이었다.

『반계수록 · 전제』의 구상과 논리

―정책의 저변 검토를 겸하여

함영대 | 성균관대학교 동아시아학술원 연구교수

1. 문제제기

성호 이익은 『반계수록』을 두고 "우리 동방에서 경세의 임무를 아는 데 가장 중요한 책"이라고 지적했는데 반계 유형원은 『반계수록』에서 그 정치를 하는 근본을 정전(井田)으로 지목하고, 그 핵심을 100묘의 땅을 나누어 주는 것과 1/10세를 받는 것을 지적하며 그것이 세상을 경영하는 모든 일의 근본이라고 역설했다.[1]

근래 연구를 통해서도 그 점은 부각되고 있다. 『반계수록』 에서 유형원이 실현하려는 핵심목표는 정전제를 자기 당대의 현실에 맞는 개혁론으로 만드는 것이었다. 그가 그토록 정전제에 깊은 관심을 갖는 이유는, 정전제야말로 토지와 노동을 이상적으로 결합한 제도였기 때문이다. 토지와 노동이 결합되어야만 백성들은 살아갈 기본 바탕을 얻을 수 있고, 국가는 운영에 필요한 조세와 병력을 안정적으로 확보할 수 있다. 당대 지주들에 의한 토지 겸병은 백성들이 병역이나 조세를 부담할 수 없도록 하는 것은 물론, 자신들의 생계조차 유지할 수 없게 하는 폐단이었고 나라를 정상적으로 운영할 수 없게 만드는 원흉이었다.[2]

그런데 반계의 『반계수록』, 특히 정전제를 통한 공전제 이념에 대한 탐구는 천관우 선생의 개시 이래 적지 학자들이 매진해온 연구분야이다. 그러나 그 대체에 대한 연구가 진행되었을 뿐 유형원을 비롯한 실학자들의 사상이 가진 역사성과 정체성을 탐구하려는 노력은 이제 사실상 시작단계라고 해도 무방하다. 특히 유형원 사상의 핵심이라고 할 수 있는 공전제 연구[3]는 주로 특정 측면에 대한 부분적인 고찰이나 추상적 성격규

---

1 근래에 출간된 유형원저, 임형택외 편역, 『반계유고』, 창비, 2017. 특히 성호 이익의 『반계유집서』와 유재원의 「반계선생언행록」 참조.

2 이정철, 「반계 유형원의 전제개혁론과 그 함의」, 『역사와 현실』 74, 한국역사연구회, 2009, 461쪽.

정에 치우친 나머지 그 자체에 대한 종합적이면서도 체계적인 접근이 미흡했던 점을 간과할 수 없다. 그러한 점에 대한 반성으로 일차적으로 공전제의 제도적 골격과 운영방식을 관통하는 전체적인 맥락을 읽어내려는 노력이 진행되기도 했다. 그러한 문제의식은 17세기를 전후한 사회변동에 대응하여 반계가 제시한 개혁안이 가지는 구조와 역사성에 대한 성찰이라고 볼 수 있는데 이러한 시도는 반계의 개혁안 제시 이후 수많은 토지제도 개혁론이 제기되면서 균산과 균부를 지향하는 구체적인 제도론으로 가시화되었다는 점에서 유의미하게 바라볼 필요가 있다. 그것은 당대 지식인들의 당대 사회에 대한 통찰과 진단이자 시대정신의 흐름을 선도한 개혁안이었기 때문이다.[4]

그런데 유형원의 『반계수록』에 수록된 개혁안이 대부분 그러하듯 특히 전제는 강렬한 이상국가에 대한 희구를 담아 기획된 것이다. 이른 바 정전(井田)이라는 공전제를 시행한 삼대의 이상국가 모델이 그것이다. 그렇다면 그러한 구상과 논리에 대해 좀 더 치밀하게 살펴볼 필요가 있으며, 그것이 하나의 정책으로서 당시 사회 구성원들의 계층적 이익을 어떻게 반영하고 있는가를 살펴볼 필요가 있겠다. 또한 자신이 기획한 정책을 시행함에 있어 반계는 구체적으로 어떠한 시행 방법론을 제시하

---

3 대표적인 연구 성과를 제시하면 다음과 같다.
김석준, 「유형원의 공전제 이념과 유통경제육성론」, 『인문과학』 74, 연세대 인문과학연구소, 1996
최윤오, 「반계 유형원의 정전법과 공전제」, 『역사와 현실』 42, 한국역사연구회, 2001
이정철, 「반계 유형원의 전제개혁론과 그 함의」, 『역사와 현실』 74, 한국역사연구회, 2009
송양섭, 「반계 유형원의 공전제론과 그 이념적 지향」, 『민족문화연구』 58, 고려대 민족문화연구원, 2013
최윤오, 「반계 유형원의 봉건·군현론과 공전제」, 『동방학지』 161, 연세대 국학연구원, 2013

4 송양섭, 「반계 유형원의 공전제론과 그 이념적 지향」, 『민족문화연구』 58, 고려대 민족문화연구원, 2013, 449쪽.

고 있는지도 성찰해야 할 부분이다.

반계는 거의 20여년에 걸쳐 『반계수록』을 집필하면서 매우 곡진하고 자세한 국면까지 고려하여 그 정책에 대해 제기될 수 있는 다양한 우려들을 하나하나 성실하게 해명하고 있다. 그러므로 무엇보다 그의 설명을 곡진하게 경청하면서 그 의도를 읽고, 또 그가 시행하고자 한 정책의 저변에는 어떠한 생각이 잠재되어 있는지 살펴볼 필요가 있다. 그것이 비록 역사적으로는 현실화 되지 못했지만 여전히 현실화 될 수 있는 가능성을 담고 있는 공전제 논의의 지향과 현실성을 파악하는데 오히려 요긴할 것으로 생각된다.

2. 『반계수록 · 전제』의 구상과 논리

1) 정전제의 논리

반계 유형원은 자신의 『반계수록』의 처음을 정전법에 대한 찬사로 시작한다. 그런데 정전법을 시행해야 한다는 그 기본적인 이유가 더욱 의미심장하다. 바로 백성들의 삶의 안정을 가장 중요한 이유로 제시했기 때문이다. 그는 말한다.

> 옛날의 정전법(井田法)은 더없이 좋은 제도이다. 경계(經界)가 한 번 바르게 되면 만 가지 일이 모두 다 잘될 것이다. 백성들은 일정한 직업을 가져서 안정이 되고 군인들은 따로 모아들이는 폐단이 없으며 상하귀천이 저마다 모두 자기의 직분을 갖게 될 것이다. 이 때문에 사람들 마음이 흔들리지 않고 풍속이 돈후해지니, 옛날 이른바 수 백년을 공고하게 유지되어 예악이 제대로 행해졌다는 것은 여기에 기반이 있었던 때문이다.[5]

그는 정전제의 효과로 우선 백성들의 직업적 안정을 들고, 다시 군인들을 모으는 번거로움이 줄어들 것이라고 지적했다. 상하귀천이 모두 자기의 직분을 가지게 되어 마음은 안정되고 풍속은 좋아질 것이므로 이것이 바로 수백년을 이어갈 만전의 계책이라는 것이다. 반계는 기본적으로 정전제의 폐지가 부민(富民)들의 토지 소유의 확대를 낳았으며, 그것에서부터 만 가지 문제들이 생겨났다고 지적했다.[6]

그는 고제(古制)가 이미 없어진 후에 토지가 공(公)에 있지 않고 민에게 있어서 부자는 천백(阡陌)을 잇고 빈자(貧者)는 송곳을 꽂을 땅도 없으니 이 때문에 부자는 더욱 부자가 되고 가난한 자는 점점 더욱 가난해졌다고 지적했다. 그 오램에 미쳐서는 모리배가 토지를 모두 소유하고 양민들은 서로 데리고 유리(流移)하여 용작인(傭作人)이 되니 그 폐해가 미치는 곳을 이루 말로 다할 수 없다. 그러나 지금 모든 토지가 사유가 되어 사람마다 이를 세전(世傳)의 물건으로 간주한다고 통탄했다.[7]

반계가 진단한 그 폐단은 이런 것이다. 곧 땅을 많이 소유한 자는 여러 곳에서 나는 소출(所出)을 널리 모아 스스로 편안히 앉아서 먹을 수 있기 때문에 힘써 일하는 것을 일삼지 않고 땅이 없는 자는 임시로 남의 땅을 경작하기 때문에 이를 해마다 계속하기가 어렵게 된다. 또 자기 땅이 아니기 때문에 거름 주고 김매는데 뜻이 없으니 이것이 땅에 제대로 거름을 주지 않는 이유이다.[8]

그 결과 부역이 절도가 없고 빈부가 고르지 못하며 토지를 독차지하고

---

5 『磻溪隨錄』 卷1, 「田制上」 "古井田法至矣. 經界一正, 而萬事畢擧. 民有恒業之固, 兵無搜括之弊, 貴賤上下無不各得其職. 是以人心底定, 風俗敦厚, 古之所以鞏固維持數百千年禮樂興行者, 以有此根基故也. 번역문은 현재 『반계수록』의 새번역을 진행하고 있는 익선재 반계수록 강독반의 강독자료를 인용한다.

6 앞의 글, "後世田制廢, 而私占無限, 則萬事皆弊, 一切反是."

7 『磻溪隨錄』 卷2, 「田制下」 田制雜議 附.

8 『磻溪隨錄』 卷2, 「田制下」 田制雜議 附. 같은 글.

이익을 탐내니 양민들은 살 곳을 잃고 호구(戶口)의 이탈자가 많아지며 송사가 번다해지고 귀천상하의 구분이 모호하게 되었다. 그 틈을 타서 세력가들은 권세를 부리기 쉬워 도덕과 의리가 밀려나고, 뇌물이 쉽게 행해져서 형벌의 정사가 통해지지 못한다. 그래서 사람들 마음이 방탕해지며 풍속이 경박해지는 사태에 이르게 된다.[9]

물론 토지의 사적 소유에 대해서는 역사의 큰 흐름으로 이해하여 공전제가 당시 일반화한 사적 토지소유를 부정했다고 해서 시대착오적인 것으로 생각할 필요는 없다. 유형원은 당시 사회의 문제의 근원에는 토지의 사적 소유가 있다고 진단하고 중국의 고제(古制)와 고려 · 조선전기의 직역체제에 대한 광범위한 검토를 바탕으로 16세기를 거치면서 붕괴된 전기적 직역체제의 쇄신과 재구축을 도모했던 것이다.[10]

반계는 그러한 토지의 사적 소유 뿐 만 아니라 정전제를 폐기하면서 나타난 전제와 병제의 분리가 초래한 문제점을 지적했다.

> 또한 전제(田制)와 병제(兵制)가 분리되어 서로 다른 두 길이 되고부터, 백성들은 역(役)을 도피하는 간교함이 많아졌으며 관가에서는 병정을 끌어내려고 찾아다니는 소란이 있게 되었다. 부귀한 자들은 백 가지로 빠져나가려고 도모하며 명단에 오른 자들은 모두 가난하고 쇠잔한 이들 뿐인 까닭에, 평소에는 고통스러워 뜻이 굳지 못하고 난리에 당해서는 뿔뿔이 흩어지기 쉽다. 그 폐단이 미치는 바 이루 다 말로 표현할 수 없다. 무릇 천하만사는 다시 어떻게 해볼 수가 없게 된 것이다.[11]

---

9 『磻溪隨錄』 卷1, 「田制上」 "賦役無節, 貧富不均, 兼并牟利, 良民失所, 戶口易脫, 詞訟煩多, 貴賤無別, 分數不明. 以故權豪易肆, 而德義不興 ; 賄賂易行, 而政刑不達, 因以人心浮蕩, 風俗偸薄."

10 송양섭, 「반계 유형원의 공전제론과 그 이념적 지향」, 『민족문화연구』58, 고려대 민족문화연구원, 2013, 459쪽.

11 『磻溪隨錄』 卷1, 「田制上」 "又田與兵旣爲二途, 則民多避役之奸, 官有搜丁之擾. 富實者百計圖免, 編籍者皆是貧殘故, 平時苦無固志, 臨亂易以潰散. 其弊所至, 不可勝言, 而凡天

그러므로 반계는 삼대와 같은 항구적이고 공고한 제도를 기획한 것인데 그것이 시행되지 않음으로 해서 민생의 안정이나 부역의 고른 부과, 호구의 명확한 파악, 군대의 정비 등이 연쇄적으로 어찌해 볼 수 없는 지경에 이르렀다고 진단했다.[12]

그런데 정전제는 정전을 만들 수 있는 너른 평야가 있어야 하고, 공전과 채지를 주어야 하는 제도적 장치가 있어야 하는데 당대에 이것을 시행하기는 어렵다는 지적이 있었다. 반계는 그 사실을 수긍하면서 "정전제는 반드시 봉건제를 행한 다음에라야 그 제도를 온전하게 행할 수 있다."[13]고 인정했다. 기실 정전제를 시행하기 어려움은 『문헌통고』의 저자 마단림도 동의했던 것이다.

> 무릇 봉건(封建)에 족(足)함이 있어서 이로써 정전(井田)이 유지되었던 까닭이다. 삼대(三代)에 천하는 천자가 사사로이 얻는 것이 아니었는데, 진나라가 봉건을 폐하고 천하가 한 사람을 받들게 되었다. 삼대에는 전산(田産)도 서인(庶人) 사사로이 얻는 것이 아니었는데, 정전이 문란해지고 폐지되어, 전산(田産)도 백성에게 나누어주기 시작했다. 그런데 진나라는 마땅히 나누어 주어야 할 것을 취하고, 마땅히 취해야 할 것을 나누어 주었다. 그러나 열린 폐습이 이미 오래되어 옛날 되돌리기가 진실로 어렵다. 봉건을 회복하고자 하면 봉국(封國)[사우(土宇)]을 분할함서부터 분쟁이 일어나고, 정전을 회복하고자 하면 민의 전산을 빼앗아야하기 때문에 원망과 불평을 불러오니, 본 서생이 두 가지를 모두 행할 수 없다고

下萬事, 無復可爲者."

12 앞의 글, "雖有願治之君, 若不正田制, 則民産終不可恒, 賦役終不可均, 戶口終不可明, 軍伍終不可整, 詞訟終不可止, 刑罰終不可省, 賄賂終不可遏, 風俗終不可厚. 如此而能行政敎者未之有也. 夫如是者, 其何故乎? 土地, 天下之大本也. 大本旣擧, 則百度從而無一不得其當 ; 大本旣紊, 則百度從而無一不失其當也. 苟非深識治體者, 亦安知其天理人事得失利害之歸至於此哉"

13 앞의 글 "蓋井田必須封建而後, 可盡其制."

논하는 이유이다.[14]

그러므로 이러한 당대의 난관을 반계는 돌파할 필요가 있었는데 반계의 생각은 뜻밖에도 지금 당대의 시의성을 고려하여 가능한 방법으로 시행하면 된다는 것이다. 반계는 말한다.

> 참으로 지금의 적의(適宜)함을 따라 옛날의 뜻을 참작해서 행함에 법도가 있으면, 지형은 꼭 넓지 않더라도 그 제도가 적용되지 못할 것이 없다. 공전은 꼭 두지 않더라도 십분의 일이 될 수 있고, 채지(采地)는 꼭 별도로 두지 않더라도 관리들의 생계를 이어갈 수 있게 될 것이다. 그러니 자연의 이치에 합당하고, 오늘에 행하기 쉽다. 만민(萬民)이 다 살아갈 곳을 얻고, 백가지 법도가 다 순탄하게 될 것이다. 비록 '우물 정(井)'자 모양으로 구획하지 않더라도 정전제의 실효가 모두 그 가운데 있을 것이다. 또한 당나라와 고려의 대처하기 어려웠던 우환도 없을 것이다. 지극히 공정하여 먼 훗날까지 행할 수 있고, 지극히 간결하면서도 요점을 잡았기 때문에 적용 안 될 곳이 없다.[15]

여기서 확인할 수 있는 것은 반계가 말한 봉건제는 제후[채읍주]의 분권으로서의 봉건이 아니라는 것이다. 반계는 치자(治者)의 명분인 관직을 세전하는 것이 봉건이며, 이를 통해 치자(治者)가 항산을 보장받을 수

---

14 『文獻通考』 卷1, 「田賦考」1 "蓋有封建足以維持井田故也. 三代而上, 天下非天子之所得私也. 秦廢封建, 而始以天下奉一人矣. 三代而上, 田產非庶人所得私也. 秦廢井田, 而始捐田產以與百姓矣. 秦於其所當予者取之, 所當取才予之. 然沿襲既久, 反古實難. 欲復封建, 是自割裂其土宇, 以啓紛爭, 欲復井田, 是强奪民之田產, 以召怨傗, 書生之論所以不可行也." 윤석호, 『정약용 경세학의 국가개혁론과 農者得田』 연세대 박사논문, 2018 75쪽. 재인용.

15 『磻溪隨錄』 卷1, 「田制上」 "苟能因今之宜, 酌古之意, 而行之有法, 地形不必寬而制無不可, 公田不必置而可爲什一, 采地不必設而各有其養, 合於自然之理, 易於今日之行. 萬民得所, 百度皆順. 雖不畫爲井形, 而井田之實, 俱在其中. 又無唐麗難處之患. 至公而正, 可行於遠; 至簡而要, 無所不該."

있다고 했다. 즉 관료제의 외피 내에서 봉건제의 정치적 함의를 도출하고, 이를 바탕으로 봉건제와 정전제의 연관성을 설명한 것이다. 이와 같은 반계의 삼대 토지제도 이해방식은 균등분배가 현실의 군현제 하에서 시행될 가능성을 열어두는 것이다. 분권적 통치질서로의 근원적 변화가 없더라도, 관료의 세록과 구임을 보장함으로써 봉건의 정치적 함의를 회복할 수 있기 때문이다. 그리고 이와 같은 현실 체제 하에서의 봉건과 균등분배의 절충적 재해석은 경세론의 이론적 토대이자 목표가 되었다.

이에 반계는 『반계수록(磻溪隨錄)』에서는 공전제 국가개혁안 개진했는데, 여기에서는 그간 선유들이 삼대적 이상의 회복에 있어 제약으로 제시했던 요소들이 상당부분 해소되어 있었다. 먼저 현실의 사적 소유는 가구당 1경[=10묘]를 기본면적으로 하되 최대 12경까지의 차등분배로 재편되었다. 그리고 이를 통해 치자와 피치자의 항산을 보장함과 동시에 명문에 따른 차이를 반영했다. 한편 반계의 개혁안에서 삼대의 봉건은 그 분권성을 탈각한 채 관료의 세록으로 규정되었다.[16]

경세학에 있어 삼대 토지제도 및 봉건의 함의는 대단히 다층적이다. 그럼에도 이상을 통해 본다면, 삼대 토지제도와 현실 토지제도 개혁의 연관성을 고려할 때 크게 두 가지의 논점이 연관되어 있음을 알 수 있다. 첫째는 삼대에 있어 균등분배와 봉건의 관계이다. 양자를 상호 본질적인 속성으로 본다면, 현실의 사적 소유와 군현제는 삼대적 이상의 회복을 어렵게 만드는 체제적 요인이 된다. 이에 삼대의 균등분배로 개혁하기 위해서는 치자(治者)의 사적 소유를 대체할 경제적 기반, 나아가 봉건[분

16 유형원의 『磻溪隨錄』과 공전제 개혁론에 대해서는 다음의 글을 참고할 수 있다. 김선경, 「조선후기 정치체제론의 전개 -봉건제·군현제론을 중심으로」, 『조선후기 체제변동과 속대전』, 혜안, 2005 ; 최윤오, 「반계 유형원의 실학과 『磻溪隨錄』讀法, 『지역과 역사』 32, 2013 ; 「반계 유형원의 봉건·군현론과 공전제」, 『동방학지』16, 연세대 동방학연구원, 2013

권이라는 삼대적 통치체제까지를 회복하는 수준이어야 한다. 그리고 만약 그러할 수 없을 경우 경세적 목표는 현실의 사적 소유와 군현제적 통치체제를 용인한 한도 내에서, 삼대의 이상적 수취체제 혹은 세율[1/10]을 회복하거나 제후의 공치를 부분적으로 회복하는 수준에서 정립될 수 있다. 반면 삼대적 봉건에서 분권의 함의를 축소해서 독해하게 되면, 봉건은 곧 균등분배의 삼대 토지제도를 의미하게 된다. 따라서 삼대적 토지제도의 회복을 저해하는 주요한 요인도 현실의 사적 소유로 수렴되게 된다. 이에 치자(治者)의 세록을 현실에서 보장할 수 있다면 군현제라는 통치체제 하에서도 삼대적 균등분배의 회복을 논의할 여지가 생기게 된다. 그리고 반계의 경세학은 삼대의 봉건을 균등분배와 세록의 범주에서 사유한 바탕 하에서 이를 현실 개혁에 접목한 대표적인 사례로, 조선후기 토지개혁논의에 있어 차지하는 위상과 의미가 크다고 할 수 있다.[17]

2) 결부법과 경묘법

반계는 정전제를 시행함에 있어 그 세는 결부법이 아닌 경묘법으로 해야 한다고 주장했다. 왜냐하면 반계가 보기에 결부법은 지엽을 따르고 근본을 잃어버린 법이기 때문이다. 경묘법은 각 경지의 면적을 동일한 단위로 하되 세제에 차등을 두는 것이니, 이는 땅을 본위로 한 것엔 반해 결부법은 각 등급에 따라 세액을 동일하게 해서 땅의 넓이는 일정치 않을 수 있으니, 이는 세를 위주로 한 것이다.[18] 반계는 그것이 바로 문제라고 지적한다.

---

17 윤석호(2018), 앞의 논문, 78~79쪽 참조.

18 『磻溪隨錄』 卷1, 「田制上」 "凡田改結負, 定以頃畝.【本國, 結負之規, 本是擧末遺本之法, 若行公田, 尤不可不改用頃畝法. 蓋頃法, 各等地廣皆同, 而稅有差等, 此以地爲本者也. 結法, 各等稅數皆同, 而地有濶狹, 此以稅爲主者也."

살피건대 옛날에는 정치가 백성을 보호하는 데 있었다. 때문에 힘을 헤아려서 농지를 정해주어 모두 농지 100묘를 받았다. 후세에는 농지가 오직 세를 거두어들이는 데 있어서 그런 까닭에 조세의 수량에 따라 같은 등급은 같은 결로 정했다. 이런 까닭에 경묘법은 모두 땅의 넓이는 같되 비옥도에 따라 세에 차등이 있었다. 결부법은 세로 내는 것은 다 같게 하되 비옥도에 따라서 땅은 넓고 좁고 함이 있었다. 고금의 법제가 뜻이 달랐던 것을 여기서 볼 수가 있다.[19]

백성을 보호하는 것이 정치의 임무인가 아니면 세수를 거두어 들이는 것이 정치의 본령인가에 대한 의문을 제기하면서 반계는 경모법과 결부법의 득실을 매우 진지하게 검토했다.

경묘법과 결부법의 이해득실을 논해보자면, 경묘법은 농지의 면적을 정확히 파악하기 용이해서 여러 등급에 따른 세액이 각기 다르더라도 농지가 세수에서 탈루되는 폐단이 없지만 담당관청에서 살피지 못하면 회계의 착오가 생길 우려가 있다. 결부법은 세수의 양은 용이하게 파악할 수 있어서 여러 등급의 농지가 뒤섞여 있어도 계산이 복잡한 번거로움이 없지만 담당관청이 아무리 밝더라도 농지가 세수에서 탈루되어 살피기 어렵게 된다. 무릇 경묘법은 본체에 의거한 것이고, 결부법은 편의를 취한 것이다. 본체를 분명히 하여 총괄해서 계산을 하면 수치가 목전에 환히 드러나서 그 가운데서 응용할 수 있다. 편의만을 취해서 경계를 바로하는 원칙을 잃어버린다면 근본이 벌써 문란해져서 바르게 될 수가 없다. 【결부법도 면적을 헤아리는 것이 없는 것은 아니나, 한갓 장부상에 올라 있을 뿐이요 따라서 농지의 면적이 균일하지 않고 길고 짧고가 갖가지라서, 계산하는 법을 담당관도 다 살필 수 없는데 하물며 농민에 있어서야

19 앞의 글 "按古者, 政在養民, 故度力定田, 田皆百畝. 後世田唯收稅, 故隨其租數, 同科定結. 是以頃法, 地廣皆同, 而視其饒瘠, 稅有差等. 結法, 租稅皆同, 而視其饒瘠, 地有濶狹. 古今法制, 指意所分, 斯可見矣.】"

말할 것이 있겠는가? 관에서 다 살피지 못하고 농민은 도무지 알 도리가 없으니 서리가 쉽사리 농간을 부릴 수 있고, 살피기 어려운 법으로 여러 서리들의 농간을 다스리려 한다면 그 형세가 불가능할 것이다. 이 때문에 뇌물과 청탁에다가 온갖 탈루와 속임수의 폐단이 생기지 않는 것이 없어 필경에는 부세 또한 고르지 않게 되는 것이다.】[20]

결론적으로 결부법은 조세납부액을 기준으로 삼는 토지 파악법이다. 즉 결부법에서는 토지 절대면적이 달라도 그 소출량이 같다면, 그 토지를 같은 면적으로 파악했다. 즉 토지의 절대면적과 그것의 소출량 두 가지 기준 중에서, 조선은 후자를 기준으로 토지를 계량했다. 유형원이 지적했듯이 이것은 수많은 문제들을 발생시켰다. 토지의 절대면적은 변할 수 없고, 그것을 계량하는 것이나 계량된 결과가 누구의 눈에도 분명하다. 하지만 소출에 따라 파악된 토지는 계량하기도 어렵고, 계량된 결과도 분명치 않았다. 더구나 소출량을 결정하는 지력은 시간이 흐르면서 지속적으로 변했다. 그와 연결된 결부도 당연히 변했다. 이것은 지속적인 토지 실태 파악을 필요로 한다. 하지만 그러려면 엄청난 국가의 행정적 능력이 뒷받침 되어야 했다. 현실적으로 그런 능력을 지속적으로 유지하기는 어렵다. 유형원 위에서 언급한대로 "살피기 어려운 법으로 여러 서리들의 농간을 다스리려 한다면 그 형세가 불가능할 것이다. 이 때문에 뇌물과 청탁에다가 온갖 탈루와 속임수의 폐단이 생기지 않는 것이 없어 필경에는 부세 또한 고르지 않게 되는 것이다."[21]

---

20 앞의 글 "若論其利害得失, 則頃法, 地面易正, 而諸等稅數各殊, 田無漏脫之弊, 而官司不察, 則或慮會計之錯. 結法稅數易擧, 而諸等地面參差, 算無會計之繁, 而官司雖明, 田之漏脫, 難以察矣. 夫頃法, 體也本也, 結法, 用也末也. 明其本而計之以總, 則數具目前, 而用在其中矣. 執其末而遺於經界, 則本地已紊, 而無所考正矣.【結法非無尺數也, 以其徒載於簿書, 而不齊於田面, 又其長短多端. 乘除加減之法, 當官者不能盡察, 况於田氓乎? 官不能盡察, 而民不能盡知, 則胥吏易以容奸. 以難察之法, 而欲齊衆胥之奸, 其勢不可得也. 是以賄賂請托, 漏脫欺冒之弊, 無所不有, 而畢竟賦稅亦不均矣.】"

그러므로 그는 “농지를 제정하는 데 경묘법보다 좋은 것이 없고 결부법보다 좋지 않은 것이 없다. 설사 공전법을 행하지 않는다 하더라도 결부법은 경묘법으로 바꾸어야 할 것이다.”고 지적했던 것이다. 대체로 토지의 면적이 한결같은 기준으로 정리가 되면 분배되는 넓이도 분명해지고 등급의 정밀하지 않은 것 또한 쉽게 드러나서 바로잡을 수 있다. 지금의 결부법으로 말하면 일시에 급작히 등급을 나누어 합당하게 되지 못하기 쉽고, 기왕에 숫자를 합쳐서 결을 만들었기 때문에 잘못된 것도 드러나기 쉽지 않다.[22]

이러한 입장에서 그는 결부법의 연원이 결코 길지 않을 것이라고 보고 고려사의 여러 자료를 인용하여 그것은 고려 이후의 산물이고, 삼한 이전에 시행되었던 것은 아니라는 지적을 하고[23], 산간에서도 경묘법을 시행할 수 있다는 증거로 『삼국지 · 촉서(蜀書) · 제갈량전』에서 나온 “성도(成都)에 박한 땅 15경이 있다.”[24]는 말을 인용하여 중국의 경우 한나라 말기에 이미 경묘법을 사용했다는 것은 인증한다. 또한 강항의 『간양록』을 인용하여 일본에서도 경묘법이 시행되고 있는 사례를 들어[25] 이러한

---

21 이정철(2009), 앞의 논문 462쪽.

22 『磻溪隨錄』 卷1, 「田制上」 “又按制田, 莫善於頃法, 莫不善於結法. 縱不行公田, 亦莫如改結負用頃畝. 蓋地面定尺如一, 則分數已明, 其等第之不精者, 亦易著見而可以追正. 若今結法, 則其一時倉卒分等, 易以失當, 而旣爲合數作結, 故其失未易見.”

23 嘗觀麗太祖之言曰 : “泰封主, 以民從欲, 一頃之田, 租稅六石.” 又朴英規傳云 : “太祖旣平神劍, 賜英規田千頃.” 則結負之名, 似出於其後. 又高麗文宗時, 所定量田步數, 諸等地廣皆同, 而賦稅隨地品有輕重, 則地有濶狹之規, 必是創於麗氏中葉以後, 非自三韓已然也.

24 앞의 글 “蜀之山谷不平, 不啻我國, 而未聞以山谷之故而不行畝法. 諸葛武侯之言曰: “成都有薄田十五頃.” 此亦可見矣.“

25 앞의 글 “又按姜沆『看羊錄』載日本田制. “倭人謂我國五尺長許爲一間, 五十五間爲一町, 三十六町爲一里. 倭中一里, 猶我國十里之長. 謂水田爲田, 山田爲畠. 通國六十六州, 東西四百一十五里, 南北八十里.【卽其國之里.】其鄕, 九萬二千,【城池所在謂之鄕.】其村, 十萬九千八百五十六, 其田, 八十九萬九千一百六十町, 其畠, 十一萬二千一百四十八町.”【又云 : “男口, 一百九十九萬四千八百二十八, 女, 二百九十萬四千八百二十.”】然則倭雖一島中陋夷, 而亦能度土田有定界, 而明其田民之數也. 可以禮義之邦而不如島夷乎?【又云 : “日本, 其臣有功, 則割地與之, 如封建之例, 農民受田於守土者, 以爲稼穡, 而納其稅. 凡食一千石

철저성은 바로 결부법의 문제점을 심각하게 인식하는 한편 그 대안으로서의 경묘법이 충분히 시행가능하다는 점을 역설하기 위해 다양한 방증을 들어 제시한 경우이다.

3) 사(士)와 민(民)

반계는 토지를 국가가 차등분배함에 있어 사(士)에 대한 처우는 달리 해야 한다고 보았다. 왜냐하면 사(士)를 위하는 것은 곧 백성을 위한 것이라고 생각했기 때문이다.

> 혹자가 묻는다. "사(士) 이상에 대해서 농지에 모두 병(兵)을 내지 않도록 하는 것은 무엇 때문인가? 이와 같이 하면 군사의 숫자가 줄어들지 않겠는가?" 나는 이렇게 대답한다. "사를 기르는 제도는 중대한 문제인데 어찌 그렇게 하지 않아서야 되겠는가? 무릇 나라가 사를 기르는 것은 백성을 위하지 않음이 없다. 그러므로 마음을 수고롭게 하는 자와 몸을 수고롭게 하는 자[26]는 귀천의 직분이 나누어지는 바이다. 사를 기르는 일이 군을 기르는 일과 같지 않으면 이 어찌 도리라 하겠는가? 오직 응당 백성을 교도(敎導)하고 풍속을 바로잡고 권면하여 나라가 길러준 뜻을 져버리지 않기로 기약을 해야 할 것이다. 그 비용을 아낀다고 사대부를 기르는 방도를 폐기해서는 옳지 않다.[27]

之地者, 養精卒五十人, 一萬石之地者, 養五百人, 以此爲率. 然此乃長從不農之兵, 故其斂甚重."

26 마음을 수고롭게 …… 하는 자: 원문은 '勞心勞力'이다. 이 말은 "마음을 수고롭게 하는 자는 남을 다스리고, 몸을 수고롭게 하는 자는 남에 의해 다스려진다.[勞心者治人, 勞力者治於人.]"에서 유래하였다.(『맹자 · 등문공상』)

27 『磻溪隨錄』 卷1, 「田制上」 "或曰: "士以上, 田皆不出兵, 何也? 如是則軍額豈不減縮矣乎?" 曰: "養士之制, 此其大段, 惡得不然? 夫國之養士, 莫非爲民, 故勞心勞力, 貴賤之職攸分. 養士而不如養軍, 則豈是道理? 惟當敎導匡勵, 期不負所以養之之意而已, 不可吝其費而廢養士大夫之具也."

반계는 여기에 더하여 "만약 사대부를 기르는 방도를 폐기한다면 천하는 곧 다투고 무질서하게 될 것이니, 크게 혼란스럽게 되는 길이 되어 백성들은 손발을 둘 곳이 없어질 것이다.[28]"라고 우려하기까지 한다. 이렇게 보면 반계의 계급적 입장은 확고한 것으로 보인다.

그런데 반계는 벼슬하지 않는 사(士) 에 대해서는 민(民)과 같이 보아야 한다는 견해를 제시하기도 했다.

> 대체로 농사를 지어 세를 내어 윗사람에게 바치는 것은 야인(野人)의 일이요, 도를 배워 직분을 수행하고 세를 받는 것은 사군자의 일이다. 이는 보편적인 의리요 옛 뜻이기도 하다. 그런데 옛날의 봉건제에서는 채읍(采邑)을 가지고 세를 받는 집[家]에서 또한 그 농지를 장악하고 인민을 다스리는 것도 아울러 그에게 책임을 지웠다. [그 사람이 공조(公朝)[29]에서 벼슬하더라도 그 가신으로 하여금 대신 처리하도록 했다. 백승지가의 경우 천승지국 안에 편입이 되어서 공가(公家)에 쓰임이 있으면 또한 그 사람으로 하여금 관할하도록 했다.] 일이 이미 이와 같은 까닭에 능히 이와 같다. 후세에 관직이 없는 대부에 당해서는 보통 백성과는 다르다 하더라도 기왕에 벼슬하지 않고 집에 있으면 야인과 마찬가지다. 하물며 벼슬하지 않는 사(士)에 있어서야 말할 것 있겠는가? 이런 까닭에 세를 받아먹는 법은 옛 뜻과 같아 보이지만 실로 다 합치되는 것은 아니다.[30]

그러므로 어떤 의미에서 반계의 사(士) 개념에는 직역적인 의미가 아주 없다고 할 수 없다.

---

28 앞의 글 "若廢養士大夫之具, 則天下將貿貿爭紊, 大亂之道也, 民無所措手足矣."

29 公朝 : 제후의 조정. 춘추시대 卿大夫들은 종종 자신의 家臣을 제후의 조정에 추천하기도 했다.

30 『磻溪隨錄』 卷1, 「田制上」 "大槩治田而出稅供上者, 野人之事也 ; 學道而修職食稅者, 士君子之事也. 此乃通義, 亦是古意. 然古者封建, 則采邑食稅之家, 又掌其地, 人民之治, 幷責之其人. [其人雖仕公朝, 令其家宰代理之. 如家之百乘, 編入於國之千乘之內, 公家有用, 則亦使其人領之.] 事旣如是, 故能如彼, 而當後世大夫無官者, 雖異凡民, 旣是家居則實同野人, 況未仕之士乎? 是以食稅之法, 似是古意, 而實不盡合也."

3. 전제 개혁안 정책의 저변

반계의 토지분급은 다양한 방식의 고려가 있는데 일정한 계층 이상에 내져주는 사세전(賜稅田) 같은 것이 가장 대표적인 고려이다. 그런데 반계는 왜 정전제의 토대에서 이러한 사세전의 방략을 함께 제시해야 하는지를 매우 자세하게 논했다.

> 대체로 시의(時宜)에 따르고 인정에 맞추어 고르게 제정하여 각기 정해진 몫을 얻는 것이 좋은 법이다. 【이 사세전은 대개 옛날 땅을 나누어 봉하던 의미를 따른 것이다. 그런데 지금 대수를 한정한 것은 무엇 때문인가? 앞에서 지급한 것을 거두어들이지 않고 뒤에까지 계속 이어간다면 아무리 천하가 크다 하더라도 형세상 계속할 수 없을 것이다. 지난 역사를 돌아보건대 한나라, 진나라의 여러 제후들도 모두 영구히 자손에게 전해진 자는 없었고, 대개 한두 대를 지나지 못해 일을 당해서 분봉된 땅이 깎여나갔다. 지금 이미 봉건제를 회복할 수 없거니와, 일로 인해서 중단되어 위아래로 다 깎여지는 것보다는 차라리 법을 제정해서 공사간에 다 합당하도록 하는 것이 좋지 않겠는가? 그래서 이와 같이 정한 것이다. 그러나 이와 같은 일은 오직 한 시대의 법제를 어떻게 정하느냐에 달려 있으며 전제가 어떻게 되어야 하는 데 관계된 것은 아니다.】"[31]

반계가 제시한 좋은 법의 조건은 "시의(時宜)에 따르고 인정에 맞추어 고르게 제정하여 각기 정해진 몫을 얻는 것"이다. 그러므로 당대의 형편을 십분 고려하는 것이 그 정책의 수용가능성을 높이는데 중요한 문제였다.

---

31 앞의 글 "大抵因時之宜, 順人之情, 而制而均之, 令各得其分者, 法之善者也. 【此賜稅, 蓋古裂土之遺意, 而今限其世何也? 前者不收, 而後者無已, 則雖以天下之大, 勢有所窮盡. 試觀歷代, 漢晉列侯, 皆無永傳雲仍者, 率不過一二世, 因事削除矣. 今旣未復封建, 則與其因事除絶, 上下俱有虧損, 寧制爲定法, 使公私兩安之爲善, 故定之如是. 然此等事, 則唯在一時制法之如何, 非有係於田制也.】"

반계가 고려했던 것은 그러한 계급적인 층차만이 아니었다. 그는 다양한 방식의 삶의 곤경에 처한 백성들에 대해 구원이 필요하다는 것을 상세하게 적시한다.

> 고아나 독자, 어린 경우【독자가 아니라도 장성한 형이 없는 경우도 마찬가지이며, 무남독녀로 출가하지 않았거나 부모가 없이 손자 하나만 어린 경우도 마찬가지이다.】그 부친의 농지를 이어서 지급하며,【사 이하의 아들에게는 전부 다 지급하며, 대부의 아들 또한 4경을 지급한다. 정2품 이상으로 자신이 사망하고 처가 남아있는 경우 농지의 절반을 지급하며,【이는 자손이 있다 하더라도 그 농지의 반을 지급하는 것을 이른다.】공신, 청백리, 절사(節死)한 자나 전사자의 처에 대해서는 온전히 지급한다.【아래로 전사한 군인에 대해서도 한결같이 그 남편이 살아있을 때와 같이 하되, 만약 다른 사람에게 개가한 경우는 환수한다.】나이 20세가 되기를 기다려서 각기 규정에 따라 지급한다.【사대부의 자식으로 20세가 되어서도 글을 읽지 않고서 학교에 들어가지도 못한 자는 民에 대한 규정대로 받으며, 딸의 경우 출가를 하면 환수한다.】자손을 두지 못하고 사망하여 처만 남은 경우 구분전(口分田)을 지급한다.【무릇 구분전을 지급하는 경우 대부와 사는 각기 그 농지의 절반을 지급하는데, 예컨대 6품 이상의 처는 4경, 사의 처는 2경, 증광생 및 충의위(忠義衛)·충순위(忠順衛)[32]의 처는 1경으로 하는 등이다. 군민(軍民)과 이예(吏隷)의 처는 20묘를 지급한다. 증광생 이상의 처가 받은 바의 토지에서는 병(兵)을 내지 않는다. 충의위 이하의 처는 농지를 계산하여 보가(保價)[33]를 납부한다.】[34]

---

32 忠義衛·忠順衛 : 조선시대 중앙군인 五衛軍에 소속된 구분으로, 양반층을 위해 따로 설치한 것이다. 충의위는 대개 공신의 자제가, 충순위에는 대개 고위관료의 자제가 배속하는 것으로 되어 있었다.

33 보가 : 보인(保人)이 납부하는 미포를 가리킴. 보인은 실제로 군역에 동원된 사람에게 경제적 보조를 한다는 의미에서 붙인 인원.

34 『磻溪隨錄』 卷1, 「田制上」 "孤獨子幼弱者,【雖非獨子兄無長成者仝, 無男獨女未嫁, 及獨孫幼弱無其父母者仝.】 其父田傳給,【士以下子全給, 大夫之子亦四頃. ㅇ若二品以上及功

왜 이러한 특별한 구호를 베푸는 것인가? 그는 이렇게 설명한다. “살피건대 부인은 남편이 죽으면 자식을 따르게 되므로 집을 맡을 의무가 없다. 그런데 국가가 공경을 대우하는 것은 범인과 다르니, 국사를 함께 해서 노고를 같이 하였기 때문에 백성에 대해서 공로가 있다. 공훈과 덕이 특히 훌륭하고 충성, 청렴, 절의가 뚜렷한 자에 대해서는 더욱더 후하게 하지 않을 수 없으니, 사자(死者)의 공적을 추모해서 살아있는 사람들에게 베푸는 까닭이다.”[35] 또한 “더구나 남편이 죽고 자식도 없어 종신토록 수절하는 부인이라면, 이 어찌 인륜에 마땅히 잘 권장할 바가 아니겠는가? 또한 형세로 말한다 하더라도, 받은 농지 안에서 다 병을 내도록 하면 비록 농지가 있다 하더라도 가정을 유지하기가 어려울 것이다. 지금의 상황으로 말해 사대부로서 과부의 집이 데리고 있는 하인들이 모두 군역에 배정된다면 과연 일이 어떻게 되겠는가?[36]”라고 반문하며 제도란 그의 말대로 인정에 순합해야 함을 강조했다.

한편 그 정전제를 바탕으로 군사를 내게 될 경우 가급적 마을 단위의 행정 조직을 강조했는데 그 이유는 그것이 군사 조직을 더욱 효과적으로 만들 수 있을 것이라는 기대 때문이었다.

> 병사를 농지를 바탕으로 내게 되면, 대오를 편성하는 것은 반드시 마을 단위로 돼야 한다.【기병, 보병, 속오군은 각기 유사한 종류대로 부대

清·戰亡之類, 毋守父田者, 不爲別論.】待年二十歲, 各以其科受.【如士夫之子二十歲而不學, 不得入學校然後, 以民科受. 女子則嫁後還之.】無子孫身沒妻存, 給其口分田.【凡給口分, 大夫·士各以其田之半, 如六品以上妻四頃, 士妻二頃, 增廣生及忠義·忠順衛妻一頃之類. 軍民吏隷妻, 則二十畝. 增廣生以上妻, 所受內不出兵, 忠義以下妻, 計田出保價.】”

35 앞의 글 “按婦人夫死從子, 無當家之義. 然國家之待公卿, 異於凡人, 以其共政同憂, 有勞於生民也. 其勳德殊懋·忠淸節義表著者, 尤不可不厚, 所以追死者之功而施之於存者也”

36 앞의 글, “況夫死無子而守節終身者, 豈非人倫之所當扶植者乎? 且以事勢言之, 所受之內, 皆令出兵, 則雖有其田, 亦難保其家矣. 據今以論, 士夫寡婦之家, 其所率家僮皆定軍役, 則於事果如何耶?”

를 편성하지만, 이 또한 마을 단위로 조직해야 할 것이다. ○농지를 따져서 병사를 내더라도, 군적(軍籍)과 성명과 연령과 용모의 특징이나 거주 등은 지금의 예와 같이 할 것이다. ○옛날에는 농지에서 병사를 냈던 까닭에 대오가 마을로 정해지고 군정은 교(郊)[37]에서 이루어졌다. 무릇 한 대오에 있는 사람은 이웃과 서로 의지하고 친척과 서로 연대하며 거처를 함께하고 출입을 같이하니, 인의로 서로 돕고 구제하며 옷을 보고도 구별하고 소리만 들어도 알아볼 수 있었다. 이 때문에 지키기는 견고하고 싸우면 이기게 된다. 옛 전제가 폐지되면서부터 이후로 군사를 통괄하는데 군정(軍丁)을 찾아내서 잡히는 대로 집어넣는다. 이 때문에 한 고을에서도 동면 사람이 서면 사람과 뒤섞여 편성되고, 한 도에서도 남쪽 지역 사람과 북쪽 지역 사람이 뒤섞여 편성된다. 비록 대오를 같이 한다 하더라도 형세가 잘 유지될 수 없으며 서로 친숙하지 않기 때문에 뜻과 마음이 어울리지 못해서 도망자는 종적을 숨기고 옮겨가는 자는 간교한 행위가 용납된다. 평소에 이미 군제가 문란하기 때문에 긴급한 상황에 다다라서는 달아나고 무너져서, 아무리 능력이 있는 자라도 어찌할 도리가 없다. 이 전제를 시행해서 대오를 편성할 때 의당 한결같이 마을 단위로 해야 할 것이다.】[38]

또한 그 정책의 시행함에 있어 백성의 삶을 형편을 우선 순위에 두고 고려해야 하며, 또한 점차적으로 진행해야 함을 강조했다. 아래는 그 점을 잘 보여주는 장면이다.

---

37 교(郊) : 주나라 제도에 국도에서 100리 혹은 50리 되는 지역을 교라고 일컬었다. 여기서는 리里보다 상위의 행정단위를 가리키는 것으로 보인다.

38 『磻溪隨錄』 卷1, 「田制上」 "出兵旣以田, 則其編定隊伍, 必以里次.【騎·步·束伍軍, 雖各以類作隊, 亦各以里次爲編. ○雖計田出兵, 其兵籍姓名·年歲·疤記·居住, 則如今例. ○古者, 以田出兵故, 卒伍定於里, 軍政成於郊. 凡卒伍之人, 比閭相保, 族黨相聯, 居處同游, 出入同作, 仁足相恤, 義足相救, 服用相別, 音聲相識. 是故以守則固, 以戰則勝. 自田制廢壞, 後世制兵, 只搜括人丁, 隨得充代, 是以一邑, 則東面之人與西面人, 間雜爲編 ; 一道, 則南郡之人與北郡人, 間雜爲編. 雖曰同隊同伍, 而形勢不相維, 面目不相熟, 情意不相孚, 逃亡者匿其跡, 遷徙者容其奸. 平居軍制已紊, 故臨急唯事奔潰, 雖有善者, 亦無如之何矣. 田制若行, 則編伍之定, 當一以里次.】"

【혹자가 묻는다. "법이란 획일적이 돼야 한다. 구역 내에서 경작할 수 없는 곳이 있을 경우 세를 면제해 주는 것이 마땅하겠지만 그 때문에 경계를 늘리거나 줄여서는 안 될 것이다. 무릇 이와 같은 곳에서 인력(人力)으로 할 수 있는지 여부는 따질 것 없이 일정하게 넓이를 잰 그 결과대로 획정하며, 쓸 수 없는 땅이 많더라도 모두 여전(餘田)으로 하는 것이 마땅하다."

그와 같이 하는 것이 경묘법의 원칙이지만, 이는 백성의 생계에 크게 관계되는 문제이다. 만약 하나의 원칙만 고집해서 융통성을 두지 않으면 백성의 재산이 줄어드는 것이 필시 많아질 것이다. 또한 산골의 땅은 여전(餘田)이 십에 팔구나 되니 또한 매우 곤란하다. 옛날 삼대(三代) 시절을 보면 나라를 봉해줌에 있어 50리 혹은 70리로 정했다 해도 산천의 평평하고 험함에 따라 국한시켜 정할 수는 없었다. 그런 까닭에 모두 농지로 계산을 했고 그냥 땅으로 계산하지 않았다. 여기서도 또한 볼 수 있다.[39]】

경계는 가지런히 하도록 힘쓴다. 또한 일시에 이루어지도록 하기 위해 너무 급히 서두를 것이 없다. 처음 측량할 때에 푯말에 따라 대개 구획을 정리하고 해마다 농한기에 각기 전부(田夫)가 차차 논둑과 도랑을 만들도록 하되, 【논둑을 만들거나 도랑을 파거나 돌을 쌓거나 할 때에는 각각의 형편에 따라 하되, 매 경(頃, 정전의 단위)의 경계에는 작은 논두렁과 도랑을 두고 매 전(佃)의 경계에는 큰 논두렁과 도랑을 둔다. ○측량할 즈음에 작은 논두렁과 도랑을 만들 곳은 1보반을 남겨두고, 큰 논두렁과 도랑을 만들 곳은 3보를 남겨둔다. 일반도로로 말하면, 국로(國路)[변방의 요지에서 서울로 가는 길]는 12보, 관로(官路)[관부와 관부, 진

39 앞의 글 "或以爲 : "法必畫一. 頃內雖有不可耕處, 但當除免其稅, 而經界則不可因此濶狹. 凡如此處, 不問可容人力與否, 一依經步畫定, 而其不可用地多者, 皆依餘田施行爲當." 如此固是頃法之常. 然此乃民業大關, 若徒執一而不通, 則民産缺少者必多. 且山峽之地, 餘田十將八九, 亦甚難處. 觀三代封國, 雖定以五十里 · 七十里, 山川夷險, 不可局定. 故皆以田計之, 而不以地計, 於此亦可見矣."

과 진, 역과 역 사이에 서로 통하는 길]는 9보, 향로(鄕路)[면(面)에서 관부로 통하는 길]는 6보, 이로(里路)[마을 사이에 통하는 길. 이는 응당 큰 논두렁과 도랑에서 나와 그 넓이가 같다.]는 3보로 할 것이다.】 수령과 경차관(敬差官)[40]이 들판을 돌아다니며 점검할 것이다.【매년 가을에 수령은 지금 도로를 정비하는 예와 같이 순찰을 하며 경차관도 점검을 하여 법대로 하지 않는 자에 대해서는 처벌할 것이다. ○또한 각 면에서는 자기 면의 전적(田籍) 1건을 베껴 내되 전척(田尺)과 함께 보관해두고, 사람마다 언제나 간편하게 볼 수 있게 하여 저마다 각기 자기의 경계가 이르는 것을 알 수 있도록 한다.】[41]

반계는 이렇게 깊고 주밀한 생각을 바탕으로 『반계수록』의 그 토지제도를 기획했던 것이다.

역사적 사실로 보면 반계의 이 기획은 시행되지 않았다. 하지만 정책이란 그 시행의 사실 만큼이나 그 기획의 의도와 맥락이 중요하다. 좋은 정책이라면 언제든 다시 시행할 수 있는 가능성을 가지고 있을 뿐만 아니라 다시 그 정책을 활용하려고 할 때에도 중요한 포인트가 되기 때문이다. 그런 점에서 반계의 토지제도에 담긴 의도와 기획의 긴절함은 그가 오랜 시간 어떠한 나를 꿈꾸며 이러한 준비를 했는지 새삼 되돌아보게 하는 것이다. 이 『수록』의 제출 이후 이를 따르는 적지 않은 경세책이 제출되었던 것은 바로 이러한 심원함이 있었기 때문일 것이다.

---

40 경차관(敬差官) : 조선조 때 지방에 임시로 보내는 벼슬. 주로 전곡(田穀)의 손실을 조사하고 민정을 살피는 일을 맡는다.

41 앞의 글 "經界務令齊正, 而亦不須太急迫一時成就. 初打量時, 隨其揷標, 槩爲開整, 使逐年農隙, 各其田夫, 漸封溝之,【封土或開溝或累石, 隨其形便, 每頃之界, 有小封溝 ; 每佃之界, 有大封溝. ○打量之際, 小封溝處, 量留一步有半, 大封溝處, 留三步. 原有路, 則國路十二步,[自藩方達於京國之路.] 官路九步, [兩官鎭驛相通之路.] 鄕路六步,[自鄕達官之路] 里路三步.[村里間相通之路, 此則自當出於大封溝, 而如其廣.]】守令 · 敬差官 巡野檢飭.【每秋, 守令檢察, 如今修治道路例, 又敬差官巡飭, 罰其不如法者. ○且令各面謄出該面田籍一件, 具田尺藏之, 使人人易於尋常看覩, 各知其經界所至.】"

4. 남는 문제

확인된 바와 같이 유형원이 이해한 정전제의 취지는 우선 토지를 중심으로 인간을 긴박시켜 병농일치의 이념을 구현하면서 안정적 국역체제의 운영하는 것이고 국가재정의 건실함과 민의 담세력 사이에 적절한 균형을 꾀한 1/10세제의 실현하고자 한 것이며 동시에 수확표준의 결부제를 면적표준의 경묘법으로의 전환할 것 등으로 요약할 수 있다. 이러한 정전제의 취지와 장점을 살리면서 당시 현실에 맞게 고안한 것이 바로 공전제(公田制)였다.

공전제는 일차적으로 국가권력의 적극적인 개입 하에 국가와 사회구성원이 신분과 직역에 따라 적절한 수준의 토지를 받게 함으로써 안정적인 경제적 토대를 갖추도록 하는데 목적이 있었다. 이를 바탕으로 토지를 기준으로 사람을 편제하고 군역을 부과함으로써 군역부담과 토지수점이 표리를 이루면서 통일적으로 운영되도록 고안되었다.[42]

「반계수록서」를 작성한 오광운의 지적처럼 "토지를 근본으로 삼아 정전(井田)의 형태를 구획하지 않았으나 다만 정전의 실(實)을 구한 다음 교사(敎士) · 선재(選才) · 명관(命官) · 분직(分職) · 반록(頒祿) · 제병(制兵) · 예교(禮敎) 정법(政法)을 모두 이로부터 미루어 넓혔으니 규모와 절목이 모두 패연(沛然)하다."[43]고 할 만하다.

그리고 그 근간을 이루는 것은 하나의 정책을 작성하는 반계 유형원의 깊고도 원대한 기획한 매우 사려깊은 정책적 배려일 것이다.

---

42 송양섭(2013). 앞의 글, 498쪽.

43 磻溪隨錄 附錄, 洪啓禧, 「傳」. "以田制爲本, 不劃井形而得井形之實, 然後養士, 選賢, 任官, 制軍, 禮敎, 政法 規模節目, 不泥不凝, 沛然皆合於天理."

지역학으로서의 반계학 연구

—전북지역 반계학 연구 현황과 과제를 중심으로

김승대 | 전북도청 학예연구관

1. 머리말 •

2. 호남실학으로서 반계학 탐구 •

3. 반계 저작물과 관련 유적 •

4. '반계학단' 연구 •

5. 앞으로의 과제 •

1. 머리말

'반계학(磻溪學)'은 조선후기 사상사에 많은 영향을 끼친 실학의 비조로 알려져 있는 반계 유형원(1622~1673)에 대한 학문적 분류를 말한다. 실학자의 경우에도, 이미 성호 이익에 대한 '성호학(星湖學)', 다산 정약용에 대한 '다산학(茶山學)'이 체계적인 연구가 진행되고 있는 만큼, 반계학에 대한 논의도 본격화되어야 할 것으로 판단된다.

이 글은 반계학의 많은 특성들 가운데 '지역학'으로서의 담론에 대해 살펴 보고자 한다. 지역학은 지역의 자연, 지리, 역사, 사회, 문화 등 제 학문분야에 대한 체계적인 연구분석을 통하여 지역 정체을 규명하고, 이를 토대로 지역의 미래 발전 방향을 모색하는 학문이다. 최근 지역학은 지방화시대의 전개에 따라 각 지역에서 문화적 정체성을 찾아 변화하는 사회 환경에 능동적으로 대처하기 위하여 활발하게 연구되고 있다. 지역학 연구는 지역의 정체성을 찾고 애향심과 자부심을 고취시키고 여론 형성의 구심점 역할을 하고 있다. 따라서, 부안 우반동에 20여 년간 살면서 국가와 사회의 부조리를 개혁하는 학문과 저술활동에 전념한 반계 유형원에 대해 지역학 차원에서의 논의에 중점을 두고 글을 쓰게 되었다.

전라북도와 부안군에서는 지난 2012년부터 매년 반계 유형원을 비롯한 호남실학에 대한 학술대회와 학술연구를 지속적으로 실시하고 있다. 그동안 반계 유형원을 비롯한 호남실학을 폭넓게 연구, 활성화할 수 있는 계승방안, 교류와 전승, 저술활동 등 다양한 분야의 연구 성과를 얻었다. 특히 실학 연구가 근기(近畿) 지방을 중심으로 한 중앙무대에서 호남실학이라는 지역적이고 심층적인 저변확대의 계기를 마련했다는 데 큰 의의를 가질 수 있었다.

이에 따라 필자는 지역학 차원에서 부안 우반동을 중심으로 한 전라북도 지역에서의 반계 유형원에 대한 그동안의 연구 성과와 앞으로의 과제에 대해 살펴 보고자 한다. 먼저 그동안 학술대회 등에서 제기된 전북지역에 대한 다양한 호남실학으로서의 반계학에 대한 논의를 고찰하고, 또한 그간에 나온 사료 발굴과 지역에서의 반계 관련 유적, 아직 기초적인 정립이 부족한 지역 내의 교류인물이나 문인에 대한 반계학단 등에 대해서도 다뤄보고자 한다.

2. 호남실학으로서 반계학 탐구

호남은 국가 경제의 보고이자, 동시에 수탈의 대상지로서 역사적 성격을 내포한 땅으로 일찍이 지식인들은 이러한 사회경제적 동인에 대해 해결책을 강구하려고 노력하였다. 특히 1589년(선조 22)의 기축옥사(己丑獄死), 일명 정여립의 난은 호남을 '반역향(叛逆鄕)'이라 일컬어지면서 호남인의 관계 진출도 큰 제역을 받아 정치의 핵심에서 벗어나게 되었다.

반계 유형원은 이러한 호남의 현실을 바탕으로 개혁사상을 품게 되었고 20여년간 부안 우반동에 살면서 실학사상을 완성하였는데, 농촌 경제뿐 아니라 국가체제까지 개혁하려고 제시한 개혁서가 바로 『반계수록』이었다. 반계 유형원을 실학의 비조로 지칭하는 것은 이러한 이유에서이다. 반계 유형원의 실학사상은 최종적으로 전남 강진으로 유배가서 조선실학을 집대성한 다산 정약용에 의해 집대성을 이루게 된다. 따라서 호남지역은 조선실학의 산실이자 최종 완성을 이룬 고장이라 할 수 있다.[1]

1 김승대(2017), 「홍계희의 경세론의 재지적 기반」, 『한국실학연구』 33, 한국실학학회, 2017, 138쪽.

'호남실학'이란 용어는 아직 학계에서 시민권을 확보하지 못하고 있지만[2] 서울, 경기지역의 근기실학에 대한 지역적 개념으로서 호남실학에 대한 논의가 끊임없이 제기되고 있다. 전라북도와 부안군이 2012년부터 '반계 유형원과 호남실학'에 대한 포럼 및 학술조사를, 전라북도와 고창군, 전북대학교 이재연구소에서는 이재 황윤석에 대한 학술대회 및 학술사업을 지속적으로 추진하고 있다.

따라서, 본고에서는 2012년부터 실시하고 있는 '반계 유형원과 호남실학'에 대한 학술대회 발표문을 중심으로 부안 우반동 포함한 전북지역에 대한 지역학 차원의 연구 성과를 위주로 발췌 · 정리하여 소개 하고자 한다. 2012년에는 지역적 차원의 연구와 활용방안에 대한 기초를 다지는 연구를 시작하는 단계로, 먼저 정구복의 「반계 유형원의 학문과 그 활용방안」(2012)은 성호학, 다산학 연구에 비해 상대적으로 연구가 미진한 반계학 연구에 대한 기폭제가 될 것을 기대하며, 활용방안으로 안동의 도산서원선비수련원과 같은 새만금과 변산반도와 연계한 하드웨어 건립을 말했다.

하우봉의 「호남 실학과 반계 유형원」(2012)은 호남실학을 조선후기 실학에 대한 지역적 규정의 하나로 보고, 이에 대한 문제제기와 활발한 논의가 필요함을 역설했다. 호남실학은 근기실학이나 북학파 실학과는 구분되는 독자적인 정체성을 지니고 있으며, 유형원으로 시작하여 18세기 중엽 이 지역 출신 신경준, 황윤석, 위백규, 이복원, 하백원 등이, 19세기 중반 이정직, 이기, 황현 등이 중요한 역할을 담당하였음을 제시하였다. 특히 과제로 반계의 저작물을 찾는 작업, 반계학단에 대한 발굴과 조사, 호남실학자 등에 대한 폭넓을 연구가 필요함을 말하였다.

---

2 하우봉(2013), 「반계 유형원과 호남실학」, 『건지인문학』 10, 전북대학교 인문학연구소, 2013.

홍성덕의 「반계 유형원 선양사업 추진방안」(2012)은 선행작업으로 학술대회 개최, 학술조사, 반계 저술에 번역작업 등 학술연구 진흥을 언급하였다. 아울러 부안 우반동 주변의 반계서당, 구묘지 등을 정비하고, 반계 고택의 복원, 호남실학관 건립 등의 인프라 확충을 제시하였다. 또한 반계에 대한 추모제, 교육프로그램, 우동마을제 등 교육 운영 활성화 방안을 강구하였다.

2013년은 '반계 유형원의 실학사상과 그 계승방안'이라는 주제로 발표가 이루어졌다. 여기에서 이동희는 「반계 유형원의 생애와 부안 우반동」(2013)을 통해 부안 우반동이 반계수록이 산실이자 실학의 태동지이며, 많은 후학을 양성하였음을 정리하고 있다. 반계의 조부인 유성민이 1612년(광해군 2)에 이미 우반동에 들어와 논밭을 일구워 살면서 그 터를 닦았고, 1636년(인조 14)에 부안김씨 김홍원에게 토지 30결을 매각한 사실을 밝혔다. 그는 우반동이 반계가 반계수록 등을 집필한 땅이자, 허균이 정사암(靜思巖)을 짓고 『홍길동전』을 지었다는 내용도 언급하였다. 아울러 반계의 부안 우반동에서의 생활을 지리적 성격, 반계 고택 등 남겨진 유적 등 통해 고증하는데 노력하였다. 또한 동림서원(반계사)에 배향된 반계의 문인인 김서경과 유문원에 대한 연구도 선행하여 서술했다. 특히 향후, 호남실학원 건립을 통한 호남 실학사와 호남 실학사상의 부안 지역사 정립을 역설하였다.

안동교의 「반계집 편찬과 간행을 위한 제언」(2012)은 선유(先儒)들의 극찬과는 달리 유형원이 남긴 저술들의 대부분이 문집의 형태로 발간되지 못한 부분에 대해 반계의 언행과 시문(詩文)의 일단을 엿볼 수 있는 「반계선생연보」, 「반계선생언행록」, 『반계일고』, 『반계잡고』 등의 기존의 자료들과 향후 개인, 문중, 기관 등에 소장된 자료들을 발굴하여 이를 집대성한 『반계집』 간행이 필요함을 서술하고 있다. 이를 위한 관련

자료의 수집 방향으로 부안을 중심으로 한 직계 후손(손자 응룡, 응봉, 응붕 집안), 방계 친척(유무, 유문원, 유재원 등) 탐문이 필요하며, 인척 및 처가 등 다방면에 걸친 사료조사가 필요하다고 정리하고 있다.

2014년은 '반계 유형원의 저술을 통한 계승방안'이라는 주제로 본격적인 반계의 저작물에 대한 논의를 시작하였다. 임형택의 「『반계일고』의 내용 및 가치」(2014)는 반계일고(詩 169편, 文 3편)가 반계의 셋째 사위인 홍덕의 백광저의 집안에 소장된 자료로 판단되며, 청나라에 반대하고, 현실 개혁의 모델을 고대 성왕의 정치제도에서 찾는 반계의 사상을 서술했다. 서영이의 「『반계잡고』의 철학적 접근」(2014)은 유형원의 실리론이 법과 제도의 재정립의 현실적 적용을 통해 실질적인 도덕 이상, 변혁 논리로의 전환을 시도하였음을 언급했다.

또한 이선아의 「18세기 『반계수록』 전파 과정과 노론 낙론의 역할」(2014)은 반계수록의 간행이 영조의 탕평정치의 일환으로 해석하고, 특히 노론의 핵심 관료인 홍계희의 적극적인 요청에 따라 간행된 반계수록이 유형원의 사상을 공유 및 확산하는데 크게 기여하였음을 서술했다. 박인호의 「『동국여지지』 편찬을 위한 고투와 실학적 지리학」(2014)은 반계가 저술한 『동국여지지』가 개혁의 기초 자료집으로 제작한 실학적 지리서임을 주장하였고, 박철상의 「반계 유형원이 엮은 『도정절집』과 그의 일민의식」은 도연명의 일민의식이 반계의 실용적인 경세의식에 반영되었음을 서술했다.

이형성의 「반계 유형원의 저술 재검토와 후학의 관련 자료 고찰」(2014)은 유형원이 부안과 호남 지역 선비들에게 자주적이고 개혁적인 정신을 고양하였고, 후학 등의 확인을 통해 호남실학의 기초적인 실체를 파악하는 계기가 되었음을 정리하고 있다. 특히 그는 유형원 저술에 대한 산재된 현존 자료 및 영인본, 교유 및 후학 인물 14명(김안절, 허목,

배상유, 윤증, 이익, 양응수, 최홍원, 신경준, 임경주, 안정복, 황윤석, 이덕무, 황덕일, 유치명)의 직간접적인 자료를 체계적으로 검토하고 있다.

기조강연을 한 박석무의 「반계 유형원과 호남실학」(2014)은 반계가 학문적 연원을 외숙 태호 이원진, 고모부 동명 김세렴에 두고, 남인의 거두인 미수 허목, 소론의 영수인 명재 윤증 등을 먼저 언급하였고, 학문의 후계자로 성호 이익, 약산 오광운을 들었다. 반계수록이 편찬되는 과정에서 윤증의 제자 호남 출신인 양득중, 노론의 핵심 관료인 담와 홍계희 등의 노력으로 실학적 저변 확대와 반계학에 대한 분위기 조성에 큰 역할을 언급하였다. 특히 성호와 다산이 반계의 학문을 계승하였고, 반계 이후의 호남 실학자의 활동에 대해 순창의 여암 신경준, 장흥의 존재 위백규, 고창의 이재 황윤석, 무주의 설계 박치원, 강진의 이여박, 화순의 규남 하백원, 강진의 방산 윤정기 등을 서술했다.

2015년에는 '반계 유형원과 호남실학의 교류와 전승'이란 주제로 호남지역의 학문적 전통과 호남실학자에 대한 논의, 전승 차원에서 문인에 대한 본격적인 고찰이 이루어졌다. 임형택의 「호남의 학문 전통과 실학 - 호남학의 탐구를 위하여」(2015)는 조선전기 대표적인 호남 학자로는 정읍의 일재 이항, 광주의 고봉 기대승, 순창의 하서 김인후, 나주의 사암 박순 등이 있으며, 호남이 가지고 있는 시가문학과 판소리, 서적출판의 학술문화가 발달한 땅을 기반으로 호남실학이 유형원, 신경준, 위백규, 황윤석, 하백원 등에 의해 꽃 핀 내용을 언급하였다.

이동희의 「지역학 연구와 호남실학」(2015)은 부안 우반동에 건립하려다가 중단된 호남실학원 건립사업을 재추진하여 호남실학을 연구하고 전북 정신사 정립에 중추기구로 바로 세워야 함을 주목했다. 또한 안동교의 「호남실학의 전승 - 유형원과 호남실학자들의 관련성 탐구」(2015)는 반계 사후에 호남 실학자들과의 연관관계를 찾는 시도였다. 신경준과 황윤석은 『반계수록』과 『동국여지지』에 영향을 받았고, 나머지는 관련성이 부족하였는데 이는 반계 사후에 저작물이 호남을 떠나 한양을 옮겨졌고, 조속히 간행되지 못해 그의 저술을 쉽게 접근하지 못한 한계로 인식하였다. 신경준의 지리사상, 위백규의 사회개선론, 황윤석의 자연과학사상, 하백원의 이용후생 학풍을 함께 검토하여 정리하였다.

이형성의 「담계 김서경의 반계학 계승과 경세사상」(2015)은 유형원 대표적인 제자인 부안 출신의 담계 김서경(1648~1681)에 주목하여 그의 반계학 계승과 경세사상을 고찰하였다. 김서경은 우반동의 반계를 지근거리에서 11년 가까이 모시고 수학하였는데, 그가 남긴 문집인 『담계유고』를 통해 반계의 실사구시적 학문 방법과 개혁안을 계승한 일면을 확인할 수 있었다. 특히 윤리적 개혁을 모색하였는데, 사상사적 측면에서 보면, 실학의 초기 경세치용적 윤리관으로 설명하고 있다. 또한, 백원철의 「반계가와 백광저가와의 교류」(2015)는 유형원의 사위 백광저의 아들이자 외손인 백시덕이 홍덕의 이재 황윤석의 스승으로 학맥이 전승되고 있음을 발굴하였다.

2016년부터는 그동안 네차례에 걸쳐 실시한 '호남실학과 반계 유형원'에 대한 연구성과를 바탕으로 반계와 호남실학에 대한 연구를 전국적으로 확대하고, 반계의 실학사상이 가지는 국제적 의미와 위상를 재조명하기 위한 발표를 진행하였다. 2016년에는 '국제적 시각에서 본 반계 유형원의 실학사상'이라는 주제로, 2017년에는 '반계 유형원과 동아시아 초기 실학'이란 주제로 전개되었다.

조광의 「반계 유형원의 사상에 대한 연구사적 검토」(2016)은 개화기 교과서에서 현재에 이르기까지 유형원의 반계수록에 대한 연구 성과를 종합적으로 정리하였다. 특히 유형원의 개혁론을 '역사적 상상력'이라 하면서 '대동(大同)'이라는 철학적 사고를 기초로 조선의 현실 모순을 극복하려는 개혁론을 제시하였다고 정리하고 있다.

정호훈의 「반계수록과 조선후기의 정치사상」(2016)은 반계수록을 조선후기 새로운 국가 구성의 시원으로 파악하고, 반계수록의 주요 내용과 이에 대한 18세기 학자들의 반응을 소개하고 있다. 특히 반계수록에 대한 이해는 홍계희의 전면 긍정과 이익의 비판적 성찰로 구분하는데, 전면 긍정에 대해 배상유, 이현일, 오광운, 홍계희 등의 학자들이 있고, 영조대 탕평정치의 이념적 근거를 제공하였다고 보았다.

임형택의 「17세기 동아시아 전환기의 문명의식과 실학 – 반계 유형원의 저술을 중심으로」(2017)는 근래 발견된 유형원의 저작인 『반계일고』와 『반계잡고』를 역주하여 『반계유고』의 간행을 기념하여 쓴 글이다. 실학이 명 · 청 교체의 역사과정에서 각성한 지식인들의 문명적 위기의식에서 발단된 신학풍이며, 이러한 과정에서 유형원은 동아시아적 차원에서 사고하고 변법개혁의 도리를 역설했음을 강조하고 있다. 아울러 『반계수록』의 발간과정에서 오광운, 홍계희, 양득중 등의 노력을 소개하였고, 특히 양득중의 스승인 명재 윤증과 고창의 반계 사위인 백광저가 문과의 관계와 관련 기록들을 제시하고 있다.

또한, 정구복의 「반계 유형원의 학문세계와 그 영향」(2017)에서는 반계가 전라도 지역에 끼친 학문적 영향으로 부안의 동림서원을 건립하여 숭모하였고, 신경준의 역사지리학의 계승으로 이어졌다고 역설하였다. 또한 영조대 『반계수록』이 왕명으로 간행되어 4색 당파에 구애되지 않고 많은 학자들에게 큰 영향을 미쳤고, 국가의 법전으로 추인되었음을 설명하고 있다.

김태희의 「반계 유형원과 덕촌 양득중의 실사구시」(2017)은 소론의 명재 윤증과 덕촌 양득중이 유형원의 『반계수록』을 높이 평가하고 추천하였고, 이후 노론의 홍계희, 북학파 등이 『반계수록』에 대해 관심을 갖게 되었는데, 이는 이념과 당색을 초월한 실사구시 정신의 중요성을 강조하고 있다.

김승대의 「반계 유형원의 가계 분석」(2017)은 유형원에 대한 경세론의 실상을 재조명하고, 반계학단(교유 인물과 문인)에 대한 기초작업의 일환으로 반계의 선대, 부모, 외가, 처가, 자손들의 보학적 분석, 연혼관계 및 세거지 변천 등에 대해 다각도로 연구하였다. 특히, 반계의 종조부인 유광민의 후손이 부안, 함열지역에 세거하였고, 우반동의 반계와 연계된 점이 주목된다. 유광민의 손자인 유문원, 유재원이 반계의 문인이며, 이들의 외가가 부안 주산의 여산송씨 송함 가문으로 확인하였다. 이것은 반계 유형원이 유문원의 외숙인 송시추, 반계의 문인인 김서경의 아버지인 김윤필과 깊히 교유하였기에, 유문원 · 유재원 · 김서경 등의 문인을 두게 되는 계기가 되었음을 밝히고 있다. 특히 유형원은 1남 6녀의 자녀를 두었는데, 우반동 인근에 딸 셋을 시집보냈는데, 둘째 딸은 고부의 충주박씨 박사하에게, 셋째 딸은 고창의 수원백씨 백광저에게, 여섯째 딸은 서천의 고령신씨 신태제에게 각각 시집보냈음을 확인하였다. 특히 외손으로 학행에 뛰어난 백시덕, 외증손으로 실학파 시인으로 유명한 신광수가 있음을 주목하였다.

또한, 이동희의 「부안지역 반계 유형원 유적 보존과 지역문화 활성화 방안」(2017)에서 부안 우반동은 반계 실학의 산실로서 반계 유적이 많이 산재하고 있는데, 반계가 살던 집터 및 우물, 반계 서당, 옛 무덤터, 논가운데 군사훈련을 하던 돌기둥 등이 현존하고 있음을 적시했다. 특히, 인근에 그를 배향했던 동림서원지 등이 대한 문화재 지정의 검토를 언급하였고, 반계의 실학정신을 계승발전시키기 위해 호남실학원이 설립되어야 함도 역설하였다.

3. 반계 저작물과 관련 유적

1) 반계 저작물 발굴과 발간

전라북도와 부안군이 2012년부터 시작한 '반계 유형원과 호남실학'에 대한 학술포럼과 학술조사를 통해 드러난 주요 성과 중에 반계 저작물의 발굴을 들 수 있다. 앞서 언급했듯이, 안동교(2013) 「반계집 편찬과 간행을 위한 제언」에서 그동안의 반계의 방대한 저술에 대해 서목을 천관우의 분류법을 참고하여 다음과 같이 보완, 정리하였다.

문집 분야: 『詩文』, 『問答書』(問答』), 『雜著』 등
정책론 분야: 『隨錄』, 『郡縣制』
경학 분야: 『經說』, 『論學物理』(『論學』)
성리학 분야: 『理氣總論』, 『朱子纂要』(『朱書纂要』), 『語類書校讎』
역사 분야: 『東國史綱目條例』(『東史條例』), 『歷史東國可攷』, 『續綱目疑補』
지리 분야: 『輿地志』, 『中興偉略』, 『地理群書』
병법 분야: 『武經四書抄』, 『紀效新書節要』(『紀效節要』), 『八陣圖』
음운 분야: 『正音指南』
선술 분야: 『參同契抄』
문학 분야: 『東國文抄』(『東國文』, 『東國文選』), 『陶靖節集』, 『遁翁稿』
기행 분야: 『紀行日錄』
서예 분야: 『書說』,『書法』
기타 분야: 『柳氏族譜』

또한 앞서 살펴본, 이형성(2014)의 글에서 유형원 저술에 대한 산재된 현존 자료 및 영인된 자료가 소략하게 전해져 왔다. 예를 들어 고모부 김세렴을 위한 「제동명선생문(祭東溟先生文)」, 김제 나주나씨의 세 분의 행의를 기록한 「구산나선생사적(龜山羅先生事蹟)」, 「구산처사행록(龜山處士行錄)」, 「절효공행록(節孝公行錄)」, 「절효나공정려기(節孝羅公旌閭記)」,

「월봉공행록(月峯公行錄)」 등이 있다. 이번 사료 발굴을 통해 반계 유형원과 관련된 후학들의 직·간접적인 자료를 다수 확보하였는데, 유형원의 직접 관련 자료는 다음과 같다.

李玄逸(1627~1704) : 「遁庵柳公隨錄序」 출처 : 『葛庵文集』 卷20
尹　拯(1629~1714) : 「跋隨錄(辛卯)」 출처 : 『明齋遺稿』 卷32
李　瀷(1681~1763) : 「磻溪隨錄序」 출처 : 『星湖全集』 卷50
吳光運(1689~1745) : 「磻溪隨錄序」 출처 : 『藥山漫稿』 卷15
柳明渭(1710~1799) : 「隨錄補遺跋」 출처 : 『隨錄補遺』 卷1
李　瀰(1725~1779) : 「磻溪隨錄序」 출처 : 『磻溪隨錄』
黃在英(1835~1885) : 「書磻溪隨錄後(乙酉)」 출처 : 『大溪遺稿』 卷5
李　瀷(1681~1763) : 「磻溪柳先生遺集序」 출처 : 『星湖全集』 卷50
柳　楙(1609~1679) : 「祭族姪德夫文」 출처 : 『休溪集』 卷3
裵尙瑜(1622~1686) : 「輓柳磻溪」 출처 : 『晩學堂文集』 卷1
金瑞慶(1648~1681) : 「祭磻溪柳先生文」 출처 : 『澹溪遺稿』 卷3
宋時樞(1620~1670) : 「代宋叔時樞祭柳先生文」 출처 : 『澹溪遺稿』 卷3
金瑞慶(1648~1681) : 「磻溪柳先生行狀」 출처 : 『澹溪遺稿』 卷3
梁　暹(1643~1681) : 「磻溪柳先生行狀」 출처 : 『澹溪遺稿』 卷3
吳光運(1689~1745) : 「(磻溪柳馨遠)行狀」 출처 : 『磻溪隨錄』 附錄
柳載遠(1652~1713) : 「磻谷柳先生言行錄」 출처 : 『磻溪雜藁』 附錄
李　瀷(1681~1763) : 「磻溪柳先生傳」 출처 : 『星湖全集』 卷68
洪啓禧(1703~1771) : 「(磻溪柳馨遠)傳」 출처 : 『磻溪隨錄』 附錄
兪漢雋(1732~1811) : 「柳馨遠傳(庚子)」 출처 : 『自著』 卷15
李鳳煥(1710~1770) : 「磻溪柳先生(馨遠)墓誌」 출처 : 『雨念齋詩鈔』 卷9
權以鎭(1668~1734) : 「配享磻溪祠祭文(庚戌二月十八日配享)」 출처 : 『澹溪遺稿』 附錄
權以鎭(1668~1734) : 「告磻溪柳先生文」 출처 : 『澹溪遺稿』 附錄
正　祖(1752~1800) : 「故處士柳馨遠加贈祭酒敎」 출처 : 『弘齋全書』 卷34
裵尙瑜(1610~1686) : 「戊午封事」 출처 : 『晩學堂文集』 卷2
盧思孝(1650~?) : 「京外儒生進士盧思孝等疏(甲戌三月 封進)」 출처 : 『磻溪隨錄』 附錄

梁得中(1665~1742) : 「辭別諭召命疏[又辭疏](辛酉)」 출처 : 『德村集』 卷2
「全羅道儒生幼學李維坤等上疏(二十九日)」 출처 : 『公車文』(奎 12863-v.1-63)
柳　發(1683~1775) : 『磻溪先生年譜』 출처 : 『磻溪雜藁』 附錄
安鼎福(1712~1791) : 「磻溪年譜跋(乙未)」 출처 : 『順菴文集』 卷18
『尊周彙編』 〈柳馨遠〉: 李義駿(1738~1798) 等
『國朝人物志』(3) 「孝宗朝」 〈柳馨遠〉: 安鍾和(1860~1924)

이 중 유형원 사후 당숙인 유무가 쓴 애도의 글이 주목된다. 그는 김장생과 김집의 문인으로 병자호란 이후에 관직에서 물러나 충청도 연산에 은거하며 학문을 탐구하며 유형원과 교류하였다. 자신보다 젊은 조카가 먼저 세상을 떠나자 제문으로 위로하였다.

또한, 김서경은 유형원의 문인으로 제문을 짓고, 또한 반계가 죽자 먼저 죽은 송시추를 대신하여 제문을 짓고 애도하였다. 송시추는 유문원의 외숙으로 부안군 주산면 사산리에 거주했던 유학자로 확인된다. 한편, 권이진(1668~1734)은 송시열의 외손이자 윤증의 문인으로 함평현령, 전라도 도사를 역임하였는데, 그가 부안 유림들이 공의로 반계사(磻溪祠)를 창건하고, 반계사에 제문을 지었다는 점도 주목된다.

이 밖에 고창의 수원백씨 백광저 가문과 관련된 사료로 반계의 교유인물이자 백광저의 아버지인 백홍원의 『사담집(沙潭集)』, 백광저의 맏형인 백광호의 『가소당집(可笑堂集)』, 반계의 외손인 백시덕의 『월장보집(越章甫集)』 등의 문중, 개인 소장 등 반계 관련 체계적인 사료 발굴 등을 정리할 수 있었다.

반계 저작물 관련하여, 2017년에 발간된 『반계유고』[3]이 주목된다. 반계선생이 남긴 시와 산문 및 그에 관련한 기록류를 수합하여 문집 형태로 엮어 우리말로 번역, 주석한 책이다. 특히, 여기에서 확인된 부안을 비롯

3 유형원 저, 임형택 외 편역(2017), 『반계유고』, 창비, 2017.

한 호남지역 관련 내용이 다수 확인되고 있다. 주로 시(詩)에 그러한 내용을 많은 데, '반곡에서 우연히 지음, 반곡의 달밤, 반계 골짝에서, 봄날 우반동에서, 반계 죽당의 봄날' 등의 글은 본인이 살았던 부안 우반동과 관련한 글이다. 또한 부안지역에 동진과 상서에 농장을 두어 이를 감독하고 왕래하였는데 동진농장에 대해서는 '동진에서 나그네 회포를 읊다, 동진의 시골 주막에서 나그네 회포, 동진에서 진경과 작별하다, 동진 촌장에서, 동진에서 들판을 바라보며, 동진농장에서 벼 베는 일을 감독하며'의 시를 통해, 상서농장은 '상서면농장에서'라는 글을 통해 확인할 수 있다.

또한 가까운 부안 변산을 다니며 쓴 시로, "변산에서 일출을 바라보다, 변산에서 노닐며 짓다, 변산 원효암에서, 왕재암, 왕포에서 놀다, 직연폭포에서, 석재암을 바라보고, 마천대에 올라서, 격포에서 계수진에게" 등을 확인할 수 있다. 이밖에 반계는 고창의 "동백정, 도솔전", "고산 위봉사, 영광 길에, 월출산을 보라보며, 전라 우수영, 순천을 지나며, 장흥 길에서, 풍영정, 갈담역 지나는 길에, 동복 가는 길에" 등 호남 곳곳을 주유하였던 그의 행적을 추정해 볼 수 있다.

기해년(1659) 봄에 쓴 '사산 송씨의 서재'는 우반동 인근의 주산면 사산리에 살았던 유문원의 외숙이었던 송시추의 서재에 반계가 방문한 내용으로 보인다. 생질인 양섬이 쓴 '반계선생행장'에는 "거처하는 집은 몇 개의 서까래를 얽은 정사(精舍)로, 푸른 소나무가 높게 뻗어 둘러쳐 있고, 창밖은 천그루의 대숲이었다. 서가엔 만권의 책이 비치되어 있었다."라고 하였고, 문인이자 재종제(再從弟)인 유재원이 쓴 '반계선생언행록'에는 "마침내 봉래산에 있는 반곡으로 들어갔다. 계곡 중간에는 평평한 땅이 펼쳐져 있고 냇물이 하나가 흐르고 있었으며, 복사꽃이 길 가득히 핑어 있고 소나무와 회나무가 하늘을 덮었다. 공은 이곳에 몇 칸 남짓의 초가집을 짓고 집 뒤에는 큰 대나무 천그루를 가꾸었다. 시렁에 만권의 책을 비치해 두었다."라고 해 우반동 반계의 집을 나타내고 있다.

2) 반계 관련 유적

부안 우반동을 중심으로 반계 유형원과 관련된 유적으로 먼저 1974년 전라북도 기념물 제 22호로 지정된 '반계선생 유적지'(부안군 보안면 우동리 산 128-5)가 있다. 1981년 반계서당이 복원되었고, 이를 중심으로 한 유적지 정비사업이 추진되고 있다. 반계서당 왼쪽으로 반계 선생을 초빈(草殯)한 옛 묘가 자리하고 있다. 우반동 우신마을에는 반계 고택지(우동리 810, 810-1)와 우물이 있는데 당초의 집터는 현재 조성된 곳에서 앞쪽(우동리 811-3, 4, 5)에 해당한다. 반계 기록에 의하면 우반동에에는 활쏘기와 말타기를 했던 훈련장이 있었다고 하는데, 마을 논두렁 사이에 '훈련장 돌기둥'으로 추정되는 유적이 현존한다. 아울러 우반동에서 가까운 부안군 상서면 가오리 907에 동림서원터가 있다. 현재 주초석만 남아 있고, 건물지 중앙에는 '동림서원 사현 유허비'가 세워져 있다.

또한 반계와 직접적으로 관련이 있는 유적으로 경기도 용인에 '유형원 묘'(경기도 기념물 제31호, 용인시 백암면 석천리 산 28-1)가 있고, 반계수록을 최초로 교정한 장소인 '대구 둔산동 경주최씨 종택'(국가민속문화재 제261호, 대구 동구 둔산동 386)에 소재한 '보본당'이 있다.

이밖에 최근 학술조사를 통해 확인된 반계 관련 유적지로는 반계 후손의 묘, 김서경의 묘, 유문원 및 유재원 묘, 휴정서원, 백광저 묘, 신태제 묘 등을 들 수 있다. 주로 유형원의 가계 관련 묘소가 대부분이다. 먼저 반계 후손의 묘는 반계의 손자 응봉, 응붕의 묘역으로 추정되는데, 반계서당 아래 산자락에 위치한다.

반계의 대표적인 부안 출신 문인인 김서경의 묘소는 동림서원 뒷산인 부안군 상서면 가오리 55-1에 소재한다. 반계의 재종제(再從弟)인 유문원, 유재원의 묘소는 옛 지명으로는 연산 봉동으로 현 위치는 논산시 벌곡면 조동리이다. 호남고속도로 계룡IC 인근인 이곳에는 대전시과 논산시의 경계지역으로 털바우산(행상바우, 상여바우) 아래에 유문원 묘(산 2-1)와 유재원 묘(355-2)을 확인할 수 있었으나, 묘갈이나 입석도 없는 상태이다.

반계의 사위 중에 백광저와 신태제의 묘소는 각각 고창군 성내면 부덕리 산 75-1와 서천군 화양면 추동리 산 80-1에 위치한다. 백광저는 부안의 반계 유형원과 고부의 청허자 권극중 등과 교유했던 백홍원의 아들이다. 신태제는 한산지역에 임진왜란 당시 전주부윤을 지낸 신담의 증손이다. 또한 신태제의 손자는 석북 신광수로 영조대 대표적인 남인계 실학파 시인으로 평가된다.

〈그림1〉 김서경 묘(부안 상서)

〈그림2〉 백광저 묘(고창 성내)

〈그림3〉 신태제 묘(서천 화양)

4. '반계학단' 연구

1) 반계 유형원의 문인

'반계학단'이란 유형원과 인연을 맺었거나 직접 가르침을 받은 제자들로 반계학의 형성과 계승, 발전에 기여한 일군의 학자를 지칭한다. 그동안 반계학단이라 칭할 수 있는 반계 문인과 후학에 대한 실체를 조금이나마 확보하는 성과가 있었다. 이는 호남실학의 기초작업으로 반계학단과 호남실학자를 찾는 중요한 단계라 할 것이다. 현재까지 확인된 반계 유형원의 문인은 반계의 아들, 유하, 재종제(再從弟) 유문원, 유재원 형제, 생질 양섬, 유형원의 사돈인 배상유의 아들인 배태래, 배태휘 형제, 부안의 담계 김서경 등으로 보여진다.

〈표1〉 반계 유형원의 문인

성명	생몰년대	관계	관련지역	주요내용
유 하	1642~1699	아들	부안	▸유형원의 아들, 자는 태중, 음직으로 세마 벼슬 ▸장인 배상유 문집 '만학당문집' 간행 서문
유문원	1638~1717	재종제	부안 연산	▸유형원의 6촌 동생, 호 삼우당, 동림서원, 휴정서원 배향 ▸부안 여산송씨 송함의 사위
유재원	1652~1713	재종제	연산	▸유형원의 6촌 동생, 사헌부감찰, 해미현감 ▸1711년 반곡선생언행록, 윤증에게 반계수록 발문 요청
양 섬	1643~?	생질	서울	▸유형원의 생질, 유하가 부친 행장을 부탁
배태래	1651~1701	유하 처남	김천	▸유형원의 사돈이자 친구 배상유의 아들, 호 농수 ▸강선, 강현, 박만정, 임수간 등과 도의
배태휘	1659~1716	유하 처남	김천	▸유형원의 사돈이자 친구 배상유의 아들, 호 존덕성재 ▸강현, 이식 등과 도의
김서경	1648~1681		부안	▸본관 부안, 호 담계, 10세때 반계 문하, 담계유고

유하는 유형원의 아들로 자는 태중(太仲)이고, 음직으로 세마 벼슬을 했다. 유하의 장인인 배상유의 문집인 '만학당문집(晩學堂文集)'이 간행되자 서문을 쓰기도 하였다. 유문원(1638~1717)은 호가 삼우당(三友堂)으로, 유무(柳懋)의 종조카이자 유형원의 재종제이다. 그는 일찍이 두사람에게 학문적 영향을 받았으며, 또한, 김장생의 문인인 유제민(柳濟民), 유정민(柳定民) 두 숙부의 문하에서 수학하였기에 기호 서인의 학문도 접하기도 하였다. 그는 학행이 뛰어나 사후, 반계와 함께 부안 동림서원에 배향되었고, 유무가 배향된 충청도 논산의 휴정서원(休亭書院)에도 배향되었다. 또한 호남읍지, 함열현읍지 등에 그의 거주지가 함열현[4]으로 나오는데, 이는 유문원이 아들이 없고 딸만 둘이 있는 것과 연관이 있을 것으로 보여진다. 그는 동생 재원에게서 조카 유최를 양자로 두었고, 딸 둘은 심동상과 최도항에게 시집 보낸다. 이는 유문원이 젊은 시절에는 외가가 있는 부안에서 살다가 말년에는 익산 함열에서 살다 죽은 것으로 파악된다.

유재원(1652~1713)은 유형원의 문인이면서 6촌 동생인데, 20대 이전 유형원에 학문을 익혔다. 1705년(숙종 31) 증광시 병과에 급제하여 사헌부 감찰, 해미현감을 지냈다. 그는 1711년 3월 유형원의 언행을 모아 '반곡선생언행록'을 완성하였다. 그리고 자신이 완성한 자료와 반계수록을 가지고 노성현에 살고 있는 윤증에게 반계수록 발문을 요청하기도 하였다. 유재원은 백부인 유광민의 둘째 아들인 유혜에게 양자를 가지만, 말년에 살았던 곳은 연산(連山) 봉동(鳳洞)이었을 것으로 보인다. 이 곳은 아버지 유감과 형제인 유문원, 유경원 등의 묘가 있고, 그의 후손들이 이

---

4 學行으로 南一面 島村(현 익산시 황등면 죽촌리)에 거주한다고 기록되어 있다;『함열현읍지』'學行柳文遠味爽而起冠帶必飾端恭跪坐終日不解所講者格物致知誠意正心修身齊家之道敎人不倦又而以爲庭實之人號曰三友堂事聞復給而入扶安書院';『함열군읍지』, 1905, '學行 柳文遠給復南一面島村洞'

곳에서 세거하였음을 통해 확인해 볼 수 있다. 특히, 당파가 다른 소론의 거두 윤증에게 반계수록의 발문을 요청한데에는 이러한 지리적으로 가까운 일면도 충분히 고려해 볼 수 있겠다.

양섬은 유하의 외종제이나 유형원이 서울에 거주할 때 수학한 것으로 보인다. 반계잡고에 유형원의 답서 '답양퇴숙(答梁退叔)'에서 '퇴숙(退叔)'은 양섬의 자(字)이다. 1666년(현종 7) 생원시에 합격하고, 금부도사, 덕산군수를 역임하였다. 양섬의 부인은 청송심씨 심진(沈晉)의 딸로, 반계 유형원이 외숙이자 처고모부가 된다. 이처럼, 그가 유형원의 문인이고 혈족이기 때문에 반계가 죽고 2년후에 아들 유하가 찾아와 행장을 부탁할 정도로 그에 대한 이해가 깊었다고 할 수 있겠다.

김서경은 본관이 부안으로, 자는 길부(吉夫), 호는 담계(澹溪)이다. 그는 고려 중후기 크게 활약하여 보문각태학사를 지낸 지포 김구(1211~1278)의 후손이다. 김서경은 10세때 스승 유형원 밑에서 10년 동안 학문을 닦아 세월을 사사한 대표적인 문인이다. 김서경의 문집인『담계유고』을 통해서, 부안 동림의 김윤필 - 김서경 가문, 인근 주산의 송함 - 송시추 가문, 함라의 유감 - 유문원 가문 등이 김서경과 인척관계로 맺고 있음을 확인할 수 있다. 또한 족보상에 보면, 김서경의 아들인 김창조(金昌祖, 1671~1724)가 덕촌(德村) 양득중(梁得中, 1665~1742)과 깊은 종유가 있었고, 손자 김선만(金選萬, 1700~1759)은 양득중의 문인으로 기록되어 있어 주목된다.

배태래(1651~1701)와 배태휘(1659~1716)는 배상유의 아들로 가학을 계승하였고, 성산배씨족보에는 반계 유형원의 문인으로 기록되어 있다. 배상유는 설봉(雪峯) 강백년(姜栢年, 1603~1681)의 문인으로 유형원과도 의로 교류하였다. 특히 유형원은 그의 딸을 며느리로 맞이하기도 하였다. 배태래는 자는 내보(來甫), 호가 농수(農叟)이다. 유형원에게 학문을 배우며 교류하였다. 경학에 밝아 숙종때 관찰사의 천거로 사헌부 감찰에 제수되었지만 벼슬길에 나아가지 않았다. 강백년의 두아들 강선(姜銑, 1645~1710)과 강현(姜鋧, 1650~1733), 박만정(朴萬鼎, 1648~1717), 임수간(任守幹, 1665~1721) 등과도 의로 사귀며 강마하였다. 배태휘는 자는 휘보(彙甫), 호가 존덕성재(尊德性齋)이다. 산림으로 학문만을 닦으며, 강현 그리고 퇴계 이황의 학통을 계승한 이식(李栻, 1659~1729)과도 의를 강마하였다. 숙종때 세마에 제수되었지만 나아가지 않았다.

2) 호남 지식인과의 교류

'반계학단'의 범주에서 교류와 전승은 함께 살펴봐야 할 명제임에는 틀림이 없다. 반계 유형원의 발굴 사료 및 가계 분석을 통한 전북지역 교유 지역과의 연관성도 조금씩 진전을 보고 있다. 특히 부안의 여산송씨 송세정 가문, 나주나씨 나용보 가문, 전주의 전의이씨 이상진 가문, 홍덕의 수원백씨 백홍원 가문, 한산의 고령신씨 신담 가문 등과 연관성이 큰 것으로 확인되고 있다.

여산송씨 송세정(宋世貞)은 부안 청계서원에 주벽으로 배향된 인물이다. 할아버지인 송미수(宋彌壽)가 부안김씨 김진(金璡)의 사위로 부안에 입향하게 되었다. 송세정의 현손인 송함은 유형원의 당숙이자 유문원의 아버지인 유감(柳憨, 1612~1671)의 장인이다. 유문원이 동림서원에 배향되고 부안읍지에 실린 까닭도 이러한 연혼관계가 그 원인으로 보여진다.

송함의 아들이자 유문원의 외숙인 송시추(宋時樞, 1620~1670)는 부안 주산(舟山)에 살면서 인근 우반동에 살았던 반계 유형원과 20년간 종유하였는데, 이는 반계의 대표적인 문인인 김서경.의 문집인『담계유고』에 기록되어 있다.[5] 이는 그동안 잘 알려지지 않았던 부안지역에서의 강학

활동을 확인하는데 큰 의미가 있다고 할 수 있겠다. 다시말해, 반계는 우반동를 중심으로 인근 동림리의 김윤필과 주산의 송시추 등과 깊히 교유하면서, 김윤필의 아들 김서경, 송시추의 조카이자 반계의 6촌 동생인 유문원, 유재원에게 학문적 영향을 크게 미쳤을 것으로 판단된다.

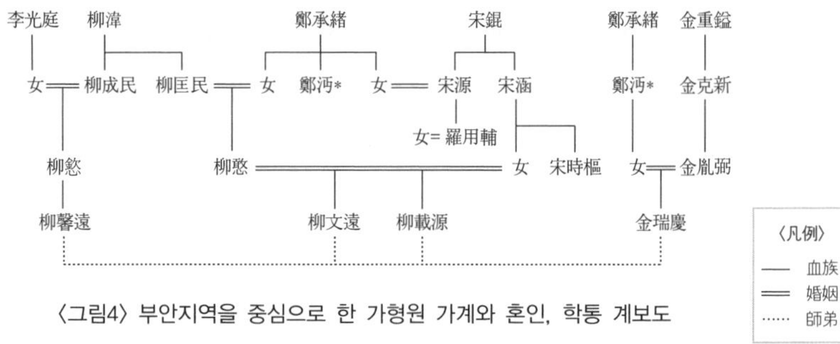

〈그림4〉 부안지역을 중심으로 한 가형원 가계와 혼인, 학통 계보도

도표에 보듯이 유형원의 문인으로 알려져 있는 유문원과 유재원은 반계의 재종제이자, 유감의 아들들이다. 유감의 외조부는 정승서(鄭承緖)이며, 처숙모(송원의 부인)가 이모가 되는 겹사돈을 맺고 있다. 또한 유감의 외숙이 정면(鄭沔)인데, 정면이 바로 반계의 문인 김서경의 외조부가 된다. 이처럼 반계의 당숙이자 유문원의 아버지인 유감, 유문원의 외숙인 송시추, 유감과 사촌 동서지간인 나용보 등은 반계 유형원이 부안 우반동에 거할 때 긴밀한 교유를 했을 것으로 판단된다.

김제에 세거한 나주나씨 가문의 나용보(羅用輔, 1612~1683)는 반계 유형원과 교유한 사실이 나주나씨 대동보와 그의 묘갈명에서 확인할 수 있었다. 반계 유형원의 저술로 확인된 『나주나씨 대동보』에 실린 나응삼(羅應參, 1505~1568)의 사적 및 행록, 나표(羅表, 1539~1626)의 행록, 나계(羅禊)의 행록 등은 나용보와 교유하면서 나주나씨 윗대 행록을 저술한

5 「代宋淑時樞祭柳先生文」,『澹溪遺稿』

것으로 보여진다. 김제의 나주나씨 문중의 『팔효집(八孝集)』에서 반계의 시 1편을 발굴하였고, 김제 구산에 있는 나응삼 효자각은 유형원이 짓고 강암 송성용이 글을 쓴 것을 확인할 수 있었다. 또한 나용보의 묘갈명(현 부안군 부안읍 연곡리 412)은 반계를 비롯하여 전주 일대의 유학자인 이상진(李尙眞), 김동준(金東準), 홍남립(洪南立)과의 교유에 대한 내용이 기록되어 있다. 나용보의 자는 의보(宜輔)이며 호는 만학재(晩學齋)이다. 족보상에는 반계 유형원과 상종하며, 때때로 강마하고 시문을 지었다고 한다. 나용보의 증조인 나표는 기축옥사(1589년)때 정여립 관련 처옥되었음을 확인할 수 있다.

전주에 세거한 전의이씨 만암 이상진(1614~1690)은 1666년 유형원을 벼슬에 천거한 인물이다. 이상진의 동생인 이상린(李尙隣)은 유형원의 재종숙인 유무의 매부이며, 이상진의 사촌인 이상구(李尙久)의 손녀가 유형원의 증손인 유울(柳蔚)의 처로서 두집안이 연혼관계를 통한 긴밀함을 확인할 수 있었다.

반계 유형원의 자녀는 1남 6녀이다. 반계가 부안에서 20여년간 생활을 하였기에 지역사회에서의 혼인관계를 충분히 고려해 볼 수 있다. 그 중에서 셋째사위 백광저와 여섯째 사위 신태제가 주목된다. 다시말해 백광저는 홍덕의 수원백씨 백홍원 가문이며, 신태제는 한산의 고령신씨 신담 가문으로 확인된다.

백광저의 아들이자 반계의 외손인 백시덕(1681~1674)은 외할아버지 반계수록 등의 저술을 높게 평가하며 묻혀 있는 것에 대한 안타까움을 시로 남겨 놓았다. 또한 그가 이재 황윤석의 스승이라 알려져 있어 호남실학의 계승의 중요한 가교역할을 하고 있음을 알 수 있는 부분이다.

또한, 신태제는 한산지역에 임진왜란 당시 전주부윤을 지낸 신담(申湛)의 증손이다. 특히 신태제의 손자인 석북(石北) 신광수(申光洙, 1712~

1775)은 영조대 대표적인 남인계 실학파 시인으로 평가된다. 신태제 가문은 순창의 여암 신경준과 같은 고령신씨 가문이다. 여암 신경준의 조부인 신선부(1667~1744)의 실학적 풍모를 이어 여암 신경준이 꽃을 피웠다면, 서천의 고령신씨 가문은 신담 – 신자숙 – 신태제 – 신호 – 신광수로 이어지며 실사구시적 문학적 안목을 갖게 된다. 특히 석북 신광수는 반계 유형원의 증외손이며, 공재 윤두서의 사위로 서천지역을 대표하는 남인 가문으로 확인된다. 특히 신광수의 아버지인 신호의 묘가 익산시 웅포면 입점리에 있다는 점, 석북이 당대 익산군수 남태보(1694~1773)의 선정을 찬영하는 '금마별가'속에 금마지역민의 민심과 삶의 모습이 생생히 글로 남겨져 있어 호남실학자라 평가할 수 있다고 본다.

권극중(權克中, 1585~1659)은 호는 청하자(青霞子), 자는 정지(正之)이며 고부군 동면 송산리에서 거주하였다. 권극중은 전주의 최명룡(崔命龍)을 스승으로 모셨으며 사계 김장생의 문하에 입문하기도 하였다. 1612년 사마시로 진사가되었으나 평생을 은거하면서 살았다. 그는 선술에 능통하였으며 연금술, 단학에도 밝았으며 유형원은 직접 그를 방문하여 단학에 대한 이야기를 나누었다. 권극중은 유형원에게 '참동계주해(參同契註解)'를 보여 주었으며 유형원은 이를 정정하여 '참동계초(參同契抄)'를 저술하기도 하였으며, 유형원의 철학사상이나 학문에 많은 영향을 미친 인물로 보인다. 권극중의 문집으로는 '청하집'이 있으며 그 외도 가주석서인 '참동계주해' 및 통감류의 '역대사요(歷代史要)'를 저술하였다 그리고 권극중은 반계의 할아버지인 유성민이 1636년 토지를 방매한 김홍원(金弘遠, 1571~1645)과도 교유하고 있다. 그것은 부안김씨 집안에서 보관하였던 김홍원의 간찰중에 권극중과 교유한 간찰이 보관되어 있기 때문이다. 그런데 권극중의 저술로 '중흥십조(中興十條)'가 있다. 그 내용은 사회개혁안을 정리한 것이다. 유형원의 '중흥위략'을 저술하려고 하였으나 미완성이라고 적고 있다. 따라서 권극중의 '중홍십조'는 유형원으로부터 적지 않은 영향을 받은 저술이라 할 수 있다.

김택삼(1619~1703)의 자는 계용(季用)이며 호는 농암(礱岩)이고 본관은 부안이다. 그의 저서 '농암유고'에 의하면 농암은 우암 송시열의 문인으로 성리학을 연구하였다. 묘소 밑에는 우암 송시열이 쓴 암각서가 있다. 농암은 우암 송시열, 문곡 김수항, 노봉 민정중, 만암 이상진, 화곡 이경억, 송광연(순창 군수), 반계 유형원 등과 교유하면서 활동하였음이 '농암유고'에서 찾을 수 있다.

김택삼은 사후에 유천서원에 배향되었고, 묘소는 순창군 쌍치면 종곡리 선산에 안장되었고 묘갈은 윤봉구가 찬술하였다. 농암은 우반동의 반계 유형원과 절친하여 서로 의리를 강마하였는데, 그는 반계에게 말하기를 "일이 지나간 뒤에 스스로 반성하여 병이 없으면 마음에 편안함을 얻을 수 있지만 조금이라도 불안함이 있으면 그 일은 반드시 의리에 맞지 않는 것이다" 하니 반계는 탄복하여 마지 않았다고 한다.

5. 앞으로의 과제

지난 6년간의 지역학 차원에서의 전북지역 반계학 연구는 반계 유형원을 비롯한 호남실학을 폭넓게 연구, 활성화할 수 있는 다양한 분야의 연구 성과를 얻었다. 특히, 지속적인 학술대회와 학술연구 사업은 지역에 국한되지 않고, 한국 실학의 새로운 동인으로 작용하였고, 국제적 시각에서의 실학 사상을 조망하는 계기를 마련하는 성과도 거두었다. 이처럼 부안 지역을 중심으로 한 전북지역 차원에서 반계학 연구는 이제 초기 단계에 있으므로 앞으로의 성과가 기대되는 부분이다. 이는 반계 유형원 사후 학맥이 끊어진 것으로 이해되었던 기존의 연구를 넘어서는 새로운 연구로의 반계학에 대한 계기를 마련하는 기폭제가 될 것이라 생각하며, 앞으로 추진해야 할 과제를 몇가지 제언하면서 글을 맺고자 한다.

첫째, 반계학에 대한 지속적인 학술대회와 학술조사 사업이 체계적으로 진행되어야 한다. 2012년부터 전라북도와 부안군에서 매년 개최되는 학술대회는 호남실학과 반계 유형원, 반계수록을 통해 본 반계의 실학사상, 반계의 교류와 전승, 국제적 의미와 위상에 대한 재조명, 계승 방안, 활용 방안 등이 다양하고 폭넓은 연구성과를 축척하게 되었다. 따라서 좀 더 장기의제를 두고 체계적이고 효율적인 학술대회를 개최한다면 반계학이 가지는 연구 축적과 위상에 심층적으로 확대될 것으로 생각된다. 아울러 반계의 저작물과 관련 유적지를 찾는 작업과 학술 번역사업 등도 균형있게 추진되어야 할 것이다. 반계의 저작물을 찾는 작업은 매우 지난한 과정이지만 문집과 고문서, 개인 문중, 관변 측 자료 등에서 발굴되는 계기가 계속 마련되리라 생각된다. 또한 반계와 관련된 유적지를 찾는 작업도 게을리 할 수 없다. 특히 최근 발간된『반계유고』에 보면 부안 우반동을 중심으로 반계의 시가 확인이 되어 더욱 주목을 갖게 한다. 반계가 부안에 가지고 있던 동진농장, 상서농장의 경제적 기반과 변산반도의 승경지(석재암, 격포, 왕포, 원효암, 마천대 등)를 둘러보는 내용 등에서 나오는 지역을 꼼꼼히 조사 연구할 필요가 있겠다. 아울러 반계의 저작물에 대한 번역작업과 반계집 간행도 본격화할 필요가 있다.『반계수록』의 재번역이나 중장기적인 차원에서 반계집 편찬과 간행 등도 준비해야 할 것이다.

둘째, '반계학단'에 대한 발굴과 조사를 지속적으로 시행하여야 한다. 그동안 반계학의 기초 데이터가 되는 보학적 접근, 반계 문인에 대한 접근, 조선후기 후학들에 대한 영향, 탕평과 통합의 원리로서의 반계학에 대한 가능성을 얻는 성과를 거두었다. '다산학단'에 대한 연구도 처음에는 미약하게 출발했으나, 현재는 다산의 방대한 저술 작업속에 집단적 창작물로 밝혀졌음을 상기하며 더욱 본격적인 '반계학단'의 발굴과 조사가 부안을 중심으로 한 전북지역에서 중점적으로 이루어져 할 것으로 판단된다. 아울러 호남 지식인과의 교류와 전승에 대한 명제를 본격화해야 할 것으로 본다.

셋째, '반계 유형원과 호남실학'의 연관성을 최대한 찾아내야 한다. 이는 호남지역이 실학사의 초기에서부터 실학사상의 현장 내지 산실로서의 기능을 하였다는 점에서부터 출발한다. 부안 우반동의 반계 유형원이 그 시작점으로 이후 안정복, 홍대용, 정약전, 정약용, 서유구와 같은 실학자들이 이지역을 거치면서 그들의 사상을 농축시켰다. 18세기 중엽부터는 이지역 출신의 실학자인 신경준, 황윤석, 위백규, 이복원, 하백원 등이 본격적으로 등장하였다. 이후 18세기 중엽에 이르러서 연과학과 언어학 지리학분야에서 독자적인 실학사상이 발전되었다고 할 수 있다. 특히 19세기 중반의 전환기에는 이정직, 이기, 황현 같은 이들이 나와 실학을 개화사상으로 발전시키는데 중요한 역할을 담당하였다.[6] 이 중 전북지역 호남실학 관련 학자로 새롭게 검토가 필요한 사람은 담와 홍계희, 태평산인 강후진, 석북 신광수, 설계 박치원 등으로 이에 대한 검토가 본격적으로 이루어져야 할 것으로 판단된다.

---

6 하우봉(2013), 「반계 유형원과 호남실학」, 『건지인문학』 10, 전북대학교 인문학연구소, 2013.

〈표2〉 전북지역 호남실학 관련 학자

성 명	생몰년대	관련지역	호(號)	주요저서	주요내용	관련유적지
유형원	1622~1673	부안	반계	반계수록	▸반계수록 저술, 실학의 선구자	반계선생유적지(기념물 제22호)
강후진	1685~1756	고창	태평산인	와유록	▸역사고고학, 실증적 답사, 지리	고창 아산면 남산리
홍계희	1703~1771	전주	담와	균역사실	▸균역법, 통신사, 연행사 ▸역사 · 음운 · 상수 · 의학 · 금석	김제 만경,완주 봉동
신경준	1712~1781	순창	여암	훈민정음운해	▸순천부사, 제주목사, 지리, 언어학의 대가	신경준선생유지(기념물 제86호)
신광수	1712~1775	익산	석북	석북집	▸금마별가, 한문학, 시인	익산시 금마면, 웅포면
박치원	1732~1783	무주	설계	설계수록	▸반계수록 영향	무주군 설천면
황윤석	1729~1791	고창	이재	이재난고	▸전의현감, 수리, 언어, 역사, 과학 등 ▸박물학적 유학자	황윤석생가(민속문화재 제24호)
이정직	1841~1910	김제	석정	석정유고	▸시문, 서화, 천문, 지리, 의학, 산학 전문가 ▸서양철학 선구자	이석정선생생가(기념물 제21호)
이 기	1848~1909	김제	해학	해학유서	▸전제개혁, 공화제 주장, 애국계몽교육	해학이기선생생가(기념물 제118호)

넷째, 학술연구 차원의 소프트웨어적 측면에서 체계적 정리인 지속적으로 준비해 가면서, 점차 하드웨어 등에 대한 시설투자도 함께 추진되어야 할 것이다. 그동안 우반동에 들어서려 했던 '호남실학원' 건립사업이 좌초하면서 한국 실학사와 호남실학의 연구를 집대성하고, 전북의 정체성과 전북정신의 연구를 정립하려고 본격화했던 사업이 난제에 부딪혀 한 발자국도 나아가지 못한 아쉬움이 매우 컸다. 최근 (가칭)전라유학진흥원이 부안지역을 중심으로 새롭게 건립되려는 움직임이 있어 자못 고무적인 일로 여겨진다. 반계학을 기반으로 하는 호남실학뿐만 아니라 전라유학의 총체적인 연구기관으로 추진 중이어서 지역학 차원의 새로운 정신사적 가치를 구현하는 기관이 될 수 있기를 기대해 본다. 더불어 현재 추진중인 전북학연구센터의 설립도 본격적인 지역학 연구기관으로 자리매김할 것으로 기대된다.

끝으로 전라북도 지역에서의 반계학을 비롯한 호남실학 관련 전문가 그룹(관, 민 포함)에서 체계적인 조직망이 필요하다. 반계선양회, 호남실학회 등 다양한 방법에서의 학제적, 제도적 조직 구성이 필요하다고 생각한다.

가

나

다

라

마

바

사

아

자

차

저자소개

윤사순 | 고려대학교 명예교수
이헌창 | 고려대학교 경제학과 교수
신광철 | 한신대학교 디지털문화콘텐츠학과 교수
야규 마코토(柳生 眞) | 원광대학교 원불교사상연구원 연구교수
구만옥 | 경희대학교 사학과 교수
하우봉 |전북대학교 사학과 명예교수
완전차오(萬振超) |한국학중앙연구원 박사과정
송양섭 | 고려대학교 한국사학과 교수
함영대 | 성균관대학교 동아시아학술원 연구교수
김승대 | 전북도청 학예연구관

신실학의 현재적 지평
- 반계실학을 중심으로

2019년 1월 10일 초판 1쇄 발행

기 획 : 한국실학학회
지은이 : 윤사순 외
펴낸이 : 김병환
펴낸곳 : 학자원
주 소 : 서울시 강동구 천호대로 1121
전 화 : 02) 6403-1000
팩 스 : 02) 6338-1001
E-mail : hakjaone@daum.net
등 록 : 2011년 3월 24일 제2011-14호

HAKJAONE Publishing Co.
1121 Cheonho-Daero Kangdong-Gu Seoul

ISBN 979-11-6247-105-0 93810
값 30,000원

대한민국 국회, 불신과 양극화
Distruted and Polarized Parliaments

김 재 한
by Chae-Han KIM

한림대학교 출판부

서문

대한민국 국회는 진지하게 비판되거나 아니면 조롱거리로 희화화되고 있다. 국민들뿐 아니라 외국 언론에서도 조롱의 대상이 되고 있다. 미국의 잡지 *Foreign Policy*는 2009년 "세계에서 가장 무법한 의회들(The World's Most Unruly Parliaments)" 5개 가운데 첫 번째로 대한민국 국회를 소개한 바 있다.

국민 대다수가 느끼는 국회 이미지 가운데 하나는 대립과 갈등, 즉 양극화이다. 물론 국회의원들이 왜 더 적극적으로 싸우지 않는다고 불만인 사람도 있겠지만, 다수의 국민들은 타협하지 않고 왜 싸우는지 모르겠다고 생각하는 듯하다. 국회의원 개인의 입장에서도 대한민국의 국회의원직이 폼에 살고 폼에 죽는 폼생폼사의 직업이 아니라고 스스로 탄식하는 경우가 많다. 마음 같아서는 '라이언 일병' 대신 대한민국 국회의원을 구하고 싶은 심정이다.

2012년 4월 11일 제19대 국회의원 선거를 앞두고 새인물, 비상대책, 국민참여, 공천개혁 등 새로운 바람이 불고 있다. 이번 선거에서 정말 좋은 국회의원을 선출해야겠다고 생각하는 유권자들이 많은 것 같다. 지역주의 투표행태가 없어질 것이라고 말하는 사람도 있고 또 특정 정파나 특정 매체를 기준으로 선과 악의 대결에서 선이 승리할 것이라고 말하는 사람도 있다.

4월 11일 선거 후 출범할 제19대 국회는 그 이전 국회와 달리 정말 착하고 좋은 국회가 될까? 그 이전의 국회의원들을 선출한 유권자들은 나쁜 사람인가 아니면 바보인가? 아무런 제도적 보완책 없이 4년에 한번만 있는 선거만으로 훌륭한 국회의원을 충원할 수 있고 그 훌륭한 국회의원들로 구성된 제19대 국회가 4년 임기 내내 훌륭하게 기능할 것이라고 생각하면, 이는 매우 순진한 생각이다. 제19대 국회라고 해서 4년 임기 내내 국회가 전혀 파행되지 않고 국민들로부터 신뢰 받기란 어려울 것이다.

대한민국 국회의 고질병은 불신과 양극화로 함축될 수 있다. 불신은 국회와 국민 간의 관계에서이고, 양극화는 국회와 국회 간의 관계에서이지만, 둘 다 동전의 양면처럼 밀접히 연관되어 있다. 인터넷방송 나꼼수는 나꼼수에 대한 신뢰도가 85.1%라고 스스로 주장한 적이 있다. 아마 나꼼수 애청(愛聽)자 가운데 신뢰하는 비율일 것이다. 애독(愛讀)자 기준으로 조사하자면 보수 매체에 대한 신뢰도도 높게 조사될 것이다. 문제는 애청자나 애독자뿐 아니라 대한민국 전체 국민을 대상으로 조사해도 중도적 매체보다 편향적인 매체에 대한 신뢰도가 높게 나온다는 점이다. 자신이 편애하는 매체 말고는 불신하기 때문이다. 이처럼 양극화는 불신의 뒷면이다. 이 책에서는 국회의 불신과 양극화를 차례대로 진단하고 정치내재적 처방까지 제시하고자 한다.

이 책은 대한민국 국회가 불신 받고 있다는 점에서 기존 논의와 동일하나 그 성격에 대해서는 다른 해석을 시도한다. 국회 불신을 국회의 과거 행적을 나쁘게 평가하는 것으로 보는 것 대신에, 국회의 미래 기능에 대해 긍정적으로 기대하지 않는 것으로 이해한다. 의회 정치 속성상 잉태된 국회 불신은 필요악으로 받아들이고 지나친 국회 불신의 해소방안을 제시하기 위해 다음의 순서로 서술한다.

첫째, 의회 불신의 개념적 정리를 시도한다. 국회가 불신되고 있다는 표현들 가운데 상당수는 불신의 의미를 잘못 이해하고 있거나 혹은 무엇을 불신하는지가 불분명할 때가 많다. 신뢰와 불신을 각각 좋아함과 싫어함으로 이해하는 사람들이 많다. 각종 여론조사에서 국회에 대한 신뢰도는 매우 낮고 시민단체에 대한 신뢰도는 상대적으로 높게 나온다. 국회를 불신한다고 응답한 사람들 가운데 국회의 공문보다 시민단체의 공문을 더 중시하는 사람은 별로 없는 것이 현실이다. 이러한 오해와 혼선을 바로잡는 것이 국회 불신을 정확하게 이해하는 첫걸음이다.

둘째, 대한민국 국회에 대한 불신 수준이 다른 국가와 비교해서 어떠한지를 살펴본다. 많은 선진민주국가에서 의회는 다른 기관에 비해 국민들로부터 신뢰를 잘 받지 못하고 있다. 어쩌면 많은 한국인들은 다른 국가와 달리 한국 국회만 유독 나쁜 이미지를 준다고 생각할지도 모른다. 한국 국회와 외국 의회들이 자국 국민들로부터 어느 정도 불신받는지를 비교한다.

셋째, 흔히 대한민국 국회에 대한 불신이 역대 최악이라는 말들을 한다. 각종 여론조사에서도 국회가 더 나아졌다는 조사결과를 발견할 수 없다. 그렇지만 국회를 불신하는 비율 수치가 과거 여론조사보다 최근 여론조사에서 더 높아졌는지 확인된 적이 별로 없다. 한국 국회의 불신 수준을 과거와 비교한다.

넷째, 대한민국 국회를 더 불신하는 집단과 덜 불신하는 집단을 비교한다. 그러한 불신 체감의 배경을 분석하여 국회 불신의 해소 방안을 모색하고자 한다.

이 책에서는 국회 양극화에 대해서도 좀 다르게 접근하고자 한다. 첫째, 과연 국회의 양극화가 더 심화되고 있는지에 대해 좀 더 엄밀한 검증을 실시한다.

둘째, 대중(유권자) 차원의 양극화와 엘리트(국회의원) 차원의 양극화가 서로 다르다고 전제하고, 국회 양극화 현상을 사회 양극화 현상과 구분하여 분석한다.

셋째, 양극화를 무조건 나쁘다고 보지는 않고 정당민주주의 측면에서 일정 수준의 양극화를 용인하면서 양극화 해소방안에 대해 서술한다. 동질적 사회가 이질적 사회보다 덜 민주적이며 또 민주주의가 기본적으로 분열을 전제로 한다는 점에서 부정적 분열과 그렇지 않은 분열을 구분한다.

넷째, 양극화 해소 방법론으로 가치보다 제도를, 그리고 개별 정책보다 시스템을 강조한다. 제도화되지 못한 양극화가 문제이고 이를 해소하는 방안도 바로 제도화이다. 정치가 사회 양극화를 심화시키기 때문에 역으로 사회 양극화를 해소하기 위해서라도 부정적인 정치 양극화 완화가 필요하다고 본다. 엘리트 간 협력이라는 협의제 틀에서 국회의 사회통합 기능을 서술한다.

이 책의 출간을 준비할 무렵에 제19대 국회의원선거를 겨냥한 후보자들 다수가 출판기념회를 가졌다. 이 책의 발간을 준비할 때 국회의원 출마하느냐는 농담을 던진 지인도 있었다. 국회의원 선거 출마에 적성이 맞지는 않지만 국회가 공정하면서도 효율적으로 운영되었으면 하는 바람은 있다. 이 책은 국회사무처의 정책연구용역과제 수행 결과를 토대로 작성되었는데, 국회사무처의 공식적인 견해와 다를 수 있음은 물론이다. 원고 교정에 도움을 준 김두헌, 김주희, 박주연, 장우석, 장은정 그리고 대학출판부를 열정적으로 업그레이드하려는 출판부 구성원들께도 고마움을 표하고 싶다. 제19대 국회가 불신과 양극화의 뼈를 바꿔버리는 환골(換骨)을 기대해본다.

아직도 선거구가 획정되지 않은
제19대 국회의원 선거일 44일 전에

저자

목차

[제2부] 양극화

그림 목차

표 목차

제1장

의회 불신의 개념 정의

의회 불신의 개념 정의
제1장

1. 불신의 의미

일반인과 전문가 가릴 것 없이 신뢰나 불신이라는 용어를 사용하는 사람들은 매우 많다. 어떤 행위나 사회현상은 구체적 원인 대신에 종종 신뢰하지 않기 때문이라는 매우 일반적 원인으로 설명되기도 한다. 이 때 불신은 특정 현상의 원인으로서가 아니라 그 특정 현상 그 자체를 의미할 때가 많다. 그 대표적인 예가 의회 불신이다. 의회가 불신된다는 사실 그 자체를 강조할 때가 많은 것이지, 그 불신이 어떤 사회현상을 가져다주기 때문에 의회 불신에 대해 언급하는 것이 아니다. 따라서 의회 불신의 효과(결과)보다 그 요인(원인)에 대해 더 많은 관심을 가지게 된다.

의회 불신에 관한 선행 문헌은 신뢰, 평가, 호감, 지지 등의 여러 개념을 혼용하기도 한다.[1] 의회의 실제업무수행을 좋게 평가하는 사람일수록 의회를 신뢰한다는 경험적 발견은 당연하면서도 동시에 그 개념 간의 차이점을 드러낼 때에만 그 발견이 의미를 갖는다. 개념 간 차이가 없다면 글자 그대로 동어반복적인 것에 불과하다.

1) 엄밀히 따지자면 한국어로 신뢰로 번역되는 영어 용어인 trust와 confidence도 동일한 개념이 아니지만, 이것까지 구분하면 경험적으로 보여줄 수 있는 내용이 거의 없기 때문에 여기서는 이 두 개념을 구분하지 않는다.

의회가 잘못했다는 인식뿐 아니라 의회가 불필요하다는 인식도 의회를 불신한다는 인식과 늘 동일하지는 않다. 잘하지 못해서 불필요하다고 인식할 수도 있고, 반대로 잘하지 못하기 때문에 더 필요하다고 생각할 수도 있다. 필요하기 때문에 신뢰할 수도 있으며, 정말 필요하고 중요하다고 생각하기 때문에 작은 잘못에도 더 불신하게 될 수도 있다.

각종 언론 논평에서 한국정치 불신을 설명하면서 예측가능하지 않은 불확실성으로 설명하기도 하는데, 불신과 불확실은 유사한 현상이 아니다. 불확실하여 믿지 못하는 것이 불신이고, 불확실함에도 불구하고 믿는 것이 신뢰이다. 즉 불확실은 불신뿐 아니라 신뢰를 관찰할 수 있는 환경일 뿐이다.

(1) 기대로서의 의회 신뢰/불신

의회에 대한 평가는 의회에 대한 기대치와 실제업무수행평가 사이의 차이이며 따라서 의회 불신은 의회에 대한 높은 기대에서 온다는 견해가 있다(Kimball and Patterson 1997). 국회 불신이 너무 높은 기대에서 오는 것이라고 한다면 그 기대만 낮춘다고 불신이 해소될까? 만일 그 조사자료가 의회에 대한 기대에 관한 문항을 포함했더라면, 국회에 대해 낮은 기대를 하는 사람일수록 국회를 불신한다는 사실을 발견했을 것이다.

평가는 사후(事後)에 실시하는 것인 반면, 신뢰/불신은 사전(事前)에 행하는 것이다. 국회를 불신한다는 것은 국회에 호의적 대응을 별로 기대하지 않는다는 뜻이다. 기대가 클 때에 신뢰한다고 표현할 수 있는 것이다. 기대가 컸기 때문에 불신이 생겼다는 현상은 한두 차례 그럴 수 있겠지만, 큰 기대가 반복되고 동시에 불신도 반복되는 현상은 존재할 수가 없다. 즉 지속적인 국회 불신 현상을 높은 기대로 설명하는 방식은 불신에 대한 잘못된 정의를 사용하고 있는 것이다.

신뢰 = 호의적 대응을 기대

불신 = 악의적 대응을 기대

여기서는 신뢰가 호의적 대응을 기대하는 것이고, 불신은 악의적 대응을 기대하는 것이라는 김재한(2009)의 정의를 따르기로 한다. 상대가 나에 대해 호의적으로 기대(신뢰)했고 이에 부응했을 때 이를 보은 혹은 보상이라고 부른다. 반면에 상대의 호의적 행위(신뢰)에 대해 악의적으로 대응한 것은 배신이라고 부른다.

만일 상대가 나에게 호의적 대응을 기대하지 않았을(불신하였을) 때 그 악의적 기대대로 대응했다면 이를 복수 혹은 보복이라고 부른다. 그러한 불신에도 불구하고 호의적으로 대응했으면 이를 관용이라고 부를 수 있다.

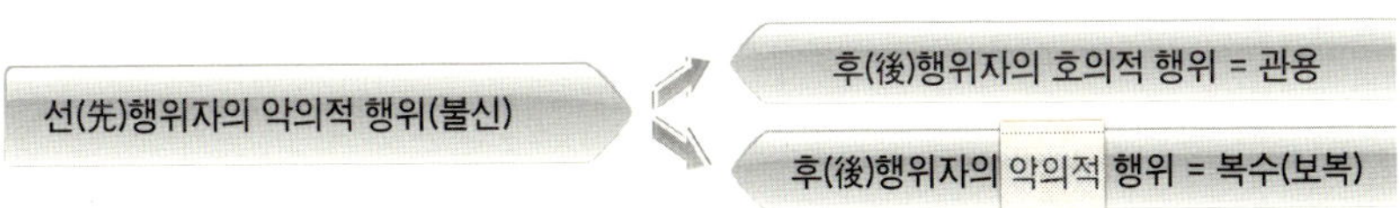

신뢰와 불신은 선행위자의 선택이지, 후행위자의 것이 아니다. 의회 불신은 유권자들이 의회에 대해 과거 높은 기대를 가졌든지 아니든지 현재 의회에 대해 낮은 기대를 갖고 있다는 것을 의미한다. 의회에 높은 기대를 가졌다가 실망하고 다시 높은 기대를 가졌다가 실망하는 것이 반복되는 망각형 유권자가 일부 존재할 수도 있겠지만, 다수의

유권자는 의회에 대해 낮은 기대를 가졌고 그것이 틀리지 않았음을 확인하여 지속적으로 낮은 기대를 가지고 있는 것이다.

(2) 의회 불신의 역설

신뢰의 반대어는 거짓이 아니고, 불신도 거짓과 동의어가 아니다. 의회 불신이 있을 때 의회가 그 사실을 공표하면, 의회를 불신하는 유권자들은 그 공표와 반대로 생각하여 의회를 신뢰하게 된다는 말은 그냥 농담일 뿐이다. 거짓말을 하는 사람의 말은 항상 그 반대가 진실인 것은 아니기 때문이다.

신뢰 행위와 거짓 행위는 이중적 관계이다. 거짓 행위는 불신 관계보다 신뢰 관계에서 더 효과적이고 따라서 거짓 행위는 신뢰 관계에서 빈도가 높아진다. 그렇게 빈발해진 거짓 행위는 신뢰 수준을 낮춘다. 즉 거짓은 신뢰 수준 자체를 낮추기도 하지만 동시에 높은 신뢰 상황에서 발생 동기가 더 높다는 이중성을 지닌다. 의회 불신이 지속적인 상황에서는 의회에 의한 거짓 행위 자체가 쉽지 않다.

신뢰가 곧 진실이고 불신이 곧 거짓인 것은 아니다. 대신에 신뢰는 진실/거짓의 구분과 관련 있다. 다시 말하면, 진실과 거짓이 구분될 때 신뢰 수준은 증대되고, 그렇지 못하면 신뢰 수준은 감소한다. 의회에 대한 신뢰도 의회나 의원의 잘잘못이 구분될 때 증진되고, 그렇지 못할 때 감소하는 것이다. 예컨대 의회 내 여야 간의 언쟁에서 누구 말이 진실이고 누구 행동이 옳은 것인지 밝혀지지 않을 때 의회 불신은 증대되고 지속되는 것이다.

이러한 진실/거짓의 구분은 투명성으로 표현되기도 하는데, 그 투명성에는 비용이 수반되기 때문에 신뢰와 투명성은 순환적 관계를 갖는다 (김재한 1998). 서로 믿지 못하는 불신 상황에서는 투명성의 필요성이 제기되어 투명해지는 경향이 있다(①). 그렇게 투명해진 결과 속일 수 있는 여지가 줄어듦에 따라 신뢰가 형성된다(②). 신뢰가 형성되면 굳이 비용을 들여가면서 온갖 거래를 철두철미하게 투명하게 할 필요성이 감소하여 불투명해지는 경향이 있다(③). 이러한 불투명한 상황에서는 신뢰를 깨는 각종 거래가 발생하게 되고 불신이 조장된다(④). 다시 불신은 투명성의 필요성을 환기시킨다.

의회 불신은 의회 투명성을 요구하게 되고 또 지속적으로 불신되고 있기 때문에 투명성도 지속적으로 요구되고 있는 것이다. 각종 의정 활동이 불투명하기 때문에 의회 불신이 존재하는 것이고, 의회가 불신되기 때문에 의정활동의 투명성이 요구되는 것이다.

〈그림 1〉 신뢰와 투명성 간의 순환관계

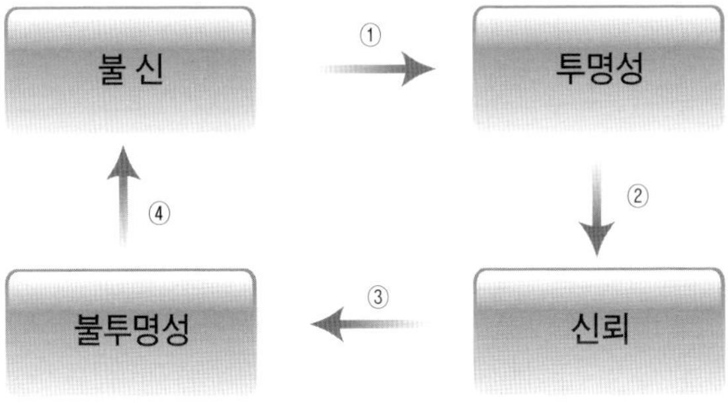

출처: 김재한(1998)

국민에 의해 직접 선출되는 의회가 각종 기관 신뢰도 조사에서 그 국민으로부터 거의 가장 낮은 신뢰를 받는다는 사실은 역설적이다. 상식적으론, 직접 선출되는 기관이 그렇지 않은 기관보다 더 신뢰 받아야 한다. 그렇지만 현실은 정반대이다. 이를 '의회 불신의 역설'이라고 부르기로 하자.

실제로 비(非)정치적인 존재는 신뢰 받고, 정치적인 존재는 불신 받는 경향이 있다. 아무리 평판이 좋은 사람도, 국회의원이 되면 특별히 다른 언행을 보이지 않아도 그 평판이 낮아진다. 좋은 평판의 사람을 국회의원 후보로 특별 영입하여 초임 4년 후에도 다시 적극적으로 공천하려는 모습은 보기 어렵다.

어떤 면에서 정치 행위는 깨끗한 영역이 아니다. 주요한 정치 행위 가운데 하나인 타협은 이전투구(泥田鬪狗)를 거쳐야 할 때가 많다. 타협하지 않은 순수성은 그 순수한 입장의 지지자들로부터 신뢰를 받지만, 반대로 타협 행위는 배신당했다는 인식을 심어주어 결국 불신을 증대시키기도 한다. 타협에 합의한 사람조차 그 타협에 만족하지 않고 따라서 그 타협 회의체를 비난하기 쉽다. 각종 단체의 내부 타협을 위한 협의체, 예컨대 조합 대의원회는 조합원들로부터 불신을 받기 쉽다. 의회도 그러한 타협을 위한 협의체이다. 의회가 지속적으로 높은 신뢰를 받는 것은 의회 정치의 속성상 불가능하다.

국회 기능 가운데 유권자들이 불만족하는 기능은 '국민의사 대표' 이다. 〈표 1〉에서 보듯이, 2005년에 조사된 한 자료에서 '국민의사 대표' 를

〈표 1〉 국회기능별 국회 불신

국회 기능(응답비율)	불신도	불신 비율
법 제정(16.3%)	3.29	37.7%
행정부 감독(10.7%)	3.48	48.6%
지역구 봉사(7.0%)	3.74	59.1%
국민의사 대표(65.8%)	3.79	63.0%

※ 불 신 도 : 잘하고 있다 1, 약간 잘하고 있다 2, 그냥 그렇다 3, 약간 못하고 있다 4, 못하고 있다 5로 해서 평균 낸 것임
※ 불신비율 : '약간 못하고 있다' 와 '못하고 있다' 를 합한 비율임
자료 : 이갑윤 · 이현우(2009)

국회의 가장 중요한 역할로 응답한 비율은 65.8%이며 다른 역할로 응답한 비율보다 더 높다. 국회를 불신하는 비율도 '국민의사 대표'로 보는 집단이 63.0%로 다른 집단보다 더 높았다. 국민 즉 다수의 의사 대표 자체가 쉽지 않다. 실제 선거에서 기권자를 포함한 전체 유권자의 지지를 받기란 거의 불가능하다. 선거뿐 아니라 양자택일을 해야 하는 의회 활동에 있어서도 다수의 유권자가 자신의 의사가 적절히 대표되었다고 생각하도록 하는 선택을 하기란 매우 어렵다.

국민이 국회를 신뢰하여 국회의원선거에 참여하는 경우도 있겠지만, 국회를 불신하기 때문에 국회의원선거에도 참여하고 또 의정활동도 감시하는 경우도 있다. 유권자는 자신이 직접 선출한 국회에 대해 책임을 지닌다. 국회에 대한 불신은 곧 그 국회의원을 선출한 자신을 포함한 전체 유권자에 대한 불신 즉 자기불신으로 전개되기도 하지만, 그러한 책임 때문에 국회를 불신하기도 한다.

의회 불신의 역설은 불신 개념에 예방주사와 같은 필요악적 기능이 내재되어 있기 때문에 성립하는 것이다. 불신을 제도화한 것이 민주주의 제도인 것처럼, 민주주주의 과정인 의회에 대한 불신도 필요하다. 국민이 의회를 너무 신뢰하여 감시하지 않는다면 그 또한 민주주의가 제대로 작동하지 않는 것이다. 행정부에 대한 감시 기능을 의회가 수행하듯이, 의회에 대한 감시 기능을 국민이 수행하는데 불신 메커니즘을 통해서 감시가 작동하는 것이다. 즉 의회 불신 때문에 의회의 민주주의 기능이 유지된다는 역설이다. 이는 일정 수준의 의회 불신이 불가피함을 보여준다.

(3) 의회 귀속 불신과 유권자 귀속 불신

신뢰 수준은 누가 인식하느냐는 주체, 또 누구에 대해 인식하느냐는 대상에 따라 달라진다(Kim 2007). 일반적으로 의회 불신이라는 개념은 누구나 다 의회에 대해 비슷하게 인지하고 있다고 전제하는 것이다. 즉 의회가 불신 받는 것은 그 의회의 문제점 때문에 불신 받는 것이라는 관점이다. 한국 국회의 불신 수준을 다른 나라 의회와 비교한다든지 혹은 한국 특정 국회의 불신 수준을 그 이전 국회와 비교한다든지 하는 비교는 주로 불신 수준이 그 의회에 따라 결정된다는 전제이다.

〈그림 2〉 인식 대상에 따른 신뢰/불신

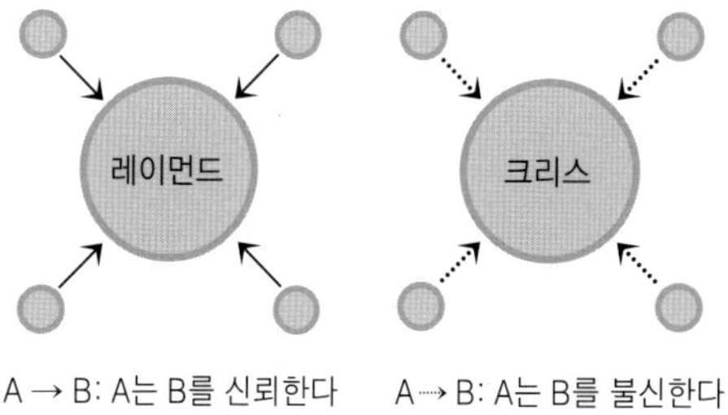

〈신뢰 대상의 법칙〉
다른 사람들이 j를 신뢰할 때 i도 j에 대해서 신뢰하는 경향을 보인다. 또 다른 사람들이 j를 불신할 때 i도 j에 대해서 불신하는 경향을 보인다(Kim 2007).

출처: 김재한(2009)

신뢰에 관한 문헌 가운데 도덕적이고 윤리적으로 신뢰를 다루는 문헌들이 주로 이러한 접근을 따른다. 모두가 신뢰하는 대상이 존재할 수 있고 또 모두가 불신하는 대상도 존재할 수 있다. 미국 TV드라마 제목인 '모두가 레이몬드를 좋아한다(Everybody Loves Raymond)'와 '모두가 크리스를 싫어한다(Everybody Hates Chris)'가 그러한 경우에 해당한다. 여기서는 레이몬드와 크리스를 비교하면 무엇이 사람들로 하여금 좋아하게 만들고 싫어하게 만드는가를 알 수 있다.

이러한 인식 대상뿐 아니라 신뢰 수준은 인식 주체에 따라서도 달라진다. 동일한 대상을 두고도 인식하는 주체에 따라 신뢰 수준은 다르다. 세상을 대체로 잘 믿는 사람도 있고, 또 세상을 잘 믿지 않는 사람도 있다. 의회에 대해서도 마찬가지이다. 각종 여론조사에서 의회를 얼마나 신뢰하느냐는 질문에 대해 사람들마다 다양하게 응답하여 왔다. 누가 의회를 신뢰하고 누가 의회를 불신하느냐는 접근은 이러한 신뢰 주체의 법칙에서 출발하는 것이다.

〈그림 3〉 인식 주체에 따른 신뢰/불신

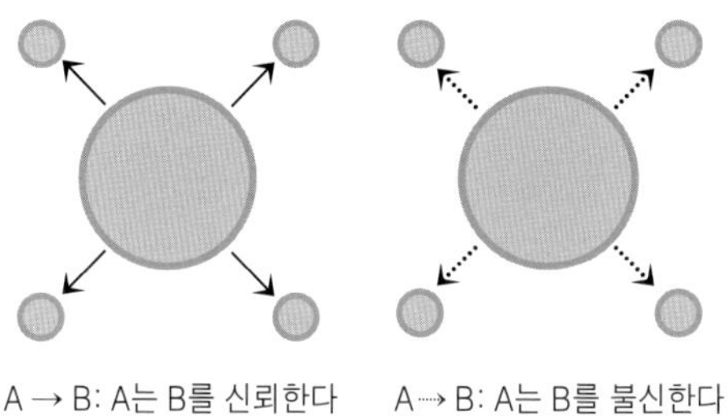

〈신뢰 주체의 법칙〉

i가 다른 사람들을 신뢰할 때 i는 j에 대해서도 신뢰하는 경향을 보인다. 또 i가 다른 사람들을 불신할 때 i는 j에 대해서도 불신하는 경향을 보인다(Kim 2007).

출처: 김재한(2009)

〈그림 4〉 신뢰관계의 상호성

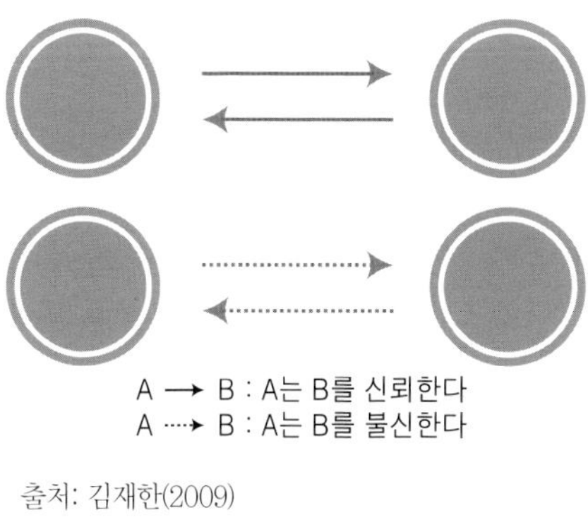

〈신뢰 상호성의 법칙〉

j가 i를 신뢰할 때 i도 j에 대해 신뢰하는 경향을 보인다. 또 j가 i를 불신할 때 i도 j에 대해 불신하는 경향을 보인다(Kim 2007).

출처: 김재한(2009)

믿고 안 믿고는 매우 상호적이다. 상대를 신뢰하고 불신하는 것은 상대가 나를 신뢰하고 불신하는 것과 깊은 관련을 가짐은 이론적이고 경험적으로 확인된 바 있다(Kim 2007).

의원은 유권자가 선출한다. 의회에 대한 불신은 결국 유권자의 책임이다. 의원들은 유권자들이 자신을 불신할 때 순진하게 말로 표현하지 않지만 아마 자신도 그 유권자를 불신한다고 생각할 것이다. 즉 의회 불신의 이면에는 유권자에 대한 불신도 존재하고 있다.

의회 불신이 필요악이라고 해서 의회 신뢰가 불필요한 것은 아니다. 신뢰에 관한 수많은 문헌에서 언급되듯이, 신뢰의 당위성은 거래비용(transaction cost)을 절감시킨다는 점에서이다. 의회가 불신되면 의회에 대한 국민적 감시 기능이 클 수밖에 없다. 이러한 감시 비용은 일종의 거래비용에 해당된다. 신뢰가 필요한 이유에 대해 여러 설명이 있지만 핵심적인 이유는 협력을 위해서이다. 상호신뢰가 되지 않고는 상호협력이 매우 어렵다.

〈표 2〉에서 한국인의 다수(52.3%)는 "신뢰하지 않으면 협력은 불가능하다고 생각한다". 즉 신뢰가 협력의 필요조건으로 인식하고 있는 것이다.

〈표 2〉 신뢰-협력 관계에 관한 일반인 인식

신뢰-협력 관계	신뢰하면 협력이 저절로 된다고 생각한다 (신뢰 = 협력의 충분조건)	신뢰해도 협력하지 않을 수 있다고 생각한다	합계
신뢰하지 않으면 협력은 불가능하다고 생각한다 (신뢰 = 협력의 필요조건)	21.6% (신뢰 = 협력의 필요충분 조건)	30.7%	52.3%
서로 믿지 않아도 협력은 가능하다고 생각한다	11.2%	36.5%	47.7%
합 계	32.8%	67.2%	100.0%

출처: 김재한(2004b)

의회 불신은 의회에 대한 유권자의 불신뿐만 아니라 유권자에 대한 의회의 불신도 불신의 속성상 함께 포함한다. 의회 신뢰는 의회와 유권자 간의 신뢰이고, 상호협력은 의회와 유권자 간의 협력인 것이다. 이러한 신뢰와 협력은 궁극적으론 유권자와 유권자 간의 신뢰와 협력으로 연결된다. 일정 수준 이상의 유권자 신뢰가 있을 때 의회의 기능 수행이 가능하다. 마찬가지로 의회도 유권자에 대해서 어느 정도 이상의 신뢰를 가질 때 그 기대에 부응하는 의정활동을 수행하려 한다. 그러한 효율적 의정 및 정치 활동은 신뢰가 있어야 가능하기 때문에 의회 신뢰가 필요한 것이다. 물론 거래비용이 전혀 없을 정도로 의회가 신뢰 받아 감시 기능이 전혀 필요 없게 되는 것은 장기적으로 가능하지도 않고 바람직하지도 않다.

(4) 의회 불신의 측정

의회 불신에 관한 조사는 주로 여러 기관에 대한 신뢰도 설문조사로 수행되어 왔다. 예컨대, 한국 국회의 경우, 1996년 코리아리서치의 조사 및 국정홍보처의 조사, 1997년 중앙일보의 조사, 1998년 서울대 사회과학연구원의 조사, 1999년 한국정신문화연구원의 조사 및 한국리서치의 조사, 2000년 중앙일보의 조사, 2001년 한국갤럽의 조사 및 월드리서치의 조사, 2002년 부패방지위원회의 조사 및 한국갤럽의 조사, 2003~2007년 삼성경제연구소와 성균관대 서베이리서치센터의 조사, 2005년 서강대 동아연구소의 조사, 2005~2008년 동아시아연구원의 조사, 2006년 중앙일보의 조사, 2006년 KDI의 조사, 2010년 사회통합위원회와 한국사회학회의 조사, 2011년 특임장관실의 조사 등 다 나열할 수 없을 정도로 많은 조사가 있었다.

의회 불신에 관한 각종 조사들은 의회가 불신 받는다는 사실을 보여주는 데에는 한결같지만 그 구체적 수치는 너무 다르다. 조사 시점, 질문, 응답보기 등의 차이만으로 그 조사결과 차이를 설명할 수 없을 정도로 그 차이가 크다. 이러한 차이는 유권자들이 냉온탕을 왔다 갔다 한다는 냄비근성이나 유권자들이 우매하다는 조삼모사(朝三暮四)로만 설명될 수는 없다.

조사들이 엄격하게 수행되었다 하더라도 신뢰 관련 조사내용은 조사 당시 상황에 따라 큰 영향을 받는다. 예컨대 동일한 국회에 대해서도 출범 당시보다 하반기에 불신 수준이 더 높다. 이러한 현상은 국회뿐 아니라 대통령을 포함한 다른 선출직에 대해서도, 또 지지도 변화추이뿐 아니라 실제 선거득표에서도 쉽게 나타나고 있다.

의회 불신에 관한 조사는 '매우 신뢰한다', '신뢰하는 편이다', '보통이다', '불신하는 편이다', '매우 불신한다' 등 5가지 보기로 수행된 경우가 많다. '매우 신뢰한다'는 응답비율과 '신뢰하는 편이다'는 응답비율의 합(신뢰비율)으로 매긴 순위, '매우 불신한다'는 응답비율과 '불신하는 편이다'는 응답비율의 합(불신비율)으로 매긴 순위, 신뢰비율에서 불신비율을 뺀 값으로 매긴 순위, 신뢰비율(혹은 불신비율)에 '보통이다'는 응답비율의 반을 더한 값으로 매긴 순위, 5가지 보기에 각각 1, 2, 3, 4, 5점을 부여하여 가중치 합으로 매긴 순위 등 여러 방법이 있으며 그 순위들은 서로 일치하지 않는다. 즉 동일한 조사자료 결과를 갖고도 의회 불신 순위를 바꿀 수 있다.

특히 응답 보기로 '보통이다'와 '모르겠다'를 포함한 설문에서는 신뢰 순위가 불신 순위의 정반대가 아니다. 예컨대 의회를 '매우 신뢰한다', '신뢰하는 편이다', '보통이다', '불신하는 편이다', '매우 불신한다' 등 5가지 보기로 조사했다고 하자. A 의회에 대해 매우 신뢰하는 비율이 10%, 신뢰하는 편이라는 비율이 20%, 보통인 비율이 20%,

불신하는 편이라는 비율이 30%, 매우 불신하는 비율이 20%라고 하자. 또 B 의회에 대해 매우 신뢰 5%, 신뢰하는 편 10%, 보통 60%, 불신하는 편 15%, 매우 불신 10%의 비율이라고 하자. '매우 신뢰' 와 '신뢰하는 편' 을 합한 신뢰 비율로 순위를 매기자면, 신뢰 비율 30%의 A 의회가 신뢰 비율 15%의 B 의회보다 더 신뢰 받는다고 말할 수 있다. 반면에 '매우 불신' 과 '불신하는 편' 을 합한 불신 비율로 순위로 매기면, 불신 비율 50%의 A 의회가 불신 비율 25%의 B 의회보다 더 불신 받는다고 말할 수 있다. 즉 A 의회가 B 의회보다 신뢰도 더 받고 불신도 더 받는 상황이다. 이 경우 불신 순서는 신뢰 순서의 정반대가 아닌 것이다.

이에 비해 설문 응답보기에 '보통' 과 같은 중간 보기가 없다면 단순 합계에 의한 불신 순위는 신뢰 순서와 정반대가 된다. '매우 신뢰', '신뢰하는 편', '불신하는 편', '매우 불신' 이 A 의회는 각각 10%, 20%, 40%, 30%이고 B 의회는 각각 10%, 10%, 50%, 30%인 경우, '매우 신뢰' 와 '신뢰하는 편' 을 단순 합계한 신뢰 순위는 30%의 A 의회가 20%의 B 의회보다 앞서고, '매우 불신' 과 '불신하는 편' 을 단순 합계한 불신 순위에서는 80%의 B 의회가 70%의 A 의회보다 앞선다. 적어도 단순 합계에 의한 불신 순위와 신뢰 순위는 일관되게 매겨진다.

만일 단순 합계 대신 가중치를 부여하여 합산한다면 그 가중치에 따라 순위도 변한다. 예컨대 A 의회에 대해 '매우 불신' 이 10%이고 '불신하는 편' 이 60%인 반면, B 의회에 대해 '매우 불신' 이 25%이고 '불신하는 편' 이 40%라고 하자. 단순 합계로 하면 A 의회에 대한 불신 수준이 B 의회보다 더 높다. 그런데 '매우 불신' 을 '불신하는 편' 의 2배로 가중치하여 합산하면, 불신 수준은 B 의회가 90%로 A 의회의 80%보다 더 높다.

그러한 신뢰(불신) 순위 조작의 가능성을 줄이기 위해서 이 글에서는 '보통이다'의 중간 답변이 없는 조사자료를 이용하기로 한다. 또 외국과의 비교를 위해 여러 국가에서 동시에 수행된 조사자료를 이용하기로 한다. 그러한 조사자료의 대표적 예는 세계가치관조사(World Values Survey; WVS) 자료이다. 그 구체적 설문은 "의회를 얼마나 신뢰하고 계십니까? ①완전히 신뢰한다 ②약간 신뢰한다 ③별로 신뢰하지 않는다 ④전혀 신뢰하지 않는다 (Could you tell me how much confidence you have in Parliament: is it a great deal of confidence, quite a lot of confidence, not very much confidence or none at all?)"이다.[2] 현재 제5차(2004~2008년) 조사까지 자료가 공개되어 있는데,[3] 이 글은 주로 WVS 자료를 통하여 한국 국회 불신에 대해 외국과의 비교 또 과거와의 비교 그리고 응답자 간 비교를 시도한다.

2. 불신의 대상

신뢰 관련 여러 문헌 가운데 어떤 행위자의 능력에 대한 신뢰여부를 분석하는 연구도 있고 또 어떤 행위자의 의도에 대한 신뢰여부를 따지

---

2) 조사 연도에 따라 한국어 보기가 조금씩 다르다. 1982년 조사에서 "국회에 대해 당신은 얼마정도 신뢰하고 계십니까? 매우, 약간, 그다지, 전혀"이었고, 1990년 조사에서는 "국회에 대해 어느 정도 신뢰를 하시는지요? 크게 신뢰함, 약간 신뢰함, 거의 신뢰하지 않음, 전혀 신뢰하지 않음"이었으며, 1996년 조사에서는 "국회를 얼마나 신뢰하고 계십니까? 상당히 신뢰한다, 어느 정도 신뢰한다, 별로 신뢰하지 않는다, 전혀 신뢰하지 않는다"이었고, 2001년 조사 한글 설문지는 공개되어있지 않다.

3) 제6차 조사는 수행 중에 있는데, 한국 조사는 2010년 봄에 이미 완료되었으나 자료공개는 2012년에 예정되어 있어 여기서 사용할 수 없어 아쉽다.

는 연구도 있다. 의회 불신에 관한 선행 문헌은 그 불신의 대상이 불분명할 때가 많다. 정치권 전체, 의회의 헌법적 필요성, 의회의 대의기능 필요성, 의회의 위상, 의회의 이미지, 의원의 선출과정, 의회의 실제 기능수행, 당시 의석(권력) 분포 상태의 만족도, 의원의 의정활동, 의원의 언행, 의원의 평판 등 매우 다양하다. 의회 불신은 그러한 여러 요소들과 관련되어 있으면서 동시에 그러한 요소들과 구분되는 면도 있다.

(1) 정부기관 불신과 의회 불신

한국에서는 대통령이나 청와대에 대해 불신하는 사람일수록 국회에 대해서도 불신하는 경향을 보인다(김재한 2004a). 이는 대통령과 국회를 서로 견제하는 독립된 존재로 보는 사람보다, 결국 정치권과 비(非)정치권이라는 구분으로 보는 사람이 많다는 이야기이다. 따라서 국회에 대한 불신을 여러 정치세력이나 여러 정부기관 가운데 일부에 국한된 불신으로 이해해서는 아니 된다. 국회 불신은 정치권 전체 혹은 정부기관 전체에 대한 불신이라는 맥락에서 일부 설명된다.

2001년 조사된 한 자료에 의하면 한국인의 기관 신뢰도 순위는 사회단체/시민단체 > 중소기업 > 교육기관 > 군대 > 금융기관(은행, 증권사) > 종교단체 > 노동조합 > 선거관리위원회 > 언론기관(신문사, 방송사) > 법원 > 의료기관 > 경찰 > 청와대 > 검찰 > 정부행정기관 > 지방자치단체(도청, 시청, 군청) > 지방의회(도의회, 시의회, 군의회) > 재벌 대기업 > 정당 > 국회의 순이었다(김재한 2004a). 이 기관들을 정부기관(governmental organization; GO)과 비정부기관(non-governmental organization; NGO)으로 나눌 때, GO에 대한 불신 수준은 NGO보다 높다. 국회 불신은 정부기관(GO)이 비정부기관(NGO)보다 더 높은 불신을 받는다는 맥락에서 이해할 수 있다. 의회 불신의 일정 부분은 GO에 대한 불신에 기인하는 것이다.

(2) 이익추구자 불신과 의원 불신

의회에 대한 불신과 의원에 대한 불신은 일치하지 않는다는 주장이 있다. 미국 의원에 대한 미국인의 평가는 미국 의회에 대한 평가보다 더 높고, 실제 연방하원 의원들은 의회를 비난하면서 자기는 그 의회와 다르다고 말하기도 한다. 이른바 페노의 역설(Fenno's paradox)이다 (Fenno 1975; Fenno 1978; Cook 1979; Parker and Davidson 1979; Parker and Parker 1993; Born 1990; Erber and Lau 1990; Liponski, Bianco and Work 2003). 한국의 국회의원들 대다수도 자신을 전체 국회와 동일시하지 않는다. 자신이 속한 국회를 비판하고 국회 개혁을 주장하는 국회의원들이 많다.

국회의 역할에 대해 한국인의 59.6%('못하고 있는 편이다' 38.5% + '못하고 있다' 21.1%)가 부정적 평가를 한 반면, 자신의 지역구 의원에 대해 부정적 호감을 응답한 응답자는 29.5%('싫어한다 편이다' 23.8% + '매우 싫어한다' 5.7%)에 불과했다는 조사도 있다(이갑윤 · 이현우 2009). 만일 국회의원 후보의 공천이 지역 민심과 동떨어져 있다면, 지역구 의원이라 해서 전체 국회보다 더 나은 호감도가 기대되지 않을 것이다.

자기 지역구 의원에 대한 호감 수준과 달리, 전체 국회의원에 대한 불신 수준은 국회에 대한 불신 수준과 별 다르지 않다. 2001년 조사자료를 이용한 기관종사자 신뢰도 순위는 시민운동가 > 교사 > 대학교수 > 종교인 > 언론인(기자, 방송인) > 의사 > 대통령 > 판사 > 노조간부 > 연예인/체육선수(스포츠인) > 금융인(은행지점장 등 중역) > 검사 > 변호사 > 기업인(대기업 부장 이상, 중소기업 사장) > 군장성 > 지방자치단체장(도지사, 시장, 군수) > 경찰간부 > 지방의회의원(도의원, 시의원, 군의원) > 고위공무원 > 재벌기업주 > 국회의원 > 정당간부의 순이었다(김재한 2004a). 개별 직업군 및 종사자에 대한 불신 수준은 개인적 이해관계 목표가 분명하냐 아니냐에 따라 다르다. 정권획득, 당선, 이윤극대화, 승진, 급여증대 등 개인적 목표가 뚜렷한 직업군에 대한 불신 수준이 높고, 그렇지 않은 직업군에 대한 불신 수준이 상대적으로 낮다. 예컨대 판사, 검사, 변호사 등 법조계 종사자에 대한 불신 수준을 비교해보면, 수임료와 승진 등 개인적 이익의 명확성 순위와 일치함을 알 수 있다. 물론 이러한 이익추구 여부가 기관 자체의 신뢰도 순위에 직결되는 것은 아니다. 영리기관(profit organization; PO)인 중소기업은 기관 신뢰도에 있어 일반 비영리기관(non-profit organization; NPO)보다 더 높은 신뢰를 받고 있는 것이다. 그렇지만 기관 종사자 기준으로는 이익추구 여부가 불신여부의 주요 기준인 것이다.

국회 불신은 정부기관 불신의 맥락에서 이해할 수 있다면, 국회의원 불신은 이익(공익을 가장한 사익) 추구 집단에 대한 불신이라는 맥락에서 이해할 수 있다. 대한민국 국회와 국회의원이 불신을 얼마나 받는지는 국회가 정부기관이고 국회의원은 당리당략(黨利黨略)을 추구하고 있다는 사실에서 유추 가능하다. 2001년 실시된 한 조사에서 국회를 부정적으로 인식하게 하는 요인으로 응답한 비율을 보자면, '당리당략에 의한 당파싸움으로 정치불안정' 41.8%, '실업자 증가 등 경제상황 악화' 18.2%, '의약 분업 시행' 7.0%, '업무수행능력이 떨어진다' 3.5%, '서민을 보호하지 않는다' 2.7%, '민의 수렴을 별로 하지 않는다' 1.9%, 기타/ '모름' /무응답 25.0% 등이었다(임성호 2004). 2005년에 실시된 조사에서도 국회를 부정적이거나 보통으로 평가한 응답자들이 그 평가의 이유로 들은 비율은 '당리당략' 61.7%, '국회의원들의 자질 미흡' 32.0%, '국회의 힘이 행정부에 비해 너무 약해서' 3.1%, '시민단체 또는 이익단체의 지나친(강한) 영향력' 3.0% 등이었다(이갑윤 · 이현우 2009). 즉 사익 추구라는 측면 때문에 국회의원들이 불신되는 것으로 보인다.

(3) 정파적 반대와 의회 불신

신뢰 여부는 구조균형성(structural balance)의 속성도 지닌다(Kim 2007). 내가 신뢰하는 사람이 어떤 대상을 신뢰하면 나도 그 대상을 신뢰하고, 또 내가 신뢰하는 사람이 어떤 대상을 불신하면 나도 그 대상을 불신한다. 마찬가지로 서로 불신관계인 양자에 대해서 둘 다에 신뢰를 보이지 않는다.

〈그림 5〉 신뢰관계의 구조균형성

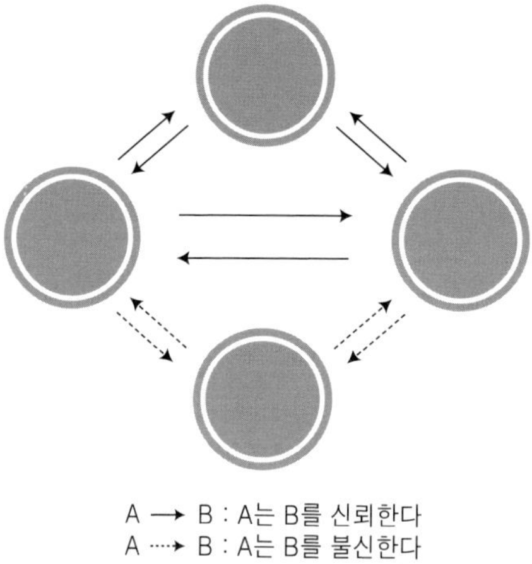

〈신뢰 구조균형의 법칙〉

i와 신뢰관계에 있는 사람이 j를 신뢰할 때 i도 j에 대해 신뢰하고, i와 신뢰관계에 있는 사람이 j를 불신할 때 i도 j에 대해 불신하는 경향을 보인다. 서로 불신관계인 j와 k에 대해 i는 적어도 하나에게 불신을 보이고 둘 다에 신뢰를 보이지는 않는 경향을 보인다(Kim 2007).

출처: 김재한(2009)

여소야대(divided government)가 잦은 미국의 경우, 대통령에 대한 평가가 나쁜 사람일수록 의회에 대한 평가가 좋은 시기도 있다(Farnsworth 2003). 유권자는 자신이 믿는 정치인의 우호세력에 대해 신뢰하는 경향이 있고, 또 그 정치인의 경쟁세력에 대해 불신하는 경향이 있다. 대통령 지지자들은 대통령과 대립하는 의회에 대해 비판하기가 쉽다. 즉 대통령이 속한 정파를 지지하는 유권자는 여소야대의 경우 의회를 불신할 수 있다는 유추가 가능하다.

대통령과 국회 간의 상호견제와 균형이라는 맥락에서, 야당 지지자는 여당 지지자보다 국회를 덜 불신하는 경향이 있다. 국회 기능수행에 대한 평가는 대통령 기능수행에 관한 평가가 나쁠 때 함께 나빠지지만 그 강도는 야당 지지자에서는 약해지는 것이다. 관련 설문자료가 없어 여기서 증명할 수는 없지만, 2005년 국회 기능수행 평가의 다변수 회귀분석에서 한나라당 선호도 변수가 통계적으로 유의미한 긍정적 효과를 미쳤다는 분석(이현출 2009)에서 간접 확인되는 사실이다.[4)]

엄밀히 말하자면, 의회를 신뢰한다는 사실과 조사 당시의 의회를 지지한다는 사실은 서로 다르다. 기관 신뢰도 조사의 응답자들은 대통령직에 대한 질문을 현직 대통령에 대한 질문으로 이해하고 응답하는

---

4) 이현출(2009)은 당시 광주/전라에 지지 기반을 둔 열린우리당에 대한 선호도가 높을수록 국회에 대한 평가가 부정적이고, 부산/울산/경남에 지지 기반을 둔 한나라당에 대한 선호도가 높을수록 국회에 대한 평가가 높다고 보여 주었는데, 이와 반대로 정혜숙(2009)은 동일한 조사자료를 이용하여 국회의 역할수행을 부정적으로 평가하는 비율은 부산/울산/경남 거주자가 73.1%로 가장 부정적이었고, 광주/전라 거주자가 38.5%로 가장 덜 부정적이었다고 보였다. 이 모순은 다변수 분석과 양변수 분석 간의 차이로 일부 설명될 수 있으며, 또 역할수행 평가에서 긍정적 평가도 아니고 부정적 평가도 아닌 '그냥 그렇다' 고 응답한 비율을 평가에 반영하는 방식 차이로도 일부 설명될 수 있다. 다른 변수(조건)들이 동일할 때 특정 변수의 부가적 효과를 분석하기 위해서는 다변수 분석이 원칙이다.

〈표 3〉 지지 정당과 의회 불신

구 분		절대로 투표하고 싶지 않은 정당이 있습니까?					
		합계	열린우리당	한나라당	새천년민주당	민주노동당	자유민주연합
의회신뢰	완전히 신뢰한다	1.4%	0.5%	1.2%	0.9%	3.2%	3.1%
	약간 신뢰한다	25.2%	22.8%	18.7%	31.9%	28.0%	35.2%
	별로 신뢰하지 않는다	49.9%	48.9%	44.1%	54.0%	60.4%	49.5%
	전혀 신뢰하지 않는다	23.5%	27.8%	36.0%	13.3%	8.4%	12.2%
	합계	1136 (100%)	422 (100%)	281 (100%)	123 (100%)	148 (100%)	162 (100%)

자료: World Values Survey(2005년)

〈그림 6〉 지지 정당과 의회 불신

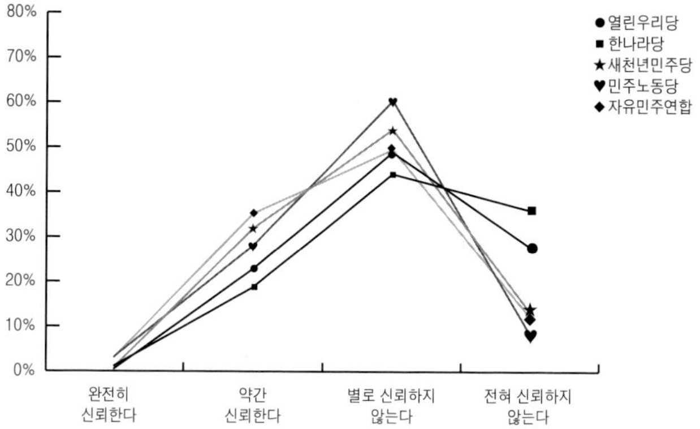

질문: 절대로 투표하고 싶지 않은 정당이 있습니까?
자료: World Values Survey(2005년)

〈표 4〉 혐오 정당과 의회 불신

구 분		내일 총선이 실시된다면 어느 정당에 투표하시겠습니까?					
		합계	열린우리당	한나라당	새천년민주당	민주노동당	자유민주연합
의회 신뢰	완전히 신뢰한다	1.4%	0.3%	1.7%	1.5%	1.8%	2.2%
	약간 신뢰한다	24.9%	30.5%	27.7%	17.2%	11.7%	13.3%
	별로 신뢰하지 않는다	50.5%	49.5%	52.5%	37.7%	50.5%	55.3%
	전혀 신뢰하지 않는다	23.3%	19.7%	18.2%	43.5%	36.0%	29.2%
	합 계	1189 (100%)	283 (100%)	615 (100%)	85 (100%)	182 (100%)	24 (100%)

자료: World Values Survey(2005년)

〈그림 7〉 혐오 정당과 의회 불신

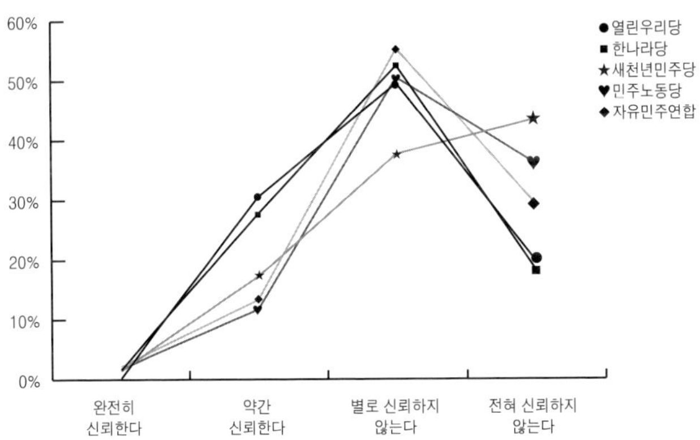

질문: 내일 총선이 실시된다면 어느 정당에 투표하시겠습니까?
자료: World Values Survey(2005년)

경향이 있다. 마찬가지로 국회에 관한 질문도 국회라는 헌법적 존재에 대한 평가가 아니라, 조사 당시의 국회에 대한 호감으로 응답하는 경향이 있다. 그렇다면 의석을 많이 차지한 정당의 지지자들은 의회에 대해 상대적으로 더 큰 신뢰를 보여줄 것이고, 의석을 별로 차지하지 못한 정파의 지지자들은 의회에 대해 더 큰 불신을 보여줄 것이다. 즉, 군소 정당 지지자 혹은 무당파 유권자들은 의회를 불신하는 계층에 속하는 경향이 있는 것이다.

〈표 3〉과 〈그림 6〉의 2005년 조사에서 당시 새천년민주당, 민주노동당, 자유민주연합 등 군소 정당 지지자의 의회 불신 비율은 81.2~86.5%에 이르렀다. 이에 비해 열린우리당과 한나라당 지지자의 의회 불신 비율은 69.2~70.7%이었다. 즉 주요 정당 지지자보다 군소 정당 지지자의 의회 불신이 더 심했다.[5)]

〈표 4〉와 〈그림 7〉에서 절대로 투표하고 싶지 않은 정당이 열린우리당이나 한나라당이라고 응답한 사람들의 76.7~80.1%가 의회를 불신하였다. 반면에 절대로 투표하고 싶지 않은 정당으로 새천년민주당, 민주노동당, 자유민주연합 등을 응답한 사람들은 61.7~68.8%가 의회를 불신하였다. 싫어하는 정당이 주요 정당일수록 의회를 더 불신하는 경향이 있다.

2005년 이외의 WVS 자료에는 한국의 지지 정당 문항이 없어 비교할 수 없지만, 의회 불신이 정당 불신과 유사하고 또 지지 정당 없음이 제도권 정치 불신과 관계있음을 보여주는 다른 조사자료들은 많다.

---

5) 일반적으로 선 그래프는 시계열 변화를 나타날 때 이용되지만, 분포를 표현할 때에도 이용된다. 여기서는 배경변수 별 의회 신뢰/불신의 분포를 나타내는 여러 그림들을 입체형 선 그래프로 나타낸다.

(4) 무질서와 의회 불신

물리적 저항 없는 법 테두리 내에서의 온건한 의정활동을 무책임하게 보는 유권자도 있고, 이전투구를 나름대로 공정한 게임으로 생각하고 머드축제처럼 즐기는 유권자도 있을 수 있겠지만, 다수의 사람들은 이전투구를 혐오한다.

지역구 민원을 잘 해결하는지에 대한 인식이 의회에 대한 의식에 직결된다는 주장도 있지만(Farnsworth 2003), 국가이익 대신에 지역구 민원이나 이익집단 이익을 챙기는 의정활동 때문에 의회 불신이 증대되고 또 상호예의와 규칙존중 등 정치과정상 의원들의 행동을 보고 신뢰여부를 결정한다는 주장도 있다(Wahlke 1971; Eulau and Karps 1977; Fiorina 1989; 안성호 · 정광조 1990; Dionne 1991; Uslaner 1993; Hibbing and Theiss-Morse 1995; Kimball and Patterson 1997; Brady and Theriault 2001; Fried and Harris 2001; Funk 2001; Hibbing and Theiss-Morse 2001; Hibbing 2002; 임성호 2004; Park and Lee 2007; 유성진 2009). 일반인들은 의회의 구체적 성과에 대해 잘 알지 못하기 때문에 기능적 차원보다 규범적 차원에서 의회 신뢰여부를 결정할 수밖에 없다는 입장이다.

남궁근 등(1991)은 의회 신뢰를 규범적 차원의 의회 신뢰와 기능적 차원의 의회 신뢰로 분류하였다. "역대 국회는 해야 할 일을 제대로 수행했다"와 "현 국회는 해야 할 일을 제대로 수행했다"의 2개 문항에 대한 응답이 서로 유사하여 이를 기능적 의회 신뢰에 관한 측정으로 보았다. 또 "국회의 권한을 축소하여도 별로 문제되지 않는다", "국회가 꼭 필요하다고 생각하지 않는다", "국회가 정부의 일을 지나치게 따지는 것은 도움이 되지 않는다" 등 3개 문항에 대한 응답이 서로 유사하여 규범적 의회 신뢰로 묶었다. 의회에 대한 규범적 신뢰와 기능적 신뢰가 구분된다고 본 것이다.

지역구 민원이라 해서 무조건 나쁜 것은 아니다. 국가예산을 낭비하는 선심성 지역예산 배정의 예에서 보듯이 특정 지역에 작은 혜택을 가져오기 위해 국가예산을 그 이상으로 낭비하는 것이 나쁜 것이다. 지역구 민원 해결 등 특수적 가치 기준뿐 아니라 공정, 평화, 질서, 안정, 윤리, 도덕, 절차 등 보편적 가치 기준에 의해서도 평가되는 것이다. 실제 대만 입법원처럼 의사당의 폭력과 무질서로 알려진 의회들은 그 불신 수준도 높다.

민주주의가 일종의 무질서와 비효율을 잉태하고 이는 의회 불신을 필요악으로 받아들이게 하지만, 무법과 파행이 증가되면 불신도 아울러 증가하게 되어 있다. 그러한 예는 여소야대에서 발견될 수 있으며, 후술할 한국 국회의 시계열 비교에서 확인될 것이다.

제2장

의회 불신의 국가 간 비교

제 2 장 의회 불신의 국가 간 비교

1. 의회 신뢰 국가 순위

국내 언론들과 국내 전문가들은 한국 국회의 불신 정도가 외국의 어떤 의회보다 더 심각하다고 언급하여 왔다. 이러한 인식은 국외에서도 공유되고 있는 듯하다. 2009년 한 외국 저널(인터넷판)은 세계에서 가장 무법(無法)한 의회 5개를 지정하면서 한국 국회를 첫 번째로 소개한 바 있다(Keating 2009). 또 기업인 등을 대상으로 한 각국의 경쟁력 조사에서 한국 국회에 대한 불신은 다른 국가에 비해 높게 나온다. 특정 사건이나 특정 집단의 인식으로 특정 의회에 관한 불신 수준을 살펴보는 것 대신에, 여기서는 한국 국회를 비롯한 여러 국가의 의회들에 대한 해당 유권자들의 불신 수준을 경험적 조사자료로 비교해보기로 한다.

〈표 5~10〉은 WVS 자료를 이용하여 각국 의회의 신뢰도를 순위 매긴 것이다. 각국의 의회 신뢰도는 '완전히 신뢰한다' 고 응답한 비율과 '약간 신뢰한다' 고 응답한 비율을 합한 값이며,[6] '별로 신뢰하지 않는다' 와

6) 스즈키(Suzuki 2011)는 그러한 집계를 하였는데 그 수치는 WVS 홈페이지(www.worldvaluessurvey.org)와는 약간의 차이를 보인다. 예컨대 2005년 조사에서 한국의 WVS 홈페이지 집계치는 26.2%이고 스즈키의 집계치는 25.7%이다. 여기서는 편의성 때문에 〈표 5~11, 13~14〉의 의회 신뢰 집계치 단순 국가 순위 작성에서는 스즈키의 순위집계를 이용하고, 〈표 12〉와 〈표 15〉의 타 기관 대비 의회 신뢰 집계치 국가 순위 작성에서는 WVS 홈페이지를 이용한다.

'전혀 신뢰하지 않는다'는 응답은 나머지 비율이므로 따로 합산하지 않았다.

〈표 5〉의 1980년 전반기 조사에서 한국 국회는 23개국 조사에서 4위를 차지하여 상위 20% 이내에 들 정도로 높은 순위였다. 〈표 6〉의 1990년대 전반기 조사에서는 38개국 가운데 30위를 차지하였다. 〈표 7〉의 1990년대 후반기 조사에서는 51개국 가운데 28위이었으며, 〈표 8〉에서 보듯이 2000년을 전후한 조사에서는 65개국 가운데 거의 최하위인 63위를 기록했다.

〈표 5〉 WVS 1차 조사의 국가별 의회 신뢰도 순위

순 위	국 가	신뢰한다고 응답한 비율	조사연도
1	헝가리	92.0%	1982
2	노르웨이	77.7%	1982
3	아르헨티나	72.7%	1984
4	**대한민국**	**68.3%**	1982
5	핀란드	64.8%	1981
6	아이슬란드	56.3%	1984
7	호주	55.3%	1981
8	프랑스	54.8%	1981
9	미국	52.2%	1982
10	아일랜드	52.0%	1981
11	독일	51.4%	1981(서독)
12	스페인	47.9%	1981
13	스웨덴	46.6%	1982
14	몰타	46.1%	1983
15	네덜란드	44.5%	1981
16	남아공	43.4%	1982
17	캐나다	43.1%	1982
18	영국	40.1%	1981
19	벨기에	38.2%	1981
20	덴마크	36.2%	1981
21	이탈리아	30.0%	1981
22	일본	27.8%	1981
23	멕시코	27.5%	1981

자료: World Values Survey(1981~1984년)

〈표 6〉 WVS 2차 조사의 국가별 의회 신뢰도 순위

순 위	국 가	신뢰한다고 응답한 비율	조사연도
1	중국	81.2%	1990
2	폴란드	72.6%	1989
3	인도	66.6%	1990
4	남아공	66.1%	1990
5	칠레	63.4%	1990
6	노르웨이	58.9%	1990
7	터키	57.8%	1990
8	나이지리아	53.6%	1990
9	아이슬란드	53.5%	1990
10	네덜란드	53.1%	1990
11	아일랜드	50.3%	1990
12	불가리아	48.7%	1990
13	프랑스	48.2%	1990
14	스웨덴	47.1%	1990
15	러시아	46.9%	1990
16	독일	46.6%	1990
17	미국	44.9%	1990
18	영국	44.0%	1990
19	몰타	42.5%	1991
20	벨기에	42.0%	1990
20	덴마크	42.0%	1990
22	오스트리아	41.2%	1990
23	체코	40.9%	1990
24	헝가리	39.9%	1991
25	포르투갈	38.4%	1990
26	스페인	37.5%	1990
27	캐나다	37.3%	1990
28	슬로베니아	35.7%	1992
29	멕시코	34.8%	1990
30	핀란드	34.2%	1990
30	**대한민국**	34.2%	1990
32	슬로바키아	30.8%	1990
33	이탈리아	30.6%	1990
34	벨라루스	29.4%	1990
35	일본	28.9%	1990
36	브라질	23.3%	1991
37	루마니아	20.8%	1993
38	아르헨티나	16.7%	1991

자료: World Values Survey(1989~1993년)

〈표 7〉 WVS 3차 조사의 국가별 의회 신뢰도 순위

순 위	국 가	신뢰한다고 응답한 비율	조사연도
1	방글라데시	84.3%	1996
2	아제르바이잔	73.9%	1997
3	노르웨이	69.5%	1996
4	인도	65.3%	1995
5	알바니아	60.6%	1998
6	남아국	60.3%	1996
7	필리핀	60.0%	1996
8	보스니아-헤르체고비나	56.7%	1998
9	터키	48.5%	1996
10	스위스	47.0%	1996
11	대만	46.4%	1994
12	불가리아	45.3%	1997
13	멕시코	44.6%	1996
13	스웨덴	44.6%	1996
15	에스토니아	43.8%	1996
16	크로아티아	41.8%	1996
17	몰도바	40.9%	1996
18	그루지야	40.6%	1996
18	우루과이	40.6%	1996
20	헝가리	39.0%	1998
21	칠레	38.5%	1996
22	우크라이나	37.8%	1996
23	스페인	36.6%	1995
24	폴란드	34.5%	1997
25	세르비아	34.0%	1996(세르비아-몬테네그로)
26	브라질	33.6%	1997
27	핀란드	31.3%	1996
28	**대한민국**	**31.1%**	1996
29	엘살바도르	31.0%	1999
30	슬로바키아	30.7%	1998
31	호주	30.5%	1995
32	아르메니아	30.2%	1997
33	벨라루스	29.9%	1996
33	푸에르토리코	29.9%	1995
35	미국	29.8%	1995
36	리투아니아	26.5%	1997
37	일본	26.3%	1995
38	나이지리아	25.6%	1995
39	라트비아	25.0%	1996
40	콜롬비아	24.8%	1997-98
41	슬로베니아	24.7%	1995

순 위	국 가	신뢰한다고 응답한 비율	조사연도
42	베네수엘라	23.3%	1996
43	독일	23.0%	1997
44	러시아	22.6%	1995
45	체코	20.5%	1998
46	루마니아	19.4%	1998
47	마케도니아	15.7%	1998
48	아르헨티나	15.2%	1995
49	뉴질랜드	15.0%	1998
49	페루	15.0%	1996
51	도미니카 공화국	12.4%	1996

자료: World Values Survey (1995~1999년)

〈표 8〉 WVS 4차 조사의 국가별 의회 신뢰도 순위

순 위	국 가	신뢰한다고 응답한 비율	조사연도
1	베트남	96.6%	2001
2	중국	94.8%	2001
3	방글라데시	88.8%	2002
4	탄자니아	79.1%	2001
5	우간다	76.7%	2001
6	파키스탄	75.8%	2001
7	아이슬란드	71.6%	1999
8	이란	69.6%	2000
9	이집트	67.6%	2000
10	요르단	67.0%	2001
11	필리핀	61.7%	2001
12	룩셈부르크	61.5%	1999
13	인도	55.2%	2001
14	네덜란드	54.4%	1999
15	몰타	52.3%	1999
16	포르투갈	50.6%	1999
16	스웨덴	50.6%	1999
18	짐바브웨	50.0%	2001
19	덴마크	48.6%	1999
20	스페인	48.1%	1999
21	남아공	45.9%	2001
22	알바니아	45.2%	2002
23	나이지리아	45.0%	2000
24	인도네시아	43.0%	2001
25	슬로바키아	42.8%	1999
26	핀란드	42.3%	2000

순 위	국 가	신뢰한다고 응답한 비율	조사연도
27	터키	41.5%	2001
28	프랑스	40.4%	1999
29	오스트리아	40.1%	1999
30	캐나다	39.5%	2000
31	벨기에	39.1%	1999
32	미국	38.0%	1999
33	벨라루스	37.5%	2000
34	독일	37.2%	1999
35	영구	36.2%	1999
36	키르키스스탄	35.9%	2003
37	칠레	34.6%	2000
37	몰도바	34.6%	2002
39	베네수엘라	34.4%	2000
40	이탈리아	34.1%	1999
41	폴란드	33.9%	1999
42	알제리	33.0%	2002
42	아일랜드	33.0%	1999
44	헝가리	32.5%	1999
45	세르비아	27.9%	2001(세르비아-몬테네그로)
46	불가리아	27.8%	1999
46	푸에르토리코	27.8%	2001
48	라트비아	27.5%	1999
49	우크라이나	27.1%	1999
50	에스토니아	27.0%	1999
51	슬로베니아	25.3%	1999
52	그리스	24.3%	1999
53	멕시코	22.9%	2000
54	일본	21.7%	2000
54	모로코	21.7%	2001
56	크로아티아	20.7%	1999
57	보스니아-헤르체고비나	20.2%	2001
58	러시아	20.0%	1999
59	루마니아	19.2%	1999
60	체코	12.9%	1999
61	아르헨티나	11.3%	1999
62	리투아니아	10.9%	1999
63	**대한민국**	10.8%	2001
64	페루	9.6%	2001
65	마케도니아	7.0%	2001

자료: World Values Survey(1999~2002년)

〈표 9〉 WVS 5차 조사의 국가별 의회 신뢰도 순위

순 위	국 가	신뢰한다고 응답한 비율	조사연도
1	베트남	98.8%	2006
2	중국	92.4%	2007
3	르완다	78.8%	2007
4	말레이시아	67.6%	2006
5	가나	64.9%	2007
6	요르단	64.0%	2007
7	인도	62.4%	2006
8	노르웨이	62.3%	2008
9	남아공	61.6%	2007
10	터키	60.0%	2007
11	스위스	57.4%	2007
12	말리	57.0%	2007
13	핀란드	56.2%	2005
14	스웨덴	54.9%	2006
15	키프로스	54.1%	2006
16	홍콩	51.5%	2005
17	스페인	50.8%	2007
18	우루과이	47.3%	2006
19	모로코	44.5%	2007
20	이란	41.5%	2007
21	잠비아	41.4%	2007
22	부르키나파소	38.8%	2007
23	인도네시아	36.8%	2006
24	캐나다	36.5%	2006
25	영국	35.9%	2006
26	프랑스	35.5%	2006
27	호주	35.4%	2005
28	뉴질랜드	34.6%	2004
29	이탈리아	33.1%	2005
30	태국	32.7%	2007
31	러시아	30.4%	2006
32	네덜란드	29.1%	2006
33	몰도바	28.1%	2006
34	칠레	26.2%	2005
35	**대한민국**	**25.7%**	2005
36	멕시코	25.5%	2005
37	콜롬비아	25.4%	2005
38	브라질	25.1%	2006
39	그루지야	25.0%	2008
40	에티오피아	24.1%	2007

순 위	국 가	신뢰한다고 응답한 비율	조사연도
41	일본	23.2%	2005
42	독일	22.0%	2006
43	불가리아	20.8%	2006
44	세르비아	20.6%	2006
45	미국	20.3%	2006
46	우크라이나	19.8%	2006
47	루마니아	17.1%	2005
48	트리니다드토바고	16.5%	2006
49	슬로베니아	16.4%	2005
50	대만	13.7%	2006
51	아르헨티나	12.5%	2006
51	폴란드	12.5%	2005
53	과테말라	11.5%	2005
54	페루	7.6%	2008

자료: World Values Survey(2004~2008년)

그러다가 〈표 9〉가 보여주는 것처럼, 2000년대 후반기 조사에서 한국은 54개국 가운데 35위로 상승하였다. WVS 제5차 조사 대상 모든 국가(N=71,999)의 평균 비율이 각각 10.2%, 29.5%, 40.6%, 19.7%이었음을 감안하면, 여전히 세계 평균보다 낮은 유권자 신뢰를 받고 있음을 알 수 있다.

다섯 차례의 WVS 조사자료로 비교해보면, 한국의 국회 불신 수준은 2001년 조사에서처럼 대부분 국가보다 더 심했던 시기가 있었고, 그렇지 않았던 시기도 있었다. 특히 높은 국회 신뢰를 보여준 1982년 조사가 당시 권위주의 정권 때 수행되었기 때문에 정확한 조사가 아닐 수 있다는 가능성을 감안하면, 한국 국회는 다른 국가의 의회에 비해 더 높은 불신을 유권자들로부터 받고 있음을 알 수 있다.

통계적 유의성을 위해 더 많은 국가들이 포함된 〈표 10〉을 만들었다. 각국의 이용 가능한 가장 최근 WVS 조사치로 각국의 의회 신뢰 순위를 작성한 것이다. 조사연도가 국가별로 다르긴 하지만, 단기적 인과관계를 밝히는 시계열비교가 아닌, 장기적 인과관계를 밝히는 비교국가

〈표 10〉 WVS의 국가별 의회 신뢰도 순위

순 위	국 가	신뢰한다고 응답한 비율	WVS 조사연도	이코노미스트 민주주의 지수 (2010년)
1	베트남	98.8%	2006	2.94
2	중국	92.4%	2007	3.14
3	방글라데시	88.8%	2002	5.87
4	탄자니아	79.1%	2001	5.64
5	르완다	78.8%	2007	3.25
6	우간다	76.7%	2001	5.05
7	파키스탄	75.8%	2001	4.55
8	아제르바이잔	73.9%	1997	3.15
9	아이슬란드	71.6%	1999	9.65
10	이집트	67.6%	2000	3.07
10	말레이시아	67.6%	2006	6.19
12	가나	64.9%	2007	6.02
13	요르단	64.0%	2007	3.74
14	인도	62.4%	2006	7.28
15	노르웨이	62.3%	2008	9.80
16	필리핀	61.7%	2001	6.12
17	남아공	61.6%	2007	7.79
18	룩셈부르크	61.5%	1999	8.88
19	터키	60.0%	2007	5.73
20	스위스	57.4%	2007	9.09
21	말리	57.0%	2007	6.01
22	핀란드	56.2%	2005	9.19
23	스웨덴	54.9%	2006	9.50
24	키프로스	54.1%	2006	7.29
25	몰타	52.3%	1999	8.28
26	홍콩	51.5%	2005	5.92
27	스페인	50.8%	2007	8.16
28	포르투갈	50.6%	1999	8.02
29	짐바브웨	50.0%	2001	2.64
30	덴마크	48.6%	1999	9.52
31	우루과이	47.3%	2006	8.10
32	알바니아	45.2%	2002	5.86
33	나이지리아	45.0%	2000	3.47
34	모로코	44.5%	2007	3.79
35	슬로바키아	42.8%	1999	7.35
36	이란	41.5%	2007	1.94
37	잠비아	41.4%	2007	5.68
38	오스트리아	40.1%	1999	8.49
39	벨기에	39.1%	1999	8.05

순 위	국 가	신뢰한다고 응답한 비율	WVS 조사연도	이코노미스트 민주주의 지수 (2010년)
40	부르키나파소	38.8%	2007	3.59
41	벨라루스	37.5%	2000	3.34
42	인도네시아	36.8%	2006	6.53
43	캐나다	36.5%	2006	9.08
44	키르키스스탄	35.9%	2003	-
44	영국	35.9%	2006	8.16
46	프랑스	35.5%	2006	7.77
47	호주	35.4%	2005	9.22
48	뉴질랜드	34.6%	2004	9.26
49	베네수엘라	34.4%	2000	5.18
50	이탈리아	33.1%	2005	7.83
51	알제리	33.0%	2002	3.44
51	아일랜드	33.0%	1999	8.79
53	태국	32.7%	2007	6.55
54	헝가리	32.5%	1999	7.21
55	엘살바도르	31.0%	1999	6.47
56	러시아	30.4%	2006	4.26
57	아르메니아	30.2%	1997	4.09
58	네덜란드	29.1%	2006	8.99
59	몰도바	28.1%	2006	6.33
60	세르비아	27.9%	2001	6.33
61	푸에르토리코	27.8%	2001	-
62	라트비아	27.5%	1999	7.05
63	에스토니아	27.0%	1999	7.68
64	칠레	26.2%	2005	7.67
65	**대한민국**	**25.7%**	2005	8.11
66	멕시코	25.5%	2005	6.93
67	콜롬비아	25.4%	2005	6.55
68	브라질	25.1%	2006	7.12
69	그루지야	25.0%	2008	4.59
70	그리스	24.3%	1999	7.92
71	에티오피아	24.1%	2007	3.68
72	일본	23.2%	2005	8.08
73	독일	22.0%	2006	8.38
74	불가리아	20.8%	2006	6.84
75	크로아티아	20.7%	1999	6.81
76	미국	20.3%	2006	8.18
77	보스니아-헤르체고비나	20.2%	2001	5.32
78	우크라이나	19.8%	2006	6.30
79	루마니아	17.1%	2005	6.60
80	트리니다드토바고	16.5%	2006	7.16

순 위	국 가	신뢰한다고 응답한 비율	WVS 조사연도	이코노미스트 민주주의 지수 (2010년)
81	슬로베니아	16.4%	2005	7.69
82	대만	13.7%	2006	7.52
83	체코	12.9%	1999	8.19
84	아르헨티나	12.5%	2006	6.84
84	폴란드	12.5%	2005	7.05
86	도미니카공화국	12.4%	1996	6.20
87	과테말라	11.5%	2005	6.05
88	리투아니아	10.9%	1999	7.24
89	페루	7.6%	2008	6.40
90	마케도니아	7.0%	2001	6.16

자료: World Values Survey, Economist Intelligence Unit(2010)

연구에서 허용되는 정도이다. 〈표 10〉의 국가별 의회 신뢰도 순위에서 다음을 알 수 있다.

첫째, 한국 국회 불신은 다른 국가와 비교해서 높은 편이다. 〈표 10〉의 순위표에서 한국 국회는 90개국 가운데 65위이다. 의회를 신뢰하는 비율에 따라 모든 나라를 세 집단으로 분류한다면, 한국 국회는 하위 $\frac{1}{3}$에 속하는 것이다.

둘째, 그럼에도 불구하고 한국 국회의 순위가 세계 최악은 아니다. 90개 국 가운데 65위라는 순위는 세계 최하위라는 언론보도를 늘 접한 사람에게 기대보다 나쁘지 않은 순위인 것이다.

셋째, 의회의 무질서가 의회 불신에 영향을 주지만 결정적 요인은 아니다. 외국 저널(Keating 2009)이 세계 5대 무법 의회로 소개한 국가와 〈표 10〉의 신뢰 순위는 한국 65위, 대만 82위, 우크라이나 78위, 영국 44위, 호주 47위이었다.[7] 이 5개국 순위의 단순 평균은 58.5위인데

7) 여기서 서술된 국가 순서는 해당 저널이 소개한 순서인데, 기사에서 세계 5대만 밝혔지 어느 국가가 1위인지를 명확히 밝히지는 않고 있다.

높은 신뢰 순위가 아니지만 그렇다고 최하위 순위도 아니다. 파행과 폭력이 의회 불신의 결정적 요인은 아닌 것이다. 과거 독재정권 때에는 다수 유권자들이 온건한 타협보다 과격한 투쟁을 더 선호했던 적도 있었다. 무질서 외에도 의회 수준을 결정하는 요인은 많은 것이다.

넷째, 의회 내 무질서뿐 아니라 의회의 미(未)작동도 의회 불신의 요인 가운데 하나이다. 제 기능을 수행하지 못하는 낙담스러운(funk) 의회들이 최근 외국 저널에서 소개된 적 있는데(Abadi 2011), 그 국가와 〈표 10〉의 신뢰 순위는 미국 76위, 벨기에 39위, 이라크(조사 제외), 일본 72위, 아프가니스탄(조사 제외), 대만 82위였다. 신뢰 비율 자료가 없는 국가를 제외한 4개국의 단순 평균 순위는 67.25위이다. 제외된 이라크와 아프가니스탄의 의회 신뢰 순위가 더 하위라고 전제하면, 의회가 아무런 생산성 없이 침체되어 있는 상태는 의회 불신을 증가시키는 주요한 요인인 것이다. 폭력을 동원한 의회 의결보다, 물리적 충돌 없는 교착이 더 큰 의회 불신을 가져다주는 것으로 보인다. 즉 폭력적 파행보다 오히려 기능하지 못하는 의회에 대해 불신이 더 강함을 알 수 있다. 물론 대만의 예에서 보듯이, 물리적 충돌도 있으면서 동시에 교착되어 있으면 의회 신뢰는 거의 최하위에 이르게 된다.

다섯째, 민주주의가 발달되었다 하여 의회 불신이 낮아지는 것은 아니다. 의회를 신뢰한다고 응답한 비율을 이코노미스트 민주주의 지수로 회귀분석하여 다음과 같은 회귀방정식을 얻었다.

의회 신뢰 비율 = −.026 × 민주주의 지표 +.578
(t=−.241, 유의확률 .024)

민주주의가 발달할수록 의회 신뢰 수준은 낮아지는 현상을 발견할 수 있고 이는 통계적으로 유의한 정도이다. 한국의 경우, 민주주의

지수 값은 8.11이니 민주주의 지수로만 추정되는 한국 국회의 신뢰 비율은 36.7%이다. 실제 의회 신뢰 비율은 25.7%이니 민주주의 수준을 고려해도 한국 국회의 신뢰 수준은 여전히 낮다고 말할 수 있다.

제1차 세계대전 직후 독일이나 이탈리아 등에서 나치나 파쇼가 집권할 수 있었던 것은 당시 의회에 대한 국민의 불신이 높았기 때문에 가능하였다. 또 대한민국 제2공화국의 붕괴도 내각책임제로 대표되는 당시 국회에 대한 국민들의 신뢰도가 높지 않았기 때문에 가능하였었다. 독일의 바이마르공화국 의회와 한국의 제2공화국 국회는 비록 일찍 해산되었지만 민주주의 측면에서는 매우 발달된 체제였다. 의회 민주주주의가 규범적이고 헌법적 기준에서 발달되었다 해서 의회 신뢰가 높아지는 것은 아니다.

마찬가지로 반(反)민주적 의회라고 해서 반드시 불신되지는 않는다. 한국 국회의 경우 〈표 18〉의 1980년대 초반에 더 높은 신뢰를 받았다. 권위주의 체제에서의 설문 응답 경향 때문일 수도 있지만 상대적으로 국회에 대해 권위주의 정권보다 더 기대하는 경향 때문이기도 할 것이다.

민주주의가 발달한 국가일수록 의회 불신이 높다는 사실은 앞에서 서술한 의회 불신이 민주주의에 필요악이라는 개념, 또 의회 신뢰수준이 실제 의회 업무수행의 사후 평가 대신에 사전 기대 수준이라는 개념과 일맥상통한다. 즉 선진민주국가에서는 의회에 대한 기대가 높지 않고 또 그러한 낮은 기대는 실제 민주주의에 긍정적으로 기능하기도 하는 것이다.

〈표 10〉의 각국 의회 간 신뢰 수준 차이는 민주주의 발달 정도뿐 아니라 종교문화, 내각제/대통령제, 비례대표제/다수대표제, 경제발전 수준 등으로도 일부 설명될 수 있을 것이다. 세계의 모든 국가와 비교하는 것도 중요하지만, 다른 조건이 한국과 유사한 국가끼리 비교해보는 것도 필요하다.

2. 동아시아 전통과 의회 불신

한국 국회 불신을 아시아 국가들과 비교해 보자. 〈표 11〉에서처럼 한국 국회는 일본 및 대만의 의회와 더불어 다른 아시아 국가와 비교해서 불신을 많이 받는 의회이다. 한국의 의회 불신은 말레이시아, 인도, 필리핀, 터키 등보다 더 높다. 의회가 신뢰를 많이 받는 국가들을 보면 베트남, 중국, 방글라데시, 파키스탄 등 사회주의국가 혹은 저발전국의 속성을 지닌 국가들이다.

〈표 11〉 아시아 국가의 의회 신뢰도 순위

순 위	국 가	신뢰한다고 응답한 비율	조사연도
1	베트남	98.8%	2006
2	중국	92.4%	2007
3	방글라데시	88.8%	2002
4	파키스탄	75.8%	2001
5	말레이시아	67.6%	2006
6	인도	62.4%	2006
7	필리핀	61.7%	2001
8	터키	60.0%	2007
9	홍콩	51.5%	2005
10	인도네시아	36.8%	2006
11	태국	32.7%	2007
12	대한민국	25.7%	2005
13	일본	23.2%	2005
14	대만	13.7%	2006

자료: World Values Survey(2001~2007년)

〈표 12〉에서 중국인은 중앙정부(中央政府), 인민대표대회(人民代表大會; 의회), 군대(軍隊), 정당(政黨), 국가기관(國家機關), 법원(法院), 경찰(警察), 환경보호조직(環境保護組織), 자선조직(慈善組織), 텔레비전(電視台), 공회(公會; 노동조합), 신문(新聞)출판업(出版業), 대기업

〈표 12〉 국가별 기관 신뢰도 I

국가	정당	의회	노동조합	대기업	신문	행정*	정부*	텔레비전	사법부	경찰	환경운동단체	인권자선단체	군대	교회	기관평균	의회/기관평균
	신뢰비율(%)															
르완다	41.1	78.8	50.0	39.6	70.6	54.8	–	58.3	78.7	85.6	59.5	59.7	–	78.3	62.9	1.25
중국	87.8	92.4	74.3	56.1	72.2	85.8	92.7	74.8	82.5	80.1	78.5	75.7	91.7	38.0	77.3	1.19
스페인	28.5	50.8	29.7	33.9	41.6	41.1	45.1	34.5	55.4	64.0	60.1	64.9	53.2	32.4	45.4	1.12
베트남	93.8	98.8	91.1	66.9	89.2	89.3	98.3	95.0	90.4	91.2	89.6	90.6	97.7	54.4	88.3	1.12
터키	34.4	61.5	42.7	48.5	31.3	57.0	63.6	33.6	75.7	72.0	56.7	65.4	86.4	71.7	57.2	1.08
노르웨이	28.6	62.3	66.0	54.1	36.2	61.4	54.1	49.2	86.0	87.3	72.7	70.4	65.2	50.5	60.3	1.03
남아공	43.8	65.6	49.1	67.1	60.9	55.9	70.8	74.3	66.4	61.9	65.6	70.6	63.8	84.8	64.3	1.02
가나	40.7	64.9	50.3	58.8	56.4	61.7	71.3	70.9	63.2	54.7	62.7	69.1	76.3	90.3	63.7	1.02
스웨덴	33.2	56.3	52.3	50.9	33.1	66.6	42.5	55.0	74.3	77.8	73.7	65.6	46.8	56.0	56.0	1.01
스위스	26.2	54.0	40.4	39.3	35.3	65.2	67.2	34.5	76.9	83.5	68.5	66.7	51.2	45.1	53.9	1.00
우루과이	36.4	47.4	32.5	36.7	50.5	23.6	61.3	50.7	56.1	53.0	61.9	68.7	39.3	50.4	47.8	0.99
인도	46.4	62.4	54.4	51.4	75.8	54.3	54.9	74.8	68.9	64.1	61.4	56.9	83.3	83.4	63.7	0.98
이란	20.8	41.5	25.9	20.8	29.0	30.5	48.7	44.4	43.2	55.9	44.7	56.4	57.7	75.0	42.5	0.98
말레이시아	58.3	67.5	64.0	54.4	63.7	69.9	75.4	71.9	77.7	74.6	66.7	71.0	84.5	90.9	70.8	0.95
키프로스	32.4	49.0	40.4	39.4	34.9	53.8	54.5	37.4	69.6	64.9	61.4	64.7	67.9	65.8	52.6	0.93
핀란드	28.4	56.1	62.6	45.3	33.2	60.1	64.1	51.6	82.3	91.8	56.1	59.7	87.9	64.2	60.2	0.93
홍콩	27.8	51.5	53.0	19.4	60.9	60.7	56.6	71.1	–	82.9	78.2	–	57.3	–	56.3	0.91
요르단	33.7	64.6	62.4	60.0	68.7	61.8	86.7	69.1	89.9	92.3	68.8	67.9	96.6	94.1	72.6	0.89
잠비아	27.0	41.4	32.5	41.8	49.1	40.5	42.3	54.7	50.2	45.0	40.3	51.6	55.3	87.3	47.1	0.88
말리	36.6	57.0	56.1	62.3	56.8	62.0	70.6	63.1	63.4	67.2	72.8	68.3	83.4	92.9	65.2	0.87
몰도바	20.8	28.0	25.0	21.2	40.6	14.1	32.7	50.7	29.9	24.3	37.7	43.4	36.8	70.1	34.0	0.82
뉴질랜드	14.8	34.6	28.1	41.2	27.1	43.9	41.0	36.4	46.9	75.7	51.7	–	72.5	40.9	42.7	0.81
호주	13.9	34.1	27.9	29.8	11.5	38.8	39.6	18.3	51.9	83.1	59.1	68.0	83.7	38.4	42.7	0.80
영국	17.9	36.2	30.2	36.6	13.8	45.8	33.7	31.6	60.2	72.3	70.2	75.3	78.6	45.7	46.3	0.78
모로코	36.0	44.5	41.9	45.9	49.8	51.3	54.7	56.8	63.9	61.4	62.8	72.9	68.5	90.9	57.2	0.78
태국	23.3	32.7	33.9	24.7	43.9	43.9	38.5	47.6	71.8	43.5	31.2	34.7	51.4	69.4	42.2	0.78
프랑스	16.4	35.5	38.7	39.5	38.5	54.3	29.2	34.6	40.1	71.2	64.8	66.2	68.3	47.1	46.0	0.77
네덜란드	23.3	29.7	48.0	32.9	32.4	31.2	27.1	36.9	44.7	59.4	55.9	49.3	45.2	29.7	39.0	0.76
캐나다	23.4	38.2	32.1	36.7	33.8	55.8	39.2	32.3	65.7	81.7	72.7	76.8	72.0	59.7	51.4	0.74
이탈리아	16.5	33.0	34.2	42.4	25.1	40.9	26.4	17.2	51.6	78.3	67.5	73.9	68.2	74.8	46.4	0.71
브루키나파소	28.6	38.7	53.2	55.7	53.7	58.5	49.0	57.9	47.1	52.6	69.3	76.9	69.6	79.9	56.5	0.69
에티오피아	39.1	24.1	26.2	36.6	26.5	33.0	26.4	27.7	27.2	32.1	46.8	55.9	41.4	60.8	36.0	0.67
러시아	22.0	29.9	38.7	35.6	36.9	53.0	45.3	45.5	38.3	33.3	63.3	58.0	66.5	67.5	45.3	0.66
인도네시아	30.5	36.7	45.2	45.7	52.0	56.3	56.0	61.5	51.7	50.7	64.5	73.8	74.3	94.4	56.7	0.65
세르비아	12.8	20.6	18.6	30.3	21.0	23.1	25.6	18.6	28.5	35.0	50.4	48.9	51.7	61.8	31.9	0.65
그루지야	18.1	24.9	26.6	37.7	31.2	40.5	33.2	33.5	25.1	47.1	45.2	52.2	69.6	94.2	41.4	0.60
멕시코	24.0	25.4	30.8	46.5	50.1	25.0	44.8	46.9	37.7	33.6	62.8	65.2	63.8	70.4	44.8	0.57
콜롬비아	19.4	25.4	27.9	46.7	44.4	31.9	51.0	47.3	36.9	49.8	54.4	56.6	61.1	80.4	45.2	0.56

국 가	정당	의회	노동조합	대기업	신문	행정*	정부*	텔레비전	사법부	경찰	환경운동단체	인권자선단체	군대	교회	기관평균	의회/기관평균
	신뢰비율(%)															
슬로베니아	8.9	16.4	28.5	29.6	27.8	16.7	24.0	34.1	32.8	38.4	40.9	39.9	37.4	34.3	29.3	0.56
독일	12.8	21.9	32.1	26.7	29.4	30.9	23.5	34.2	57.5	73.9	58.3	64.8	50.1	37.6	39.6	0.55
칠레	17.9	24.5	36.8	36.3	44.4	35.0	47.0	46.8	28.8	57.1	60.0	62.8	58.1	69.6	44.7	0.55
트리니다드토바고	9.7	16.2	27.9	32.3	20.4	33.8	26.7	23.6	32.5	28.0	43.2	56.9	39.3	50.2	31.5	0.51
일본	18.3	23.2	37.8	41.2	74.6	32.8	31.1	69.6	82.0	66.9	56.9	32.1	74.7	8.8	46.4	0.50
대한민국	24.2	26.2	43.4	50.2	64.3	62.8	45.7	66.8	50.9	58.6	71.7	71.2	52.0	48.9	52.6	0.50
브라질	21.0	24.9	45.5	57.5	43.3	52.4	46.2	41.7	49.4	44.8	68.0	66.8	69.7	77.5	50.6	0.49
불가리아	17.3	20.9	22.4	33.4	50.8	42.1	34.1	67.2	36.9	54.8	42.9	44.7	72.4	60.8	42.9	0.49
미국	15.4	20.6	29.6	26.6	23.9	41.5	38.2	25.4	57.4	70.3	53.2	63.9	82.4	66.3	43.9	0.47
우크라이나	17.3	19.8	39.5	52.5	47.0	48.8	30.3	53.0	32.8	34.0	49.6	55.1	58.8	72.7	43.7	0.45
대만	10.2	14.1	25.7	30.9	16.6	40.2	32.4	13.2	39.2	37.5	55.7	55.0	42.1	30.6	31.7	0.45
아르헨티나	7.8	13.6	7.5	25.4	36.3	8.1	37.9	33.1	20.2	21.3	62.2	68.3	32.1	55.5	30.7	0.44
루마니아	12.9	17.1	29.7	39.6	43.1	30.0	26.6	54.1	29.3	39.8	50.8	53.7	82.1	88.1	42.6	0.40
페루	4.7	7.8	13.7	19.5	18.7	6.0	11.8	18.9	8.4	15.8	46.5	42.9	22.5	51.8	20.6	0.38
폴란드	7.0	12.2	28.3	28.2	37.8	18.1	18.0	39.7	33.3	47.1	59.5	65.5	67.4	72.7	38.2	0.32
과테말라	11.7	11.4	22.9	52.1	45.6	15.2	36.2	49.2	-	24.9	59.7	-	36.0	85.3	37.5	0.30
(평균)	26.2	38.6	39.0	41.0	43.0	44.8	45.8	47.8	52.8	58.4	59.3	62.3	63.5	63.5		

* 한국어 설문지에 의하면 '시민단체'와 '행정부'가 조사되었는데, WVS 자료에는 각각 '행정(civil service)'과 '정부(government)'로 입력된 듯함

※자료: World Values Survey(2005~2008년)

(大企業)/대공사(大公司), 종교단체(宗教團體)의 순으로 신뢰를 하였다. 군대, 국가기관, 법원, 경찰 등 정부기관(GO)에 대한 중국인의 비교적 높은 신뢰가 관찰된다. 특히 인민대표대회와 정당에 대해 각각 92.4%와 87.8%의 중국인들이 신뢰한다고 응답했다. 의회 및 정당에 대한 매우 높은 신뢰는 베트남 등 일부 국가를 제외한 다른 국가에서 찾기 힘든 특이한 현상이다.

2006년 WVS 조사에서 베트남 의회의 신뢰비율은 98.8%로 베트남의 모든 기관뿐만 아니라 전 세계 모든 기관을 통틀어 가장 높은 비율이다. 공공기관에 대해 신뢰하기 때문에 그 기관들을 신뢰한다고 응답한 사람들도 많겠지만, 정부의 감독과 통제가 존재하기 때문에 그 기관들을

신뢰한다고 응답한 사람들도 있을 것이다. 이유야 어떠하든 의회에 대해 신뢰한다는 베트남과 중국의 높은 응답률은 공산당 일당 독재의 속성에도 기인한다. 〈표 12〉에서 일본 기관 가운데 신뢰를 받는 순서는 재판소(裁判所), 자위대(自衛隊), 신문(新聞)잡지(雜誌), 텔레비전, 경찰(警察), 환경보호단체(環境保護團體), 대기업(大企業), 노동조합(勞動組合), 행정(行政), 자선단체(慈善團體), 정부(政府), 국회(國會), 정당(政黨), 종교단체(宗教團體)의 순이다. 일본 의회는 종교단체와 정당을 제외하곤 최악의 불신을 받고 있으며, 다른 정부기관에 비해 불신의 정도가 더 높다.

대만 기관의 신뢰도 순위는 환경보호조직(環境保護組織), 자선단체(慈善團體), 군대(軍隊), 공가기관(公家機關), 법원(法院), 경찰(警察), 중앙정부(中央政府), 대기업(大企業), 종교단체(宗教團體), 공회(公會; 노동조합), 출판업(出版業; 신문), 국회(國會)입법원(立法院), 텔레비전(電視台), 정당(政黨)의 순이다. 1994년에 실시된 WVS 3차 조사에서 대만 입법원은 텔레비전보다 더 낮은 신뢰를 받았는데, 대만에서는 정당과 의회가 가장 높은 불신을 받고 있다고 말할 수 있다.

〈표 11~12〉의 말레이시아, 홍콩, 인도네시아, 태국, 대만, 일본, 한국 등 사회주의 전통이 없는 동아시아 국가 모두에서는 국민이 직접 선출하는 의회가 공히 행정부보다 더 낮은 신뢰를 받는다. 이는 영국, 프랑스, 이탈리아, 스페인 등 주요 유럽 국가들과 대비되는 현상이다.

3. 대통령제와 의회 불신

〈표 11〉의 아시아 국가 가운데에서도 대통령제를 채택하고 있는

필리핀, 인도네시아, 한국, 대만 등의 의회 불신이 다른 아시아 국가보다 더 심하다.

대통령제의 대표적 나라는 미국이다. 미국 갤럽은 미국의 여러 기관에 대한 미국인의 신뢰 정도를 연례적으로 조사하고 있는데, 〈그림 8〉은 의회에 관한 신뢰 정도를 연도별로 정리한 것이다. “미국 의회에 대해 얼마나 신뢰하고 계신지 매우 많이, 많이, 보통, 별로 등으로 대답해 주십시오(Please tell me how much confidence you, yourself, have in Congress – a great deal, quite a lot, some, or very little?)”라는 질문에 대해 매우 많이(a great deal) 혹은 많이(quite a lot)라고 응답한 비율을 집계한 것이다.

미국 내 기관별 신뢰도 비교에 있어서 매년 의회는 건강관리기관(HMO), 형사사법체제, 노조, 월가, 대기업 등과 함께 미국 국민들로부터 불신을 받는 기관이다. 군, 종교기관, 경찰, 대법원, 대통령, 은행, 중소기업 등이 상대적으로 신뢰받는 기관으로 조사되어 왔고, 의료체제, 공립학교, 신문, TV뉴스 등은 중간 수준의 신뢰도를 받아 왔다.

〈그림 8〉 미국 의회의 불신 변화 추이

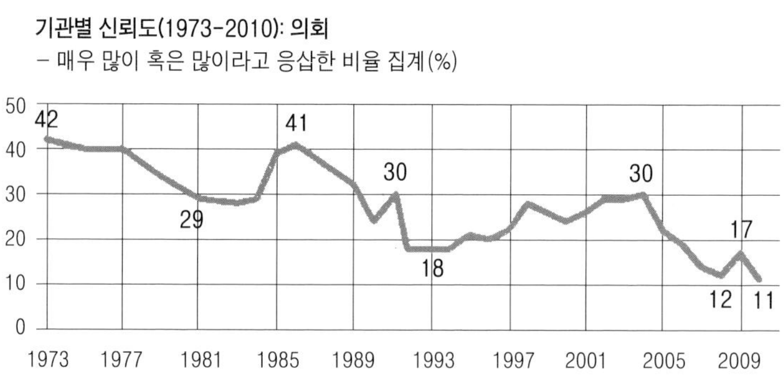

출처: www.gallup.com

미국 의회는 1970년대 중반 및 1980년대 중반에 40%를 넘는 신뢰 비율을 받은 적도 있었지만, 1990년을 기점으로 30%를 넘지 못하고 있으며 2010년에는 역대 최저의 11%를 기록하였고, 또 2011년 6월 조사에서도 12%로 조사 기관 가운데 가장 낮은 신뢰를 받았다. 냉전이 끝난 1990년 조사부터는 의회가 거의 최하위의 낮은 신뢰 빈도를 받고 있는 것이다.

기관별 미국인의 신뢰도 조사는 WVS에 의해서도 실시되었다. 제1~4차 네 차례 조사에 모두 포함된 미국 기관들에 대한 평균 신뢰 비율은 교회 73.5%, 군대 72.6%, 경찰 72.3%, 행정 53.5%, 신문 42.0%, 의회 41.6%, 노동조합 34.1%의 순이었다. 〈표 12〉의 WVS 5차 조사에서는 미국 의회가 정당의 15.4%를 제외하곤 가장 낮은 신뢰 비율인 20.6%를 받았다.

미국 외에 제1~4차 WVS에 모두 포함되었던 미주 국가로는 아르헨티나가 있는데, 아르헨티나의 기관별 신뢰도 평균 수치는 교회 50.5%, 대기업 37.7%, 언론 35.8%, 의회 27.1%, 경찰 24.2%, 군대 23.7%, 행정 16.7%, 노조 14.4%의 순이었다. 〈표 12〉의 WVS 5차 조사에서 아르헨티나 의회는 노조, 정당, 행정과 더불어 매우 불신을 받는 기관으로 확인되고 있다.

〈표 12〉의 5차 WVS에 포함된 미주 국가는 우루과이, 캐나다, 멕시코, 콜롬비아, 칠레, 트리니다드토바고, 브라질, 미국, 아르헨티나, 페루, 과테말라 등이다. 이 가운데 캐나다와 트리니다드토바고를 제외한 모든 국가가 대통령제를 채택하고 있다. 대통령제의 우루과이와 의원내각제의 캐나다를 제외하곤 모두 의회 불신이 심한 편이다.

의원내각제의 의회 불신은 대통령제 국가에 비해 덜 심화되어 있다. 의원내각제를 채택하고 있는 주요국 다수는 서유럽 국가이다.

〈그림 9〉 서유럽인의 기관 신뢰도

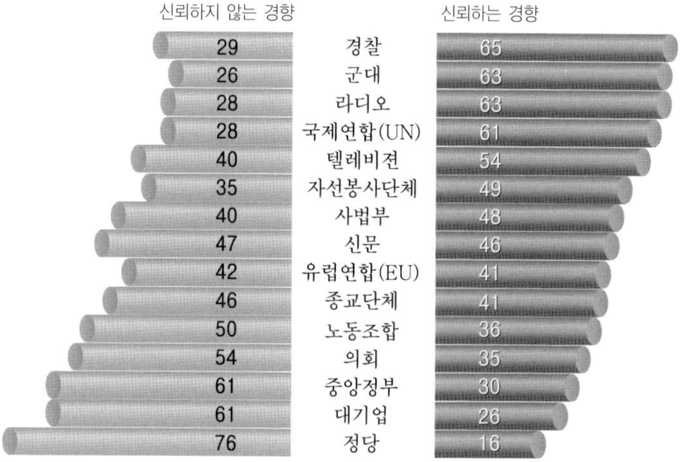

자료 : Eurobarometer(2004년)

〈그림 9〉는 2004년 유로바로미터(Eurobarometer) 자료에서 벨기에, 덴마크, 독일, 그리스, 영국, 프랑스, 아일랜드 등 서유럽 국민들의 기관 신뢰도를 국가 구분 없이 집계한 것이다. 의회 불신이 존재하고 있지만, 그 정도는 정당, 대기업, 중앙정부보다는 덜 하다고 말할 수 있다.

WVS의 1~5차 기관별 신뢰도 조사에서 모두 포함된 유럽 국가들은 독일, 스페인, 스웨덴 등 몇 개국에 불과하다. 기관별 제1~4차의 네 차례 조사 평균치는 독일의 경우 경찰 71.0%, 사법부 62.9%, 군대 47.8%, 의회 43.6%, 교회 40.7%, 행정 39.2%, 노동조합 35.7%, 대기업 33.5%, 신문 32.0%이었는데, 〈표 12〉의 5차 조사에서 독일 의회는 21.9%로 정당 12.8%를 제외하곤 최하위를 기록했다.

스페인의 경우 제1~4차 조사의 평균이 경찰 53.9%, 교회 47.6%, 군대 45.3%, 신문 45.1%, 의회 41.2%, 대기업 41.1%, 사법부 40.1%,

행정 37.3%, 노동조합 33.6%이었다. 대기업과 행정이 의회보다 더 불신되었었다. 제5차 조사에서도 스페인 의회는 인권자선단체, 환경운동단체, 경찰, 사법부, 군대보다 덜 신뢰되지만, 정당, 교회, 노조, 대기업, 언론, 정부보다 더 신뢰되었다. 스웨덴 의회도 경찰, 사법부, 환경운동단체, 인권자선단체보다 덜 신뢰되었지만 나머지 대부분의 기관보다는 더 신뢰되었다.

동유럽 국가들 대부분은 공공기관 신뢰도에서 경찰, 법원, 의회, 정당 순의 신뢰도를 보여주고 있다. 이는 〈그림 9〉의 서유럽과 동일한 기관 신뢰도 순서이다. 의회 불신은 정당 불신보다 덜 심각한 것이다.

신뢰도에 의한 기관 순서는 동유럽과 서유럽 간에 큰 차이가 없다. 다만 〈표 9〉에서 보듯이 신뢰 받는 비율의 절대값은 동유럽보다 서유럽 국가들이 더 크다. 사회주의의 경험이 의회 불신을 심화시키지 않는다는 동아시아 사례를 감안하면, 동유럽과 서유럽의 차이는 동유럽에서 대통령제를 상대적으로 더 많이 채택하고 있다는 점에서 설명될 수 있다.

4. 경제발전과 의회 불신

경제발전 변수를 통제한 상태에서 각국의 의회 불신 정도를 비교해 보자. 여기서는 OECD국가 간 의회 신뢰도 비교와 선진국 간의 의회 신뢰도를 비교한다. WVS 해당 설문의 조사가 없었던 이스라엘을 제외한 전체 33개 OECD국가의 의회 신뢰도를 집계한 〈표 13〉에서 한국 국회는 신뢰도 25위를 기록하였다. 한국 국회는 폴란드, 체코, 슬로베니아, 미국, 독일, 일본, 그리스, 멕시코 등 8개국의 의회보다 자국민으로부터 더 신뢰를 받는 것으로 조사되었지만, 나머지 24개국보다 의회 불신이 더 높다.

〈표 13〉 OECD국가의 의회 신뢰도 순위

순 위	국 가	신뢰한다고 응답한 비율	조사연도
1	아이슬란드	71.6%	1999
2	노르웨이	62.3%	2008
3	룩셈부르크	61.5%	1999
4	터키	60.0%	2007
5	스위스	57.4%	2007
6	핀란드	56.2%	2005
7	스웨덴	54.9%	2006
8	스페인	50.8%	2007
9	포르투갈	50.6%	1999
10	덴마크	48.6%	1999
11	슬로바키아	42.8%	1999
12	오스트리아	40.1%	1999
13	벨기에	39.1%	1999
14	캐나다	36.5%	2006
15	영국	35.9%	2006
16	프랑스	35.5%	2006
17	호주	35.4%	2005
18	뉴질랜드	34.6%	2004
19	이탈리아	33.1%	2005
20	아일랜드	33.0%	1999
21	헝가리	32.5%	1999
22	네덜란드	29.1%	2006
23	에스토니아	27.0%	1999
24	칠레	26.2%	2005
25	**대한민국**	25.7%	2005
26	멕시코	25.5%	2005
27	그리스	24.3%	1999
28	일본	23.2%	2005
29	독일	22.0%	2006
30	미국	20.3%	2006
31	슬로베니아	16.4%	2005
32	체코	12.9%	1999
33	폴란드	12.5%	2005

※ 조사자료가 없는 이스라엘은 제외되었음
자료: World Values Survey(1999~2007년)

또 〈표 14〉에서 스즈키(Suzuki 2011)가 선진국으로 분류한 국가들 가운데 한국의 의회 신뢰도는 1981~1982년, 1990년, 1995~1997년, 1999~2001년, 2005~2006년 조사에서 각각 10개 가운데 1위, 9개국 가운데 7위, 6개국 가운데 2위, 9개국 가운데 9위, 10개국 가운데 7위를 기록하였다. 한국이 OECD에 가입한 1996년 이후만 본다면, 한국 의회 불신 정도는 다른 선진국보다 더 높다고 말할 수 있다.

〈표 14〉 선진국의 의회 신뢰도 순위

순 위	국 가	신뢰한다고 응답한 비율	조사연도
1	**대한민국**	**68.3%**	1982
2	호주	55.3%	1981
3	프랑스	54.8%	1981
4	미국	52.2%	1982
5	독일	51.4%	1981(서독)
6	스웨덴	46.6%	1982
7	캐나다	43.1%	1982
8	영국	40.1%	1981
9	이탈리아	30.0%	1981
10	일본	27.8%	1981
1	프랑스	48.2%	1990
2	스웨덴	47.1%	1990
3	독일	46.6%	1990
4	미국	44.9%	1990
5	영국	44.0%	1990
6	캐나다	37.3%	1990
7	**대한민국**	**34.2%**	1990
8	이탈리아	30.6%	1990
9	일본	28.9%	1990
1	스웨덴	44.6%	1996
2	**대한민국**	**31.1%**	1996
3	호주	30.5%	1995
4	미국	29.8%	1995
5	일본	26.3%	1995
6	독일	23.0%	1997
1	스웨덴	50.6%	1999
2	프랑스	40.4%	1999
3	캐나다	39.5%	2000
4	미국	38.0%	1999

순 위	국 가	신뢰한다고 응답한 비율	조사연도
5	독일	37.2%	1999
6	영국	36.2%	1999
7	이탈리아	34.1%	1999
8	일본	21.7%	2000
9	**대한민국**	10.8%	2001
1	스웨덴	54.9%	2006
2	캐나다	36.5%	2006
3	영국	35.9%	2006
4	프랑스	35.5%	2006
5	호주	35.4%	2005
6	이탈리아	33.1%	2005
7	**대한민국**	25.7%	2005
8	일본	23.2%	2005
9	독일	22.0%	2006
10	미국	20.3%	2006

자료: World Values Survey

〈표 15〉 국가별 기관 신뢰도 Ⅱ

국 가	정당	의회	노동조합	대기업	신문	행정	정부	텔레비전	사법부	경찰	환경운동단체	인권자선단체	군대	교회	기관평균	의회 – 기관평균
	신뢰비율(%)															
르완다	41.1	78.8	50.0	39.6	70.6	54.8	–	58.3	78.7	85.6	59.5	59.7	–	78.3	62.9	+16
중국	87.8	92.4	74.3	56.1	72.2	85.8	92.7	74.8	82.5	80.1	78.5	75.7	91.7	38.0	77.3	+15
베트남	93.8	98.8	91.1	66.9	89.2	89.3	98.3	95.0	90.4	91.2	89.6	90.6	97.7	54.4	88.3	+10
스페인	28.5	50.8	29.7	33.9	41.6	41.1	45.1	34.5	55.4	64.0	60.1	64.9	53.2	32.4	45.4	+05
터키	34.4	61.5	42.7	48.5	31.3	57.0	63.6	33.6	75.7	72.0	56.7	65.4	86.4	71.7	57.2	+04
노르웨이	28.6	62.3	66.0	54.1	36.2	61.4	54.1	49.2	86.0	87.3	72.7	70.4	65.2	50.5	60.3	+02
남아공	43.8	65.6	49.1	67.1	60.9	55.9	70.8	74.3	66.4	61.9	65.6	70.6	63.8	84.8	64.3	+01
가나	40.7	64.9	50.3	58.8	56.4	61.7	71.3	70.9	63.2	54.7	62.7	69.1	76.3	90.3	63.7	+01
스웨덴	33.2	56.3	52.3	50.9	33.1	66.6	42.5	55.0	74.3	77.8	73.7	65.6	46.8	56.0	56.0	+00
스위스	26.2	54.0	40.4	39.3	35.3	65.2	67.2	34.5	76.9	83.5	68.5	66.7	51.2	45.1	53.9	+00
우루과이	36.4	47.4	32.5	36.7	50.5	23.6	61.3	50.7	56.1	53.0	61.9	68.7	39.3	50.4	47.8	-00
이란	20.8	41.5	25.9	20.8	29.0	30.5	48.7	44.4	43.2	55.9	44.7	56.4	57.7	75.0	42.5	-01
인도	46.4	62.4	54.4	51.4	75.8	54.3	54.9	74.8	68.9	64.1	61.4	56.9	83.3	83.4	63.7	-01
말레이시아	58.3	67.5	64.0	54.4	63.7	69.9	75.4	71.9	77.7	74.6	66.7	71.0	84.5	90.9	70.8	-03
키프로스	32.4	49.0	40.4	39.4	34.9	53.8	54.5	37.4	69.6	64.9	61.4	64.7	67.9	65.8	52.6	-04
핀란드	28.4	56.1	62.6	45.3	33.2	60.1	64.1	51.6	82.3	91.8	56.1	59.7	87.9	64.2	60.2	-04
홍콩	27.8	51.5	53.0	19.4	60.9	60.7	56.6	71.1	–	82.9	78.2	–	57.3	–	56.3	-05

국가	정당	의회	노동조합	대기업	신문	행정	정부	텔레비전	사법부	경찰	환경운동단체	인권자선단체	군대	교회	기관평균	의회－기관평균
	신뢰비율(%)															
잠비아	27.0	41.4	32.5	41.8	49.1	40.5	42.3	54.7	50.2	45.0	40.3	51.6	55.3	87.3	47.1	-06
몰도바	20.8	28.0	25.0	21.2	40.6	14.1	32.7	50.7	29.9	24.3	37.7	43.4	36.8	70.1	34.0	-06
요르단	33.7	64.6	62.4	60.0	68.7	61.8	86.7	69.1	89.9	92.3	68.8	67.9	96.6	94.1	72.6	-08
뉴질랜드	14.8	34.6	28.1	41.2	27.1	43.9	41.0	36.4	46.9	75.7	51.7	-	72.5	40.9	42.7	-08
말리	36.6	57.0	56.1	62.3	56.8	62.0	70.6	63.1	63.4	67.2	72.8	68.3	83.4	92.9	65.2	-08
호주	13.9	34.1	27.9	29.8	11.5	38.8	39.6	18.3	51.9	83.1	59.1	68.0	83.7	38.4	42.7	-09
네덜란드	23.3	29.7	48.0	32.9	32.4	31.2	27.1	36.9	44.7	59.4	55.9	49.3	45.2	29.7	39.0	-09
태국	23.3	32.7	33.9	24.7	43.9	43.9	38.5	47.6	71.8	43.5	31.2	34.7	51.4	69.4	42.2	-09
영국	17.9	36.2	30.2	36.6	13.8	45.8	33.7	31.6	60.2	72.3	70.2	75.3	78.6	45.7	46.3	-10
프랑스	16.4	35.5	38.7	39.5	38.5	54.3	29.2	34.6	40.1	71.2	64.8	66.2	68.3	47.1	46.0	-11
세르비아	12.8	20.6	18.6	30.3	21.0	23.1	25.6	18.6	28.5	35.0	50.4	48.9	51.7	61.8	31.9	-11
에티오피아	39.1	24.1	26.2	36.6	26.5	33.0	26.4	27.7	27.2	32.1	46.8	55.9	41.4	60.8	36.0	-12
모로코	36.0	44.5	41.9	45.9	49.8	51.3	54.7	56.8	63.9	61.4	62.8	72.9	68.5	90.9	57.2	-13
페루	4.7	7.8	13.7	19.5	18.7	6.0	11.8	18.9	8.4	15.8	46.5	42.9	22.5	51.8	20.6	-13
슬로베니아	8.9	16.4	28.5	29.6	27.8	16.7	24.0	34.1	32.8	38.4	40.9	39.9	37.4	34.3	29.3	-13
캐나다	23.4	38.2	32.1	36.7	33.8	55.8	39.2	32.3	65.7	81.7	72.7	76.8	72.0	59.7	51.4	-13
이탈리아	16.5	33.0	34.2	42.4	25.1	40.9	26.4	17.2	51.6	78.3	67.5	73.9	68.2	74.8	46.4	-13
트리니다드토바고	9.7	16.2	27.9	32.3	20.4	33.8	26.7	23.6	32.5	28.0	43.2	56.9	39.3	50.2	31.5	-15
러시아	22.0	29.9	38.7	35.6	36.9	53.0	45.3	45.5	38.3	33.3	63.3	58.0	66.5	67.5	45.3	-15
그루지야	18.1	24.9	26.6	37.7	31.2	40.5	33.2	33.5	25.1	47.1	45.2	52.2	69.6	94.2	41.4	-16
아르헨티나	7.8	13.6	7.5	25.4	36.3	8.1	37.9	33.1	20.2	21.3	62.2	68.3	32.1	55.5	30.7	-17
대만	10.2	14.1	25.7	30.9	16.6	40.2	32.4	13.2	39.2	37.5	55.7	55.0	42.1	30.6	31.7	-18
독일	12.8	21.9	32.1	26.7	29.4	30.9	23.5	34.2	57.5	73.9	58.3	64.8	50.1	37.6	39.6	-18
브루키나파소	28.6	38.7	53.2	55.7	53.7	58.5	49.0	57.9	47.1	52.6	69.3	76.9	69.6	79.9	56.5	-18
멕시코	24.0	25.4	30.8	46.5	50.1	25.0	44.8	46.9	37.7	33.6	62.8	65.2	63.8	70.4	44.8	-19
콜롬비아	19.4	25.4	27.9	46.7	44.4	31.9	51.0	47.3	36.9	49.8	54.4	56.6	61.1	80.4	45.2	-20
인도네시아	30.5	36.7	45.2	45.7	52.0	56.3	56.0	61.5	51.7	50.7	64.5	73.8	74.3	94.4	56.7	-20
칠레	17.9	24.5	36.8	36.3	44.4	35.0	47.0	46.8	28.8	57.1	60.0	62.8	58.1	69.6	44.7	-20
불가리아	17.3	20.9	22.4	33.4	50.8	42.1	34.1	67.2	36.9	54.8	42.9	44.7	72.4	60.8	42.9	-22
일본	18.3	23.2	37.8	41.2	74.6	32.8	31.1	69.6	82.0	66.9	56.9	32.1	74.7	8.8	46.4	-23
미국	15.4	20.6	29.6	26.6	23.9	41.5	38.2	25.4	57.4	70.3	53.2	63.9	82.4	66.3	43.9	-23
우크라이나	17.3	19.8	39.5	52.5	47.0	48.8	30.3	53.0	32.8	34.0	49.6	55.1	58.8	72.7	43.7	-24
루마니아	12.9	17.1	29.7	39.6	43.1	30.0	26.6	54.1	29.3	39.8	50.8	53.7	82.1	88.1	42.6	-26
브라질	21.0	24.9	45.5	57.5	43.3	52.4	46.2	41.7	49.4	44.8	68.0	66.8	69.7	77.5	50.6	-26
폴란드	7.0	12.2	28.3	28.2	37.8	18.1	18.0	39.7	33.3	47.1	59.5	65.5	67.4	72.7	38.2	-26
과테말라	11.7	11.4	22.9	52.1	45.6	15.2	36.2	49.2	-	24.9	59.7	-	36.0	85.3	37.5	-26
대한민국	24.2	26.2	43.4	50.2	64.3	62.8	45.7	66.8	50.9	58.6	71.7	71.2	52.0	48.9	52.6	-26
(평균)	26.2	38.6	39.0	41.0	43.0	44.8	45.8	47.8	52.8	58.4	59.3	62.3	63.5	63.5		

자료: World Values Survey(2005~2008년)

〈표 12〉는 국가들을 기관 신뢰도 평균 대비 의회 신뢰도 크기에 따라 배열하였다. 의회/기관평균 값이 1보다 크면 의회 신뢰도 값이 기관 평균보다 크다는 의미이며, 그 값이 1보다 작으면 의회 신뢰도 값이 기관 평균보다 작다는 의미이다. 이 순위표에서 한국은 전체 54개국 가운데 44위를 기록했다. 신뢰한다는 비율만을 단순 집계하여 만든 〈표 9〉 순위표의 35위보다 더 하락한 것이다. 즉 자국의 다른 기관 신뢰도에 대비한 의회 신뢰도에서 한국 국회는 좀 더 불신되고 있음을 알 수 있다.

이러한 사실은 의회를 신뢰한다는 비율이 자국의 기관 평균보다 얼마나 더 큰지에 따라 국가 순위를 정한 〈표 15〉로도 확인된다. 〈표 12〉와 마찬가지로 르완다, 중국, 스페인, 베트남, 터키, 노르웨이, 남아공, 가나, 스웨덴, 스위스의 10개국은 의회가 자국 내에서 상대적으로 신뢰받는 기관에 속한다고 볼 수 있다. 나머지 국가에선 의회가 불신 기관에 속하고 있다. 특히 한국 국회는 다른 기관 신뢰도 평균과의 차이가 전 세계에서 가장 큰 26.4%에 이르렀다. 즉 한국 국회는 다른 기관과 비교한 상대적 불신도에 있어 세계에서 가장 심하다고 말할 수 있다.[8)]

8) 만일 한국의 조사자료 입력에 있어 '시민단체'에 대한 신뢰 비율이 '행정'에 대한 신뢰 비율 항목으로 잘못 입력되어 기관 평균값이 높아졌다고 해도, 그 높아진 수치는 1.2%p에 불과하고 의회 신뢰 비율도 기관 평균 비율보다 25%p 낮기 때문에 여전히 거의 세계 최하위권 수준의 의회 불신이다.

제3장

국회 불신의 시계열적 비교

제 3 장 국회 불신의 시계열적 비교

"국회의 불신이 극에 다다르고 있다"는 표현은 최근뿐 아니라 과거에도 자주 등장하였다. 국회 불신이 최악, 즉 다른 기관에 비해서도 최악이고 또 과거와 비해서도 최악이라는 인식은 적어도 기관 신뢰도 조사가 보편화된 이래 지속되고 있는 듯하다. 어떤 현상이든 최악으로 지속하는 것 자체가 매우 어려운데, 국회 불신에 관한 과거 언급들을 보면 국회 불신의 수준이 더 이상 나빠질 수 없을 정도로 최악이라는 식으로 서술되고 있다. 이러한 언술들은 국회 불신의 심각성을 은유적으로 강조하는 것이겠지만, 사회과학적으론 서로 모순된 언술이다. 만일 조사할 때마다 과거에 비해 더 나빠졌다면 국회 불신의 끝은 어디인가? 국회 불신을 시간적으로 길게 살펴볼 필요가 있다.

1. 언론보도로 본 국회 불신의 변화 추이

언론보도는 주로 부정적인 면에 집중한다. 국회 관련 언론보도도 마찬가지이다. 국회가 파행과 부패 없이 순조롭게 기능한다고 해서 그러한 사실은 당연하기 때문에 언론에 보도되지 않을 것이다. 따라서 보도되지 않았다 해서 국회가 신뢰되지 않는다고 판단해서는 아니 된다. 그렇지만 완벽한 국회 기능과 이에 대한 완전한 신뢰가 형성되어 있지 않는 한, 국회 불신 관련 보도는 나오게 되어 있다. 국회 불신의 언론보도는 국회가 불신되고 있다는 하나의 지표가 될 수 있다.

네이버 뉴스 라이브러리(경향신문, 동아일보, 매일경제 등 3개 언론사의 1920년 4월 1일 ~ 1999년 12월 31일)에서 검색되는 가장 오래된 국회 불신 관련 기사는 6.25 전쟁이 발발하기 직전인 1950년 6월 14일 "선량(選良)들에 고하노라 - 국민의 불신을 받았다는 것을 잘 알기 때문이다. 그러면 이제 제군은 전철을 밟지 않을 어떠한 용의와 준비가 있는가 …"는 내용의 동아일보 사설이다. 대한민국 정부가 수립된 직후부터 국회 불신이 언급되었던 것이다.

제목에 '국회불신'이 포함된 기사를 네이버 뉴스 라이브러리로 검색해보면 〈표 16〉과 같다. 3개 신문의 기사 제목만으로 검색해도 1960년대까지 거슬러 올라간다. 네이버 뉴스 라이브러리에서 '국회불신'으로 검색되는 3개 신문 기사 본문 건수는 5,484건에 이른다. 3개 신문사의 관련 기사 건수를 1950년부터 1999년까지 연도별로 나타낸 것이 〈그림 10〉이다. 〈표 16〉과 〈그림 10〉에 보듯이 3당합당이 있었던 1990년

〈표 16〉 국회불신 제목의 오래된 신문기사 예들

일 자	제 목	언론사 및 기사유형
1964. 2. 3	"국회불신사상의 미만"	동아일보 사설
1964. 2. 18	"국회불신을 조성하는 언설을 경계한다"	경향신문 사설
1964. 8. 4	"국회는 국민의 불신을 사지 않도록 하라"	동아일보 사설
1978. 11. 14	"「고촌저도」의 정치참여의식 국회 · 정당이 불신 받고 있다"	동아일보 통계
1984. 5. 18	"여, 비판보다 정책창출주력 야, 국회활성화로 불신극복"	경향신문 뉴스
1985. 5. 8	"국민 불신 씻고 제구실 다 하는 국회 돼야"	경향신문 인터뷰
1989. 4. 11	"불신 벽 높아 수습길 험난 국회 노동위"	매일경제 뉴스
1990. 3. 16	"정치실종 · 민생소홀…불신만 높여 임시국회 결산"	매일경제 좌담/대담
1990. 12. 26	"3당통합 국회파행…불신 키웠다"	동아일보 뉴스
1991. 2. 1	"국회불신조장 음모"	동아일보 뉴스
1991. 12. 8	"13대 국회서 「사법처리」된 의원 - 정치인 불신 「흙탕물」	경향신문 뉴스
1993. 9. 20	"갈팡질팡 국회 … 국민 불신만 증폭"	매일경제 텍스트
1994. 10. 28	"국회의 공전 계속 국민 불신만 키워"	경향신문 텍스트

자료: 네이버 뉴스 라이브러리

전후에 국회불신 관련 기사가 많았는데, 분명한 사실은 국회불신 관련 기사가 없었던 연도는 없다는 점이다.

〈그림 10〉 1950~1999년 국회불신 관련 기사 건수 변화 추이

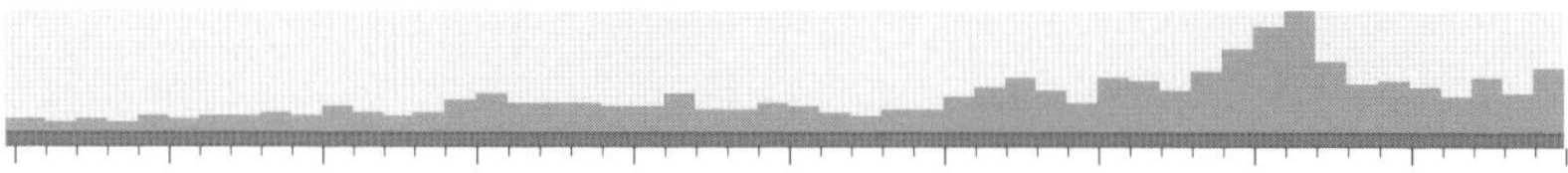

출처: 네이버 뉴스 라이브러리

1990년 이후의 기사에서 국회 불신을 다루는 빈도를 조사하기 위해 한국언론진흥재단의 기사통합검색(KINDS)을 이용하였다. KINDS에는 조선일보와 중앙일보 등 몇 개 신문이 제외되어 있지만 다수 언론사의 기사를 통합적으로 검색할 수 있다. 국회불신 제목으로 검색되는

〈표 17〉 1990년 1월 1일 ~ 2011년 10월 31일 국회불신 제목의 기사 목록

일 자	기사제목	언론사
1990.04.10	"정치불신 고조"… 민심수습 처방/국회 5개 상위소집 배경과 현안	국민일보
1990.09.11	"여야는 한배… 불신 없애면 잘 풀릴 것"/박준규국회의장 일문일답	한국일보
1990.11.23	국회 정치분야 대정부 질문 여야 불신 뚜렷	세계일보
1990.11.23	여당 도의상실이 정치불신 초래/김대중총재 국회연설 요지	경향신문
1990.11.24	"민생치안-정치불신 해소 시급"/김대중총재 국회연설문 요지	세계일보
1990.11.24	"도덕성 부활 정치불신 씻자"/김대중 평민총재 국회연설 요지	한국일보
1990.12.21	'부실 국회' 와 정치 불신	한겨레
1990.12.26	3당통합 국회파행… 불신 키웠다/' 90 국내정치 결산	동아일보
1991.01.21	국회의 난국 대처기능/정치불신 씻는 계기로 삼아야	경향신문
1991.03.13	불신 농정에 또하나 '불씨' / '추곡 국회동의 폐지' 파문	국민일보
1991.04.24	「정치불신」 원인놓고 여야 시각차/국회 정치분야 대정부질문	세계일보
1991.04.25	"물가폭등 정부불신 가중"/국회 질문/페놀오염 문책 촉구	동아일보
1991.11.28	"정치력부재" 국민불신 증폭/추태로 막내리는 13대 국회	한국일보
1995.03.19	정치불신만 키워/173회 임시국회 무얼했나	한겨레
1996.09.21	정치권 불신 확산우려 "불끄기"/잇단 의원 추태 국회 대책 · 반응	한국일보

일 자	기사제목	언론사
1998.05.29	불신 씻고 '경쟁력 갖춘 국회로' /21세기 국회상	국민일보
1998.07.16	「식물국회」 두달… 선거戰은 과열-혼탁/정치不信 깊어간다	세계일보
2000.09.08	'대학생 95%가 국회 불신' 질타	한겨레
2000.11.22	國會홈페이지 '정치불신' 홍수	문화일보
2001.12.28	국민 89.5% "국회 · 정당 가장 불신"	국민일보
2002.07.23	국회 제2의원회관 건립 정치인 불신감만 더 키워	한겨레
2003.05.01	盧대통령 국회불신 진짜이유	경향신문
2004.02.10	무책임 국회...등돌린 民心 - 정치불신 현역물갈이 여론 거세질 듯	문화일보
2004.11.06	국회파행 왜 못푸나/원인과 해법-"극우" "주사파"… 불신의 "철벽"'	세계일보
2005.03.04	정치불신 자초 "난장판 국회"	세계일보
2005.07.16	"목회자들이 정치불신 씻어 줬으면"…김원기 국회의장	국민일보
2007.05.25	중산층 "국회.정부.청와대 불신", 삼성硏 사회조사 결과	경향신문
2008.05.10	"국회가 법 안지켜 정치불신 초래…"김원기 前 국회의장 충고	동아일보
2008.05.10	"국회 법치 실종…정치불신 야기"…김원기 전 국회의장 '쓴소리'	세계일보
2008.05.31	국회 개원 60주년 / 이념.철학없는 정당 대의정치 불신 자초	경향신문
2008.07.01	김형오 국회의장 후보자 "큰 표차 믿고 깔보는 것 아닌가 하는 불신 싹터...	경향신문
2008.07.02	김원기 前의장 "국회서 法무시… 정치불신 초래"	세계일보
2008.08.11	국회 공기업특위 허와 실/ 정치공방 한 달… 불신만 키웠다	서울신문
2008.09.12	'불신의 골' 확인… '대립 국회' 예고	동아일보
2009.01.09	도넘은 막말 국회 커지는 정치 불신	서울신문
2009.04.30	장관들 왜 '국회 경시 발언' 줄잇나…MB정치 불신과 무관치 않은 듯	세계일보
2009.07.16	불신과 동시농성, 막장국회 한심하다	서울신문
2011.09.16	국민의 정치 불신 무섭다더니… 국회 또다시 태업	아시아투데이
2011.09.29	국회, 약사보다 국민 불신 두려워해야	경향신문

자료: KINDS

1990년 1월 1일부터 2011년 10월 31일까지의 기사는 〈표 17〉에서 정리되어 있다.

〈표 17〉의 기사 건수는 1990년 무렵과 2008년 무렵에 많은데, 이는 주로 정당대표 국회연설이나 국회의장 이취임 인터뷰로 인한 기사들이다. 이러한 기사들은 유권자의 국회불신에 관한 비판적 기사가 아니고 국회 내부의 의견을 단순 보도한 것이라는 주장도 있겠으나, 언론이 기사 제목과 본문을 작성했다는 점에서 국회불신에 관한 여론을 어느 정도 반영한 기사로 볼 수 있다.

기사제목뿐 아니라 기사본문까지 검색해보면 1990년 1월 1일부터 2011년 10월 31일까지 총 20,322건인데, 국회 불신은 주로 파행과 부패와 관련되어 언급되어 왔다.

언론보도에서 국회불신의 심각성에 대해 언급되지 않았던 시기는 없다. 즉 대한민국 국회가 생긴 이래 국회 불신에 대해 걱정과 비판이 없었던 때는 없었다고 말할 수 있다. 국회 불신이 결코 최근의 새로운 현상이 전혀 아님을 알 수 있다.

2. 조사자료로 본 국회 불신의 변화 추이

제16대 국회와 비교해 제17대 국회를 전반적으로 어떻게 평가하느냐는 2006년 중앙일보 조사에서 한국 유권자들은 60.3%('약간 못하고 있음' 비율 + '매우 못하고 있음' 비율)가 제17대 국회를 더 부정적으로 평가하였고, 제16대보다 잘한다고 평가한 비율은 3.0%('약간 잘함' 비율 + '매우 잘함' 비율)에 불과하였다(가상준 2009; 정혜숙 2009).

그렇다면 제17대 국회 당시 조사된 국회 불신은 제16대 국회 당시 조사된 국회 불신보다 더 높았을까? 〈표 18〉에서 제17대 국회(2004.5.30~2008.5.29) 시기였던 2005년 WVS 조사에서 73.9%가 국회를 불신한다고 응답하였다. 반면 제16대 국회(2000.5.30~2004.5.29)였던 2001년 조사에서는 89.2%가 국회를 불신한다고 응답하였었다. 즉 유권자들은 평균적으로 제17대 국회보다 제16대 국회를 더 불신한 것으로 조사되었지만, 제17대 국회 당시 다수의 유권자들은 당시 국회를 그 이전 국회인 제16대보다 못하다고 보았던 것이다.

〈표 18〉 WVS의 한국 의회 신뢰도 조사결과

귀하는 의회를 얼마나 신뢰하고 계십니까?	조사시기				
	1982	1990. 6.1~7.31	1996 봄	2001. 11.10~21	2005. 12.1~15
완전히 신뢰한다	24.9%	7.4%	3.3%	1.4%	1.4%
약간 신뢰한다	43.4%	26.7%	27.8%	9.4%	24.8%
별로 신뢰하지 않는다	25.3%	43.2%	51.9%	49.9%	50.6%
전혀 신뢰하지 않는다	6.4%	22.6%	17.0%	39.3%	23.3%

자료: World Values Survey

〈그림 11〉 WVS의 한국 의회 신뢰도 조사결과

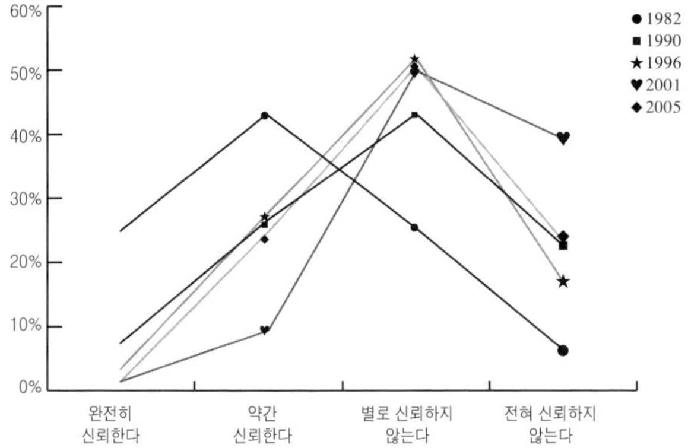

자료: World Values Survey

신뢰한다고 응답한 비율 기준에서는 제16대 국회보다 제17대 국회가 더 신뢰 받았지만, 제17대 국회는 이전 국회와의 직접 비교 평가에서는 제16대보다 못한 평가를 받았다. 모순처럼 보이는 이러한 현상은 두 가지 측면에서 설명할 수 있다.

먼저, 앞서 강조하였듯이 신뢰와 평가는 다르다. 신뢰는 사전적으로 기대하는 것이고, 평가는 사후적으로 이루어지는 것이다. 사전 기대가 높을수록 사후 평가가 좋지 않다. 제17대 국회에 대한 사전 기대가 제16대 국회보다 더 높았다고 할 수 있다. 그러한 높은 사전 기대를 충족시키지 못하여 제17대 국회에 대한 사후 평가는 좋지 않았다고 말할 수 있다.

다른 설명은 유권자들이 늘 과거보다 현재가 못하다는 인식을 많이 한다는 사실로 가능하다. 각종 사회갈등의 조사에서 당시 갈등 체감도를 시계열로 비교해보면 현재가 더 악화되어 있지 않지만, 다수의 응답자는 과거보다 현재가 더 악화되어 있다고 인지하고 있다. 예컨대 과거보다 세대갈등이 늘었다고 응답한 비율이 그렇지 않다고 응답한 비율보다 높았지만, 막상 세대갈등이 존재하고 있다고 응답한 비율은 과거보다 늘지 않았다(김재한 2006). 의회 불신에 대해서도 마찬가지이다. 의회 변혁에 대해 비관적이다 보니 늘 현재의 의회 불신이 과거보다 더 심화되었다고 보는 것이다.

따라서 특정 시점에서 역대 의회 불신을 비교하는 조사자료보다는 의회 불신에 관한 당시 조사자료들로 비교하는 것이 더 적실하다. 〈표 18〉은 WVS의 조사에서 나타난 의회 불신의 정도이다. 〈표 18〉을 그림으로 나타낸 것이 〈그림 11〉이다. 1990년에 들어서면서 의회를 신뢰하는 유권자보다 불신하는 유권자가 더 많게 되고, 1980년대보다 1990년대에, 또 1990년대보다 2000년대에 의회 불신이 더 심화되었다고 말할 수 있다. 그런데 2000년대 와서는 2001년보다 2005년 때 의회 불신이 조금 완화되었다고 말할 수 있다.

〈표 18〉의 시계열 비교에서 그 배경변수로 들 수 있는 것은 여소야대이다. 다섯 차례 국회 신뢰 조사에서 최하위를 기록한 2001년은 집권여당이 제1당이지 않았던 여소야대였다. 나머지 다른 시기인 1982년, 1990년, 1996년, 2005년 모두 집권여당이 제1정당이었다. 여소야대에서 자주 관찰되는 교착과 비효율이 의회 불신을 증대시켰다고 말할 수 있다.

WVS 자료 외에 국내 언론사, 정부 부처, 연구기관, 조사기관 등이 수행한 국회 불신에 관한 조사는 다양하다. 2010년 무렵의 조사는 자료마다 서로 다른 결과를 보이고 있기 때문에 여기서 보고하지 않는다. 그렇지만 국회 불신이 지속되고 있음은 굳이 조사자료 없이도 명확하다고 말할 수 있다.

제4장

국회 불신 집단과 신뢰 집단의 비교

국회 불신 집단과 신뢰 집단의 비교

제 4 장

1. 국회 불신 정도에 따른 집단 구분

국회 불신을 설명하는 사회인구적 배경 변수로는 연령, 교육수준, 성(性)이 있다(김재한 2004a). 이러한 사회인구적 효과는 WVS 자료에서도 〈표 19~21〉과 〈그림 12~14〉처럼 유사하게 확인된다.

〈표 19〉 교육수준과 의회 불신

	구 분	귀하는 학교를 어디까지 다니셨습니까?									
		합계	정규 학교를 다닌 적이 없다	초등 학교 중퇴	초등 학교 졸업	중학교 중퇴	중학교 졸업	고등 학교 중퇴	고등 학교 졸업	전문대	대학교
의회 신뢰	완전히 신뢰한다	1.4%	-	-	-	-	3.3%	-	2.4%	-	1.1%
	약간 신뢰한다	24.8%	7.2%	26.9%	38.8%	28.1%	22.5%	17.4%	24.0%	20.8%	23.3%
	별로 신뢰하지 않는다	50.6%	38.6%	40.3%	40.8%	60.6%	36.1%	55.8%	52.3%	59.7%	56.1%
	전혀 신뢰하지 않는다	23.3%	54.2%	32.8%	20.4%	11.3%	38.2%	26.8%	21.2%	19.5%	19.5%
	합 계	1,199 (100%)	32 (100%)	47 (100%)	147 (100%)	27 (100%)	106 (100%)	29 (100%)	399 (100%)	122 (100%)	289 (100%)

자료: World Values Survey(2005년)

〈그림 12〉 교육수준과 의회 불신

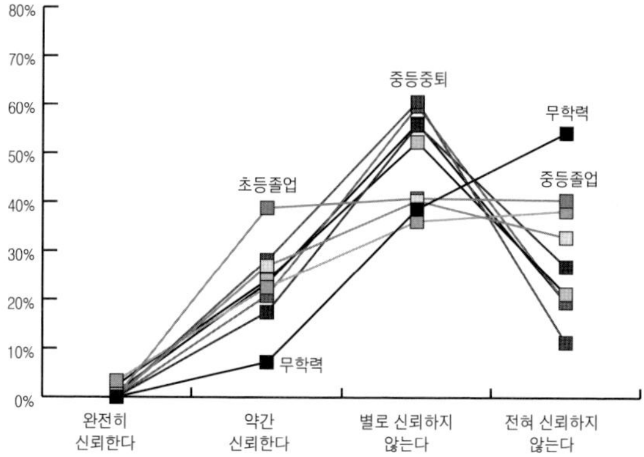

자료: World Values Survey(2005년)

먼저, 교육수준에 따른 의회 불신 수준이다. 〈표 19〉에서 고등학교 졸업자(n=399)는 전체 평균보다 더 높은 비율이 의회를 신뢰한다고 응답했고 전체 평균보다 더 낮은 비율이 의회를 불신한다고 응답하였다. 이에 비해 정규학교를 다닌 적이 없는 응답자(n=32)와 고등학교 중퇴자(n=29)는 전체 평균보다 더 높은 비율로 의회를 불신하였고 또 더 낮은 비율로 의회를 신뢰하였다. 또 초등학교 졸업자(=147)와 중학교 중퇴자(n=27)의 의회 불신 비율은 전체 평균보다 더 낮았고, 전문대

〈표 20〉 성별 의회 불신

구 분		귀하의 성별은 무엇입니까?		
		합계	남성	여성
의회 신뢰	완전히 신뢰한다	1.4%	1.5%	1.2%
	약간 신뢰한다	24.8%	20.1%	29.3%
	별로 신뢰하지 않는다	50.6%	52.1%	49.1%
	전혀 신뢰하지 않는다	23.3%	26.3%	20.3%
	합 계	1,199 (100%)	592 (100%)	607 (100%)

자료: World Values Survey(2005년)

학력자(n=122)와 대학교 학력자(n=289)의 의회 신뢰 비율은 전체 평균보다 더 낮았다.

〈그림 13〉 성별 의회 불신

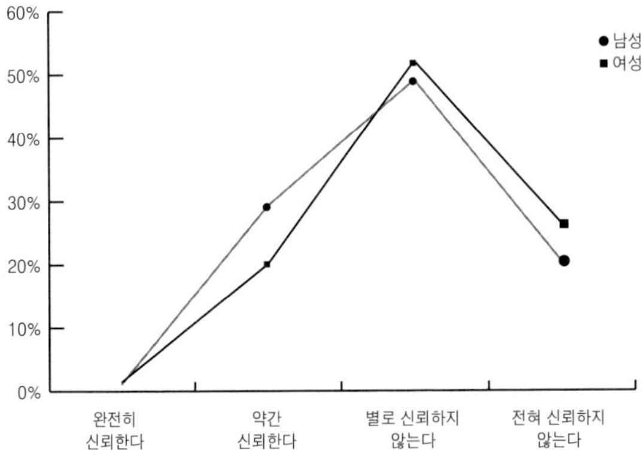

자료: World Values Survey(2005년)

통계적 유의성을 감안하여 의회 신뢰자와 의회 불신자를 구분하면, 초졸과 고졸이 의회를 상대적으로 더 신뢰하는 집단이고, 전문대와 대학교가 의회를 상대적으로 더 불신하는 집단이다. 즉 교육수준이 높을수록 의회에 대해 불신하는 경향을 보였다. 모든 경험적 자료가 그렇지는 않지만, 대체로 교육수준과 정치참여수준이 높을수록 국가기관에

〈표 21〉 연령대와 의회 불신

구 분		연령대			
		합계	15-29세	30-49세	50세 이상
의회 신뢰	완전히 신뢰한다	1.4%	1.9%	0.9%	1.6%
	약간 신뢰한다	24.8%	23.3%	23.8%	27.4%
	별로 신뢰하지 않는다	50.6%	56.4%	50.5%	46.6%
	전혀 신뢰하지 않는다	23.3%	18.4%	24.8%	24.4%
	합 계	1,199 (100%)	260 (100%)	572 (100%)	368 (100%)

자료: World Values Survey(2005년)

대한 한국인의 정치 불신은 높게 나온다. 이러한 사실은 자주 구미(歐美) 국가와 대비되는 점이다. 구미 국가에서는 교육수준, 정치참여수준, 사회참여수준 등이 높을수록 타인 및 정치제도에 대한 불신이 낮다.

〈그림 14〉 연령대와 의회 불신

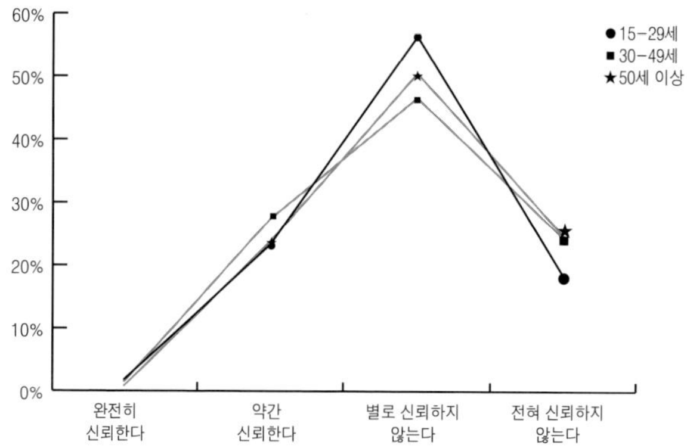

자료: World Values Survey(2005년)

〈표 20〉에서 남성의 의회 불신 비율은 여성보다 높았다. 남성의 78.4%가 의회를 불신하였지만 여성은 69.4%가 불신한다고 응답하였다. 다른 조사자료에서는 교육수준을 통제한 상태에서의 국회 불신에 대한 남성/여성 효과는 별로 강하지 않았고, 국회의원에 대한 불신 수준은 연령이 젊을수록 또 교육수준이 높을수록 증대되었다(김재한 2004a). 2005년 WVS 자료를 이용한 〈표 21〉에서 30~49세 집단은 다른 연령대보다 의회를 신뢰하는 비율이 더 낮았고 또 의회를 불신하는 비율은 더 높았다.

이렇듯 연령대에 따라 국회를 신뢰하고 불신하는 정도가 달라진다고 해서 현재 연령대에 따라 집단을 영구적으로 분류할 수 없다. 왜냐하면 그러한 정치의식은 세대라는 지속적 요인보다 연령대라는 생애

주기에 따른 변화에 더 큰 영향을 받고(김재한 2006) 또 시간이 지나면 연령은 저절로 바뀌기 때문이다. 물론 국회 불신을 해소하려고 할 때 그 불신 집단의 주요 구성원인 청장년을 대상으로 시도되어야 함도 사실이다.

2001년에 실시된 조사자료에 따르면, 국회에 대해 불신하는 계층은 정당(r=.51), 지방의회(r=.42), 청와대(r=.41), 행정기관(r=.38), 지자체(r=.38), 검찰(r=.34) 등에 대해 불신하는 계층과 중첩하였다(김재한 2004a). 이와 대조적으로 국회에 대한 불신 계층은 시민단체(r=.02)에 대한 불신 계층과 별로 중첩되지 않았다. 즉 정부기관 신뢰자와 시민단체 신뢰자로 구분할 수 있다. 대한민국 국회에 대해 누가 덜 불신하고 누가 더 불신하느냐는 것도 정부기관을 덜 불신하는 집단과 비정부기관을 더 신뢰하는 집단 간의 구분으로 이해할 수 있다.

또 국회의원을 불신하는 계층은 정당간부(r=.64), 지방의원(r=.55), 지방자치단체장(r=.55), 고위공무원(r=.50), 경찰간부(r=.47), 검사(r=.41) 등을 불신하는 계층과 중첩하였다. 이에 비해 국회의원에 대한 불신 계층은 시민운동가(r=.12)를 불신하는 계층과 가장 덜 중첩되었다(김재한 2004a). 국회의원을 누가 덜 불신하고 누가 더 불신하느냐는 것은 국회의원이 추구하는 이익에 관한 관용 여부에 따른 구분으로 이해할 수 있다.

이러한 국회 불신 정도에 따라 집단을 구분하려면 정부와 비정부 간의 관계 설정도 중요하다. 정부의 실패를 보완/대체하는 비(非)정부기관으로는 대체적으로 시민단체와 시장 두 가지를 들 수 있다.

먼저, 정부 실패에 대한 보완책으로 일부 정부 기능을 비(非)정부기관이 맡는 것이 거론된다. 그러한 적극적 역할을 기대하는 비정부기관으로는 상대적으로 높은 신뢰를 받고 있는 시민단체가 언급되는 것이다. 한국의 경우 사회참여활동수준이 높을수록 정부기관에 대한 불신이 높다는 사실은 사회참여활동이 정부활동의 보완관계가 아니라 대체관계로 작동한다는 것을 의미한다.

다른 한편에서는 정부 실패 수습책으로 시장의 자율에 맡기는, 즉 규제의 철폐를 주장하고 있다. 기업에 대한 신뢰가 규제 철폐와 시장 자율의 원천이기 때문에 불신 받는 재벌이 시장자율의 주체로 역할하기란 쉽지 않을 것이다.

〈그림 15〉에서 정부, 시장, 시민단체 간의 결합양태는 매우 다양하고 각각에 대한 신뢰수준도 다양하다. 권위적인 정부를 두고 기업과 시민단체가 민간부문으로 묶여 있는 상황, 또 기업과 정부가 정경유착으로

〈그림 15〉 정부, 시장, 시민단체의 3자 관계

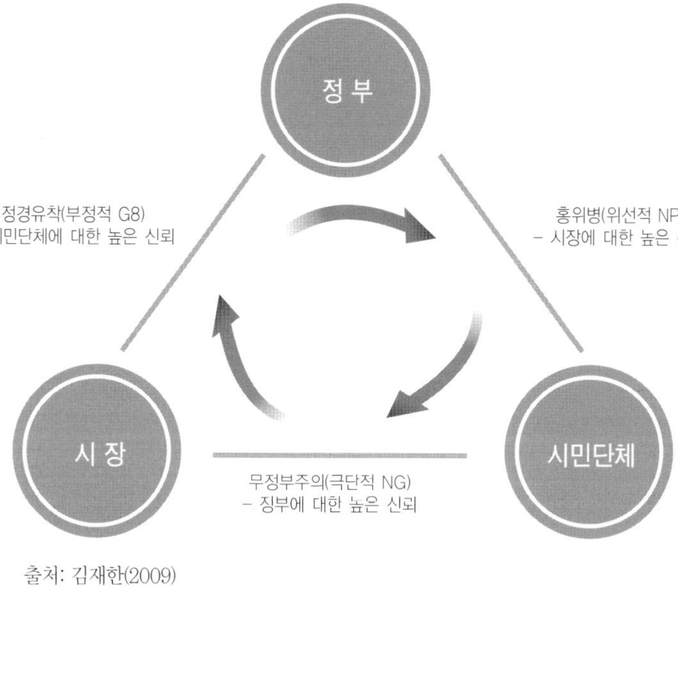

출처: 김재한(2009)

하나의 편이 되고 그 반대편에 시민단체가 있는 상황, 그리고 시민단체가 개혁주체세력 또는 정권홍위병으로 정부와 함께 하나의 편이 되고 그 반대편에 시장이 홀로 있는 상황 등 세 가지의 경우가 가능하다.

먼저, 시장-시민단체 간의 비정부(non-government; NG) 결합이다. 이 결합은 권위주의 정권에 대한 대항일 때도 있지만, 늘 긍정적이지는 않다. 그러한 부작용은 극단적인 무정부주의에서 발견할 수 있는데, 그러한 결합은 자연스럽게 정부의 필요성과 정부에 대한 신뢰도를 증대시킨다고 할 수 있다.

다음, 정부-시장 간의 결합이다. 부정적인 정부-기업(government-business; GB) 관계로 볼 수 있는 정경유착에서는 정부라는 GO와 시장이라는 PO가 결합되어 공공기관이 영리(사익)를 추구한다. 정경유착이 있을 때 그 정경결합체에 대한 신뢰는 낮고 상대적으로 시민단체에 대한 신뢰는 높을 수밖에 없다.

끝으로, 정부-시민단체 간의 결합이다. 거버넌스(governance)라는 형태의 정상적인 기제로 작동하기도 하지만, 부정적으로 작동할 때도 있다. 예컨대 홍위병이라는 용어는 중국뿐만 아니라 정부와 시민단체 간의 부적절한 담합을 일컫는 말이다. 특히 정부와 시민단체가 비영리(non-profit; NP)이라는 위선적 대의명분을 갖고 자율적 시장에 위해를 가하는 경우에는 더욱 그렇다. 시민단체가 권력기관(GO)으로 인식되거나 또는 시민운동가가 사익추구(PO)의 모습을 보이게 되면 불신을 가져오게 되어 영향력을 점차 잃게 된다. 당장은 아니더라도 정부-시민단체 간의 부정적 담합의 효과가 드러남에 따라 시장에 대한 신뢰가 상대적으로 높아질 수밖에 없다.

규제 중심을 지향하는 시민단체도 있고, 규제 철폐에 노력하는 시민단체도 있다. 그러한 이념 성향에 따라 시민단체는 정부 혹은 시장과 연대를 모색할 수 있고, 또 정부가 어떤 이념의 정권이냐에 따라 정부와의 연대 여부가 결정되기도 한다. 한국 시민단체는 그 견제 대상이 정부일 수 있는 만큼 시장인 경우도 많고, 시민단체를 신뢰하는 한국인의 성향은 국회와 같은 정치권뿐만 아니라 재벌에 대해서도 상대적으로 덜 신뢰하는 경향을 보이고 있다. 이러한 정부, 시장, 시민단체 간의 결합양태는 국회를 덜 불신하는 집단과 더 불신하는 집단 간의 구분에도 영향을 줄 수밖에 없다.

2. 민주주의 의식과 국회 불신

이제 누가 국회를 더 불신하고 누가 덜 불신하는지를 살펴보자. 사회인구적 변수로 두 집단을 구분하기도 하는데, 이는 정책적으론 별 의미가 없다. 특정 지역이나 특정 소득계층이 국회를 더 불신한다고 해서 그들의 거주지를 이전시킬 수도 없고 그들의 소득수준을 변경할 수도 없다. 만일 있다고 해도 국회 불신엔 별 효과가 없다. 그러한 인구배경적 변수보다는 국회 불신과 관련 있는 정치의식적 변수를 분석해야 국회 불신 완화를 위한 실제 민주주의교육이나 정치문화적 정책의 제안이 가능하리라고 판단된다.

먼저, 민주주의 의식이다. 직접민주주의를 믿는 사람일수록 국회를 불신하기가 쉽다. 2005년 WVS 조사는 "국민투표를 통해 법을 변경한다"는 것이 민주주의에 필수적인지 아닌지를 물었는데, 이에 대한 응답과 의회 불신 정도를 연결시킨 것이 〈표 22〉와 〈그림 16〉이다. 국민투표에 의한 법 변경을 민주주의에 필수적인 요소로 보지 않은 사람들(1 혹은 2) 다수(각각 43.9%와 68.7%)는 의회를 약간 신뢰하였다.

이에 비해 국민투표 법 변경을 민주주의에 필수적으로 본 나머지 사람들의 다수는 의회를 별로 신뢰하지 않았다.

〈표 22〉 직접민주주의 선호와 의회 불신

구 분		국민투표를 통해 법을 변경한다										
		합계	민주주의에 필수적인 요소가 아니다	2	3	4	5	6	7	8	9	민주주의에 필수적인 요소이다
의회신뢰	완전히 신뢰한다	1.4%	6.8%	-	2.4%	-	1.8%	3.3%	0.5%	-	-	1.8%
	약간 신뢰한다	24.8%	43.9%	68.7%	24.5%	36.1%	27.7%	14.6%	16.1%	24.7%	25.1%	25.3%
	별로 신뢰하지 않는다	50.6%	28.6%	31.3%	50.7%	44.5%	56.4%	51.0%	55.0%	58.8%	60.0%	42.6%
	전혀 신뢰하지 않는다	23.3%	20.7%	-	22.4%	19.5%	14.1%	31.1%	28.5%	16.5%	14.8%	30.3%
	합 계	1,199 (100%)	44 (100%)	8 (100%)	22 (100%)	23 (100%)	84 (100%)	92 (100%)	116 (100%)	219 (100%)	180 (100%)	412 (100%)

자료: World Values Survey(2005년)

〈그림 16〉 직접민주주의 선호와 의회 불신

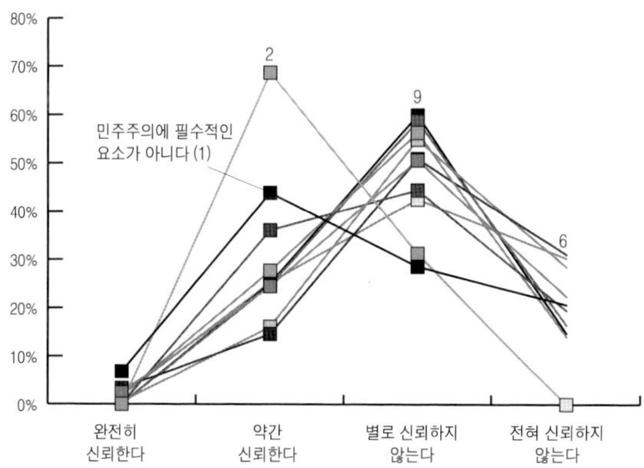

자료: World Values Survey(2005년)

직접민주주의는 정치적 효능감과도 깊은 관련을 갖는다. 스스로 정치에 영향을 주지 못한다는 인식이 국회 불신과 직결되는 것이다. 2005년 WVS 조사에서는 정치적 효능감 관련 문항이 없어 보여주지는 못하지만, 지역언론인들을 대상으로 연구한 남궁근 등(1991)에 따르면 정치적 효능감이 높을수록 국회에 대한 규범적 신뢰가 높았다. 그렇다면 유권자들이 정치적 효능감을 더 체감하도록 할 수 있다면 국회 불신도 어느 정도 해소될 것으로 보인다.

불신은 민주주의 인식과 깊은 관련을 갖는다. "민주주의는 논쟁이 많고 우유부단"하다고 생각하거나 "민주주의가 문제는 있지만 그래도 어느 통치체제보다도 낫다"고 생각할수록 국회를 신뢰할 것이다. WVS 자료에는 관련 문항이 없어 여기서는 대의민주주의에 대한 인식으로 국회 불신을 설명하기로 한다.

직접민주주의와 달리, 대의민주주의를 중시하는 유권자일수록 국회를 신뢰할 것이라는 유추가 가능하다. 〈표 23〉과 〈그림 17〉에서 의회와 정당이 중심이 되는 민주주의를 매우 나쁘게 생각하는 유권자 가운데 다수(49.3%)는 의회를 전혀 신뢰하지 않았다. 이에 비해 의회 및 정당 중심의 민주주의를 좋다고 생각하는 유권자 가운데 의회를 전혀 신뢰하지 않는다는 비율은 18.8~22.4%에 불과하였다. 의회 · 정당 중심의 민주주의를 좋게 생각할수록 국회를 덜 불신하였다. 그렇다면 대의민주주의에 관한 교육이 국회 불신을 일부 해소한다고 기대할 수 있다. 물론 이러한 대의민주주의에 관한 호감은 국회 신뢰의 필요조건일 수 있지만 충분조건은 아니다. 〈표 23〉과 〈그림 17〉에서 보듯이 의회 · 정당 중심의 민주주의를 매우 좋게 본 사람들 가운데 76.5%(54.1%+22.4%)는 의회를 신뢰하지 않기 때문이다.

〈표 23〉 대의민주주의 선호와 의회 불신

구 분		의회와 정당이 중심이 되는 민주주의				
		합계	매우 좋다	좋다	나쁘다	매우 나쁘다
의회 신뢰	완전히 신뢰한다	1.4%	2.7%	1.2%	0.4%	0.8%
	약간 신뢰한다	24.8%	20.9%	28.0%	24.3%	11.2%
	별로 신뢰하지 않는다	50.6%	54.1%	52.1%	45.3%	38.7%
	전혀 신뢰하지 않는다	23.3%	22.4%	18.8%	30.0%	49.3%
	합 계	1,199(100%)	263(100%)	662(100%)	201(100%)	72(100%)

자료: World Values Survey(2005년)

〈그림 17〉 대의민주주의 선호와 의회 불신

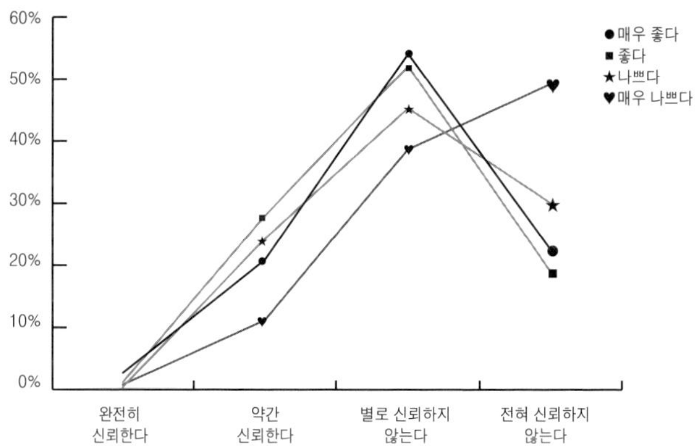

자료: World Values Survey(2005년)

직접민주주의와 대의민주주의에 대한 인식은 그렇게 쉽게 인지되는 성질의 것은 아니다. 일반 유권자 차원에서는 그냥 정치에 관심을 갖고 있느냐 아니냐로 구분될 수 있다. 특히 정치에 관심 없다고 응답한 사람들은 정치행위에 관심 없어서 그렇다고 응답하기도 하고 또 기존 정당이나 정치권을 좋아하지 않아서 그렇다고 응답하기도 한다. 〈표 24〉와 〈그림 18〉에서 정치에 전혀 흥미가 없다는 사람들의 83.1%가 국회를 불신하였다. 이에 비해 정치에 매우 흥미가 있거나 흥미가 있는 편이라고 응답한 사람들은 69.5%만이 국회를 불신하였다. 정치적 관심 여부에 따라 국회 불신 완화 정도가 정해지는 것이다.

〈표 24〉 정치적 관심과 의회 불신

구 분		귀하는 정치에 얼마나 흥미를 갖고 계십니까?				
		합계	매우 흥미가 있다	흥미가 있는 편이다	흥미가 없는 편이다	전혀 흥미가 없다
의회 신뢰	완전히 신뢰한다	1.4%	7.6%	0.6%	1.7%	0.8%
	약간 신뢰한다	24.8%	13.6%	30.7%	23.4%	16.2%
	별로 신뢰하지 않는다	50.5%	63.3%	49.1%	52.0%	47.2%
	전혀 신뢰하지 않는다	23.3%	15.5%	19.6%	23.0%	35.9%
	합 계	1,196 (100%)	41 (100%)	452 (100%)	527 (100%)	177 (100%)

자료: World Values Survey(2005년)

〈그림 18〉 정치적 관심과 의회 불신

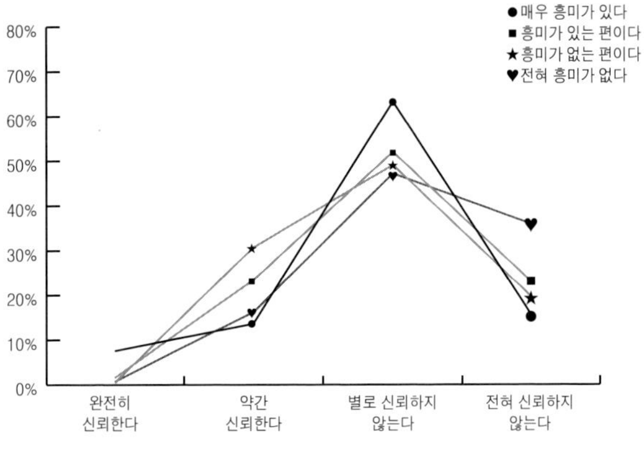

자료: World Values Survey(2005년)

3. 언론 · 인터넷 접촉과 국회 불신

국회에 관한 부정적 언론을 접하면서 국회를 불신하게 될 수도 있을 것이다. 미디어의 부정적 뉴스보도가 미국 의회 평가를 부정적으로 만든다는 분석도 있고(Mann and Ornstein 1994), 국회와 국회의원에 대한 보도는 주로 네거티브 프레임에서 작성되고 있다는 연구도 있다(최선열 · 김학수 2002). 언론은 특성상 주로 부정적인 면을 보도하게 되는데, 유권자의 언론 접근성이 그 유권자의 국회 불신 정도에 영향을 주는지 확인해볼 필요가 있다.

대부분의 조사자료에서 언론에 대해 불신하는 사람일수록 국회에 대해서도 불신하는 경향을 보였다(김재한 2004a). 물론 언론을 많이 접하여 국회를 불신한다고 해서 언론을 신뢰하는 것은 아니다.

〈표 25〉와 〈그림 19〉는 신문 이용 여부에 따라 의회 불신 정도의 차이를 보여주고 있다. 신문 이용 여부에 따라 의회 신뢰 비율은 각각 22.7% 대 33.3%이고 의회 불신 비율은 77.3% 대 66.7%이었다. 신문 이용자일수록 의회를 더 불신하는 경향을 보여주고 있다.

〈표 25〉 신문 이용여부와 의회 불신 정도

구 분		우리사회와 세계의 정보를 얻기 위하여 귀하는 신문을 얼마나 자주 이용하십니까?		
		합계	지난주에 이용했다	지난주에 이용하지 않았다
의회 신뢰	완전히 신뢰한다	1.4%	1.3%	1.4%
	약간 신뢰한다	24.8%	21.4%	31.9%
	별로 신뢰하지 않는다	50.6%	52.0%	47.6%
	전혀 신뢰하지 않는다	23.3%	25.3%	19.1%
	합 계	1,199(100%)	812(100%)	388(100%)

자료: World Values Survey(2005년)

〈그림 19〉 신문 이용여부와 의회 불신 정도

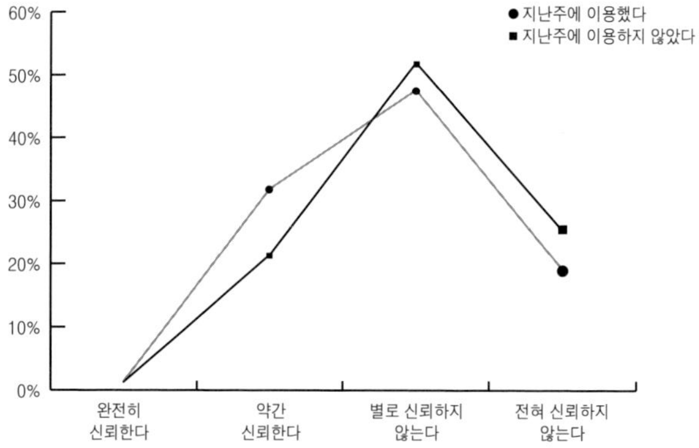

자료: World Values Survey(2005년)

〈표 26〉과 〈그림 20〉은 인터넷을 접속하는 사람일수록 의회를 불신하는 경향이 있음을 보여준다. 인터넷 혹은 이메일을 자주 이용한 사람들의 의회 신뢰 비율과 불신 비율은 각각 22%와 78%이었다. 이에 비해 인터넷 혹은 이메일을 자주 이용하지 않은 사람들의 의회 신뢰와 불신의 비율은 각각 32%와 68%이었다. 인터넷과 신문의 잦은 이용이 의회 불신과 관련 있어 보이는 반면에, TV나 라디오 시청자들이라

〈표 26〉 인터넷 이용여부와 의회 불신

구 분		우리사회와 세계의 정보를 얻기 위하여 귀하는 인터넷 혹은 이메일을 얼마나 자주 이용하십니까?		
		합계	지난주에 이용했다	지난주에 이용하지 않았다
의회 신뢰	완전히 신뢰한다	1.4%	1.4%	1.2%
	약간 신뢰한다	24.8%	20.6%	30.9%
	별로 신뢰하지 않는다	50.6%	51.4%	49.3%
	전혀 신뢰하지 않는다	23.3%	26.6%	18.5%
	합 계	1,199(100%)	711(100%)	489(100%)

자료: World Values Survey(2005년)

〈그림 20〉 인터넷 이용여부와 의회 불신

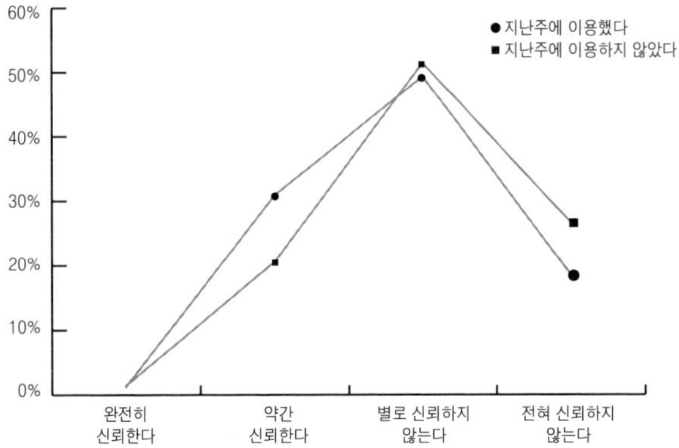

자료: World Values Survey(2005년)

해서 의회 불신이 더 높지는 않았다. 아마 인터넷이나 신문이 TV나 라디오보다 더 비판적인 매체이기 때문인 것으로 보인다.

인터넷 포털사이트에 연결되어 있는 YTN 돌발영상과 MBN의 팝콘 영상 등에 등장하는 국회의원들은 위선, 가식, 무례, 폭력, 폭언 등 부정적인 모습을 보여주고 있다. 그러한 부정적 모습은 국회 불신을 심화시킨다. 국회의원들의 좋은 모습은 시청자들이 재미있게 보지 않기 때문에 덜 방영될 것이다. 언론인, 대학교수, 행정부공무원 등이라 해서 자신들보다 더 나을 것이 없다고 국회의원들은 생각할 것이다. 국회의원들은 자신들만이 집중적으로 노출되어 있으며 국회뿐 아니라 다른 정부부처, 대학교, 언론사, 종교단체 등도 CCTV로 실시간 방영하거나 투명하게 감시되어야 한다고 생각할지도 모른다.

4. 개방 의식과 국회 불신

국회 불신도 사회 불신 가운데 하나이다. 그렇다면 남을 불신하는 사람일수록 국회도 불신할 것으로 추론할 수 있다. 〈표 27〉과 〈그림 21〉은 인간관계에서 조심해야 한다고 보는 사람일수록 의회를 더 불신하는 경향을 보여주고 있다. 인간관계에서 조심하지 않으면 아니 된다고 생각하는 사람들의 76%가 의회를 신뢰하지 않았던 반면, 사람들을 대부분 믿을 수 있다고 응답한 사람들은 68.3%만이 의회를 신뢰하지

〈표 27〉 대인 불신과 의회 불신

구 분		일반적으로 말해서 사람들을 믿을 수 있다고 생각하십니까? 인간관계에서 조심해야한다고 보십니까?		
		합계	대부분 믿을 수 있다	조심하지 않으면 안된다
의회 신뢰	완전히 신뢰한다	1.4%	2.2%	1.0%
	약간 신뢰한다	24.8%	29.6%	23.0%
	별로 신뢰하지 않는다	50.5%	47.8%	51.5%
	전혀 신뢰하지 않는다	23.3%	20.5%	24.5%
	합 계	1,189(100%)	335(100%)	853(100%)

자료: World Values Survey(2005년)

〈그림 21〉 대인 불신과 의회 불신

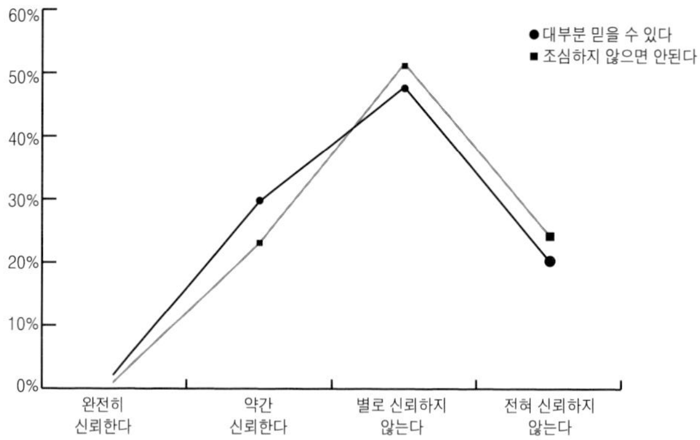

자료: World Values Survey(2005년)

않았다. 앞서 언급한 '신뢰 주체의 법칙'에 따라 남을 믿지 못하는 사람일수록 의회도 믿지 않는 것이다. 이러한 점에서 국회 불신을 완화하는 방안 하나는 사회 전반에 팽배한 불신 현상을 해소하는 것이라고 할 수 있다.

미국 의회에 대한 평가는 국내 이슈보다 외교 이슈 때 더 좋아진다는 연구도 있다(Parker 1981). 〈표 28〉과 〈그림 22〉에서 자신을 세계의 시민으로 전혀 생각하지 않는 사람들의 58.7%는 의회를 전혀 신뢰하지 않았다. 나머지 사람들의 의회 불신은 그보다는 약했다. 국회 불신을

〈표 28〉 대외개방성과 의회 불신

구 분		나는 내 자신을 세계의 시민으로 생각한다				
		합계	전적으로 찬성	찬성	반대	전적으로 반대
의회 신뢰	완전히 신뢰한다	1.4%	4.5%	0.8%	0.5%	1.8%
	약간 신뢰한다	24.8%	25.7%	24.8%	24.9%	20.2%
	별로 신뢰하지 않는다	50.6%	47.9%	52.3%	52.4%	19.3%
	전혀 신뢰하지 않는다	23.3%	21.8%	22.0%	22.1%	58.7%
	합 계	1,199(100%)	169(100%)	793(100%)	196(100%)	41(100%)

자료: World Values Survey(2005년)

〈그림 22〉 대외개방성과 의회 불신

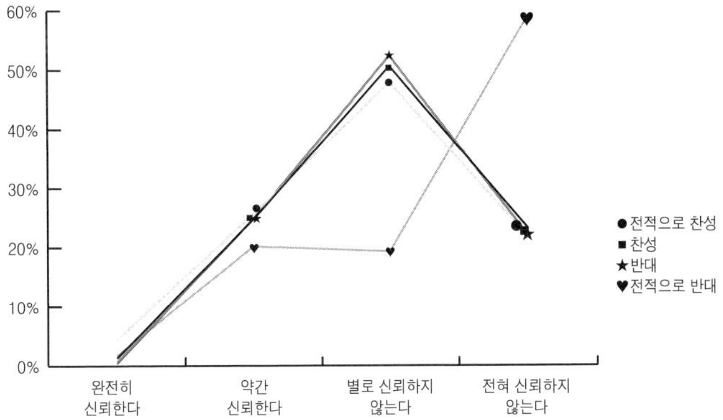

자료: World Values Survey(2005년)

포함한 여러 불신은 폐쇄성으로부터 올 때가 많다. 국회(National Assembly)에 대한 불신도 국가(nation)라는 경계선에 너무 얽매여 있을 때 심화되는 것이다. 유권자들이 세계시민적 인식을 가질 때 국회에 대한 불신도 완화된다고 말할 수 있다. 한국 유권자들이 넓은 세계를 보고 생각하도록 하는 여건 조성도 광의의 국회 불신 완화 방안 가운데 하나인 것이다.

제5장

국회 불신의 평가와 대응

제5장 국회 불신의 평가와 대응

대한민국 국회에 대한 불신은 심각한 수준이라는 지적이 많다. 그렇지만 그 대부분은 국회 불신이 매우 심각하다고 단순히 언급할 뿐이지, 구체적인 근거를 제시한 연구는 별로 없다. 의회 불신에 관한 기존의 각종 자료들은 의회가 불신되고 있음을 단순히 보여주기는 하지만 그 불신의 정도를 일관되게 보여주지 못하고 있다. 불신 정도의 일관된 측정이 필요하다.

의회 불신 혹은 국회 불신이라고 할 때 불신의 의미는 사람마다 다르고 심지어 같은 사람도 일관되게 사용하지 않는 경우가 많다. 마찬가지로 의회 불신이라고 할 때 불신의 대상도 사람마다 다르고 일관되게 사용하지 않는 사람도 있다. 의회 불신에 관한 엄밀한 개념 정의가 먼저 이루어져야 한다.

신뢰/불신은 평가와 다른 개념이다. 신뢰와 불신은 사전(事前)에 선행(先行)되는 행위인 반면, 평가는 사후(事後)에 후행(後行)되는 행위이다. 물론 신뢰/불신이 그 대상의 과거 행적으로부터 큰 영향을 받기도 하지만, 의회를 신뢰한다고 함은 앞으로의 의회 행위에 대해 긍정적 기대를 하는 것이고, 의회를 불신한다고 함은 앞으로의 의회 행위에 대해 부정적 기대를 갖는다는 의미이다. 의회를 사전에 신뢰했고 사후에도 긍정적으로 평가할 수도 있으며 반대로 사전 신뢰와 달리 사후에는 의회를 부정적으로 평가할 수도 있다. 마찬가지로 의회를 사전에 불신했음에도 실제 의회를 사후에 긍정적으로 평가할 수도 있고, 반대로 불신했던 대로 의회를 사후에도 부정적으로 평가할 수도 있는 것이다.

'의회 불신의 역설'은 국민이 직접 선출하는 의회가 국민으로부터 다른 기관보다 더 불신된다는 사실을 일컫는다. 정치적 타협을 추구하는 의회의 속성상 다수를 만족시키기는 매우 어렵다. 의정활동에 의사가 반영되지 못하는 유권자가 존재할 수밖에 없다. 그런 면에서 일정 수준의 의회 불신은 피할 수 없다. 다른 한편으로는 불신 메커니즘을 통해 의회가 감시된다는 점에서 의회 불신은 필요악이기도 하다.

국회 불신은 정부기관에 대한 불신이라는 맥락에서 이해해야 한다. 각종 조사자료에서 국회에 대한 불신 여부는 다른 정부기관에 대한 불신 여부와 함께 하는 반면에 비정부기관에 대한 불신 여부와는 함께 하지 않기 때문이다. 국회의원에 대한 불신도 이익추구자에 대한 불신으로 이해해야 한다. 당리당략과 같은 이해타산 행위자에 대한 불신 수준이 그렇지 않은 행위자보다 높기 때문이다.

이러한 신뢰/불신 개념으로 비교론적 관점에서 국회 불신 수준을 분석했다. 첫째, 국가 간 비교이다. 사회주의 경험이 없는 동아시아 유교권 국가의 의회가 다른 국가보다 더 낮은 신뢰를 받고, 대통령제 국가의 의회 신뢰 순위는 의원내각제 국가보다 더 낮다. 많은 사람들의 예상과 달리, 민주주의가 발달한 국가의 의회 신뢰 수준이 민주주의가 덜 발달된 국가보다 더 낮다. 물론 민주주의라도 폭력과 무질서가 판을 치는 미성숙된 민주국가 의회는 불신을 더 받는 경향이 있다. 또 폭력과 무질서의 의회보다 더 큰 불신을 받는 의회는 아예 비효율과 교착 상태의 의회이다. 파행보다 교착이 의회 불신에 더 큰 요인인 것이다.

한국 국회의 신뢰 수준은 매우 낮다. 민주주의발전, 유교, 대통령제, 경제발전 등이 의회 불신 수준과 관련 있는데, 한국은 경제발전과 민주화에 비교적 성공하였고, 동아시아 전통이 있는 비사회주의 대통령제

국가이다. 이러한 배경에서 한국 국회 불신은 어느 정도 내재화되어 있는 것이다. 자국 내 다른 기관에 대비한 의회 불신 정도는 한국 국회가 세계에서 가장 심하다.

둘째, 의회 불신을 시계열적으로 비교해 보았다. 실제 의회 불신이 심화되고 있는 외국의 사례는 각종 조사자료로 확인된다. 이에 비해 한국 국회 불신의 심화는 언론보도와 조사자료로 확인되지 않는다. 1948년 정부 수립 직후부터 국회 불신이 지적될 정도로 국회 불신은 오늘날만의 문제가 아니며, 국회 설립 때부터 지속적으로 지적되고 있는 문제이다. 불신의 정도가 약간의 차이는 있지만, 불신이 유사하게 지속되고 있는 것으로 보아야지, 지속적으로 더 악화되고 있다는 유의한 근거는 없다. 일반인들은 각종 사회갈등에 대한 체감에 있어 과거보다 심하다고 인식하지만 실제 시계열적 비교는 그렇지 않은 것이다.

셋째, 국회 불신 집단과 신뢰 집단의 비교이다. 모든 사람들이 특정 의회를 동일한 정도로 불신하는 것은 아니다. 왜 특정 의회가 다른 의회보다 더 불신을 받는지뿐 아니라 왜 특정 사람들이 다른 사람보다 동일한 의회를 더 불신하는지가 분석되어야 한다. 이러한 비교는 국회 불신 완화를 위한 몇 가지 함의를 제공한다.

유권자들은 자신이 지지하는 정파의 경쟁세력이 장악한 의회에 대해 더 큰 불신을 보여주기도 한다. 또 교육수준이 높을수록, 남성일수록, 연령대가 30대와 40대일수록 의회 불신이 더 심한 경향을 보인다. 이러한 인구사회적 배경에 따른 구분은 늘 지속적이지 않고 또 의회 불신의 완화 방안에 대해 의미 있는 제안을 하지 못한다. 국회 불신 완화 방안을 모색하는 차원에서 분석한 다른 배경요인은 다음과 같다.

먼저, 대의민주주의의 필요성을 느끼는 사람일수록 국회를 덜 불신함을 발견했다. 현재 일반인 대부분은 대의민주주의를 잘 인지하지 못하고 있다. 국회 불신 완화 차원에서 대의민주주의에 대한 학교교육 및 사회교육이 제시된다. 특히, 정치효능감과 정치적 관심이 있을수록 국회를 덜 불신한다는 사실은 정치 영역의 소외계층을 줄이고 의회 중심의 정치 환경을 조성하는 것이 국회 불신 완화 방안임을 암시한다.

다음, 신문과 인터넷 접촉 빈도가 있을수록 국회를 더 불신하는 경향을 발견했다. 노출되면 불신되고 노출되지 않으면 오히려 불신되지 않기도 한다. 정치 영역뿐 아니라 사회의 여러 영역을 더 투명하게 만드는 것도 국회 불신 완화의 방안이 될 수 있다.

끝으로, 일반 사람들에 대한 대인 불신이 높을수록 또 외국에 폐쇄적일수록 국회를 더 불신하였다. 대내적으로 사회 신뢰 수준을 제고시키고 대외적으로 개방을 확대하는, 법제도적이고 정치문화적 노력은 국회 불신 완화에 기여할 것으로 보인다.

결론컨대, 민주화 및 경제성장 그리고 대통령제에서 수반되는 일정 수준의 국회 불신은 받아들이되 교착, 비효율, 무법, 무질서, 파행 등으로 발생하는 불신은 해소해야 한다. 그러한 행위를 미연에 제도적으로 또 문화적으로 방지하는 방안은 국회 불신 완화 방안에 속한다. 또 대외개방, 사회신뢰 제고, 사회 도처의 투명성 제고, 민주주의 교육 등은 국회를 불신하는 국민의 수를 감소시키는 방안이 될 것이다. 국회 불신 해소를 위한 근본적 처방은 국회의 진입장벽을 없애는 것이다. 기존 정치권이 비판받음에도 다른 대안이 없는 경우에는 기존 정치권에 대한 불신은 지속될 것이다. 무당파 지지 증대는 결국 정당들의 자기 반성과 자기 변혁을 유도하기도 한다.

제6장

양극화의 개념 정의

양극화의 개념 정의

제 6 장

양극화의 정도는 하나의 양극화 기준상에 어떻게 분포하고 있느냐는 것이다. 중간지대 계층이 없는 사회는 중간지대 계층이 많은 사회보다 더 양극화되었다고 말할 수 있다. 양극화 수준은 극단적으로 대치되어 있느냐 아니면 느슨하게 대치되어 있느냐에 따라 측정될 수 있다.

분포 상에 밀집된 정점(頂點)이 하나인 단극형(unimodal) 분포는 엄밀한 의미에서 양극화라고 부를 수 없으며, 밀집된 정점이 둘 이상인 양다극형(bi-multimodal) 분포를 양극화로 볼 수 있다. 〈그림 23〉은 비(非)양극화의 예인데, 수평축을 좌우 기준선으로 본다면 한 눈에 중도라는 구심점(求心點)을 향해 분포되어 있다. 반면에 〈그림 24〉는 높은 수준의 양극화의 예로서, 좌와 우로 각각 둘로 나누어진 원심(遠心)적인 분포다.

〈그림 23〉 비(非) 양극화의 예

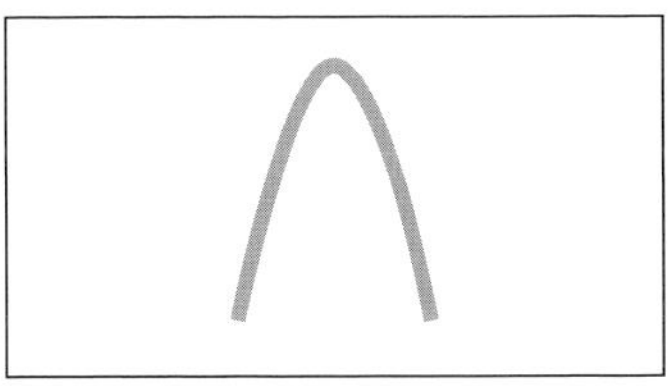

〈그림 24〉 양극화의 예

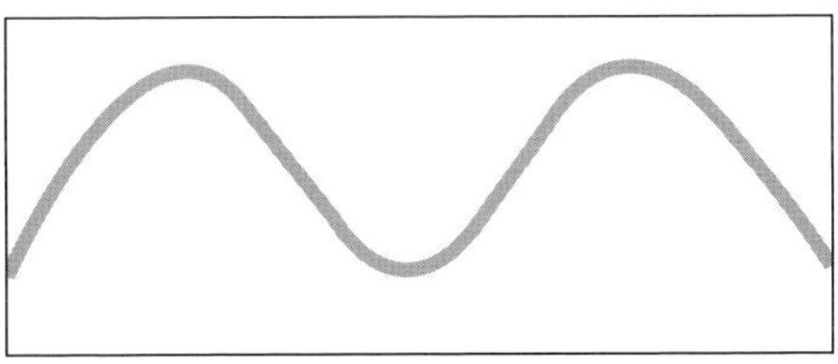

1. 양극화/비양극화 구분의 자의성

- 동일한 분포를 양극화로 그릴 수도 있고 비양극화로도 그릴 수 있다.

양극화이냐 아니냐를 모두가 동의할 수밖에 없는 절대적인 사실에 기초한다고들 믿고 있다. 그렇지만 동일한 상황을 두고 어떤 사람은 양극화로 보고 다른 사람은 양극화가 아니라고 볼 수도 있다. 어떤 경우엔 실제적 상황 대신에 양극화가 되어 있느냐 아니면 양극화가 되어 있지 않느냐는 논쟁으로 인지적 차원에서 양극화되기도 한다. 소득 불평등 등 각종 정부성과 지표를 둘러싼 논쟁이 그러한 예이다.

동일한 데이터를 갖고도 코딩을 달리하면 〈그림 23〉으로 나타낼 수 있고 또 〈그림 24〉로도 나타낼 수 있다. 이를 2008년 제18대 국회의원 선거 직후 조사된 한국 유권자 이념분포로 설명해보면 다음과 같다.

〈그림 25〉는 "정치에서 사람들은 보통 진보(좌파), 보수(우파)를 구분합니다. 0부터 10까지 눈금 중에서 00님께서는 00님 자신은 어디에 속한다고 생각하십니까? 여기서 0은 진보를 나타내며, 10은 보수를 나타냅니다."라는 질문에 대한 응답을 집계한 것이다.

〈그림 25〉 2008년 유권자의 0~10점 이념분포

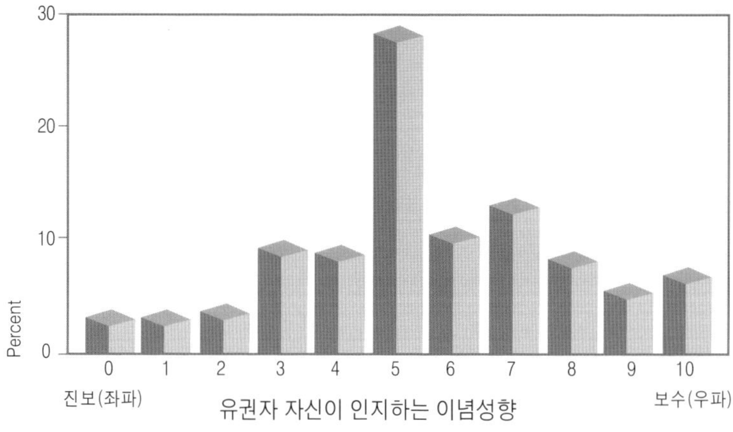

자료: 한국사회과학데이터센터(2008)

만일 0~2점을 진보(좌파)로, 4~6점을 중도로, 8~10점을 보수(우파)로 각각 코딩하여 〈그림 25〉를 다시 나타내면 〈그림 26〉이 된다. 〈그림 26〉은 양극화 정도의 면에서 〈그림 25〉와 별 다르지 않다.

〈그림 26〉 비(非)양극화 모습의 2008년 한국 유권자 이념분포

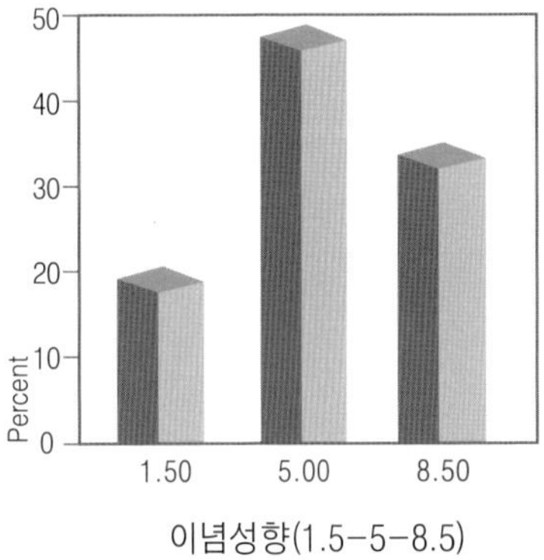

〈그림 27〉 양극화 모습의 2008년 한국 유권자 이념분포

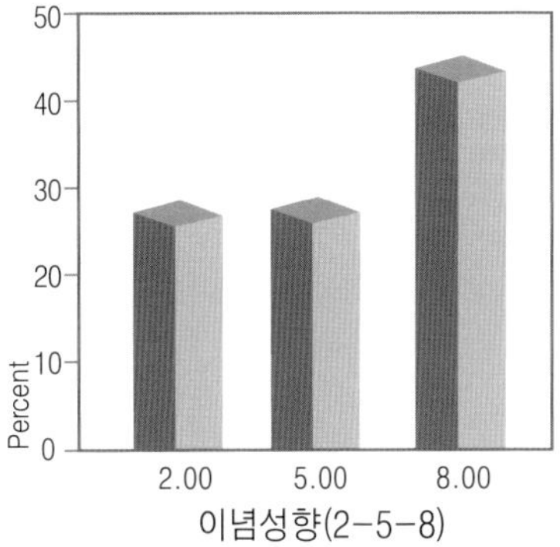

자료: 한국사회과학데이터센터(2008)

이와 달리 만일 5점만을 중도로, 0점에서 4점까지를 진보(좌파)로, 6점에서 10점까지를 보수(우파)로 각각 코딩하여 조사결과를 다시 그리면 〈그림 27〉이 된다. 〈그림 27〉에서는 양극화라고 부를 수 있을 정도로 중간계층의 비중이 낮아진다.

위의 예에서 알 수 있듯이, 동일한 상황도 코딩 방식에 따라 양극화로 그려질 수 있고 반대로 비양극화로 그려질 수 있다. 실제 이념(입장) 분포가 동일하더라도 그 기준만 변경하여 〈그림 28〉의 여러 분포로 나타내는 것이 가능하다. 즉 특정 시점의 동일한 공간적 분포를 양극화형으로 그릴 수도 있고 반대로 비(非)양극화형으로 그릴 수도 있는 것이다.

〈그림 28〉 양극화 도식화의 자의성

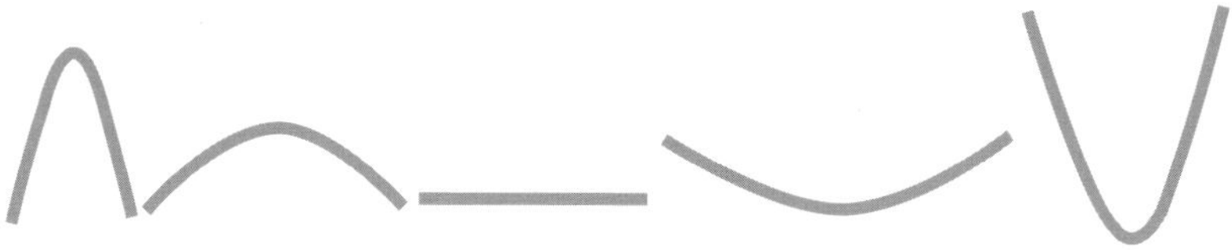

자료: 한국사회과학데이터센터(2008)

2. 양극화의 시공적 기준

- 양극화는 특정 시점의 공간적 분포보다 그 분포의 시간적 변화이다.

앞에서 어떤 주어진 공간적 분포를 양극화형으로도 또 비(非)양극화형으로도 그릴 수 있음을 보았다. 따라서 양극화 여부는 특정 시점 기준의 분포보다 시간적으로 어떻게 유지되고 변화하느냐에 따라 판단되어야 한다.

〈그림 29~31〉은 두 집단으로 양극화된 것을 전제하고 그린 그림이다. 〈그림 29〉에서 〈그림 30〉으로 바뀐 것은 왼쪽 집단의 평균적(중간적, 최빈적) 입장과 오른쪽 집단의

〈그림 29〉 양극화 분포의 예

〈그림 30〉 서로 멀지만 덜 집중된 양극화

〈그림 31〉 서로 가깝지만 더 집중된 양극화

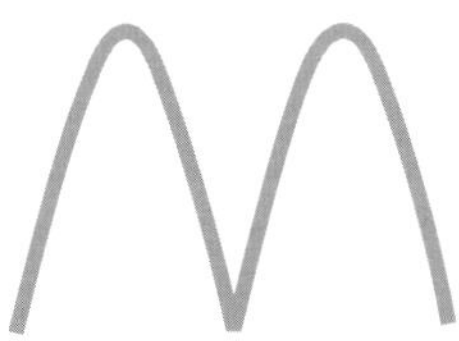

평균적(중간적, 최빈적) 입장 사이의 거리가 멀어졌기 때문에 양극화가 심화된 것으로 부를 수도 있다. 이에 비해 〈그림 29〉에서 〈그림 31〉로 변화한 것은 두 집단 입장 간 거리가 가까워졌기 때문에 양극화가 완화되었다고 할 수 있는가? 이 경우 거리는 더 가까워졌어도 두 집단 간 구분은 더 명확해졌기 때문에 양극화로 부를 수도 있다. 즉 거리와 집중도라는 두 가지 기준에 따라 양극화를 규정할 수 있는 것이다.

또 양극화는 정태적(情態的) 양극화와 동태적(動態的) 양극화로 구분될 수도 있다. 서로 다름이 지속적으로 유지되는 것을 정태적 양극화로 부를 수 있고, 서로 다른 정도가 증가하는 것을 동태적 양극화로 부를 수 있다. 예를 들어 〈그림 32〉에서 북한을 바라보는 조선일보와

〈그림 32〉 북한에 대한 정태적 양극화

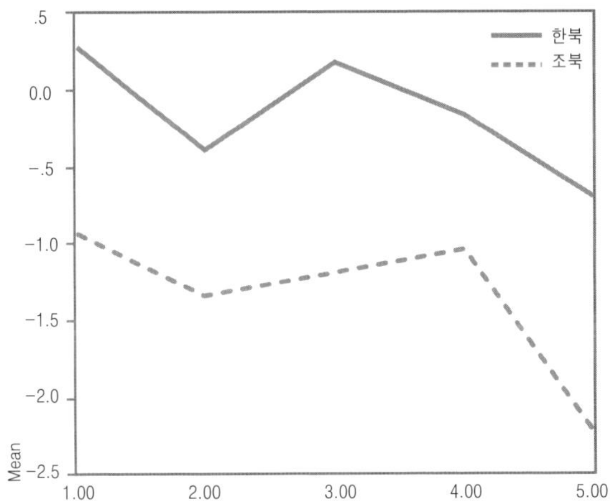

한북: 북한에 대한 한겨레신문의 논조
조북: 북한에 대한 조선일보의 논조
1: 노태우정부, 2: 김영삼정부, 3: 김대중정부,
4: 노무현정부, 5: 이명박정부
우호적 사설은 +1, 비판적 사설은 −1로 하여 정권별로 평균 낸 것임

출처: 김재한(2009)

한겨레신문의 우호적/적대적 태도가 오랜 기간 거의 평행선으로 지속적으로 일정 거리를 유지하고 있다. 북한을 한겨레신문이 상대적으로 더 이해하는 반면, 조선일보는 상대적으로 더 비판하는 입장이며, 그러한 태도 차이는 오랜 기간 거의 일정하게 유지되고 있다. 이를 정태적 양극화로 부를 수 있다.

〈그림 33〉에서 한국정부의 대북정책에 대해 조선일보와 한겨레신문의 찬반 태도는 김대중 정부 때 극심하게 대립되었다. 한국정부의 대북정책에 대해 한겨레신문이 지지하는 만큼 조선일보는 비판하는데, 그러한 지지/비판 태도의 차이는 김대중 정부 때에 최고조에 달았다.

〈그림 33〉 정부 대북정책에 대한 동태적 양극화

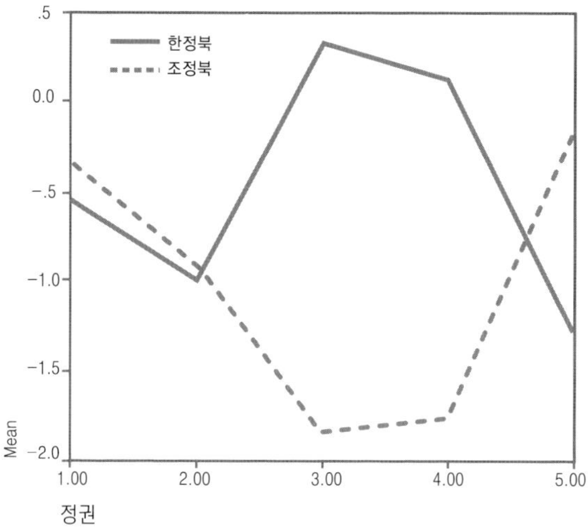

한정북: 정부 대북정책에 대한 한겨레신문의 논조
조정북: 정부 대북정책에 대한 조선일보의 논조
1: 노태우정부, 2: 김영삼정부, 3: 김대중정부,
4: 노무현정부, 5: 이명박정부
우호적 사설은 +1, 비판적 사설은 −1로 집계하여 정권별로 평균 낸 것임

출처: 김재한(2009)

이처럼 변화 방향이 서로 반대쪽으로 더 나아갈 때 동태적 양극화로 부를 수 있다.

양극화에 관한 기존 연구 일부는 자료 부족 때문에 코딩방식이 서로 다른 조사자료들을 이용하여 양극화 정도의 변화추이를 결론짓는데, 그러한 추론 방식은 바람직하지 못하다. 양극화가 심화되었느냐 완화되었느냐는 것은 동일한 코딩방식을 취한 자료에 기초해야 한다. 어떤 경우엔 동일한 코딩방식조차 시기에 따라 그 비중이 달라지기 때문에 조심스럽게 결론지어야 한다.

특히 구체적인 정책이슈로 이념분포의 변화를 논하는 것은 주의해야 한다. 이념에서 특정 이슈가 차지하는 비중은 시기에 따라 달라지게 마련이기 때문에 특정 이슈들로 양극화 정도의 변화를 판별할 수는 없다. 그렇다고 당시 비중 있는 이슈로 매번 대체하면서 양극화 정도를 비교할 수도 없다. 서로 다른 정도는 매우 상대적인 개념이기 때문에 어떤 이슈를 이용하느냐에 따라 해당 시기를 그 이전 시기에 비해 양극화가 심화된 시기로 드러낼 수도 있고 양극화가 완화된 시기로 나타낼 수도 있다.

3. 중도의 비중

– 양극단 사이의 중간은 과소평가되는 경향이 있다.

미국 정치사회의 양극화가 생각만큼 실제 존재하는 것은 아니라는 연구도 있다(Fiorina et al. 2006). 한국에서 방송사의 시사토론을 보면 양극단의 대표성을 강조하여 양극단 입장을 각기 대변하는 출연자들만 있고 다수의 입장을 대변하는 중도적 입장의 출연자는 없을 때가 많다. 기사 내용이나 드라마는 마케팅 이유 때문에 일상적이지 않은 것을 부각시키기 때문에 보편성보다 특수성을 강조하기 쉽다. 정치권에서도 정치마케팅 이유 때문에 다름을 강조할 때가 많고, 또 학계에서도 다름이 발견이지 같음은 발견으로 잘 인정되지 않기 때문에 다름을 부각시키는 경우가 많다. 따라서 양극화 정도는 과장되는 경향이 있다.

앞에서 언급한 0~10점 이념분포에서도 중도적 입장의 비율은 양극단의 입장보다 높다. 〈그림 34~36〉에서 보듯이 스스로를 5점(완전 중도)으로 응답한 비율이 2004년, 2007년, 2008년 각각 대략 30%, 40%, 30%로 변화를 보이지만 가장 많은 대답 위치는 늘 5점(완전 중도)이었다.[9] 진보-보수 간의 우열 관계는 변화하지만 다수는 늘 중도인 것이다.

---

9) 조사 응답자들이 자신의 이념성향을 스스로 답변한 것을 믿을 수 있느냐는 의문이 제기되어 왔다. 만일 보수이니 진보이니 용어에 대해 잘 이해하지 못하거나 혹은 서로 다르게 인지하는 유권자들이 많다면, 유권자의 자기이념 점수를 갖고 유권자의 이념분포를 그리는 것은 부적절하다. 그렇더라도 특정 정책에 대한 입장만을 갖고 이념성향의 양극화 정도의 변화를 측정하는 것도 문제가 있다. 기준이 될 정책을 선별하는 것은 주관적일 수밖에 없기 때문이다. 동일한 정책이슈일지라도 시기별로 그 정책의 환경과 비중이 다르다. 어떤 정책이슈는 이미 해결되어 시의성을 잃어 더 이상 이슈가 아닌 경우도 있다. 그렇다고 다른 시기의 양극화 정도를 시기별로 각기 다른 정책이슈로 비교한다는 것도 더욱 객관적이지 않다. 시점에 따라 질문을 달리하여 보혁의 양극화 정도를 매우 쉽게 조작할 수 있다. 따라서 여기서는 자신의 이념을 스스로 인식하는 정도를 갖고 양극화 정도를 진단한다. 또 동일한 척도로 조사한 자료를 구하지 못해 여기서는 세 차례의 한국사회과학데이터센터 조사자료를 이용한다. 물론 비슷한 시기의 다른 조사들과 작지 않은 차이를 보이기도 하기 때문에 비율 자체를 그대로 받아서는 아니 되고, 상대적으로 받아들여야 한다.

〈그림 34〉 2004년 유권자의 이념분포

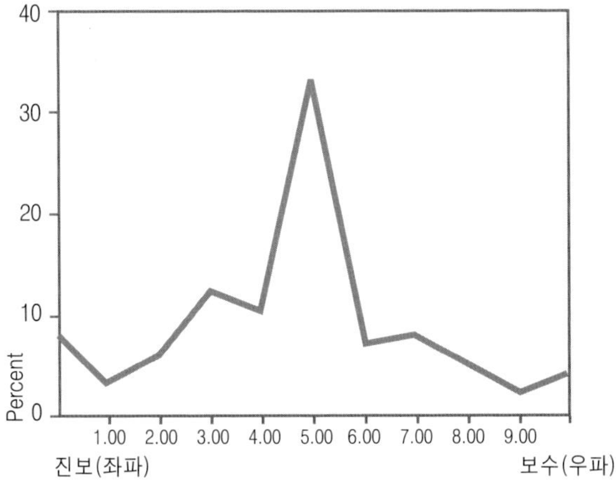

자료: 한국사회과학데이터센터(2004)

〈그림 35〉 2007년 유권자의 이념분포

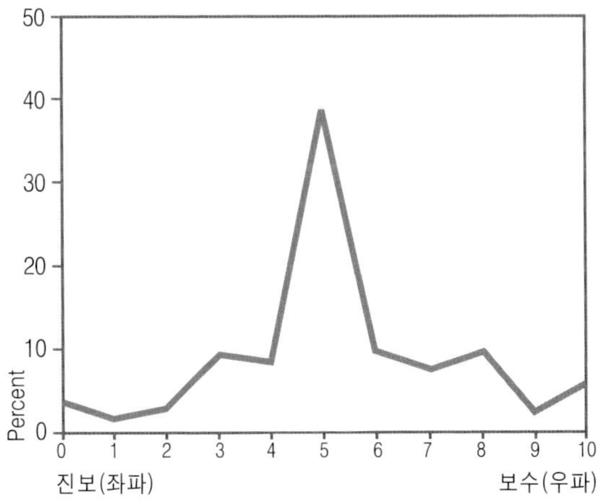

자료: 한국사회과학데이터센터(2007)

〈그림 36〉 2008년 유권자의 이념분포

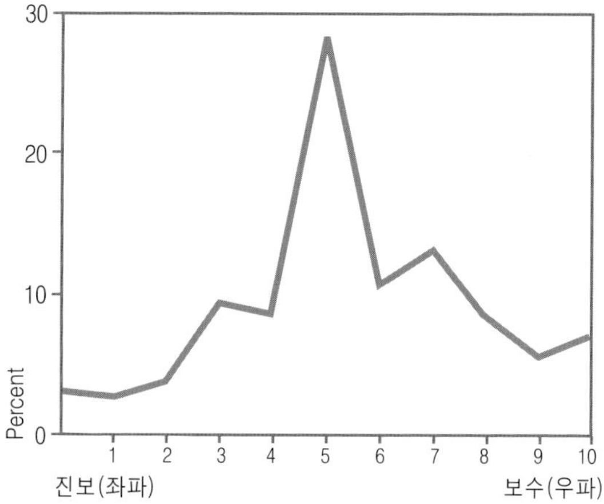

자료: 한국사회과학데이터센터(2008)

한국 정당에 대한 유권자들의 감정도 그렇게 양극화되어 있지는 않다. 〈그림 37~39〉는 제18대 국회의 4대 정당에 대해 좋아하고 싫어하는 분포를 나타낸 것이다. "00님께서 우리나라 정당들에 대해서 어떻게 생각하고 계신지 알고 싶습니다. 0부터 10까지 눈금 중에서 하나를 선택해 주십시오. 여기서 0은 00님께서 그 정당을 매우 싫어한다는 것을 의미하며, 반대로 10은 00님께서 그 정당을 매우 좋아한다는 것을 의미합니다."는 질문에 대한 응답내용이다.

〈그림 37〉에서 보듯이 2008년 한국 유권자들 다수는 통합민주당을 좋아하거나 싫어하기보다 그렇게 좋아하지도 않고 그렇게 싫어하지도 않은 선호를 보여주었다. 5점(보통)이 가장 많았고 3점(약간 싫음)이 두 번째로 많았지만 좋거나 싫음이 분명한 양극단은 극소수이다.

〈그림 37〉 통합민주당에 대한 호감도 분포

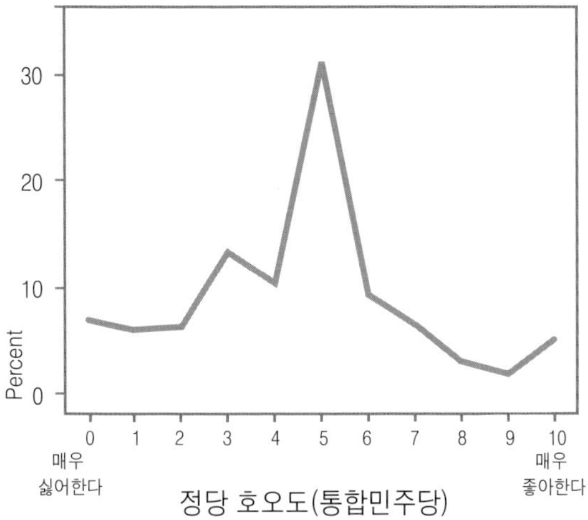

자료: 한국사회과학데이터센터(2008)

〈그림 38〉 한나라당에 대한 호감도 분포

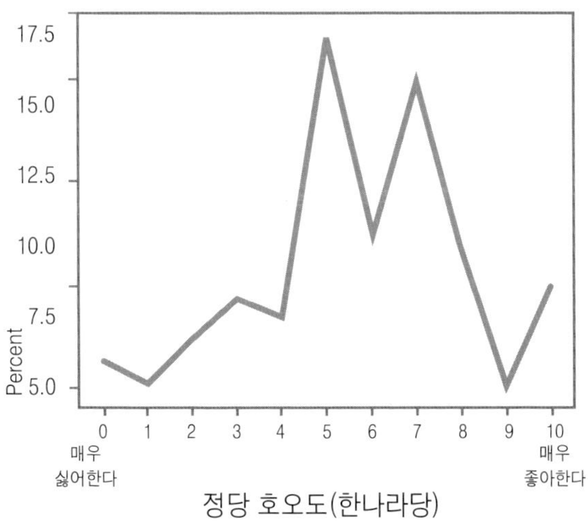

자료: 한국사회과학데이터센터(2008)

〈그림 39〉 자유선진당에 대한 호감도 분포

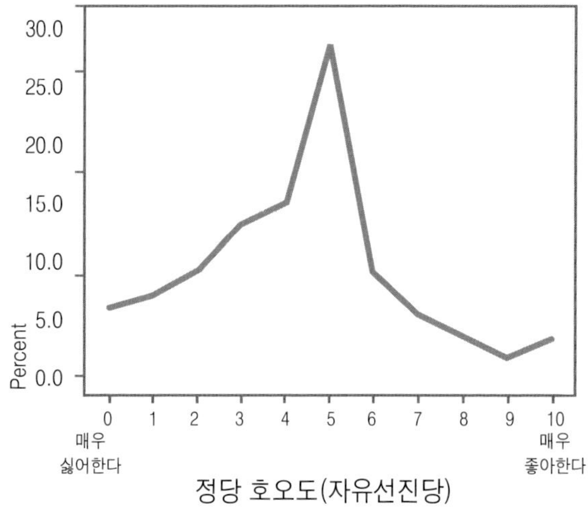

자료: 한국사회과학데이터센터(2008)

〈그림 40〉 민주노동당에 대한 호감도 분포

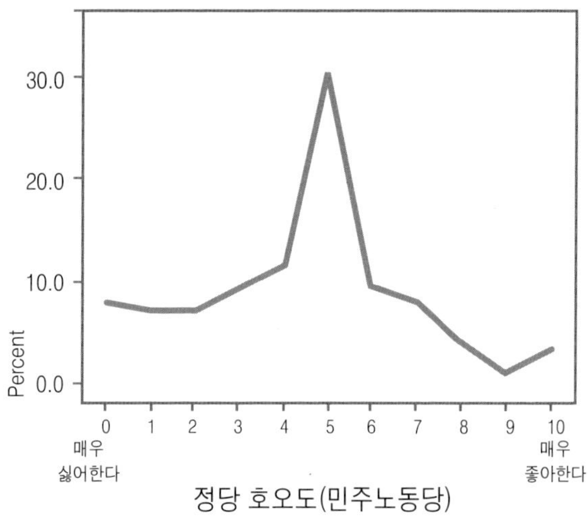

자료: 한국사회과학데이터센터(2008)

유권자들은 한나라당에 대해서도 유사한 호감 분포를 가졌다. 5점이 가장 많았고 조금 좋다는 7점이 두 번째로 많았다. 통합민주당과 마찬가지로, 한나라당을 매우 좋아하거나 매우 싫어하는 비율은 10% 정도에 불과했다.

〈그림 39〉의 자유선진당 그리고 〈그림 40〉의 민주노동당에 대해서도 다수의 유권자는 그렇게 강한 호오(好惡)를 갖고 있는 것은 아니다. 즉 한국 정당에 대해 양극단적 호오도를 가진 한국 유권자는 소수에 불과하고, 다수의 유권자는 중간적 호오도를 갖고 있는 것이다.

미국정치 양극화에 관한 문헌들은 민주당 지지자의 이념 점수 평균과 공화당 지지자의 이념 점수 평균 간의 격차가 증대한 사실을 양극화로 본다. 또 민주당 의원들의 이념 점수 평균과 공화당 소속 의원들의 이념 점수 평균 간의 격차도 양극화 지표로 본다. 한국의 경우 지지정당별 유권자의 이념 평균 그리고 소속정당별 국회의원의 이념 평균을 연도별로 비교할 수 있는 자료는 별로 없지만, 한국 국회의원들의 이념적 성향은 중앙일보에서 매 국회별로 조사되어 발표되고 있다.[10)]

〈그림 41〉과 〈그림 42〉는 각각 제17대 국회의원들과 제18대 국회의원들을 표기한 것이다. 한국 국회의원들의 이념분포는 유권자에 비

10) 구체적인 정책이슈에 대한 의견을 취합해서 유권자의 이념점수를 코딩하는 방법의 문제점은 앞에서 지적한 바 있다. 국회의원의 이념점수에 대해서도 마찬가지이다. 국회표결에 있어 의원의 투표내용은 의원의 진정한 의도와 다르기 때문에 정책입장이 더 중요하다는 주장도 있다. 하지만 국회의원의 이념점수에 대해 관심을 가지는 이유는 표결과 같은 의정활동 때문이지 단순하게 국회의원의 마음에 호기심을 갖고 있기 때문이 아니다. 그럼에도 불구하고 여기서 중앙일보의 조사자료를 이용하는 것은 그것이 거의 유일한 이용 가능한 자료이고 적어도 필자가 참여한 조사가 아니기 때문에 필자의 주관성을 배제할 수 있기 때문이다.

〈그림 41〉 2004년 한국 국회의원의 이념분포

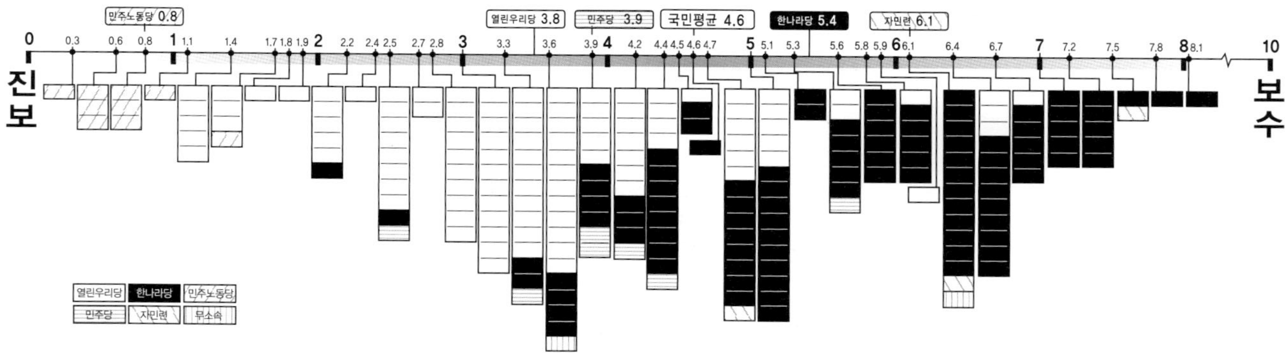

자료: 중앙일보 2004/08/31

〈그림 42〉 2008년 한국 국회의원의 이념분포

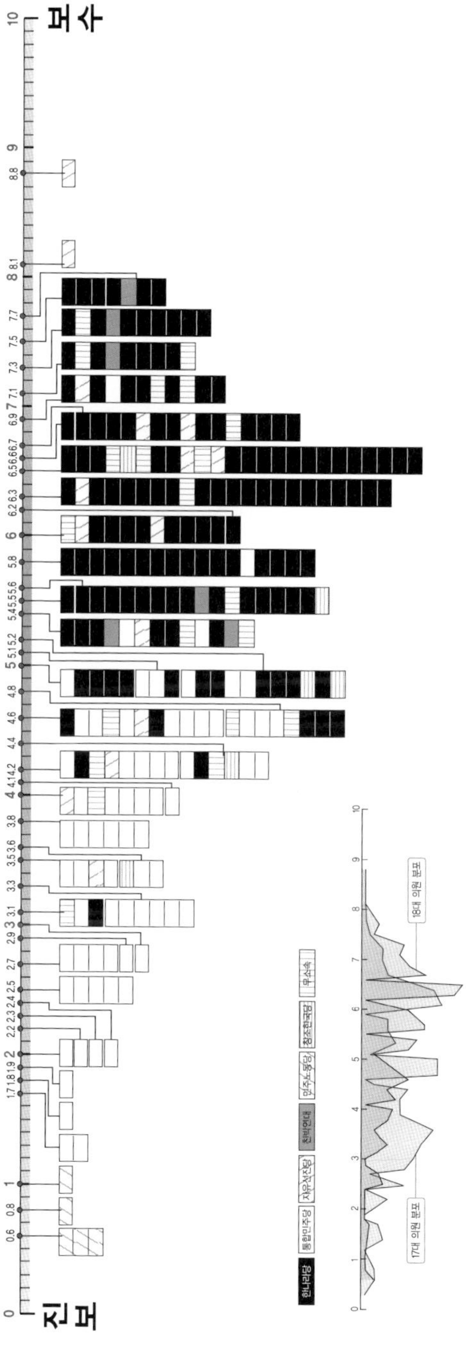

자료: 중앙일보 2008/05/16

해 중도의 비중이 상대적으로 작지만, 국회의원들의 이념분포도 종 모양으로 가운데가 많고 양극단으로 갈수록 적어진다는 점은 분명하다.

4. 양비론과 양시론

– 양극화는 양비론의 반대가 아니라 양시론의 반대이다.

양극화에 관한 국내외 여러 문헌들은 투표기권자, 무당파, 정치무관심자 등을 양극단 사이의 중간으로 보고 이들의 감소를 정치 양극화 현상으로 보고 있는 듯하다. 먼저, 투표율의 증대와 정치관심의 증대를 양극화 현상으로 볼 수는 없다. 투표 참가 캠페인이 양극화 심화 캠페인은 아닐 것이고 또 정치참여가 증대되었다 하여 바로 양극화가 심화됨은 아니기 때문이다. 마찬가지로 투표율이 감소했거나 정치적 무관심이 증가되었다 하여 반드시 양극화가 완화되었다고 말할 수는 없다. 어떤 경우에는 강한 의견을 가진 소수가 양극화를 주도하기 때문에 약한 의견의 다수가 투표에 참여함으로써 양극화가 완화될 수 있다. 강제투표제도를 통해 투표율을 제고시키면 양극화가 오히려 완화될 가능성이 매우 높다.

또 기존 정당과 일체감을 느끼는 유권자가 많다 하여 반드시 유권자와 정치인이 일사불란하게 움직이는 양극화가 되는 것은 아니다. 마찬가지로 기존 정당 대신 새로운 정당이나 무소속 후보를 지지하는 유권자들이 늘었다 하여 양극화가 반드시 완화되지는 않는다. 정당일체감의 유권자 비율이 높다는 것은 그만큼 유권자의 의사가 정당에 의해 대표될 가능성이 높은 것이고 그것이 바로 정당민주주의가 지향하는 바이다. 이는 민주주의의 안정적 운영에도 도움 될 수 있다.

정당 간 혹은 후보 간 차이를 인지하는 비율이 증대하면 이를 양극화 현상으로 보기도 하는데, 정당 간 차이가 있는 현상과 양극화 현상은 같은 것이 아니다. 만일 정당 간 또는 후보 간 아무런 차이가 없다면 선거의 효능은 감소하게 되고 무(無)정치적 상황에 이르기도 한다. 정당 간이나 후보 간 차이를 느끼지 않는다는 것 자체가 분열과 파당을 전제로 하는 정당민주주의의 취지에 맞지 않는다.

양대 정당에 소속되지 않은 국회의원들이 양대 정당의 대립을 완화시키는가? 서로 대립하고 있는 정파 사이에서 동일한 거리를 유지하고 있는 유권자나 국회의원은 두 집단 사이의 중간적 존재이다. 양측에 편파적이지 않고 양측을 모두 이해하는 양시(兩是)적 존재로 이해할 수 있다. 이에 비해 두 집단 모두에 대해 매우 혐오적인 유권자나 국회의원들은 둘 다에 반대하는 양비(兩非)적 존재이다. 두 집단으로부터 멀리 떨어져 있는 양비적 유권자와 국회의원은 그 자체가 바로 극단화라고 이해할 수 있다.

양비적 존재와 달리 양시적 존재는 양극화를 완화시킨다. 〈그림 43〉에서 정파 A와 정파 C가 대립하고 있을 때, B는 두 정파에 대해 무차별(indifference)적 호불호를 갖고 있다. A와 C의 대립을 완화하는 측면도 있을 것이다. B의 비중이 감소하면 감소할수록 A와 C로 대표되는 양극화 정도도 심화된다고 말할 수 있다.

이에 비해 D의 유무는 다른 의미를 지닌다. D는 A와 C에 대해 무차별적 입장을 갖고 있기보다 A와 C 모두와 크게 차별화되는 입장을 갖고 있다고 말할 수 있다. 양대 집단으로부터 소외(alienation)된 D 비중의 감소는 극단적 입장의 완화를 의미하기 때문에 오히려 극단화 해소에 기여하는 것으로 이해할 수 있다. 무차별적 선호를 양시론으로 이해하고 소외된 선호는 양비론으로 이해한다면, 무차별적 존재는 양극화를 완화시키지만 소외된 존재는 완화시키지 못한다고 말할 수 있다.

〈그림 43〉 무차별 집단과 소외 집단

무차별 집단 B: A와 C 사이의 중간에 위치한 집단
소외 집단 D: A와 C 모두로부터 멀리 떨어진 집단

〈그림 43〉의 배열은 일차원적 기준이다. 새로운 기준이 추가될 때 그러한 양극화는 완화될 수 있다. 한 기준에 의해 양극화가 되어 있더라도, 다른 기준이 추가됨으로써 그러한 양극화는 완화될 수 있다. 물론 기존 이슈와 새로운 이슈가 교차(cross-cutting)되어야 대립 구도가 완화되는 것이다(김재한 2001a). 구성원의 분류가 새로운 기준에 따라 달라져야 대립이 약화되는 것이지, 만일 그 새로운 기준에 의해서도 그 양극화가 그대로 유지된다면 양극화는 오히려 심화되는 것이다. 어떤 이슈로 구성원을 분류하든 그 분류가 고정적인 사회는 이슈에 따라 구성원의 분류가 바뀌는 사회보다 더 양극화되었다고 말할 수 있다.

제7장
유권자 양극화와 국회 양극화

제 7 장
유권자 양극화와 국회 양극화

1. 지지정당별 유권자의 이념분포
- 진보정당과 보수정당 모두 지지자의 가장 흔한 이념은 중도이다.

〈그림 44〉부터 〈그림 47〉까지는 제18대 국회의원선거에서 투표한 정당에 따른 유권자의 이념분포를 나타낸 것이다. 〈그림 44〉와 〈그림 45〉에서 통합민주당 지역구 후보나 비례대표 후보에게 투표한 유권자의 이념분포는 한나라당 지역구 후보나 비례대표 후보에게 투표한 유권자의 이념분포보다 조금 더 진보적이다. 그렇지만 통합민주당 후보를

〈그림 44〉 양대 정당 지역구 후보에 투표한 유권자의 이념분포

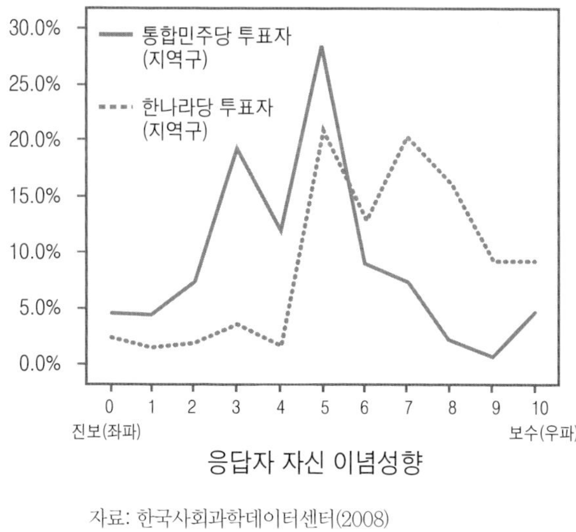

자료: 한국사회과학데이터센터(2008)

〈그림 45〉 양대 정당 비례대표 후보에 투표한 유권자의 이념분포

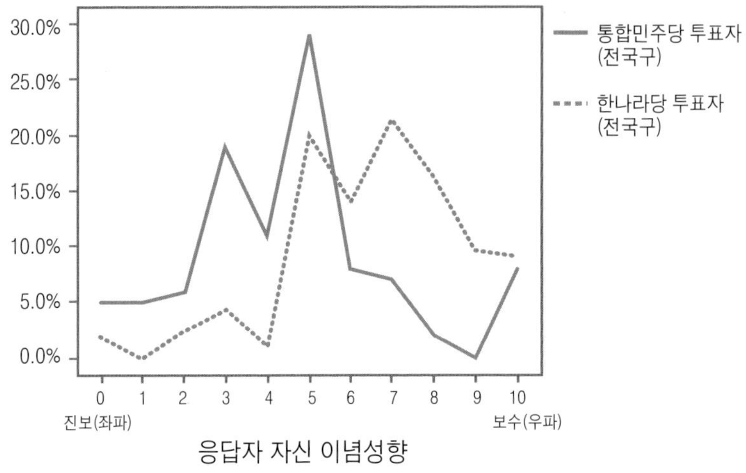

자료: 한국사회과학데이터센터(2008)

지지한 유권자들의 가장 잦은 이념점수는 중도(5점)이고, 마찬가지로 한나라당 지역구 후보를 지지한 유권자들에게도 중도(5점)가 가장 높은 빈도였다.

〈그림 46〉과 〈그림 47〉은 제18대 국회의원 임기 마지막 해인 2012년 1월 기준으로 지역구 두 석 이상을 가진 4개 정당에게 2008년 4월 선거에서 투표한 유권자의 이념분포이다. 지지 유권자의 이념분포는 대체로 민주노동당이 가장 진보적이고, 다음으로 통합민주당이, 그 다음으로는 한나라당이, 끝으로 자유선진당이 가장 보수적이다. 〈그림 46〉의 지역구 투표 정당별 지지자의 이념분포에서 민주노동당을 제외하곤 모두 최빈치가 중도(5점)이다. 민주노동당의 최빈치는 진보(3점)이다. 또 〈그림 47〉의 비례대표 투표에서 민주노동당이나 통합민주당을 지지한 유권자에게 가장 흔한 이념점수는 중도(5점)이다. 비례대표

〈그림 46〉 4개 정당 지역구 후보에 투표한 유권자의 이념분포

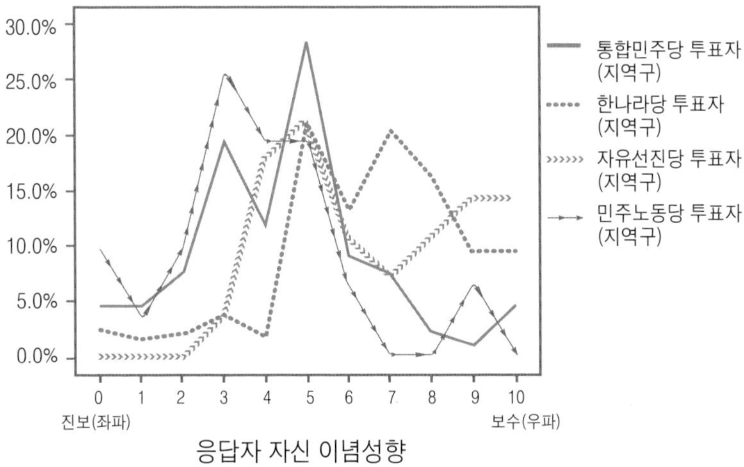

자료: 한국사회과학데이터센터(2008)

〈그림 47〉 4개 정당 비례대표 후보에 투표한 유권자의 이념분포

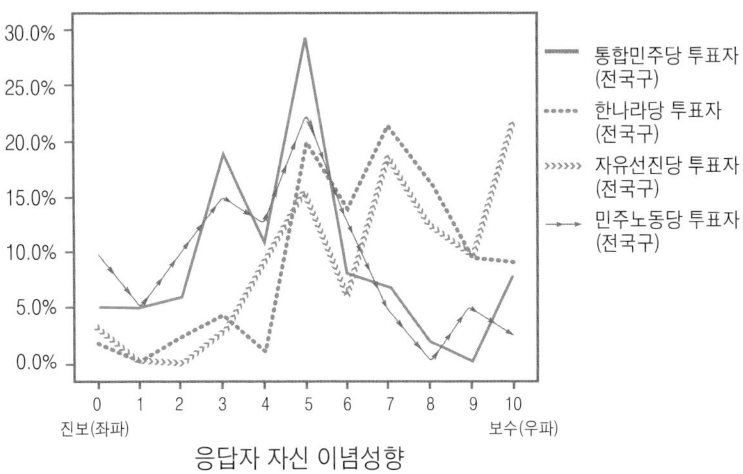

자료: 한국사회과학데이터센터(2008)

투표에서 한나라당과 자유선진당을 지지한 유권자에게 가장 흔한 이념 점수는 보수(7점)이다. 지역구 투표와 비례대표 투표를 함께 고려한다면, 지지 유권자들의 이념은 4개 정당 모두 중도를 평균으로 하여 분포하고 있다고 말할 수 있다.

2. 지지정당별 유권자의 정책선호

- 재벌규제정책 이슈와 대북정책 이슈는 유권자의 지지 정당을 구분시킨다.

제18대 국회의원선거에서 어떤 정책이슈들은 유권자들의 정당 선택과 관련이 있었고, 어떤 정책이슈들은 관련이 없었다.[11] 〈그림 48〉에서 〈그림 57〉까지는 지지정당에 따라 정책선호가 크게 다르지 않은 정책이슈들이다. "경제발전을 위해 약간의 환경파괴는 피할 수 없다"(〈그림 48~49〉), "경제수준에 대해 복지예산이 과도하므로 축소해야 한다"(〈그림 50~51〉), "미국은 혈맹이기에 미국과의 동맹을 강화해야 한다"(〈그림 52~53〉), "국가발전을 위해 개인 권리는 침해될 수 있다"(〈그림 54~55〉) 등의 주장에 대한 찬반 입장 분포는 지지한 정당별로 크게 다르지 않다. 〈그림 56〉과 〈그림 57〉에서 "초중고의 사교육에 대한

11) 투표정당 기준이 지역구이냐 비례대표이냐에 따라 그림의 모양들이 조금 달라지는데, 한나라당과 통합민주당의 양대 정당은 별로 달라지지 않았다. 다만 군소정당들은 지역구이냐 비례대표이냐에 따라 그림이 서로 조금 다르다. 이는 군소정당의 유권자 표본집단 크기가 작기 때문이다. 따라서 양대 정당 경우엔 지역구나 비례대표 기준 둘 다 유사하니 하나만 분석하면 될 것이고, 반면에 군소 정당 경우엔 두 기준을 평균 낸 것으로 분석하는 것이 객관적이다.

〈그림 48〉 지지정당별 환경보존에 대한 인식(지역구)

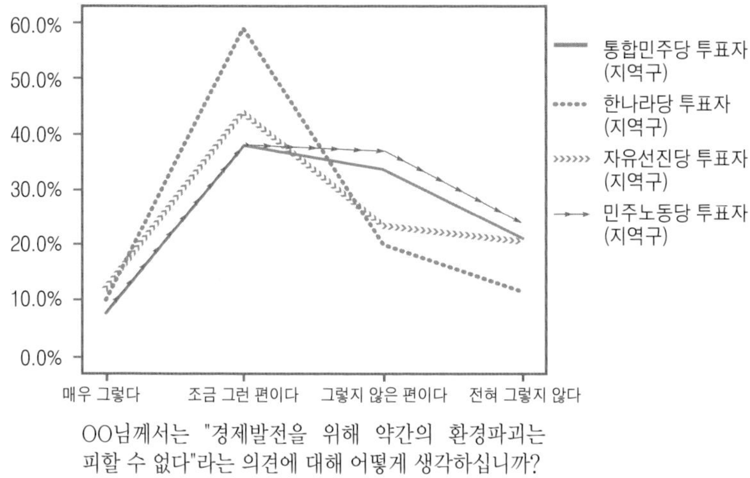

자료: 한국사회과학데이터센터(2008)

〈그림 49〉 지지정당별 환경보존에 대한 인식(비례대표)

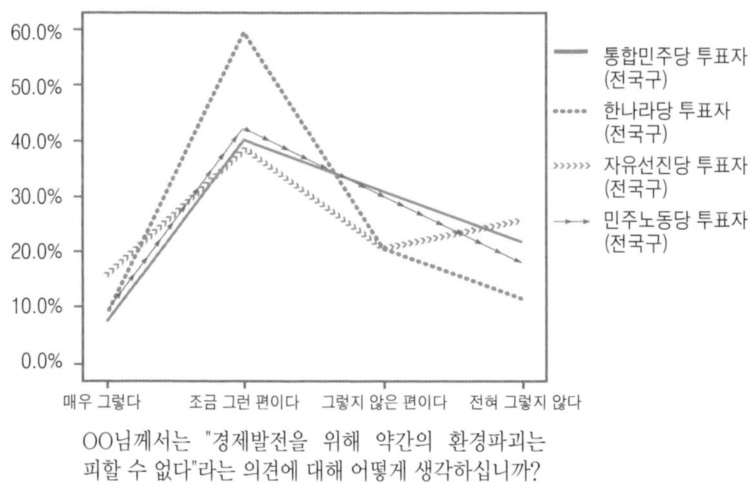

자료: 한국사회과학데이터센터(2008)

〈그림 50〉 지지정당별 복지예산 감축에 대한 인식(지역구)

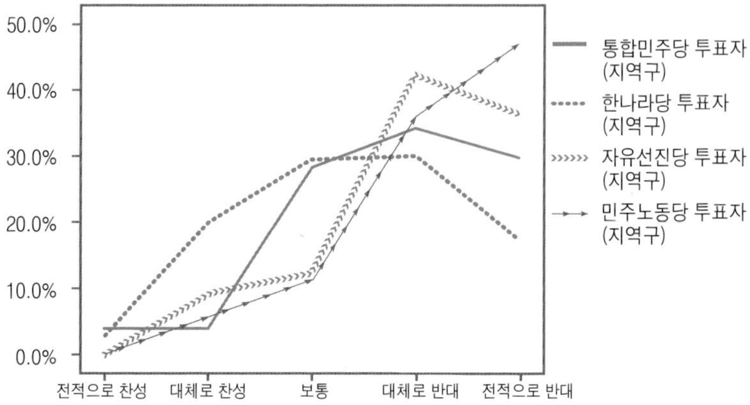

경제수준에 비해 복지예산이 과도하므로 축소해야 한다.

자료: 한국사회과학데이터센터(2008)

〈그림 51〉 지지정당별 복지예산 감축에 대한 인식(비례대표)

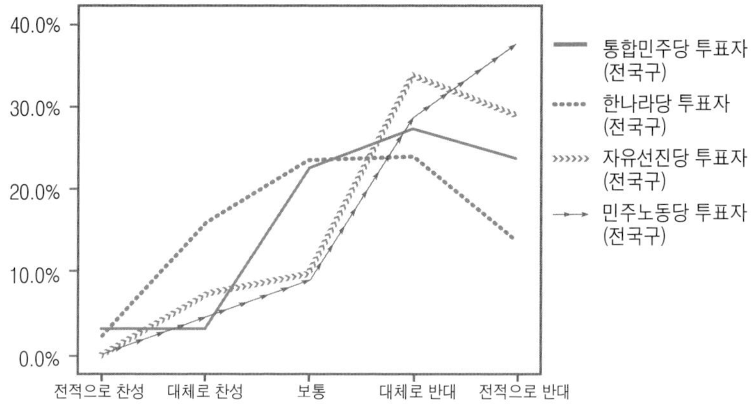

경제수준에 비해 복지예산이 과도하므로 축소해야 한다.

자료: 한국사회과학데이터센터(2008)

〈그림 52〉 지지정당별 대미정책에 대한 인식(지역구)

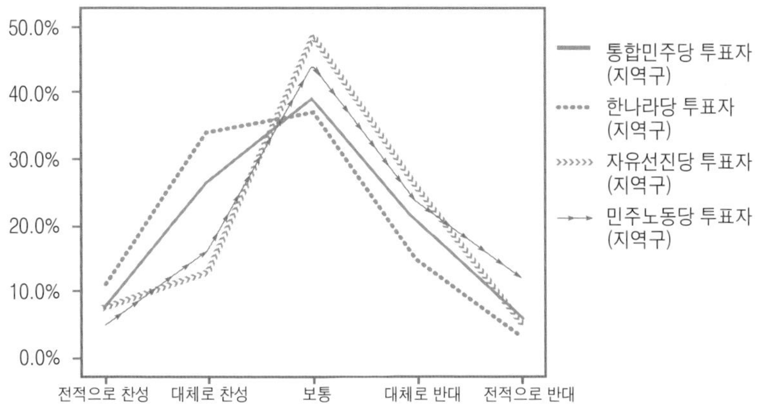

미국은 혈맹이기에 미국과의 동맹을 더욱 강화해야 한다.

자료: 한국사회과학데이터센터(2008)

〈그림 53〉 지지정당별 대미정책에 대한 인식(비례대표)

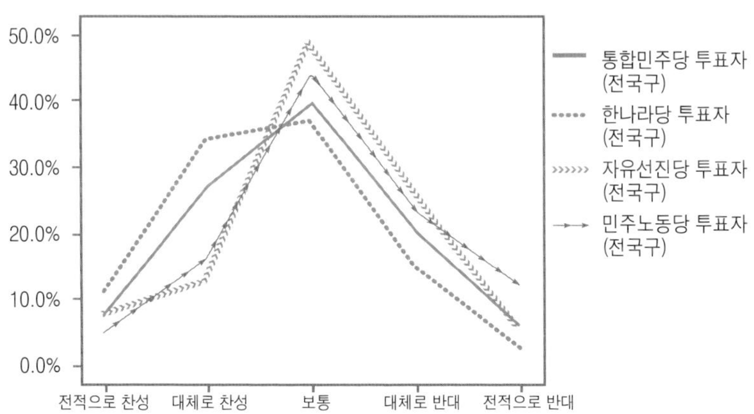

미국은 혈맹이기에 미국과의 동맹을 더욱 강화해야 한다.

자료: 한국사회과학데이터센터(2008)

〈그림 54〉 지지정당별 개인권리 침해에 대한 인식(지역구)

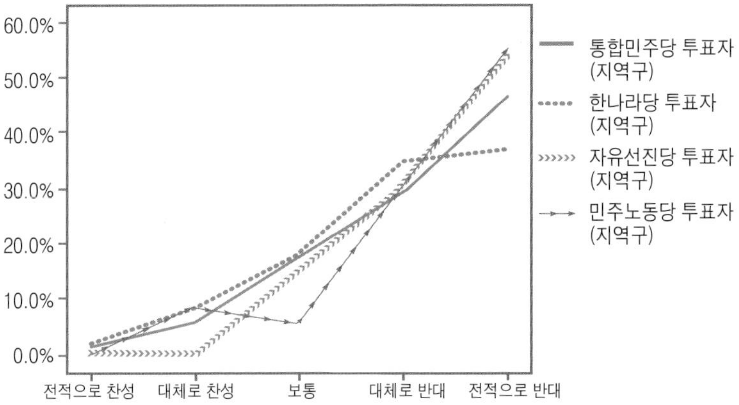

국가발전을 위해 개인의 권리는 침해될 수 있다

자료: 한국사회과학데이터센터(2008)

〈그림 55〉 지지정당별 개인권리 침해에 대한 인식(비례대표)

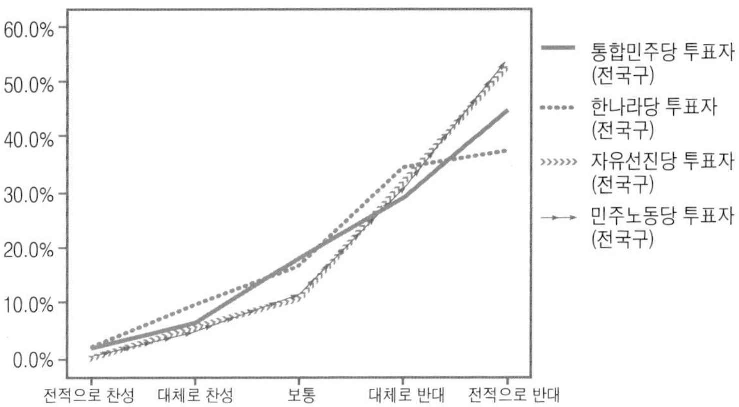

국가발전을 위해 개인의 권리는 침해될 수 있다

자료: 한국사회과학데이터센터(2008)

〈그림 56〉 지지정당별 사교육 규제에 대한 인식(지역구)

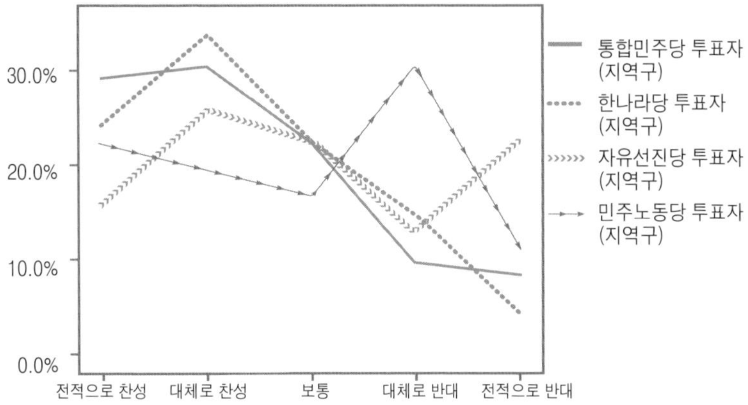

초 · 중 · 고의 사교육에 대한 규제를 더욱 강화해야 한다

자료: 한국사회과학데이터센터(2008)

〈그림 57〉 지지정당별 사교육 규제에 대한 인식(비례대표)

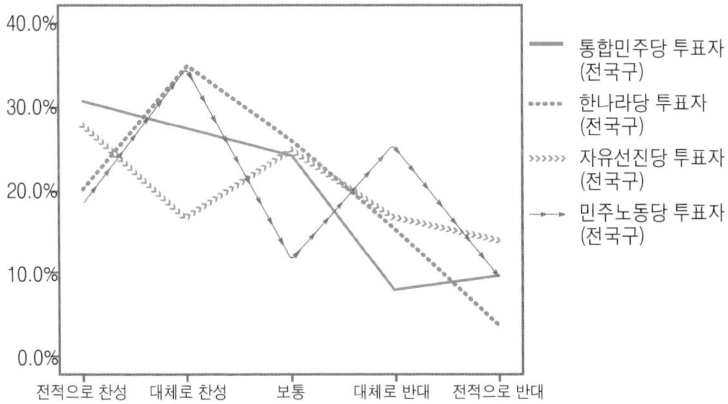

초 · 중 · 고의 사교육에 대한 규제를 더욱 강화해야 한다

자료: 한국사회과학데이터센터(2008)

〈그림 58〉 지지정당별 재벌 규제에 대한 인식(지역구)

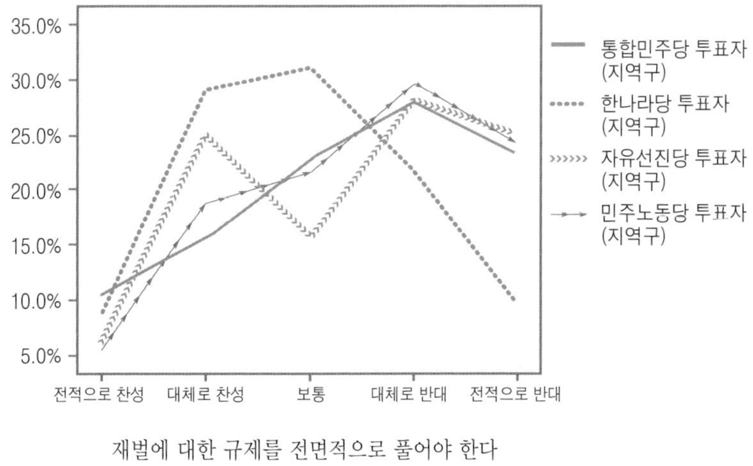

자료: 한국사회과학데이터센터(2008)

〈그림 59〉 지지정당별 재벌 규제에 대한 인식(비례대표)

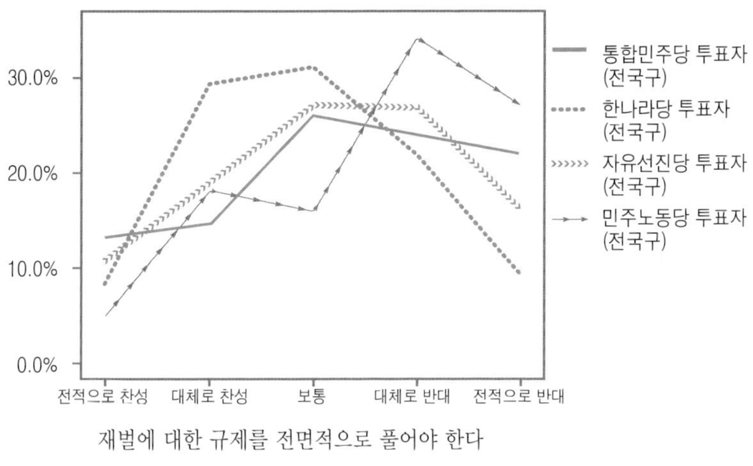

자료: 한국사회과학데이터센터(2008)

〈그림 60〉 지지정당별 대북지원에 대한 인식(지역구)

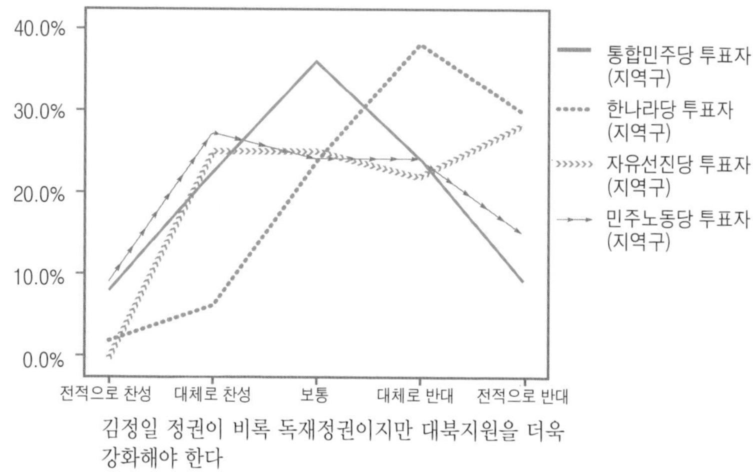

자료: 한국사회과학데이터센터(2008)

〈그림 61〉 지지정당별 대북지원에 대한 인식(비례대표)

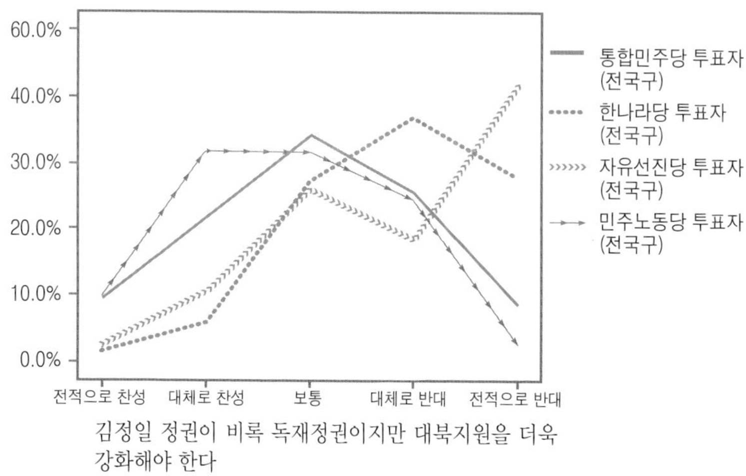

자료: 한국사회과학데이터센터(2008)

규제를 더욱 강화해야 한다"는 주장에 대한 입장 분포는 지지정당별로 다른 것처럼 보이나, 지역구에서 투표한 정당과 비례대표에서 투표한 정당을 합산하여 보면 정당별로 별 다르지 않다.

이에 비해 재벌정책과 북한정책의 이슈는 투표한 정당별로 조금 다른 분포를 보인다. 재벌 규제 철폐에 대해 한나라당 지지자들이 가장 호의적인 반면, 민주노동당 지시자들이 가장 부정적이다. 통합민주당과 자유선진당에게 투표한 유권자들도 민주노동자 유권자들만큼 부정적이지는 않지만 대체로 부정적인 편이라고 말할 수 있다. 재벌정책에 대해서는 한나라당이 다른 정당과 차별화된다고 말할 수 있다.

〈그림 60〉과 〈그림 61〉에서 "김정일 정권이 비록 독재정권이지만 대북지원을 더욱 강화해야 한다"는 주장에 대한 찬반의 정도는 민주노동당, 통합민주당, 한나라당, 자유선진당 순으로 나열할 수 있을 정도로 차별화가 되고 있다.

3. 유권자 양극화 정도와 국회 양극화 정도의 비교

– 국회 양극화는 유권자 양극화보다 심화되어 있다.

미국의 경우 유권자는 별로 양극화되어 있지 않은데 정치권이 양극화되어 있다는 주장들이 있다. 미국 정당들은 더 명확히 구별되고 더 뭉쳐있고 의회는 정파적이며 대통령의 국정수행은 한 쪽으로 진행되고 대법관 임명도 정파적인 등 미국 정치는 양극화가 심화되어 있는데, 이는 유권자 분포와 상관이 없는 정치엘리트만의 양극화라는 것이다. 유권자 분포가 변하지 않아도 이슈의 등장에 따라 후보 간 거리는 더 멀리 떨어지는 것이 가능하기 때문에 정치엘리트의 양극화가 심화될 수 있다는 것이다(Dionne 1991; Williams 1997; Bond and Fleisher 2000; Jacobson 2004; Fiorina et al. 2006).

〈그림 44〉에서 제18대 지역구 국회의원선거에서 한나라당에게 투표한 유권자이든 통합민주당에게 투표한 유권자이든 모두 가장 흔한 이념점수는 중도이었다. 통합민주당 지역구 후보에게 투표한 유권자의 이념점수 평균은 4.4점이었고, 한나라당 지역구 후보에게 투표한 유권자의 평균은 6.5점이었다. 2.1점의 차이였다. 〈그림 45〉의 제18대 국회의원 비례대표 선거에서도 통합민주당과 한나라당에게 투표한 유권자의 평균 이념점수는 각각 4.6점과 6.6점으로 그 차이는 2.0점이었다.

이에 비해 〈그림 42〉에서 한나라당 소속 제18대 국회의원의 이념점수 분포와 통합민주당 소속 의원의 분포는 서로 다르다. 〈그림 42〉의 자료를 이용하여 정당별로 국회의원 이념분포를 그려본 것이 〈그림 62〉이다.[12] 조사에 응답한 통합민주당 의원의 이념점수 평균은 3.8점인 반면, 한나라당 의원 142명의 평균은 6.2점이었다. 양대 정당 간 평균 이념점수 차이는 2.4점이었다. 이는 유권자의 평균 차이보다 0.3~0.4점 더 큰 것이다. 굳이 평균 차이를 계산하지 않고도 〈그림 44~45〉와 〈그림 62〉를 함께 보기만 해도, 국회의원의 양극화는 유권자의 양극화보다 심화되어 있음을 알 수 있다.

---

12) 2004년 중앙일보(2004/09/01) 조사에 따르면, 통합민주당의 전신인 열린우리당 소속 제17대 국회의원의 진보(0~3.9)-중도(4.0~6.0)-보수(6.1~10) 비율은 71.0%-25.3%-3.7%이고, 평균은 3.5점이었다. 통합 이전의 민주당 소속 제17대 국회의원 평균은 3.9점이었다. 제17대 한나라당 국회의원의 진보-중도-보수 비율은 11.9%-49.5%-38.6%이었으며, 평균은 5.4점이었다. 이 조사 외에도 제16대 한나라당 국회의원의 진보-중도-보수 비율은 24%-31%-45%였고, 제16대 민주당 국회의원의 비율은 65.3%-24.5%-10.2%이라는 조사결과도 있다(이현지 2003). 국회의원의 이념분포는 조사마다 조금씩 다르지만, 일반 유권자에 비해 양극화되어 있음은 공통된 점이다.

〈그림 62〉 제18대 국회의원의 정당별 이념분포

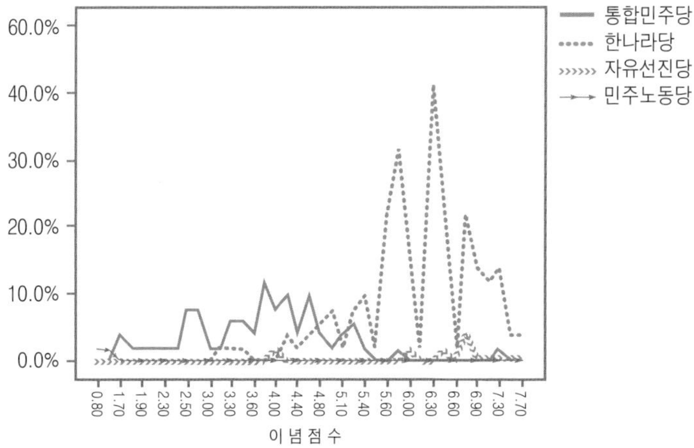

자료: 중앙일보 2008/05/16

국회 양극화와 유권자 양극화 간의 차이는 정치참여 강도에 따른 차이로 이해할 수 있다. 정치참여의 강도가 높은 사람일수록 이념적 성향이 중도로부터 이탈할 가능성이 높은데, 국회의원들도 마찬가지이다.

〈그림 63~70〉은 유권자의 이념성향이나 정책선호가 "다른 사람에게 특정 정당이나 후보에게 투표하라고 설득하신 적"이 있는 여부에 따라 다른지를 보여주는 것이다[13]. 이념, 환경보존, 재벌규제, 복지예산감축, 대북지원, 대미정책, 사교육규제, 개인권리침해 등에 대한 입장에서 남을 설득한 적이 있는 유권자들의 분포는 그렇지 않은 유권자 분포보다 중간적 선호에 적게 분포하지만 양극단으로 갈수록 더 많이 분포하는 모습이다. 즉 남에게 투표를 설득한 사람이 그렇지 않은 사람

13) 이 책에서는 이 책의 결론에 부합되는 변수만을 드러낸다는 오해를 주지 않기 위해 가용한 모든 변수를 다 드러내었다. 정책이슈이든 정치참여방식이든 이용가능한 모든 변수를 포함시켜 분석하였다.

〈그림 63〉 투표설득여부에 따른 이념분포

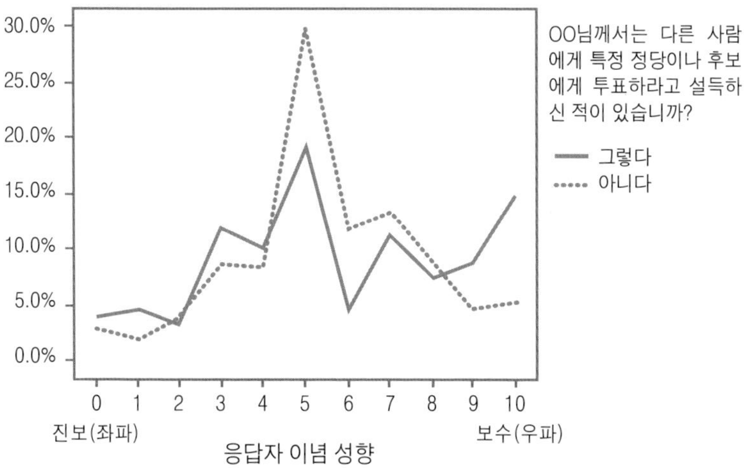

자료: 한국사회과학데이터센터(2008)

〈그림 64〉 투표설득여부에 따른 환경보존에 대한 인식

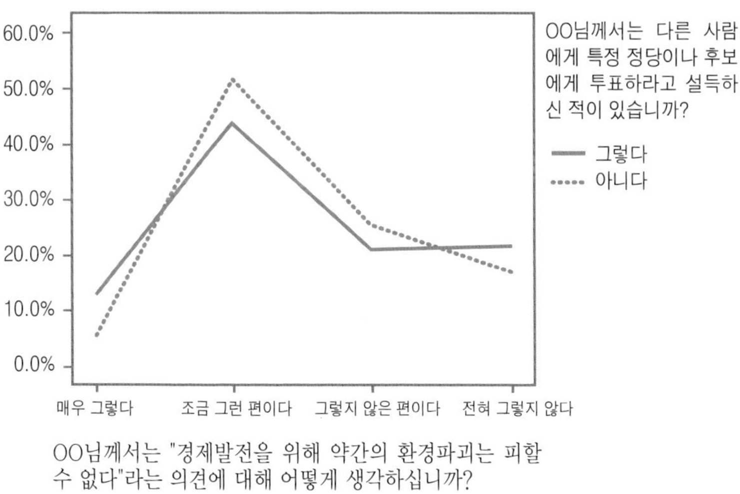

자료: 한국사회과학데이터센터(2008)

〈그림 65〉 투표설득여부에 따른 재벌 규제에 대한 인식

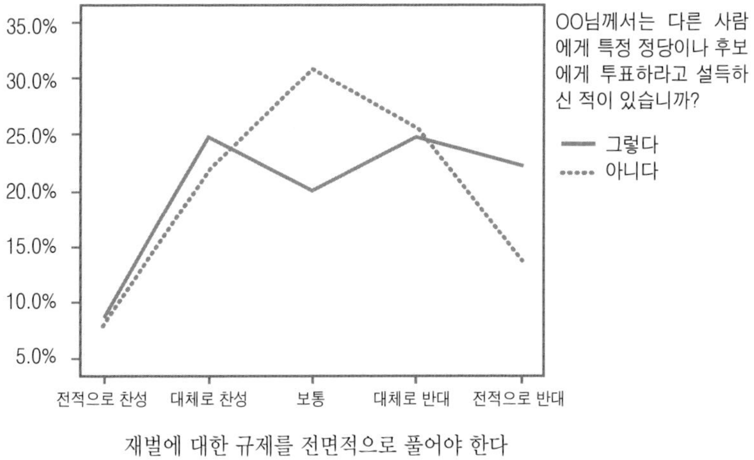

자료: 한국사회과학데이터센터(2008)

〈그림 66〉 투표설득여부에 따른 복지예산 감축에 대한 인식

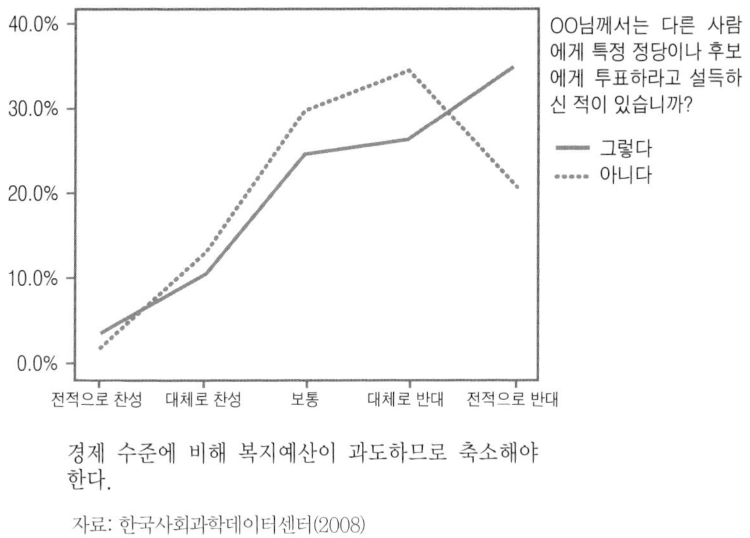

자료: 한국사회과학데이터센터(2008)

〈그림 67〉 투표설득여부에 따른 대북지원에 대한 인식

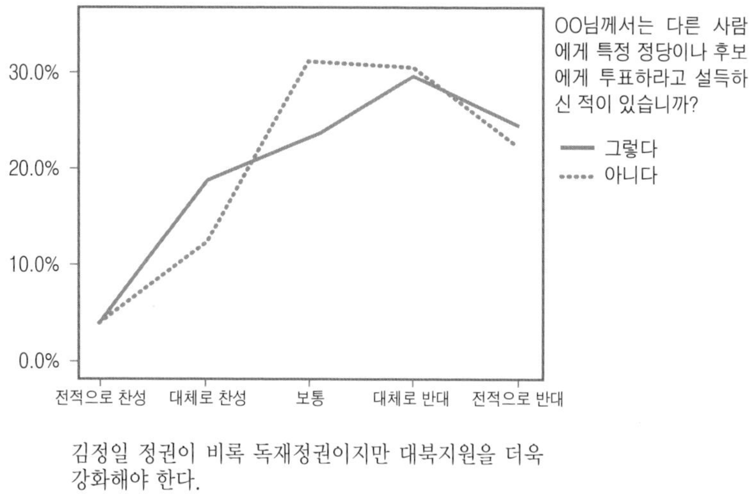

자료: 한국사회과학데이터센터(2008)

〈그림 68〉 투표설득여부에 따른 대미정책에 대한 인식

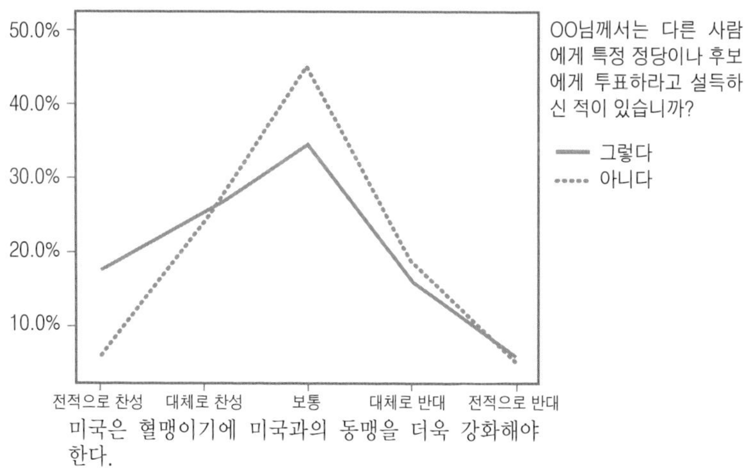

자료: 한국사회과학데이터센터(2008)

〈그림 69〉 투표설득여부에 따른 사교육 규제에 대한 인식

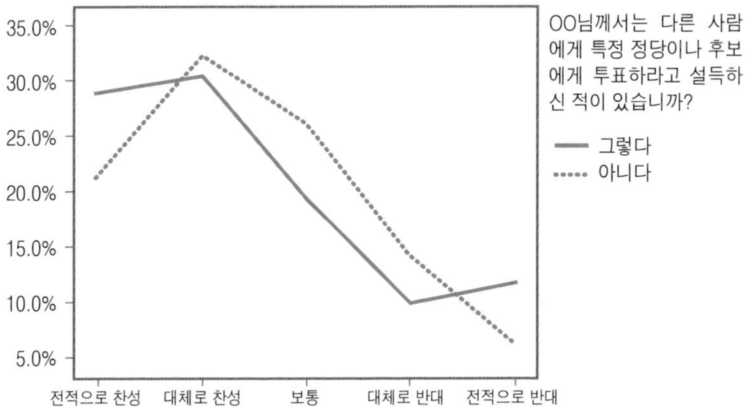

초·중·고의 사교육에 대한 규제를 더욱 강화해야 한다

자료: 한국사회과학데이터센터(2008)

〈그림 70〉 투표설득여부에 따른 개인권리 침해에 대한 인식

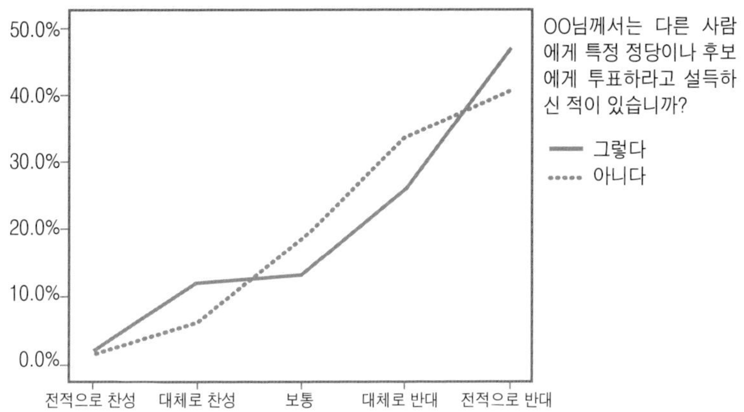

국가발전을 위해 개인의 권리는 침해될 수 있다

자료: 한국사회과학데이터센터(2008)

보다 더 양극화되어 있음을 알 수 있다.

이러한 이념분포 차이와 정책선호 차이는 "항의, 가두시위, 기타 정치적 집회 등에 참가해 보신 적이 있느냐"에 따라서도 발생한다. 〈그림 71〉부터 〈그림 78〉까지 여러 그림들은 정치집회 참가한 적이 있는 유권자들이 그렇지 않은 유권자들보다 대체적으로 더 양극화된 분포를 보여주고 있다. 다만 대북지원 이슈에 대해서는 정치집회 참가 경험자들이 무경험자들보다 더 양극화되었다기보다 대북지원을 상대적으로 더 찬성하는 경향을 보였다.

〈그림 63〉에서 〈그림 78〉까지 거의 모든 그림들이 정치 참여 수준이 높은 유권자들의 정책이념 분포가 정치 참여 수준이 낮은 유권자들의 분포보다 더 양극화되어 있음을 보여준다. 즉 정치참여 강도가 높은 사람들일수록 더 뚜렷한 이념이나 정책선호를 갖고 있음을 알 수 있다.

〈그림 71〉 정치집회참가여부에 따른 이념분포

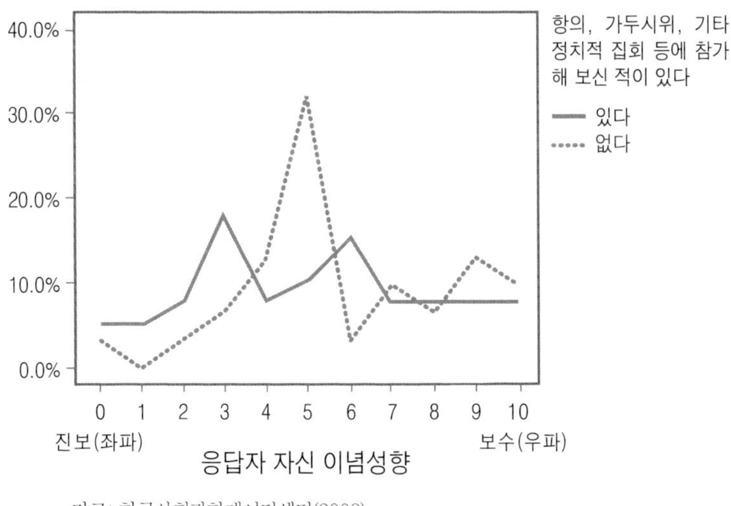

자료: 한국사회과학데이터센터(2008)

〈그림 72〉 정치집회참가여부에 따른 환경보존에 대한 인식

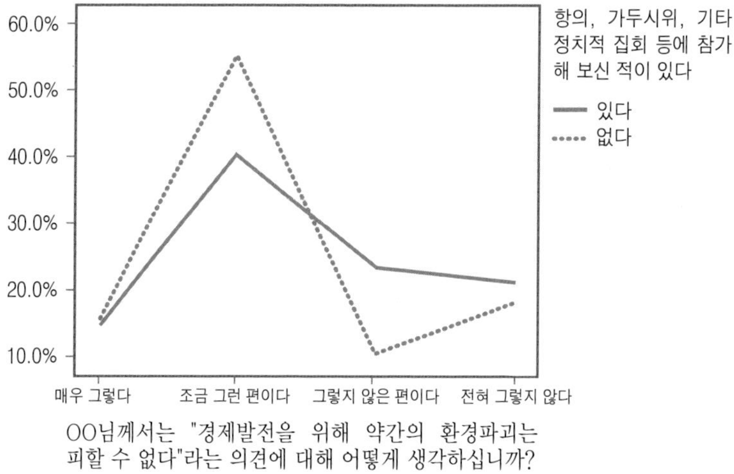

자료: 한국사회과학데이터센터(2008)

〈그림 73〉 정치집회참가여부에 따른 재벌 규제에 대한 인식

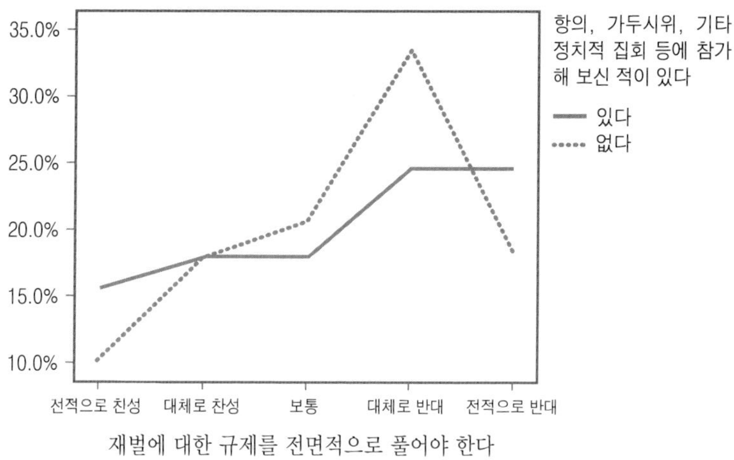

자료: 한국사회과학데이터센터(2008)

〈그림 74〉 정치집회참가여부에 따른 복지예산 감축에 대한 인식

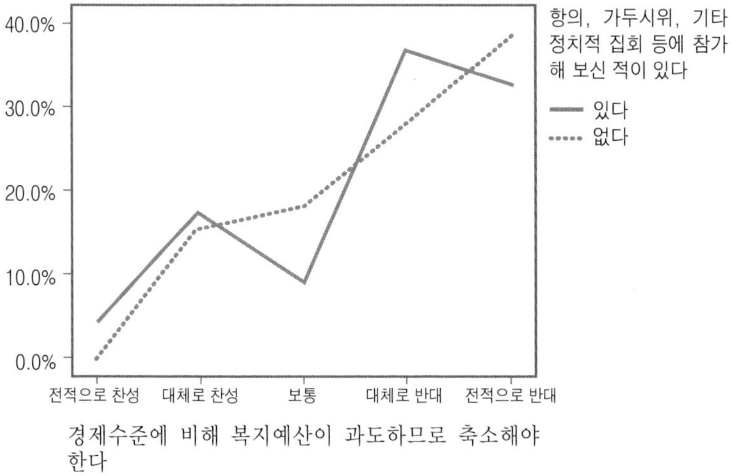

자료: 한국사회과학데이터센터(2008)

〈그림 75〉 정치집회참가여부에 따른 대북지원에 대한 인식

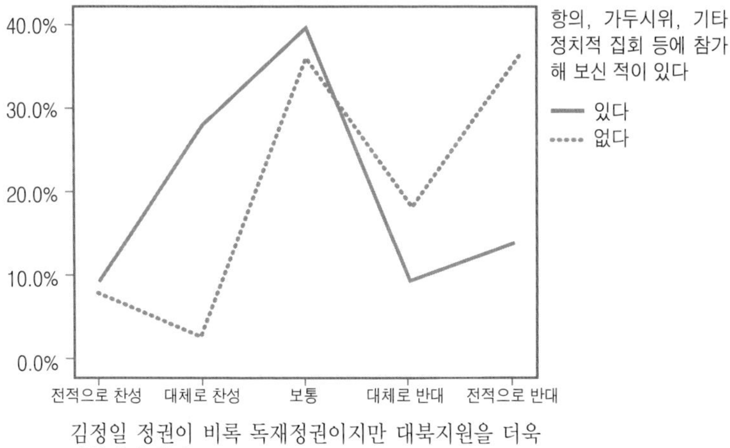

자료: 한국사회과학데이터센터(2008)

〈그림 76〉 정치집회참가여부에 따른 대미정책에 대한 인식

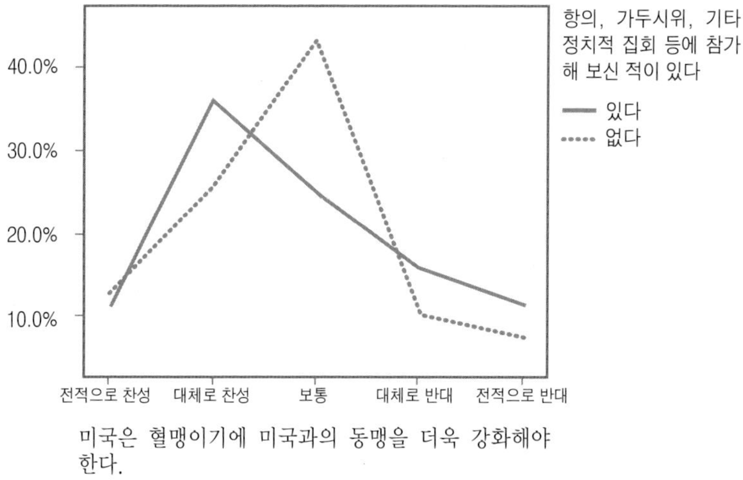

자료: 한국사회과학데이터센터(2008)

〈그림 77〉 정치집회참가여부에 따른 사교육 규제에 대한 인식

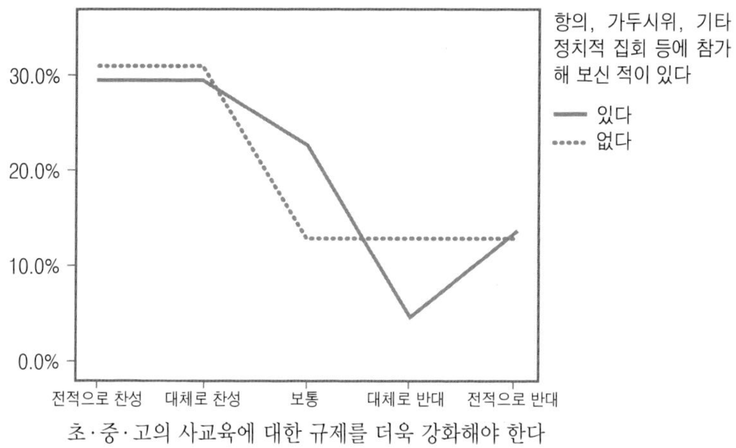

자료: 한국사회과학데이터센터(2008)

〈그림 78〉 정치집회참가여부에 따른 개인권리 침해에 대한 인식

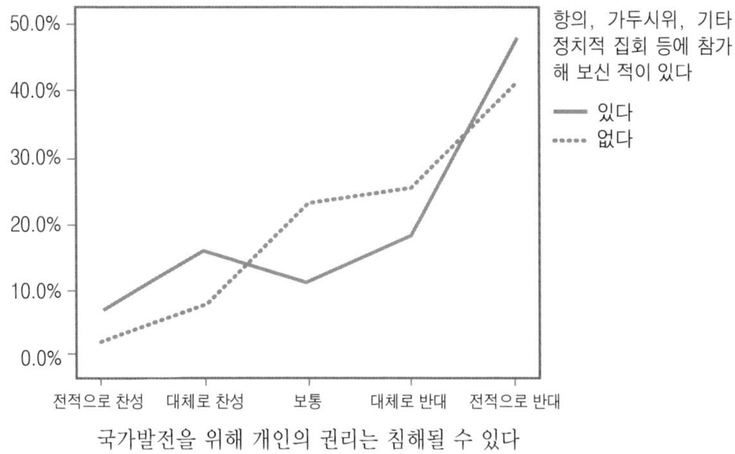

자료: 한국사회과학데이터센터(2008)

따라서 정치참여 기준에 있어 가장 강도가 높은 정치참여를 한다고 말할 수 있는 국회의원들이 유권자들보다 훨씬 더 양극화됨은 쉽게 유추할 수 있다.

정치집회참가여부와 투표설득여부는 정당을 좋아하고 싫어하는 정도와도 관련이 있다. 좋아하는 정당과 싫어하는 정당이 분명할수록 정치집회 참가도 더 할 것이고 또 남에게 투표참여를 더 설득할 것이기 때문이다. 이는 〈그림 79~86〉에서도 발견된다. 정치집회에 참가한 경험이 있는 유권자일수록 민주노동당에 더 호감을 갖는 것 외에 한나라당, 통합민주당, 자유선진당, 민주노동당 등 제 정당을 좋아하고 싫어하는 정도는 적극적 정치참여자들이 소극적 참여자들보다 더 양극화되어 있는 것이다. 이러한 관계의 연장선상에서 국회가 유권자보다 더 양극화되어 있음을 알 수 있는 것이다.

〈그림 79〉 투표설득여부에 따른 통합민주당 호감도

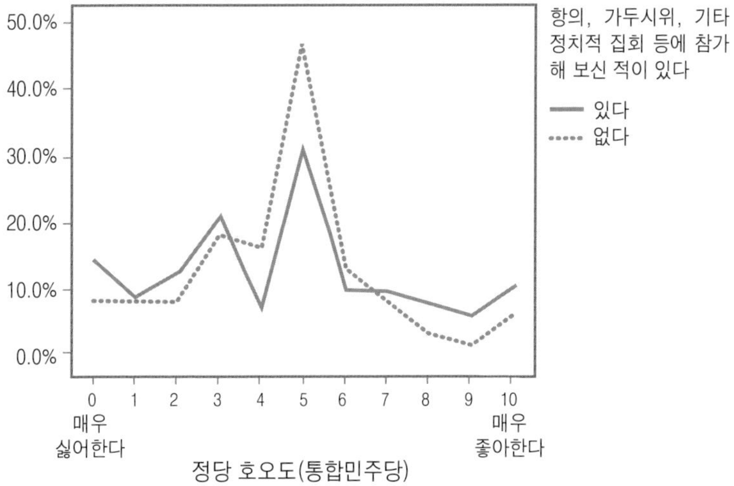

자료: 한국사회과학데이터센터(2008)

〈그림 80〉 투표설득여부에 따른 한나라당 호감도

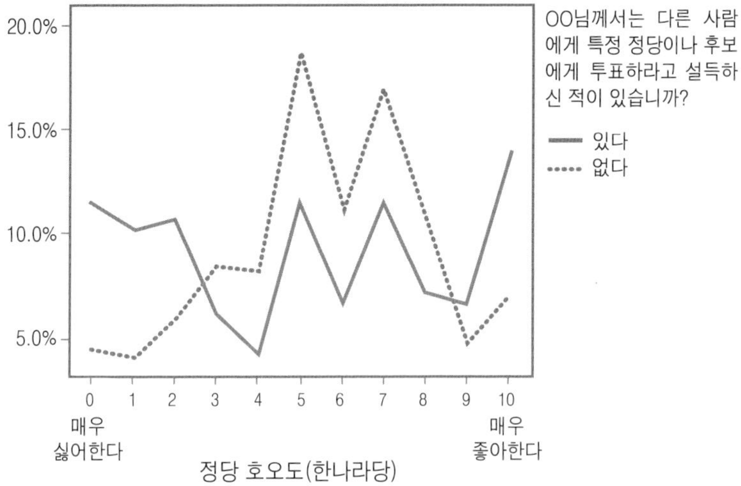

자료: 한국사회과학데이터센터(2008)

〈그림 81〉 투표설득여부에 따른 자유선진당 호감도

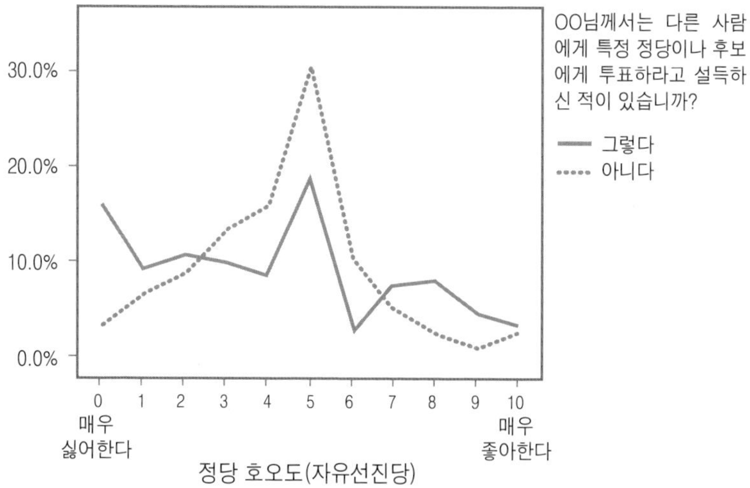

자료: 한국사회과학데이터센터(2008)

〈그림 82〉 투표설득여부에 따른 민주노동당 호감도

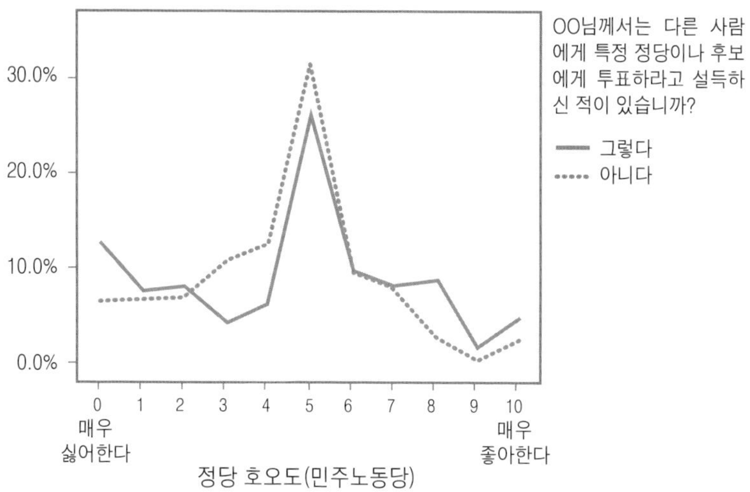

자료: 한국사회과학데이터센터(2008)

〈그림 83〉 정치집회참가여부에 따른 통합민주당 호감도

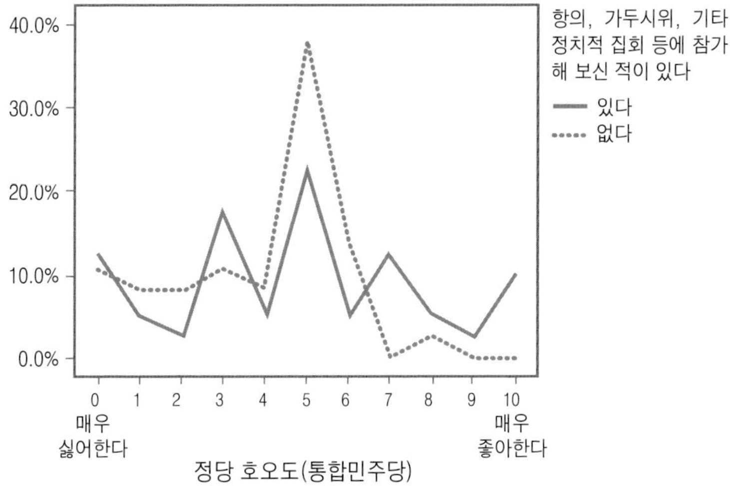

자료: 한국사회과학데이터센터(2008)

〈그림 84〉 정치집회참가여부에 따른 한나라당 호감도

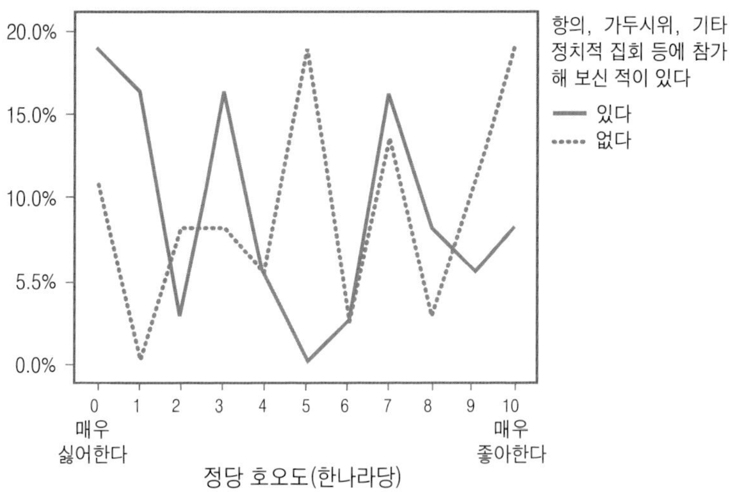

자료: 한국사회과학데이터센터(2008)

〈그림 85〉 정치집회참가여부에 따른 자유선진당 호감도

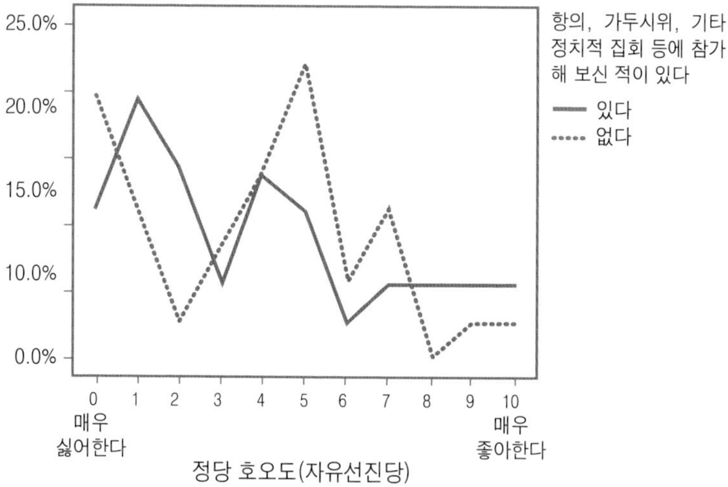

자료: 한국사회과학데이터센터(2008)

〈그림 86〉 정치집회참가여부에 따른 민주노동당 호감도

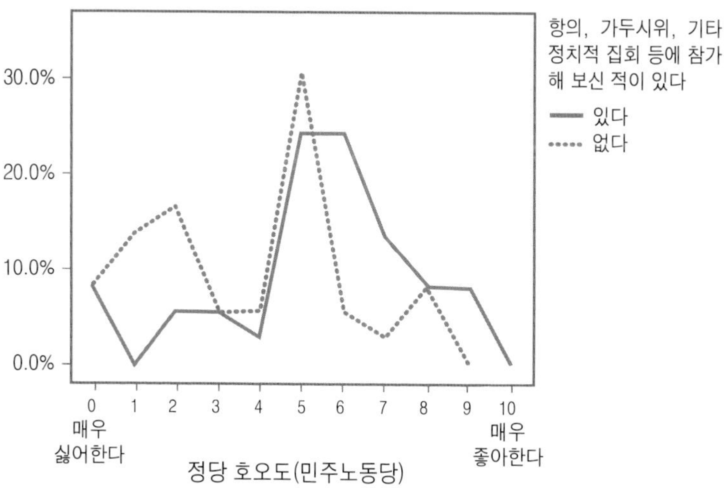

자료: 한국사회과학데이터센터(2008)

호주의 사례에서 강제투표는 아무것도 모르고 투표하는 얼뜨기 투표자(donkey voter) 때문에 부정적 기능을 갖는다. 그러한 투표자들 때문에 민의가 오히려 왜곡될 수도 있다. 그렇지만 양극화 정도는 완화될 수 있다. 아무 생각 없이 투표하는 유권자들이 기권할 때에는 강한 의견을 가진 소수 유권자가 선거결과를 좌우하기가 쉽지만, 만일 무의견의 유권자들이 모두 투표할 때에는 그 강한 의견의 소수 유권자들의 영향력은 감소할 수밖에 없는 것이다.

제8장
대의제와 국회 양극화

제 8 장
대의제와 국회 양극화

1. 양극화 증폭 과정

– 선거제도, 표결제도, 공천제도 등이 양극화를 증폭시킨다.

국회 양극화 정도는 유권자 양극화 정도보다 심하다. 많은 사람들은 국회가 매사에 극단적인 분열과 대립으로 양극화되어 있는 것으로 생각한다. 그런데 〈그림 62〉의 국회 양극화 정도는 정당 간에 전혀 겹치지 않을 정도로 서로 완전히 대립하고 있는 것은 아니다.

민주주의 사회는 소위 사회균열(social cleavage)이 있을 수밖에 없으며 이에 따라 유권자도 어느 정도는 분열되게 마련이다. 이러한 분열은 정당정치를 비롯한 각종 메커니즘을 통해 좀 더 명확해진다. 방송토론 등 각종 토론회에서 중도가 다수이고 좌와 우가 소수에 불과하더라도 좌우 균형이라는 이유 때문에 중도는 배제되고 좌와 우만이 참여하는 경우가 많다. 즉 중도는 대표되지 못하고 좌와 우가 과대대표되는 것이다. 사회균열적 차원에서의 양극화 수준보다 더 강한 양극화가 인식적 차원에서 이루어진다.

이러한 유권자 인식의 양극화 정도는 유권자의 투표행태에서 더욱 심화된다. 한 후보 대신 여러 후보에 대해 고른 지지를 보내고 싶은 유권자도 1인 1표 선거제도에서는 결과적으로 한 후보에게 표를 몰아주는 양극화 행태를 취할 수밖에 없다. 더구나 정치나 정책에 강한 선호를 갖고 있지 않은 유권자들은 기권하기 쉽고, 따라서 양극화된 강한 선호를 가진 유권자들이 과대대표된다.

유권자와 마찬가지로 개별 국회의원들도 표결에서 찬반 가운데 택일해야 하기 때문에 유권자 선호에 따른 중간적 입장 표명 대신 한쪽으로 치우친 의정활동을 하는 것이다. 게다가 공천여부가 당선여부를 곧 결정하는 선거구를 가진 국회의원으로서는 공천을 받기 위해 당론에 충실하여 획일적인 의정활동들을 한다.

국회 양극화가 많이 인식되는 시기는 주로 정권교체 직후의 국회에서이다. 일반적으로 정권교체 후 급격한 변화를 수반하는 법안 제안들이 많고 이런 변화를 거부하는 세력이 있기 때문에 자연스럽게 극단적

〈그림 87〉 양극화 증폭 과정

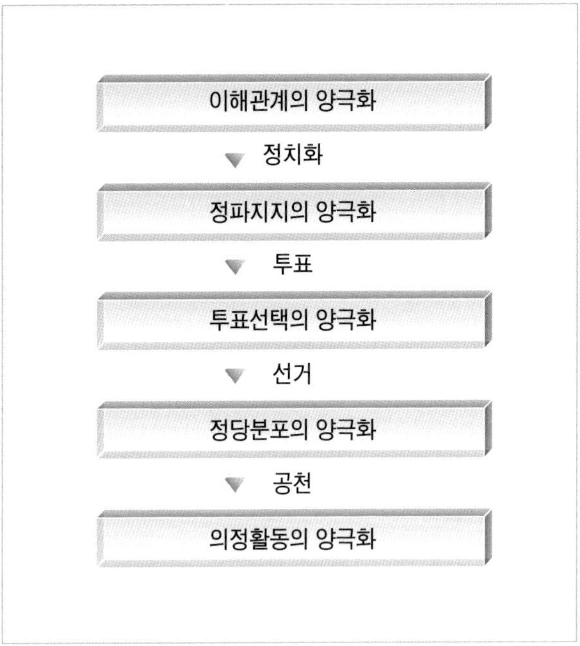

대립이 발생한다. 2008년 정권교체 직전에는 국회 양극화가 그렇게 심각한 것처럼 보이지 않았다. 왜냐하면 여당이나 제1당에서 급격한 변화를 추진하지 않았기 때문이다. 이에 비해 김대중 정부 이래 이명박 정부까지 여당에서 급격한 변화를 동반하는 법안을 추진하였을 때에는 국회에서 사활을 건 양극화 대립이 성행하였다. 다시 말해서 〈그림 41〉과 〈그림 42〉의 비교에서 알 수 있듯이 제18대 국회의원들이 제17대 국회의원보다 더 양극화된 것은 아니고, 대신에 정권교체 이후 발의된 의안들 때문에 의정형태가 양극화된 것이라고 볼 수 있다. 이러한 양극화 증폭 과정은 〈그림 87〉로 요약된다.

2. 선거구민 의사와 국회의원 의정활동

- 국회의원의 의정활동은 선거구민의 의사를 완전대표할 수 없다.

의회의 표결행위가 선거구민의 의사를 반영하는지 아닌지에 대해서 오래전부터 연구되어 왔다(Miller and Stokes 1963, Fiorina 1974, Fenno 1978, Wright 1989). 자신의 지역구만을 위해 의정활동을 수행하는 것은 종종 지역이기주의로 매도되기도 한다.

선거구별 유권자의 의사가 잘 조사된 자료가 존재하지 않기 때문에 선거구 유권자의 의사와 선거구 국회의원의 의정활동 간의 완전한 연계를 드러내기가 쉽지 않다. 또 특정 국회의원에게 실제 투표한 유권자들의 의사도 잘 정리되어 있지 않기 때문에 그러한 의사가 국회의원의 의정활동에 잘 반영되었는지를 살펴보는 것은 분석 자체가 어렵다. 특정 지역구 출신 국회의원의 의정활동이 그 지역구 유권자의 의사를 반영해야 하든 아니면 대한민국 전체 유권자의 의사를 반영해야 하든,

분명한 것은 개별 국회의원이 자신의 선거구 유권자를 엄밀하게 대표하는 것 자체가 쉽지 않다는 점이다.

선거구민의 의사와 그 선거구에서 선출된 국회의원의 의정활동이 100% 일치할 수는 없다. 특정 선거구 모든 유권자의 의견이나 이해관계가 동일하지 않기 때문에 하나의 정치행위로 통일될 수가 없다. 어떤 선거구민들이 어떤 의안에 50 대 50의 찬반 입장인 경우, 그 지역에서 선출된 국회의원은 찬성하든 반대하든 50%만 대표하고 50%를 대표하지 못한다. 예컨대 중앙일보(2008/05/16, 2008/05/17)의 제18대 국회의원 이념성향 조사에서 "종교적 병역 거부를 인정해야" 혹은 "사형제를 폐지해야" 혹은 "대기업 출자총액제한제를 전면 폐지해야" 혹은 "시장을 왜곡할 가능성이 높아 정부가 생필품 가격을 관리하지 않아야" 혹은 "한미 FTA를 인준 통과시키지 말아야" 혹은 "북핵문제와 무관하게 현재 수준의 대북지원은 유지해야" 한다고 응답한 개별 국회의원들의 선거구민이 모두 그렇게 생각하는 것은 아니다. 지역구 유권자들의 입장과 지역구 출신 의원의 입장을 하나하나 연결할 수 있다고 한들, 국회의원 1인을 선출한 지역구 유권자들이 만장일치의 견해를 갖는 것이 아니기 때문에 대표되지 않는 유권자들은 많을 수밖에 없는 것이다.

개별 의원 단위 대신에 정당 단위나 전체 의회 단위로 접근하면 완전대표 가능성이 이론적으로 더 높아진다. 개별 의원은 찬반 가운데 택일하지만, 전체 의회의 찬반 비율은 0%에서 100%까지 다양할 수 있기 때문이다. 비례대표성의 원칙은 전체 국회의원의 표결이 전체 유권자의 의견 비율대로 대표되는 것이다. 외국의 연구들은 특정 정당에게 투표한 사람들의 이념성향과 그 정당에 소속된 의원들의 이념성향을 비교하여 대표성 여부를 판단하기도 한다.[14] 특정 사안에 대해 특정 정당 지지자들이 70 대 30의 찬반을 갖고 있다면 그 정당 소속 의원의 70%는 찬성투표, 30%는 반대투표를 하면 완전대표가 되는 것이다.

하지만 현실은 전혀 그렇지 않다. 〈그림 58〉에서 제18대 지역구 국회의원 선거에서 한나라당에게 투표한 유권자들은 재벌규제철폐에 대해 4 대 3으로 찬성과 반대를 하였고, 통합민주당 유권자들은 3 대 5로 찬성과 반대를 하였다. 두 정당 소속 국회의원들의 투표행위는 각각 그 비율에 준하는 것이 대표성 원칙일 것이다. 의정활동의 특성상 혼합적 혹은 중간적 선택을 할 수 없기 때문에 한나라당과 민주당의 의정활동이 재벌규제철폐에 대해 각각 4:3과 3:5의 찬반 비율로 진행되지 않았음은 물론이다. 또 〈그림 60〉에서 제18대 국회의원 지역구 선거에서 한나라당에게 투표한 유권자들과 통합민주당에 투표한 유권자들은 대북지원 강화에 각각 1 대 7과 3 대 3의 찬반 비율을 보였지만, 두 정당의 의정활동이 그 비율대로 하지 않았음은 물론이다.

한국 국회의원의 투표행태는 소속정당에 따라 양극화로 치달았다. 국민일보(2009/05/12) 조사에 따르면, 제18대 국회 1년간 본회의에서 처리된 법안 592건의 찬반 투표에서 정당별 투표 방향 일치도는 민주노동당(95.8%), 친박연대(93.1%), 자유선진당(81.8%), 민주당(64.4%), 한나라당(45.1%) 등이었다.

14) 만일 이념성향이나 정책입장이 지지정당에게 결정적 영향을 주지 않는다면 그러한 비교는 무의미하다. 특정 정당에 투표한 유권자들의 특정 정책에 대한 입장을 그 정책에 대한 그 특정 정당 소속 의원들의 입장과 비교하여, 유사하면 잘 대표되는 것이고 그렇지 않으면 잘 대표되지 않는다고 하는데, 기본적으로 그 정책 입장에 의해 지지 정당이 결정되어야 가능한 주장이다.

〈표 29〉는 2009년 7월 22일 국회에서 실시된 전자투표의 결과를 보여주고 있는데, 찬성을 당론으로 정한 한나라당과 표결저지를 당론으로 정한 민주당 모두 군사작전처럼 일사불란한 무력적 행동을 보였다. 한나라당 후보에 투표했거나 한나라당을 지지한 유권자 전원이 미디어 관련 법안에 찬성하지 않았을 것이고 민주당을 지지한 유권자 전원이 그 법안에 반대하지 않았을 것임은 굳이 고비용의 조사자료를 통해 보여줄 필요 없이 명확하다.

〈표 29〉 제283회 국회 표결 결과

처리연월일 및 차수	건 명	표결방법	표결결과	처리내용
'09. 7.15(수) (제1차)	국군부대의 유엔 레바논 평화유지군 (UNIFIL) 파견연장 동의안	전자투표	재석 245 찬성 221 반대 11 기권 13	가결
'09. 7.22(수) (제2차)	신문등의 자유와 기능보장에 관한법률 정부개정법률안에 대한 수정안 (강승규의원 외 168인)	전자투표	재석 163 찬성 152 반대 0 기권 11	가결
	방송법 일부개정법률안에 대한 수정안 (강승규의원 외 168인)	전자투표	재석 153 찬성 150 반대 0 기권 3	가결
	인터넷 멀티미디어 방송사업법 일부 개정법률안	전자투표	재석 161 찬성 161 반대 0 기권 0	가결
	금융지주회사법 일부개정법률안에 대한 수정안(박종희의원 외 168인)	전자투표	재석 165 찬성 162 반대 0 기권 3	가결

출처: 대한민국 국회(2009)

개별 국회의원의 의정활동은 하나로 되어야 하기 때문에 한 쪽으로 치우칠 수밖에 없다. 반면 전체 국회의원의 의정활동은 다양하게 나와야 하지만 정당이 강하여 하나의 단일한 행위로 나온다. 이것이 한국 국회의 양극화 현상이다.

3. 선거구 획정

- 선거구 획정으로 국회 양극화를 심화시킬 수도 있고 완화시킬 수도 있다.

미국 선거는 선거구 개편 이후 총득표 기준으로 보면 박빙(薄氷)이지만 개별 선거구별로 보면 일방이 완승(完勝)하는 현상이 증대되었다. 이로 인해 의회 양극화가 심화되었고 의회 양극화 완화를 위해서는 선거구 개편을 의회에 맡겨서는 아니 된다는 주장도 있다(Fiorina et al. 2006).

만일 선거구가 10개 있고 10명의 국회의원을 선출할 때 선거구별 유권자의 분포는 국회의원의 성향에 큰 영향을 준다. 예컨대 정당 A(진보)와 정당 C(보수)의 전체 지지율은 각각 35%이고 정당 B(중도)의 전체 지지율은 30%라고 하자. A 지지자들은 5개 선거구에 걸쳐 선거구당 70%씩 분포하고 있고, 나머지 5개 선거구에는 C 지지자들이 선거구당 70%씩 분포하고 있다고 하자. B 지지자들은 10개 선거구에 선거구당 30%씩 고루 분포하고 있으며, A와 C는 상대의 지역에 지지자가 한 명도 없다고 하자. 5개 선거구는 A 70%와 B 30%로 A 후보의 승리를 예상할 수 있고, 나머지 5개 선거구는 C 70%와 B 30%로 C 후보가 당선될 것이다. 이 경우 전체 선거구 10개 모두에서 A 혹은 C의 공천이 곧 당선이다.

이런 상황에서 후보들은 정당에 충성하지, 선거구민이나 전체 유권자에 충성하지 않는다. 선거구 내의 경쟁이 치열하지 않으면 당선이 안정적인 후보들은 선거구 내 중도 성향의 다수 유권자들을 덜 의식하게 된다. 일반적으로 정치인들이 유권자 입장보다 더 극단적인 입장을 견지한다는 점을 감안하면, 안전하게 당선할 수 있는 국회의원은 굳이 자신의 이념적 소신이나 정당의 이념을 버리려고 하지 않기 때문에 중도적 입장으로 변하지 않게 되는 것이다.

선거 후 국회는 전체 유권자의 중도적 입장 대신 소속 정당의 당론에 충실한 국회의원들로 구성된다. 전체 유권자의 1/3 지지를 각각 받는 두 개 정당이 전체 의석을 양분하고 경쟁한다. 나머지 1/3 유권자를 대표할 수 있는 중도적 의석은 전무하다. 양대 정당 소속 국회의원의 입장이 일반 유권자보다 더 극단적임은 물론이다. 이것이 곧 국회 양극화의 전형적 사례이다.

다른 사례는 다음과 같다. 10개 선거구 모두가 A 지지자 35%, B 지지자 35%, C 지지자 30%로 구성된 경우이다. 모든 지역구가 고루 섞여져 있어 모두 박빙이라고 하자. 그렇다면 A와 B 모두 승리를 확신할 수 없기 때문에 각 선거구의 중도적 입장에 가까운 후보를 공천하게 된다. C 후보가 당선되는 선거구도 있을 것이다. 이 경우 후보들은 중간적 유권자들의 지지를 받기 위해 중도적 입장을 취하기 쉽다. 따라서 국회 양극화가 완화된다.

특정 정당이 특정 지역을 독식하는 체제에서는 그렇지 않은 체제보다 국회의원들의 성향이 더 양극화된다. 지역할거 지역구 후보들은 정당 공천을 우선시하지, 지역구 유권자들의 일반적 지지는 그 다음 관심사이다. 정당 공천을 받기 위해 의정활동을 당론에 따를 수밖에 없다.

제18대 국회의원 이념성향에 관한 중앙일보의 조사(〈그림 42〉)에서, 한나라당 의원들 가운데에서도 더 보수로 나타난 의원들은 영남권 출신들이 많았다. 즉 영남권 한나라당 후보들은 중도 성향의 유권자들의 지지를 받으려 중도를 옮길 동기가 약하다.

또 제18대 국회 첫 1년 간 본회의에서 처리된 법안 592건 찬반 기록에 대한 국민일보(2009/05/12)의 정리에 따르면, 영남권 출신 의원은 법안 1건당 평균 찬성률이 76.39%를 기록해 가장 높은 찬성률을 보였고, 호남권(제주 포함)은 45.73%로 가장 낮은 찬성률을 보였다. 지역할거 지역 출신의 국회의원들은 유권자 중도적 입장과는 좀 차이가 있는 의정활동을 보이는 것이다.

개별 국회의원은 지역구 대신 국민 전체를 대표해야 한다는 것이 전통적 견해이다. 개별 선거구민에 대한 책임성(accountability)은 순혈적 선거구라도 보장하지 못한다. 더구나 다수당이 너무 안정적이면 그 책임성은 약화된다. 전체 유권자에 대한 책임성 기준에서 보자면 한 선거구에 여러 지지자들이 혼재해 있는 경우가 훨씬 더 바람직하다.

단순하게 지역주의를 타파하기 위해 대표성에 역행하는 비합리적인 기준으로 비례대표의석을 배분하는 것은 바람직하지 않다. 개별 지역의 대표성보다 전체 유권자의 대표성을 보장하도록 선거구를 획정해야 한다. 획일적인 소선거구제보다 선거구 크기가 다양하게 혼합된 소·중·대 선거구를 도입하면 양극화가 완화될 수 있다(김재한 1998). 또 단순과반수제 대신 이양투표제나 점수투표제를 도입하면 온건한 후보가 승리할 가능성은 더 높아진다(김재한 1998). 시범적으로 영남과 호남이 반반씩 혼재한 선거구를 만드는 것은 시도할 만하다. 물론 그 지역구에서는 지역주의가 작동할 수도 있지만, 그 선거구 후보들은 적어도 특정 정당 공천이 곧 당선이라는 태도를 보이지 않을 것이고, 또 의정활동에 있어서도 소속정당의 당론에만 충실하여 활동하지는 않을 것이며, 전체 유권자의 축소판이라 할 수 있는 선거구민의 다수 의사에 충실하여 궁극적으론 전체 유권자의 다수 의사에 충실한 의정활동을 수행할 가능성이 높다.

이러한 제도를 도입하려면 국회의원이 직접 위원이 된다거나 혹은 원내교섭 정당이 추천하는 외부인사가 위원이 된다거나 하는 방법은 별 효과적이지 못하다. 제도공학적 전문성과 엄밀한 탈(脫)정파성에 근거하여 운영되는 위원회가 바람직하다.

4. 정당체제와 양극화

– 양당체제일수록 반드시 국회 극단화가 되는 것은 아니다.

만일 좌우 분포에서 양극단에 대부분의 국회의원들이 몰려있다면, 그 국회는 매우 대립적일 것이다. 만일 양극단이 아니라 가운데에 많은 의원들이 몰려있다면, 그만큼 대립 가능성은 적을 것이다. 국회의원들의 분포가 양극화이냐 아니냐는 것은 국회의원들의 성향에 의해서만 좌우되는 것이 아니다. 정당체제에 따라 정치인의 정책이념 분포가 달라질 수 있다.

양극화는 기본적으로 일차원 잣대에 의한 주장이다. 한 줄로 세울 때 양극화가 드러나는 것이지, 여러 줄로 세울 때에는 양극화보다 극단화의 표현이 더 정확하다. 실제 양당제가 아닌 다당제에서 투표대상을 분석하기란 조금 복잡하다. 양당체제에서는 이 정당이냐 저 정당이냐로 코딩이 간단히 되지만, 3개 정당이 있으면 한 정당을 나머지 두 정당 값의 가운데 값으로 부여할 수 없기 때문이다. 그래서 여러 연구들은 다당제에서의 선거를 특정 정당에게 투표했느냐 아니면 다른 특정 정당에게 투표했느냐로 코딩하기도 하고, 또는 특정 정당에게 투표했느냐 아니었느냐로 코딩하기도 하며, 또는 아예 정당투표가 아닌 좌-우 혹은 진보-보수라는 일차원적 이념으로 코딩하기도 한다. 이러한 이유로 일차원적 양극화는 양당제와 밀접한 관련이 있는 것처럼 인식되어 왔다.

이러한 일반 상식은 실제 양당제와 다당제 간의 양극화 차이와 다르다. 흔히 다당제보다 양당제에서 집단 간 대립이 더 심할 것으로 생각한다. 그렇지만 양당제에서는 몇 가지 조건이 충족되면 양극화가 완화된다(김재한 1993). 그 이유는 간단한다. 만일 〈그림 43〉에서 정당이 A와 C만 존재한다면, A는 B지역 유권자 지지를 얻기 위해 C쪽으로 더 가까이 이동할 것이고, 또 마찬가지로 C도 B지역과 유권자 지지를 얻기 위해 A쪽으로 이동하기 쉽다. 두 개 정당 모두 양극단지역이라고 할 수 있는 A지역이나 D지역으로 가지 않는다. 그렇게 되면 결국 두 정당은 지지를 극대화하기 위해 중간투표자(median voter)가 있는 지역으로 수렴하는 경향이 있어 양극화가 덜 되는 것이다. 이는 중간투표자정리(median voter's theorem)로 논의되어 왔다. 즉 양당제에서 정당들이 중도성향 유권자의 지지를 얻기 위해 수렴하는 경향을 보인다. 이처럼 양당제에서는 기본적으로 수렴적인 정치인 분포를 유도하지만, 그러한 조건을 충족하지 못하면 양자대결이라는 대립적 모습을 띠게 됨은 물론이다.

이에 비해 다당제는 오히려 극단화를 유지하는 경향이 있다(김재한 1994). 만일 〈그림 43〉에서 A, B, C, D 정당이 있다면 여러 정당이 다 가운데로 몰릴 수는 없다. 가급적 남들이 가지 않는 지역으로 가야 지지를 잘 받을 수 있기 때문에 극단지역이라고 할 수 있는 A지역과 D

지역에 위치하는 정당들이 있게 마련이다. 다당제에서는 차별화를 통해 득표극대화를 추구하기 때문에 정당들의 이념은 수렴하지 않고 극단화를 보인다. 이처럼 다당제는 수렴을 유도하는 기제는 아니지만, 그렇다고 양자대립이라는 극단적 양극화를 유도하지도 않는다.

제9장

패거리와 국회 양극화

패거리와 국회 양극화

제 9 장

1. 무소속과 양극화

- 무소속 국회의원들이 없으면 없을수록 양극화의 가능성은 높다.

극단적 행위들은 집단 패거리와 관련 있을 때가 많다. 국회의원들의 극단적 행태들도 그 행태를 지지하는 집단이 없다면 하지 않게 된다. 집단에 소속된 경우가 그렇지 않은 경우보다 양극화가 더 잘 발생한다는 실험연구도 있다(Abrams et al. 1990; Spears, et al. 1990; Sunstein 2009).

아브람스(Abrams et al. 1990)의 실험은 몇 가지 정치이슈에 실험참가자들의 찬반 입장(강한 찬성 +4에서 강한 반대 -4까지 9점 기준으로 코딩)을 조사하여 찬반 집단의 수가 동일하도록 설정하였다. 실험참가자들을 둘로 나누어 서로 다른 두 가지 실험을 실시하였다. 먼저, 첫 번째 실험에서 실험참가자에게 찬성과 반대의 수가 서로 같은지 알려주지 않고 상호 토론을 시켰다. 토론 후 두 집단 간의 차이가 크게 감소한 실험결과를 얻었다.

다음, 두 번째 실험의 참가자에게는 찬반이 첨예하게 대립하고 있고 그 찬성과 반대의 수도 동일하며 누가 어떤 입장인지를 알려주었다. 또 탁자의 한 편에는 찬성 입장의 실험참가자를, 탁자의 다른 한 편에는 반대 입장의 실험참가자를 착석시켜 다른 입장의 실험참가자들을 서로 마주보도록 하여 서로 토론하게 만들었다. 그 결과 두 집단 간의 입장 차이가 별로 좁혀지지 않았다. 즉 집단소속감이 있을 때에는 양극화 완화가 되지 않는다는 실험결과이다.

이러한 실험결과에 의하면 정당소속 국회의원보다 무소속 국회의원이 타협적일 수 있다는 주장이 된다. 양대 집단으로 소속감과 일체감을 인지하는 국회의원이 많으면 많을수록 국회의원 의정활동은 양극화를 벗어나기가 더 어려워진다. 물론 이러한 주장은 앞에서 언급했듯이 양비론적 무소속 혹은 군소정당 의원들에게는 해당되지 않는다. 양시론적 무소속/군소정당소속의 국회의원들만이 국회 양극화를 완화시킨다.

국회 내의 활동은 원내교섭단체에 의해 조율된다. 현행 대한민국 국회의 원내교섭단체는 교섭보다 대결에 더 치중하는 듯하다. 원내교섭단체의 과중한 비중은 양극화 완화에 도움 되지 않는 듯하다. 회의소집이든 법안제출이든 원내교섭단체가 없다고 하여 국회운영에 큰 차질을 주지는 않는다. 원내교섭단체뿐만 아니라 중앙당의 역할이 크면 클수록 국회 양극화가 완화되지 않는다. 이미 공천권만으로도 정당이 개별 의원에게 큰 영향력을 행사하는 현재 상황에서는 원내교섭단체와 정당이 개별 국회의원의 의정활동에 지나치게 관여하지 못하도록 하는 법제도가 필요하다.

2. 반대세력의 규합

- 정당 패거리에 기인하는 양극화는 개방형 공천으로 완화시킬 수 있다.

의회 양극화에 관한 기존 연구는 의회 양극화를 의원들이 정당별로 일사불란하게 행동하는 것으로 보고, 소속정당의 당론/다수의견에 따라 투표하는 의원의 증가가 양극화 심화이며 소속정당들로부터 이탈된 의정활동이 양극화 완화라는 전제를 갖고 있다.

패거리 정치문화는 오늘날 한국만의 현상이 아니다. 조선시대 붕당정치의 당파, 군사정권의 쿠데타세력, 권위주의정권에 대항한 민주화투쟁세력 등 모두 패거리를 통해 사회영향력을 행사하였다.

대통령조차 그러한 패거리 정치문화의 주역이다. 한국 정치에서 대통령은 절대적 권력을 향유한다. 대통령에 대한 국민적 지지가 떨어질 때에는 대통령에 대해 반대하는 여론이 대통령과 대립각을 형성하게 된다. 그러한 대립각이 곧 양극화로 비쳐질 때가 많다. 대통령에 대한 국민의 지지가 높을 때에는 양극화 현상이 그렇게 심하게 인지되지 않는다.

국회 폭력사태에 대해 야당은 여당을 대통령, 청와대, 행정부 등의 하수인으로 비하하기도 한다. 국회 양극화의 이면에는 행정부의 영향력이 크다는 점도 있다. 대통령이 국회와 자주 접촉을 갖고, 대통령이 어렵다면 정무장관이 국회에 나가 정기적으로 설명하고 경청하는 제도가 필요하다. 미국 윌슨(Woodrow Wilson) 대통령의 의회 방문은 당시 양극화된 미국 의회의 협조를 잘 얻은 것으로 평가되고 있다. 여당과 행정부 간의 당정협력채널뿐만 아니라 입법부와 행정부 간의 협력채널이 존재해야 한다.

한국정치에서는 반(反) ○○○의 정치문화가 존재한다. 실제 대통령 선거에서 특정 정치인을 반대하는 세력을 집결하여 선거에서 승리한 사례는 적지 않다. 이러한 정치문화는 양극화를 원초적으로 잉태하고 있는 것이다.

〈표 30~35〉는 유권자들이 주어진 두 개 정당에 대해 좋아하고 싫어

하는 관계를 보여주고 있다. 먼저, 〈표 30〉에서 유권자들이 한나라당과 통합민주당을 좋아하고 싫어하는 정도를 비교해보면 두 정당을 모두 좋아하는 유권자 비율은 2.9%, 모두 싫어하는 비율은 6.4%로 두 정당 모두를 좋아하거나 싫어하는 유권자 비율은 9.3%에 불과하다. 반면에 하나를 좋아하고 다른 하나를 싫어하는 유권자 비율은 26.2%이다. 즉 한나라당을 좋아하는 것과 통합민주당을 좋아하는 것은 함께 가지 않는 경향이 있다.

〈표 32〉에서 한나라당과 민주노동당의 관계도 유사하다. 두 정당을 모두 좋아하거나 모두 싫어하는 유권자 비율은 9.8%에 불과하고 한 정당을 좋아하고 다른 정당을 싫어하는 비율은 24.7%이었다. 즉 한나라당-통합민주당 그리고 한나라당-민주노동당의 관계는 서로 대척하고 있는 것이다. 이처럼 한 쪽을 좋아하고 다른 한 쪽을 싫어하는 관계가 양극화의 주요 요소이다.

〈표 30~35〉의 두 개 정당에 대한 호감도 조사에서 가장 흔한 경우는 두 개 정당 모두에 대해 좋아하지도 않고 싫어하지도 않는 보통인 경우이다. 또 한 정당을 좋아하고 다른 정당을 싫어하는 유권자 비율은 〈표 30〉의 한나라당-통합민주당 관계에서처럼 26.2%에 이르기도 하지만, 〈표 34〉의 통합민주당-민주노동당 관계에서처럼 5.4%에 불과할 때도 있다. 즉 양당에 대한 호오도에서 적게는 73.8%의 유권자, 그리고 많게는 94.6%의 유권자가 양당 간 큰 차이를 두지 않는 것이

〈표 30〉 한나라당과 통합민주당에 관한 호오도

	한나라당을 싫어한다(0~3점)	보통이다(4~6점)	좋아한다(7~10점)
통합민주당을 싫어한다(0~3점)	6.4%	9.7%	16.6%
보통이다(4~6점)	10.2%	22.7%	18.3%
좋아한다(7~10점)	9.6%	3.6%	2.9%

자료: 한국사회과학데이터센터(2008)

〈표 31〉 한나라당과 자유선진당에 관한 호오도

	한나라당을 싫어한다(0~3점)	보통이다(4~6점)	좋아한다(7~10점)
자유선진당을 싫어한다(0~3점)	16.1%	8.3%	10.2%
보통이다(4~6점)	8.9%	23.7%	19.7%
좋아한다(7~10점)	1.6%	4.0%	7.6%

자료: 한국사회과학데이터센터(2008)

〈표 32〉 한나라당과 민주노동당에 관한 호오도

	한나라당을 싫어한다(0~3점)	보통이다(4~6점)	좋아한다(7~10점)
민주노동당을 싫어한다(0~3점)	5.6%	9.9%	16.6%
보통이다(4~6점)	13.0%	22.6%	16.3%
좋아한다(7~10점)	8.1%	3.7%	4.2%

자료: 한국사회과학데이터센터(2008)

〈표 33〉 통합민주당과 자유선진당에 관한 호오도

	통합민주당을 싫어한다(0~3점)	보통이다(4~6점)	좋아한다(7~10점)
자유선진당을 싫어한다(0~3점)	15.6%	12.5%	6.5%
보통이다(4~6점)	12.3%	32.5%	7.6%
좋아한다(7~10점)	5.9%	5.4%	1.8%

자료: 한국사회과학데이터센터(2008)

〈표 34〉 통합민주당과 민주노동당에 관한 호오도

	통합민주당을 싫어한다(0~3점)	보통이다(4~6점)	좋아한다(7~10점)
민주노동당을 싫어한다(0~3점)	19.7%	10.4%	2.2%
보통이다(4~6점)	9.6%	33.7%	8.5%
좋아한다(7~10점)	3.2%	7.3%	5.4%

자료: 한국사회과학데이터센터(2008)

〈표 35〉 자유선진당과 민주노동당에 관한 호오도

	자유선진당을 싫어한다(0~3점)	보통이다(4~6점)	좋아한다(7~10점)
민주노동당을 싫어한다(0~3점)	17.1%	10.6%	5.0%
보통이다(4~6점)	11.0%	35.5%	5.5%
좋아한다(7~10점)	6.5%	6.1%	2.7%

자료: 한국사회과학데이터센터(2008)

다. 이것 아니면 저것 식의 택일적 호오도를 가진 유권자는 다수가 아니며, 다수의 유권자는 좋아하는 정당과 싫어하는 정당이 잘 구분되어 있지 않다.

앞에서 소개한 아브람스(Abrams et al. 1990)의 실험연구는 집단 정체성이 있을 때 양극화 완화가 되지 않는다는 것을 보여주었다. 강한 유대감의 집단에서는 집단과 다른 행동을 하기가 쉽지 않다. 그러한 유대는 정치도 일종의 전쟁으로 보는 클라우제비츠(Clausewitz) 식의 인식에 기인한다. 한국 국회의원들이 동료 국회의원이라는 사실보다 같은 정당 소속이라는 사실을 더 중요하게 받아들이고 패거리적인 집단정체성을 갖고 있을 때에는 양극화가 지속할 수밖에 없다. 아군과 적군이 구분되는 패거리 문화에서 양극화가 진행되지 않으면 오히려 그것이 이상하다.

지나친 정치화 현상도 양극화와 관련 있다. 원리와 원칙에 진행하면 될 것을 정치화시키다 보면 대립이 발생하게 되고 그렇다보면 유권자들이 특정 세력을 중심으로 각각 결집하게 되고 이것은 곧 양극화로 가는 경향이 되는 것이다.

국회의원들의 극심한 대립 행태는 공천이나 당직 또는 공직을 염두에 두고 행하는 것이기 때문에 체면을 상당히 구기면서까지 파행적 행태를 보이는 것이다. 폼생폼사하는 의정활동이 곧 재선을 보장하는 것이라면 많은 국회의원들은 품위를 지키겠지만, 공천을 받지 못한 고품위의 후보에게 유권자들이 잘 투표하지 않는 한, 국회의원들은 의원직을 버리면서까지 품위를 지키려고 하지는 잘 않는다. 유권자들은 양극화를 혐오하거나 걱정하지만 막상 선거에서는 정당 공천에 따라 투표하는 경향이 사실 국회 양극화의 큰 원인이기도 하다.

국회의원들의 극단적 의정활동은 다음 선거에 어떤 영향을 주는가? 〈그림 88〉은 중앙일보(2004/08/31)가 조사한 제17대 국회의원의 이념점수를 제18대 선거에서의 재선 여부와 연관시킨 것이다. 전체 국회의원의 이념분포에서 보수에 위치한 제17대 국회의원은 진보에 위치한 의원보다 제18대 국회의원에서 재선될 가능성이 더 높았다. 이는 2008년 제18대 국회의원선거에서 유권자들이 제17대보다 더 보수화되었기 때문이다. 그러한 유권자 변화는 〈그림 34〉와 〈그림 36〉의 비교에서 알 수 있다.

〈그림 41〉에서 제17대 국회의 열린우리당 및 민주당 소속 의원들의 평균 이념점수는 각각 3.5점 및 3.9점이었고 두 정당 소속 국회의원들의 전체 평균도 반올림하면 3.5점이었다. 〈그림 89〉는 제17대 열린우리당 및 민주당 소속 국회의원들이 제18대 국회의원선거에서 통합민주

〈그림 88〉 제17대 국회의원의 제18대 선거 당선여부

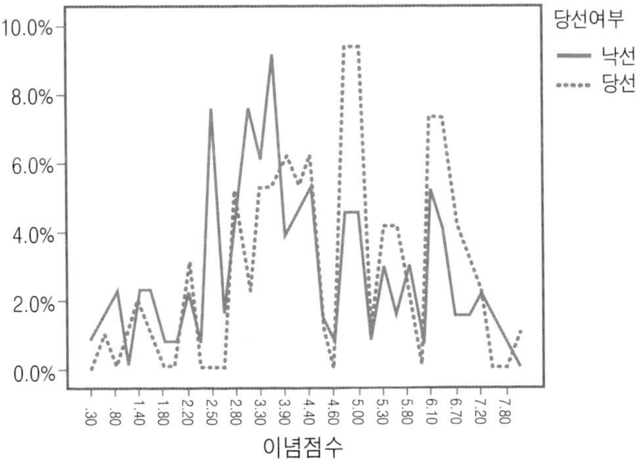

* 낙선에는 불출마자 포함

당의 공천을 받고 출마했느냐 아니냐를 나타낸 것이다.[15] 이념점수가 3.5점에 가까운 제17대 통합민주당 소속 국회의원들은 제18대에서도 통합민주당 공천을 잘 받았으나, 3.5점과 멀리 떨어진 제17대 통합민주당 소속 국회의원들은 제18대 선거의 통합민주당 공천을 잘 받지 못했다.

이에 비해 통합민주당 소속 제17대 국회의원의 재선 가능성은 통합민주당의 이념과 떨어져 상대 정당 쪽으로 약간 치우쳐있을 때 더 높았다. 〈그림 90〉에서 이념점수가 4점과 6점 사이에 위치한 통합민주당 소속 제17대 국회의원들은 제17대 통합민주당의 평균 이념점수인 3.5점 주변에 위치한 진보적 의원들보다 제18대 국회의원선거에서 당선 가능성이 더 높았다.

한나라당도 마찬가지이다. 한나라당 소속 제17대 국회의원의 평균 이념점수는 5.4점이었는데, 〈그림 91〉에서 이와 비슷한 보수적 이념점수를 가진 6점대 전후의 한나라당 소속 제17대 국회의원들은 제18대 선거에서 한나라당 공천을 받을 가능성이 다른 이념점수를 가진 의원들보다 높았다.

재선 여부에 대해서는 〈그림 92〉에서 보여주는 것처럼 공천 여부와는 다르다. 한나라당 공천을 받을 가능성은 보수적 의원들이 높았지만, 재선될 가능성은 보수적 한나라당 의원보다 중도적 한나라당 의원이 더 높았다.

〈그림 89~92〉는 자신이 속한 정당의 평균적 이념점수와 차이가 많이 날수록 재공천에 실패하였지만, 소속정당의 평균 이념에서 벗어나

15) 제18대 선거에 출마하지 않은 제17대 국회의원은 그것이 자의이든 타의이든 공천을 받지 않은 것으로 입력하였으며, 제18대 선거에 다른 정당 공천이나 무소속으로 출마한 제17대 국회의원들도 낙선으로 입력하였다.

〈그림 89〉 제17대 통합민주당 국회의원의 이념점수와 제18대 선거 공천여부

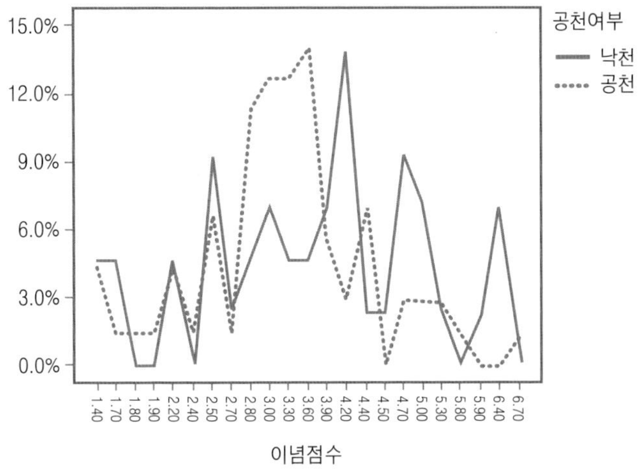

*열린우리당 소속의원과 민주당 소속의원을 합한 것임

〈그림 90〉 제17대 통합민주당 국회의원의 제18대 선거 당선여부

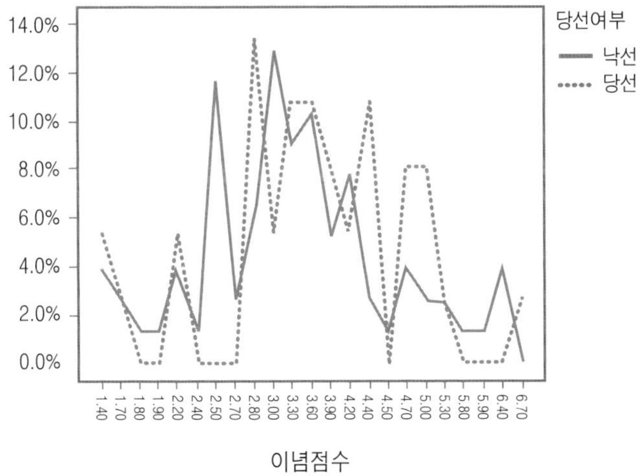

* 열린우리당 소속의원과 민주당 소속의원을 합한 것임

* 낙선에는 불출마자 포함

〈그림 91〉 제17대 한나라당 국회의원의 이념점수와 제18대 선거 공천여부

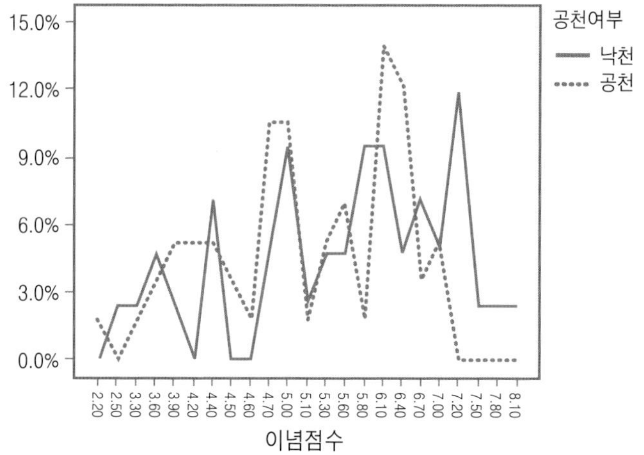

〈그림 92〉 제17대 한나라당 국회의원의 제18대 선거 당선여부

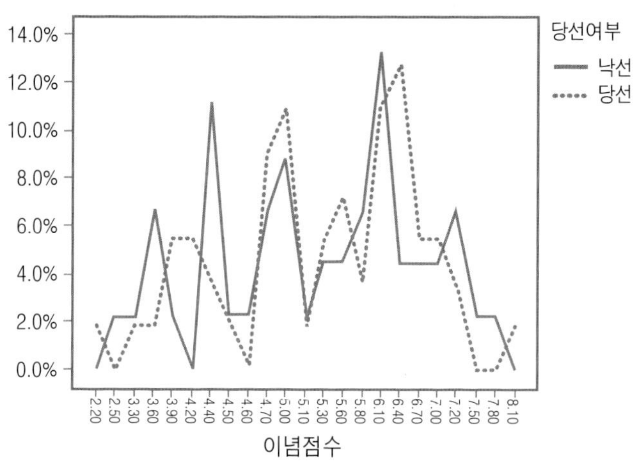

* 낙선에는 불출마자 포함

서 반대쪽으로 갈수록 재선에 성공하였다. 그렇다면 정당들이 자신의 이념에 덜 가까워도 경쟁 정당에 이념적으로 가까운 후보를 공천하면 당선 가능성도 높고 양극화도 완화될 것이다.

만일 정당이 국회에 너무 강한 영향력을 행사하기 때문에 국회 양극화와 파행이 된다면, 정당의 영향력을 감소시켜야 한다. 극단적으론 정당공천 자체를 불법화시키면 정당의 영향력은 급감될 것이다. 그러한 극단적인 조치보다 완화된 방법도 가능하다. 예컨대 중앙당에서 정당 공천 후보를 선거 직전에 소선거구당 1인을 지명하는 것 대신에, 선거일 1년 전에 공천하게 한다든지, 아니면 일정 기간 당원 경력이 있거나 일정 규모 이상의 당원이 추천한다든지 하는 일정 여건을 갖추게 되면, 한 선거구에도 여러 명의 후보들이 특정 정당의 공천을 자동적으로 받을 수 있게끔 하는 방법이다.

폐쇄적 공천방식에서는 후보들이 국민 다수의 의견에 별 신경 쓰지 않아서 양극화를 심화시킨다. 정당공천의 방법에 있어서 공천을 폐쇄적으로 추진할 경우보다 개방형 국민경선으로 공천할 경우에 중도적 후보가 공천될 가능성이 높다. 정당 자체에서 국회의원 후보 선출을 하는 것 대신에, 일정 수준 이상의 국민경선을 통해 국회의원 후보를 공천하도록 해야 국회 양극화가 완화된다. 물론 동시에 지나치게 개방된 국민경선방식도 국민을 너무 의식하여 허세를 부리게만 하여 양극화가 완화되지 않는다는 분석도 있다(Gerber and Morton 1998; Kanthak and Morton 2001).

3. 지역할거 정당체제

– 정치 양극화를 지탱하는 지역패거리는 비례대표제로 약화될 수 있다.

집단의 결속력은 역설적으로 양극화를 완화시킨다는 주장도 있다. 흔히 퇴장가능성과 충성심 간의 관계에서 자신이 속한 집단에서 탈퇴할 수 없으면 그 집단의 방향에 대해 영향력을 행사하게 된다(Hirshman 1972). 만일 자신이 속한 정당으로부터 탈당할 수 없는 상황인데 그 소속 정당이 자신의 의사와 반대로 대립의 각도를 세우고 있다면, 그 소속 정당에 영향력을 행사하여 양극화를 완화시킬 수 있다는 주장이다.

그렇지만 한국 정치 현실은 국회의원들이 탈당하기가 쉽지 않고 또 탈당하지 못한다고 하여 당내 투쟁을 하기도 어렵다. 왜냐하면 국회의원 당선에 지역패권 정당의 공천이 결정적으로 작동하는 상황에서 당론을 어기면서까지 투쟁하기가 어렵고 또 탈당하기도 어렵다. 즉 당내에서 목소리(voice) 내기도 어렵고 또 탈당(exit)하기도 어렵다. 오로지 당에 충성(loyalty)할 수밖에 없는 것이다. 지역패권이 유지되는 한, 국회 양극화도 유지될 수밖에 없다.

지역할거 정당체제는 전형적인 패거리 정치이다. 지역 패거리가 브랜드(brand)로 기능하고 있다. 지역색이 강한 지역에서는 그 지역을 지배하는 정당의 공천을 받지 못하게 되면 무소속으로 출마하면서 당선 후 그 지배 정당에 입당하겠다는 공약을 내세운다. 그런 후보는 잘못된 공천과정에 항의하는 것이라고 말하겠지만, 특정 정당에 대한 자신의 충성심을 강조하는 것은 자신이 사용할 수 없게 되어 있는 남의 브랜드를 합법적으로 사용하는 일종의 브랜드 절도이다. 그 브랜드(지역할거정당)가 엉터리라고 지적하면서 그 지역에서 당선된 예는 별로 없다. 공천의 부작용이 있어도 특정 지역에서는 특정 정당이라는 브랜드가 막강하게 작동하고 있기 때문이다. 브랜드는 궁극적으론 품질로 구축되고 유지되는 것이 원칙인데, 지역지배 정당에는 그렇지 못한 정당에 비해 양질의 예비후보들이 모이기는 하지만, 공천과 같은 정당 내부의 경쟁이 예비후보 품질에 의해서만 좌우되는 것은 아니고 또 정책경쟁력이 탁월하지도 않다.

지역 패거리를 대체하는 것으로 정책이념을 염두에 두어왔다. 그렇지만 그러한 정책이념이 색깔논쟁과 같은 좌우 대립으로만 되어 실제 지역 패거리를 대체하지 못했고 더구나 지역과 이념은 깊은 관련을 가지고 있기 때문에 지역 패거리 자체를 없애기는 어렵다.

패거리를 형성해야 선거경쟁력이 증대되니 국회의정활동은 양극화가 된다. 그러한 상황은 다시 유권자의 양극화를 가져오기도 하고 유권자의 양극화는 다시 패거리 정치인의 선거경쟁력을 증대시킨다. 악순환의 고리는 패거리가 선거경쟁력에 도움 되지 않도록 해야 끊을 수 있다. 따라서 국회 양극화의 처방은 패거리 현상을 완화시키는 것인데, 지역할거의 패거리를 완전히 끊을 수는 없고 다만 과대대표 되지 않도록 완전한 비례대표제를 지향하는 방법밖에 없는 듯하다.

다시 말해서 국회의 양극화는 유권자의 양극화에 직간접적으로 연결되어 있다. 유권자는 전혀 양극화가 되어 있지 않은데, 국회의원만 양극화되어 있는 것은 아니다. 그것은 지역 패거리에 기반을 둔 양극화이다. 지역 패거리를 완화시키지 않고는 국회 양극화 완화가 어렵다. 다만 유권자 기준보다 더 양극화가 되어 있으니 유권자 기준 정도 혹은 그 이하로 양극화를 하자는 것이다.

전형적 비례제에서는 지지 비율에 따라 권력 지분도 비례하는 반면에, 다수제에서는 지지 비율이 일정 수준을 넘느냐 안 넘느냐에 따라 권력 지분에 엄청난 차이가 있음은 〈그림 93〉으로 알 수 있다(김재한 2001a). 지지 비율을 50% 넘긴 정파가 권력 지분을 100% 갖는 것이 다수제라면, 비례제는 권력 지분이 지지 비율에 비례해야 함을 보여주고 있다. 이러한 전형적 다수제와 전형적 비례제 외에 좀 더 극단적인 형태도 존재한다. 지지 비율을 50% 넘기지 못해도 가장 큰 정파이면 100%의 권력 지분을 가져야 한다는 일종의 독재제가 있는가 하면, 반대로 지지 비율에 관계없이 모두 동일한 권력 지분을 누려야 한다는 일종의 역(逆)비례제도 있다.

〈그림 93〉 민주주의 대표제의 두 가지 전형

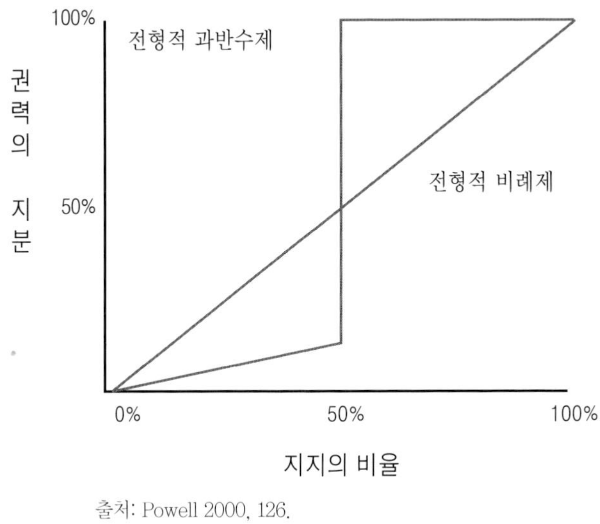

출처: Powell 2000, 126.

미국에서도 50%의 지지를 받지 않고 당선된 행정부가 자기 성향의 정책들을 추진하기 때문에 양극화 문제가 제기되기도 한다. 한국 국회의 경우엔 지지 비율에 따른 원내의사결정 권력에 대해 서로 다른 생각을 하는 경향이 있다. 원내의사결정 권력의 적절한 배분방식에 대한 생각은 의석 기준으로 과반수 의석 여부, 제1정당 여부, 원내교섭단체 여부 등에 따라 다를 뿐만 아니라 여당이냐 야당이냐에 따라서도 다르다. 원내의사결정권력 배분에 대한 주장은 독재제, 다수제, 비례제, 역비례제 등 서로 상충되고 있는 것이다.

비례대표는 지역에 기반을 둔 정당의 과대대표 문제와 연결된다(김재한 2007). 중앙선거관리위원회는 지역주의 선거를 완화하기 위해 지역별 지지도 및 출신지별 인구분포율 공표를 제한하고, 출신연고를 적시한 선거운동을 제한하며, 특정지역을 위한 사업공약의 공표를 제한하는 것을 추진한 적이 있다.

지역에 관한 사실의 공표는 부정적일 때도 있지만 다른 허위 날조를 막는 긍정적인 기능을 할 때도 많다. 선동이 문제되는 것은 허위 사실을 유포할 때이다. 지역주의선거를 완화시키기 위해 출신지역조차 드러낼 수 없다면, 출신지역에 대한 유언비어가 난무할 것이고 또 지역주의 투표를 하는 유권자는 정당에 따라 후보를 선택할 것이며 따라서 지역할거 정당은 더욱 강해질 것이다.

〈그림 94〉에서 지역주의 정당들은 유권자들의 전략적 투표행위로 본래 정당지지도보다 더 높은 득표율을 받고, 또 의석비 환산에 있어서도 득표율보다 더 높은 의석비를 받는다. 반대로 지역주의가 약한 정당들은 지지도 → 득표율 → 의석비 전환 시 과소대표되는 것이다. 지역색 선동의 정당이 불리하고 전국 정당이 유리하도록, 또 지역주의적 투표행태가 선거결과에 불리하도록 해야 지역구도가 타파된다. 기존

〈그림 94〉 지역할거 정당의 과대대표

지지도 ——유권자의 전략적 투표——▶ 득표율 ——선거제도——▶ 의석비

지역주의 정당	지지도 < 득표율 < 의석비 ⇒ 번성
비(非)지역주의 정당	지지도 > 득표율 > 의석비 ⇒ 쇠퇴

출처: 김재한(2001b)

제도 하에서는 특정지역에 집중하는 것이 효과적 선거대책이다. 만일 다른 지역의 득표율 증대가 동반되지 않는 자기 지역의 득표율 증대는 오히려 손해라면, 각 정당들은 진정한 전국정당화를 모색하게 되고, 동시에 유권자들도 지역연고 정당 대신에 정책정당에게 투표하게 된다.

이와 관련하여 논의되고 있는 선거제도가 독일식 비례대표제이다. 제1표는 지역구, 제2표는 정당표로 하여 다음과 같이 의석이 배정된다.

① 정당A의 의석 수(잉여 제외) = 전체 의석 수(잉여 제외) × 정당A의 전국 득표수 ÷ 전체 유효투표수

② 권역I에서의 정당A의 의석 수 = 정당A의 의석 수 × 권역I에서의 정당A의 득표수 ÷ 정당A의 전국 득표수

③ 권역I에서의 정당A의 비례대표의석 수 = 권역I에서의 정당A의 의석 수 − 권역I에서의 정당A의 지역구 당선자 수

④ 위 권역I에서의 정당A의 비례대표의석 수가 음수(−)인 경우에는 지역구당선자 수를 잉여(surplus)의석으로 인정

선거제도 수립에서는 정당 및 후보뿐만 아니라 유권자들의 투표행태가 단순한(sincere) 생각 대신 계산된(sophisticated) 행동일 것이라는 전제가 필요하다. 독일식 비례대표제에서의 행위자별 예상 정치행태는 다음과 같다. 정당의 경우, 제1표(지역구)보다 제2표(비례대표의석)에 전력투구하기 때문에 명부작성 시 유권자 의도를 배려한다. 지역구 공천보다 비례대표명부와 정당지지도에 전력투구한다. 후보의 경우, 지역구 출마 시 특정 지역에서는 특정 정당을 고집하지 않는다. 자신의 정책이념 성향에 맞는 정당을 선택하려한다. 지역주의성향의 유권자들로서도 제1표의 선택이 정당들의 전체 의석비에 크게 영향을 주지 않기 때문에 제1표(지역구)를 정당본위보다 인물본위로 투표하기 쉽다. 지역주의성향의 유권자들은 제2표를 무조건 지역주의정당에게 투표한다고 보아야 한다.

독일식 비례대표제는 현존하는 제도 가운데에는 매우 합리적인 것이라고 말할 수 있다. 한 지역구 인물이 정당에 관계없이 발탁될 수 있고 비례대표성도 높은 제도이다. 다만 잉여로 인해 비례대표성이 조금 훼손되는데, 잉여의석이 발생한 권역이 과대대표되기 때문이다. 그런데 잉여의석이 발생한 지역은 지역색이 강할 가능성이 높다. 특히 지역주의 정당들이 다른 정당에 비해 여전히 보너스(득표율 대비 초과 의석비)를 받을 가능성이 존재한다. 따라서 지역주의성향의 유권자들도 제1표(지역구)의 선택에서도 잉여를 노리고 지역주의투표를 할 가능성이 있다. 지역주의성향의 유권자들의 지역주의식 선택으로 인해 지역구도의 골격이 유지될 것이다. 즉 독일식 제도가 지역구도를 타파할 것으로 기대되지 않는다.

다음의 선거제도는 지역구도 타파에 도움 될 것으로 예상된다. 예컨대 1인 선출 지역구 200석, 권역비례대표의석 100석, 전국비례대표의석 10석, 총 310석으로 하고, 제1표(지역구), 제2표(정당표)로 한다. 지역구 200석을 헌재판결의 인구편차 3대1 이하의 새로운 선거구로 획정한다. 단 권역별 지역구의 수는 짝수가 되도록 하고, 권역별 비례대표 의석은 지역구 의석 수의 절반으로 책정한다. 제1표에 의해 지역구 당선자를 결정한다. 비례대표의석을 받을 수 있는 정당은 전국득표율이 5% 이상인 정당에 한한다. 권역별 비례대표명부는 정당이 순위를 정한 구속형(폐쇄형)으로 한다. 각 권역에서 지역구의석만의 권역별 의석비가 제2표에 의한 권역별 정당득표율보다 이미 높은 정당에게는 해당 권역의 비례대표의석을 배분하지 않는다. 나머지 정당들에게 권역별 정당득표율에 비례하여 권역별 비례대표 의석을 배분한다.

전국비례대표의석은 제2표에 의한 의석비가 제1표(지역구) 의석비를 초과하여 비례대표의석을 받을 수 있는 정당 가운데 정당득표율의 지역 간 최대 편차가 작은 순서로 상위 50%의 정당에게만 전국비례의석을 정당득표율에 비례해 배분한다. 예를 들어 A정당 70%포인트, B정당 40%포인트, C정당 45%포인트, D정당 30%포인트의 권역별 득표율 차이를 보일 때에는 B와 D에게만 전국비례대표의석을 제2표 득표율에 따라 배정한다.

이러한 제도의 장점은 독일식 제도의 장점을 거의 그대로 계승하면서 동시에 독일식 제도의 단점을 보완하는 것이다. 권역별(지역+비례) 의석수와 전체 의석수가 고정되어 이해하기 쉬우며, 지역색이 강한 정당은 권역 내에서 득표율보다 더 높은 의석비를 받을 가능성이 높은데 전국비례대표의석으로 이를 교정하여 비례대표성을 높이는 효과가 있다. 지역색이 약한 정당에게 보너스 의석을 주는 효과가 있기 때문에 지역선동의 동기가 감소된다. 시도별 득표율의 최대 차이가 70~80%포인트임을 감안하면, 정당뿐만 아니라 유권자의 지역주의 투표 동기도 감소시킨다. 권역별 의석이 고정되어 있기 때문에 지역 간 등가성도 유지한다. 또 외국제도의 단순 수용보다 새로운 민주주의 제도를 개발했다는 대내외적 홍보 효과가 기대된다. 물론 권역별 배정은 독일식보다 간단하지만 전국단위 비례의석의 단계가 추가되기 때문에 복잡성은 독일식 수준이다.

4. 엘리트 연합을 통한 대중 양극화 완화
– 양극화가 늘 나쁜 것은 아니지만 초다수제로 부작용을 줄여야 한다.

비양극화와 양극화를 선과 악으로 구분하는 경향이 있다. 분명한 입장 표명은 극단이고 애매모호한 입장이 중도로 분류되기도 한다. 때로는 극단주의적 의견이 일관되고 옳을 때도 많고, 중도는 오히려 기회주의적 행태에 가깝다. 더구나 다수의 의견이 늘 옳고 소수의 의견이 늘 틀린 것은 아니다. 양극화 자체가 나쁘다기보다 양극화는 불안정과 소모전을 초래하기 때문에 부정적인 것이다. 서로 다름을 인정하지 않는 양극화가 나쁜 것이지 다름을 인정하는 양극화는 그렇게 심각한 문제를 일으키지 않는다. 분열 없이 한 목소리로 통일되는 것은 지도자 찬양일변도의 종교집단이나 전체주의체제에서나 가능하고, 민주주의 체제에서는 가능하지도 않고 바람직하지도 않다. 엘리트 간 담합으로 유권자의 이해가 무시되어서는 아니 된다.

국회나 정치권이 양극화를 조장하는 것인가? 아니면 양극화된 유권자 분포 때문에 정치권이 분열되는가? 흔히 정치권이나 언론이 분열과 양극화를 조장한다고 말한다. 물론 그러한 측면도 있다. 그렇지만 유권자나 독자의 생각이 백지상태인데 정치권과 언론이 선동하거나 동원하는 것은 아니다.

유권자 양극화보다 더 나아간 국회 양극화는 그 자체가 매우 소모전적 결과를 가져올 뿐만 아니라 유권자의 양극화도 심화시키기 때문에 바람직하지 않다. 그렇다고 국회 다원화 자체를 무조건 없애는 것은 가능하지도 않고 바람직하지도 않다. 국회의원 모두가 한 목소리를 내면 국회는 대표성을 잃게 된다. 국회 양극화에 대한 처방은 유권자의 양극화 수준보다 조금 완화된 양극화 수준을 유지하면서 유권자의 다양한 이해관계를 의정에 반영하여 상생의 정치관행을 정착시키는 것이다.

대한민국 국회가 외국의 선진 의회보다 더 폭력적이고 소모전적인 것은 대한민국 국회의원들의 인간성이 외국 의원들보다 나빠서가 아니다. 제도와 시스템이 나빠서 그런 것이다. 국회의원의 부정적 행동이 곧 해당 의원의 정치생명 종식으로 연결되는 시스템에서는 자연스럽게 그러한 행동을 하는 국회의원이 사라지게 된다.

일반적으로 국회 양극화 현상이 심각하게 인지될 때에는 의회와 정당의 관계에서 정당이 강하고 또 당정 관계에서도 정부가 강한 상황이다. 즉 국회와 정당 간의 관계에서 정당이 강한 경우뿐만 아니라 입법부 및 정당보다 행정부가 강한 경우에 국회 양극화 현상이 더욱 발생한다. 의원내각제보다 대통령중심제에서 의회 양극화가 더 인식되고 있는 것이다. 이러한 체제는 다수제와 합의제의 구분에서 전형적인 다수제적 체제이다. 그렇다면 양극화를 완화하는 길은 합의제(consensus)적 속성을 강화하는 것이다.

협의제(consociationalism) 이론은 양극화된 사회에서도 이질적 집단의 지도자들이 문화적 다양성의 분열적 효과에 대해 의도적으로 대처한다는 조건 하에서는 정치적 안정을 도모할 수 있다고 주장한다. 레입하트는 협의제 민주주의를 설명하는 기본 공식에서 사회구조와 엘리트 행태를 독립변수로, 정치적 안정을 종속변수로 두었다(Lijphart 1977; 김재한 2001a). 레입하트에 따르면 사회가 다원적이고 엘리트 행태가 적대적일 때 그 사회는 원심적이며 가장 불안정하다. 반면에 사회가 다원적이고 엘리트 행태가 협력적일 때 그 사회는 협의적이고 가장 안정적이라고 한다.

각 하위사회(sub-society)는 지배연합 또는 승리연합의 형태로 정권에 참여함으로써 자신의 이해관계를 국정에 반영할 수 있다. 그러한 연합은 엘리트 차원의 연합과 대중차원의 연합으로 나눠진다. 엘리트 차원의 연합은 연립내각이나 정당연합과 같은 것이며, 대중 차원의 연합은 특정 집단 구성원 간의 연대를 의미하는데 지역연대도 그러한 예이다. 하지만 대중차원의 연합이라 해도 엘리트적 성격을 벗어나긴 힘들다.

협의제는 엘리트 차원의 연합으로 힘의 분배가 이뤄지는 방식이다. 엘리트 연합의 협의제 모델은 모든 국민에게 권력을 줄 수 없으므로 각각의 하위사회의 지도자들에게 권력을 비례적으로 분산시켜주는 형태를 띠게 된다. 대중차원에선 연합이 쉽지 않기 때문에 엘리트가 집단 간 또는 다수와 소수 간 연결고리가 되어 정치적 안정을 도모하는 것이다. 즉 비용부담과 권익혜택을 적절히 비례적으로 배분하는 것이다.

〈표 36〉에서 사회가 동질적이고 엘리트 행태가 적대적일 때, 그 사회는 구심적이며 가장 안정적이라고 한다. 엘리트가 협력적이고 사

〈표 36〉 레입하트의 민주주의체제 유형

		사회구조	
		동질적	다원적
엘리트 행태	협력적	탈정치적	협의적
	적대적	구심적	원심적

출처: Lijphart(1977)

회구조가 동질적 사회는 구심적 유형의 안정적 요소와 협의적 유형의 안정적 요소를 모두 가지고 있기 때문에 그 사회는 가장 안정적이어야 할 것이지만, 레입하트에 의하면 그렇지 않다. 왜냐하면 덜 민주적인 체제에서는 적당한 대립이 안정성을 높이는 효과를 가져 올 수 있기 때문이라고 한다.

레입하트는 동질사회에선 다수제 방식이 바람직하다고 하였다. 왜냐하면 동질사회에서는 누가 정권을 획득하든지 하나의 울타리이기 때문에 상관이 없는 것이다. 또한 늘 다수에 끼지 못하는 특정집단(소수)이 존재하지 않거나 존재한다고 해도 그러한 소수를 소외시키지 않는 한 권력을 분산시킬 필요가 없다.

하지만 종교, 언어, 계급, 이념, 지역 등으로 분열된 다원적 · 이질적인 사회에서는 집권자가 누구냐에 따라 사회의 각 집단에 끼치는 영향이 크다. 특정집단이 권력을 독식 · 독점하면 권력을 차지하지 못한 집단의 불이익이 발생할 가능성이 크기 때문에 다원적 · 분열적인 사회에서는 다수제가 아닌 협의제가 설득력을 가지는 것이다.

협의제 모델은 극심하게 분열된 사회에서의 갈등제어를 기존 엘리트 일부의 의도적인 행위로 본다. 엘리트들 간의 실제 협력은 그 결과가 각각의 경쟁집단에 의해 유리하다고 인지되는 방식으로 갈등이 반복적으로 조정될 때 존재해왔다. 협의제적 체제는 엘리트들로 하여금 권위주의적 또는 과반수제적 결정방식보다 협력적 결정방식을 취하게 하는 최소한의 특정한 성질을 갖는다. 협의제 민주주의는 단순과반수보다 더 큰 구성원의 합의를 강조한다. 협의제는 정치가 잘못되면 대부분에게 큰 손해이며 잘 된다면 대부분에게 이익이 된다고 전제한다.

협의제는 집단 간에 분열된 사회에서 효과적이다. 분열된 사회에서 국가내부의 집단 간 이해관계는 서로 상충하고 단순과반수제에 의한 승자인 51%는 나머지 49%의 이익을 무시하기 쉽기 때문이다. 만일 분열된 사회에서 하나의 연합이 영원한 우위를 차지한다면, 그 사회는 정치적으로 불안정한 민주주의로 보일 것이다. 왜냐하면 안정된 승리연합에 대해 소수가 영구적으로 순종하기를 거부할 것이기 때문이다. 만약 영구적 다수가 존재하지 않는다면, 그 분열된 사회는 민주주의 정권 차원에서 안정적으로 보일 것이다. 왜냐하면 승리연합이 선거마다 소수의 이익을 반영하도록 변화할 것이기 때문이다. 협의제 이론은 분열된 사회에서의 다수제는 영구적인 승자를 가져오고, 소수의 이익이 그 영구적 승자의 정책에 반영되지 않으며, 자신의 이익이 정책에 반영되지 않는 영구적 소수는 그 체제에 도전한다는 가정에 기초하는 듯하다(김재한 2001a).

협의제는 사회균열 구조처럼 발산형의 유권자 분포에서 정치인의 관계는 수렴형으로 만들어 사회통합을 이루는 방법이다. 중간투표자정리에서 유권자들의 분포가 양극화를 이루는 경우라도 몇 가지 조건만 충족된다면 정치권은 중도로 수렴하는데, 〈그림 95〉에서처럼 유권자의 양극화된 분포 하에서도 의사결정을 포함한 국회의 운영이 하나로 수렴될 수 있도록 하는 시스템이 필요한 것이다.

레입하트는 협의제 모델에서 다수제와 극단적 분열사회가 서로 양립할 수 없으며, 협의제만이 분열된 사회에 지속가능한 민주주의

〈그림 95〉 발산형 유권자 분포와 수렴형 국회 운영

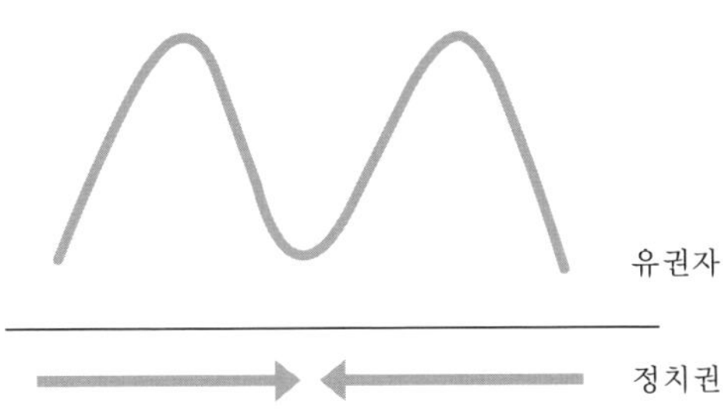

체제를 가져다주는 유일한 현실적 대안이라고 주장한다. 다수제와 대비되는 협의제의 4가지 특징은 ①거국 내각(grand coalition)원칙, ②상호 거부권(mutual veto), ③비례대표(proportionality), ④하위 사회의 자치(segmental autonomy) 등이다.

레입하트는 합의제 모델에서 다수제와 합의제 모델을 구분시키는 8가지 특징들을 두 차원으로 분류하였다(Lijphart 1984; 김재한 · 레입하트 1997; Lijphart 1999; 김재한 2001b). 첫 번째 차원은 집행부/정당 차원인데, 정당과 선거 및 집행권에 관한 5가지 변수로 구성된다. 1) 집행권의 독점/분점, 2) 집행부의 대(對)의회 우세/균형, 3) 양당제/다당제, 4) 일차원/다차원 이슈, 5) 불균형비례(최다수제)/균형비례(비례대표제) 대표 선거체제 등 5개 변수이다. 두 번째 차원은 단방적(單邦的)/연방적(聯邦的) 차원인데 1) 단방(중앙집중)/연방(지방분권), 2) 단원제/양원제, 3) 연성/경성 헌법 등 3가지 변수로 구성되어 있다. 연방/단방 기준을 정부의 형태가 아니라 권력 집중/분산의 정도로 언급할 때에는 '연방'과 '단방' 대신에 '연방적'과 '단방적'으로 사용한다. 즉 합의제는 집행권의 분점(과대규모 내각), 집행부의 대(對)의회 균형(단명 내각), 다당제, 다차원 이슈, 비례대표제 선거체제, 연방(지방분권), 양원제, 경성(硬性)헌법 등으로 구성된다. 양극화의 부작용을 줄이는 정치공학은 바로 이러한 협의제 혹은 합의제 모델로 접근해볼 수 있는 것이다. 국회도 단순과반수보다 더 강화된 초다수(super-majority)제 기준으로 운영할 필요가 있다.

국회 내 폭력사태에 대해 다수당은 소수당이 자기 의사를 다 반영하려 한다고 말하고, 소수당은 다수당이 비민주적인 의사운영을 해서 그렇다고 주장한다. 의회 의결이 의회 과반수의 입장대로만 되는 것에 대해 의회 소수는 반대할 것이다. 마찬가지로 의회 소수가 의결 자체를 방해하는 것에 대해서도 의회 다수는 동의하지 않을 것이다. 소수가 모든 사안을 거부하는 것은 비효율적이나 단순과반수가 모든 의사를 결정하는 것도 비민주적이다. 따라서 단순과반수의 독식 및 극소수의 거부를 다 억제시키는 방향으로 가야 한다.

단순 과반수보다 더 큰 정족수를 법적으로 규정함으로써 의안 의결과 관련된 의회 파행을 극복하려는 정치제도는 다양하다. 합법적 의사진행방해(filibuster)도 단순과반수를 견제하는 하나의 제도이다.[16] 소수가 필리버스터를 통해 단순과반수 의견을 저지시키고, 다수는 $\frac{1}{2}$ 보다 더 큰 다수로 소수의 의사진행을 종결시킬 수 있도록 하는 것이다. 토론종결에 필요한 $\frac{3}{5}$ 혹은 $\frac{2}{3}$의 지지를 얻으려면 소수의 입장을 조금 더 반영하기 때문에 원내 소수의 입장에서는 단순 과반수의 입장보다는 더 타협적이다. $\frac{2}{3}$ 대 $\frac{1}{3}$의 대립을 양극화로 잘 부르지 않는다. 초다수제적 국회운영으로 부르게 된다.

대한민국 국회에 필리버스터를 도입하려는 노력은 아직 성과를 이루지 못하고 있다. 2011년 한미FTA비준동의안 당시 몸싸움 없이 합의 처리하자는 국회의원들이 많았다. 한나라당 소속 45명과 민주당 소속 의원 45명이 몸싸움 방지 서약에 서명했다고 한다. 한나라당과 민주당의 원내부대표들로 구성된 '6인소위'는 국회몸싸움방지법안에 잠정합의한 바 있다. 이 법안에는 안건 신속처리제(fast track), 예산안 필리버스터 등의 조항들이 있었다. 의장석이나 위원장석을 점거하는 등의 질서문란 행위를 하면 수당(세비와 활동비)을 삭감하기로 되어 있었다. 재적 $\frac{3}{5}$ 이상의 의원이 신속처리 대상으로 지정하는 안건은 상임위에서 180일 이내에, 법사위에서 60일 이내에 심사를 마쳐야 하고, 심사가 끝나지 않

16) 일본 의회와 하와이 의회 등에서 있었던 느린 투표인 우보(牛步, slow walking)는 전자투표로 의결하는 경우 그렇게 효과적인 의사진행방해가 아니다.

더라도 본회의에 자동 상정되기로 되어 있었다. 예산안과 세입예산 관련 법안은 11월 30일까지 본회의에 자동 상정해 12월 2일까지 처리해야 하며, 필리버스터는 예산안과 관련 법안에 대해선 예산안 처리를 위해 12월 1일까지만 허용하는 것으로 되어 있었다. 국회의장 직권상정은 천재지변과 비상사태 때만 인정하기로 했었다. 국회 사무처가 국회 몸싸움 방지를 골자로 만든 '국회법개정안' 등 국회폭력방지 관련 법안들은 아무런 진척 없이 제18대 국회에서 통과될 조짐이 보이지 않고 있다.

필리버스터와 합의제는 소수를 보호하는 측면이 있지만, 사실은 변화를 억제하는 측면이 더 강하다. 가결에 단순과반수보다 초다수(super-majority)의 동의가 필요하면 그만큼 가결의 가능성은 감소하고 현 상태 그대로 머무를 가능성이 훨씬 크다. 과거 초다수제를 채택했던 국가들이 단순과반수제를 도입하는 이유도 의회 정체(停滯; gridlock)에서 벗어나기 위해서이다.

대한민국 국회가 필리버스터를 도입한다고 해도 머지않아 폐기할 가능성도 있다. 특히 의회 파행 자체를 목적으로 하는 정파가 있다면, 초다수제를 시행한다고 해서 파행이 완전히 사라지지는 않을 것이다. 그렇지만 초다수제가 실시되는 경우엔 의석 규칙을 준수하지 않을 명분은 약화될 것이다.

더 중요한 점은 의회 과반수의 선호와 유권자 과반수의 선호 간의 괴리이다. 국회가 구성되는 국회의원선거 당시에도 국회 과반수의 입장과 유권자 과반수의 입장 사이에 차이가 있는데, 국회의원 임기 종반에는 그 차이가 더 크다. 정부여당의 실정(失政)이 거듭되어 민심이 이반했을 때에는 유권자 과반의 지지를 받는 입장조차도 정부여당이 추진하면 국회 안과 밖에서 거센 반발을 겪는다. 그런 면에서 국회의 초다수제 보완이 필요한 것이다.

제10장

국회 양극화의 평가와 대응

제 10 장

국회 양극화의 평가와 대응

먼저, 양극화 진단에 대한 오해가 있다. 첫째, 동일한 분포를 양극화로 그릴 수도 있고 비양극화로도 그릴 수 있으며, 또 특정 기간 사이의 양극화 정도의 시간적 변화도 심화로 그릴 수 있고 또 완화로 나타낼 수 있다. 양극화 정도를 이렇게 저렇게 다양하게 나타낼 수 있다고 하더라도, 한국 유권자의 분포에서 비중이 가장 높은 것은 진보도 아니고 보수도 아닌, 중도이다. 한국 정당들에 대해 양극단적 호오(好惡)도를 가진 한국 유권자는 소수에 불과하고, 다수의 유권자는 중간적 호오도를 갖고 있다. 특히 지지 유권자들의 이념은 주요 정당 모두 중도가 가장 흔하다. 중도의 비중은 생각보다 두텁고 다수이다.

둘째, 양극화에 관한 국내외 여러 문헌들은 투표기권자, 무당파, 정치무관심자 등을 양극단 사이의 중간으로 보고 이들의 감소를 정치 양극화 현상으로 보고 있는데, 이는 잘못된 것이다. 오히려 높은 투표율은 양극화를 완화시킬 수 있다. 어떤 경우에는 강한 의견을 가진 소수가 양극화를 주도하기 때문에 약한 의견의 다수가 투표에 참여함으로써 양극화가 완화될 수 있는 것이다. 또 정당 간 혹은 후보 간 차이를 인지하는 비율이 증대하면 이를 양극화 현상으로 보기도 하는데, 정당 간 차이가 있는 현상과 양극화 현상은 같은 것이 아니다. 서로 대립하고 있는 정파 사이에서 동일한 거리를 유지하고 있는 유권자나 국회의원은 두 집단 사이의 중간적 존재로 이해할 수 있지만, 그 두 집단 모두에 대해 매우 혐오적인 유권자나 국회의원들은 그렇지 않다.

두 집단으로부터 멀리 떨어져 있는 유권자와 국회의원은 그 자체가 바로 극단화라고 이해할 수 있다. 양시(兩是)적 존재는 양극화를 완화하지만, 양비(兩非)적 존재는 그렇지 않다.

셋째, 국회의원의 양극화는 유권자의 양극화보다 심화되어 있다. 정치 참여 수준이 높은 유권자들의 정책이념 분포가 정치 참여 수준이 낮은 유권자들의 분포보다 더 양극화되어 있다. 따라서 정치참여 기준에 있어 가장 강도가 높은 정치참여를 한다고 말할 수 있는 국회의원들이 유권자들보다 훨씬 더 양극화됨은 쉽게 유추할 수 있다.

넷째, 유권자의 양극화 정도는 정치화로 증폭된다. 유권자는 이해관계로 어느 정도는 분열되어 있을 수밖에 없다. 중도가 다수이고 좌와 우가 소수에 불과하더라도, 방송토론 등 각종 표본추출에서 좌우 균형이라는 이유 때문에 중도는 배제되고 좌와 우만이 참여하는 경우가 많다. 즉 중도는 대표되지 못하고 좌와 우가 과대대표되는 것이다. 이와 더불어 정당정치는 사회균열적 차원에서의 양극화 수준보다 더 강한 수준의 양극화를 인식시킨다. 즉 양극화 정도는 언론계, 정치권, 학계 모두의 마케팅 이유 때문에 과장되는 경향이 있어왔다.

다섯째, 이러한 유권자 인식의 양극화는 유권자의 투표행태에서 더욱 심화된다. 한 후보 대신 여러 후보에 대해 고른 지지를 보내고 싶은 유권자도 1인 1표 선거제도에서는 결과적으로 한 후보에게 표를 몰아주는 양극화 행태를 취할 수밖에 없다. 더구나 정치나 정책에 강한 선호를 갖고 있지 않는 유권자들은 기권하기 쉽고, 따라서 양극화된 강한 선호를 가진 유권자들이 과대대표된다. 또 군소 정당의 지지자들은 전략적 투표를 통해 양대 정당에게 투표하게 되어 양극화가 심화되는 것이다.

여섯째, 국회의원 양극화의 수준은 정당공천과 국회표결 등으로 유권자 양극화 수준보다 더 증폭된다. 공천여부가 당선여부를 곧 결정하는 선거구를 가진 국회의원으로서는 공천을 받기 위해 당론에 충실하여 획일적인 의정활동들을 한다. 그러한 정당별 획일적 의정이 국회 양극화를 구성한다.

일곱째, 양극화가 무조건 나쁜 것은 아니고 부작용만 제거하면 된다. 비양극화와 양극화를 선과 악으로 구분하는 경향이 있다. 분명한 입장 표명은 극단이고 애매모호한 입장이 중도로 분류되기도 한다. 그렇지만 때로는 극단주의적 의견이 일관되고 옳을 때도 많고, 중도는 오히려 기회주의적 행태에 가깝다. 다수의 의견이 늘 옳고 소수의 의견이 늘 틀린 것은 아니다. 더구나 국회가 유권자를 대변하지 않고 서로 담합하는 것은 잘못된 것이다. 국회 양극화 자체가 나쁘다기보다 양극화는 불안정과 소모전을 초래하기 때문에 부정적이라는 것이다. 서로 다름을 인정하지 않는 양극화가 나쁜 것이지 다름을 인정하는 양극화는 그렇게 심각한 문제를 일으키지 않는다. 분열 없이 한 목소리로 통일되는 것은 지도자 찬양일변도의 종교집단이나 전체주의체제에서나 가능하고, 민주주의체제에서는 가능하지도 않고 바람직하지도 않다.

다음은 국회 양극화에 대한 처방이다. 첫째, 강제투표이다. 정치적 선호가 약한 유권자들이 기권하게 되면 강한 의견을 가진 소수 유권자가 선거결과를 좌우하기 쉽지만, 만일 약한 선호의 유권자들이 모두 투표하게 되면 그 강한 의견의 소수 유권자들의 영향력은 감소할 수밖에 없고 따라서 국회 양극화도 완화될 수 있다. 강제투표제 외에도, 단순과반수제 대신 이양투표제나 점수투표제를 도입하면, 온건한 후보가 승리할 가능성은 더 높아진다.

둘째, 선거구 재조정이다. 국회 표결에서 지역할거 지역 출신의 국회의원들은 유권자의 중도적 입장과는 좀 차이가 있는 의정활동을 보였다. 지역할거 지역구 후보들은 정당 공천을 우선시하지, 지역구 유권자들의 일반적 지지는 그 다음 관심사이다. 전체 유권자에 대한 책임성 기준에서 보자면 한 선거구에 여러 지지자들이 혼재해 있는 경우가 훨씬 더 바람직하다. 개별 지역의 대표성보다 전체 유권자의 대표성을 보장하도록 선거구를 획정해야 한다. 획일적인 소선거구제보다 선거구 크기가 다양하게 혼합된 소·중·대 선거구를 도입하면 양극화가 완화될 수 있다. 시범적으로 영남과 호남이 반반씩 혼재한 선거구를 만드는 것은 시도할 만하다. 물론 그 혼합 선거구에서는 지역주의가 작동할 수도 있지만, 그 선거구 후보들은 적어도 특정 정당 공천이 곧 당선이라는 태도를 보이지 않을 것이고, 또 의정활동에 있어서도 소속정당의 당론에만 충실하여 활동하지는 않을 것이며, 전체 유권자의 축소판이라 할 수 있는 선거구민의 다수 의사에 따라 궁극적으론 전체 유권자의 다수 의사에 충실한 의정활동을 수행할 가능성이 높다. 그러한 선거구 획정은 제도공학적 전문성과 엄밀한 탈정파성에 의해 이루어져야 한다.

셋째, 개방형 공천이다. 제17대 국회의원들은 자신이 속한 정당의 평균적 이념점수와 차이가 많이 날수록 재공천에 실패하였지만, 소속 정당의 평균 이념에서 벗어나서 반대쪽으로 갈수록 재선에 성공하였다. 그렇다면 정당들이 자신의 이념에 덜 가까워도 경쟁 정당에 이념적으로 가까운 후보를 공천하면 당선 가능성도 높고 양극화도 완화될 것이다. 극단적으론 정당공천 자체를 불법화시키면 정당의 영향력은 급감될 것이다. 그러한 극단적인 조치보다 완화된 방법도 가능하다. 예컨대 중앙당에서 정당 공천 후보를 선거 직전에 소선거구당 1인을 지명하는 것 대신에, 선거일 1년 전에 공천하게 한다든지, 아니면 일정 기간 당원 경력이 있거나 일정 규모 이상의 당원이 추천한다든지 하는 일정 여건을 갖추게 되면 한 선거구에도 여러 명의 후보들이 특정 정당의 공천을 자동적으로 받을 수 있게끔 하는 방법이다. 국민경선도 한 방법이다. 폐쇄적 공천방식에서는 후보들이 국민 다수의 의견에 별 신경 쓰지 않아서 양극화를 심화시키는데, 일정 수준 이상의 국민경선으로 국회의원 후보를 공천하도록 하면 중도적 후보가 공천되어 국회 양극화가 완화될 수 있다.

넷째, 비례대표제이다. 과대대표되는 지역 패거리를 완화시키지 않고는 국회 양극화 완화가 어렵다. 지역주의 정당들은 유권자들의 전략적 투표행위로 본래 정당지지도보다 더 높은 득표율을 받고, 또 의석비 환산에 있어서도 득표율보다 더 높은 의석비를 받는다. 반대로 지역주의가 약한 정당들은 지지도 → 득표율 → 의석비 전환 시 과소대표되는 것이다. 지역색 선동의 정당이 불리하고 전국 정당이 유리하도록, 또 지역주의적 투표행태가 선거결과에 불리하도록 만들어야 지역구도가 타파된다. 기존 제도 하에서는 특정지역에 집중하는 것이 효과적 선거대책이다. 만일 다른 지역의 득표율 증대가 동반되지 않는 자기 지역의 득표율 증대는 오히려 손해라면, 각 정당들은 진정한 전국정당화를 모색하게 되고, 동시에 유권자들도 지역연고 정당 대신에 정책정당에게 투표하게 된다. 이러한 맥락에서 국회의원 의석을 지역구, 권역비례대표, 전국비례대표로 구분시키는 다음의 선거제도는 국회 양극화를 감소시킨다. 제1표(지역구)에 의해 지역구 당선자를 결정한다. 각 권역에서 지역구의석만의 권역별 의석비가 제2표에 의한 권역별 정당득표율보다 이미 높은 정당에게는 해당 권역의 비례대표의석을 배분하지 않고, 나머지 정당들에게 권역별 정당득표율에 비례하여 권역별 비례대표 의석을 배분한다. 전국비례대표의석은 제2표에 의한 의석비가 제1표 의석비를 초과하여 비례대표의석을 받을 수 있는 정당 가운데 정당득표율의 지역 간 최대 편차가 작은 순서로 상위 50%의 정당에게만 전국비례의석을 정당득표율에 비례해 배분한다. 이 제도는 득표율보다 더 높은 의석비를 받는 지역할거정당의 과대대표를 시정하여 비례대표성을 높이고, 지역색이 약한 정당에게 보너스 의석을 주는 효과가 있기 때문에 지역선동의 동기가 감소된다. 정당뿐만 아니라 유권자의 지역주의 투표 동기도 감소시킨다. 지역패거리의 과대대표를 없애는 것이 국회 양극화 완화의 핵심이다.

다섯째, 원내교섭단체 기능의 축소이다. 집단에 소속된 경우가 그렇지 않은 경우보다 양극화가 더 잘 발생한다는 실험연구도 있다. 국회 내의 활동은 원내교섭단체에 의해 조율되는데, 원내교섭단체가 교섭 기능보다 대결 기능을 수행할 때가 많다. 원내교섭단체의 과중한 비중은 양극화 완화에 도움 되지 않는 듯하다. 회의소집이든 법안제출이든 원내교섭단체가 없다고 하여 국회운영에 큰 차질을 주지 않는다. 원내교섭단체뿐만 아니라 중앙당의 역할이 크면 클수록 국회 양극화가 완화되지 않는다. 이미 공천권만으로도 정당이 개별 의원에게 큰 영향력을 행사하는 현재 상황에서는 원내교섭단체와 정당의 개별 의정활동 관여를 제한하는 법제도가 필요하다.

여섯째, 행정부의 잦은 국회 접촉이다. 사실 입법부가 아닌 행정부와 대통령이 국회 양극화의 한 축을 구성하고 있다. 국회 폭력사태에 대해 야당은 여당을 대통령, 청와대, 행정부 등의 하수인으로 비하하기도 한다. 대통령이 국회와 자주 접촉하고, 대통령이 어렵다면 정무장관이 국회에 나가 정기적으로 설명하고 경청하는 제도가 필요하다. 여당과 행정부 간의 당정 협력채널뿐만 아니라 입법부와 행정부 간의 협력채널이 존재해야 한다.

일곱째, 국회를 단순과반수보다 더 강화된 초다수제 기준으로 운영하는 것이다. 국회 내 폭력사태에 대해 다수당은 다수결이 제대로 되지 않는다고 주장하고, 소수당은 다수당이 비민주적인 의사운영을 해서 그렇다고 주장한다. 극소수가 모든 사안을 거부하는 것은 비효율적이나 단순과반수가 모든 의사를 결정하는 것도 비민주적이다. 그렇다면 소수가 합법적 의사진행방해를 통해 단순과반수 의견을 저지시키고, 다수는 단순과반보다 더 큰 초다수로 소수의 의사진행을 종결시킬 수 있도록 하는 것이 필요하다. 예컨대 $\frac{1}{3}$ 대 $\frac{2}{3}$의 대립을 양극화로 잘 부르지 않는다. 국회는 단순과반수의 독점과 극소수의 거부 모두를 억제시키는 초다수제적으로 운영되어야 한다.

참고문헌

가상준. 2009. "설문조사를 통해 본 17대 국회의원들의 의정활동" 이갑윤 · 이현우 편『한국 국회의 현실과 이상』 오름.

김재한. 1993. "양당제하에서의 선거" 이남영 편『한국의 선거 I』 나남.

김재한. 1994. "한국 거대여당 체제의 등장과 쇠퇴" 김재한 편『정당구도론』 나남.

김재한. 1998.『합리와 비합리의 한국 정치사회』 소화.

김재한. 2001a. "분열사회와 다수제/합의제" 김재한 편『분열의 민주주의』 소화.

김재한. 2001b. "지역주의 문제의 진단과 처방" 김유남 편『한국정치연구의 쟁점과 과제』 한울.

김재한. 2004a. "한국사회의 불신구조: 정부 부문과 비정부 부문의 비교"『한국부패학회보』 제9권 2호.

김재한. 2004b. "담합의 형성와 와해"『21세기정치학회보』 제14권 2호.

김재한. 2006. "정치적 세대갈등의 오해와 이해"『의정연구』 제12권 2호.

김재한. 2007. "국가위기의 관리와 정직한 헌정체제" 양승함 편『한국의 헌법질서와 민주주의』 연세대학교 국가관리연구원.

김재한. 2009. "남남갈등의 구조"『통일과 평화』 2집.

김재한. 2009.『동서양의 신뢰』 아카넷.

김재한 · 레입하트. 1997. "합의제와 한국의 권력구조"『한국정치학회보』 제31집 1호. 99-120.

김진하. 2009. "국민의 국회의식에 관한 통시적 분석" 이갑윤 · 이현우 편『한국 국회의 현실과 이상』 오름.

남궁근 · 배병룡 · 이시원 · 김영기. 1991. "의회 신뢰의 차원 및 영향요인에 관한 연구"『한국정치학회보』 25집 1호.

대한민국 국회. 2009. 제283회 국회(임시회) 경과보고서(2009.6.26~2009.7.25)』.

안성호 · 정광조. 1990. "절차적 정의실현을 통한 국회신뢰의 확보방안"『논문집』 제9권 2호.

엄기홍. 2009. "국회불신과 행정부불신의 상호 연관성."『사회과학 담론과 정책』 제2권 1호.

유성진. 2009. “국회의 사회통합기능과 국민의 신뢰.” 『의정연구』 제15권 제1호.
이갑윤 · 이현우(편). 2009. 『한국 국회의 현실과 이상』 오름.
이현우 · 박경산. 2009. “의회에 대한 국민인식 비교” 이갑윤 · 이현우 편 『한국 국회의 현실과 이상』 오름.
이현지. 2003. “정치적 이념의 형성과 가치변화” 『동아시아연구』 제7호.
이현출. 2009. “국회에 대한 국민인식과 발전방향” 이갑윤 · 이현우 편 『한국 국회의 현실과 이상』 오름.
임성호. 2004. “국회불신의 수준과 원인” 한국정치학회 편 『한국 의회정치와 제도개혁』 한울.
정혜숙. 2009. “국회에 대한 국민과 국회의원의 의식 및 평가 비교” 이갑윤 · 이현우 편 『한국 국회의 현실과 이상』 오름.
조진만 · 임성학. 2008. “한국 국회의 불신에 영향을 미치는 정치적 요인 분석” 『정치 · 정보연구』 제11권 2호.
최선열 · 김학수. 2002. “국회보도의 부정주의연구” 『의정연구』 제8권 제1호.
한국사회과학데이터센터. 2004. 『제17대 국회의원선거 유권자 조사』.
한국사회과학데이터센터. 2007. 『제17대 대통령선거 관련 유권자 의식조사』.
한국사회과학데이터센터. 2008. 『제18대 국회의원 유권자 조사』.
한국의정평론사. 1990. “의회불신 가져온 임시국회” 『월간의정평론』 제20권.
한국정당학회. 2006. 『국회불신의 원인과 신뢰구축을 위한 제도개혁』 국회운영위원회.
Abadi, Cameron. 2011. “Parliamentary Funk.” *Foreign Policy*, July (http://www.foreignpolicy.com/archive).
Abrams, Dominic, et al. 1990. “Knowing What to Think by Knowing Who You Are.” *British Journal of Social Psychology* 29.
Bianco, William. 1994. *Trust: Representatives and Constituents*, Ann Arbor: University of Michigan Press.
Black, Duncan. 1958. *Theory of Committees and Elections*, Cambridge: Cambridge University Press.
Bond, Jon, and Richard Fleisher, eds. 2000. *Polarized Politics*, Washington, DC: CQ Press.
Born, Richard. 1990. “The Shared Fortunes of Congress and Congressmen: Members May Run from Congress, but They Can't Hide.” *Journal of Politics* 52.

Brady, David, and Sean Theriault. 2001. "A Reassessment of Who's to Blame: A Positive Case for the Public Evaluation of Congress." John Hibbing and Elizabeth Theiss-Morse, eds. *What is It about Government That Americans Dislike?*, Cambridge: Cambridge University Press.

Cook, Timothy. 1979. "Legislature vs Legislator: A Note on the Paradox of Congressional Support." *Legislative Studies Quarterly* 4(1).

Dionne, E. J., Jr. 1991. *Why Americans Hate Politics*, New York: Simon & Schuster.

Downs, Anthony. 1957. *An Economic Theory of Democracy*, New York: Harper & Row.

Economist Intelligence Unit. 2010. *Democracy Index 2010*, Economist.

Erber, Ralph, and Richard Lau. 1990. "Political Cynicism Revisited: An Information-Processing Reconciliation of Policy-Based and Incumbency-Based Interpretations of Changes in Trust in Government." *American Journal of Political Science* 34.

Eulau, Heinz, and Paul Karps. 1977. "The Puzzle of Representation: Specifying Components of Responsiveness." *Legislative Studies Quarterly* 12.

Farnsworth, Stephen. 2003. "Congress and Citizen Discontent: Public Evaluations of the Membership and One's Own Representative." *American Politics Research* 31(1).

Fenno, Richard. 1975. "If, as Ralph Nader Says, Congress is 'The Broken Branch,' How Come we Love Our Congressmen So Much?." Norman Ornstein, ed. *Congress in Change: Evolution and Reform*, New York: Praeger.

Fenno, Richard. 1978. *Home Style: House Members in Their District*, Boston: Little, Brown.

Fiorina, Morris, Samuel Abrams and Jeremy Pope. 2006. *Culture War?: The Myth of a Polarized America*, 2nd ed. New York: Pearson Longman.

Fiorina, Morris. 1974. *Representatives, Roll Calls, and Constituencies*, Lexington: Lexington Books.

Fiorina, Morris. 1989. *Congress: Keystone of the Washington Establishment*, 2nd ed. New Haven: Yale University Press.

Fried, Amy and Douglas Harris. 2001. "On Red Capes and Charging Bulls: How and Why Conservative Politicians and Interest Groups Promoted Public

Anger." John Hibbing and Elizabeth Theiss-Morse, eds. *What is It about Government That Americans Dislike?*, Cambridge: Cambridge University Press.

Funk, Carolyn. 2001. "Process Performance: Public Reaction to Legislative Policy Debate." John Hibbing and Elizabeth Theiss-Morse, eds. *What is It about Government That Americans Dislike?*, Cambridge: Cambridge University Press.

Gerber, Elisabeth, and Rebecca Morton. 1998. "Primary Election Systems and Representation." *Journal of Laws, Economics, and Organization* 14(2).

Hibbing, John, and Elizabeth Theiss-Morse. 1995. *Congress as Public Enemy: Public Attitudes Toward American Political Institutions*, Cambridge: Cambridge University Press.

Hibbing, John, and Elizabeth Theiss-Morse. 2001. "The Means Is the End." John Hibbing and Elizabeth Theiss-Morse, eds. *What is It about Government That Americans Dislike?*, Cambridge: Cambridge University Press.

Hibbing, John. 2002. "How to Make Congress Popular." *Legislative Studies Quarterly* 27.

Hirshman, Albert. 1972. *Exit, Voice, and Loyalty*, Cambridge: Harvard University Press.

Huber, John D., and Ronald Inglehart. 1995. "Expert Interpretations of Party Space and Party Locations in 42 Societies." *Party Politics* 1.

Jacobson, Gary. 2004. *The Politics of Congressional Election*, 6th ed. New York: Longman.

Kanthak, Kristin, and Rebecca Morton. 2001. "The Effects of Electoral Rules on Congressional Primaries." Peter Galderisi, Marni Ezra, and Michael Lyons, eds. *Congressional Primaries and the Politics of Representation*, Lanham, MD: Rowman & Littlefield.

Keating, Joshua. 2009. "The World's Most Unruly Parliaments." *Foreign Policy*, September (http://www.foreignpolicy.com/archive).

Kim, Chae-Han. 2007. "Explaining Interstate Trust/Distrust in Triadic Relations." *International Interactions* 33(4).

Kimball, David, and Samuel Patterson. 1997. "Living Up to Expectations: Public Attitudes Toward Congress." *Journal of Politics* 59.

Lijphart, Arend. 1977. *Democracy in Plural Societies*, New Haven: Yale University Press.

Lijphart, Arend. 1984. *Democracies*, New Haven: Yale University Press.

Lijphart, Arend. 1994. *Electoral Systems and Party Systems: A Study of Twenty-Seven Democracies, 1945-1990*, New York: Oxford University Press.

Lijphart, Arend. 1999. *Patterns of Democracy: Government Forms and Performance in Thirty-Six Countries*, New Haven: Yale University Press.

Lipinski, Daniel, William Bianco, and Ryan Work. 2003. "What Happens When House Members "Run with Congress"? The Electoral Consequences of Institutional Loyalty." *Legislative Studies Quarterly* 28.

Mann, Thomas, and Norman Ornstein. 1994. *Congress, the Press, the Public*, Washington, DC: American Enterprise Institute and the Brookings Institution.

Miller, Warren and Donald Stokes. 1963. "Constituency Influence in Congress." *American Political Science Review* 57.

Nivola, Pietro and David Brady, eds. 2006. *Red and Blue Nation? Characteristics and Causes of America's Polarized Politics*, Washington, DC: Brookings Institution Press.

Nivola, Pietro and David Brady, eds. 2008. *Red and Blue Nation? Volume Two - Consequences and Correction of America's Polarized Politics*, Washington, DC: Brookings Institution Press.

Park, Chan Wook, and Hyeon-Woo Lee. 2007. "Erosion on Pubic Confidence in the Korean National Assembly." *Development and Society* 36(2).

Parker, Glenn, and Roger Davidson. 1979. "Why Do Americans Love Their Congressmen So Much More than Their Congress?." *Legislative Studies Quarterly* 15(1).

Parker, Glenn. 1981. "Can Congress Ever Be a Popular Institution?." Joseph Cooper and G. Calvin Mackenzie, eds. *The House at Work*, Austin: University of Texas Press.

Parker, Suzzane, and Glenn Parker. 1993. "Why Do We Trust Our Congressman?." *Journal of Politics* 55.

Plott, Charles. 1967. "A Notion of Equilibrium under Majority Rule." *American Economic Review* 57.

Powell, G. Bingham, Jr., 2000, *Elections as Instruments of Democracy:*

Majoritarian and Proportional Visions, New Haven: Yale University Press.

Powell, G. Bingham. Jr. 1982. *Contemporary Democracies*, Cambridge: Harvard University Press.

Riker, William. 1962. *The Theory of Political Coalitions*, New Haven: Yale University Press.

Schofield, Norman, Bernard Grofman and Scott L. Feld. 1988. "The Core and the Stability of Group Choice in Spatial Voting Games." *American Political Science Review* 82(1).

Spears, Russell, Martin Lee and Stephen Lee. 1990. "De-individuation and Group Polarization in Computer-Mediated Communication." *British Journal of Social Psychology* 29.

Strome, Kaare. 1990. *Minority Government and Majority Rule*, Cambridge: Cambridge University Press.

Sunstein, Cass. 2009. *Going to Extremes*, Oxford: Oxford University Press.

Suzuki, Kenji. 2011. "Economic and Social Data Rankings." http://dataranking.com/table.cgi?TP=go70-01&LG=e&FL=&RG=5.

Uslaner, Eric. 1993. *The Decline of Comity in Congress*, Ann Arbor: University of Michigan Press.

von Beyme, Klaus. 1985. *Political Parties in Western Democracies*, New York: St. Martin's.

Wahlke, J. C. 1971. "Policy Demands and System Support: the Role of the Represented." *British Journal of Political Science* 1.

Williams, Rhys. ed. 1997. *Cultural Wars in American Politics*, New York: Aldine de Gruyter.

Wright, Gerald. 1989. "Policy Voting in the U.S. Senate: Who is Represented?." *Legislative Studies Quarterly* 14.

대한민국 국회, 불신과 양극화
Distruted and Polarized Parliaments

초판1쇄 인쇄 | 2012년 2월 27일
초판1쇄 발행 | 2012년 2월 27일

지 은 이 | 김재한
발 행 인 | 이영선
발 행 처 | 한림대학교 출판부
출 판 사 | 고려출판사
주 소 | 강원도 춘천시 옥천동 한림대학길 39
출판등록 | 제48호(1983.3.10)
전 화 | 033-248-1000(代), 033-248-2875-6
팩 스 | 033-248-2879
홈페이지 | press.hallym.ac.kr
I S B N | 978-89-6402-023-4
정 가 | 28,000원